2013

Liebe Tine,

Gottes Segen für Dein
Leben wünsche ich Dir.

Helga

Psalm 8

Andachtsbuch für Frauen
Augenblicke der Hoffnung

Herausgegeben von der „Abteilung Frauendienste"
der Gemeinschaft der Siebenten-Tags-Adventisten

Augenblicke der Hoffnung

Andachtsbuch für Frauen

Top Life Center

Titel der amerikanischen Originalausgaben:
Grace Notes, Sanctuary, Love out loud
© 2008-2010 by Review and Herald Publishing Association (USA)

Projektleitung: Gerd-Laila Walter
Übersetzung: Hannele Ottschofski
Korrektorat: Mag. Hans Matschek
Einbandgestaltung und Satz: Top Life Wegweiser-Verlag/Grafik
Titelfoto: Emmi – Fotolia.com

Die Bibelzitate sind – falls nichts Anderes vermerkt ist – der Bibel nach der Übersetzung Martin Luthers (revidierter Text 1984), durchgesehene Ausgabe in neuer Rechtschreibung, © 1999 Deutsche Bibelgesellschaft, Stuttgart, entnommen.

Ansonsten bedeuten:
EB = Revidierte Elberfelder Bibel, © 1985, 1991, 2006 SMC
R. Brockhaus im SCM-Verlag GmbH & Co. KG, Witten
GN = Die Bibel im heutigen Deutsch, Die Gute Nachricht des Alten und Neuen Testaments, © 1982 Deutsche Bibelgesellschaft Stuttgart, herausgegeben zusammen mit dem Katholischen Bibelwerk Stuttgart.
GNB = Gute Nachricht Bibel, revidierte Fassung, durchgesehene Ausgabe in neuer Rechtschreibung, © 2000 Deutsche Bibelgesellschaft, Stuttgart; hrsg. zusammen mit dem Katholischen Bibelwerk, Stuttgart.
Hfa = Hoffnung für alle – Die Bibel (revidierte Fassung), © 1983, 1996, 2002 International Bible Society, Brunnen-Verlag, Basel und Gießen.
NL = Neues Leben. Die Bibel, © 2002, 2006 SCM Hänssler im SCM-Verlag GmbH & Co. KG, Holzgerlingen. Originaltitel: Holy Bible, New Living Translation, © 1996, 2004, 2007 by Tyndale House Publishers Inc., Wheaton, Illinois, USA.
ME = Menge Übersetzung; © 2000 Deutsche Bibelgesellschaft, Stuttgart
SLT = Schlachter Übersetzung – Version 2000 © 2003, Genfer Bibelgesellschaft
NGÜ = Neue Genfer Übersetzung, © 2009 Kooperationsprojekt der Genfer Bibelgesellschaft und der Deutschen Bibelgesellschaft.

© Copyright 2011 der deutschsprachigen Ausgabe

Top Life Wegweiser-Verlag GmbH, Wien
Postanschrift: Industriestraße 10, A 2104 Spillern
Verlag-Archivsnummer: 020411
Internet: www.toplife-center.com
e-mail: info@toplife-center.com

ISBN 978-3-900160-71-5

Das Werk einschließlich aller seiner Teile ist urheberrechtlich geschützt. Jede Verwertung außerhalb der engen Grenzen des Urheberrechtsgesetzes ist ohne Zustimmung des Verlags unzulässig und strafbar. Das gilt insbesondere für Vervielfältigungen, Übersetzungen, Mikroverfilmungen und die Verarbeitung in elektronischen Systemen.

Alle Rechte vorbehalten

Vorwort

Worauf hoffen wir?

Wir hoffen auf besseres Wetter, auf eine Lohnerhöhung, auf einen Partner, auf Kinder, wir hoffen auf Heilung von Krankheit, auf Hilfe in der Not ...

„Die Hoffnung stirbt zuletzt", sagt der Volksmund. Wie wahr! Der Mensch kann ohne Hoffnung nicht glücklich sein, ja er kann kaum ohne Hoffnung leben. Solange ich einen Funken Hoffnung auf eine Lösung habe, verleiht mir dieser Hoffnungsschimmer Mut und Kraft, um weiterzumachen.

Wir haben eine viel größere Hoffnung, die über allen anderen Wünschen und Vorstellungen steht – eine Hoffnung, von der wir wissen, dass sie nicht enttäuscht werden wird – die Hoffnung auf Erlösung durch Jesus Christus. Diese Hoffnung ist bereits erfüllt, sie ist Gewissheit.

Dieses Buch ist voller Hoffnung! Jeder Tag bringt eine hoffnungsvolle Botschaft, die dich ermuntern und stärken wird.

Die Schreiberinnen, von denen die meisten aus dem deutschsprachigen Raum stammen, lassen uns an ihren Mut machenden Erfahrungen teilhaben.

Ich wünsche dir viel Freude mit diesem Buch – ein ganzes Jahr voller Hoffnung!

Gerd-Laila Walter

Ich möchte allen Schreiberinnen „Danke!" sagen. Ohne sie wäre dieses Buch nicht zustande gekommen.

Für die ausgezeichnete Mithilfe danke ich
   Hannele Ottschofski, Mag. Hans Matschek,
   Ingrid Naumann, Denise Hochstrasser
   und dem Top Life Wegweiser-Verlag.

1. Januar

Gottes Herrlichkeit entdecken

„Denn ihr sollt in Freuden ausziehen und im Frieden geleitet werden. Berge und Hügel sollen vor euch her frohlocken mit Jauchzen, und alle Bäume auf dem Felde in die Hände klatschen. Es sollen Zypressen statt Dornen wachsen und Myrten statt Nesseln. Und dem Herrn soll es zum Ruhm geschehen und zum ewigen Zeichen, das nicht vergehen wird." Jesaja 55,12.13

Alles in unserem Leben soll dem Herrn zum Ruhm geschehen. Manchmal verlieren wir diese Dimension aus den Augen. Gott möchte mit uns in Harmonie leben. Aber was verstehen wir darunter? Wenn wir die Prinzipien der Dankbarkeit, Einfachheit, Schönheit und Ordnung zusammenbringen, kommt Harmonie heraus. Vielleicht ist es Zeit, eine Bestandsaufnahme zu machen: „Wofür kann ich dankbar sein? Was funktioniert und was nicht?" Wir brauchen Zeit zum Träumen, Nachdenken, Zeit, um festzustellen, um es besser zu machen. Der Wunsch, Dinge zu haben, die wir uns nicht leisten können, laugt uns seelisch und körperlich aus. Je mehr wir uns auf das, was wir nicht haben, konzentrieren, desto deprimierter werden wir. Wir haben jedoch vieles, wofür wir dankbar sein können.

Dankbarkeit entfesselt die Fülle. Sie verwandelt das, was wir haben, in Genug und Mehr. Sie verwandelt Chaos in Ordnung. Was bedeutet Einfachheit? Weniger ist mehr – stimmt das? Wenn wir erkennen, wie viel wir haben, empfinden wir das Bedürfnis, unnötiges abzuschneiden, zu sehen, was wirklich notwendig ist. Jesus hat das einfache Leben gelebt und geliebt (Matth.14,17). Er kann aus nur fünf Broten und zwei Fischen viel machen. Jesus lässt aus Mangel die Fülle entstehen.

Ordnung löst Probleme! Sie ist die Grundlage für das neue Schöne, das wir haben möchten. Dazu müssen wir vereinfachen – entrümpeln – aufräumen – planen. Pearl Buck sagt: „Ordnung ist die Form, auf die sich Schönheit stützt." Wenn in meinem Lebenshaus Durcheinander und Unordnung herrschen, fühlen wir uns bedrückt. Wenn wir unser „Haus" in Ordnung bringen, ordnen wir gleichzeitig uns selbst.

Planen kommt immer vor der Arbeit! Wir entrümpeln: Einen Raum nach dem anderen? Alles, was nicht schön oder nützlich ist – weg damit. Suche nach Möglichkeiten, dein Lebenshaus in ein besonderes Haus zu verwandeln. Liebe weiß, wie man sein Leben verändern und neu machen kann. Aber bevor wir anfangen, müssen wir träumen – uns ein Bild davon machen, wie es aussehen könnte. Werde zu einem Wohlgeruch für die Menschen. Lerne, das Schöne zu sehen. Wir sehen die Schönheit um uns oft gar nicht, weil wir sie nicht zur Kenntnis nehmen.

Wenn wir Einfachheit annehmen, lernen wir, dass weniger mehr ist. Diese Freiheit ermutigt uns, Ordnung in die Dinge zu bringen und die Harmonie zu pflegen. Plötzlich fühlen wir und wünschen mehr Schönheit. Wir entdecken Farbe und Glanz – wir betrachten die Gesichter unserer Familie und Freunde. Wir sehen, hören, riechen, tasten und schmecken diese neue Erkenntnis. Entdecke heute die Zypressen statt der Dornen und lasse die Herrlichkeit Gottes durch dich leuchten.

Ingrid Naumann

2. Januar

Geduldig warten

*„Voll Zuversicht hoffte ich auf den Herrn, und er wandte
sich mir zu und hörte meinen Hilfeschrei."*
Psalm 40,2 (Hfa)

Dieser Bibelvers lässt mich an die Katzenmutter denken, die jeden Morgen an unsere Tür kommt, sich hinsetzt und durchs Fliegengitter schaut. Wenn sie mich sieht, miaut sie und wartet, bis ich ihr eine Schüssel mit Milch bringe. Wie lange ich dafür auch brauche, sie wartet auf mich.

Ich bin von Natur aus keine besonders geduldige Person. Ich will, dass Dinge gleich geschehen! Aber oft muss auch ich warten: auf Flughäfen, vor Ampeln, Kassen und Ämtern.

Manchmal habe ich sogar auf meinen Mann warten müssen. Die längste Zeit betrug mehr als zwei Stunden. Er setzte mich am Supermarkt ab und sagte: „Ich komme gleich zurück. Ich muss nur kurz weg, um diesen Scheck abzugeben." Nach einer halben Stunde schob ich einen vollen Einkaufswagen zum Parkplatz und suchte nach Ron. Kein Auto. Kein Ehemann. Ich wartete ... und wartete ... und wartete. Ich schob meinen Einkaufswagen hin und zurück und fragte mich, was wohl passiert sei, ging hin und her und betete. Was war meinem sonst so pünktlichen Ehemann zugestoßen? Das Geschäft machte zu. Der Parkplatz leerte sich. Die Türen des Supermarkts wurden geschlossen. Es fing an, dunkel zu werden. Es war zu der Zeit, als es noch keine Mobiltelefone gab und ich keine Möglichkeit hatte, ihn zu erreichen. Ich hatte keine Wahl, außer zu warten.

Nach zwei Stunden sah ich sein Auto auf den leeren Parkplatz fahren. Er kam zu meinem Einkaufswagen und fing sofort an, die Einkäufe in den Kofferraum zu laden. „Es tut mir leid", sagte er, „ich hab' vergessen, dass ich dich abholen sollte, und bin gleich nach Hause gefahren. Als es dunkel wurde, habe ich mich gefragt, wo du steckst. Es war doch Zeit, das Abendessen zuzubereiten. Dann ist es mir eingefallen! Es tut mir wirklich leid, dass ich dich so lange habe warten lassen!"

Der arme Mann sah so reumütig aus, dass ich nur lachen konnte. Wenigstens war er gekommen. Mein Warten hatte sich gelohnt.

Ich habe aber oft viel länger als zwei Stunden warten müssen – auf die Antwort Gottes auf meine Gebete. Ich bemühe mich, geduldig darauf zu warten, dass er zu seiner Zeit die Dinge richtet. Wenn ich warte und nicht aufgebe, werde ich mit seiner Gegenwart und mit einer Antwort auf meine Gebete belohnt. Warten bedeutet, mich darauf zu verlassen, dass er meinen Ruf gehört hat und mir das geben wird, was ich benötige. Genau das hat auch David in unserem heutigen Bibelvers gelernt.

Herr, schenke mir am Anfang eines neuen Jahres die Geduld, die ich brauche, um auf dich zu warten, in der Gewissheit, dass du mein Rufen gehört hast und zu deiner Zeit antworten wirst.

Dorothy Eaton Watts

3. Januar

Das Ziel im Auge

„Ich vergesse, was dahinten ist, und strecke mich
nach dem, was da vorne ist, und jage nach dem
vorgesteckten Ziel, dem Siegespreis der himmlischen
Berufung Gottes in Christus Jesus."
Philipper 3,13.14

Als Kinder zogen wir gern Spuren im Schnee – mit abgebrochenen Ästen. Manchmal wetteiferten wir untereinander, wer die geradeste Linie im Schnee ziehen konnte. Zwei Jungen beschlossen, dass ein jeder für sich eine gerade Spur bis zu einem Baum ziehen sollte. Beide gingen los und erreichten nach kurzer Zeit ihr gestecktes Ziel – den Baum. Der eine Junge wunderte sich, wieso die Spur seines Freundes viel geradliniger erschien als seine eigene. Darauf antwortete dieser: „Ich habe stets den Baum als Ziel im Auge behalten und nicht weggeguckt." Der andere hatte von Zeit zu Zeit nachgeschaut und dabei das Ziel aus den Augen verloren.

Paulus schreibt so ähnlich an die Philipper in Vers 14: „Ich strecke mich nach dem, was da vorne ist, und jage nach dem vorgesteckten Ziel ..." Er hatte ein Ziel vor Augen, die himmlische Berufung, das ewige Leben, das Gott ihm durch Jesus Christus schenkt.

Die Aussage des Verses 12 lautet: Paulus ist nicht vollkommen, aber Jesus hat ihn in seiner Liebe ergriffen und ihm vergeben. Darum will er Jesus immer vor Augen haben, in seiner Spur bleiben und ihm treu nachfolgen. Wer bei Gott ankommen will, muss nach vorne blicken. Zurückblicken ist nicht gut und stehen bleiben auch nicht. Jesus geht auf unserer Lebensbahn voran, er formt für uns die Fußstapfen, wir brauchen ihm nur zu folgen.

Natürlich ist es auch einmal gut, innezuhalten und zurückzublicken, um nicht zu vergessen, was Gott an uns getan und womit er uns gesegnet hat. Dabei sollten wir aber das vergessen, was uns beim Zurückblicken am Vorwärtskommen hindert, um zu unserem Ziel zu gelangen.

In jungen Jahren hat man andere Ziele, als wenn man schon älter ist. Zu jeder Zeit ist es aber gut, wenn Menschen gute Ziele verfolgen und sie verwirklichen können.

Das größte Ziel für uns als Christen sollte sein, mit Jesus und dem Vater vereint im Himmel zu sein. Für dieses Ziel lohnt es sich, zu leben und zu sterben.

Kathi Heise

4. Januar

Neubeginn

"Ich kenne ja die Gedanken, die ich über euch habe, spricht der Herr, Gedanken des Friedens und nicht des Leides, um euch Zukunft und Hoffnung zu geben." Jeremia 29,11

An diesem frischen Morgen des neuen Jahres schiebt sich eine goldene Sonne in den rötlich glühenden Horizont. Gedankenverloren schaue ich aus dem Fenster. Was wird das neue Jahr wohl bringen? Noch vor Tagen, im alten Jahr, erklärte ich im Gebet: „Vater, mit dir so nahe bei mir als mein Freund, bin ich mir sicher, dass wir es zusammen schon irgendwie schaffen werden." „Ich habe auch meine Pläne mit dir, mein Kind." Manchmal fällt es mir jedoch schwer, das zu glauben – wenn ich daran denke, wie schwach ich mich noch fühle, nachdem ich gesundheitlich so belastet war. Die Farben am Himmel verblassen, mein Blick wandert zum Kalender auf meinem Fensterbrett. „Lasst euch durch nichts von eurem Ziel abbringen." Dieser Spruch aus Kolosser 2,18 erinnert mich auch an den Psalm 37,7: „Ruhe in dem Herrn und verlasse dich auf ihn."

Es regnet. Trotzdem schlüpfe ich für einen Spaziergang in meinen Mantel. Es zieht mich zu meinen vertrauten Feldwegen hinaus. Als ich schließlich den Wald entlanggehe, bleibe ich stehen und blicke zurück. Die Sonne ist hinter den Bäumen versunken, sie hat einen strahlend goldenen Schein über den Baumkronen zurückgelassen. Die niedrigen Wolken glühen von unten feurig gelb-rot, oben dagegen sind sie grau wie aufquellender Rauch. Das wirkt so täuschend echt wie ein Waldbrand, dass man anstatt der Stille eigentlich das Knistern von Feuer erwartet. Es ist, als wollte mir Gott sagen, dass ich die Vergangenheit hinter mir lassen darf, um zuversichtlich in die Zukunft zu schreiten.

Nachdenklich gehe ich weiter, bis ich eine Gruppe von Weidenbäumchen erreiche. Hier habe ich oft in den Verheißungen Gottes gelesen und mit Gott gesprochen. Auch jetzt sehe ich zum Abendhimmel hinauf und erzähle ihm von meinen Gefühlen: „Vater, du hast mir gesagt, dass du einen Plan für mein Leben hast. Aber manchmal zweifle ich noch daran. Wenn du mich gebrauchen kannst, möchte ich tun, was ich kann. Doch, bitte, hilf mir mit meinem Unglauben, denn ich fühle mich noch so schwach." „Nimm dein kleines Buch. Ich habe eine besondere Botschaft für dich", scheint er leise zu entgegnen. Ich nehme mein Verheißungsbüchlein aus der Manteltasche. Die Verse, auf die mein Blick fällt, stammen aus dem Propheten Jesaja: „Deine Augen werden die Stadt unseres Gottes sehen. Dort ist der mächtige Herr für uns, und kein Einwohner soll sagen: Ich bin schwach." (Kap.33,20-21.24)

Für Momente starre ich vollkommen verblüfft und sprachlos auf die letzten Worte. Hätte es Vater noch deutlicher ausdrücken können? Er hat einen Plan für das Leben eines jeden Menschen. Keiner muss mehr sagen: ‚Ich bin schwach'. Er hat uns versprochen, wir erhalten Kraft durch unseren mächtigen Erlöser. Er hüllt uns in seine vergebende Fürsorge ein. Er ist treu. Ich schließe das Büchlein und weiß: Ich kann in ihm ruhen. „Das ist genau das, was ich brauchte, Vater. Es ist wahr, ich darf auch im neuen Jahr in dir zu Hause sein. Danke, deine Fürsorge tut so gut."

Jaimée Seis

5. Januar

Kommt her zu mir

*„Kommt her zu mir alle, die ihr mühselig und
beladen seid; ich will euch erquicken ... denn mein
Joch ist sanft und meine Last ist leicht."*
Matthäus 11,28.30

Zwei Frauen kommen in der Rheuma-Klinik zur Therapie. Sie kennen sich und unterhalten sich oft über ihre Beschwerden. Im Behandlungsraum werden sie auf die beiden Tische verfrachtet, ein Vorhang wird zwischen ihnen zugezogen und die Frau an der Fensterseite ist als Erste an der Reihe. Sie schreit auf und windet sich vor Schmerzen, während die Physiotherapeutin ihre Griffe anwendet, die Muskeln massiert und dehnt. Dann wendet sie sich der zweiten Patientin zu. Doch die liegt ganz ruhig da und gibt keinen Laut von sich.

Als sich die beiden Frauen im Umkleideraum treffen, sagt die eine: „Also, du bist schon ganz schön tapfer. Machst gar keinen Mucks! Ich könnte die Wände hochgehen vor Schmerzen."

„Na ja, so tapfer bin ich auch wieder nicht", murmelt die andere, „ich bin ziemlich empfindlich und kann Schmerzen überhaupt nicht aushalten. Deshalb halte ich der Therapeutin immer nur mein gesundes Bein hin."

Hast du dich auch schon dabei ertappt, dass du Jesus deine starken Seiten zeigst und die wunden Stellen vor ihm versteckst? Wir fürchten uns vor den Schmerzen. Wir schämen uns unserer Wunden und Verletzungen. Dabei möchte er uns doch so gern heilen! Aber das kann er nur, wenn wir seine Hilfe annehmen. Er drängt sie uns nicht auf. Er möchte, dass wir hier mit ihm zusammenarbeiten.

Vertrauen wir ihm genug, um ihn unsere Schwächen sehen zu lassen? Wir verraten ihm damit ja nichts Neues. Er kennt sie doch schon längst. Doch diese Offenheit ist nötig, damit wir selbst erkennen, wo unsere wunden Punkte sind. Dann will er sie auch gesund machen.

Sylvia Renz

6. Januar

Der Stromstoß

*„Bist du in der Not, so rufe mich zu Hilfe! Ich werde
dir helfen, und du wirst mich preisen."*
Psalm 50,15 (GN)

Nach einer Jugendveranstaltung fuhr ich einen jungen Mann nach Hause. Vor seiner Wohnung angekommen, verstrickten wir uns in ein Gespräch, das eigentlich nicht lange dauern sollte. Nach zwei Stunden langen Diskutierens wollte ich losfahren, musste aber feststellen, dass meine Batterie leer war. Ich hatte vergessen, das Licht auszuschalten. Nun war guter Rat teuer. Der junge Mann versuchte mein Auto anzuschieben, doch es war vergebens. Mein Auto gab keinen Laut von sich. Wir schoben den Wagen zu einer Kreuzung und ich informierte den Abschleppdienst. Es war 23 Uhr 30 geworden. Nun stand ich dort und wartete auf den Helfer, der schließlich um 1 Uhr 30 eintraf. Ich schilderte ihm den Vorfall. Er schloss meine Batterie an sein Auto an, gab ihm einen starken Stromstoß und mein Auto war wieder fahrtüchtig – dachte ich! Aber dem war nicht so. Der gute Mann riet mir, eine Stunde lang ununterbrochen mit dem Auto herumzufahren, damit sich die Batterie wieder auflüden könne. Ich folgte dem Rat, aber ich muss gestehen, ich habe noch nie eine so unnütze Fahrt unternommen wie diese, außerdem noch um 2 Uhr in der Nacht.

In unserem Leben ist es oft genau so. Wir verstricken uns in unmögliche Dinge, laden uns Lasten auf, die uns die Zeit zum Bibelstudium und Gebet rauben, und merken nicht, wie sich unsere Batterie schön langsam entlädt. Wir haben keine Kraft mehr, wir drehen uns mit unseren Gedanken im Kreis, wir sind ausgelaugt, entmutigt, kaputt. Uns fehlt der Stromstoß von Gott, um unser Leben wieder in den Griff zu bekommen.

Was musste ich in der oben erwähnten Notlage tun? Ich musste wohl oder übel den Abschleppdienst rufen, sonst wäre ich auf der Kreuzung liegen geblieben. Was muss ich im geistlichen Sinn tun? Ja, ich „muss" Gott anrufen, ihn um Hilfe bitten, ihm meine Not schildern. Nur dann kann mir geholfen werden.

Meine Hilfe dauerte eine Weile, und ich musste lange im kalten Auto ausharren. Oft kommt unsere Hilfe von Gott auch nicht sofort. Wir müssen uns gedulden. Bei mir hatte sich das Warten gelohnt. Auf Gottes Hilfe zu harren, lohnt sich erst recht. Jesus, unser Heiland, sagt in Matthäus 11,28: „Kommet her zu mir alle, die ihr mühselig und beladen seid, ich will euch erquicken." Wenn die Lasten zu schwer werden, ist er zu helfen bereit. Er nimmt die Lasten aber nicht ab, er hilft sie tragen. Wie wunderbar! Jesus selber tankte auch immer im Gebet bei seinem Vater auf. Er musste sich, obwohl er Gottes Sohn war, die Kraft, die er jeden Tag brauchte, aus der Verbindung mit seinem Vater holen. Wie viel mehr haben wir es nötig, bei Gott um die nötige Kraft durch das Gebet zu bitten. „Gib mir Kraft für diesen Tag, Herr, ich bitte nur für diese,/ dass mir werde zugewiesen,/ was ich heute brauchen mag."
(Autor unbekannt, Marburger Medien K Nr. 149).

Kathi Heise.

7. Januar

Danke

„Dankt Gott in jeder Lebenslage."
1. Thessalonicher 5,18 (GN)

Zehn Männer gingen die staubige Straße entlang. Ihre Mitmenschen mieden sie, denn sie waren sehr krank. Ihre Körper waren von weißen Flecken befallen. Es war niemand da, der sich um sie kümmerte. Keiner konnte ihnen helfen. Da sagte einer der Männer: „Ich habe gehört, dass Jesus Kranke gesund machen kann." Ein anderer meinte: „Glaubst du das wirklich?" Es vergingen einige Tage, da sahen sie Jesus auf der Straße. Sie riefen ihm zu: „Herr Jesus, hilf uns. Wir sind alle krank. Bitte, hilf uns!" Jesus sagte ganz mitfühlend: „Geht in die Stadt und zeigt euch den Priestern. Ihr werdet gesund sein." Und sie rannten, so schnell sie konnten, und freuten sich, denn ihre Flecken waren unterwegs verschwunden. Alle zehn Männer waren gesund geworden. Sie hüpften vor Freude und sangen Lieder. Nur einer von ihnen wurde plötzlich ganz still und drehte um, ging zu Jesus zurück und bedankte sich für die Heilung. Dann fragte Jesus: „Wo sind die anderen? Wo sind deine Freunde?" Jesus freute sich, dass sich einer der Männer bei ihm bedankt hatte. Zugleich war er aber auch traurig.

Ich kann mir ein wenig vorstellen, wie sich Jesus gefühlt haben muss. Ich habe etwas Ähnliches erlebt. Vor einigen Tagen leitete ich eine Bastelstunde für Pfadfinder. Wir formten aus Tonkarton Gänse, die dann von mir mit Schokolade, Nüssen und anderem Naschwerk gefüllt wurden. Jedes Kind konnte dann mit einer selbstgebastelten und mit Süßigkeiten gefüllten Gans nach Hause gehen. Die Kinder hatten Spaß an der Arbeit. Mir machte es Freude, die bunten Gänse zu füllen. Traurig machte mich nur, dass sich keines der Kinder für die „vollen Bäuche ihrer Gänse" bedankte.

Aus der Geschichte mit Jesus können wir lernen. Gott ist ein liebender Gott und möchte uns Freude schenken. Gott schenkt auch, ohne auf Dank zu warten. Ich hatte nun auch die Erfahrung gemacht, dass ich etwas geschenkt habe und keinen Dank dafür bekam. Trotzdem danke ich Gott für diese Zeit mit den Kindern. Die fröhlichen Augen können Dank genug sein.

Es ist wichtig, Gott immer wieder zu danken. Danke für den Sonnenschein, der meine Haut erwärmt. Danke für den Regen, damit die Pflanzen gut wachsen können. Danke für meinen Nachbarn, der mir oft eine große Hilfe ist. Danke für die Lehrer, die so viel Geduld für meine Kinder aufbringen. Danken können wir jeden Tag.

Sandra Widulle

8. Januar

In Verbindung bleiben

„Kommt zu Gott, und Gott wird euch entgegenkommen."
Jakobus 4,8 (NL)

Vor Kurzem habe ich eine mehrstündige Reise unternommen, um eine Familie zu besuchen, die in meiner Kindheit auf der anderen Straßenseite wohnte. Die Kinder dieser Familie waren im gleichen Alter wie mein Bruder, meine Schwester und ich. Wir haben viele schöne Erinnerungen und Fotos von unserer gemeinsamen Zeit. Wir unternahmen Camping- und Angelausflüge und teilten Freunde und Freundinnen. Wir verbrachten als Kinder unzählige Stunden miteinander. Während meines Besuches erinnerten wir uns an jene schönen Erlebnisse. Fast dreißig Jahre waren vergangen, seitdem wir einander gesehen hatten, da wir alle nun in verschiedenen Staaten leben. Die meisten von uns haben Kinder und Enkelkinder, von denen wir berichten konnten. In der kurzen Zeit hatten wir viel zu erzählen.

Hast du gedacht, dass dies ein freudiges Ereignis war? Leider kam dieses Treffen nur deshalb zustande, weil der Vater gestorben war und wir seiner Beisetzung beiwohnen wollten. Seine Familie wusste, dass er im Glauben an Jesus eingeschlafen war. Sie hatten die Gewissheit, ihn im Himmel wieder zu sehen, aber es ist nie leicht, den Verlust eines lieben Menschen hinzunehmen – und so lag über unserem Treffen ein Schatten der Trauer. Ich wurde stark an den Verlust meines eigenen Vaters mehrere Jahre zuvor erinnert.

Warum verlieren wir diejenigen aus den Augen, die uns etwas bedeuten? Wie geschieht es, dass sie langsam im Fluss der täglichen Pflichten davonschwimmen? Bevor es uns bewusst wird, sind Jahre vergangen und wir haben ein Stück unseres Lebens verloren, das uns wichtig war.

So etwas kann auch in unserer Beziehung zu Gott geschehen. Wenn wir nachlässig sind und zulassen, dass uns unser tägliches Leben zu sehr in Beschlag nimmt, und wenn wir die Beziehung zu Gott nicht täglich durch Andacht und eine stille Zeit mit ihm alleine pflegen, werden wir eines Tages aufwachen und merken, dass wir die enge Verbindung mit Gott verloren haben.

Das Wunderbare an Gott aber ist, dass wir nicht auf einen Brief oder eine e-Mail, einen Anruf oder sogar eine Beerdigung angewiesen sind, um mit ihm wieder in Verbindung zu treten. Wir müssen nur ein Gebet sprechen. Sag ihm, wie du dich fühlst. Bitte ihn um seine Hilfe und sei gewiss, dass er hören und antworten wird. Nimm dir fest vor, in Verbindung mit ihm zu bleiben. Dann wirst du erleben, dass Gott immer da ist und auf dich wartet. Im Himmel herrscht Freude über jeden, der seine Beziehung zu Gott erneuert.

Fauna Rankin Deun

9. Januar

Wie duftet ein Christ?

„Denn wir sind für Gott ein Wohlgeruch Christi unter denen, die gerettet werden, und unter denen, die verloren werden."
2. Korinther 2,14

Hast du ein Lieblingsparfüm? Ich schon. Das spare ich für besondere Anlässe auf. Oft sprechen mich andere Frauen darauf an – „Ah, es duftet so gut, was ist das für ein Parfüm?" Irgendwie hebt dieser Duft auch mein Wohlbefinden, vielleicht weil ich ihn mit etwas Schönem und Besonderem in Verbindung bringe.

In der Bibel werden wir als Christen aufgefordert, ein „Wohlgeruch" für unsere Umgebung zu sein. Wir könnten auch sagen „ein angenehmer Duft". Wie „duftet" denn ein Christ? Gibt es auch Christen, die „übel riechen"? Paulus beschreibt einen „wohlriechenden Christen" als liebevoll, fröhlich, geduldig, einfühlsam, friedliebend, barmherzig, ja, wir könnten die Liste noch fortsetzen. Wir wünschen uns doch alle mehr von diesen Eigenschaften, aber im Stress des Alltags verlieren wir immer wieder die Geduld, übersehen ein wundes Herz, und die Fröhlichkeit und Freundlichkeit begrenzt sich auf einen kurzen Gruß im Vorbeigehen. Wir leben in der Spannung zwischen dem Ideal und der Realität, fühlen uns manchmal als Heuchler und wer Jugendliche im Hause hat, bekommt dieses Gefühl gelegentlich lautstark bestätigt.

Soll ich dann aufgeben, mich zurückziehen und mich nicht mehr als Christ betrachten? Nein, ich bin ein Kind Gottes, noch im Wachsen und Entwickeln. Der Geist Gottes ist im Begriff, mich umzuformen, meinen Charakter dem Ideal anzugleichen. Ich muss es nur zulassen. Solange ich mich mit meinen Schwächen beschäftige, wird meine Ausstrahlung nicht so wohlriechend sein. Dann riecht es mehr nach Abgestandenem. Jesus hat aber meine Kleider gewaschen, und seine Sonne hat sie blütenrein gemacht. Ich darf diese Kleider anlegen. Sie sind mit einem besonderen Parfüm besprüht – genannt der „Duft des Lebens". Diesen Duft kann ich nicht selber kaufen. Er ist mir bereits geschenkt worden.

Heute hat es zweimal an meiner Tür geklingelt – die Paketpost war da. Ich brauchte nur die Empfangsbestätigung zu unterschreiben und konnte die Pakete annehmen. Jesus klingelt auch jeden Tag an meine Herzenstür und bittet um Einlass, damit er mein Herz sauber machen und diesen herrlichen „Duft des Lebens" versprühen kann. Wenn ich im Inneren rein bin, dringt dieser Duft auch nach außen. Ich merke es vielleicht nicht immer selbst, aber die anderen fragen sich: „Was hat diese Frau, was ich nicht habe, was ist bei ihr anders?"

Mein Gebet für den heutigen Tag lautet: „Herr, lass mich deine Liebe weitergeben und ein wohlriechender „Duft des Lebens" für meine Umgebung sein."

Gerd-Laila Walter

10. Januar

Schmutzfänger

„Fürwahr, er trug unsere Krankheit und lud auf sich unsere Schmerzen."
Jesaja 53,4 a

Erfinder hatten schon immer meine volle Bewunderung! Wer die Waschmaschine oder den Geschirrspüler ersonnen und gebastelt hat, dem steht, nach meinem Empfinden, der Nobelpreis zu. Was wäre ich ohne meine kleinen und großen Helfer im Haus? Neulich fiel mir wieder eine glänzende Erfindung in die Hände, als ich in unserem Drogerie-Markt unterwegs war. Farb- und Schmutzfangtücher entdeckte ich dort als Neuheit im Regal. Nie mehr verfärbte Wäsche! Einfach ein Einweg- oder ein Mehrwegschmutzfangtuch zur Wäsche geben, und die rote Socke in der weißen Kochwäsche bleibt ohne rosa färbende Folgen. Nun bin ich ja schon eine akribische Wäschevorsortiererin, sodass mir kaum Missgeschicke dieser Art passieren können, aber diese Schmutzfänger verleihen mir eine noch größere Sicherheit, dass die Leuchtkraft meiner Wäschefarben erhalten bleibt und das blau-weiß geringelte Top unserer ältesten Tochter nicht blassgrau gestreift aussieht.

Als ich neulich wieder eine Wäschetrommel füllte und ein Schmutzfangtuch dazugab, wurde mir plötzlich wieder einmal bewusst, dass die Welt auch heute noch voller Gleichnisse steckt. Wir bewegen uns als Kinder Gottes in dieser Welt wie ein Haufen Kleidung in der Wäschetrommel. Auf diese Erde voller Sünde, Schmutz, Krankheit und Tod sandte Gott seinen Sohn – als „Schmutzfänger" sozusagen. Die Anwesenheit Jesu ermöglicht es mir jetzt, „sauber zu bleiben", nicht von dem Schmutz der Umgebung verunreinigt zu werden. Das vorher blütenweiße Tuch selber nimmt Schmutz und Farbe auf, wird hässlich und unansehnlich. Ist es nicht das, was Jesus für uns getan hat? „Er lud auf sich unsere Schmerzen ... Er war ohne Gestalt noch Hoheit ... Er wurde für uns zur Sünde gemacht ...!"

Damit ich mit einer weißen Weste dastehen kann, nahm Jesus alle meine Schuld auf sich! Wie „vorsortiert" meine Gesellschaft auch sein mag, ohne Jesus als „Schmutzfänger" bliebe immer etwas von Schuld an mir haften. Vielleicht würde es nicht besonders auffallen, aber den himmlischen Reinheitstest für das hochzeitliche Kleid könnte ich niemals ohne meinen „Schmutzfänger" bestehen. Darum ist es wichtig, jedem Waschgang ein solches Tuch beizufügen. Denn der Schmutzfänger hat nur dann einen Sinn, wenn er in der Trommel steckt, auf Tuchfühlung ist und beständig in meiner Gegenwart bleibt. Nur so lässt es sich erklären, in der Welt, aber nicht von der Welt zu sein. Ja, ich möchte meinen Erlöser auch im Alltag finden.

Vor einer sich drehenden Wäschetrommel möchte ich ihm meinen tief empfundenen Dank dafür aussprechen, dass er mich auch in einer kaputten und von der Sünde gezeichneten Welt rein halten kann. Ich möchte ihm danken, dass er einer von uns geworden ist, die Berührung mit unserem Sündenschmutz nicht gescheut hat, sondern uns Kleider schenkt, so weiß, wie kein Bleicher sie machen kann. Diese Eintrittskarte zur Hochzeit des Lammes möchte ich gerne annehmen!

Elke Schlude

11. Januar

Sag niemals nein

*„Der Mensch plant seinen Weg, aber der
Herr lenkt seine Schritte."*
Sprüche 16,9 (Hfa)

Ich mochte den Schreibmaschinenkurs, weil ich die Lehrerin schätzte. Außerdem bestand die Klasse nur aus Mädchen, und wir hatten in den Pausen viel Spaß miteinander. Aber im Tippen war ich nicht besonders gut. „Ich werde sowieso nie tippen müssen", sagte ich der Lehrerin. „Ich werde Krankenschwester. Da muss ich nicht Schreibmaschine schreiben können." Das war natürlich vor der Zeit, als die Krankenschwestern ihre Berichte im Computer abzuspeichern begannen. Und es war auch vor der Zeit, als ich meine Meinung änderte und im College Englisch als Hauptfach wählte. Außerdem war es auch vor der Zeit, als ich einen Predigerschüler heiratete und seine schriftlichen Arbeiten drei Jahre lang im theologischen Seminar abtippte – lange bevor es Computer gab.

In der Tat sieht es aus, als ob ich die meiste Zeit meines Lebens getippt hätte. Ich habe während meines Studiums unendlich viele Arbeiten der Schreibmaschine überantwortet. Ich habe unzählige Artikel für Zeitschriften geschrieben. Ich habe jahrelang Gemeinderundschreiben und Infoblätter verfasst. Und während ich um die Welt in meinem Dienst für die Abteilung Frauen reiste, hielt ich zahllose Seminare, Predigten, Ansprachen und Andachten. Sie mussten alle getippt werden. Und natürlich gibt es das ständige Tippen, das mit der redaktionellen Bearbeitung der Andachtsbücher für Frauen einhergeht. Ich bin im Laufe der Jahre besser geworden, aber ich bin immer noch keine großartige Tippmamsell.

Trotz meiner Sturheit in der Schreibmaschinenklasse ist Gott gut zu mir gewesen und hat mir die Fähigkeit geschenkt, das zu tun, worum er mich gebeten hat. Ich denke, dass die Bibel genau das aussagt: „Ich führe Blinde einen neuen Weg, einen Weg, den sie nicht kannten, lasse ich sie gehen. Ich werde die Dunkelheit vor ihnen hell machen und den holprigen Weg vor ihnen ebnen. Diese Dinge werde ich ausführen und nicht davon ablassen." (Jesaja 42,16 NL) Ist das nicht erstaunlich?

Ich bin Frauen begegnet, die meinten, dass sie so vieles nicht könnten, sodass sie es gar nicht versuchten. Und ich habe andere Frauen getroffen, die unglaubliche Dinge zustande gebracht haben, weit mehr, als man erwarten konnte. Als ich vor vielen Jahren vor einer großen Herausforderung stand, gab mir eine Freundin einen Bibeltext mit auf den Weg: „Wir halten uns selbst nicht dazu fähig, irgendetwas zu bewirken, was bleibenden Wert hätte. Unsere Kraft dazu kommt von Gott." (2. Korinther 3,5 NL) Das bedeutete mir sehr viel. Und in meiner Bibel habe ich dazu einen Querverweis auf 1. Petrus 4,11 geschrieben: „Wenn sich jemand für andere einsetzt, dann setze er sich mit all der Kraft und Energie ein, die Gott ihm gibt. Dann wird Gott in allem durch Jesus Christus verherrlicht werden." (NL). Ich meine, dass das alles aussagt.

Ardis Dick Stenbakken

12. Januar

Sie kennt meine Stimme

„Die Schafe folgen ihm nach; denn sie kennen seine Stimme."
Johannes 10,4 b

Das Telefon klingelte früh an einem Herbstmorgen, während ich mich für den Gottesdienstbesuch anzog. „Hallo, Mama", sagte eine müde Stimme, „Herzlichen Glückwunsch zum Geburtstag!"

„Ich bin erstaunt, dass du dich daran erinnert hast, weil du doch in letzter Zeit so viel um die Ohren hattest."

„Es wird ein besonderer Geburtstag werden", sagte mein Sohn weiter. „Ein ganz besonderer. Wir sind im Krankenhaus, und dein Enkelkind wird heute geboren werden."

„Was? Das ist ja wunderbar!", rief ich und konnte meine Aufregung nicht verbergen. „Ich dachte, dass sie erst in drei Wochen Termin hat."

„Sie wollte vielleicht den Tag für ihre Oma zum besonderen Tag machen."

In großer Aufregung fuhren wir ins Krankenhaus anstelle zur Gemeinde und fanden die werdende Mutter in Wehen vor. Und so geschah es, dass mein erstes Enkelkind am gleichen Tag, zur gleichen Tageszeit wie ich vor vielen Jahren geboren wurde. Welch ein wunderbares Geschenk!

Mein Sohn hielt seine kleine Tochter, und wir betrachteten sie miteinander. „Oh, Mama, ist sie nicht wunderschön?" Ich wusste, dass diese Worte von einem frischgebackenen Vater stammten, denn in dem Moment sah ich einen spitzen Kopf und ein rotes, runzliges Gesicht. Aber ist es nicht wunderbar, dass Gott uns wie ein liebender Vater ansieht und nicht das Äußere betrachtet, sondern unser Innerstes kennt und in uns seine wunderschönen Töchter sieht?

Nachdem das Baby herumgereicht worden war, fing es an, leise zu weinen. Der junge Papa eilte zur Rettung. „Gebt sie mir", sagte er. „Ich kann sie beruhigen. Sie kennt meine Stimme."

Welch eine Vorstellung! Aber das ist nichts Neues. Schon vor mehr als 2000 Jahren sprach Jesus davon, dass die Schafe seine Stimme kennen. Er nannte sich den guten Hirten, der sogar sein Leben für seine Schafe gibt. Sie hören auf ihn; er beruhigt sie. Er führt sie. Wie kann ich die Stimme des Guten Hirten erkennen, wenn so viele Stimmen nach meiner Aufmerksamkeit rufen? Die Stimme Jesu wird nicht die lauteste sein, aber die freundlichste und beständigste, und es wird leicht sein, ihr zuzuhören. Wenn ich sein Wort lese, stelle ich meine Ohren darauf ein, um seine leisen Töne zu erkennen. Dann kann ich sicher sein, dass er meine Ängste besänftigen wird. Ich möchte, dass mich der Gute Hirte anschaut und sagt: „Meine schöne Tochter, ich kann das Chaos in deinem Leben in Ordnung bringen. Du kannst dich auf mich verlassen, weil du meine Stimme kennst."

Roxy Hoehn

13. Januar

Mein Jericho

„Durch den Glauben fielen die Mauern Jerichos."
Hebräer 11,30

Die Israeliten standen zitternd und ängstlich vor Jericho. Die Lage schien aussichtslos. Die Mauern waren unüberwindlich. Der Feind dahinter war unbesiegbar. Sie hatten solche Angst. Auch wir haben im Leben unsere Begegnungen mit Jericho – Probleme, die unüberwindlich zu sein scheinen, ein Feind in uns, der unbesiegbar ist, eine schlimme Notlage – und auch wir haben Angst. Ich stand vor meinem Jericho im Dezember 2006. Ich hatte Krebs. Der Feind in mir war sehr stark.

Es begann alles mit Zahnschmerzen. Aber der Zahnarzt sagte, dass meine Zähne in Ordnung seien. Er schlug vor, einen Neurologen aufzusuchen. Eine Computertomographie (MRT) zeigte eine kleine Geschwulst auf meinem linken Trigeminusnerv, in der Nähe des Gehirns. Eine Biopsie ergab, dass es sich um ein Non-Hodgkin Lymphom handelte. In einer fast fünfstündigen Operation wurde der Tumor entfernt. Darauf folgte eine Chemotherapie.

Die Israeliten hatten Angst vor Jericho, aber Gott befahl ihnen, zu marschieren. Und das taten sie im Glauben sieben Tage lang. Und durch den Glauben fielen die Mauern der Stadt. Der Marsch um die Mauern meines Jericho dauerte nicht sieben Tage, sondern sieben Monate lang. Ich marschierte im Glauben, und durch den Glauben fielen die Hemmnisse der Krebserkrankung. Ich lobe Gott dafür, dass er mir geholfen hat. Es war aber nicht nur mein Glaube – es war der Glaube von Tausenden von Menschen um den ganzen Erdball, die für mich beteten. Es war der Glaube meiner Kollegen, meiner Kinder und meines Mannes. Während jener sieben Monate verließ Ron nie meine Seite. Wenn er wichtige Geschäftstermine hatte, flog er am Morgen weg und war am Abend wieder zu Hause, damit er in der Nacht bei mir sein konnte, wenn der Kampf am heftigsten war.

Viele Male wollte ich den Marsch aufgeben. Es war eine furchtbare Reise. Ich wollte stehen bleiben. Ich sehnte mich danach, zu sterben. Aber ich tat es nicht. Durch den Glauben – den Glauben einer Wolke von Freunden – marschierte ich weiter. Durch den Glauben – den Glauben meiner Kinder, die immer wieder anriefen, um mich zu ermutigen, und vorbeikamen, so oft sie nur konnten, um bei mir zu sein – marschierte ich weiter. Durch den Glauben – den Glauben meines Mannes – marschierte ich weiter. Als ich dünn, schwach und glatzköpfig war, mit eingefallenen Augen und faltiger Haut, sagte er mir, dass ich schön sei und es schaffen werde, weil er für mich bete.

Ich lobe Gott für den Glauben meiner Freunde und meiner Familie. Die Mauern meines Jericho sind am Ende gefallen!

Dorothy Eaton Watts

14. Januar

Mein eigener Name

„Wer bereit ist zu hören, der höre auf das, was der Geist den Gemeinden sagt! Wer siegreich ist, wird von dem Manna essen, das im Himmel verborgen ist. Und ich werde ihm einen weißen Stein geben; und auf dem Stein wird ein neuer Name geschrieben sein, den niemand kennt außer dem, der ihn erhält."
Offenbarung 2,17 (NL)

Mein Mädchenname ist Dick. Dieser Umstand hat oft genug Verwirrung gestiftet. Ich wurde zum Beispiel einmal während meiner Studienzeit in das Jungenwohnheim einquartiert. Was die Sache aber noch verwirrender macht, ist, dass mein Mann Richard heißt und meistens Dick genannt wird. Als wir miteinander ausgingen, stellten uns die Leute die Frage, ob wir wüssten, dass wir beide denselben Namen hätten. Ja, das wussten wir. Mich erstaunt heute am meisten, dass mich Leute oft fragen, warum ich auf meinen Büchern (wie den Andachtsbüchern, die ich herausgebe) den Namen meines Mannes benütze. Ich sage ihnen, dass sein Name nicht darauf steht, sondern ich immer schon „Dick" geheißen habe.

Es ist so wichtig, einen eigenen Namen zu tragen. Als ich das erste Mal einen Leihwagen mieten wollte, habe ich die Kreditkarte gezückt. Aber sie war auf den Namen meines Mannes ausgestellt. Ich bekam den Leihwagen nicht. Darum beantragte ich schnellstens eine eigene Kreditkarte. Es gibt so viele unterschiedliche Gepflogenheiten, die mit Namen zu tun haben. Hier bei uns in den USA muss eine Frau entscheiden, ob sie den Namen ihres Mannes annehmen, ihren Mädchennamen behalten oder beide, mit einem Bindestrich verbunden, benützen will. Es gibt noch weitere Möglichkeiten, wie Namen verwendet werden. Viele Länder haben ihre eigenen Gebräuche: Wird der Familienname zuerst oder zuletzt genannt? Die spanischen Namen sind für mich ziemlich verwirrend, wenn es darum geht, welcher Name in einer alphabetischen Liste verwendet werden soll. Namen sind für uns alle sehr wichtig. Wir wollen auch, dass sie richtig aufgelistet und geschrieben werden.

Gottes Name ist auch wichtig, aber nicht so, wie manche es meinen, dass man ihn auf eine bestimmte Art schreiben oder aussprechen müsste. Die Bibel ist voller Hinweise auf Gottes Namen. Wir müssen begreifen, dass sein Name für sein Wesen steht – was er darstellt, was er ist. Wenn wir das Gebet des Herrn sprechen, sagen wir, „Geheiligt werde dein Name." Und dann gibt es den Text in Apostelgeschichte 4,12: „In ihm allein gibt es Erlösung! Im ganzen Himmel gibt es keinen anderen Namen, den die Menschen anrufen können, um errettet zu werden." (NL). Wir werden in seinem Namen getauft, in sein Wesen. Wunder werden in seinem Namen vollbracht, und Märtyrer sind für diesen Namen gestorben.

Der Text in Offenbarung 3,5 ist unglaublich. Darin wird uns verheißen: „Und ich werde seinen Namen nicht aus dem Buch des Lebens löschen, sondern vor meinem Vater und seinen Engeln bekennen, dass er zu mir gehört." (NL) Wir werden nicht nur einen neuen Namen erhalten, sondern unser Vater wird sich zu uns bekennen. Gott sei dafür gelobt!

Ardis Dick Stenbakken

15. Januar

Lachen

„*Darum siehe, dass Gott nicht verwirft die Frommen, und erhält nicht die Hand der Boshaften, bis dass dein Mund voll Lachens werde und deine Lippen voll Jauchzens.*" Hiob 8,20-21

Man hat herausgefunden, dass Kinder durchschnittlich 400 Mal und Erwachsene 20 Mal am Tag lachen. Ich frage mich, ob wir Erwachsene das wirklich so oft tun. Vor allem frage ich mich das, seit ich gelesen habe, dass die Schweiz zu den humorlosen Ländern zählt. Es kann ja wohl nicht mehr das Erbe des Reformators Calvin sein. Es stimmt, wir Schweizer sitzen nicht so oft mit Freunden und Bekannten zusammen, wie das in südlicheren Ländern geschieht. Aber sind wir deshalb humorlos? Oder versteht man unsere heitere Seite nicht immer ganz?

Weiter frage ich mich, wie es in der Bibel, meinem Referenzbuch bei Lebensfragen, mit dem Lachen bestellt ist. Da bin ich fast ein wenig erschrocken. 24 Mal kommt – laut meiner Konkordanz – das Wort „lachen" in der Bibel vor und mehr als die Hälfte davon im Zusammenhang mit „weinen" (... euer Lachen verkehre sich in Weinen, Jak. 4,9) oder ‚auslachen', über etwas lachen' (... da fiel Abraham auf sein Angesicht und lachte ... 1.Mose 17,17).

Und doch hat Gott uns – den Menschen – das Lachen geschenkt, um unserer Freude Ausdruck zu verleihen. Manchmal wird behauptet, auch Tiere könnten lachen, aber nie so herzlich wie wir Menschen. Wie ist doch ein Kinderlachen ansteckend! Deshalb arbeite ich so gerne mit Kindern. Sie besitzen diese unglaubliche Fähigkeit, die komischen Dinge des Lebens zu sehen und sie lachend in ihr Leben einzuverleiben.

Ja, das Lachen hat auch seine Zeit. Glücklich das Kind, das wenigstens in seiner Kindheit lachen durfte. Es wird auch später sein Leben meistern können, wenn man nur noch 20 Mal am Tag lacht oder noch weniger. Ich war jedes Mal so glücklich, wenn ich in Afghanistan meine kleinen Racker im Kinderheim zum Lachen brachte. Es brach so befreiend aus ihnen heraus. Manchmal war es nur ein schüchternes Lächeln, manchmal ein lautes, polterndes Lachen, als wären die Kehlen schon lange nicht mehr dazu gebraucht worden. Auf der Kinderabteilung werden in den Spitälern Clowns eingesetzt, damit man die kleinen Patienten wieder zum Lachen bringen kann. Ein paar kurze Augenblicke der Freude, die die Heilungsaussichten erhöhen.

Es stimmt, dass die Bibel eigentlich ein Geschichtsbuch ist. Aber in keinem Geschichtsbuch habe ich je vom Lachen gelesen. Die Bibel ist eben mehr. Dort gibt es eine Zeit zum Lachen und eine Zeit zum Weinen (Prediger 3,4). Das Leid ist immer um uns, wir begegnen ihm täglich. Nehmen wir uns doch auch die Zeit für die Freude, für das Lachen. Es muss nicht laut sein, es darf ganz bescheiden in uns drinnen klingen, aber so, dass wir diese Freude auf andere Menschen ausstrahlen. Humor ist doch, wenn man trotzdem lacht – auch wenn die Träne noch die Wange hinunterrollt. „*Selig seid ihr, die ihr hier weinet, denn ihr werdet lachen.*"

Vreny Jaggi-Rechsteiner

16. Januar

Hannahs Geburt

„Damit du dein Vertrauen auf den HERRN setzt, lehre ich dich heute, ja, dich!" Sprüche 22,19 (SLT)

Es waren noch zwei Wochen bis zum Geburtstermin. Meine Angst war sehr groß! Denn die Geburt meines ersten Kindes war für mich ein echtes Trauma gewesen, das ich nicht vergessen konnte. Immer wieder versuchte ich, meine Ängste an Gott abzugeben. Aber es gelang mir einfach nicht.

Da kam er – mein nächster Arztbesuch. Nun saß ich auf dem Stuhl gegenüber der Ärztin, die mich durchdringend ansah. Ich fühlte mich, als wäre ich gläsern. Sie bemerkte meine Angst und fragte mich, warum ich mich so fühle. Ich teilte ihr alles über meine erste, sehr schwere Geburt mit. Mitten im Gespräch war es, als ob sich meine Augen öffneten. Plötzlich verstand ich, was schief gelaufen war. Bis zu diesem Zeitpunkt wollte ich in jenes Krankenhaus gehen, wo ich bei der ersten Geburt gewesen war. Es war das Kreiskrankenhaus, etwa 15 km von uns entfernt. Sie kannten mich dort schon, hatten alle Unterlagen von der ersten Geburt. Darum war es menschlich logisch, dorthin zu gehen. Dort wäre ich wohl am besten aufgehoben, dachte ich. Es gab aber noch ein anderes, kleineres Krankenhaus in 8 km Entfernung von uns. Während des Gesprächs mit meiner Ärztin schien es mir, als ob mir mein himmlischer Vater, unser großer Arzt, viel neuen Mut zuspräche. Ich war wie verwandelt. „Diese Geburt wird anders! Herr, ich möchte dies als echte Erfahrung mit dir erleben! Ich weiß, du wirst mich nicht enttäuschen! Ich vertraue dir!", sagte ich fest entschlossen. Mein neu gefasstes Vertrauen führte mich zur Entscheidung, in das kleinere Krankenhaus zu gehen. Ich wollte mich nicht mehr auf meine Erfahrung im Kreiskrankenhaus konzentrieren, sondern Gott vertrauen, dass diese Geburt ganz anders verlaufen werde. Kurzfristig stellte ich mich im neuen Krankenhaus vor. Die Hebamme hörte sich meine Geschichte an und unterstützte den gefassten Plan.

Mein himmlischer Vater fügte es so, dass am Tag der Geburt dieselbe Hebamme vor Ort war, mit der ich zwei Tage zuvor gesprochen hatte. Und war die Geburt anders? Ganz anders! Die meisten Wehen erlebte ich zu Hause. Die Hebamme unterstütze mich dabei über das Telefon. Als ich ihr Bescheid gab, dass wir jetzt kommen würden, wusste sie, dass es wirklich Zeit war! Kurz nach unserer Ankunft im Kreißsaal kam meine kleine Hannah auch schon zur Welt! Es ging so schnell, dass der diensthabende Arzt fast zu spät kam.

Wie anders war dieses Erlebnis! Die erste Geburt war so schwer und lang gewesen. Diese hingegen war ein echter Segen. Ich war sofort fit, als ob nichts gewesen wäre. Ich war so dankbar! Wäre ich unter dem Einfluss von Ängsten in diese Geburt gegangen, hätte sie sich sicher nicht so komplikationslos gestaltet. Ich bin beeindruckt, wie Gott, der Schöpfer des Universums, unsere Ängste ernst nimmt! Er hatte meine Ärztin benutzt, um einen Wendepunkt in meiner Gefühlswelt zu schaffen. Neuer Mut war die Folge eines für mich überaus wichtigen Gesprächs. Gelobt sei Gott für seine wundersamen Wege und Ermutigungen!

Daniela Misiunas

17. Januar

Narbengewebe

*„Mein Lieber, ich wünsche, dass es dir in allen Dingen
gut gehe und du gesund seiest, so wie es deiner Seele gut geht."*
3. Johannes 2

Wenn vor einigen Jahren eine ältere Verwandte oder Freundin mit Bestimmtheit sagte, dass es am nächsten Tag regnen werde, schaute ich meistens in den klarblauen Himmel und lächelte besserwisserisch: Regen? Unmöglich! So dachte ich. Aber zu meinem Erstaunen – um nicht zu sagen Ärger – regnete es jedes Mal. Und heute habe ich selbst den Punkt erreicht – oder sollte ich sagen das Alter? – bei dem ich kein Barometer mehr brauche, denn mein eigener Körper sagt mir voraus, dass schlechtes Wetter anrückt.

Im Laufe der Jahre erleiden wir alle unterschiedliche körperliche Verletzungen, und es ist der Schmerz in diesen alten Wunden, der uns oft daran erinnert, dass der Luftdruck sinkt. Ich kann das Phänomen nicht erklären, aber es ist eine der Tatsachen des Lebens. Auf unserem Lebensweg bleiben nicht nur physische Narben, sondern auch seelische und geistliche Wunden zurück. Diese neigen dazu, uns Schmerzen zu bereiten, besonders wenn unser geistliches Barometer fällt.

Jede Erfahrung, die wir durchlaufen, schafft eine Erinnerung. Einige sind frisch und fröhlich, sogar nach vielen Jahren. Wenn wir an ein solches Ereignis zurückdenken, schlägt das Herz schneller. Eine Welle des Glücks überrollt uns in einem wahren Tsunami der Freude. Andere Ereignisse sind Erinnerungen des „Narbengewebes", die jedes Mal schmerzen, wenn wir an sie denken. Tränen füllen unsere Augen und das Herz wird schwer wie Blei, während wir Szenen lebhaft vor Augen haben, von denen wir wünschten, sie wären nie so abgelaufen.

Wie es fähige Schönheitschirurgen gibt, die schmerzendes, entstellendes Narbengewebe von unserem Körper entfernen können, gibt es den Einen, den Einzigen, der die tiefen Spuren in unseren seelischen und geistlichen Erinnerungen entfernen kann. Die Operation ist für alle kostenfrei. Unser Chirurg bittet nur, dass wir uns ihm völlig übergeben und mit ihm so weit wie möglich zusammenwirken.

Warum zögerst du? Unser Heiland ist der Einzige, der die äußerst schmerzhaften Folgen der Sünde entfernen und uns in sein fleckenloses Bild verwandeln kann. Es gibt sogar einen Bonus, denn während er an dem Leid in unseren Sinnen und Herzen arbeitet, entfernt er auch einige körperliche Narben, und wir dürfen uns einer Gesundheit erfreuen, die wir uns nicht hätten träumen lassen.

Jesus ist gekommen, um uns ganzheitlich zu erlösen. Seine heilende Berührung stellt jeden Bereich unseres an der Sünde erkrankten, zerschundenen Lebens wieder her.

Revel Papaioannou

18. Januar

Der wichtigste Lauf

*„Ihr kennt das doch: Von allen Läufern, die im Stadion
zum Wettlauf starten, gewinnt nur einer den Siegeskranz.
Lauft so, dass ihr ihn gewinnt! Wer im Wettkampf siegen will,
setzt dafür alles ein. Ein Athlet verzichtet auf vieles,
um zu gewinnen. Und wie schnell ist sein Siegeskranz verwelkt!
Wir dagegen kämpfen um einen unvergänglichen Preis."*
1. Korinther 9,24.25 (Hfa)

Im Januar 2006 machte ich meine Jahresplanung und nahm mir vor, am traditionellen Silvestermarathon in São Paulo, Brasilien, teilzunehmen. Er findet schon seit mehr als 50 Jahren am 31. Dezember statt.

Ich begann mein Training, indem ich an kleineren Läufen von sechs bis zehn Kilometern teilnahm. Mein erster Langstreckenlauf war schwierig. Ich stellte mir immer wieder die Frage, was ich dort suchte. Ich war müde und in Schweiß gebadet; ich wollte mich auf den Bürgersteig setzen und jemanden anrufen, der mich abholen sollte. Mein Gehirn sagte mir, dass ich es nicht schaffen werde. Aber als ich hörte, wie mich die Menschenmenge vor der Ziellinie anfeuerte, änderte sich alles. Meine Schritte wurden fester, und ein breites Lächeln trat an die Stelle des Ausdrucks der Erschöpfung auf meinem Gesicht.

Während meines einsamen morgendlichen Trainings (es wollte sonst keiner um 6 Uhr Früh mit mir laufen) begann ich, an einen anderen Lauf zu denken, an dem wir alle teilnehmen. So manch eine ist vielleicht schon müde geworden. Vielleicht haben wir unsere Füße verletzt und Tränen für unsere Lieben vergossen, die uns fehlen. Vielleicht können wir nicht hören, wie uns die Engel anfeuern, und auch nicht, wie unser liebevoller Trainer uns sagt, dass er an unserer Seite ist, dass er uns ermutigen will.

Ich habe keine Ahnung, ob du schon vom Lauf müde bist, aber ich möchte dir eines sagen. Gib nicht auf! Jesus, unser Trainer, hat diesen Lauf schon gewonnen, und nun steht er da mit offenen Armen, bereit, uns aufzuheben, wenn es nötig ist. Er liebt dich und wird dich nie enttäuschen.

Trotz meines guten Trainings habe ich bis jetzt weder einen Lauf gewonnen noch einen Podestplatz erobert. Das entmutigt mich aber nicht. Ich weiß, dass meine Belohnung auf mich wartet, und nicht nur auf mich, sondern auf all jene, die mit Jesus laufen wollen. Wir können wieder aufstehen, unsere Tränen trocknen und Jesus sehen, wie er mit einem wunderbaren Lächeln auf uns wartet, den Siegeskranz in seinen Händen. Er sagt uns: „Ich bin froh, dass du nicht aufgegeben hast. Ich habe auf dich gewartet."

Lizandra Neves de Azevedo

19. Januar

Das Tischgebet – nur eine gute Gewohnheit?

„Und du sollst den HERRN, deinen Gott, lieb haben von ganzem Herzen, von ganzer Seele und mit all deiner Kraft. Und diese Worte, die ich dir heute gebiete, sollst du zu Herzen nehmen und sollst sie deinen Kindern einschärfen und davon reden, wenn du in deinem Hause sitzt oder unterwegs bist, wenn du dich niederlegst oder aufstehst."
5. Mose 6,5-7

Wir haben zwei gleich alte Enkelkinder, die ein Jahr alt sind. Wir hatten das Vorrecht, sie in diesem ersten Lebensjahr in ihrer Entwicklung genau zu beobachten. Wie schlau sie doch sind und wie viel mehr sie verstehen, als wir uns vorzustellen vermögen. Sie können noch nicht viel sagen, aber sie können sich sehr gut mit Gesten verständigen. Und sie nehmen alles wahr, was um sie herum geschieht.

Welch eine Gelegenheit, ein Kind durch unser Vorbild zum Guten zu beeinflussen, wenn wir sitzen oder unterwegs sind, uns niederlegen oder aufstehen, wie es in dem Bibeltext heißt! Es sieht, wenn wir bei Tisch beten. Auch wenn es gefüttert wird, dankt die Mutter für den Brei oder die Flasche.

Aiden, der Enkel meiner Schwägerin Dina, spricht mit seinen drei Jahren noch nicht allzu viel, aber er hat gelernt, dass man vor dem Essen ein Tischgebet spricht.

Er wollte die Fische in seinem Aquarium füttern, als er plötzlich anhielt und sagte: „Nein, warte, Wawa." (Das ist seine Bezeichnung für Oma – wohl Mama verkehrt herum.) „Wir müssen zuerst beten." Und dann machte er seine Augen zu, faltete die Hände und betete. Die Oma verstand zwar nicht wirklich die Worte, die er sprach, aber Gott verstand sie sicher.

Woher hatte er das gelernt? Aus dem Vorbild der Eltern und Großeltern, die er beobachtet hatte. Er wurde dadurch selbst für die Erwachsenen zum Vorbild. Er betet immer, wenn er isst und auch dann, wenn er seine Fische füttert.

Wir waren einmal in einem Schnellimbiss und setzten uns mit unserem Tablett an einen der Tische im Freien. Wenn wir in der Öffentlichkeit essen, beten wir oft still, jeder für sich. Wir beobachteten aber, wie sich ein junges Paar an den Nachbartisch setzte, die Hände faltete und ganz ungezwungen für das Essen dankte. Das hat uns beeindruckt. Wir haben sie uns zum Vorbild genommen und tun das jetzt auch in Restaurants öffentlich.

Was immer wir tun – unser Leben ist eine Aussage und wird beobachtet. Hoffentlich sind wir stets gute Vorbilder. In unserem Land darf ich meinen Glauben mutig und offen bekennen und entsprechend leben – ohne Angst vor schlimmen Folgen. Warum sollte ich mich meines Glaubens schämen? Ich möchte auch nicht, dass sich Jesus meiner schämen muss. Heute möchte ich mein Leben so leben, dass es zum Vorbild taugt.

Hannele Ottschofski

20. Januar

Unsere Entscheidung

"Bringe deine Sorgen vor den Herrn, er wird dir helfen. Er wird nicht zulassen, dass der Gottesfürchtige stürzt und fällt."
Psalm 55,23 (NL)

Ich war am Long-Beach-Flughafen mit meiner Schwiegermutter. Wir warteten auf unseren Flug nach Dulles in Washington D.C. Wir hatten fast zwei Stunden Wartezeit. Wie immer musste ich mich irgendwie beschäftigen, damit es mir nicht langweilig wurde.

Ich nahm meinen Computer aus der Tasche und schaltete ihn ein, aber dann fing ich an, die Menschen zu beobachten, die vorbeigingen. Eine Frau rannte zum Abflug mit einer recht schweren Tasche. Sie trug sie mit einer Hand. Dabei wurde die Schulter ziemlich heruntergedrückt. Sie hatte wohl vergessen, dass die Tasche mit Rädern ausgestattet war – es wäre leichter und schneller gewesen, sie nachzuziehen. Ein Mann eilte mit zwei Stück Handgepäck und einer Plastiktüte vorbei – wahrscheinlich mit Essen für den Flug. Ich lächelte. Er schien mit seiner Last zu kämpfen und sah nicht, dass sein Hemd ganz verdreht war.

Eine andere Frau zog vorbei. Sie war elegant gekleidet, trug hohe Stöckelschuhe und hatte nur eine kleine Handtasche bei sich. Das nenne ich „mit Stil reisen". Ich weiß nicht warum, aber immer wenn ich reise, trage ich zwei Stück Handgepäck, beide bis zum Äußersten vollgestopft. Ich sehne mich nach dem Tag, an dem ich mit leichtem Gepäck reisen kann wie diese Frau.

Ich beobachtete eine sechsköpfige Familie. Die kleinen Mädchen waren lebhaft, kicherten, hüpften und legten sich auf den Boden. Die Eltern bemühten sich, sie rechtzeitig für den Flug wieder sauber zu bekommen.

Wir alle sind Reisende in unsere himmlische Heimat. Es ist erstaunlich, dass wir uns auch dabei ähnlich verhalten wie auf unseren Reisen hier auf Erden. So manch einer müht sich mit schwerem Gepäck ab, bestehend aus Angst, Sorgen und Entmutigung. Wir vergessen, dass wir unsere Lasten leicht unserem Herrn übergeben könnten und er sie für uns ziehen kann. Andere reisen mit einem Gepäck von Hass, Neid und Zorn – Gepäck, das für unsere Reise unnötig ist. Wiederum andere werden ganz dreckig von der Sünde und müssen gereinigt werden.

Gott sei Dank, dass es auch welche gibt, die mit Stil reisen. Sie haben nur leichtes Gepäck und verlassen sich in allem auf den Herrn, der für sie alles trägt.

Wir dürfen heute unsere Entscheidung treffen. Ich bete dafür, dass wir mit Stil reisen, alle unsere Lasten auf den Herrn werfen. Mögen wir doch dafür sorgen, dass unsere Reise freudig sein kann, indem wir uns von Gott leiten lassen und ihm nachfolgen. „Bringe deine Sorgen vor den Herrn, er wird dir helfen."

Jemima D. Orillosa

21. Januar

Welch ein Freund ist unser Jesus

*„Es begab sich aber, da sie (Jesus und seine Jünger) weiterzogen,
dass er in ein Dorf kam. Da war eine Frau mit Namen Martha,
die nahm ihn in ihr Haus auf."*
Lukas 10,38

Kennst du die Situation, dass du jemanden zum Reden brauchst? Jemanden, mit dem du lachen kannst, bei dem du einfach nur entspannen und die Zeit genießen darfst? Jemanden zu haben, dem man alles erzählen kann und bei dem man auch sicher ist, dass es nicht weitergetragen wird, ist ein Geschenk!

Meine Freundin wohnt nebenan. Viele Stunden haben wir schon damit verbracht, uns auszutauschen, miteinander zu lachen und auch zu weinen. Wir können uns sicher sein, dass alles, was wir besprechen, bei uns bleibt und nicht weitererzählt wird. Das bedeutet für mich Freundschaft!

Wie war das bei Jesus? Hatte er auch Freunde? Ja, ganz sicher! Zu seinen Freunden gehörten zwei Frauen, Martha und Maria und deren Bruder Lazarus. Jesus selbst nannte Lazarus seinen Freund! Diese Freundschaft beruhte auf gegenseitiger Zuneigung und Wertschätzung. Wenn Jesus sie mit seinen Jüngern besuchte, boten sie ihm nur das Beste. Hier war er zu Hause! Er säuberte sich vom Staub der Straße, ruhte sich von den weiten Fußwegen aus und konnte sich satt essen.

Während Martha die Gruppe bewirtete, setzte sich Maria zu Jesus und lauschte seinen Worten. Sie missachtete alle damaligen Gepflogenheiten und überließ die Hausarbeit ihrer Schwester. Was bedeutete es für Martha, wenn plötzlich eine Gruppe Männer kam, nicht gerade sauber und hungrig? Heute wäre manch eine Frau, trotz moderner Hilfsmittel, überfordert, wenn plötzlich mehrere Personen – hungrig, verschwitzt, schmutzig, mit dreckiger Kleidung – vor ihrer Tür stünden. Martha musste die Dinge, die sie benötigte, vielleicht mit dem Esel aus dem nächsten Dorf oder der Stadt holen. Nur zu begreiflich, dass sie kein Verständnis für Maria hatte. Maria sog jedes Wort, das Jesus sprach, in sich hinein. Sie nutzte jeden Augenblick! Jesus, als Freund der beiden Schwestern, sagte über sie: „Martha, Martha, du hast viel Sorge und Mühe. Eins aber ist Not. Maria hat das gute Teil erwählt; das soll nicht von ihr genommen werden." Und doch steht in der Bibel, dass Jesus beide Schwestern lieb hatte!

Trotz guter Freunde bin ich mir ganz sicher, dass Jesus mein bester Freund ist! Oft denke ich an das Lied: „Welch ein Freund ist unser Jesus …" Er hört sich im Gebet alles an, er nimmt mich an, wie ich bin, er trägt meine Schuld und vergibt mir. Welch ein Freund ist mein Jesus! Ist er auch deiner?

Angelika Pfaller

22. Januar

Im Gleichklang atmen

„Die Jünger waren beisammen und hatten aus Angst die Türen abgeschlossen. Da kam Jesus, trat in ihre Mitte und sagte: ‚Friede sei mit euch.' ... Dann hauchte er sie an und sagte: ‚Empfangt den Heiligen Geist.'"
Johannes 20,19.22 (GNB)

Der Kater meiner Schwester ist mit mir die Treppe heraufgetrippelt. Er ist wunderschön gestreift in allen Nuancen von cremefarben bis orange-rötlich. Deshalb nennt ihn meine Schwester „Tiger". Einladend klopfe ich neben mir auf das Sofa, auf dem ich gemütlich sitze. Da springt er zu mir herauf, klettert schnurrend mit seinen Samtpfoten auf meinen Schoß und macht es sich bequem.

Schon in meiner frühesten Kindheit war ich in alles, was krabbelt, fliegt oder Pelz besitzt, vernarrt. Und ich freue mich noch immer, wenn sich ein Kätzchen vertrauensvoll mir nähert, sich schnurrend auf mir niederlässt und ich mit der Hand über das seidige Fell streiche. Diese Augenblicke sind für mich voller Frieden. Das Bild einer schlafenden Katze auf dem Schoß erinnert mich an Geborgenheit, an ein Zuhause in Sicherheit, beschützt an einem Ort, wo ich mich verbergen und ruhen kann. Ja, es erinnert mich irgendwie an den Himmel. Wenn ich mich in der Vergangenheit traurig, allein oder schwach fühlte, bat ich manchmal unseren Vater: „Lass mich einfach bei dir sein, wie ein kleines Kätzchen, das sich auf deinem Schoß zusammenrollt." Und wenn ich mich so nahe bei ihm wusste, spürte ich wieder Frieden.

Auch Tiger kam zu mir und schlief bald darauf ein. Um ihn nicht zu stören, höre ich auf, ihn zu streicheln, und betrachte ihn still. Da fällt mir plötzlich etwas Erstaunliches auf: Der Kater und ich, wir beide atmen in ganz genau demselben Rhythmus! Und das für eine ganze Weile, bis Tiger etliche Minuten später aufwacht und gähnend den Kopf hebt. Ich habe einmal gelesen, dass, wenn eine Mutter liebevoll mit ihrem Baby spricht, ihre Herzen im selben Rhythmus zu schlagen beginnen, obwohl normalerweise der Herzschlag eines Säuglings viel schneller ist als der eines Erwachsenen. Ähnlich war es nun mit mir und Tiger. Und das erinnert mich daran, wie Jesus nach seiner Auferstehung zu den niedergeschlagenen Jüngern sagte, „Friede sei mit euch! Empfangt den Heiligen Geist!" Dann hauchte er sie mit seinem Atem an. Er weiß, wir haben Bedürfnisse, die wir nicht selbst stillen können. Wir suchen nach diesem Frieden, nach dieser Geborgenheit, doch nur er kann sie uns wirklich schenken. Nahe an seinem Herzen kommt unser „unruhiger Herzschlag" mit dem seinen in Gleichklang. Er schreibt durch den Heiligen Geist seine Grundsätze der Liebe in unsere Herzen. Wir beginnen mit ihm im Einklang zu atmen, weil wir uns in seinem Frieden und in seiner Liebe geborgen wissen.

In meinem Leben waren es oftmals gerade die traurigen Dinge und die Probleme, die mich wie ein Kätzchen zu ihm auf seinen Schoß getrieben haben. Nun lerne ich, dafür dankbar zu sein. Möge uns sein Friede durch die Zeiten der Schwierigkeiten tragen, während wir lernen, mit dem Herzschlag seiner Liebe im Gleichklang zu sein. Mögen wir „seinen Atem spüren", wenn er zu uns sagt: „Friede sei mit dir, mein Kind."

Jaimée Seis

23. Januar

Zum Bilde Gottes

„Gott schuf den Menschen zu seinem Bilde, zum Bilde Gottes schuf er ihn; und schuf sie als Mann und Frau."
1. Mose 1,27

Hast du jemals darüber nachgedacht, welches unglaubliche Wunder du bist? Ein Mensch, mit allen seinen Funktionen, Fähigkeiten, Unterschiedlichkeiten und doch Ähnlichkeiten. Jeder Mensch ist anders, selbst eineiige Zwillinge sind nicht ganz gleich – und alle sind von Gott geschaffen. Niemand ist ein Zufall oder ein von Gott ungewolltes Kind. Wir sind mit der Fähigkeit, zu denken und Entscheidungen zu treffen, ausgestattet. Wir können etwas lernen und uns entwickeln. Gott schenkt uns Weisheit und Verstand, wenn wir uns zu ihm wenden. Gott hat uns das Leben geschenkt und dafür können wir nur DANKE sagen.

Wir werden in verschiedene Verhältnisse hineingeboren. Wir werden mit viel oder wenig Liebe – ja viele auch ohne elterliche Liebe und Fürsorge – großgezogen. Das Letztere ist eine schwere Hypothek für das Leben. Liebt Gott diese Menschen weniger als die anderen, die unter besseren Verhältnissen aufwachsen? Aus menschlicher Sicht kommt es uns sicherlich oft so vor, aber die Liebe Gottes dringt zu jedem durch. Und diese Liebe hat Bestand. Gott ist in besonderer Weise gerade für die Schwachen da. David schreibt in Psalm 69: „Die Elenden sehen es und freuen sich, und die Gott suchen, denen wird das Herz aufleben. Denn der Herr hört die Armen und verachtet die Gefangenen nicht."

Jeder Mensch wird mit Gaben und Fähigkeiten ausgerüstet. Und diese sind „ausbaufähig". Gott möchte, dass wir unseren Verstand schulen, um ihn (Gott) immer besser verstehen zu können. Er möchte, dass wir einen klaren Blick für seinen Willen und unseren Lebensweg entwickeln. Er möchte nicht, dass wir träge und gleichgültig durch das Leben schreiten. Durch sein Wort spricht er zu uns und fordert uns auf: „Lasst uns aber wahrhaftig sein in der Liebe und wachsen in allen Stücken zu dem hin, der das Haupt ist, Jesus Christus" (Epheser 4,15). Die Kinder Gottes sollten danach streben, jede Fähigkeit, die sie besitzen, so weit wie möglich weiterzubilden. Ob Handwerker oder Rechtsanwalt, Arzt oder einfacher Arbeiter, alle müssen sich schulen lassen, wenn sie Erfolg haben wollen. Ist unser Vorhaben, das ewige Leben zu erlangen, nicht ein weit wichtigeres Ziel?

Lass den heutigen Tag nicht verstreichen, ohne dass du deine wunderbaren Gaben und Fähigkeiten, die Gott dir durch seine Schöpfermacht verliehen hat, veredeln lässt und für ihn gebrauchst.

Elisabeth Hausenbiegl

24. Januar

Der Stoff des Lebens

*„Lasst uns aufeinander achten! Wir wollen uns zu gegenseitiger
Liebe ermutigen und einander anspornen, Gutes zu tun."*
Hebräer 10,22-24 (Hfa)

In letzter Zeit haben mein Mann und ich weben gelernt. Wir wurden in den Arbeitsvorgang eingewiesen, angefangen bei der Vorbereitung und beim Einspannen der Kette bis zum Weben des fertigen Produktes. Während wir an einem Stück arbeiteten, fiel uns auf, dass das Leben viele Parallelen zum Weben eines Stoffes aufweist. Diesen Gedanken möchte ich anhand unserer Arbeit an Teppichen erklären.

Wir wollten einen schönen Wandteppich weben und wählten ein Muster, das zwölf verschiedene Farben in der Kette verlangte. Diese waren so ausgerichtet, dass die eine Hälfte des Teppichs ein Spiegelbild der anderen Hälfte sein sollte. Der Schluss bestand aus einer einzigen Farbe.

Der Webstuhl hat vier Schaftrahmen mit Webelitzen, durch die die Kette eingefädelt werden musste. Jeder Schaftrahmen wurde dafür in der Reihenfolge 4, 3, 2, 1, verwendet, und dieser Vorgang wurde so lange wiederholt, bis alle 360 Fäden eingefädelt waren. Das einzige Problem war, dass wir außer auf die Reihenfolge der Schaftrahmen auch auf die richtige Reihenfolge der verschiedenfarbigen Fäden achten mussten, die vom Kettbaum zu den Webelitzen führten.

Um ein interessantes Farbmuster zu bekommen, hatten die einzelnen Farben eine unterschiedliche Zahl an Fäden, angefangen bei 30 Fäden einer Farbe bis 18, 16, 12, usw. Um die Symmetrie der beiden Hälften herzustellen, durften wir bei der Vorbereitung oder beim Einfädeln der Kette durch das Webeblatt oder die Litze keinen Fehler machen.

Als wir die beiden letzten Litzen erreicht hatten, stellten wir fest, dass uns ein Fehler unterlaufen war. Wir hatten auf die eine Seite der Kette 20 graue Fäden getan, wo nur 18 sein sollten. „Ach, lass es doch bleiben, keiner wird es merken", dachten wir. Aber leider hätte dieser eine Fehler eine sichtbare Veränderung auf der ganzen Länge des Wandteppichs hinterlassen. Und so mussten wir die zwei überflüssigen Fäden entfernen und drei weitere Farben neu einfädeln, um die Symmetrie zu gewährleisten.

Unser Leben mit Gott verläuft ähnlich. Wir stolpern und fallen und begehen Fehler. Aber Gott hat uns ein Muster, ein Vorbild, gegeben, dem wir folgen sollen, und ein Gewissen geschenkt, das uns sagt, was wir tun müssen, wenn wir andere verletzt haben. Wenn wir zu Gott kommen, reinigt er uns von unserer Schuld und leitet uns. So können wir gemeinsam wie eine Familie einander im Glauben stärken, indem wir miteinander Gott anbeten und gemeinsam den Stoff unseres Lebens weben.

Sinikka Dixon

25. Januar

Reue

*„Und viele, die unter der Erde schlafen liegen, werden aufwachen:
Etliche zu ewigem Leben, etliche zu ewiger Schmach und Schande."*
Daniel 12,2

„Es ist kein richtiges Leben, wenn man nicht Dinge bereut." Das hat ein alter Mann kurz vor seinem Tod gesagt. Wir kennen wohl alle solche „Dinge", die wir bereuen. Eine Sache bereue ich wirklich von ganzem Herzen. Ich war zu spät abgereist. Wir arbeiteten schon seit fünf Jahren in Afrika. Ich flog jedes Jahr ein bis zwei Mal nach Europa, um unsere Familie zu besuchen. Kurz vor Weihnachten hatte meine Mutter einen Schlaganfall erlitten, erholte sich jedoch ziemlich rasch. Meine Geschwister versicherten mir, dass ich nicht sofort nach Hause zu kommen brauche, da ich ja im neuen Jahr sowieso eine Reise gebucht hatte.

Ich hätte damals auf mein Herz hören sollen. Ich habe es bitter bereut und bereue es heute noch. Ich kam zu spät. In der Nacht, in der ich in meine Heimat flog, verstarb meine Mutter. Sie hatte mit meinen Geschwistern und den Enkeln den Abend verbracht, sie hatten gelacht sich gefreut, dass ich am nächsten Tag auch da sein würde, und hatten Pläne geschmiedet. Mama ist mit dem schönen Gedanken eingeschlafen, mich beim Aufwachen wieder in die Arme schließen zu können. Sie schläft immer noch dem Tag entgegen, wo wir uns wieder sehen werden. Ich freue mich darauf!

Bis dahin muss ich mit meiner Reue weiterleben. Dabei versuche ich, diese Reue in tatkräftige Hilfe umzusetzen. Ich gehe regelmäßig ins nahegelegene Alters- und Pflegeheim und verbringe Zeit mit betagten Menschen, besonders solchen, die keine Angehörigen mehr haben oder deren Kinder weit weg wohnen. Ihre Gedanken können sie oft nicht mehr in Worte fassen. Sie halten mich an der Hand, und ich streiche über die faltigen, abgearbeiteten Hände. Wir verstehen uns auch ohne Worte. Oder wir singen als ganze Gruppe die alten Lieder aus ihrer Jugendzeit. Manchmal wünschte ich, meine Mutter wäre dabei, sie hätte sich gefreut. Aber ich weiß, dass es damals auch eine Person gab, die gerade das für meine Mutter getan hat, eine wunderbare Hauspflegerin. Sie hat für meine Mutter oft gesungen, sie hat mit ihrer liebevollen Art meine Mutter glücklich gemacht. Wir dürfen immer beten, dass Gott unseren Lieben einen Menschen schickt, der das tut, was wir aus unterschiedlichen Gründen nicht tun können. Dafür können wir den Menschen in unserer Umgebung etwas geben, was ihnen sonst niemand gibt. So kann ich mit meiner Reue umgehen, nicht weil ich mir damit mein Heil erkaufen will, sondern weil es mir ein Bedürfnis geworden ist. Ein Strahlen in den Augen derer, die ich besuche, lässt mich vergessen, dass ich etwas versäumt habe.

Wenn wir fähig sind, negative Erfahrungen in etwas Positives umzuwandeln, haben wir unser Leben wirklich bereichert – wie der palästinensische Vater, der die Organe seines 11-jährigen Sohnes – erschossen bei einem Gefecht mit israelischen Soldaten – freigab, damit ein kleiner Israeli weiterleben konnte. Das ist menschliche Größe. Der Vater ist nicht an seinem Schicksal zerbrochen, er hat aus seiner Trauer das Beste gemacht. Das tue ich auch und mit mir tun es Tausende von Menschen. Das sind die Helden des Alltags.

Vreny Jaggi-Rechsteiner

26. Januar

Die Brücke

*„Meister, wir haben die ganze Nacht gearbeitet und nichts gefangen;
aber auf dein Wort hin will ich die Netze auswerfen."*
Lukas 5,5 b

In unserer Kindheit besuchten wir oft unsere Großmutter, die in einem kleinen Dorf wohnte. Der Stolz einer jeden Oma ist es, ihre Enkelkinder der Verwandtschaft vorzustellen. Zu diesen Verwandten führte ein kleiner Weg über einen Bach, den man über einen Katzensteg, wie wir diese „Brücke" nannten, überqueren musste. Man konnte aber auch einen Umweg durch das Dorf machen. Uns Kinder faszinierte natürlich der Steg. Es war nur ein Balken, der über den Bach gelegt war. Es galt, das Gleichgewicht zu bewahren. Es konnte jeweils nur einer darüberhuschen.

Es gibt verschiedene Brücken – berühmte, weniger berühmte, steinerne, hölzerne, schöne, romantische, zweckmäßige, kleine, große. Jede Brücke erfüllt ihren Zweck. Sie schafft Verbindungen von hier nach dort. Einen Katzensteg müsste man nicht unbedingt haben, man könnte auch über den schmalen Bach springen. Aber über eine Schlucht wie die Via Mala ist es mit einem Katzensteg nicht getan, da muss schon eine stabile Brücke her.

Ich schlage eine Brücke zu den Beziehungen unter den Menschen. Wie oft gibt es tiefe Schluchten, tiefe Risse, die unüberwindbar sind oder scheinen. Man geht sich aus dem Weg. Unversöhnlichkeit, Hass, Unfriede, Neid, Missgunst, Ablehnung, aus welchem Grund auch immer, Schuld und Schuldzuweisung sind Schluchten, die eine Brücke nötig machen. Aber es fällt uns oft schwer, eine solche zu bauen. Man hat oft auch nicht die Kraft und den Mut dazu, oder die Brücke wird nur einseitig gebaut und muss als Ruine dastehen, weil der andere kein Interesse daran hat, von seiner Seite aus seinen Teil zu bauen. Schön ist es, wenn beide Seiten bauen und man sich in der Mitte treffen kann.

Jesus möchte, dass wir Brückenbauer sind oder es werden. Er ist uns ein Vorbild geworden, indem er durch seinen Kreuzestod die Brücke über den Abgrund der Sünde gebaut und den Weg zum Vater freigemacht hat. Dieses Kreuz ist stark genug, dass jeder hinübergehen kann, der es möchte.

Wenn wir hier auf Erden noch diesseits am „Ufer" stehen – Jesus wartet am anderen „Ufer" mit ausgebreiteten Armen auf uns – wird es dennoch keine Trennungen mehr geben, die einer Brücke bedürfen.

Wenn es uns ein Anliegen ist, Brückenbauer zu sein, kann uns Jesus dabei helfen. Petrus sagte zu Jesus: „Auf dein Wort hin" (Luk. 5,5). Ich füge hinzu „will ich es versuchen." Wir dürfen dabei nicht die einzelnen Steine betrachten, sondern das Bauwerk als Ganzes.

Die größte Brücke, die es gibt, kommt wenn Jesus auf der Wolke erscheint und wir ihm entgegengehen können. Herr Jesus, hilf mir, Brückenbauer zu sein, um die Menschen am anderen Ufer in deinem Reich zu treffen. Alleine schaffe ich es nicht. Ich danke dir.

Kathi Heise

27. Januar

Angekommen – Schabbat schalom!

„Und er sprach zu ihnen: Der Sabbat ist um des Menschen willen gemacht und nicht der Mensch um des Sabbats willen."
Markus 2,27

Oft bin ich freitags nur noch geschafft. Es ist so, als würde meine Kraft zu Ende gehen. Für mich ist es an diesem Tag nur noch wichtig, bis zum Sonnenuntergang durchzuhalten. Dann beginnt bei uns der Sabbat und wir schalten auf Pause. Gestern war wieder so ein Tag. Irgendwie war ich mit der ganzen Welt unzufrieden. Alex war viel unterwegs, Mamas gebrochener Arm hat auch für Beschäftigung gesorgt, der Haushalt, die Arbeit, ... alles zusammen bereitete nicht gerade große Freude in meinem Herzen.

Weil es immer etwas gibt, was uns am Abschalten hindern will, gibt es am Freitagabend bei uns ein Ritual. Wir begrüßen den Sabbat, indem wir singen. Das ist eine wunderbare Möglichkeit, um abzuschalten. Danach ist die Arbeit ganz weit weg. Das haben wir gestern auch getan. Ich habe gemerkt, wie bei jedem Lied mein Herz leichter wurde. Und doch wollte die Woche noch nicht ganz verschwinden. Darum setzten wir unser Programm fort und beten. Doch wir beten nicht einfach nur so, um Gott unsere Anliegen zu erzählen, nein, wir beten füreinander. Alex für mich und ich für ihn. Es ist interessant, dass dies einen großen Unterschied ausmacht.

Du fragst, warum? 1. Ich muss mir Gedanken machen, was mich wirklich bewegt, und das in Worte fassen. Dadurch wird mein Denken sortiert. 2. Wenn der andere für dich betet, erlebst du Anteilnahme und das ist Streicheln deiner Seele, einfach wunderbar.

Bei mir funktioniert es immer. So auch gestern. Als wir beim Abendbrot saßen, war ich im Sabbat angekommen. Mein Herz ist dankbar für die vergangene Woche und für die Freiheit, dass ich nicht immer alles mit mir herumtragen muss, sondern an Gott abgeben kann. Schabbat schalom!

Danke, Herr, dass du so eine hervorragende Einrichtung schon von Anfang an angelegt hast, was deine Weitsicht beweist. Danke für den Tag der Ruhe, der jede Woche beständig wiederkommt und ein fester Bestandteil in unserem Leben ist.

Claudia DeJong

28. Januar

Jetzt bist du an der Reihe

„Wirf dein Anliegen auf den HERRN; der wird dich versorgen."
Psalm 55,23

Aubrey kommt mindestens einmal in der Woche, um den Tag bei uns zu verbringen. Es ist für uns ein Vorrecht, einen ganzen Tag mit einer so aufgeweckten kleinen Enkelin zu verbringen. Wir haben so viel Spaß dabei!

Dieses Jahr hatten wir eine reiche Pfirsichernte und ich suchte nach Möglichkeiten, dieses Obst zu verwerten. Eines Tages schlug ich vor, kleine Pfirsichtörtchen zu backen. Wir könnten sie selber essen und auch den Nachbarn einige abgeben. Aubrey war begeistert. Und so suchten wir die Zutaten zusammen und fingen an, den Teig zu rühren. (Wenn sie mir beim Kochen hilft, möchte sie, sobald wir einige Zutaten zusammengefügt haben, mit dem Kosten anfangen. Bald entdeckte sie, dass die Zutaten des Knetteiges nicht besonders lecker sind.) Dann fing der Spaß an – der Teig musste ausgerollt werden. Ich stelle einen ganz einfachen Knetteig mit Öl her, aber er muss zwischen zwei Schichten von Wachspapier ausgewellt werden. Aubrey stand auf ihrem kleinen Hocker, nahm den schweren Teigroller in die Hand und versuchte, den ersten kleinen Kuchenboden auszurollen. Es war aber für ein kleines Mädchen, das gerade vier geworden war, nicht so einfach. Schließlich fragte ich: „Möchtest du, dass Oma dir hilft?"

„Ja", sagte sie erleichtert. „Wir können uns abwechseln, und jetzt bist du an der Reihe."

Und so wechselten wir uns ab. Sie begann bei jedem kleinen Törtchen damit, den Boden auszurollen, aber wenn der Teig aus der Form geriet (oder Aubrey einfach müde wurde), war ich wieder an der Reihe.

Ich dachte über diesen kleinen Wortwechsel nach und überlegte, ob ich in meiner Beziehung zu Gott nicht oft genug auch so handle. Ich bemühe mich, selber die Herausforderungen des Lebens zu meistern, aber wenn es mir zu schwierig wird (oder wenn ich alles durcheinander bringe und es nicht mehr selber richten kann), wende ich mich an Gott und sage ihm, dass er jetzt an der Reihe ist. Und ich deute an, dass ich selber wieder alles in die Hand nehmen will, wenn die schwierige Zeit vorbei ist.

Ich muss mir die Frage stellen: Wäre es nicht viel besser, Gott zu bitten, mit mir zu arbeiten, so dass wir im Gespann zusammenarbeiten und uns nicht abwechseln müssen? Ich war bereit und gewillt, Aubrey zu helfen, und ich bin sicher, dass Gott auch mir helfen will. Gott verspricht, für uns zu sorgen, wenn wir ihm unsere Sorgen und Anliegen übergeben. Die Elberfelder Übersetzung drückt den heutigen Text wie folgt aus: „Wirf auf den Herrn deine Last; und er wird dich erhalten". In 1. Petrus 5,7 (Luther) finden wir einen ähnlichen Gedanken: „Alle eure Sorge werft auf ihn; denn er sorgt für euch."

Wie steht es mit dir? Arbeitest du mit Gott zusammen oder wechselt ihr euch einfach ab?

Ardis Dick Stenbakken

29. Januar

Nächstenliebe und Selbstliebe

*„Du sollst deinen Nächsten lieben wie dich selbst;
ich bin der Herr."*
3. Mose 19,18

Das ist ein unter Christen und Nichtchristen viel zitiertes Wort, das wir sowohl im Alten wie auch im Neuen Testament finden. Doch wie kommen wir persönlich mit diesen Aussagen klar? Liegt unsere Betonung nur auf dem ersten Teil, „der Nächstenliebe", oder berücksichtigen wir auch Teil zwei und drei? Dürfen wir uns überhaupt selbst lieben, uns annehmen, uns als wert erachten?

Wie viel Wert und Annahme bringt Jesus jedem Einzelnen von uns entgegen, wenn er uns in Jeremia 31,3 zuruft: „Ich habe dich je und je geliebt und dich zu mir gezogen aus lauter Güte"! Er als unser Herr möchte, dass diese wunderbare Liebesgewissheit täglich in großen Funken auf unser Denken und Fühlen überspringt. Wie können wir uns dann selbst als nichts und nichtig bezeichnen, wenn Christus alles für uns eingesetzt hat, um uns aufzuwerten? Wie viele Tage gab es in unserer Vergangenheit, an denen wir uns regelrecht hassten? Wie sieht es mit dem Selbsthass heute aus? Ursachen dazu gibt es viele. Was können wir tun, um damit so zu Rande zu kommen, wie Gott es möchte? Denn: „Er ist der Herr!"

Im irdischen Leben von Jesus Christus gab es sicherlich keinen Tag, an dem er sich selbst hasste, auch keinen Tag, an dem er sich unwert fühlte. Er konnte immer zu sich und seinem Auftrag stehen, wie immer die Menschen ihm begegneten. Worin lag das Geheimnis seiner Selbstannahme, sprich Selbstliebe? Wohl darin, dass er sich der Liebe seines Vaters völlig bewusst war, nie daran zweifelte und sie immer höher wertete als alles menschliche Denken und Handeln.

Erst wenn auch wir auf dieser Grundlage denken und danach leben, ist es möglich, durch die Führung des Heiligen Geistes Gedanken und Gefühle loszulassen, die uns von der „wahren Liebe" abhalten. Dann dürfen wir erkennen, dass unser bisheriges Denken „weltlich" ausgerichtet war. Mit Gottes Hilfe werden wir uns nicht mehr als gut oder schlecht hinstellen, um überhaupt existieren zu können.

In der Gewissheit, geliebt zu sein, bekommen wir den Mut, zu unseren Schwachheiten so zu stehen, dass sie uns nicht abwerten. Dadurch wächst unsere „Selbstliebe im Sinne Jesu", und unsere „Nächstenliebe" wird einen neuen Schwerpunkt erhalten und sich verändern. So, wie wir sind – ohne Wenn und Aber – bitten wir Gott: „HERR. segne mich und erweitere die Erkenntnis meiner selbst. Ich danke dir, dass ich bei dir wertvoll bin und mich dadurch auch selbst als wertvoll erachten kann. Ich liebe dich und möchte deine Liebe verinnerlichen, um sie so weiterzugeben, wie es vor dir richtig und gut ist."

Waltraud Schneider-Kalusche

30. Januar

Gestempelt für's Leben

*„Aber nur fünf von ihnen waren so klug, sich ausreichend
mit Öl für ihre Lampen zu versorgen. Die anderen waren
gleichgültig und dachten überhaupt nicht daran,
genügend Öl mitzunehmen."*
Matthäus 25,2-4 (Hfa)

Der Morgen erwachte und so ganz langsam zog ich aus der bequemen Schlafhaltung meine Hand unter dem Kopf hervor. Noch ganz verschlafen blickte ich auf den Stempel auf meinem Handrücken. „Ach ja, das Konzert gestern Abend." – Albert Frey und Band, es war ein Lobpreisabend der besonderen Güte.

Glücklicherweise hatten wir uns rechtzeitig im Vorverkauf unsere Karten besorgt, denn die Schlange derer, die auch in die „Zwönitztalhalle" wollten, war ziemlich groß. Bis kurz vor dem Eingang unterschied uns Konzertbesucher nichts, aber am Einlass landete bei denen, die im glücklichen Besitz der Karten waren, etwas unsanft ein Stempel auf der Hand, so auch auf meiner. Dieser berechtigte mich, die Halle zu verlassen und zu betreten, wann und wie oft ich wollte. Die Karte tauschte ich gegen den Stempel ein. Da sich mein Mann noch draußen befand, lief ich an der wartenden Schlange vorbei.

„Haben Sie noch eine Karte übrig? – Nein? Bitte, ..." Diesen Satz hörte ich immer wieder.

Das erinnerte mich an das Gleichnis von den zehn Jungfrauen. Waren doch alle zur Hochzeit geladen, aber nur die Hälfte war klug genug, sich das lebensrettende Öl auf Vorrat mitzunehmen. Ein leichtes (zwar verbotenes, da erhabenes) Lächeln lag auf meinen Lippen, hatte ich doch vorgesorgt und mir rechtzeitig die Karte gekauft. So durfte ich, gezeichnet durch den Stempel, wieder in die Halle zurück und an dem wunderbaren Konzert teilhaben.

So ähnlich wird es auch einmal bei Gott am Tor seiner Ewigkeit sein. Wir denken immer, wenn wir dies und das tun und die Bibel lesen, werden wir uns das ewige Leben schon erarbeiten. Doch das nützt uns nichts, wenn wir die Eintrittskarte nicht gegen den „Jesus-Stempel" im Herzen austauschen. Unser ganzes Bemühen, alle frommen Worte und alle guten Werke werden vor Gott keinen Bestand haben, wenn nicht Jesus Christus – unser Heiland – der Herr in unserem Leben ist. Nehmt den „Jesus-Gnade-Stempel" an, den wir unverdient als Geschenk von ihm erhalten, denn damit lässt es sich schon heute und hier viel besser leben.

Angela Völker

31. Januar

Die kosmische Arena

*„Wie in einer Arena kämpfen wir vor aller Welt Augen. Menschen und
Engel beobachten gespannt, wie dieser Kampf ausgehen wird."*
1. Korinther 4,9 (Hfa)

Theater bilden immer wieder Höhepunkte im Besuchsprogramm antiker Städte. Staunend klettern Touristen auf den hohen Rängen herum, präsentieren sich zum Ablichten auf den Ehrensitzen, stellen sich in die Orchestra und probieren die Akustik aus. Manche Anlagen boten Tausenden von Menschen Platz und bilden noch heute beeindruckende Kulissen für Schauspiele und Konzerte.

Römische Amphitheater entwickelten sich zu riesigen Bauwerken, wie die Reste des Kolosseums in Rom eindrücklich zeigen. Massen strömten zusammen, um sich an Tier- und Gladiatorenkämpfen zu ergötzen, unmenschlichen Bestrafungen beizuwohnen und sich zu vergnügen. Stolz brüsteten sich Senatoren damit, dass Tausende von exotischen Tieren zerfleischt, Hunderte von Kämpfern angeheuert, die Zuschauer mit Münzen, Blumen und Düften überschüttet wurden. Mancher stürzte sich in den Ruin, um Spiele auszurichten, und wollte doch nur die Gunst des Pöbels erheischen. Was ging wohl in einer gläubigen Mutter vor, wenn sie mit ansehen musste, wie ihr Kind in eine Tierhaut gesteckt und wilden Hunden oder Löwen zum Fraß vorgeworfen wurde? Konnten Christen wirklich singend in den Tod gehen, als lebendige Fackeln angezündet, um das grausige Schauspiel zu beleuchten? Ist es möglich, den Peinigern zu vergeben, wie Jesus es uns vorgelebt hat? Paulus beschreibt das Leben des Christen als einen Kampf in der Arena mit himmlischen und weltlichen Zuschauern. Ich persönlich kann Kampfspielen nichts abgewinnen. Was soll an Boxern schön sein? Haben Fußball und Radrennen noch etwas mit Sport zu tun? Gewinnt wirklich der, der es verdient? Ich habe genug von Doping, Ränkespielen, Geldgier und Skandalen. Doch ziehen die Spiele Millionen von Menschen in ihren Bann und bewirken, dass zu gewissen Zeiten alle Welt vor den Fernsehern hockt und Unsummen verwettet werden. Muss ich bei dem Zirkus wirklich mitmachen?

In der kosmischen Arena muss auch ich meinen Platz einnehmen. Ich entscheide aber, ob auf den Zuschauerrängen oder auf der Bühne. Habe ich mich für den Kampf entschieden, gibt mir Paulus noch einige gute Ratschläge mit auf den Weg: „Wenn man uns beleidigt, dann segnen wir. Verfolgt man uns, wehren wir uns nicht; und wenn man uns verhöhnt, antworten wir freundlich." Das hört sich recht einfach an, aber im Alltag merke ich, dass mir das nötige Training noch fehlt. Da hat mir doch einer wirklich frech und vor der Nase den Parkplatz weggeschnappt, auf den ich schon sage und schreibe fünf Minuten gewartet hatte! „He, Sie, wir stehen hier alle vor der Kasse und drängeln nicht vor! Was denken Sie eigentlich, wie ich mit mir umspringen lasse? Ich bin schließlich Steuerzahler und habe meine Rechte! Das lasse ich mir nicht bieten, ich bin auch jemand!" Freundlich bleiben, segnen statt fluchen, sich nicht wehren – das liegt nicht in meinen Genen, da muss ich mich anstrengen, das muss ich üben. „Herr, hilf mir heute, in den kleinen Begebenheiten des Alltags Geduld zu bewahren und liebevoll zu handeln!"

Hanni Klenk

1. Februar

Gottes Segen, ein Definitionsversuch

„Der Segen des HERRN macht reich ohne Mühe."
Sprüche 10,22

Eines der besonderen Geschenke, die ein Christ bekommt, ist das, was die Bibel Gottes Segen nennt. Segen ist etwas, was wir heute nicht mehr wirklich beschreiben können. Das Wort selbst ist unmodern geworden. Im Grunde genommen ist es Gottes Handeln, das, was im Leben des Menschen sichtbar wird. Da Gottes Wesen Liebe ist, bezieht sich dieser „Segen" immer auf positive Dinge im Leben eines Christen. Damit verbunden ist auch der Schutz vor Gefahr und Leid.

In der Bibel steht, dass Gott seine guten Gaben in Fülle über die ausschütten will, die ihn lieb haben. Ich ahne, dass wir alle viel zu wenig davon in Anspruch nehmen. Es betrifft unser Verhältnis zu Gott und die Art, wie wir ihn sehen. Wir bitten ihn zu wenig, uns zu segnen und seine guten Gaben über uns auszubreiten. Warum es uns schwer fällt, weiß ich nicht so genau. Vielleicht weil wir denken, das alleine auch hinzubekommen.

Doch es betrifft auch unser Verhältnis zu unserem Mitmenschen. Wann hast du das letzte Mal jemandem Gottes Segen gewünscht? Eigentlich sollten wir das jedem wünschen. Wir alle können nicht genug davon bekommen. Heißt es doch, dem anderen etwas Gutes zu tun und das nicht nur als Wunsch, sondern auch mit der Konsequenz der Erfüllung.

Deshalb sollten wir jeden Tag Gott um seine guten Taten bitten und erwarten, dass sie in unserem Leben sichtbar werden. Zum anderen wird es Zeit, unseren Mitmenschen Gottes Segen zu wünschen, auch wenn sie mit dem Spruch nichts anfangen können. Denn wenn wir das jemandem wünschen, wird Gottes Arm bewegt und Gott wendet sich ihnen zu.

Mach doch mit!

Vielen Dank für den Segen, den du jeden Tag in unserem Leben ausschüttest. Lass mich deine Liebe und Fürsorge immer besser wahrnehmen.

Claudia DeJong

2. Februar

Jeden Morgen neu

*„Die Güte des Herrn hat kein Ende, sein Erbarmen hört niemals auf,
es ist jeden Morgen neu! Groß ist deine Treue, o Herr!"*
Klagelieder 3,22.23 (Hfa)

Ich werde bald in Amsterdam landen, wo ich einen Frauenkongress besuchen möchte. Ich schaue aus dem Fenster und sehe Sonnenstrahlen, die sich durch die schweren Wolken, die den Flughafen umgeben, drängen. Ich habe nicht gut geschlafen, aber ich danke Gott für das Vorrecht, einen neuen Morgen hier oben zu erleben.

Ein neuer Tag ist immer eine Herausforderung. Aber ich bin für neue Tage dankbar, neue Stunden, neue Minuten – auch für die neuen Sekunden! Neue Anfänge.

Die Frage lautet: „Nimmt Gott den ersten Platz in unserem Leben und in unseren Tagen ein?" Ich hoffe sehr. Wenn wir Gott zur Nebensache erklären, fügen wir uns großen Schaden zu. Aber wenn wir Jesus einladen, die Mitte unseres Lebens zu sein, können wir geistliche Schätze in Anspruch nehmen, die immer währen.

Gott hat verheißen, uns jeden Morgen einen neuen Anfang zu schenken. Wenn ich darüber nachdenke, füllt sich mein Herz mit überschwänglicher Freude. Welch einen wunderbaren Gott haben wir doch! Was immer gestern geschah, ich kann am Morgen aufwachen und in der Zuversicht aufschauen, dass das Erbarmen des Herrn nie aufhören wird; jeden Morgen ist es neu. Wieder einmal hat mir das Wort Gottes eine neue Blickrichtung für das Leben geschenkt, als meine Umstände düster zu sein schienen. Uns wird nie ein leichtes Leben, sicheres Reisen, eine problemfreie Woche, ein vollkommenes Kind oder ein perfekter Tag garantiert. Was uns aber verbürgt ist, ist die Hilfe Gottes, wenn wir ihm alle Bereiche unseres Lebens anvertrauen.

Mein Flugzeug landet. Ich weiß nicht, was Gott für mich heute bereithält. Aber ich habe mir vorgenommen, ihm zu vertrauen und für den Segen, den er mir schenken wird, dankbar zu sein.

Vielleicht stehen dir heute Umstände bevor, die dich bis in das Innerste deiner Seele betrüben. Gerade während solcher schweren Zeiten solltest du den Mut aufbringen, dich wirklich auf unseren liebenden himmlischen Vater zu verlassen. Was auch kommen mag, halte fest an der Verheißung: „Die Güte des Herrn hat kein Ende, sein Erbarmen hört niemals auf, es ist jeden Morgen neu!"

Lass deine ängstlichen Gefühle los und übergib deine Sorgen dem Einzigen, der dir wirklich helfen kann. Verlass dich auf den Herrn in allen Dingen.

Lieber Herr, heute danke ich dir für dein Erbarmen und für einen neuen Morgen. Hilf mir, dir die Einzelheiten meines täglichen Lebens anzuvertrauen. Im Namen Jesu. Amen.

Raquel Costa Arrais

3. Februar

Wunder der Gnade Jesu

„Denn es sollen wohl Berge weichen und Hügel hinfallen, aber meine Gnade soll nicht von dir weichen, und der Bund meines Friedens soll nicht hinfallen, spricht der HERR, dein Erbarmer."
Jesaja 54,10

Gott schenkte mir eine gute Mutter. Sie hatte kein leichtes Leben. Als siebenjähriges Mädchen musste sie ihre eigene geliebte Mutter Maria verlassen, mit der sie unter armen Verhältnissen in der Steiermark lebte. Ihr Vater hatte Frau und Tochter im Stich gelassen. Seine Schwester Juliane besaß ein großes Herz. Sie und ihr Mann nahmen die Pepperl – so nannte man die Kleine damals – zu sich nach Niederösterreich. Dort ging es ihr viel besser, doch wer zählte die vielen Tränen, die sie ein Jahr lang jeden Abend um ihre geliebte Mutter weinte? Nur seltene Besuche und Briefe waren möglich. Ihre Pflegeeltern waren einfache, fleißige Leute, die hart für den Lebensunterhalt arbeiten mussten. Eine ausgeprägte christliche Erziehung gab es nicht.

Durch meinen Vater, der alkoholkrank war, gab es viel Gewalt und Traurigkeit in unserer Familie, bis sie sich trennten, als ich 5 und mein Bruder 6 ½ Jahre alt war. Meine Mutter, die immer sehr fleißig war, konnte uns etliche Jahre allein durchbringen.

Schließlich bekam ich einen Stiefvater. Er war bei uns Kindern aber nicht sehr willkommen. Es war meiner Mutter sehr wichtig, dass wir eine Ausbildung erhielten.

Sie freute sich sehr, dass dies dann auch möglich war. Sie liebte uns Kinder wirklich von ganzem Herzen und wollte stets das Beste für uns. Bei all dem Schweren, das sie erlebte, behielt sie ein Vertrauen und eine Zuversicht, dass alles besser würde. Mein Bruder wanderte nach Vorarlberg aus und ich nach Deutschland, wohin mir meine Mutter folgte. Als ich dann durch besondere Umstände Gottes Liebe in meinem Leben erfuhr und mein Leben Jesus in der Großtaufe übergab, war es mein größter Wunsch, dass auch meine liebe Mutter den Weg mit Jesus gehen und die herrliche Erlösung und Sündenvergebung erfahren möge.

In all den Jahren durfte ich Mama mit meinem Mann begleiten und ihr beistehen. Gott ließ Krankheit und Schmerzen zu und zog sie auch dadurch immer mehr an sein gütiges Vaterherz, bis sie im Krankenhaus mit einem kurzen, von Herzen kommenden Gebet ihr Leben dem übergab, der sie so wunderbar geführt hatte. „Nun kann dich niemand mehr aus Gottes Hand reißen", meinte ich. „Ja", antwortete sie mit schwacher Stimme.

18 Tage durfte ich sie noch begleiten, sie streicheln und ihr Lieder von der Liebe Gottes vorsingen und -spielen. Sie entschlief mit 85 Jahren im Frieden. Wie freue ich mich auf das Wiedersehen mit ihr, wenn Jesus die Gräber auftun wird. Gott erhörte mein Gebet und das meiner lieben Freunde. Die Irrwege wurden vergeben von dem, der nur eines will: Jeden Menschen in sein Reich holen, damit der Kreuzestod für ihn nicht vergebens war. Wenn ich diese Zeilen schreibe, dann will ich Gott vor allem meine Dankbarkeit darbringen, dass er mir so eine gute Mutter schenkte und ich sie so lange haben durfte. Auch wenn unsere Gebete anscheinend nichts bewirken, sollten wir nie aufgeben, für unsere Lieben zu beten – auch wenn es 35 Jahre lang dauert!

Gisela Gültekin

4. Februar

Ein Tag auf einmal

„Darum sorgt nicht für morgen, denn der morgige Tag wird für das Seine sorgen. Es ist genug, dass jeder Tag seine eigene Plage hat."
Matthäus 6,34

Ist es dir schon einmal widerfahren, dass man dich aus dem Spiel, das wir Leben nennen, herausgenommen und zum Zuschauer verurteilt hat? Von der Seitenlinie aus konntest du dann beobachten, wie du damit umgehst. Vor Kurzem hatte ich dieses Erlebnis.

Im Dezember 2007 unterzog ich mich einer Operation, um ein künstliches Kniegelenk eingesetzt zu bekommen. Ich freute mich zwar auf eine längere Ruhepause, aber ich hatte nicht damit gerechnet, dass die Erholung so lange dauern würde. Die ersten vier Wochen waren schmerzerfüllt, aber auch willkommen. In der fünften und sechsten Woche beschlich mich jedoch Ungeduld. Mein Leben sollte wie gewohnt weitergehen. Doch Gott hatte andere Pläne für mich. Die erste und wichtigste Lektion, die ich lernte, war, Geduld zu üben. Glaubt mir, das ist noch nie eine meiner Stärken gewesen. Ich will Dinge jetzt erledigen. Aber wenn man sich von einer Krankheit erholt und dir alle sagen, du musst einfach nur geduldig sein und dir Zeit für den Heilungsprozess nehmen, dann sind solche Ratschläge wenig angenehm.

Eine Art, mit dieser Situation umzugehen, ist für mich die Beschäftigung. Ich erledige so viel Büroarbeit wie möglich zu Hause. Ich verbringe Zeit in meinem Hobbyraum und bastle Karten. Ich lese, ich ruhe und verbringe mehr Zeit damit, mich mit meiner Familie zu unterhalten. So habe ich genug zu tun, aber der Frust ist im Verborgenen immer noch da. Nach langem Nachdenken stellte ich fest, dass das Problem bei mir liegt. In meiner Eile, Heilung zu finden und mein Leben wieder in Gang zu bringen, versäumte ich es, den Tag zu genießen.

Bist du manchmal auch so von zukünftigen Plänen und Problemen in Beschlag genommen, dass du am Leben vorbeilebst? Hast du manchmal Tage, an denen alles an dir vorbeizieht – in einem Wust von Dingen, die erledigt werden müssen? Da sind Menschen, die du treffen musst, Orte, die du besuchen sollst, und dann gibt es noch die Sorgen für den morgigen Tag. Als mir klar wurde, was ich tat, bat ich Gott, mir zu helfen, mich jeden Tag auf die Zeit zu konzentrieren, die ich zu Hause verbringen musste – um den Tag mit all meiner Kraft zu erleben. Das bedeutete nicht, dass ich aufhörte, Pläne für die Zukunft zu schmieden, aber es hieß, alle meine Ängste abzulegen und sie Gott zu überlassen.

Nun danke ich Gott für jeden Tag und für die Gelegenheit, es langsamer angehen zu können und jeden Tag bewusst zu erleben. Ich nehme einen Tag nach dem anderen an. Willst du nicht einige Minuten innehalten und Gott für diesen Tag danken? Bitte ihn doch, dir zu helfen, daraus das Beste zu machen. Der morgige Tag ist niemandem gewiss.

Heather-Dawn Small

5. Februar

Der Blick aus dem Wäschekorb

*„Dann wirst du rufen und der Herr wird dir antworten.
Wenn du schreist, wird er sagen: Siehe, hier bin ich.
Wenn du in deiner Mitte niemand unterjochst und
nicht mit Fingern zeigst und nicht übel redest."*
Jesaja 58,9

Es ist seltsam, wie unsere alltäglichen Beschäftigungen die wichtigen Dinge in unserem Leben beleuchten können. Zum Beispiel unser Umgang mit der Schmutzwäsche. Die meisten Leute haben einen Wäschekorb, in dem sie die verschmutzten Kleidungsstücke bis zum Waschtag aufbewahren. Der Waschtag wird davon bestimmt, wie voll der Wäschekorb geworden ist. Man wird kaum jemanden finden, der seine Wäsche Stück für Stück erledigt. Man wartet meistens, bis man eine volle Waschmaschinenladung beisammen hat. Andere lieben eine höhere Ordnung, bei der die schmutzige Wäsche sofort nach dem Ausziehen sortiert wird.

Genauso gehen wir oft mit unseren Problemen um: Wir suchen eine Lösung erst, wenn sich die Herausforderungen zu einem Berg angehäuft haben. Bei dieser Art von Problemlösung meinen wir, dass es unnötig, ja unwirksam sei, kleine Herausforderungen anzupacken. Dies ist aber der Ansatz des Teufels, der genau weiß, dass wir – an diesem Punkt angelangt – nicht in der Lage sind, zu beten. Er weiß, dass es nur noch schlimmer wird, wenn wir versuchen, unsere Probleme selber zu lösen. Wir verlieren die Freude eines stressfreien Lebens, wenn wir uns bemühen, unsere Unannehmlichkeiten alleine zu bewältigen und Gott nur als einen Notdienst ansehen. Uns ist der Gedanke, unseren guten Gott zu belästigen, unangenehm und wir vermeiden es, ihm unsere kleinen Anliegen mitzuteilen.

Gott weiß alles, was in unseren Gedanken vorgeht. Er möchte, dass wir sie ihm mitteilen. Er kennt unsere Freuden und Schmerzen, unsere Aufregungen und Enttäuschungen. Er sehnt sich danach, dass wir ihn anrufen. Ellen White schreibt: „All unsere Sorgen und Kümmernisse können wir zu ihm bringen, ohne befürchten zu müssen, ihm damit lästig zu werden ... Nichts, was unserem Frieden dienen kann, ist für ihn zu gering, dass er nicht darauf achtete." (Der bessere Weg, S. 104).

Sammeln mag für Schmutzwäsche die richtige Vorgehensweise sein, aber nicht für deine Beziehung zu Gott. Lass dein Leben ein ständiges Gebet sein und teile mit Jesus jede Angelegenheit, die dich betrifft.

Patrice Williams-Gordon

6. Februar

Jungfernhaut versteigert

"Lasst uns freuen und fröhlich sein und ihm die Ehre geben, denn die Hochzeit des Lammes ist gekommen, und seine Braut hat sich bereitet."
Offenbarung 19,7

Vielleicht habt ihr im Februar 2010 auch diese erstaunliche Nachricht gelesen: Eine 19jährige Neuseeländerin hat auf dem Online-Portal ihre Jungfräulichkeit versteigert. „Ich hatte noch nie eine sexuelle Beziehung und bin noch Jungfrau. Ich bin bereit, meine Jungfräulichkeit an den Meistbietenden zu geben, solange dabei meine persönliche Sicherheit gewährleistet ist. Diese Entscheidung habe ich im vollen Bewusstsein aller möglichen Folgen getroffen", so die Jugendliche. Am Ende der Aktion schrieb sie: „Ich möchte mich für die mehr als 1.200 eingelangten Angebote bedanken. Ich habe ein solches in Höhe von 45.000 neuseeländischen Dollar (ca. 23.000 Euro) angenommen".

Auf den ersten Blick war ich schockiert. Sex mit einem Fremden, nur um Geld zu bekommen! Aber dann habe ich eine Weile über diesen „Skandal" nachgedacht. Für viele Frauen in Afrika und Asien ist die Prostitution der einzige Weg, um sich und ihre Kinder mit dem Nötigsten zu versorgen. Viele Mädchen werden gewaltsam zu Huren gemacht und finden kaum einen Ausstieg aus diesem „ältesten Gewerbe" der Welt. Dabei sind diese Frauen nicht schlechter als du und ich. Sie hatten einfach nur Pech!

Ein anderer Gedanke: Viele Mädels von heute verschleudern ihre Jungfräulichkeit. Angeblich gehört das heute „dazu", wenn man verliebt ist oder in der Gruppe akzeptiert sein will. Was bringt ihnen dieses „erste Mal"? Peinliche Erinnerungen an einen rücksichtslosen, schmerzhaften Augenblick, der nichts mit Romantik zu tun hatte? Seelsorger wissen, welche Schäden das auslöst. Die Seele des verletzten Mädchens sucht nach dem „Gegenstück". Das äußert sich oft darin, dass die Mädels wahlloser in ihren Freundschaften werden. Wie können wir solchen „verlorenen Mädchen" helfen?

Ferner fiel mir auf, dass die Jungfräulichkeit in dieser Anzeige als ein hoher Wert betrachtet wurde. Warum gibt es Männer, die unbedingt „der Erste" sein wollen und dafür derart viel bezahlen? Ein Mann und eine Frau sollten in Treue miteinander verbunden bleiben, solange sie leben. Gottes Ideal ist immer noch die Jungfräulichkeit von Mann und Frau. Deshalb beschreibt Johannes in der Offenbarung die 144.000, die dem „Lamm" nachfolgen, als „jungfräulich" (Offb. 14,4). Das griechische Wort bezeichnete auch Männer als „unberührt". Die Braut Christi, die Gemeinde, bekommt ein reines Hochzeitskleid. Es ist das sündlose, reine Leben des Gottessohnes, das uns allen angeboten wird. Wenn wir dazu Ja sagen, wird der Bericht dieses vollkommenen Lebens in unsere eigene Biografie „hineinkopiert", unser Versagen wird damit „überschrieben" und gelöscht. Vor Gott stehen wir dann rein da, als hätten wir nie gesündigt. Weil Gott uns mit einer bedingungslosen Liebe beschenkt, können wir heilen und ganz werden, auch wenn unsere Würde zu Boden getreten wurde, wir aus Leichtsinn etwas Kostbares verschleudert oder um eines Vorteils willen etwas verkauft haben, was aus hingebungsvoller Liebe geschenkt werden sollte. Wertvoll sind wir Frauen allemal, viel mehr als 23.000 Euro.

Sylvia Renz

7. Februar

Mein Kindergebet
– ein Kinderherz voll Vertrauen

*„Schaffe in mir ein reines Herz, oh Gott, erneuere mich
und gib mir Beständigkeit."*
Psalm 51,12

Als Kind betete ich: „Ich bin klein, mein Herz ist rein und niemand soll drin wohnen als Jesus allein." Wer mich dieses Gebet lehrte, weiß ich nicht mehr. Aber ich behielt es als „Standardgebet" bis weit in meine Jugendzeit.

Mit sechzehn Jahren lernte ich meinen späteren Ehemann kennen. Die Mutter meines Freundes lud mich zu einem christlichen Vortrag ein. Der künftigen Schwiegermutter konnte ich das schlecht abschlagen, und so ging mein Freund – ihr Sohn – mit mir dorthin.

Was wir dort über Gott hörten, beeindruckte uns sehr und veränderte unser Leben grundlegend. Für mich war es danach nicht einfach, zu Hause – bei meinen Eltern – den Glauben auszuleben.

So beschlossen wir zu heiraten. Ich trat also mit knapp achtzehn Jahren in den Ehestand. Nacheinander bekam ich vier Kinder. Da blieb für meine Beziehung zu Gott nicht mehr viel Zeit. Ich ging zwar regelmäßig zur Kirche, aber meine Beziehung zu Gott war nicht so eng, wie ich sie gerne gehabt hätte.

Mein Mann und ich wurden dann in unserer Gemeinde in den Leitungsdienst der Pfadfinderarbeit gewählt. In diesem Dienst war es uns wichtig, den Pfadfindern von Gott zu erzählen. So musste ich mich mehr mit Gottes Wort beschäftigen. Das tat mir sehr gut und meine Beziehung zu meinem Gott wurde dadurch viel persönlicher.

Ich fing an, regelmäßig morgens eine Andachtszeit einzuhalten. Mit Jesus den Tag zu beginnen war einfach gut! Wenn ich mir dafür keine Zeit nahm, merkte ich sehr schnell, dass mir etwas fehlte. Ich ließ mich daher täglich auf diese Beziehung zu Jesus ein, vertraute ihm mein Leben neu an. Meine Erfahrungen mit ihm wuchsen und stärkten meinen Glauben.

So ist mein Kindergebet Wirklichkeit geworden: Nur Jesus soll in meinem Herzen wohnen. Er hat nun seinen festen Platz darin, was mir Beständigkeit und Kraft im Glauben schenkt.

Dieser Liedvers aus Psalm 42,2 ist mir sehr wichtig geworden und erfüllt mein Herz:

*Wie ein Hirsch lechzt nach frischem Wasser, so sehn'
ich mich Herr nach dir. Aus der Tiefe meines Herzens bete ich dich an, oh Herr.
Du allein bist mir Kraft und Schild, von dir allein sei mein Geist gefüllt.
Aus der Tiefe meines Herzens bete ich dich an, oh Herr.*

Helga Konrad

8. Februar

Dem Tod ins Auge sehen

„Eile, Gott, mich zu erretten, Herr, mir zu helfen!"
Psalm 70,2

Es gibt Minuten, die kommen einem wie Stunden vor, und Sekunden, die so intensiv sind, dass man sie fast spüren kann – vor allem, wenn das Leben auf dem Spiel steht.

Ich saß auf dem Rücksitz eines VW Golf. Es war Winter und wir fuhren auf der Autobahn in Richtung Heimat. Ich hatte geschlafen und wurde geweckt, als der Fahrer plötzlich laut aufschrie und auf die Bremsen stieg. Doch wir hatten keine Chance. Infolge des frischen Schnees griffen die Bremsen nicht. Wir rutschten mit voller Wucht in das vordere Auto. Es krachte laut. Wir wurden heftig nach vorne geschleudert. Als ich die Augen wieder öffnete, war zwar meine Brille beschädigt, doch ich konnte mich noch voll bewegen. Mein Mann schrie: „Alle raus hier!" Aber wie? Wir standen mitten auf der Autobahn, eingekeilt zwischen dem vorderen Auto und einem LKW auf der rechten Seite. Links rasten noch Autos vorbei, die zwar auch nicht mehr bremsen konnten, doch die Lücke auf der Überholspur geschickt nutzten.

Es war nur eine Frage der Zeit, bis ein Auto nicht mehr ausweichen konnte und uns von hinten rammte. Wir schauten angespannt durch die Heckscheibe und dachten: „Wenn jetzt ein LKW kommt, schiebt er uns wie eine Packung Toastbrot zusammen." Es müssen nur wenige Sekunden gewesen sein, doch die kamen mir wie Minuten vor. Verkeilt im Schrott, ohne Ausweg und mit der Gewissheit, dass wir einem erneuten Zusammenstoß nicht ausweichen könnten, verharrten wir im Auto. Und dann kam der Schlag. Ich war bereits abgeschnallt und kauerte mich ganz zusammen. Ein Wagen krachte voll gegen den Kofferraum. Glassplitter flogen durch die Luft, dem Fahrer lief Blut über das Gesicht – doch alle lebten.

Durch den Aufprall waren die Seitenscheiben herausgefallen. Dadurch konnten wir aus dem Fenster klettern. Links flitzten immer noch Autos vorbei. Der Beifahrer kletterte aus dem Fenster, mein Mann ebenfalls. Sie liefen an dem LKW vorbei und erreichten den rettenden Grasstreifen hinter der Leitschutzplanke. Als ich an der Reihe war, schaffte ich es gerade noch, bevor ein weiteres Auto auf mich zuraste. Ich befand mich noch mitten auf der Autobahn und sah das Auto kommen. Der Fahrer versuchte zu bremsen, doch er rutschte ungehindert weiter: 4m, 3m, 2m. Ich dachte: „Jetzt ist es vorbei, diesmal überlebe ich den Aufprall nicht." Doch plötzlich streifte der Wagen mit dem Scheinwerfer den rechts stehenden LKW, scherte aus, umrundete mich und prallte hinter mir geradewegs in die anderen Autos. Mit Mühe erreichte ich den Grasstreifen.

Mein Mann nahm mich dankbar in seine Arme, hatte er doch angstvoll nach mir Ausschau gehalten. Wir alle überlebten diese Massenkarambolage mit nur kleinen Verletzungen und Schnittwunden. Es gab keine Todesopfer.

Immer wieder muss ich an diese Begebenheit denken, zeigt sie mir doch, dass Gott noch einen Plan für mich hat und meine Zeit hier auf Erden noch nicht vorbei ist. Gottes Schutzengel arbeiten einzigartig schnell und zentimetergenau.

Claudia Mohr

9. Februar

Bedingungslose Liebe

„Ich weiß deine Werke und deine Arbeit und deine Geduld, und dass du die Bösen nicht ertragen kannst, und dass du die geprüft hast, die sich Apostel nennen und es nicht sind, und hast sie als Lügner erfunden; und du hast Ausdauer, und um meines Namens willen hast du getragen und bist nicht müde geworden. Aber ich habe wider dich, dass du deine erste Liebe verlassen hast."
Offenbarung 2,2-4

Gott liebt die Menschen seit Anbeginn der Welt mit einer bedingungslosen Liebe. Auch als sie sich von ihm entfremdet hatten, hörte er nicht auf, sie zu lieben, sondern schmiedete einen Plan zu ihrer Rettung. Er war bereit, seinen einzigen Sohn zu opfern, damit wir das Leben erhalten. In dem Schreiben an die Gemeinde zu Ephesus im Buch der Offenbarung lesen wir, dass ihr vorgeworfen wird, dass sie ihre erste Verliebtheit verloren habe. Der Engel lobt die Gemeinde für ihre Ausdauer um des Evangeliums willen, stellt aber gleichzeitig fest, dass sie in einen Alltagstrott des Glaubens verfallen ist.

Ich bin gläubige Christin in der dritten Generation. Mein Großvater war Buchevangelist, meine Eltern wirkten als Missionare in Amazonien. Mein Glaube hat mein ganzes Leben geprägt. Aber hätte Gott mein Leben nicht zwischenzeitlich ganz schön geschüttelt, wäre es zweifelhaft, ob mein Glaube die Rolle immer behalten hätte, die er in meinem Leben spielt. Gott hat gleichsam normalen bis stürmischen Regen sowie kleine und große Erdbeben zugelassen, damit ich nicht vergesse, woher ich komme und wohin ich gehe. In jüngeren Jahren war ich auf neue Christen, die für Jesus Feuer und Flamme waren, fast neidisch. Heute weiß ich, dass die dunklen Erlebnisse für mein Wachstum im Glauben notwenig waren, damit meine Liebe zu Jesus stark und beständig bleibt.

Kinder in gläubigen Familien lernen von Kindesbeinen an die Geschichten der Bibel und dass Jesus uns liebt und wiederkommt und uns in das neue Jerusalem, das er vorbereitet hat, mitnehmen möchte. Dann erreichen diese Kinder die Pubertät und beginnen, die Lehre der Eltern in Frage zu stellen. Das ist die Zeit, in der sie lieber mit den Freunden sind als dort, wo die Eltern sie haben wollen. Wir unterhalten in Südamerika viele Gemeindeschulen. Auch ich war dort gut aufgehoben. Viele andere Christen schickten ihre Kinder ebenfalls dorthin. Wir hatten Gelegenheit, uns auszutauschen, und unserem Glauben eine Richtung zu geben. Ich bin dafür sehr dankbar, denn ich weiß von vielen, die gerade in diesem Alter den Weg verließen und Gott die Liebe aufkündigten.

Unser Gott wartet mit Geduld und unerschütterlicher Liebe, dass wir zurückkehren, dass wir an ihm festhalten, dass wir das Wesentliche nicht aus den Augen verlieren, nämlich Gott preisen, und ihm für seine bedingungslose Liebe danken. Das sollten wir tun, anstatt sich bei dem aufzuhalten, was nicht gut läuft. Wenn wir unseren Blickwinkel ändern, erhalten wir den Schlüssel zum Glücklichsein. „Doch trachtet nach dem Reich Gottes, so wird euch das alles zufallen." (Lukas 12,31) Auch neues Feuer im Glauben wird uns geschenkt, wenn wir Gott suchen und ihm folgen. Unserem Vater im Himmel sei dafür Dank!

Nancy Duske

10. Februar

Das Kleid der Gerechtigkeit

„Ich freue mich im HERRN, und meine Seele ist fröhlich in
meinem Gott; denn er hat mir die Kleider des Heils angezogen
und mich mit dem Mantel der Gerechtigkeit gekleidet."
Jesaja 61,10a

Eines Abends saßen wir im Wartezimmer eines Krankenhauses, während ein Freund einen Patienten besuchte. Die Krankenhäuser in der Mongolei erlauben nur einen Besucher auf einmal und halten diese Verordnung streng ein. Sie bemühen sich sehr, alles sauber zu halten, da sie von der Gesundheitsbehörde überwacht werden. Wir beobachteten gerade die Leute, die im Krankenhaus ein- und ausgingen, als wir von oben einen durchdringenden Schrei hörten. Das Krankenhauspersonal fing an, hin- und herzulaufen. Als bald danach die Polizei erschien, wurden wir ein wenig ängstlich. Später berichtete uns unser Freund, dass ein Mann gekommen sei, um einen Verwandten zu besuchen. Er habe sich geweigert, den Krankenhauskittel über seine eigene Kleidung zu streifen. In der Mongolei gibt es die Regel, dass alle Besucher einen Kittel anziehen müssen. Der Mann war betrunken und bestand darauf, dass seine eigene Kleidung sauber genug sei. Als eine Krankenpflegerin ihn am Betreten des Zimmers hindern wollte, schlug er sie. Sie schrie um Hilfe. Die Polizei tauchte auf, nahm den Betrunkenen in Gewahrsam, legte ihm Handschellen an und sperrte ihn in einem der leeren Räume ein. Der Missetäter musste die ganze Nacht in diesem Raum verbringen.

Dieser Vorfall erinnert mich an das Gleichnis Jesu vom Mann, der sich weigerte, das hochzeitliche Kleid anzulegen, das der Bräutigam für alle Eingeladenen vorbereitet hatte. Der Mann ohne dieses Gewand wurde gefesselt und in die Finsternis geworfen.

Wie wichtig ist es doch für jeden von uns, sich an die Regeln zu halten. Diejenigen, die sich danach richten, bekommen keine Schwierigkeiten. Und wie viel wichtiger ist es, dass wir, die wir Jesu Nachfolger sind, das Kleid des Heils anziehen, das uns der Herr anbietet! Diejenigen, die von diesem Gewand nicht bedeckt sind, werden nicht in den Himmel kommen und auch nicht an der Hochzeit teilnehmen. Wie der Betrunkene meinen viele von uns, dass unsere eigene Gerechtigkeit ausreicht, aber die Bibel sagt (Jesaja 64,5 NL), „unsere gerechten Taten sind nicht besser als ein blutverschmiertes Kleid."

„Schaut weg von euch auf die Vollkommenheit Christi. Wir können keine Gerechtigkeit für uns herstellen. Christus hält in seinen Händen die reinen Gewänder der Gerechtigkeit, und er wird sie uns überziehen." (That I May Know Him, p. 241)

Birol Charlotte Christo

11. Februar

Der Regen hörte auf

„In der Not rufe ich dich an; du wollest mich erhören!"
Psalm 86,7

Es hatte stark geregnet, aber ich war mir dessen nicht bewusst. Ich merkte es erst, als meine Tochter kam, um mich an der Kasse für die Mittagspause abzulösen. Als ich hinausrannte, sagte sie: „Nimm deinen Regenschirm – es regnet recht heftig."

Ich hatte meinen Regenschirm nicht dabei. Darum lieh sie mir ihren für die Zeit der Pause. Der Nachmittag verging, aber der Regen hörte nicht auf. Als wir mit der Arbeit um 15:30 Uhr fertig waren, wusste ich nicht, wie ich die über 2,5 Kilometer schirmlos zu Fuß zurücklegen sollte. Ich war krank gewesen und wollte es nicht gleich wieder werden. Ich kannte auch niemanden, der mich mit dem Auto hätte mitnehmen können, aber ich musste das Gebäude vor 17:00 Uhr verlassen, weil dann die Tore geschlossen wurden.

Ängstlich übergab ich in einem stillen Gebet die ganze Sache Gott. Ich wusste, dass er Dinge vollbringen kann, die kein Mensch zuwege bringt. Innerhalb von wenigen Minuten merkte ich, dass der Regen aufgehört hatte. Ich lief schnell nach Hause, ohne von einem einzigen Tropfen getroffen zu werden. Ich war Gott so dankbar!

Als ich ins Haus trat, war meine Tochter erstaunt, dass ich nicht nass war. Sie rief: „Gott sei Dank!", weil sie darum gebetet hatte, dass mich jemand mit dem Auto mitnimmt. Als ich ihr sagte, dass ich gelaufen sei, sagte sie nur: „Applaus für Jesus!" Sie hatte gesehen, dass es den ganzen Tag geregnet hatte und es immer noch regnete, als ich ankam.

Ich war ziemlich überrascht, aber ich verglich das Geschehene mit dem, was Gott für die Israeliten im Land Gosen tat. Ja, die 10 Plagen betrafen ganz Ägypten – außer Gosen (2. Mose 8,22; 9,26). Er ist derselbe Gott, der die Sonne am Untergang hinderte, solange die Israeliten kämpften und Aaron und Hur die Arme Moses hochhielten. Der Herr ist uns, wenn wir Glauben üben, immer noch so nahe wie damals. Für meine Tochter war es ein Wunder, und sie berichtete davon in der Gemeinde. Aber nicht einmal dort konnten es die Leute glauben. Wie konnte Gott das für mich tun? Ich weiß weder wie noch warum, außer dass ich darum gebetet und geglaubt hatte.

Mein allmächtiger Vater, ich wünschte, ich könnte dir ausreichend für deine Treue danken!. Ich sage nur mit den Worten des Psalmisten: „Ich danke dir, Herr, mein Gott, von ganzem Herzen und ehre deinen Namen ewiglich." (Psalm 86,12)

Mabel Kwei

12. Februar

Warum weinst du?

„Spricht Jesus zu ihr: ‚Frau, was weinst du?'"
Johannes 20,15

Der Termin für meine Aufnahme ins Krankenhaus war schon vereinbart. Ich sollte eine Stammzellentransplantation erhalten, um meinen Kampf gegen den Krebs zu unterstützen. Ich musste noch einen letzten Besuch bei der HNO-Ärztin machen, die eine Infektion in meinen Ohren überprüfen sollte. Sie schaute einmal hin und sagte: „Ich würde zu dieser Zeit keine Transplantation empfehlen. Ihre Ohren sind immer noch allzu sehr infiziert." Auf diese Feststellung hätte ich gerne verzichtet.

Als ich in der Krebsklinik mit meinem Arzt darüber sprach, fing ich zu weinen an. Ich hatte so sehr gehofft, dass sie mit der Therapie beginnen könnten. Ich wollte doch so gern wieder gesund werden. Man hatte all die vorbereitenden Untersuchungen gemacht, aber es sollte nicht sein – wenigstens nicht jetzt. Mein behandelnder Arzt sprach zwar Englisch, aber es war nicht seine Muttersprache. Manchmal fiel es mir nicht leicht, ihn zu verstehen. Aber er sagte ganz deutlich: „Frau, was weinst du?" Ich sah ihn an, um festzustellen, ob es ihm bewusst war, dass er gerade Worte aus der Bibel zitiert hatte, Worte, die ich kannte. Ob er es wusste oder nicht, sei dahingestellt. Jedenfalls erklärte er mir, dass die Therapie vorgesehen sei – ich müsse nur warten.

Am nächsten Morgen wurde ich durch die Worte des Psalmisten ermutigt: „Vertraue auf den Herrn! Sei mutig und tapfer und hoffe geduldig auf den Herrn!" (Psalm 27,14 Neues Leben) Ich dachte über die Worte des Arztes nach. Warum weinte ich? Diese Worte wurden zuerst von den Engeln ausgesprochen, als Maria auf der Suche nach dem Leichnam Jesu zum Grab gekommen war. Sie bemerkte nicht, dass Jesus ganz in ihrer Nähe weilte. Sogar als Jesus selber diese Worte sprach, erkannte sie ihn nicht. Warum fiel es mir denn so schwer zu erkennen, dass Jesus bei mir war?

Ich hatte die Verheißungen in Anspruch genommen. Der Pastor hatte die Krankensalbung vollzogen. Ich kannte Menschen auf der ganzen Welt, die für mich beteten. Ich erhielt Karten der Ermutigung von vielen Freunden und sogar von Leuten, die ich gar nicht kannte. Es war an der Zeit, guten Mutes zu sein, im Wissen, dass mein Leben in den Händen meines Trösters und Erlösers lag. Und doch wurde ich, als es eine Verzögerung in meiner Behandlung (keinen Abbruch) gab, mutlos.

Ich möchte, dass wir heute alle wissen, dass Jesus bei uns ist, bereit, zu trösten und aufzumuntern, zuzuhören und unsere Lasten zu tragen. Wenn du in deinem Leben von irgendetwas überwältigt wirst, stelle dir die Frage: „Frau, was weinst du?"

Carol Nicks

13. Februar

Als Gottes Werkzeuge dienen

*„Gott segnet die, die traurig sind, denn sie
werden getröstet werden."*
Matthäus 5,4 (NL)

Ich reise sehr gerne. Da ich meistens allein unterwegs bin, bietet sich mir die Gelegenheit, sehr interessante Leute kennenzulernen. Auf einer bestimmten Reise hatte ich mir jedoch vorgenommen, mit keinen anderen Fluggästen in Gespräche verwickelt zu werden. Ich war von all den Vorbereitungen für die Reise so erschöpft, dass ich einfach nur ausruhen und schlafen wollte.

Nachdem ich die lange Schlange beim Check-in und die Sicherheitskontrolle überstanden hatte, bestieg ich das Flugzeug und machte es mir gemütlich, so wie ich es mir vorgenommen hatte. Neben mir saß eine Frau im mittleren Alter. Sie sah traurig aus und war schwarz gekleidet. Ich warf einen Blick auf sie und dachte, dass es nicht schwer fallen würde, meinen Plan der Ruhe durchzuziehen.

Nach vier Stunden war das Flugzeug zur Landung bereit. Ich freute mich, dass der Flug bald vorbei sein und ich meine Familie treffen würde. Als der Flieger ausrollte und dem Parkplatz zusteuerte, sah ich wieder auf meine Sitznachbarin und fragte sie, aus welchem Anlass sie unterwegs sei.

Mit zitternder Stimme und viel Trauer auf ihrem Gesicht sagte sie, dass ihre Schwester mit ihrer sechsköpfigen Familie am Tag zuvor in einen Unfall verwickelt war und alle sechs ums Leben kamen. Sie war unterwegs zur Beerdigung. Ich fühlte mich elend und schuldig! Wie selbstsüchtig war ich doch gewesen! Wie viele tröstende Worte hätte ich im Laufe der vier Stunden sagen können! Wie konnte ich die Gelegenheit versäumen, ihr von unserem liebenden Gott und von seiner Liebe für diejenigen, die Leid tragen, zu erzählen! Ich versuchte, etwas Trostreiches zu sagen, aber ohne viel Erfolg. Ich betete sofort zu Gott und bat ihn, dieser verzweifelten Seele in ihrer Not zu helfen. Ich bat auch um Vergebung – denn ich hatte schändlich versagt. Er hatte mir den Platz zugewiesen, um ihr in ihrer Trauer beizustehen.

Wir sind Gottes Werkzeuge, um andere zu erreichen und ihnen auf verschiedene Art und Weise zu helfen. Er führt uns aus bestimmten Gründen Menschen zu. Lassen wir es doch geschehen, dass der Herr sein Werk durch uns verrichtet. Vielleicht sollten wir über Kolosser 3,12 NL nachdenken, wo wir aufgefordert werden: „Da Gott euch erwählt hat, zu seinen Heiligen und Geliebten zu gehören, seid voll Mitleid und Erbarmen, Freundlichkeit, Demut, Sanftheit und Geduld."

Lieber Gott, Ich möchte dein Werkzeug sein. Benütze mich, um anderen ein Segen zu sein – und hilf mir, bereit und willig zu sein.

Hannelore Gomez

14. Februar

Gänseblümchen im Winter

„Einen fröhlichen Geber hat Gott lieb."
2. Korinther 9,7

Die Strahlen der Spätnachmittagssonne lassen die umliegenden Hausdächer in einem goldenen Licht leuchten, und ich atme tief den Duft der Fichten ein, die sich an meinem Zaun dem blauen Himmel entgegenstrecken. Obwohl es erst Mitte Februar ist, herrscht seit Tagen ein traumhaftes Frühlingswetter, das längst allen Schnee weggeschmolzen hat. Deshalb habe ich mich dazu entschlossen, die Gunst der Stunde zu nutzen und meinen Garten von den Überresten der nachbarlichen Feuerwerkskörper zu säubern, die in der Silvesternacht auf meinem Rasen gelandet sind. Das nimmt mir jedoch nicht die gute Laune. Im Gegenteil, ich genieße es richtig, an diesem milden Tag im Garten zu sein und in aller Ruhe den Unrat in eine Tüte zu sammeln.

Als ich am Zaun angelangt bin, sehe ich, dass ich gleich am Anfang des Gartens etwas übersehen habe. Etwas Weißes im Gras spitzt zu mir herüber. Plastikfetzchen, nehme ich an, und will sie holen. Doch als ich näher komme, entdecke ich, dass das gar keine Plastikfetzchen sind – das sind ja Gänseblümchen! Und das im Winter! Welch ein wunderschöner Lohn von meinem himmlischen Vater für meine gutgelaunte Einsammelaktion der Feuerwerksreste! Ich werde die kleinen Blüten vor den frostigen Nächten schützen. Deshalb pflücke ich sie vorsichtig. Da blitzt ein Gedanke auf: Wäre das nicht eine schöne Überraschung, wenn ich sie zum Sabbat-Gottesdienst meiner Bekannten schenken würde? „Genau, lieber Vater! Das werde ich tun, ich werde diesen unerwarteten Schatz mit ihr teilen." So ordne ich im Haus die Gänseblümchen für sie in eine Minivase und weiß, dass sie sich freuen wird.

Wie schnell die Zeit vergangen ist! Inzwischen ist es Ende Mai geworden, und wieder Freitagabend wie vor drei Monaten. Ich sitze hier im Gras und staune über ein kleines Wunder. Hier vor mir, an der Stelle, an der ich im Februar die Gänseblümchen für meine Bekannte pflückte, blühen für mich jetzt Hunderte von Gänseblümchen mit rosa umrandeten Blütenblättchen. Sie leuchten wie ein weißer Teppich im grünen Rasen. Noch nie habe ich sie so dicht auf einmal gesehen!

Man kann Gott niemals überbieten, wenn man ihm und seinen Kindern etwas gibt. Für ein kleines Geschenk im Februar überreicht er mir nun Hunderte von kleinen Schmuckstückchen. Er zeigt mir außerdem: Wenn ich willig bin, mit den Problemen des Lebens geduldig umzugehen, selbst wenn andere sie verursacht haben, nimmt Gott es in seine Hände und schenkt mir Frieden dazu. Und wenn ich mein „Ich" aufgebe und mit einem fröhlichen Herzen schenke, wird sich das Gegebene vervielfältigen, wie bei einem Weizenkorn, das auf die Erde fällt und sich aufgibt, um zu keimen und vielfältig Frucht zu tragen. Wir mögen vielleicht denken, dass wir nur wenige Samenkörner säen konnten, doch unser Vater kann sie vermehren, ohne dass wir etwas davon wissen. Im Himmel werden wir es einmal herausfinden und sprachlos vor Freude sein. Und ich darf mich schon jetzt über den kleinen Vorgeschmack freuen, den er mir als Gleichnis gegeben hat – jenen Teppich aus rosa-weißen Gänseblümchen.

Jaimée Seis

15. Februar

Alex und das Wunder von Budapest

„Rufe mich an in der Not, so will ich dich erretten, und du sollst mich preisen!"
Psalm 50,15

Im Jugendseelsorgedienst erleben wir manchmal so deutlich Gottes führende Hand, dass man das unbedingt weitererzählen muss. Unser Vater lässt sich wirklich erfahren, ja, er möchte dich direkt ansprechen. So tat er es auch mit Alex. Dem Achtzehnjährigen fiel es noch schwer, ein Liebesverhältnis mit Jesus einzugehen – und dann kam der Herr fast unerkannt zu ihm.

Ab und zu fuhr Alex in die Ukraine zu seinem Onkel, um sich etwas Geld in dessen Autowerkstatt zu verdienen. Er fuhr immer über Ungarn nach Deutschland zurück. Der Preis für die Fahrkarte von Budapest nach Hause betrug stets zwischen 50 und 100 Euro. Also hielt er 100 Euro bereit – für den Ernstfall. In Budapest angekommen, wollte er die Fahrkarte für den Zug nach Frankfurt/M. kaufen. Er glaubte, sich verhört zu haben, als ihm der Preis von 250 Euro genannt wurde.

„Das gibt es doch nicht", dachte er sich, „was soll ich bloß machen?" So betete er im Stillen: „Herr, ich hatte dich doch heute Früh vor der Abfahrt um einen guten Verlauf der Reise gebeten! Mein Geld reicht nun weder für die Fahrt in die Ukraine zurück noch nach Deutschland!"

Er sieht ein paar junge Leute in der Nähe stehen, sie sprechen ungarisch. Ein Mann kommt dazu und spricht mit ihnen. Alex steht etwas abseits und denkt laut auf Deutsch vor sich hin: „Was soll ich jetzt bloß machen …?"

Interessant, der Mann kommt nun auf Alex zu und spricht ihn auf Deutsch an: „Junge, hast du ein Problem?" Alex schildert seine Notlage. Daraufhin geht der Fremde mit ihm in ein Internet-Café. Es ist Abend geworden und sie suchen mehrere Stunden lang eine passende Zugverbindung, die nicht teurer als 100 Euro sein darf … Der Fremde ermutigt Alex: „Wenn wir nichts finden, bezahle ich dir eine Pension für diese Nacht, dass du nicht hier draußen bleiben musst!" Tatsächlich finden sie kurz vor Mitternacht einen Zug nach Mannheim für 90 Euro. Wahnsinn! Der Mann bezahlt die Internetgebühren und begleitet ihn zum Zug. Nur wenige Menschen sind noch auf dem Bahnsteig. Alex steigt ein, dreht sich nochmals um und will sich bedanken, aber der Mann ist spurlos verschwunden.

Als Alex mittags in Mannheim ankommt, ruft er seine Eltern an, die ihm das restliche Fahrgeld unmittelbar an den Schalter in Mannheim überweisen. Rasch ist er zu Hause. Keine Frage, Alex glaubt, einem Engel begegnet zu sein! Gott selbst hat ihn sicher nach Hause geführt.

Ingrid Bomke

16. Februar

Erfülltes Leben

*„Aber alle, die ihre Hoffnung auf den Herrn setzen,
bekommen neue Kraft. Sie sind wie Adler, denen
mächtige Schwingen wachsen. Sie gehen und werden
nicht müde, sie laufen und sind nicht erschöpft."*
Jesaja 40,31 (Hfa)

Langsam und in Gedanken versunken mache ich am Sabbatnachmittag einen Spaziergang auf der schwäbischen Alb. Ich atme den Duft der Blumen ein, vernehme den Gesang der Vögel und genieße die Weite der baumlosen Grasflächen. In der Ferne entdecke ich eine große, alte Buche. Ihre Zweige sind mit sattem Grün bedeckt. Sie steht da wie ein „Fels in der Brandung", und ich entscheide mich, diesen wunderbaren Baum von der Nähe zu betrachten.

Je näher ich komme, umso mehr stelle ich fest, dass die Welt dieser Buche doch nicht so heil ist, wie sie mir von der Ferne schien. Dieser große, mit dichtem Blattwerk geschmückte Baum ist buchstäblich halbiert. Die Hälfte des Stammes liegt mit ihrem dicken Astwerk verdorrt auf dem Boden. Es war wohl ein Blitz, der diesen Stamm auseinanderbrach. Ausgehöhlt und verbrannt, mit deutlich erkennbaren Narben zeigt er sich mir von seiner anderen Seite. Wie, so frage ich mich, kann dieser Baum in „voller Kraft" weiterleben? Er bringt Blattwerk die Fülle und Früchte hervor. Zwei ganz unterschiedliche Seiten bezeichnen sein Leben, jedoch bestimmt die „lebendige Seite" sein Wachstum. Von Jahr zu Jahr wächst sie weiter dem Himmel entgegen, und vielleicht hüllen eines Tages ihre Äste die schlimmen Wunden der kranken Seite liebevoll ein.

Wie, so frage ich mich jetzt, betrachte ich heute, zu dieser Stunde, mein eigenes Leben? Welche meiner beiden Seiten bestimmen meinen Tag? Die schmerzliche, tief verwundete Seite oder die im Leben stehende? Ist mir wirklich bewusst, dass ein Teil von mir nach wie vor fest und tief verwurzelt in Gott ist, in ihm, der mir neues Leben schenkt, mich grünen und Frucht bringen lässt – anders als zuvor, aber sehr gut!

Auf dem Nachhauseweg spreche ich mit meinem Gott darüber und danke ihm für diesen besonderen Gottesdienst, den ich so schnell nicht vergessen werde. „Gott wird dir seinen Frieden schenken, den Frieden, der all unser Verstehen, all unsere Vernunft übersteigt, der unsere Herzen und Gedanken im Glauben an Jesus Christus bewahrt." (Philipper 4,7 Hfa)

Waltraud Schneider-Kalusche

17. Februar

Mitgefühl

*„‚Wer von den dreien war nun deiner Meinung nach der Nächste
für den Mann, der von Räubern überfallen wurde?', fragte Jesus.
Der Mann erwiderte: ‚Der, der Mitleid hatte und ihm half.'
Jesus antwortete: ‚Ja. Nun geh und mach es genauso.'"*
Lukas 10,36.37

Wenn wir an den Barmherzigen Samariter denken, kommt uns oft irgendein spektakulärer Rettungsakt in den Sinn. Es kann sich aber auch um eine kleine, mitfühlende Tat handeln. Das erlebte ich vor einigen Jahren.

Mein Sohn war schon erwachsen und lebte weit weg von zu Hause, aber wir blieben mit wöchentlichen Briefen in Verbindung – damals gab es noch keine e-Mails. Dann hörten die Briefe plötzlich auf. Er hatte kein Telefon. Darum konnte ich ihn nicht anrufen.

Ich unterrichtete an einer christlichen Universität und zwei Studentinnen lebten in meinem Haus zur Untermiete. Sie waren an jenem Freitagabend zu einer Versammlung gefahren. Während ihrer Abwesenheit erhielt ich einen Anruf. Er war nicht von meinem Sohn, sondern von der Polizei in der Stadt, in der er lebte. Sie teilten mir die traurige Nachricht mit, dass er ertrunken sei und sie ihn in einem Kanal gefunden hätten. Ich war wie betäubt, war verstört und konnte es nicht fassen. „Nein, nicht mein Sohn," schrie mein Herz. Ich hatte vorgehabt, ihn am Ende des Schuljahres zu besuchen, um Zeit mit ihm zu verbringen, und in der Natur, die er liebte, zu wandern.

Ich unternahm einen langen Spaziergang, allein in der Finsternis dieser Winternacht. Ich wollte niemandem von meiner Trauer erzählen. Ich wollte alles in meinem Herzen verschließen. Ich konnte nicht einmal weinen. Ich lief, bis ich nicht mehr konnte, und kehrte nach Hause zurück. Die Mädchen hatten inzwischen im Ofen ein Feuer angezündet und saßen gemütlich eingewickelt in der Wärme unseres Wohnzimmers. Als ich meinen Mantel auszog und ihren freundschaftlichen Kreis betrat, fragten sie sofort, „Was ist passiert?" Ich hatte kein Wort gesagt und meine Augen waren nicht verweint. Wie konnten sie es wissen?

Sie legten ihre Arme um mich und weinten mit mir und ließen mich erzählen, was geschehen war. Ich weinte leise vor mich hin, aber ohne Verzweiflung. Meine Mädchen zeigten in meiner Stunde der tiefsten Not Mitgefühl.

Wie oft sind wir Menschen begegnet, die eine geliebte Person verloren haben, und sind auf Abstand geblieben, weil wir nicht wussten, wie wir mit der Situation umgehen sollten? Wir brauchen nur Mitgefühl, Liebe und Güte zu zeigen, genau wie Jesus es getan hätte. Wir sind in dieser Welt seine Arme; seine Gegenwart wird den Trost schenken.

Sinikka Dixon

18. Februar

Entscheidungen

*„Wenn du lernen willst, musst du die Zurechtweisung lieben;
es ist dumm, sie zu hassen."*
Sprüche 12,1 (NL)

Ich habe drei Dinge über Unfälle gelernt. Sie sind nicht geplant (sonst würde man sie nicht Unfälle nennen), sie kommen zum schlechtesten Zeitpunkt und sie sind stets eine Überraschung.

Meine böse Überraschung kam an einem Freitag vor einem langen Ferienwochenende. Ich war auf dem Weg nach Hause, als das Auto hinter mir stehen blieb – nachdem es das Heck meines Wagens beschädigt hatte. Nach der notwendigen ärztlichen Behandlung durfte ich wieder meine normalen Tätigkeiten aufnehmen. Ich musste allerdings eine Krankengymnastin aufsuchen, die mir bestimmte Übungen beibrachte. Der Arzt betonte, wie wichtig es sei, diese Übungen zu Hause fortzusetzen. Körperliche Übungen sind für mich nichts Neues, aber diese neu verordneten fand ich langweilig.

Ich wollte meine Pflicht zu Hause auch wirklich erfüllen. Ich dachte aber, dass es zeitsparend sei, zuerst die Waschmaschine einzuschalten. Das tat ich denn auch. Und dann, nach einigen Übungsminuten, erinnerte ich mich daran, dass der Müll fortgeschafft werden musste. Der Müllwagen sollte am nächsten Tag kommen. Somit war diese Arbeit dringend. Ich leerte alle Papierkörbe im Haus in die große Abfalltonne.

Die gute Absicht, mit meinen Übungen weiterzumachen, wurde vom Klingeln des Telefons vereitelt. Eine Freundin hatte eine Frage und benötigte Informationen. Nachdem wir die Angelegenheit besprochen hatten, war es fast Zeit fürs Mittagessen. Ich dachte, es sei gut, etwas zu essen, bevor ich mit meinen Übungen fortfahre. Und dann überlegte ich, dass es vielleicht nicht gut wäre, mit vollem Magen zu turnen, und aß deshalb in aller Ruhe. Meine Übungen verschob ich weiterhin. Meinst du, dass ich an jenem Tag Gelegenheit fand, meine Pflicht zu erfüllen? Nein.

Gott hat uns in seiner Gnade die Macht der Entscheidung und die Gabe der Zeit verliehen. Obwohl wir versucht sind, Dinge, die nicht angenehm sind, aufzuschieben, müssen wir schließlich eine Entscheidung treffen. Wofür wir uns auch entscheiden, es wird uns Zeit kosten. Unsere Entscheidung wird davon abhängen, was wir am meisten wünschen. Und einige Entscheidungen sind schwerer zu treffen als andere.

Und doch, wenn wir uns bemühen, dem Herrn zu gefallen, wird er, wenn wir ihn darum bitten, alles schenken, was wir brauchen, um die notwendigen Aufgaben zu erfüllen. Auch so alltägliche Dinge wie unsere Gymnastikübungen.

Marcia Mollenkopf

19. Februar

Ist dieser Platz frei?

*„Herr, zeige mir deinen Weg, ich will dir treu sein und tun,
was du sagst. Gib mir nur dies eine Verlangen:
Dich zu ehren und dir zu gehorchen!"*
Psalm 86,11 (Hfa)

Das neunjährige Mädchen begleitete seine Eltern zu einem Sinfoniekonzert. Sie wusste, dass sie keinen Lärm machen durfte, und verbrachte die Zeit damit, alles zu beobachten. Sie sah, wie einige Leute ihre Plätze suchten. Sie hörte, wie eine Frau die Mutter flüsternd fragte: „Ist dieser Platz frei?" Dann sah sie ihre Mutter nicken, und die Frau setzte sich neben sie. Das Konzert begann. Die Musik war herrlich, aber das Kind erinnerte sich in erster Linie an die einfache Frage: „Ist dieser Platz frei?"

Als ihre Eltern die Großmutter und mich in der nächsten Woche zum Essen einluden, saß das kleine Mädchen auf Omas Schoß und erzählte ihr von den Höhepunkten der Woche. Aber als die Großmutter in die Küche ging, um zu helfen, kam das Mädchen und stellte sich neben meinen Stuhl. „Ist dein Schoß frei?", fragte es.

Diese leise Frage, die sie in aller Unschuld stellte, berührte mein Herz. Ich nahm sie auf meinen Schoß, herzte sie und hörte zu, wie sie ein Gespräch anfing. Wir unterhielten uns über tausend Dinge in lebhaften Einzelheiten. Ich erinnere mich aber vor allem an die unschuldige Frage: „Ist dein Schoß frei?" Ich lernte an jenem Nachmittag, dass es kostbare Gelegenheiten gibt, die in unscheinbare Augenblicke eingewickelt werden. Es gibt Lektionen, die wir lernen, und Reichtümer, die wir teilen sollten. Ich wusste, dass dies eine solche Gelegenheit war.

Jeden Tag stellt uns unser bester Freund eine ähnliche Frage: „Ist dein Herz frei?" Wie oft hast du diese Frage auf verschiedene Arten gehört? Unsere Antwort darauf ist wichtig. Wenn wir freudig zustimmend antworten, ergießt sich auf uns ein Strom an Segnungen. Ellen G. White erinnert uns daran: „Ein Herz voll Glauben und Liebe ist dem Herrn mehr wert als die kostbarste Gabe." (Leben Jesu, S. 610) Wenn jede Tat, die wir tun, zur Ehre Gottes gedacht ist, werden wir die wunderbaren Ergebnisse nie ermessen können.

Lasst uns nach Gelegenheiten Ausschau halten, bei denen wir Jesus sagen können: „Ja, mein Herz ist frei, um ein einsames Kind zu herzen, um einen Jugendlichen, der vom Weg abgekommen ist, zu trösten, oder um die Fragen eines suchenden Erwachsenen zu beantworten."

Geber aller guten Gaben, hilf mir, meine Mission zu entdecken, wie gering oder groß sie auch sein mag. Gebrauche mich, Herr. Mein ungeteiltes Herz steht dir heute für deinen Dienst zur Verfügung.

Glenda-mae Greene

20. Februar

Neugierig auf Gott

*„Was kein Auge jemals sah, was kein Ohr jemals hörte
und was sich kein Mensch vorstellen kann, das hält Gott
für die bereit, die ihn lieben."*
1. Korinther 2,9 (Hfa)

Ich frage mich, wer nicht von der Neugierde gepackt wird, wenn er diesen Vers liest. Was wird Gott wohl für die bereithalten, die ihn lieben? Was für eine Pracht werden wir zu sehen bekommen und welche Art von Musik und Worten wird unsere Ohren und Herzen erfüllen?

Schon immer war ich für die Schönheit der Natur, der Architektur und der Musik zu begeistern, doch die Welt besteht zu unser aller Bedauern nicht nur aus den schönen Dingen. Nein, es gibt leider auch sehr viel Schlechtes in dieser Welt – böse Erfahrungen, Erlebnisse, die sich nachteilig in unserer Erinnerung verankern. Manchmal hüllen sie uns so sehr ein, dass wir weder ein noch aus wissen. Verloren irren wir dann in einer Welt umher, welche sich in rasend schnellem Tempo verändert und nicht einmal einen Gedanken daran verschwendet, wegen eines einzelnen Menschen anzuhalten. In solchen schweren Zeiten verlieren wir oft den Blick für das Schöne, für die bunten Farben des Lebens. Sogar das Lachen verlieren wir, wenn die bitteren Tränen vorherrschen und Hoffnung uns meilenweit entfernt zu sein scheint.

Ich möchte behaupten, dass jeder von uns einmal oder auch öfter in solch einer Situation gefangen war, es vielleicht noch ist und sich darin allein gelassen fühlt. Wir dürfen jedoch nie vergessen, dass sich Gott immer schützend um uns stellt. Wenn wir niemand anders sehen können, niemanden finden, der uns hilft, dann ist er trotzdem für uns da. Wir sollten, nein, wir dürfen unsere Hoffnung auf ihn setzen, dass er uns wieder in das bunte, schöne Leben zurückholt und alle Traurigkeiten von uns nimmt.

Deshalb, lasst uns auf Gott vertrauen, trotz all der Widrigkeiten, die das Leben für uns bereithält, und lasst uns sicher sein, dass das, was Gott uns in diesem Vers verspricht, alles Böse um ein Vielfaches ausgleichen wird. Denn wurdet ihr nicht auch von der Neugierde gepackt? Habt ihr nicht auch dieses Verlangen nach dem, was Gott für uns bereithält?

Die fantastischen Dinge, die wir sehen werden; wie wir staunen werden; wie es uns die Sprache verschlagen wird. Das sind die Dinge, auf die ich warte. Das sind die Dinge, die mich in einer Welt durchhalten lassen, die leider auch viel Schlechtes mit sich bringt. Ich möchte Gott lieben, weil ich neugierig bin – auf sein Geschenk an uns, auf das ewige Leben und vor allem auf ihn!

Patricia Pfaller

21. Februar

Warteschleifen

„Als meine Seele in mir verzagte, dachte ich an den Herrn, und mein Gebet kam zu dir in deinen heiligen Tempel."
Jona 2,8

Vor einem Jahr habe ich mir eine neue Telefonanlage angeschafft. Der Herr im Büro nahm meine Daten auf, ich schloss einen Vertrag ab, und aus meiner Sicht war alles in Ordnung. Ein Monat ging vorbei und ich erhielt keine Rechnung. Der zweite Monat war zu Ende, wieder keine Rechnung. Im dritten Monat erhielt ich zusammen mit der Rechnung auch gleich die Mahnung. Ich rief die Telefonnummer an, die auf der Rechnung stand, und dann ging der ganze Zirkus los. Erst hieß es: „Bitte, warten, Sie werden gleich bedient." Dann durfte ich Musik hören, nach einer Weile meldete sich eine Stimme: „Wenn Sie den Kundendienst wünschen, drücken Sie die 1, wenn Sie Fragen zu Ihrem Telefonanschluss haben, dann drücken Sie die 2, wenn Sie ... dann drücken Sie die 3" usw. Es ging bis zur 5.

Ich legte auf und probierte es nach 10 Minuten wieder. Das gleiche Theater. Ich war verärgert und verzweifelt zugleich. Ich mag keine Mahnungen, denn diese lassen meinen Adrenalinspiegel so richtig in die Höhe schnellen. Es war nichts zu machen, ich gab auf und wartete das Wochenende ab. Am Montag ging ich „gerüstet" in das Büro der Telefongesellschaft. Der gute Mann lächelte, wählte eine Nummer und war sofort verbunden. Er reichte mir den Hörer weiter und ich durfte mein Anliegen vorbringen. Der Mann bestätigte die Abmachung in meinem Vertrag, dass die Rechnung abgebucht werden sollte – ohne Mahngebühren. Der Fall war für mich erledigt. Es gibt viele Telefonverbindungen, die man nur auf diese Art herstellen kann. Der Ärger ist vorprogrammiert.

Ganz anders ist es mit der himmlischen Telefonleitung. Richten wir unser Gebet himmelwärts, gibt es kein „Warten Sie, ich verbinde", oder diese unnötige Tastendrückerei. Nein, bei Gott gibt es kein „Bitte, warten Sie," Er schaltet sofort die Leitung frei und ich kann ihm sagen, was mir auf der Seele liegt. Bei ihm gibt es auch kein Besetztzeichen oder die freundliche Vertröstung, es zu einem anderen Zeitpunkt zu versuchen. Der Herr, unser Gott, hat alles im Griff. Seine Allmacht erkennen wir auch daran, dass er alle Gebete in Empfang nimmt, egal von welcher Seite der Erdkugel sie an ihn gerichtet werden. Wie oft wir ihn auch anrufen, zu welcher Tageszeit auch immer, die Leitung zu ihm ist zu jeder Zeit frei. Unser Verstand kann dies gar nicht begreifen. Wenn wir manchmal das Gefühl haben, dass unser Gebet auch in einer Warteschleife landet, dann hat Gott etwas anderes mit uns vor, aber unser Gebet hat er registriert. Er antwortet zur rechten Zeit, wie und wann er will, denn unser Wohl liegt ihm am Herzen. Eine Art von Gebet erfreut unseren Gott ganz besonders. Es ist das Lob-, Preis- und Dankgebet. Wir sollten viel mehr Gebrauch davon machen. Ich bin dankbar, dass ich diese himmlische Telefonleitung täglich, ja stündlich und noch mehr in Anspruch nehmen kann.

Kathi Heise

22. Februar

Wissenschaftlicher Diskurs

„Wer sich nicht an die heilsamen Worte unseres Herrn Jesus Christus hält, ... der nimmt nur sich selbst wichtig, weiß aber überhaupt nichts. Solche Leute sind auf ihr hohles Geschwätz stolz und auf ihr Herumdiskutieren, das keinem nützt, woraus sich aber oft Neid, Zank, böses Gerede und gemeine Verdächtigungen ergeben. Wie eine Krankheit, wie eine Seuche ist das."
1. Timotheus 6,3.4 (Hfa)

An einer Gemeindeversammlung wird darüber diskutiert, wie der Text des wöchentlichen Inserates in der Zeitung aussehen soll. Bis anhin stand: „9:00 Uhr Bibelschule, 10:00 Uhr Predigt." Das Wort „Bibelschule" ist nicht mehr genehm und soll ersetzt werden. Gespräch, Diskussion, Gruppenarbeit?

An der Universität werden wissenschaftliche Diskurse geführt. Fachleute reden oder schreiben, um ihre Meinung, ihre Erkenntnisse und Forschungsergebnisse darzulegen. Sobald irgendetwas veröffentlicht wird, steht es zur Diskussion. Aus der ganzen Welt kommen Reaktionen, die das Werk entweder in ihre Einzelteile zerpflücken oder es in den Himmel loben. Schaut man jene Ergüsse genauer an und fragt nach dem Zusammenhang, wird manchmal deutlich, dass die Schreiber eine bestimmte Brille tragen, sei es ihre politische Überzeugung, ihre Geisteshaltung oder was immer. Auch Wissenschaftler sind nicht davor gefeit und erkennen selten sich selbst und die Beweggründe, die sie antreiben. Nach vielen Seminarstunden zur sprachlichen Untersuchung eines populären Erziehungsratgebers kam meine Arbeitsgruppe zum Schluss: „Die Wissenschaft bietet keine Antworten!" Der Daseinszweck der Wissenschaft sei der Diskurs, so komme die Menschheit weiter. Das oberste Gebot stelle die „Falsifikation" dar. Das ist wahrlich ein „schönes" Wort und bedeutet so viel wie: Ich beweise, was alles an deiner Theorie falsch ist, und falls davon dann noch etwas übrig bleiben sollte, könnte es vielleicht so etwas wie Wahrheit oder neue Erkenntnis darstellen. Überflüssig zu sagen, dass bei einer solchen Vorgehensweise selten etwas Greifbares herauskommt. Ein Erziehungswissenschaftler folgerte erstaunt, dass die Tatsache, dass wir leben, nach dem Prinzip der Falsifikation außerordentlich unwahrscheinlich sei. Dass nach all der angenommenen Evolution mit all ihren Fehlern überhaupt etwas besteht, ist in der Tat erstaunlich. Und trotzdem leben wir!

Über offensichtliche Tatsachen kann nicht diskutiert werden. Auch Gottes Wort stellt sich nicht zur Diskussion. Der „Ich bin" spricht, ruft ins Leben, regiert und richtet schlussendlich. Was nützen mir Antworten, die keine sind? Was bringen offene Fragen und Horizonte, wenn ich mich für einen von zwei Wegen zu entscheiden habe? Wie hilft mir ein Wissenschaftler in meinem konkreten Alltagsproblem? Da hat Paulus wohl Recht, wenn er Herumdiskutieren, Gerede und Verdächtigungen als Krankheit und Seuche bezeichnet. Trotz aller medizinischen Erkenntnisse leidet unsere moderne Gesellschaft an Krankheiten. Eine von der globalen Sorte ist das Diskutieren, das Dreschen von Worten, das Produzieren von heißer Luft. Gott sei Dank finde ich auf meine Fragen echte Antworten in der Bibel!

Hanni Klenk

23. Februar

Enditnow – beende es jetzt!

„Fürchte dich nicht, denn ich habe dich erlöst; ich habe dich bei deinem Namen gerufen; du bist mein!"
Jesaja 43,1

Immer wieder habe ich ein Bild aus meiner Kindheit vor Augen. Ich sehe zwei entblößte Gesäße und einen Rohrstock darauf niedersausen. Zwei kleine Jungen im Alter zwischen sechs und sieben Jahren werden im Unterricht fast täglich geprügelt. Sie liegen über den Schulbänken. Meine Augen öffnen sich weit vor Entsetzen und schließen sich wieder, weil sie diesen Anblick nicht ertragen können. Ich sitze still in mich gekehrt auf meiner Bank. Am liebsten möchte ich schreien, aufspringen, doch irgendetwas verschließt mir den Mund, meine Beine versagen ihren Dienst. Die Lehrerin aber ordnet während des Unterrichtes im Fensterspiegel ihre Haare, Welle für Welle sorgfältig legend.

Es ist gar nicht so lange her, denke ich. Ich sehe es noch vor mir – es will nicht aus meinem Kopf weggehen. Seitdem habe auch ich, wenn es in meinem Leben nicht gerecht zuging, geschwiegen, meine Augen verschlossen, bin nicht aufgestanden, aus lauter Angst, ich könnte geschlagen werden. Ich bin geschlagen worden und habe geschwiegen. Geschwiegen aus Scham, Verletztheit, Ratlosigkeit, war unfähig, Entscheidungen zu treffen. Bis mir eines Tages die Augen aufgingen. Ich handelte endlich und verließ einen schlagenden Mann.

Nachdem ich gegangen war, fand ich erst nach und nach meine Sprache wieder. Noch heute fällt es mir schwer, Sachaussagen zu formulieren, obwohl ich sie durchschaue. Wer jahrelang gequält wurde, schreit nicht auf. Er ist unfähig, sich zu äußern. Er versteckt sich so vollkommen, dass niemand merkt, was mit ihm geschehen ist. Die Aufnahmefähigkeit für Beziehungen zerbricht. Das Innenleben macht sich selbstständig, schwebt beziehungslos über der gesellschaftlichen Umgebung.

Bis ich die Maske ablegte und Tränen flossen, verging Zeit. Diese benötigte ich dringend, um zu mir selbst zu kommen. Am Ende stand Aufbruch. Ich machte mich auf die Suche nach Wärme und Geborgenheit, nach einer Heimat, einer tröstenden Hand. Da kam mir von weitem jemand entgegen. Er eilte auf mich zu und drückte mich an sich. Durch dieses Erlebnis endlich frei geworden, war es mir möglich, handlungsfähig zu werden; nein zu sagen, wenn mein Mitmensch litt; zu helfen, wenn er Unterstützung brauchte. Viel zu lange kannte ich keinen eigenen Standpunkt. Durch Gottes Kraft in mir war es nun möglich, zu sehen, zu laufen und mitzufühlen. Ein Zuhause bei Gott macht stark!

- Es gibt zu viele Heimatlose
- Es wird Zeit, sie aufzusuchen!
- Beende die Gewalt jetzt!
- www.enditnow.de – www.itfaces.me

Christel Mey

24. Februar

Gott sieht mich

*„Und Gott schuf den Menschen zu seinem Bilde,
zum Bilde Gottes schuf er ihn."*
1. Mose 1,27 a

Ich habe mich oft über diesen Gott gewundert, der mich zu seinem Bilde schuf. Wer ist er? Das ist wohl eine Frage, die viele von uns zu unterschiedlichen Zeiten des Lebens gestellt haben. Eines Tages, vor nicht allzu langer Zeit, nahm ich mir vor, die Bibel durchzuarbeiten, um herauszufinden, wer Gott wirklich ist. Ich stellte fest, dass die Namen, die ihm von Menschen gegeben wurden, nachdem er für sie etwas getan hatte oder sie ihn in einer bestimmten Lebenslage erlebt hatten, den Charakter Gottes am besten wiedergaben. Ich möchte hier einen der Namen Gottes herausgreifen, der mir Kraft und Freude geschenkt hat.

Ich habe schwere Zeiten erlebt. Einmal kam mir in den Sinn: Wo ist Gott? Sieht er mich? Weiß er, dass ich leide? Dann fand ich den Namen in 1. Mose 16, den Hagar, eine ägyptische Sklavin, Gott gab. Hagar lief vor ihrer Herrin Sarai davon, die sie schroff behandelt hatte. Wir kennen doch die Geschichte: Der Unglaube von Abraham und Sarai schuf eine Situation, die nie hätte kommen sollen. Aber in ihrer Not verließ Gott Hagar nicht. Er traf sie an einer Quelle in der Wüste und gab ihr eine Verheißung für die Zukunft des Kindes, das sie erwartete. Überwältigt davon, dass der Gott Abrahams zu ihr kam und ihr eine Verheißung schenkte, nannte sie ihn El Roi – „Der Gott, der mich sieht."

Erstaunlich! Hagar war keine der Auserwählten Gottes. Sie war Ägypterin. Und doch sah Gott ihre Not, suchte sie auf und tröstete sie. Er sah sie. Sieht Gott mich in meiner Not? Ja, er sieht mich. Und er liebt mich und verheißt, dass der, der mich zu seinem Bilde schuf, mich niemals verlassen wird (Hebräer 13,5).

Ein altes Kirchenlied sagt: „Sein Auge sieht den Sperling, und ich weiß, dass er über mich wacht." Heute lobe ich Gott für seine Fürsorge. In welcher Lage ich mich auch befinde, er sieht mich. Er ist mein El Roi. Und er sieht auch dich. In Zeiten der Entmutigung und Sorge bist du nicht allein. Es gibt den Einen, der über dich wacht. Vergiss es nicht, „Der Herr schaut vom Himmel herab und sieht alle Menschen, von seinem Thron aus sieht er jeden Einzelnen. Er hat ihre Herzen gemacht und weiß um alles, was sie tun... Der Herr aber beschützt alle, die ihm gehorchen und auf seine Gnade vertrauen ... und erhält sie ... am Leben." (Psalm 33,13-19 NL)

Heather-Dawn Small

25. Februar

Freudiges Warten

„Und warten auf die selige Hoffnung und Erscheinung der Herrlichkeit des großen Gottes und unseres Heilandes Jesus Christus."
Titus 2,13

Eine unserer Töchter lebt in den USA und hat zwei kleine Kinder. Unsere beiden anderen Kinder sind viel unterwegs. Das, und auch die Tatsache, dass wir sehr gerne zu unseren Enkelkindern fliegen, beschert uns immer wieder die Fahrt zum Flughafen.

Es ist natürlich ein ganz großer Unterschied, ob ich wegfliege oder den Weg zur Ankunft nehme, weil ich jemand erwarte und abhole. Aber immer ist es ein wenig aufregend – sowohl beim Abflug als auch bei der Ankunft. Wenn wir wegfliegen, beschäftigt uns eher die Frage, ob wir alles dabei haben: Flugschein und Einreisegenehmigung, Pässe, Geld, Geschenke … Wir sind froh, wenn die Reisezeiten stimmen, es keine Verspätungen gibt und unser Gepäck den Zielflughafen auch erreicht.

Spannender finde ich die Ankunft. Besonders dann, wenn die Enkelkinder kommen! Schon vor der Wegfahrt hat man sich nach der pünktlichen Ankunft erkundigt. Dank der modernen Technik und des Internets ist das alles möglich. Ungeduldig wandert der Blick immer wieder auf die Anzeigetafel. Ich kann genau sehen, ob sich das Flugzeug schon im Anflug befindet, ob die Maschine gelandet ist oder das Gepäck schon auf dem Rollband liegt. Während wir ungeduldig warten, vertreiben wir uns die Zeit, indem wir noch schnell etwas essen oder trinken oder die Schaufenster der Boutiquen und Souvenirläden begutachten. Immer wieder finden wir uns im Bereich der Ankunft. Es wird immer spannender, denn jetzt müssten sie bald ankommen. Werden sie uns wiedererkennen, die kleinen Kinder? Wie haben sie sich verändert? Sind sie von der Reise müde oder werden sie uns fröhlich entgegenlaufen? Und plötzlich ist es so weit: Wir können sie sehen. Sie sind da!

Immer wenn ich auf dem Flughafen bin, kommen mir unweigerlich die Gedanken an das Kommen Jesu Christi. Das Warten auf ein Ereignis, das man kennt, aber dessen genauen Zeitpunkt man nicht weiß, hat gewisse Parallelen mit dem Warten auf dem Flughafen. Zu allen Zeiten des Christentums haben die Menschen auf Jesu Wiederkunft gewartet. Viele haben Zeichen gedeutet und wurden bitterlich enttäuscht, weil Jesus immer noch nicht gekommen ist. Das Gleichnis der Jungfrauen erinnert mich daran, wachsam zu bleiben, mich vorzubereiten, immer mit einem Auge auf der Anzeigetafel.

Es ist gut, wenn wir in der Zeit des Wartens auf das Kommen des Herrn aktiv bleiben. Vielleicht hast du heute die Möglichkeit, jemandem zu erzählen, worauf du wartest. Es wird das großartigste Ereignis der Geschichte nach Jesu Tod am Kreuz sein. Es wird unvorstellbar prächtig sein und alle werden sehen und hören, dass er kommt, mit all seinen Engeln! Alle Völker der Welt werden sich vor ihm beugen. Es lohnt sich zu warten, nicht aufgeben. Jesus kommt, wie er es versprochen hat. Das zu wissen macht dir den Tag heute möglicherweise leichter. Ich wünsche dir die Freude über dieses Wissen tief im Herzen. Und ich wünsche dir Mut, anderen davon zu erzählen, damit die Schar derer, die ihn erwarten, noch viel größer wird.

Marlise Rupp

26. Februar

Überschwängliche Freude

„Die Freude am Herrn ist meine Stärke!"
Nehemia 8,10

Welches Kind wünscht sich nicht ein Tier? Sei es einen Hamster, eine Katze oder ein Meerschweinchen. Auch unser Sohn wünschte sich ein solches – einen Hund. Unsere Argumente bei unserem Achtjährigen, warum wir keinen Hund wollten, wurden alle in den Wind geschlagen. Wir müssten, so erklärten wir unserem Sohn, überlegen, was wir mit ihm im Urlaub machen, wie soll es gehen, wenn wir alle gemeinsam in den Gottesdienst fahren usw. Unser Sohn versuchte, alle unsere Argumente mit dem Hinweis zu widerlegen, er kümmere sich schon darum, und außerdem könnte man den Hund in den Urlaub mitnehmen. Während des Gottesdienstes solle er im Auto bleiben, bei leicht geöffneter Scheibe, damit er Luft bekomme.

Glücklicherweise lehnten es alle Tierheime, bei denen wir anfragten, ab, uns einen Hund zu überlassen. Es müsste immer eine Person zu Hause sein, ein geschlossener Garten sei Voraussetzung, damit das Tier jederzeit Auslauf hätte usw.

Schließlich waren die Voraussetzungen gegeben und unser Sohn überzeugte uns, dass wir jetzt an dem Punkt angelangt waren, wo ein Hund angeschafft werden konnte. Wir fuhren in ein Tierheim, erklärten unsere häusliche Lage (Erklärungsbedarf fast wie bei der Adoption eines Kindes) und wurden schließlich für würdig empfunden, einen Hund zu übernehmen.

Es war ein vierjähriger Schnauzer-Terrier-Mischling, den wir sofort ins Herz schlossen. Er besaß eine einigermaßen gute Erziehung, obwohl er ein wenig frech war, und alle außerhalb unserer Familie waren ab sofort seine Feinde. Er bewachte uns treu, dies betrachtete er als seine Aufgabe, begleitete uns problemlos in den Urlaub und während des Gottesdienstes blieb er einfach zu Hause und wartete ruhig, bis wir wieder kamen.

Seine Freude, uns nach kurzer Abwesenheit wieder zu begrüßen, war überschwänglich, auch wenn wir nur für einige Minuten aus dem Haus gingen. Er brachte uns die Hausschuhe, legte uns seine Hundekekse vor die Füße und war einfach glücklich. Selbst nach vielen Jahren, als er bereits älter und von Krankheit gezeichnet war, kannte seine Freude keine Grenzen.

Haben auch wir diese überschwängliche Freude an unserem Herrn Jesus Christus? Freuen wir uns, wenn es uns gut geht, und genau so, wenn böse Tage vorherrschen? Er hat alles für uns getan, hat uns angenommen, wir sind sein Eigentum und seine Kinder. Er ist derjenige, der uns unendlich liebt.

Unser Hund ist mir ein Beispiel für die Liebe und Treue eines Geschöpfes zu seinem Herrchen geworden. Mit welch einer Freude hat er sie zum Ausdruck gebracht! Was für ein Vorbild ist er doch geworden, wenn wir daran denken, dass wir Geschöpfe unseres Herrn und Heilandes sind. Die Freude im Herrn sei heute auch deine Stärke.

Regina Fackler

27. Februar

Eine halboffene Tür im Dunkeln

*„Wer in der Finsternis wandelt, weiß nicht, wohin er geht.
Wer mir nachfolgt, wird nicht in der Finsternis wandeln."*
Johannes 12,35; 8,12

Es ist spät abends. Zeit, um den Tag ausklingen zu lassen. Ich sehe mich noch einmal in der Küche um, drücke die halboffene Verbindungstür zurück und halte in meinem Schlafzimmer Andacht. Dann kuschle ich mich entspannt in mein Bett und höre mir noch eine Predigt auf Band an – nichtsahnend, dass die beste Predigt erst noch kommen würde. Schließlich lösche ich müde das Licht. Ich bin schon fast eingeschlafen, da schrillt auf einmal das Telefon und reißt mich aus meinen Halbträumen. Ich schwanke benommen aus dem Bett und will im Dunkeln durch die Verbindungstür in die Küche hasten. Ich habe eine weit offene Tür erwartet, werde aber nun darüber aufgeklärt, dass sie wieder halb zu ist, da ich mit meiner Schulter genau in den Türflügel renne! Erschrocken stolpere ich rückwärts und fange mich am Bücherregal ab. Im Gegensatz zur Tür sind jetzt aber meine Augen weit offen! Ich hole tief Luft und nehme einen erneuten Anlauf, stoße dabei den Türflügel ganz auf und erreiche endlich das Telefon. Als ich den Hörer abhebe, stelle ich jedoch fest, dass mein ganzer Aufwand unnötig war. Großartig! – Dennoch ist es nicht wirklich das Verdienst des Telefons, dass ich nun hellwach bin. Dafür sorgte mein ungeplantes Zusammentreffen mit der Tür. Und das nur, weil ich im Dunkeln nicht bemerkt hatte, dass sie wieder halb zu war. Als ich den Hörer auflege, streiche ich mir über die Augen und muss über mich selbst lachen. Die Situation war einfach zu komisch – das hätte man filmen sollen.

Die Erleuchtung, dass ich eigentlich nur die Lampe hätte einschalten müssen, kommt ein bisschen spät. Aber genauso tappe ich auch im Leben immer wieder im Dunkeln. Gott möchte mir sein Licht geben, um mir zu zeigen, wo Türen halb geschlossen sind. Doch oft genug nehme ich das Licht in seiner Bibel nicht in Anspruch, weil ich denke, ich weiß den Weg ja ohnehin. Dabei ist seine Bibel so wunderbar. Sie bringt Licht in unseren Alltag, in unsere Entscheidungen und in unser Denken. Dieses Licht vermittelt uns einen neuen Blick, es bewahrt uns vor dem Fallen, zeigt uns die Hindernisse in unserem Charakter und ermutigt uns, sie zu überwinden. Wir empfangen Hinweise darauf, wie wir uns richtig verhalten sollen und wie sehr wir dadurch Frieden und Ruhe finden. Sein Wort macht unsere Seele hell und hilft uns, für andere ein Licht im Leben zu sein. Es zeigt uns auch, wie Gott wirklich ist, und entlarvt die dunklen Lebenslügen des Feindes. Und es bringt uns sicher nach Hause in die Ewigkeit, wenn wir ihm folgen und damit auch Jesus nachfolgen. Denn er ist unser Licht, wie es in Psalm 119,105 und in Johannes 1,9.14 heißt: „Sein Wort ist eine Leuchte für jeden meiner Schritte und ein Licht auf meinem Weg ... Das ist das wahre Licht, das in die Welt gekommen ist und jeden erleuchtet. Denn das Wort wurde Mensch und wohnte unter uns."

Wir haben einen herrlichen Gott, und deshalb darf ich mit Jesaja 60,1 immer wieder sagen: „Mache dich auf und werde Licht, denn sein Licht ist über dir aufgegangen!"

Jaimée Seis

28. Februar

Doppelte Staatsbürgerschaft

*„Sie sind nicht von der Welt, wie auch ich nicht von der Welt bin.
Ich bitte dich nicht, dass du sie aus der Welt nimmst."*
Johannes 17,14-15

Nach 40 Jahren, in denen ich die meiste Zeit in Deutschland lebte, beantragte ich dieses Jahr die deutsche Staatsbürgerschaft. Inzwischen hatte man den Einbürgerungstest eingeführt. Aber darauf kann man sich ja vorbereiten. Er war in 10 Minuten bestanden. Ich musste auch eine Menge Papierkram erledigen. Es war aber bei weitem nicht so schlimm, wie ich befürchtet hatte. Die Bearbeitung aller dieser Dinge dauerte natürlich eine ganze Weile. Dann kam der Tag, an dem ich zum Einbürgerungsgespräch im Landratsamt erscheinen sollte. Die Beamtin befragte mich über die Grundwerte der deutschen Verfassung, und ich musste etwa 10 Minuten lang frei erklären, wie die deutsche, freiheitliche und demokratische Grundordnung funktioniert. Dann wurde ich eingebürgert und als Neubürger willkommen geheißen. Als Beweis dafür besitze ich jetzt eine Einbürgerungsurkunde. Ich durfte gleich einen Personalausweis beantragen. Gleich bei der nächsten Wahl durfte ich auch endlich mitentscheiden, welche politische Richtung an die Regierung kommt. All das hatte ich gewollt.

Ich hatte 40 Jahre mit der Einbürgerung gewartet, weil ich meine finnische Staatsbürgerschaft nicht aufgeben wollte. Doch nun erlaubt das neue Gesetz die doppelte Staatsangehörigkeit. Aber – was bin ich nun? Bin ich Finnin oder Deutsche? Ja, beides. Ich hatte nicht damit gerechnet, wie verwirrend das sein kann.

Bei Sportereignissen hatte ich immer für die Finnen Partei ergriffen. Heute Abend spielt Finnland gegen Deutschland in der Fußball-WM-Qualifikation. Natürlich will ich, dass die Finnen gewinnen. Außerdem haben sich die Deutschen sowieso schon qualifiziert. Aber ich kann nicht aus ganzem Herzen für eine Mannschaft sein. Mein Herz ist geteilt.

Jesus sagte, kein Mensch könne zwei Herren dienen, und genau das soll ich nun tun. Auch wenn meine beiden „Herren" oder Heimatländer in der Europäischen Union miteinander verbunden sind, ist es nicht so einfach. Mein Enkel machte für die Schule eine Umfrage und stellte mir die Frage, als was ich mich denn fühle – als Deutsche, Süddeutsche oder als Europäerin. Zum Glück gab es die Wahlmöglichkeit „Europäerin"!

„Das Himmelreich ist nahe herbeigekommen", war die Aussage Jesu, als er auf Erden weilte. Das Himmelreich ist schon da, in unseren Herzen, wenn wir zu Jesus gehören. Und trotzdem leben wir noch hier auf dieser gefallenen Erde, wo man so leicht vom Wesentlichen abgelenkt wird. Wir sollen und wollen der Stadt Bestes suchen (Jeremia 29) und doch Bürger des Himmels sein und die himmlische Atmosphäre in unserem jetzigen, zweiten Heimatland verbreiten. Auch wenn ich manchmal verwirrt bin, wohin ich denn wirklich gehöre, steht für mich fest, dass ich ein Bürger des Himmels sein will.

Hannele Ottschofski

29. Februar

Das Labyrinth im Maisfeld

*„Du wirst mir den Weg zum Leben zeigen und mir
die Freude deiner Gegenwart schenken.
Aus deiner Hand kommt mir ewiges Glück."*
Psalm 16,11 (NL)

Wenn ich an das Wort Labyrinth denke, sehe ich immer die Rätsel in Zeitschriften, bei denen man mit einem Bleistift den Weg zeichnet. Ich war noch nie in einem echten Labyrinth – einem Irrgarten, der aus hohen grünen Hecken, sich windenden Pfaden und Sackgassen besteht. Aber dann erlebte ich letzten Sommer mit meinem Enkel ein Maislabyrinth. Ich erfuhr, dass ein solches wie ein Schwimmbad ist. Man kann es nur genießen, wenn man hineinspringt. Hohe Hecken aus Maispflanzen umschlossen mich. Die Pfade schienen in alle Richtungen zu führen. Es gab keinen Weg zurück; ich musste meinen Weg hin- und hergehen, um den Ausgang zu finden. Vom Eingang lief ich geradewegs in eine Mauer aus Blättern. Da konnte ich durch die Blätter einen Blick auf die Mitte des Labyrinths erhaschen, wo sich ein Aussichtspunkt für diejenigen befand, die Hilfe benötigten. So nah und doch so weit. Wenn man nicht durch die Mauern dringen wollte, brauchte es Zeit, um die Mitte zu erreichen. Dieses Durcheinander an Pfaden und die schlechte Sicht prüften meine Fähigkeiten, wie ich es noch nie erlebt hatte. Ich vergaß die Außenwelt, verlief mich glücklich und freute mich über den Spaß mit meinem Enkel.

In Hampton Court in London liegt einer der bekanntesten Irrgärten der Welt – mit einer Vielzahl von Pfaden auf kleinstem Gelände, um die Verwirrung noch zu steigern. Ein solcher Garten scheint mir eine tiefere Bedeutung zu haben. Ihn zu betreten ist wie unser Lebensweg, auf dem wir in falsche Richtungen gehen, uns verirren und das Ziel uns immer wieder entwischt.

Wenn ich auf mein Leben zurückblicke, erinnere ich mich an Zeiten, in denen es mir vorkam, als ob ich mich in einem Labyrinth verirrt hätte, aus dem ich keinen Ausweg finde. Ich danke aber meinem Herrn, dass er mich nicht aufgab. Wenn wir mit unmöglichen Problemen zu kämpfen haben, die uns wie ein Labyrinth umschließen, können wir unseren Wunder wirkenden Gott anrufen, der uns den Ausweg zeigen wird. Wenn ich geprüft werde, versuche ich an die vielen Verheißungen der Bibel zu denken. Viele Generationen von Menschen haben sich darauf verlassen. Das kann auch ich.

Wenn du vor hohen Mauern und verwinkelten Pfaden stehst, zögere nicht, dein Herz Gott auszuschütten. Du wirst feststellen, dass das Gebet der kürzeste Weg zwischen Gott und deinem Herzen ist. Du bist auf dem richtigen Weg!

Vidella McClellan

1. März

Sina und Jöggi
– unsere Nachbarshunde

„Weiter, liebe Brüder: Was wahrhaftig, was ehrbar, was gerecht, was rein, was liebenswert ist, was einen guten Ruf hat, sei es eine Tugend, sei es ein Lob – darauf seid bedacht!"
Philipper 4,8

Ich habe Angst vor Hunden. Ich fühle mich in ihrer Nähe nicht wohl und mache, wenn möglich, einen Bogen um sie herum, nur damit ich ihnen nicht zu nahe komme. Wenn ich zum Bauern gehe, um das Milchkännchen zum Auffüllen für den nächsten Tag zu bringen, kommt Jöggi und bellt. Er bellt nicht nur, er greift mich richtig an. Er stürmt auf mich zu, kommt immer näher, wird immer lauter und starrt mich so richtig giftig an. Ich habe Angst. Wir trinken deshalb nicht mehr so oft Milch vom Bauern, wir kaufen sie jetzt meistens im Supermarkt.

Nun ist es so, dass unsere Nachbarn vor einiger Zeit einen Hund angeschafft haben. Als er frisch zu ihnen kam, war er noch ein Welpe. Da dachte ich mir: Das ist meine Gelegenheit. Ich habe Barbara, meine Nachbarin, gefragt, ob sie mir beibringen könnte, ihrem Hund richtig zu begegnen. Ja, Barbara wollte gerne helfen. So konnte ich eine Beziehung zu Sina aufbauen. Wenn ich komme, freut sie sich. Sie kriegt dann manchmal ein ‚Leckerli' oder etwas, was ich in der Tasche habe. Manchmal streichle ich sie, oft umarme ich sie sogar und tätschle ihren Körper. Sina ist groß geworden. Sie ist nicht etwa solch ein kleines Schoßhündchen, nein, sie ist sehr groß und hat ein herrlich weiches Fell. Ich habe keine Angst vor ihr. Im Gegenteil. Ich mag sie sehr.

Nun, ich kam einmal nach Hause. Barbara war gerade mit anderen Nachbarn draußen im Gespräch, und der Hund war dabei. Ich kam herbei, freute mich, Sina zu sehen, tätschelte sie, nahm ihr Gesicht in beide Hände und drückte sie. Ich tauschte einige Worte mit den Leuten aus. Da sagte Barbara plötzlich: „Du hast ja gar keine Angst." Ich: „Nein, warum sollte ich? Sina ist ein so lieber Hund." Sie sagte: „Das ist nicht Sina …" Ich schaute den Hund genauer an und sagte fragend: „Ist es Jöggi?" Sie: „Ja."

Ich: „Vor dem müsste ich Angst haben, oder?" Sie: „Nein, das brauchst du nicht."

Hat sich Jöggi verändert? Nein, das hat er nicht, aber ich. Ich habe meine Sichtweise ausgetauscht. Ich hatte ihn nicht erkannt und empfand keine Angst. Das hat er gespürt und war darum überhaupt nicht angriffslustig.

Wie oft fühlen wir uns anderen Menschen gegenüber unsicher, wie oft haben wir sogar Angst vor ihnen! Wie oft bauen wir dadurch sogar Mauern zwischen uns auf! Diese Begebenheit hat mir zur Einsicht verholfen, dass es auf meine Einstellung ankommt, wie mein Gegenüber auf mich reagiert. Wenn ich das Gute, das, was wahrhaftig, was ehrbar, was gerecht, was rein, was liebenswert ist, sehe und mich darauf einstelle, kommt es oft anders, als man denkt. Und das funktioniert nicht nur bei Tieren.

Denise Hochstrasser

2. März

Besuche mich doch mal!

*„Befiehl dem Herrn deine Wege und hoffe auf ihn,
er wird's wohl machen."*
Psalm 37, 5

„Lieber Gott, komm doch einmal zu mir herunter, du bist sooo weit weg. Du könntest mich einmal besuchen. Aber wenn du keine Zeit hast, dann schreibe ich dir halt einen Brief." Getröstet beendet unser kleiner Sohn sein Abendgebet. Er hat für sich eine Lösung gefunden: Ich lerne ja jetzt schreiben, dann kann ich Gott einen Brief schicken. Im Vorschulalter möchte man alles begreifen, verstehen, erfühlen. So viele Dinge sind noch unverständlich. Die Liebe der Eltern spürt man – Gott hingegen ist so weit weg.

Fallen wir nicht oft in unserem Leben in dieses Vorschulalter-Gefühl zurück? Gott ist so weit weg. Vielleicht betest auch du schon seit Tagen, Wochen, Jahren – nichts bewegt sich. Vermeintlich keine Antwort. ‚Besuche mich doch einmal, lieber Gott! Gib mir ein Zeichen! Lass mich verstehen, was du von mir willst! Welchen Weg soll ich gehen?' So oder ähnlich lauten unsere Gebete. Funkstille. Die Psalmen beginnen oft mit einem Hilferuf: ‚Herr, hilf mir!' oder ‚Mein Gott, warum hast du mich verlassen?'

Der Psalmenschreiber bleibt jedoch nicht dort stehen. Immer findet er wieder zum frohen Schluss: „Wirf dein Anliegen auf den Herrn, er wird dich versorgen..." (Ps.55,23) oder in Psalm 36 „Herr, deine Güte reicht, so weit der Himmel ist ..." oder „Befiehl dem Herrn deine Wege und hoffe auf ihn ..." (Psalm 37,5) Er kommt immer wieder zur seligen Gewissheit, ja sogar zur Freude, dass der Mensch nicht alleine gelassen wird, dass Gott immer noch da ist, auch im Schweigen.

Vielleicht gehen wir auch gerade durch eine Lernphase, kann sein, so ähnlich, wie wenn ich schreiben lerne. Plötzlich erkenne ich neue Möglichkeiten, neue Türen öffnen sich. Manchmal sind es ganz unspektakuläre kleine Schritte, so wie das ABC oder die ersten Zahlen, aber sie helfen mir, wie einem Kindergartenschüler, die Augen für eine neue Welt zu öffnen, neue Horizonte anzupeilen.

Wagen wir unsere ersten Schritte aus dem Kindergarten hinaus! Erproben wir unsere neue Beziehung zu Gott! Er macht keine Fehler. Uns unterlaufen sie aber schon, doch er hilft uns auch, die falsche Richtung wieder zu korrigieren. Man kann ein Ziel auch auf Umwegen erreichen, man darf nur nie den Mut verlieren. Gott ist immer da, auch wenn wir meinen, er komme nie zu uns auf Besuch. Er sitzt gerade neben dir, damit du dich beim Aufstehen auf ihn stützen kannst. Warum ich das weiß? Weil ich diese Stütze jeden Tag dankbar benutze und getrost damit durchs Leben schreiten kann, weil ich mich sicher fühle und ein bisschen weniger stolpere.

Vreny Jaggi-Rechsteiner

3. März

Komm doch zur Quelle!

„Wer aber von dem Wasser trinkt, das ich ihm gebe, wird niemals mehr Durst haben. Ich gebe ihm Wasser, das in ihm zu einer Quelle wird, die ewiges Leben schenkt."
Johannes 4,14 (GN)

In der 2. Klasse machten wir an einem heißen Sommertag einen Schulausflug. Für meine kurzen Kinderbeine war es ein weiter Fußmarsch. Toben, Laufen und Lachen machten durstig. Viel zu früh war meine Wasserflasche leer und der weite Heimweg wurde immer quälender. Ich schaffte es kaum noch bis nach Hause. Doch dann: Endlich! Wasser! Wie belebt und erfrischt fühlte ich mich schon nach dem ersten Glas! Meine kindliche Fröhlichkeit kehrte zurück!

Zur heißesten Zeit des Tages verlässt eine Frau die Stadt, um mit ihrem Krug lebenswichtiges Wasser zu schöpfen. Von weitem sieht sie dort einen Mann sitzen, einen Juden. Er bittet sie um etwas zu trinken. Die Frau ist darüber erstaunt, denn Juden haben keinen Kontakt mit Samaritern. Und sie ist eine solche. Sie gelten bei den Juden als unrein.

Doch dieser Mann macht sie auf ein Wasser neugierig, das nur er ihr geben kann, auf lebendiges Wasser, das den Durst des Menschen nach Gott für immer stillen kann. Irrtümlicherweise nimmt sie an, dass sie nicht mehr täglich zum Brunnen kommen und Wasser schöpfen müsste. Ihr Leben würde leichter sein, denkt sie bei sich.

Geschickt deckt er ihren Lebenswandel auf! Fünf Ehemänner hatte sie schon und der, den sie jetzt hat, ist nicht ihr Mann. Wer ist dieser geheimnisvolle Fremde? Dann gibt sich Jesus der Frau zu erkennen. Sie merkt, dass Jesus allwissend, weise, gerecht, verständnisvoll und voller Liebe ist. Neben ihm ist ihr Leben hoffnungslos und voller Sünde. Doch diese Begegnung zeigt ihr eine gänzlich neue Dimension. Sie erkennt, dass sich etwas geändert hat und neu geworden ist.

Sie braucht jetzt kein Wasser mehr, lässt ihren Krug zurück, geht in die Stadt und sagt: „Kommt und seht den Menschen, der mir alles gesagt hat, was ich getan habe, ob er nicht der Christus sei!" Wie überzeugend und erfüllt von dem, was sie gesehen und gehört hatte, muss sie gewesen sein! Trotz ihres schlechten Rufes hörten die Bewohner ihr zu, und viele glaubten ihr. Sie kommt mit den Bewohnern zurück und auf deren Bitte hin bleibt Jesus noch zwei Tage.

Und was war das Ergebnis? Die Bewohner der Stadt nahmen Jesus als Erlöser an!

Die Quelle des lebendigen Wassers zeigte ihre Wirkung. Zuerst trank die Samariterin daraus, dann wurde sie selbst zum Brunnen. Hast du diese Quelle schon gefunden? Jesus bietet sie dir an. Trinke davon und lass dich erquicken!

Angelika Pfaller

4. März

Botschaften

*„Und genauso lasst eure guten Taten leuchten vor den
Menschen, damit alle sie sehen können und euren
Vater im Himmel dafür rühmen."*
Matthäus 5,16 (NL)

In der Straße, in der ich wohne, pflegen wir die Gewohnheit, einen rosa oder hellblauen Luftballon an den Zaun zu hängen, wenn ein neues Enkelkind geboren wurde. Die meisten von uns zogen hierher, als die Siedlung gebaut wurde. Unsere Kinder sind zusammen aufgewachsen. Die Jahre sind schnell vergangen. Meine vier Kinder (zwei Jungen und zwei Mädchen) haben nun ihre eigenen Familien und mir acht kostbare Enkelkinder geschenkt. Am 24. September 2003 war ich an der Reihe, stolz, einen rosafarbenen Luftballon an den Zaun zu hängen, um die Ankunft der kleinen Jasmine anzukündigen. Genau eine Woche danach kündigte ein blauer Ballon Bradley an. Die Nachbarn stellten schnell fest, dass sich die Farbe innerhalb weniger Tage verändert hatte. Da sie nicht wussten, dass wir zwei Enkelkinder in einem so kurzen Abstand erwarteten, fragten sie in aller Unschuld, ob ich mich geirrt hätte. Prompt und stolz übersetzte ich die Botschaften der Ballons.

Es gibt unzählige Arten, Botschaften zu senden und zu empfangen. Alle scheinen sie unsere Aufmerksamkeit zu erheischen. Mein Handy erinnert mich daran mit SMS. Die moderne Technologie übermittelt Botschaften von einer Seite der Erde auf die andere via Satellit. Es gibt Anrufbeantworter, Faxgeräte, e-Mail, Telefone – und vergessen wir die kleinen Geräte nicht, die man Pager oder Funkmeldempfänger nennt.

Einige der nettesten Botschaften, die ich erhalten habe, haben mein Herz erfreut: „Ich liebe dich," „Kopf hoch," „Ich denke an dich," „Ich bete für dich" und vieles mehr. Mögen wir diese kleinen Aufmunterungen dazu verwenden, den Menschen um uns herum kostbare Geschenke zu machen, denn die Erinnerung an gute Worte erfreuen das Herz in einer Welt, in der wir viele traurige Botschaften empfangen.

Die Bibel bietet uns tröstende Worte der Hoffnung, aber auch Ermahnungen an, doch alle hat Gott aus Liebe gesandt. Nachdem wir seine Botschaften angenommen haben, ist es wichtig zu erkennen, dass auch unsere Worte und Taten sichtbare Botschaften an alle Menschen sind, denen wir täglich begegnen. Ich bete darum, dass meine Nachbarn meine Botschaften als die einer treuen Zeugin verstehen und nicht missverstehen wie die jene unserer Ballons.

Lieber Jesus, sende mir heute deine Botschaft in mein Herz, damit ich in der Wahrheit geleitet werde. Segne jede unserer Schwestern, wenn sie durch ihre täglichen Botschaften ein Zeugnis für dich sind. „Dein Wort ist meines Fußes Leuchte und ein Licht auf meinem Weg." (Psalm 119,105)

Lyn Welk-Sandy

5. März

Haltet den Dieb!

„Denn er hat seinen Engeln befohlen, dass sie dich beschützen auf allen deinen Wegen."
Psalm 91,11

Ich hatte meine neue Stelle als Sekretärin des Chefarztes in der Klinik in Reutlingen angetreten. Mein Büro liegt im fünften Stock der Klinik. Zu meinen Aufgaben gehört es auch, zweimal am Tag die Post aus dem Postfach an der Pforte im Erdgeschoss zu holen. In dieser Zeit ist das Sekretariat dann leer und damit auch das unbemerkte Betreten des Zimmers des Chefarztes möglich – aber so weit dachte ich gar nicht. Mein Chef legte immer, bevor er morgens in den OP ging, seine Armbanduhr in die oberste Schublade seines Schreibtisches. Das hatte ich beobachtet. Ich kannte noch nicht viele der Ärzte, schon gar nicht die der anderen Abteilungen, und die sonstigen Mitarbeiter im Krankenhaus sind ja so zahlreich.

Als ich nach meiner Rückkehr vom Postholen im Zimmer des Chefs plötzlich jemanden an seinem Schreibtisch sitzen sah, dachte ich mir erst gar nichts. Ich fragte noch, was er da mache, und er erwiderte, er müsse etwas holen. Ich dachte, er sei ein Assistent oder jemand vom Pflegepersonal, den der Chef gebeten hatte, ihm etwas Vergessenes in den OP nachzubringen. Er verließ sehr schnell das Zimmer, nachdem ich wieder ins Büro gekommen war. Was mich veranlasste, die Schreibtischschublade zu öffnen und hineinzuschauen, ist mir noch immer ein Rätsel. Es war ein innerer Drang. Auf jeden Fall war die Armbanduhr weg! Ich rief im OP an und ließ den Chefarzt fragen, ob er auch an diesem Tag seine Uhr wie üblich in die Schublade gelegt hätte, was er erstaunt bestätigen ließ. Nun wurde ich wütend. Da hatte doch der Unbekannte meinen Chef beklaut!

Auf den Gedanken, vielleicht die Polizei anzurufen oder jemand anders um Hilfe zu bitten, kam ich gar nicht. Ich sah es als meine Aufgabe an, die Uhr wieder zu beschaffen. Ich lief ins Treppenhaus und die Treppen hinunter – ja, aber wohin eigentlich? Das Haus hat mehrere Stockwerke und noch mehr Gänge, Stationen und Flure. Wo sollte ich den Mann suchen? Ich fand ihn im Erdgeschoss. Er war wahrscheinlich so perplex, als ich ihm gegenübertrat und die Herausgabe der Uhr forderte, dass er sie mir sofort aushändigte. Ich hatte gar keine Zeit, Angst zu haben, denn er hätte mich sicherlich überwältigen und dann weglaufen können.

Ich bin mir sicher, dass mir Gott einen Engel zur Seite stellte, der auf mich aufpasste! Ich nahm die Uhr an mich, ging in mein Büro zurück, legte sie wieder an ihren Platz im Schreibtisch und tat weiter meine Arbeit. Es stellte sich heraus, dass derselbe Mann auch in anderen Büros und Stationen auf Beutezug unterwegs war. Andere haben dann die Polizei gerufen, und er wurde festgenommen. Mein Chef fragte nach der Rückkehr aus dem OP, warum ich nach seiner Uhr gefragt hätte. Als ich es ihm erzählte, meinte er, so wertvoll sei sie nicht, dass ich mich deswegen in Gefahr hätte begeben müssen – aber ich fühlte mich verantwortlich.

Bitte, Gott, lass mich auch in anderen Dingen zu meiner Verantwortung stehen – Du bist an meiner Seite.

Angelika Nixdorf

6. März

Nirwana ist nicht mein Ziel

„Wir aber warten eines neuen Himmels und einer neuen Erde nach seiner Verheißung, in welchen Gerechtigkeit wohnt."
2. Petrus 3,13

Beim Abendessen mit Freunden kam die Sprache darauf, warum in Asien das Christentum so stark wächst. Dabei unterhielten wir uns auch über die verschiedenen Religionen, die dort ihren Ursprung haben. Für mich war das Gespräch ein Aha-Erlebnis.

Das Nirwana ist für einen Buddhisten das höchste Entwicklungsziel. Laut Erklärung wird der Mensch so oft wiedergeboren, bis er sein Leben so gut, so sozial und charakterlich einwandfrei gestaltet, dass er sich selbst erlösen kann. Dann erreicht er das Nirwana, löst sich selbst auf und hört zu existieren auf. Bei dieser Entwicklung zählen aber nicht nur die Taten des Menschen, sondern auch sein Denken.

Wenn ich mir überlege, dass ich mich selbst verändern muss – denn ich will ja nicht als Stein wiedergeboren werden –, dann setze ich mich automatisch unter Druck. Dabei stelle ich an mir selbst fest, dass es nicht funktioniert. Ich kann mich bemühen, wie ich will. Es gibt immer wieder Punkte, an denen ich scheitere. Der Ausblick ist nicht rosig. Ich bemühe mich, scheitere und werde quasi als Strafe noch einmal auf diese Erde geschickt, um das Gleiche wieder und wieder zu erleben. Vor einem solchen Hintergrund ist natürlich das Nirwana eine Erlösung.

Doch es gibt eine gute Nachricht. Es geht einfacher. Mit Jesus Christus haben wir jemanden, der die Aufgabe, die wir nicht bewältigen können, für uns übernimmt. Interessant finde ich, dass es das Nirwana tatsächlich gibt. Die Bibel schreibt, dass alle Menschen von Gott für ihr Leben zur Rechenschaft gezogen werden. Menschen, die im Gericht stehen, ohne Jesus Christus an ihrer Seite zu haben, werden verurteilt werden. Als Folge hören sie zu bestehen auf. Es gibt keine Erinnerung mehr an sie.

Da gefällt mir die andere Version besser. Ich möchte nicht ausgelöscht werden, also lebe ich bereits hier und jetzt mit Jesus Christus. Er nimmt mich an, so wie ich bin, und geht mit mir durchs Leben. Das zu erleben gibt einen wunderbaren Ausblick auf die neue Erde, die er denen versprochen hat, die an ihn glauben. Werden wir uns dort sehen? Ich würde mich freuen!

Großer Gott, sei du bei allen, die sich schwertun, das Geschenk deiner Erlösung ohne eigenes Zutun anzunehmen, und hilf ihnen, zu dir zu kommen.

Claudia DeJong

7. März

Der Mensch denkt, Gott lenkt!

*„Des Menschen Herz erdenkt sich seinen Weg;
der Herr allein gibt, dass er fortgehe."*
Sprüche 16,9

Um Physiotherapeut zu werden, hat man einige Hürden zu überwinden. In der Privatschule des Ordenskrankenhauses unserer Stadt bestehen diese Hürden aus einem Intelligenztest, einem praktischen Teil und einem Gespräch mit einem der Lehrtherapeuten oder dem leitenden Primar der Abteilung. Beim Durchlesen der ersten Seite des schriftlichen Intelligenztests wollte ich eigentlich lachend aufgeben – doch „zum Spaß" machte ich schließlich mit. Ich war eine von fast 400 Bewerbern und würde nur dann weiterkommen, wenn ich es unter die ersten 80 schaffte. Hier durfte ich schon das erste Wunder erleben – ich kam tatsächlich weiter! Doch es sollten weitere Wunder folgen!

Beim praktischen Teil der Aufnahmeprüfung galt es mehrere Stationen zu absolvieren, die unterschiedliche Fähigkeiten prüften. Ich fühlte mich hier eindeutig wohler und kam mit Gottes Hilfe auch hier weiter – also in die letzte Stufe des Aufnahmeverfahrens. Ich wurde für das Gespräch dem leitenden Primar zugeteilt. Mit butterweichen Knien und rasendem Herzen bereitete ich mich schriftlich auf das Gespräch vor. Mit meinen physikalischen Maturakenntnissen glänzte ich nicht gerade – zum Glück war das für mein Gegenüber kein großes Problem: „Das lernen Sie noch genauer im Unterricht!" Wir kamen dann auch auf meinen adventistischen Glauben zu sprechen, und ich durfte ihm einiges zu den Themen „Bibel", „Glaubenspunkte" und auch „Lebensstil" erklären. Der Primar war diesem Thema gegenüber erstaunlich offen. Alles in allem war es eine angenehme Atmosphäre, und mir wurde auch bereits beim Gespräch versichert, dass ich zu den 24 „Auserwählten" zählen würde. Einige Tage später bewahrheitete es sich tatsächlich. Ich konnte im folgenden Herbst mit meiner Ausbildung an der Akademie für Physiotherapie beginnen. Ich dankte Gott von ganzem Herzen für seine Führung.

Erst ein Jahr später erfuhr ich über Umwege von Gottes mächtigem Eingreifen: Ich erhielt für die Aufnahmeprüfung die beste Punkteanzahl insgesamt, doch wollte mich die leitende Ordensschwester nicht in die Akademie aufnehmen, weil ich Siebenten-Tags-Adventistin war. Nur der Führung Gottes, die mich zum Primar kommen ließ, und der bei der entscheidenden Besprechung ein Machtwort für mich sprach, habe ich es zu verdanken, dass ich meinen Traumberuf seit nunmehr 10 Jahren ausüben darf!

Danke, Vater, dass ich deine Führungen in meinem Leben immer wieder erkennen darf – hilf mir auch heute, an deiner Hand zu bleiben und dich nicht aus den Augen zu lassen, um deine Führung zu erkennen!

Carola Charlotte Weidinger

8. März

Jesus – der größte Magnet im Universum

„Ich bin mit Christus gekreuzigt; und nun lebe ich, aber nicht mehr ich selbst, sondern Christus lebt in mir!"
Galater 2,20a (SLT)

Es war mein 22. Geburtstag. Kaum jemand wusste es. Ich fühlte mich so frei und glücklich. Es war der erste Geburtstag, seitdem ich mein Leben Gott übergeben hatte. Mein Leben ohne Gott war so kaputt und leer gewesen, doch jetzt erlebte ich die Fülle der Freude in Jesus.

Meine Nachbarin hatte mich zum Frühstück eingeladen, obwohl sie über die Besonderheit des Tages nichts wusste. Ich ging zum Blumenladen um die Ecke, um ihr einen besonders schönen Strauß zu kaufen! Auf meinem Weg dorthin waren alle Pfosten der Straßenlaternen mit Plakaten beklebt. „Ich suche dich!", hieß es darauf. Voller Neugier las ich weiter. Mitten beim Lesen blieb mir fast das Herz stehen. Konnte das sein? Diese öffentliche Anzeige war an mich gerichtet! Schnell riss ich ein Plakat ab.

Ein paar Tage zuvor hatte ich einen jungen Mann an einer Imbissbude unweit meiner Wohnung getroffen. Er erzählte mir von Ying und Yang und dass das Leben ein Mischmasch dieser beiden Kräfte sei, darum gebe es kein reines Weiß und kein völliges Schwarz in diesem Leben, nur eben gewisse Grautöne dazwischen. Ganz natürlich sprudelte die Frage aus meinem Mund: „Glaubst du nicht, dass tiefstes Schwarz komplett weiß werden kann? Ich habe es erlebt!" Ich kann mich nicht erinnern, viel mehr gesagt zu haben.

Da las ich nun diesen Aufruf von genau diesem jungen Mann an mich. Er war von meinen wenigen Worten sehr beeindruckt worden. Er musste mich wiedersehen. Was er nicht wusste: Es war nicht ich, sondern Jesus Christus, der ihn angezogen hatte. Ich war mir dessen völlig im Klaren! So hinterließ ich an dem von ihm vorgeschlagenen Treffpunkt nur eine Nachricht mit dem zitierten Bibelvers in Galater 2,20a. „Nun lebe ich, aber nicht mehr ich selbst, sondern Christus lebt in mir!" Ich hatte nicht den Mut, ihn selbst zu treffen, ich wollte, dass er Jesus kennenlernt und sich nicht auf mich einlässt! Er war in Gottes großen, sorgenden Händen am besten aufgehoben.

So rannte ich an meinem Geburtstag zu meiner Nachbarin, erfüllt von unbeschreiblicher Dankbarkeit, denn dieser Such-Steckbrief war wie ein Liebesbrief an mich von Gott, meinem Vater. Wie war mein neues Leben doch so schön!

Bis heute denke ich an dieses Ereignis. Es war so bezeichnend. Wenn Jesus durch seinen Heiligen Geist in uns lebt, ist das wie ein großer Magnet. Jesus kann mir und auch dir genau die richtigen Worte schenken, die unseren Nächsten tief ins Herz treffen.

Herr, lass mich heute wieder ein leeres Gefäß für deinen Heiligen Geist sein.

Sei du alles in mir. Mach mich zu einem Werkzeug deiner Gnade. Gib mir deine Worte und Gedanken für die Menschen, denen ich heute begegne!

Daniela Misiunas

9. März

Ich meine es gut mit dir

*„Das will ich euch sagen: ‚Was ihr für einen meiner
geringsten Brüder getan habt, das habt ihr mir getan.'"*
Matthäus 25,40

Es ist Winter in Nordrhein-Westfalen, und ich bin mit dem Bus zu einem bestimmten Geschäft unterwegs, um eine Schale mit Frühlingsblumen zu kaufen, die dort günstig angeboten werden.

Nur eine Schale will ich kaufen, weil ich gehbehindert bin. Da ich mit einem Stock unterwegs bin, kann ich nicht mehr tragen. Während ich den Einkaufswagen hole, komme ich mit einer netten Frau ins Gespräch, die ich dann im Geschäft bei den Pflanzen wieder treffe. Diese eine Blumenschale steht bei mir schon im Wagen, und die Frau sagt zu mir: „Die sind so schön, kaufen Sie doch mehr davon!"

„Ich bin mit dem Bus unterwegs und kann nicht mehr tragen", antworte ich. Da sagt diese mir völlig fremde Frau: „Kaufen Sie alles ein, was sie brauchen, ich fahre Sie nach Hause." Sie fragt mich dann, wo ich wohne. Und dann meint sie, in diese Richtung müsse auch sie fahren. Ich muss wohl ziemlich erstaunt ausgesehen haben.

Später stellt sich heraus, dass sie für mich viel zu weit gefahren ist, um mich nach Hause zu bringen. „Wie soll ich Ihnen nur danken?", ist meine Frage an sie. Ihre Antwort überrascht mich wiederum: „Bei der nächsten Gelegenheit tun Sie eben etwas Gutes".

Mir kam ein Ausspruch in den Sinn: „Ich werde nur einmal durch dieses Leben gehen; wenn ich irgendeinem Mitmenschen eine Freundlichkeit oder etwas Gutes erweisen kann, dann will ich es gleich tun. Ich will es weder aufschieben noch vernachlässigen, denn ich werde dieses Weges nie wieder kommen".

Diese Frau soll mir Vorbild sein, so wie Jesus zu leben. Noch etwas ist mir dadurch bewusst geworden: Gott wollte mir zeigen: „Ich meine es gut mit dir". Er ist mir näher, als ich dachte. Ich darf immer auf ihn vertrauen. Danke, lieber Gott!

Käthe Möller

10. März

Frühjahrsputz

*„Die Güte des Herrn hat kein Ende, sein Erbarmen
hört niemals auf, es ist jeden Morgen neu!
Groß ist deine Treue, o Herr!"*
Klagelieder 3,22.23 (Hfa)

Es ist Frühjahr. Wieder einmal steht der Großputz an. Betten säubern, Matratzen saugen, Teppiche klopfen oder reinigen. Den Fußböden neuen Glanz verleihen, Fenster putzen, Schränke auswaschen, Besteck polieren, Balkone schrubben. So geht es tagelang weiter. Immer findet das Auge noch ein Eckchen, noch ein Fleckchen, bis es endlich sagt: „Genug, es reicht!"

Zufrieden lehne ich mich in meinem Lieblingssessel zurück, greife nach meinem neu erstandenen Buch und erschrecke; denn ganz in meiner Nähe liegt etwas! Ich schaue genauer hin. Jawohl, ein Haar ist es! Ich habe das berühmte „Haar in der Suppe" gefunden. Ärgerlich hebe ich es auf und werfe es in den Abfalleimer. In mir beginnt es zu brodeln und zu kochen.

Schrecklich ist es, mit der Unvollkommenheit leben zu müssen. Ich will paradiesische Zustände haben! Doch die gibt es in dieser Welt nicht. Satan lebt immer noch und rückt mir auf die Pelle. Meine Sünden ärgern mich, lähmen meine Lebensfreude.

Doch halt, Christel, weißt du denn nicht, dass Jesus für deine Sünden gestorben ist? Hast du vergessen, wie sehr er dich liebt und beim Vater für dich eintritt? Betroffenheit macht sich in mir breit. „Ja, Jesus, ich kann immer zu dir kommen und um Vergebung bitten. Du vergibst mir alle Morgen neu." Diese Tatsache macht mich glücklich und dankbar. Auch dich?

Auf dieser Erde werden wir immer ein „Haar in der Suppe" finden, aber Jesus sagt: „Fürchte dich nicht, ich habe dich erlöst, ich habe dich bei deinem Namen gerufen, du bist mein."

Lasst uns wie Befreite aussehen, wie Menschen, die Freude und Dankbarkeit erleben und auch ausstrahlen. Jeden Morgen neu.

„So sei nun, da der Morgen tagt, dein Eigen all mein Leben.
Du hast mir so viel zugesagt und wirst mir alles geben." (WLG 510,4)

Christel Mey

11. März

Ein Schluck Wasser

*„Macht Christus zum Herrn eures Lebens. Und wenn man
euch nach eurer Hoffnung fragt, dann seid immer
bereit, darüber Auskunft zu geben."*
1. Petrus 3,15 (NL)

Obwohl er sich nicht für gläubig hielt, ging General Lewis Wallace immer mit seiner Familie in die Kirche. Ihn faszinierte die Geschichte der Geburt Christi und besonders wie die Weisen von weit her kamen, um das neugeborene Kind anzubeten. Erst bei einem Gespräch zwischen ihm und dem bekennenden Atheisten Colonel Robert Ingersoll merkte er, wie wenig er die Bibel kannte, und schämte sich, dass er seine christlichen Ansichten gegenüber Aussagen, die scheinbar dem Glauben widersprachen, nicht belegen konnte.

Er nahm sich vor, die Bibel zu studieren, um sich „vor Gott als guter Arbeiter zu bewähren, der sich nicht zu schämen braucht" (2. Tim. 2,15, NL). Ihm kam die Idee, dass er ein Buch über den Zustand der Welt schreiben könnte, um Menschen, die sich nach Befreiung von politischen und religiösen Lasten sehnten, die Liebe Gottes zu zeigen. Aus der Kurzgeschichte über die Geburt Jesu entwickelte sich das beliebteste Buch Amerikas im 19. Jahrhundert – Ben Hur. Der Leser verfolgt darin die Geschichte des Juden Ben Hur und sieht ihn in einer Kolonne von Gefangenen, die durch die Wüste geschleppt werden. Die Wachen verweigern ihm sogar einen Schluck kühlen Wassers. Als er Gott um Hilfe bittet, wird ihm von einer sanften Hand mit einer liebenden Berührung das Leben spendende Wasser gereicht.

Am Ende der Geschichte erleben wir, wie sich Ben Hur bemüht, seine Mutter und Schwester zu einem Galiläer zu bringen, damit sie vom Aussatz geheilt werden. Sie geraten in eine Menschenmenge, durch den der Galiläer, beladen mit einem schweren Kreuz, zum Ort der Kreuzigung getrieben wird. Ben Hur erkennt in ihm den Mann, der ihm das kühle Wasser gab und ihn vor dem Verdursten rettete. Er versucht, die gute Tat zu vergelten, aber der Wasserbehälter wird ihm grob aus der Hand geschlagen. Durch die Augen des Ben Hur erkennt der Leser, dass uns Jesus das Wasser das Lebens schenkt und wir nichts tun können, um es ihm zu vergelten.

Die Erlösung ist ein Geschenk, das uns von dem Einen gegeben wird, der auf diese Erde kam, um uns die Liebe des Vaters zu zeigen. Sein Tod am Kreuz ist das lebendige Wasser, das uns zur ewigen Hoffnung verhilft. Das ist das Evangelium und die Grundlage unseres Glaubens. Jesus gibt uns bedingungslos alles, wozu wir selber nicht in der Lage sind. Vielleicht besteht heute eine gute Gelegenheit, die Bibel aufzuschlagen, um Jesus, den Grund unserer Hoffnung, in seiner bedingungslosen Liebe zu entdecken.

Wanda Hewitt

12. März

Die Antwort Gottes auf mein Gebet

*„Befiehl dem Herrn deine Wege und hoffe auf ihn,
er wird's wohl machen."*
Psalm 37,5

Paul Gerhardt war ein großer Liederdichter. Trotz seiner Not, die sein Leben heimgesucht hat, konnte er sich auf Gott verlassen. Der gab ihm Trost und Hoffnung. Wer seine Lieder kennt und liebt, ist gut dran und kann seinen Weg gestärkt und getröstet weitergehen. Sie sind wie ein Leuchtturm in der Brandung, wenn man sie nicht gedankenlos singt oder liest.

Es ist schon eine geraume Zeit her, da plagte mich eine große Sorge. Ich hatte nicht die Kraft, die Sache wirklich anzugehen und zu lösen. Ich schob sie vor mir her, aber von alleine wird bekanntlich nichts besser. Bei einem Treffen gab's einen Berührungspunkt und schon war das Problem wieder auf dem Tisch. Man debattierte hin und her, für mich war keine Lösung in Sicht. Ich ging mit einem wirren Kopf schlafen. Ich schlief nicht gut, wälzte mich hin und her, wobei ich immer wach wurde, denn meine Gedanken legten sich wie ein Spinnennetz auf und um meinen Kopf.

In der Früh war ich als Erste wach. Ich schlief noch mit zwei anderen Frauen im Zimmer. Ich wollte sie nicht stören und verhielt mich ruhig, aber meine Gedanken schwirrten wieder im Kopf herum. Was sollte ich nur machen? Auf dem Tisch lag das Liederbuch „Wir loben Gott". Ich schlug es auf und sah das Lied: „Befiehl du deine Wege" von Paul Gerhardt. Ich las Strophe um Strophe durch und merkte, dass es für mich und mein Kopfzerbrechen geschrieben war.

Ich wünsche mir, dass jeder das Buch in die Hand nimmt und das Lied bewusst von Anfang bis zum Ende durchliest. Gott müssen wir vertrauen, denn mit Sorgen und mit Grämen und mit selbsteigener Pein können wir Gott nicht beeindrucken. Er will gebeten sein. Er hat viele Wege und Mittel, um die Not zu lindern. Wir müssen Gott nur die Zeit lassen, dann wird die Freudensonne wieder in unserem Herzen scheinen und wir werden wieder froh und unverzagt sein. Wir können unseren Sorgen „Gute Nacht" sagen – denn Gott sitzt im Regiment und führt alles wohl. Wir werden uns wundern, wie er alles, was uns bedrückt und bekümmert hat, regelt. Auch wenn es den Anschein hat, dass Gott mit seiner Hilfe und seinem Trost verzieht, wird er sich unser erbarmen, wenn wir es am wenigsten erwarten.

Als ich das Lied mit seinen 12 Strophen durchgelesen hatte, wusste ich, was zu tun war. Ihn, ihn nur walten lassen. Er hatte alles im Griff, und ich konnte getrost in den Tag gehen. Ich war bei ihm gut aufgehoben. Es dauerte nur eine kurze Weile und mein Problem löste sich so, dass alles für mich gut wurde. Ich bin dankbar, so einen Gott „im Regiment" zu haben, der alles wohl macht. Paul Gerhardt hatte die Wege seines Lebens Gott übergeben, dem, der die Himmel lenkt, der Wolken, Luft und Winden gibt Wege, Lauf und Bahn. Das Leben von Paul Gerhardt war alles andere als leicht, aber er wusste sich bei Gott bis zu seiner letzten Stunde in guten Händen. Gottes Wort war ihm in jeder Stunde Stütze und Trost. Das wünsche ich auch uns allen.

Kathi Heise

13. März

Unser Mitbewohner

*„Denn er hat seinen Engeln befohlen, dass sie dich
behüten auf allen deinen Wegen."*
Psalm 91,11

Es ist wieder Freitag. Und was für einer! Morgen ist Abendmahl und ich soll das Brot dafür backen. Außerdem haben wir wie immer ein gemeinsames Mittagessen (was koche ich da denn Leckeres?). Und abends kommt die Jugend zu uns, zum Grillen, da will ich doch noch einen Nudelsalat machen. Dieser Tag muss gut geplant sein: Wenn die Kinder aus dem Haus sind, werde ich die Kartoffeln für den Salat aufstellen. Einmal gut aufkochen lassen – in der Zeit schnell das Wohnzimmer aufräumen – dann die Kartoffeln abstellen. Während ich mit dem Hund Gassi gehe, können die Kartoffeln auf dem kälter werdenden Herd garen und abkühlen. Geplant, getan: Kinder verabschiedet, Kartoffeln auf Stufe 9 aufgesetzt, Wohnzimmer aufgeräumt, Hund genommen und in den Hundefreilauf gegangen. Heute sind viele Leute dort und ich genieße die vielen, zum Teil sehr tiefen Gespräche. Dann wieder ab ins Auto. Ein Blick auf die Uhr zeigt mir, dass ich heute ungewöhnlich lange im Hundefreilauf war, fast 1 ½ Stunden. Nun muss ich mich sputen. Was ist als Nächstes dran? Der Kartoffelsalat.

Die Kartoffeln!!! Siedend heiß durchdringt es meinen Körper: Du hast vergessen, den Herd auszuschalten!! Seit fast zwei Stunden steht er auf Stufe 9! Mein Haus! Wir sind erst vor zwei Monaten dort eingezogen! Während ich nach Hause rase, bete ich ununterbrochen: „Vater, pass auf mein Haus auf, bitte!" Ich suche in der Richtung unseres Hauses nach dunklen Rauchwolken und doch spüre ich, wie ich ruhig werde, selbst als zwei Straßen vor dem Ziel kleine Schulkinder die Straße blockieren, weil sie für die Fahrradprüfung üben.

Endlich am Haus angekommen, renne ich in die Küche an den Herd und bleibe wie angewurzelt stehen: Der Herd steht nach wie vor auf Stufe 9, doch die Anzeige blinkt, was bedeutet, dass jemand den Notschalter gedrückt hat. Doch ich war nicht mehr in der Küche gewesen, seit ich die Kartoffeln angestellt hatte. War das Wasser übergekocht und hat dadurch den Schalter aktiviert? Der Herd ist sauber, kein Wasserspritzer ist zu sehen. Es ist sogar noch Wasser im Topf. Und die Kartoffeln sind gar, genau so, wie ich sie brauche – und abgekühlt!

Ich kann nicht fassen, was für ein Wunder ich gerade erleben durfte. Ich rufe meinen Mann an und sage ihm: „Ich habe heute erkannt, dass wir einen Mitbewohner in unserem Haus haben, auf den ich nicht mehr verzichten will!" Gott hat mein Gebet erhört, lange bevor ich es gesprochen hatte. Welch eine unglaublich große Liebe muss ihn dazu bewogen haben! Wovor sollte ich Angst haben, mit einem solchen Gott an meiner Seite, der Engeln befiehlt, nicht nur auf mich, sondern auch auf mein Haus aufzupassen?!

Heike Steinebach

14. März

Das gibt's doch nicht!

„Bittet, so wird euch gegeben!"
Matthäus 7,7

Wann stehen wir Frauen einmal nicht unter Zeitdruck? Irgendein Termin steht doch immer an. Manchmal jagt einer sogar den anderen und wir wissen nicht, was wir zuerst tun sollen.

Ich war an eine christliche Schule eingeladen. Dort hatte ich eine Woche Zeit, mit den älteren Schülern über das vorgegebene Thema „Beziehungen und Sexualität" zu sprechen. Darum hatte ich mich auf Interviewfragen zum Kennenlernen, auf Gruppengespräche, Rollenspiele und anonyme Fragen von ihnen vorbereitet. Ebenso trug ich auch Hilfen für Internetprobleme zusammen. „Wie Jugendliche ihre Eltern sehen" war für einen gemeinsamen Abend geplant. Die letzten Tage vor so einer größeren Aktion muss mein Drucker viel arbeiten. Meistens ist er fleißig und sehr gewissenhaft.

Der letzte Abend war nun angebrochen und ich musste nochmals eine Nachtschicht einlegen. 85 Seiten sollten nebenbei noch ausgedruckt werden. „Die Tinte ist aufgebraucht!", las ich ganz erschrocken! Im Vertrauen auf Gottes Hilfe rief ich in meiner Not den Herrn des Himmels und der Erde an: „Vater, du hast uns die Geschichte von der Witwe aus Zarpath gegeben, deren Ölkrug in der Hungersnot nicht leer wurde. So bitte ich dich jetzt um ein Wunder, dass die Tinte ausreicht und ich alle Seiten gut leserlich ausdrucken kann. Ich danke dir schon im Voraus dafür!" Nun stellte ich den Drucker wieder an. Er begann zu drucken. Plötzlich stand er gleich zweimal hintereinander still. „Drücken Sie auf ‚fortfahren'", las ich da und tat es auch. Ich hielt die Taste einige Sekunden gedrückt, und tatsächlich druckte er nach dem zweiten Mal zügig weiter. Welche Freude ich darüber empfand, als ich die letzte Seite in Händen hielt, weiß ich noch heute. „Danke, Herr, dass du mir so geholfen hast, dass du dich auch um die scheinbar kleinen Dinge des Lebens kümmerst!"

Ja, unser Vater ist um seine menschliche Familie besorgt. Es lohnt sich wirklich, ihm nicht nur leere Druckerpatronen anzuvertrauen. Er kann einfach alles. Er kennt uns Menschen so gut wie kein anderer, denn er ist unser Schöpfer.

Manchmal lässt er allerdings auch Dinge in unserem Leben geschehen, über die wir nicht erfreut sind. Das kann eine unheilbare Krankheit sein, ich weiß es aus eigener Erfahrung! Deine Ehe hat vielleicht Risse bekommen oder du hast ein Sorgenkind. Auch wenn wir uns damit durch unser ganzes Leben quälen müssen und so manche Tränen darüber vergießen – erst aus der Rückschau unseres Lebens wird Jesus uns beweisen, dass Gott nie einen Fehler gemacht hat.

Ingrid Bomke

15. März

Das Drosselkind

„Wahrlich, ich sage euch: Wer das Reich Gottes nicht aufnehmen wird wie ein Kind, wird nicht hineinkommen."
Lukas 18,17 (EB)

Schwer bepackt öffne ich die Gartentür. Der Wochenendeinkauf hat wieder einmal zwei Taschen gefüllt, die ich mit dem Bus vom Supermarkt zu mir nach Hause transportiert habe. Da stehe ich nun und bin froh, dass es wenigstens nicht regnet – für einen Schirm hätte ich jetzt keine Hand mehr frei! Ich stelle die Säcke ab und suche in der Handtasche nach dem Haustürschlüssel. Auch dies ein Unterfangen, das sich täglich wiederholt. Warum Frauen bloß immer solche Taschen haben, in denen sie minutenlang wühlen müssen, bis sie Schlüssel, Geldbörse oder Handy finden? Die Handtaschenhersteller werden es schon wissen.

Es ist still im Garten – in unserer Siedlung fährt nur selten ein Auto vorbei. Und so kann ich es plötzlich hören, das feine Stimmchen. Kein normales Vogelgezwitscher, das merke ich gleich. Irgendwie aufgeregt klingt es und sehr jung. Im Augenwinkel sehe ich einen Schatten an mir vorbeifliegen. Wenn man das überhaupt „fliegen" nennen kann! Unbeholfen flattert da etwas Rundes durch die Luft und lässt sich nach wenigen Metern wieder auf dem Boden nieder. Ich drehe mich um und entdecke es: Auf der Gartenmauer sitzt ein Drosseljunges. Dick, rundlich, ein wenig zerrauft schaut es aus und mustert mich mit großen Augen, dreht dabei sein Köpfchen hin und her, um mich besser erfassen zu können. Ich vergesse augenblicklich meine Einkäufe sowie meine Schlüsselsuche und stelle auch die Handtasche vorsichtig und leise auf den Boden. Aber meine Vorsicht ist gar nicht nötig, denn das Vögelchen scheint keinerlei Angst vor mir zu haben. Ganz im Gegenteil, es bleibt auch noch ruhig sitzen, als ich mich langsam in seine Richtung bewege. Ich möchte mit der Handykamera gerne ein Bild von diesem herzigen Geschöpf machen, zur Erinnerung an diesen besonderen Augenblick in Gottes Schöpfung. Und das Vögelchen ist sich ganz sicher: Hier droht mir keine Gefahr. Ich bin sehr berührt. Offensichtlich hat das Vogelkind noch keine schlechten Erfahrungen mit Menschen gemacht. Es weiß noch nicht, was Feindschaft bedeutet, und es kennt noch nicht die Angst.

So war es einmal im Paradies – Mensch und Tier in völligem Frieden und in gänzlicher Eintracht zusammen. Und so wird es einmal wieder sein, auf Gottes herrlicher, neuer Erde. Darauf freue ich mich schon ganz besonders! Ich strecke meine Hand aus und kann ein Foto von der jungen Drossel machen. Dann hüpft sie langsam und, wie wir Österreicher sagen, „patschert" weiter in den Nachbargarten. „Alles Gute, kleines Vogelkind!", denke ich und schließe nun die Haustür auf, nachdem ich endlich den Schlüssel gefunden habe. „Alles Gute und dass dir niemals Gefahr von den Menschen drohe!" Diese besondere Begegnung nehme ich mit – nicht nur auf meinem Handyfoto, sondern im Herzen.

Claudia Flieder

16. März

Berge und Bäume versetzen

„Wenn euer Glaube auch nur so groß wäre wie ein Senfkorn, könntet ihr zu diesem Berg sagen: ‚Rücke dich von hier nach da', und er würde sich bewegen. Nichts wäre euch unmöglich."
Matthäus 17,20 (NL)

Ich habe den obigen Bibelvers viele Male gelesen und mir immer die Frage gestellt, ob Gott wirklich meinte, dass wir einen Berg versetzen könnten oder ob es nur ein rhetorisches Mittel war, um darzustellen, wie wir die Probleme, die uns im Leben begegnen, bewältigen können. Aber jetzt weiß ich, dass Gott das wörtlich meinte. In meinem Fall versetzte er zwar keinen Berg, aber einen Baum.

Es war der letzte Wintertag. In Michigan war das Wetter trüb, und es gab gefrierenden Regen. Meine Tochter Katie und ich waren unterwegs zu meiner Mutter, um den Tag bei ihr zu verbringen. Wir hatten die 60 km zum Haus meiner Mutter fast schon zurückgelegt, als wir auf ein Stück Glatteis trafen und das Auto ins Schleudern geriet. Es drehte sich zuerst um 360° und rutschte dann seitwärts genau auf einen Baum zu. Es war unvermeidbar. Das Auto würde unweigerlich mit der Seite auf den Baum krachen. In dieser lebensbedrohenden Lage hauchte ich so schnell wie ein Herzschlag ein Gebet um Gottes Schutz. Es geschah alles so rasend schnell. Als das Auto zum Stehen kam, sahen Katie und ich aus dem Fenster. „Wo ist der Baum?", fragte Katie. Mit Nachdruck sagte sie: „Wir sind auf den Baum zugerast. Wo ist er?" Ich hatte den Baum ebenfalls gesehen. Ich wusste, dass wir auf ihn krachen würden, aber jetzt konnte ich ihn nicht erkennen. Ich konnte das Auto nicht aus dem Graben herausbekommen, aber zumindest aus dem Auto aussteigen und mich umsehen. Ich entdeckte den Baum etwa 7 Meter vom Auto entfernt. Hatten die Engel das Auto weiter nach vorne geschoben, damit wir den Baum nicht erwischen sollten? Danke, Herr, dass du uns gerettet hast!

Wir hatten an jenem Tag viel Anlass zur Dankbarkeit. Ein Mann mit einem Kleinlaster zog uns aus dem Graben. Obwohl das Auto stark beschädigt war, konnte ich es noch fahren. Wir taten alles, was wir uns an dem Tag vorgenommen hatten. Unsere Herzen waren voller Lob und Dankbarkeit.

Auf unserem Heimweg mussten Katie und ich an der Unglücksstelle vorbeifahren. Die Reifenspuren im Matsch waren noch deutlich sichtbar. Als ich anhielt, um besser nachzusehen, war ich zu schockiert, um Worte zu finden. Still wandte ich mich an Katie. Ihr Mund blieb ungläubig offen und ihr Gesicht war blass. Als sie wieder sprechen konnte, sagte sie: „Der Baum ist wieder da – exakt neben den Reifenspuren." Es stimmte. Da war er. Die Engel hatten das Auto nicht nach vorne geschoben, um dem Baum auszuweichen. Sie hatten den Baum wegbewegt und dann wieder zurück.

Der Gott der Bibel, der verheißen hat, Berge zu versetzen, bewegt sie immer noch.

Susan Drieberg

17. März

Schwestern

*„Und deine Ohren werden das Wort hören, das hinter dir
her so spricht: ‚Dies ist der Weg, den geht!', wenn ihr zur
Rechten oder zur Linken abbiegen wollt."*
Jesaja 30,21 (SLT)

Weisweil, ein beschauliches Dorf im Süden Baden-Württembergs. Mehr als drei Jahre lang waren wir dort zu Hause. Zwei meiner Kinder kamen dort zur Welt. Unzählige Eindrücke und Erlebnisse haben sich mir dort eingeprägt. Oft spazierten wir durch den kleinen Ort, vorzugsweise am Mühlbach entlang. Dort gab es Hühner, Schafe, Pferde und andere Tiere zu beobachten. Wir trafen dort auch andere Mütter, die mit ihren Kleinsten spazieren gingen.

Eines schönen Tages wählten wir wieder die besagte Strecke. Ich hatte den starken Eindruck, ich sollte an diesem Tag einen anderen Weg einschlagen. Nicht weit vom Spazierweg am Bach lag ein Spielplatz, unmittelbar an der Grundschule des Ortes. Normalerweise gingen wir dort nie vorbei. Heute jedoch hatte ich einen unbeschreiblichen Drang, dort hinzugehen. Kaum waren wir auf dem kleinen Spielplatz angekommen, fiel mein Auge auf den unteren Teil der großen Rutsche. Lag da nicht etwas? Ich trat näher heran, um das Etwas in Augenschein zu nehmen. Es war eine Handtasche. „War das nicht …?" Ja klar, die Tasche kam mir bekannt vor. Sie gehörte doch Diana, meiner lieben Schwester aus der Adventgemeinde. Sie wohnte am anderen Ende des Ortes. Völlig offen lag die Tasche mit ihrem Inhalt so vor mir. Eine Menge Geld und EC-Karten schauten mich an, während ich mich vergewisserte, ob das alles wirklich ihr gehörte. Ja! Wie war ich froh!

Ich ergriff Dianas Handtasche und sah das Lächeln meines himmlischen Vaters vor meinem inneren Auge. Ich strahlte übers ganze Gesicht und verstand nun, warum ich heute den anderen Weg hatte gehen müssen. Schnell machten wir uns auf den Weg zu Dianas Haus. Als wir den Spielplatz verließen, rannte eine Horde Jugendlicher auf den Platz. Noch ein Stückchen froher und völlig erleichtert hielt ich die Tasche ganz fest wie einen gefundenen Schatz. Als wir bei Dianas Haus ankamen, war sie nicht da, aber ihr Mann. Voller Aufregung überreichte ich das Fundstück. Später stellten wir fest, dass Diana ihre Tasche nicht einmal vermisst hatte. So wunderbar sorgt unser Vater. Da gehe ich an einem Ende des Dorfes los, doch da schickt mich Gott in die Mitte des Ortes, um etwas für sein Kind vom anderen Ende des Dorfes zu bewahren.

Diese kleine Begebenheit ist für mich groß geworden. Wie wunderbar doch unser Gott die kleinen Dinge fügt! Doch das Schönste an dieser Geschichte ist, dass es für meine Schwester im Glauben geschah. Einmal mehr habe ich verstanden, wie Gott uns als seine Familie zusammenfügt. Diana war ihm so wichtig. Und mir auch. Er hat uns miteinander verbunden und ein Stück des Weges gemeinsam gehen lassen. Diana ist und bleibt für mich etwas Besonderes. Lassen wir uns doch alle auf Gott ein! Unser Vater will uns führen und uns immer wieder erleben lassen, dass nichts in unserem Alltag Zufall ist.

Herr, schenke uns Mut, deine sanfte Stimme zu hören und ihr zu folgen.

Daniela Misiunas

18. März

Krankheit – ein Segen!

*„Am guten Tag sei guter Dinge und am bösen Tag bedenke:
Diesen hat Gott geschaffen wie jenen."*
Prediger 7,14 a

„Wenn Sie die Behandlung nicht sofort beginnen, sind Sie in einem halben Jahr tot!" Diese Nachricht des Arztes traf mich wie ein Blitzschlag – aber mein erster Gedanke war: „Das bestimmt ein anderer". Die Diagnose Krebs kann einen schnell aus dem normalen Lebensrhythmus herausreißen. Vor 22 Jahren erhielt ich diese Nachricht. Mein jüngstes Kind war erst zweieinhalb Jahre alt, und ich stand mitten im Leben.

Interessanterweise verspürte ich in diesem Augenblick statt der zu erwartenden Verzweiflung außergewöhnliche Kraft und Zuversicht, die nicht von mir kamen.

Das nächste halbe Jahr war mit Operation und Nachbehandlungen ausgefüllt. Es war eine schlimme Zeit, aber damals fühlte ich Gottes Nähe am stärksten. Viele praktische Dinge, bei denen ich selber keinen Ausweg sah, fügte Gott für mich zurecht. Nach einem Jahr konnte ich mein normales Leben wieder aufnehmen und voll durchstarten.

Elf Jahre vergingen, dann bekam ich erneut dieselbe Diagnose. Wieder stand ich vor dem Abgrund – aber Gott verließ mich nicht. Ich ging in meinem Zimmer auf die Knie und konnte nur sagen: "Gott, ich weiß, du bist da". Ich wusste es genau!

Wieder wurde mein Leben aus der Bahn geworfen. Von einem Tag auf den anderen musste ich meine Arbeit aufgeben. Aber auch darin sah ich Gottes Fügungen und spürte seine Kraft. Meine Arbeit hatte mich sehr gefordert, ich betreute pflegebedürftige Menschen bei mir zu Hause. Die Zeit der persönlichen Andacht hatte gelitten. Jetzt stand auf einmal genug Zeit zur Verfügung – ich hatte das Gefühl, Gott wollte mich ganz haben. Ich spürte seine Nähe im „finsteren Tal". Es folgten die üblichen Behandlungen. In dieser schweren Zeit hatte Gott es gefügt, dass meine älteste Tochter gerade auf dieser Station im Krankenhaus ihren Dienst versah. So konnte sie mir eine besondere Stütze und Hilfe sein. Meine ganze Familie half mir, wo sie nur konnte.

Gott schenkte mir ein fröhliches Gemüt, sodass ich auch an meine Mitpatienten etwas von dieser Zuversicht weitergeben konnte. In unserem Krankenzimmer war kein Raum für Verzweiflung. Es bewahrheitete sich, was Salomo in Sprüche 15,13 sagte: „Ein fröhliches Herz macht ein fröhliches Angesicht, aber wenn das Herz bekümmert ist, entfällt auch der Mut."

Diese Erfahrungen möchte ich nicht missen, weil sie dazu beigetragen haben, meinen Charakter zu formen und mein geistliches Leben lebendig zu erhalten. Ich möchte dir Mut machen, dich gerade in schweren Zeiten auf Gott zu verlassen. Er wird dich nie enttäuschen. Er wartet darauf, dir zu helfen, lass es zu. Ergib dich heute deinem Erlöser.

Brunhilde Janosch

19. März

Gute Gewohnheiten

*„Lobe den Herrn, meine Seele, und vergiss nicht,
was er dir Gutes getan hat."*
Psalm 103,2

Heute Morgen las ich folgende Geschichte auf dem Kalenderzettel: Die alleinstehende Frau Mayer wurde krank und musste ins Krankenhaus. Ihren Hund Flocki versorgten die Nachbarn, die bald große Freude an dem verspielten kleinen Kerl empfanden. Doch Flocki hatte eine besondere Gewohnheit: Am frühen Abend unterbrach er immer sein Spiel und legte Pfoten und Kopf andächtig auf den Sessel. Er ließ sich durch nichts ablenken und spielte erst nach einer Weile weiter, als ob nichts gewesen wäre.

Beim nächsten Krankenhausbesuch erfuhren die Nachbarn von Frau Mayer, warum sich Flocki so verhielt: „Jeden Tag, wenn abends um sechs Uhr die Kirchturmuhr schlägt, nehme ich die Bibel zur Hand, lese daraus und bete mit Flocki. Das ist bei uns eine gute Gewohnheit." Die Nachbarsfamilie war tief beeindruckt. Zu Hause nahm sie diese Gewohnheit der Andacht mit Flocki an. Das wurde allen zum großen Segen.

Gewohnheiten begleiten mich durchs tägliche Leben. Ich denke gar nicht mehr darüber nach, warum ich die gleiche Handlung wiederhole. Auch meine tägliche Andachts- und Gebetszeit ist für mich eine gute Gewohnheit geworden. Dadurch hat sich eine tiefe und innige Beziehung zu Gott entwickelt.

Die Bibel berichtet uns von Daniel, der in Babylon die Gewohnheit pflegte, dreimal täglich zu Gott zu beten, ihn zu loben und ihm zu danken. Jesus ging nach seiner Gewohnheit jeden Sabbat in die Synagoge. Auch er holte sich für seine Aufgabe regelmäßig Kraft bei seinem himmlischen Vater.

Genauso darf ich Kraft bei Gott tanken. Auf meiner Fahrt durch den Alltag bin ich bei Gott immer willkommen. Nie komme ich ihm ungelegen oder in einem ungünstigen Augenblick. Für alles hat er ein offenes Ohr und ein weites, liebendes Herz, was immer ich ihm auch sage. Ich kann ihm alle meine Probleme anvertrauen und über den täglichen Kleinkram, den Ärger und die Sorgen mit ihm sprechen. Er freut sich auch, wenn ich ihm erzähle, was mir heute Freude bereitet hat. Er freut sich, wenn ich ihn lobe und ihm danke.

Gott wartet nur darauf, dass ich Verbindung zu ihm aufnehme und seine Nähe suche. Er wartet auch auf dich, dass du auf ihn zukommst. Ich kann allen nur empfehlen, die „Gewohnheit des Betens" zu pflegen.

Helga Konrad

20. März

Autsch!

„Glückselig, die ihr jetzt weint, denn ihr werdet lachen."
Lukas 6,21 b (EB)

Hast du das auch schon einmal erlebt? Wenn dich jemand mit Worten ganz furchtbar verletzt und du dastehst wie vor den Kopf geschlagen?

Wie gehe ich mit Menschen um, die mir wehtun? Ich kann euch nur erzählen, wie es mir damit geht und wie ich mit der Zeit viel dazugelernt habe. Aber das war ein langer Weg und die Sache funktioniert nur mit meinem Vater im Himmel.

Das Gesagte nagt tagelang an mir, es kreist in meinem Kopf. Ich grüble und grüble, – ich lasse es fallen, – ich fange wieder an zu grübeln, – ich suche mir jemanden zum Reden, – ich bin immer noch am Grübeln.

Es ist wirklich erstaunlich, dass eine einzige negative Bemerkung hundert positive Worte lieber Menschen mit einem Schlag zunichte machen kann. Irgendwann führt mich dann mein Weg zu Gott. Ich klage ihm meine Verletztheit, meinen Ärger, meine Erregung (obwohl er es ja schon längst weiß, er hat mich ja schließlich beobachtet, wie ich vor mich hingrübelte). Schon während ich mit Gott rede, sehe ich ihn in Gedanken, wie er mich anlächelt und mir über meinen Kopf streicht. Allein diese Vorstellung hilft mir, ganz ruhig zu werden. Und nach meinem Gespräch mit Gott? Ich weiß, dass alles Gesagte an der richtigen Stelle angekommen ist. Ich weiß auch, dass Gott mich tröstet. Und ich weiß, dass es immer wieder Anfechtungen geben wird.

Es hat mir sehr geholfen, mich mit Paulus zu beschäftigen. Hatte er nicht ununterbrochen mit freundlichen und unfreundlichen Menschen aus den verschiedensten Ländern, Gesellschaftsschichten und Religionen zu tun? Ist er nicht immer wieder angegriffen worden und das nicht nur mit Worten? Ich bin mir sicher, dass auch er voll Verzweiflung immer wieder zu Gott gerannt ist, um Schmerz und Frust bei ihm abzuladen. Und Gott hat auch ihn getröstet und gesagt: „Ich bin bei dir, ich helfe dir." Ganz besonders hat mir der Text in Römer 14,12 geholfen, mit Verletzungen umzugehen und nicht Gleiches mit Gleichem zu vergelten: „Also wird nun jeder von uns für sich selbst Gott Rechenschaft ablegen."

Was geschieht aber, wenn ich selbst Schuld an dieser Situation trage? Gott lässt es mich wissen. Dann bin ich natürlich dazu aufgerufen, den Anfang zu setzen und alles Ungeklärte und Verletzende aus der Welt zu schaffen. Keiner wird mir das abnehmen. Gott wird zwar mit mir sein, er wird mich die richtigen Worte finden lassen, er wird den richtigen Zeitpunkt wählen, aber erledigen muss ich das selbst. Höre ich genau hin? Ist mein Gewissen auf Gott ausgerichtet? Mein Vater im Himmel hat mir wunderbare Verheißungen geschenkt, die ich täglich lesen kann. Ich kann ruhiger und gelassener auf alles reagieren, was auf mich zukommt.

Ulrike Lüke

21. März

Barmherzigkeit

„Alles nun, was ihr wollt, dass euch die Leute tun sollen, das tut ihnen auch! Das ist das Gesetz und die Propheten."
Matthäus 7,12

„Wer ist denn mein Nächster?", wurde Jesus in Lukas 10,29 gefragt. Daraufhin erzählt er das Gleichnis vom „barmherzigen Samariter." Demzufolge reagiert der Samariter – und nur er – so, wie er es sich von seinem Nächsten in dieser Notlage auch gewünscht hätte. Er dachte weniger darüber nach, welche Unannehmlichkeiten für ihn damit verbunden sein könnten, sondern darüber, wie er sich fühlen würde, gingen fähige Helfer an ihm vorüber. Auch zählte bei ihm nicht der Gedanke, hier einem Feind gegenüberzustehen, sondern allein die Tatsache der Not.

Unser Bibeltext aus der Bergpredigt wird noch deutlicher, wenn wir ihn folgendermaßen lesen: „Tut den Leuten, wie ihr selbst von ihnen behandelt werden wollt!" Also: Liebe den Nächsten so, als ob dieser Nächste du selbst wärest!" (Wolfgang Schneider). Ich soll also in einer solchen Situation an mich selbst denken, indem ich mir vor Augen führe, wie ich mich in der Not des anderen fühlen würde. Ein Beispiel: Wie viele zusätzliche Schmerzen kämen auf mich zu, ließe der andere mich so im Stich, wie ich es gerade getan habe? Wie wäre es, wenn der andere über mich Verleumdungen in Umlauf brächte, so wie ich es bei ihm vorhabe? Wie würde ich mich fühlen, wenn mein Nächster ununterbrochen etwas an mir auszusetzen hätte, so wie ich es an ihm zu tun pflege? Wie wäre mir, wenn man meinen persönlichen Glauben an Gott anzweifelte, so wie ich es bei meinem Bruder, meiner Schwester mache? Welches Gefühl würde mich ergreifen, wenn ich nicht ganz in die „persönliche Norm" passte und immer wieder Ermahnungen bekäme, wie ich es beim anderen als meine Pflicht ansehe? Wie viel Mut bräuchte ich, um das „gut gemeinte Kontrollbedürfnis" auszuhalten, das ich gegenüber anderen hege?

Mit dem Umsetzen dieser „gottgewollten Barmherzigkeit" würden in meinem Leben „Berge versetzt" und auch in dem meiner Mitmenschen. Schmerzen und Verletzungen würden heilen und der Friede Gottes, welcher höher ist als alle Vernunft, würde unsere Herzen vor Schaden an Leib und Seele bewahren. „Barmherzig und gnädig ist der Herr, groß ist seine Geduld und grenzenlos seine Liebe!" (Psalm 103,8 Hfa) Diese Tatsache macht mir Mut zur persönlichen Veränderung unter Gottes Anleitung.

Waltraud Schneider-Kalusche

22. März

Unser Vater im Himmel

„Unser Vater im Himmel – Dein Name werde geheiligt – Dein Reich komme – Dein Wille geschehe, wie im Himmel so auf Erden. – Unser tägliches Brot gib uns heute – Und vergib uns unsere Schuld, wie auch wir vergeben unseren Schuldigern. – Und führe uns nicht in Versuchung, sondern erlöse uns von dem Bösen. – Denn dein ist das Reich und die Kraft und die Herrlichkeit in Ewigkeit, Amen." Matthäus 6,9-13

Unser himmlischer Vater, es ist wunderbar, dich als Vater zu haben. Keiner auf Erden kann diese Liebe und Geborgenheit vermitteln, die du schenkst, und mich so führen und tragen, wie du es tust. Bei dir darf ich zu Hause sein.

So besonders wie du ist auch dein Name für mich. Er steht für dein Wesen der Liebe und für deine Art zu handeln. Ich halte ihn heilig und will ihn hochhalten, indem ich mit meinem Leben deinem Namen Ehre bereite. Ich bitte dich, mir dabei zu helfen, damit dein Wesen durch mein Leben sichtbar wird.

Wo du bist, da ist dein Reich der Liebe und Freiheit. Darum lass deinen Heiligen Geist in mir wohnen. Schreibe durch ihn deine zehn Grundsätze der Liebe auf meine Herzenstafeln, dass in meinem Leben dein Friede sei und ich Frieden weitergeben kann. Hilf mir, Träger deines Reiches zu sein, damit auch andere es kennenlernen.

Es ist dein Wille, dass wir ewiges Leben erhalten. Du möchtest jeden heimholen, der sich retten lässt, und du tust alles dafür. So muss alles, was geschieht, mir zum Heil dienen, auch wenn ich manches nicht verstehe. Aber ich will lernen, dir für alles zu danken. Hilf mir, deinen Liebeswillen auf Erden zu leben, wie er im Himmel lebt.

So gib mir auch heute, was ich zum Leben wirklich brauche, und mache mir bewusst, was ich nicht benötige. Hilf mir, dass ich jeden Tag das Brot deines Wortes zu mir nehme, damit ich meine Seele nicht verhungern lasse. Du und dein Wort, deine Liebe und deine Wahrheit erhalten mich täglich am Leben. Durch dieses Erfülltsein darf ich mich bei dir geborgen wissen, auch wenn ich versage. Bitte, hilf mir, alle Lieblosigkeit und Selbstsucht in mir zu erkennen, sie dir einzugestehen und um Vergebung zu bitten. Gib mir die Gewissheit, dass du mir schon längst das vergeben hast, was ich mir selbst oft nicht verzeihen kann. Bitte, gib mir Frieden dadurch, dass du mir die Schuld nimmst. Und hilf mir, denen zu vergeben, die mich verletzen.

Auch sei deine Kraft in mir mächtig, damit ich mit dir gegen böse Neigungen in mir ankämpfe und nicht versucht bin, nach der Art der Welt zu denken, zu sprechen und zu handeln, sondern lerne, selbstlos zu lieben, wie du es tust. Hilf mir, mich nicht von dir abzuwenden, wenn mir etwas widerfährt, was ich nicht verstehe, und schütze mich vor dem Feind, dass er mich nicht durch seine Einflüsterungen von dir wegziehen kann. Lehre mich den rechten Weg und hilf mir, das Richtige zu tun, weil es das Richtige ist. Halte mich und lass mich in Versuchungen zu dir fliehen.

Danke, dass du längst überwunden hast und dir das ganze Universum gehört. Du besitzt alle Macht, und dennoch hast du auf Erden in deinem Sohn allein durch Liebe und Demut gesiegt. Alle Herrlichkeit und Ehre gebührt dir dafür. Weil so dein Wesen ist, bin ich in dir geborgen. Und wenn dein Sohn bald wiederkommt, wird dein Reich der Liebe und der Freiheit vollkommen und für alle Ewigkeit aufgerichtet. Danke, dass du uns in dein Reich nach Hause bringst.

Jaimée Seis

23. März

Der Heilige Geist übersetzt unsere Gebete

„Dabei hilft uns der Geist Gottes in all unseren Schwächen und Nöten. Wissen wir doch nicht einmal, wie wir beten sollen, damit es Gott gefällt! Deshalb tritt der Geist Gottes für uns ein, er bittet für uns mit einem Seufzen, wie es sich nicht in Worte fassen lässt."
Römer 8,26 (Hfa)

Mein Sohn Tzvety war fast drei Jahre alt, aber er konnte noch nicht sprechen. Er hatte für die meisten alltäglichen Dinge einsilbige Wörter erfunden, die mit den wahren Bezeichnungen nichts zu tun hatten. Ich machte mir keine Sorgen, weil ich sehen konnte, dass er gescheit war. Und trotzdem, die Mütter auf dem Spielplatz beobachteten uns im Geheimen, wenn wir uns still mit unseren Spielzeugautos vergnügten. Sie hörten die unverständlichen Freudenschreie, wenn der Ball das Tor traf, und manchmal sagten sie: „Oh, er spricht noch nicht!"

Eines Tages gruben Tzvety und ich einen Tunnel im Sandkasten. Überall gab es spielende Kinder. Wir hatten es eilig, in der Mitte des Tunnels mit unseren Schaufeln aufeinander zu treffen. „Tuss!", rief Tzvety. Seine kleinen Freunde um ihn herum sahen überrascht auf. „Tuss!", wiederholte er mit Betonung. Was wollte er? Ich ging zu unserem Rucksack und brachte ihm seine Saftflasche. Einige der anderen Mütter beobachteten die Szene. Tuss war sein Wort für Saft. Ich war stolz darauf, dass ich die Einzige war, die ihn verstand. Ich war immer bei ihm gewesen. Ich war da, als er seine kindlichen Wörter erfand. Es war unmöglich für mich, ihn nicht zu verstehen.

Plötzlich dachte ich daran, dass es in unserer Beziehung zu Gott genau so ist. Ich erinnerte mich an unseren heutigen Bibelvers. Wer kann wissen, wie oft der Heilige Geist meine Gebete in die Sprache des Himmels „übersetzt" hat? Wie viele Male habe ich genau wie Klein-Tzvety Gott um viele Dinge gebetet – bei all meinen unreifen und unzureichenden Vorstellungen? Aber der Geist hat immer richtig mitbekommen, welche die Bedürfnisse sind, die hinter meinen unzulänglichen Worten versteckt waren. Gott weiß, was ich meine, nicht nur weil er allgegenwärtig und allwissend ist, sondern weil ich sein Kind bin und er bei mir ist und seit meiner neuen Geburt immer bei mir gewesen ist. In unserer menschlichen Schwäche wissen wir weder, wofür noch wie wir beten sollten. Aber wir wachsen im Glauben und in der Erkenntnis und Freundschaft mit ihm; und deshalb gibt es keinen anderen, der uns besser verstehen könnte. Darum kann er uns auch wirksam helfen.

Übrigens, einen Monat nach seinem dritten Geburtstag fing Tzvety zu sprechen an, und tat es richtig gut!

Pettya Nackova

24. März

Mut zur Stille

"Doch der Herr sagte zu ihr: ‚Meine liebe Martha, du sorgst dich um so viele Kleinigkeiten! Im Grunde ist doch nur eines wirklich wichtig. Maria hat erkannt, was das ist – und ich werde es ihr nicht nehmen.'"
Lukas 10,41 (NL)

Martha hatte sich gut vorbereitet und alles geplant. Jetzt war es so weit. Der Besuch war da. Es gab eine Menge zu tun, denn Martha wollte es ihren Gästen so gut und so angenehm wie möglich machen. Das Wasser, womit die Füße gewaschen werden konnten, musste herbeigebracht werden, die Räumlichkeiten für den Besuch sollten ebenfalls hergerichtet sein, das Essen war noch nicht fertig. Mitten in der Hektik der Vorbereitungen suchte Martha ihre Schwester – zwecks Mitarbeit. Sie brauchte ihre Hilfe, damit auch ja alles gut ging, damit die Bewirtung gleich losgehen konnte …

Ich kann es mir so gut vorstellen, wie es Martha erging. Die Haushaltsführung in der damaligen Zeit war beschwerlich, mit Sicherheit ganz anders als heute. Aber ob damals oder heute, Frauen haben immer viel zu tun. Den Haushalt, die Kinder, den Beruf, die Gemeindearbeit – das alles unter einen Hut zu bekommen, ist täglich eine neue Herausforderung. Dazu noch die kleinen Extras, die wir alle kennen und auch noch machen möchten. Die Zeit ist immer knapp, der Tag zu schnell zu Ende.

Martha findet ihre Schwester. Sie ist bei den Männern im Zimmer, sitzt zu Jesu Füßen. Ungeachtet der beschäftigten und hilfesuchenden Schwester hört Maria einfach Jesus zu. Das ist für Martha zu viel und sie bittet Jesus, einzugreifen und Maria zur Mithilfe aufzufordern.

Und wie wir es so oft bei ihm erleben: Er reagiert ganz anders, als Martha es erwartet und erhofft hatte. Er achtet zwar ihre Mühe und ihre Sorge um die Bewirtung. Aber er setzt die Prioritäten ganz anders und sehr klar: „Nur eines ist wichtig und gut! Maria hat sich für dieses eine entschieden, und das kann ihr niemand mehr nehmen."

Diese Aussage gibt mir zu denken, und Marias Verhalten trifft mich immer wieder. Auch ich sollte im richtigen Augenblick die richtige Entscheidung treffen und bestimmen, was Vorrang hat, wenn es darum geht, Jesu Wort zu hören oder zu lesen. Heraus aus der Eile des Alltags und hinein in die Stille, in die Andacht, zu Jesu Füßen im übertragenen Sinn.

Ich werde es heute wieder versuchen, nein, ich werde es planen, damit mich die Hektik nicht überrollt und mir die Zeit nicht wieder entschwindet.

Eine Einheit der Stille. Vielleicht mit dem Fahrrad an den See oder in den Wald fahren, möglicherweise einen Text lesen oder mich nur einfach hinsetzen und die Stille kommen lassen. Ich weiß, wenn ich die Stille zulasse, ist mir Jesus nah.

Marlise Rupp

25. März

Das Leben aus einem gläubigen Blickwinkel betrachten

„Ihr sollt den Herrn, euren Gott, lieben und seinen Anordnungen,
Gesetzen, Vorschriften und Geboten immer gehorchen.
Begreift es doch! Ich rede jetzt nicht zu euren Kindern, die weder
die Strafe des Herrn, eures Gottes, noch seine Größe und
Respekt einflößende Macht je am eigenen Leib erfahren haben.
Sie erlebten die Wunder und gewaltigen Taten nicht mit,
die er in Ägypten an Pharao, dem König von Ägypten,
und seinem ganzen Land vollbrachte ...
Bringt sie euren Kindern bei und redet über sie,
ob ihr zu Hause oder unterwegs seid, ob ihr
euch hinlegt oder aufsteht."
5. Mose 11,1-3.19 (NL)

Als Touristen auf dem europäischen Festland besuchten wir auf unserer Reise durch Süddeutschland und Österreich gerne alte Kirchen, die für die Öffentlichkeit und (wenigstens damals in den 1990-er Jahren) für alle, die dort Stille suchten und beten wollten, geöffnet waren.

In einer der schönen alten Kirchen sahen wir an den Wänden rings um das Kirchenschiff wunderschöne Wandmalereien, die das Leben Jesu und seiner Jünger darstellten. Während wir dort still saßen und die Schönheit der Kirche auf uns einwirken ließen, betrat ein junger Vater das Gotteshaus. Er trug seinen 4 oder 5 Jahre alten Sohn auf dem Arm. Er blieb vor jedem Gemälde stehen, zeigte auf Jesus und die Jünger und erzählte, wie wir annahmen, weil wir es nicht hören konnten, seinem Sohn die Geschichten und Taten Jesu.

Die sanfte, liebevolle Art, seinem Sohn beizubringen, was Gott getan hatte, war für uns eine Erleuchtung. Wie oft sehen wir einen Vater, der sich für die Kinder Zeit nimmt? Überlassen wir es nicht oft der Mutter, für die religiöse Erziehung der Kinder zu sorgen? Oder kümmern wir uns gar nicht darum?

Während wir den Vater mit seinem Sohn beobachteten, wurde uns klar, dass unsere Kinder unsere Erfahrungen nicht unbedingt miterlebt hatten. Sie sahen nicht, wie Gott uns geführt, für uns gesorgt und uns beschützt hat. Wenn sie es nicht wissen, können sie davon auch nichts für ihr eigenes Leben lernen. Wir sind dafür verantwortlich, dass unsere Kinder und Jugendlichen die biblischen Geschichten wie auch unsere eigene Lebensgeschichte hören, damit sie Gott kennenlernen, wenn sie erfahren, wie er damals gewirkt hat.

Sinikka Dixon

26. März

Schmerz ist unausweichlich, aber Jammer ist wählbar

„Kommt her zu mir, alle, die ihr mühselig und beladen seid; ich will euch erquicken."
Matthäus 11,28

Wir werden verleumdet oder ungerecht angegriffen. Wie reagieren wir darauf? Wir sind verletzt, zornig, verwirrt und sehr entmutigt. Vielleicht werden wir sogar auf Gott zornig, weil er nichts unternimmt!

Wenn ich mit Jesus im Gespräch bleibe und in seinem Wort nach Antworten auf meine Fragen suche, entdecke ich immer wieder, dass Jesus Balsam für die verletzten Gefühle bereithält. Er kann Freude und Frieden schenken. Er kann Liebe für unseren Hass und unsere Wut anbieten sowie Erleichterung für unsere Bitterkeit. Er kann unsere kritische Haltung in Zustimmung und Ermutigung verwandeln. Ich denke an die Verwandlung der Gefühle von Hanna, von der wir in 1. Samuel 1, 10 lesen. Sie brachte ihre ganze Erniedrigung und Enttäuschung dem Herrn im Gebet vor. Im Büchlein von Barbara Jonson „Steck dir eine Geranie an den Hut und sei glücklich" habe ich einen für mich sehr wichtigen Satz gefunden: „Schmerz ist unausweichlich, aber Jammer ist wählbar". Also liegt es an uns zu wählen, ob wir in unserem Herzen die Dornen der Enttäuschung, der Einsamkeit und Verärgerung anhäufen wollen oder sie im Gebet an Gott weiterreichen. Wenn wir sie ihm überlassen, können wir neue Freude erleben.

Ellen White zeigt uns im Büchlein „Der bessere Weg" (Seite 104) den Grund für beständige Gebete und die darin liegende Macht. „Alle unsere Sorgen und Kümmernisse können wir zu ihm bringen, ohne befürchten zu müssen, ihm damit lästig zu werden. Und wenn wir uns freuen oder glücklich sind, dürfen wir es ihm erst recht sagen. Alles, was uns betrifft, sei es Freude oder Leid, berührt auch Gott. Nichts, was unserem Frieden dienen kann, ist für ihn zu gering, dass er nicht darauf achtete. Kein Kapitel unserer Lebensgeschichte, das er nicht lesen könnte, keine Lebenssituation, die sich mit seiner Hilfe nicht meistern ließe. Kein Schaden kann uns treffen, keine Angst uns quälen, keine Freude uns beglücken, kein Seufzer sich unserem Herzen entringen, ohne dass unser himmlischer Vater davon betroffen wäre und sich darum kümmerte."

Wenn unsere Gefühle stark verletzt sind oder wir mit dem Erlebten nicht umgehen können, sollten wir die beste Hilfe in Anspruch nehmen. Gott benutzt immer noch Menschen, um seine Absichten zu vollenden. Es ist manchmal notwendig, davon Gebrauch zu machen. Es ist erstaunlich, welche Wunder Gott tut, wenn wir aufhören, uns über Menschen zu beklagen, und stattdessen anfangen, ihm dafür zu danken, dass wir mit diesen Menschen leben und arbeiten dürfen – auch wenn sie vielleicht eine andere Art haben. Es gibt immer einen Grund, für den wir Gott danken können. Vielleicht vergessen wir manchmal, dass Gott allmächtig, allgegenwärtig, allwissend und ewig ist.

Gott schuf uns mit der Macht zur Wahl. Er gab uns das letzte Wort, wie wir unser Leben führen. Wir können das Negative wählen oder uns entscheiden, positiv zu denken. Wir können wählen, froh zu sein oder uns elend zu fühlen.

Ingrid Naumann

27. März

Mein Thermomix

*„Habe deine Lust am HERRN; der wird dir geben,
was dein Herz wünscht. Befiehl dem HERRN deine Wege
und hoffe auf ihn, er wird es wohl machen."*
Psalm 37,4.5

Schon lange wünschte ich mir einen Thermomix, doch war kein Geld für einen solchen vorgesehen. So sprach ich mit meinem Mann. „Was ist schon so ein Mixer? 150 Euro kann er maximal kosten, nicht mehr," war seine Meinung. Nun kostet dieses besondere Gerät normalerweise das Mehrfache dieses Betrages. Trotzdem verstand ich die Ansicht meines Mannes und war auf Gottes Wege gespannt. Ich betete, dass Gott mir einen Tipp geben sollte, wo ich meinen Thermomix bekommen könnte. Er hat doch alle Mittel und Wege.

Eines Morgens nach erneutem Gebet hatte ich den Eindruck, im Internet in die Anzeigen der Badischen Zeitung zu schauen. Tatsächlich, da war ein Thermomix für 300 Euro drin, gebraucht und doch gut in Schuss, fast wie neu. So rief ich dort an, machte mir aber keine Hoffnung, da die Anzeige schon einen Tag alt war. Doch zu meinem Erstaunen war der Thermomix noch vorhanden. Freundlich, aber bestimmt erklärte ich, dass ich mit meinem Mann ausgemacht hätte, nicht mehr als 150 Euro auszugeben. In der Erwartung, durch den für uns feststehenden Preis eine Abfuhr zu bekommen, war ich ganz überrascht, als die junge Dame am Telefon dem Verkauf zu unseren Preisvorstellungen zustimmte.

Ein paar Tage später waren wir unterwegs, um meinen Thermomix abzuholen. Wir fanden die Adresse schnell. Die junge Frau war gerade Mutter geworden, und wir fanden gleich einen Draht zueinander. Dann wollte sie mir das Gerät vorführen. Sie steckte es in die Steckdose und stellte es an. Doch nichts passierte! Hilflos probierte sie einen anderen Stecker in der Steckdosenleiste. Wieder nichts. Ich war verwirrt. War das nicht das Gerät, zu dem Gott mich geführt hatte? Und jetzt funktionierte es nicht! Enttäuscht fuhren wir nach Hause. Verstehen konnte ich das nicht. Ich hatte bis dahin ganz klar Gottes Führung erlebt und jetzt das? Na ja, es war ja nur ein Mixer. Nicht so wichtig.

Am Abend erhielten wir dann einen unerwarteten Anruf vom Mann der Verkäuferin des Thermomix. Er sagte, dass es Probleme mit den Steckdosen gegeben habe, der Mixer jedoch funktioniere, er habe alles selbst getestet. Also doch! Der Mixer war für mich vorgesehen. War es ein Vertrauenstest gewesen? Wir vereinbarten, dass wir zu einem späteren Zeitpunkt vorbeikommen würden, um den Thermomix entgegenzunehmen. Dankbar hielt ich später meinen Kauf in Händen.

Großer, wunderbarer Gott, was ist schon so ein kleiner Mixer für dich! Und trotzdem hast du dich darum gekümmert! Genau für meine Situation abgestimmt! In meiner Gegend, für den festgelegten Preis, zur Zufriedenheit aller! Herr, lass mich doch in jeder Lage dir vertrauen, in großen oder kleinen Fragen, materiellen oder immateriellen Dingen. Du bist der Herr über alles. Lass mich das heute wieder erfahren!

Daniela Misiunas

28. März

Wenn Träume zerplatzen

„Da wir nun durch den Glauben gerechtfertigt sind, haben wir Frieden mit Gott durch unseren Herrn Jesus Christus, durch welchen wir auch im Glauben Zutritt erlangt haben zu der Gnade, in der wir stehen, und rühmen uns der Hoffnung auf die Herrlichkeit Gottes." Römer 5,1-2 (SLT)

Die plötzliche und unerwartete Trennung von meinem Mann im letzten Jahr bedeutete für mich und die ganze Familie eine existentielle Krise. So eine Situation kann auch die Verbindung zu Gott stören. Wenn man Gott liebt und im normalen Leben die Beziehung zu ihm im Alltag pflegt, leidet man in der Krise doppelt: unter den Umständen selbst und gleichzeitig unter der verstärkten Sehnsucht nach dem geliebten Gott, den man jetzt nötiger braucht denn je. Die Verbindung zerreißt zwar nicht, aber alles wackelt und man verliert den Halt unter den Füßen. Gott scheint unerreichbar zu sein. In solchen Lebenslagen findet man schwer die Ruhe und die Kraft, mit Gott zu sprechen. Für Sorgen, Ängste und Frust wünscht man sich eine schnelle Lösung, die am liebsten dauerhaft wirkt und heilt. Das gibt es aber nicht so prompt, wie man es sich wünscht. So muss man mitten in der Krise bereits mit dem Aufräumen beginnen. Dabei spielen Menschen eine große Rolle und können für denjenigen viel bedeuten, der die Verantwortung für diese riesige Baustelle trägt. Es stellen sich viele Fragen: Wo setze ich den Hebel an? Wann beginne ich? Mit welchen Werkzeugen kann ich erfolgreich arbeiten?

Nach Antworten suche ich selber noch. Aber ich habe schon feststellen dürfen: Fang nicht erst in der Krise an, nach Gott zu suchen. Suche ihn heute. Lebe „vorbeugend" mit Gott und investiere in deine Beziehung mit ihm heute. Das wird in der Krise das „A und O" sein. Das wird deine Verbindung zu ihm bewahren und nicht zulassen, dass der letzte Faden zerreißt. Auch wenn du nicht die Kraft findest, zu einem „offiziellen" Zeitpunkt und in einer „offiziellen" Haltung mit Gott zu sprechen: Sprich trotzdem mit ihm, egal wo du bist, wie deine Laune ist, wie wütend, enttäuscht, verwirrt du bist. Gib nicht auf! Er ist immer da, hört, liebt dich und ist wie kein anderer an deinem Wohlbefinden interessiert. Vor allem ist er der Einzige, der dich durch und durch kennt und dich im Ganzen versteht (Psalm 139).

Versuche, Gott außerhalb deiner eigenen vier Wände zu erleben. Hole Luft bei einem Spaziergang und sprich dann so offen mit Gott wie mit einem Freund. Das ist nicht verrückt! Du führst doch kein Selbstgespräch, du redest mit dem Herrn des Universums! Außerhalb unserer Wände sehen wir Dinge und Menschen, die uns zeigen, dass unsere Probleme nicht die einzigen und die schlimmsten in dieser Welt sind. Dadurch entsteht Einsicht und sogar Dank, der uns hilft, wieder vorwärts zu schauen. Suche Leute, die mit dir beten. Nimm geistliche Hilfe an. Gute Einflüsse schenken Geborgenheit und erinnern uns an Gottes Liebe. Lies Bücher, die über Gottes Fürsorge berichten. In der Stille hört man Dinge, die man bei einem tatsächlichen Gespräch nicht hört. Man hat die Ruhe, sie wirken zu lassen.

Diese wenigen Tipps haben mir in meiner Lebenskrise geholfen, und ich danke Gott dafür, dass er immer an meiner Seite war. Auch wenn ich ihn nicht immer gespürt habe.

Cilesia Penna Tanke

29. März

Die Sonnenfinsternis

„Für euch aber, die ihr meinen Namen achtet, wird die Sonne der Gerechtigkeit aufgehen, und ihre Strahlen werden Heilung bringen."
Maleachi 3,20 (NL)

Am 29. März 2006 herrschte eine totale Sonnenfinsternis, ein Ereignis, das erst 83 Jahre später wieder stattfinden wird. Hier im biblischen Beröa konnten wir einen 82-prozentigen Anblick erwarten. In Griechenland gab es nur die kleine Insel Kastelorizo, von wo aus man einen vollständigen Blick erleben konnte.

Der große Tag brach an und unterschied sich in nichts von anderen Tagen. Langsam veränderten sich aber die Lichtverhältnisse, als ein unheimlicher Halbschatten über die Stadt kroch. Die Luft kühlte sich deutlich ab, während der Mond seinen dunklen Schatten zwischen uns und die Sonne warf. Mittags gab es eine sonderbare, umnebelte Finsternis; eine kalte, unwirkliche Atmosphäre; und die Aufregung wich der Angst, während sich die Menschen draußen in kleinen Gruppen versammelten, um das Schauspiel zu beobachten. Und dann war es vorbei. Das immer stärker werdende Licht wischte langsam die Finsternis weg, die Luft klarte auf und wieder strahlte die Sonne vom wolkenlosen Himmel.

Die meisten von uns werden keine vollständige Sonnenfinsternis mehr erleben, aber wie oft erfahren wir doch unsere eigenen kleinen Verdunkelungen in unserem täglichen Leben! Wenn eines Tages die Sonne der Gerechtigkeit in unserem Leben hell leuchtet und wir uns in Gottes Liebe glücklich wärmen, geschieht es. Das Licht lässt nach und eine kalte, kriechende Finsternis überkommt unser Herz. Wir schauen zu unserer „Sonne" auf, aber es legt sich ein dunkler, bedrohlicher Schatten dazwischen und wir fühlen uns wie abgeschnitten, kalt und entmutigt, obwohl wir nicht verstehen, warum das so ist.

Zu solchen Zeiten ist es gut, an einige ewige Wahrheiten zu denken. Erstens, solche Erfahrungen sind unausweichlich. Wir alle erleben sie von Zeit zu Zeit. Sie sind vorübergehend. Sie kommen und gehen. Aber das Wichtigste ist, dass wir nicht vergessen, dass, wenn Satan seinen hässlichen Schatten zwischen uns und die Sonne der Gerechtigkeit legt und ihre Wärme und ihr Licht abschneidet, der Sohn immer noch da ist, um die Wärme seiner Liebe auf uns zu lenken, auch wenn wir sie eine Weile nicht empfinden können. Lasst uns schließlich nicht vergessen, dass andere von unseren Launen und Verhaltensweisen beeinflusst werden. Wenn also diese Tage kommen, lasst uns geduldig und fröhlich warten, bis der dunkle Schatten vergeht und wir uns wieder im Sonnenlicht seiner Liebe aufwärmen können.

Revel Papaioannou

30. März

Mit Kosmetiktüchern Feinde besiegen

„Die Gott lieb haben, werden wie die Sonne aufgehen in ihrer Pracht."
Richter 5,31

Morgenstund' hat Gold im Mund. Zwar scheint an diesem grauen Frühjahrsmorgen keine goldene Sonne, aber ich darf mich in der Gastlichkeit eines befreundeten Ehepaares sonnen und sitze in Erwartung eines guten Frühstücks in ihrer Küche. Die beiden sind noch im Badezimmer. Ich kann sie durch die offene Tür hantieren hören. Und da passiert es: Irgendeine Lotion-Flasche kippt nach dem Kontakt mit Irenes Ellenbogen und knallt nach freiem Fall auf den Fliesenboden. Der flüssige Inhalt verbreitet sich in einer Lache. „Oh nein!", entfährt es Irene. „Aber das macht doch nichts", beschwichtigt Tim seine Frau. „Das werden wir gleich haben. Wir kapitulieren doch nicht vor so etwas." Wutsch, wutsch, wutsch, wutsch, wutsch … Dem Geräusch nach zu urteilen, bewaffnet sich Tim mit einem abenteuerlichen Umfang an Kosmetiktüchern. „Dann wollen wir das mal in Angriff nehmen! Erst den Feind einkreisen und in die Enge treiben."

Ich kann ihn richtig sehen, wie er mit seinem enormen Tücherbausch im Kreis um die Lache wischt und sie eindämmt. „Siehst du? So. Und so. Und wenn sich der Feind nicht ergeben will, dann stürzen wir uns kurzerhand auf ihn!" Mit einem Kampfruf schlägt er den Tücherbausch energisch auf den kläglichen Überrest der Flüssigkeit und wischt ihn triumphierend fort. „Ha! Siehst du? Jetzt hat der Feind aufgegeben und schwenkt kleinlaut die weiße Fahne." Tim wedelt mit den Kosmetiktüchern in der Luft, um Irene zum Lachen zu bringen.

Heimlich lache auch ich in der Küche mit. Das ist so bezeichnend für Tim. Worüber sich andere aufregen, nimmt er mit Humor und verbreitet dadurch Frohsinn. Ich kann von ihm nur lernen: Die kleinen Unfälle des Lebens, die man durch schlechte Laune und Schimpftiraden ohnehin nicht ändern kann, sollte man nicht mit Ärger, sondern mit Frohsinn beseitigen.

Beim Stichwort „Feinde einkreisen" muss ich außerdem daran denken, dass unser größter Feind im Grunde genommen unser eigener Egoismus ist. Wenn wir es verhindern, unsere Charaktermängel von Gott in Angriff nehmen zu lassen, werden sie sich immer weiter ausbreiten, und das bedeutet Niederlage. Wenn wir dagegen in den Spiegel der Liebe Gottes sehen und dadurch die Feinde namens „Lieblosigkeit", „Selbstsucht" und „Unversöhnlichkeit" von Gott einkreisen lassen und durch seine Kraft und Hilfe überwinden lernen, beginnt unser Leben an Wert zu gewinnen. Friede und Ruhe zieht in unsere Seele ein. Und Freude.

Tim hat heute Morgen die Gabe gepflegt, bei einem kleinen Alltagsunfall Freude zu verbreiten, und seine Freundlichkeit nicht wegen dieser Sache zu verlieren. Jeder von uns kann diese Freude von Gott im Herzen pflegen und lernen, Sonnenschein zu verteilen. Es ist gut, sich im „Feinde-Einkreisen" zu üben. Und vor allem: „Freut Euch allezeit im Herrn! Und wiederum sage ich: Freut Euch! Eure Freundlichkeit lasst allen Menschen bekannt werden." (Philipper 4,4-5)

Jaimée Seis

31. März

Bezahlbarer Luxus für jeden – auch für dich

„Sechs Tage soll man arbeiten; aber am siebenten Tag ist Sabbat, die heilige Ruhe des Herrn."
2. Mose 31,15

Für die meisten Menschen in Deutschland ist Zeit der eigentliche Luxus. Regelmäßig höre ich den Satz: Ich habe keine Zeit. Manchmal dient dieser Satz aber als Entschuldigung für die eigentliche Begründung: Ich habe keine Lust.

Auch in unserer Familie gibt es diesen Satz zu hören. Er ist leider auch so gemeint. Viel zu oft haben wir einfach zu wenig Freiraum. Unsere Wochenenden reichen für alle Besuche und die liegen gebliebene Arbeit nicht aus. Umso mehr genießen wir einen besonderen Luxus.

Wir machen jede Woche einen Tag Pause vom Alltag. Bei uns beginnt das am Freitagabend. Warum gerade dann? Auf diese Weise können wir abschalten und die vergangene Woche überdenken. Wir schauen, was gut gelaufen ist und was alles noch auf uns wartet. Weil wir das alles schon am Freitag „abarbeiten", sind wir am Samstagmorgen frei, den Luxus dieses Tages zu genießen. Bei uns sehen diese Tage immer anders aus. Manchmal empfangen wir Besuch, manchmal besuchen wir Freunde und Verwandte. Manchmal sitzen wir einfach auf dem Sofa und hören Musik oder fahren Rad.

Wir wissen, dass diese Entscheidung für einen freien Tag Luxus ist. Aber ohne ihn könnten wir nicht sechs Tage hart arbeiten. Einen Tag ohne Arbeit, ohne Alltagsstress ist ein Traum. Wir genießen ihn!

Bist du auch von der Woche geschafft und sehnst dich nach einer Auszeit? Dann empfehlen wir dir diesen Luxus. Gönne dir regelmäßig jede Woche einen Tag bezahlbaren Urlaub. Wir sind froh, dass unsere Woche auf diese Weise bereits am Freitagabend endet und möchten diese Gewohnheit nicht missen.

Deine Zeit ist etwas Wertvolles. Hole sie dir zurück und mache mit. Es ist Luxus – ein bezahlbarer noch dazu.

Herr, der Ruhetag, den du geschaffen hast, ist eine wunderbare Erfindung, um zu entspannen und abzuschalten, aber auch für die Begegnung mit dir. Hilf jedem Menschen, dass ihm dies auch gelingt und er sich nicht mit anderen Dingen ablenken lässt.

Claudia DeJong

1. April

Wenn du um Sonne bittest

*„‚Denn ich weiß genau, welche Pläne ich für euch gefasst habe‘,
spricht der Herr. ‚Mein Plan ist, euch Heil zu geben und kein Leid.
Ich gebe euch Zukunft und Hoffnung.‘"*
Jeremia 29,11 (NL)

Es ist am Tag nach der Hochzeit meines Sohnes in São Paulo, Brasilien. Wir wissen alle, wie viel Vorbereitung für eine Hochzeit notwendig ist, damit für alle Einzelheiten gesorgt ist. Neben den endlosen Listen, Telefonanrufen und dem finanziellen Aufwand muss man mit dem Unerwarteten rechnen. Mein Sohn Tiago wünschte sich eine Hochzeit im Freien. Wir waren sofort einverstanden, denn wir wussten, dass in Brasilien im Februar Sommer ist – schöne sonnige Tage! Wir hatten keine Angst, dass es regnen könnte. Wir hatten den Ort mehrere Male besucht, um sicherzugehen, dass wir für den Fall, dass es doch regnen sollte, einen Plan B hätten.

Der Tag brach an. Mein Mann und ich erwachten früh und blickten in den Himmel – in der Hoffnung, dass die Sonne bis 17:00 Uhr scheinen würde. Es war wirklich ein schöner Tag! Mein Sohn sagte: „Mama, ich bete um Sonne; ich weiß, dass Gott mich nicht im Stich lassen wird."

Als wir das Hotel um 16:00 Uhr verließen, kamen einige dunkle Wolken auf. Ich fing an, mir Sorgen zu machen. Nicht nur wegen der Hochzeitsplanung, sondern wegen des Glaubens meines Sohnes. Alle Gäste kamen pünktlich an, und der Garten war wunderschön. Die Geigen, die Musik – es war für mich wie im Himmel. Alles war vollkommen! Dann veränderte sich alles. Schwere, dunkle Wolken brauten sich zusammen und das Unerwartete geschah. Regen. Heftiger Regen. Unsere Freunde verließen den Garten und suchten Schutz. Was sollten wir tun?

Braut und Bräutigam besprachen die Lage und beschlossen, im Regen zu heiraten. Die Hochzeit fing mit einer schönen Braut an, die unter einem riesigen Regenschirm den Gang entlang kam, und mit einem glücklichen Bräutigam, der seine Braut mit einem Lächeln erwartete. Ich musste vor Überraschung weinen, als mein Sohn seiner Braut ein Lied vorsang. „Ich betete, dass Gott mir Sonne schenkt, aber in seinem großen Plan für mein Leben gab er mir Regen. Ich glaube aber immer noch an den Gott, der solches tut. Danke, Herr, für meine Braut, die mich auch im Regen geheiratet hat." Die Hochzeit war zauberhaft und einzigartig. Welch ein denkwürdiger Tag! Wir preisen Gott immer noch für den erfrischenden Regen.

Vielleicht bittest auch du Gott um Sonne in deinem Leben, aber irgendwie bekommst du viel Regen. Sei nicht entmutigt! Gott hat unser Leben in seiner Hand und kann aus jeder Situation etwas Gutes machen. Sei glücklich in der Sonne und genieße den Regen!

Raquel Costa Arrais

2. April

Die Knieoperation

*„Der Herr ist mein Licht und mein Heil; vor wem sollte
ich mich fürchten? Der Herr ist meines Lebens Kraft;
vor wem sollte mir grauen?"*
Psalm 27,1

Vor ein paar Jahren musste ich eine Knie-Arthroskopie machen lassen – wegen eines eingerissenen Meniskus. Ich hatte starke Schmerzen, konnte kaum noch laufen. Wenn die Angst nicht gewesen wäre, hätte ich diese Operation schon viel früher gemacht. Als es nicht mehr ging, machte ich doch einen Termin aus. Mit Reisetasche und Krücken begab ich mich ins Krankenhaus. Nachdem alle Voruntersuchungen gemacht worden waren, wartete ich auf den nächsten Tag. Da kam dann die Schwester mit der Beruhigungspille und einigen Ratschlägen zu mir. Die Pille hatte ich geschluckt, da fing sie schon zu wirken an. In meinem „Delirium" wollte ich noch einen Bibelvers mit auf meine „Traumreise" nehmen.

Ich suchte in meinem Kopf nach Verheißungen, aber es fiel mir nichts anderes ein als Psalm 27,1. Dieser Vers schien mir nicht passend zu sein. Ich strengte mich weiter an, aber außer dem Text aus Matthäus 6 „Trachtet zuerst nach Gottes Reich" war nichts mehr drin. Nun, dieser Text war in der gegebenen Lage auch nicht das Wahre. Ich überlegte weiter. Es fiel mir der Eingangstext ein: „Der Herr ist mein Licht und mein Heil; vor wem sollte ich mich fürchten? Der Herr ist meines Lebens Kraft; vor wem sollte mir grauen?" Dann war ich weg.

Als ich wieder zu mir kam, stand die Stationsärztin an meinem Bett und unterrichtete mich über den Verlauf der Operation. Alles sei gut gelaufen und das Knie wieder in Ordnung. Ich könne das Bein voll belasten und bräuchte auch keine Krücken. „Aber," sagte sie und reichte mir ein kleines Kärtchen – einen Allergieausweis, den ich immer bei mir tragen solle. „Sie haben die Narkose nicht vertragen, und das hat uns bei der Operation sehr zu schaffen gemacht."

Sofort fiel mir mein Psalmtext wieder ein. Vor wem sollte ich mich fürchten, wenn der Herr mein Heil ist? Wovor sollte mir grauen, wenn der Herr meines Lebens Kraft ist? Jetzt verstand ich, warum es für mich keinen besseren Bibeltext geben konnte als diesen.

Obwohl ich um Gottes Schutz, Bewahrung und Hilfe gebetet hatte, war ich berührt, wie sich Gott meiner angenommen hatte, indem er mir den richtigen Text eingab und meine Bitte erfüllte. Ich fühlte mich so richtig wohl in Gottes Armen und bin von Herzen dankbar, dass ich mich auf diesen meinen Gott verlassen kann. Inzwischen habe ich noch zwei Narkoseausweise nach kleinen Operationen dazu bekommen. Wovor und vor wem sollte ich mich fürchten? Mein Leben liegt in Gottes Hand, und Jesus Christus sagt selber: „Und niemand kann sie aus meines Vaters Hand reißen" (Johannes 10,29). Bei ihm sind wir gut aufgehoben.

Kathi Heise

3. April

Der Narzissenstrauß

*„Meine Gedanken sind nicht eure Gedanken, und
meine Wege sind nicht eure Wege."*
Jesaja 55,8 (Hfa)

Freitag Vormittag. Ich binde den Blumenstrauß für den Gottesdienst. Dreißig gelbe Narzissen sollen die Freude und das warme Sonnenlicht des Frühlings versinnbildlichen. Kleine Zweige mit zarten Knospen und dunkelgrüne Lorbeerzweige dienen mir als Füllmaterial.

Beim Binden des Straußes bewegen mich trübe Gedanken persönlicher Natur sowie Ärger und Kummer mit einigen meiner Mitmenschen. Um mich herum herrscht Stille, in mir Traurigkeit. Meine Wunschvorstellung jedoch ist, „Positives zur Ehre Gottes und zur Freude der Gottesdienstbesucher" zu gestalten. Während meine Hände wirken, kommen die Gedanken allmählich zur Ruhe und ich beginne mit Gott zu reden. In diesem Gespräch werde ich nachdrücklich und liebevoll zum Umdenken aufgefordert! – Gab es in der vergangenen Woche nicht auch gute Erlebnisse? Oh doch: z. B. klärten sich verdrängte Probleme, an deren Lösung ich nicht mehr geglaubt hatte, durch ungeplante Begegnungen und Gespräche auf. Sie bekamen „Flügel" und flogen federleicht davon!

Plötzlich füllt sich mein Herz mit Dankbarkeit. Das Bedrückende verliert mit jeder Narzisse, die ich in meinen Strauß einfüge, an Bedeutung. Ich erlebe, wie Gott mein Denken und Fühlen verändert und meine Last in Geborgenheit umwandelt.

Am Sabbatmorgen stehen alle Narzissen in voller Blüte. Sie bedecken das Dunkel der Lorbeerblätter. Dazwischen schauen die zarten Knospen der Zweige hervor. Ein Bild voll Harmonie, wie es schöner nicht sein könnte. In diesen Augenblicken wird mir bewusst, wie wichtig, gut und gottgewollt es ist, in jeder Lebenslage immer Augen, Ohren und die Gedanken für Wege offen zu lassen, die ich noch nicht kenne, ja nicht einmal ahne. Jesus Christus steht immer bei beidem – bei Dunkelheit und Sonnenschein – vor unserer Herzenstür und bittet um Einlass. Die Fähigkeit zum Öffnen schenkt uns sein heiliger Geist in Fülle. Er übersieht auch die zartesten Knospen nicht.

Wie langweilig wäre mein Strauß ohne den dunklen Unter- und Hintergrund! Wie traurig wirkte er ohne das gelbe Strahlen der Narzissen und ohne die zarten Knospen! Wie unfruchtbar wäre mein Leben in ständigem Sonnenschein! Nie würde ich dazu angeregt, es zu überdenken, um zu wachsen. Wie tödlich wäre mein Leben in steter Dunkelheit! Nie würde ich erleben, was es heißt, ein geliebtes Gotteskind zu sein. Wie unerfüllt wäre mein Leben, gäbe es da nicht zarte Knospen, die sich zur wunderbaren Blüte entfalten möchten! Dankbarkeit erfüllt mich, weil ich Sonne, Dunkelheit und aufgehende Knospen an mir erleben darf. Du, HERR, bist mein Hirte, darum werde ich auch heute keinen Mangel empfinden! Amen

Waltraud Schneider-Kalusche

4. April

Kindersklaven

*„Wer ein solches Kind aufnimmt in meinem Namen,
der nimmt mich auf. Wer aber einen dieser Kleinen,
die an mich glauben, zum Abfall verführt, für den
wäre es besser, dass ein Mühlstein an seinen Hals gehängt
und er ersäuft würde im Meer, wo es am tiefsten ist!"*
Matthäus 18,5.6

Kindersklaven gibt es leider auch heute noch! Nicht nur in Afrika oder Asien, auch in „zivilisierten" Ländern. In der Nähe von Moskau entdeckte die Polizei eine illegale Schneiderei. Dort wurden 15 Kinder wie Sklaven gehalten. Die Kinder zwischen 11 und 17 Jahren bekamen keinen Lohn und hatten keinen freien Tag, so die Nachrichtenagentur RIA Nowosti. Zweimal täglich erhielten sie ein Stück Brot mit Mayonnaise. Sie hausten in einer menschenunwürdigen Kaserne. Einige Kinder wurden von ihren Aufsehern, gefährlichen Kriminellen, auch misshandelt.

Kinder sind wehrlos und vertrauen den Erwachsenen. Wenn dieses Vertrauen zerstört wird – durch Missbrauch, Misshandlungen, Betrug, Verlassen-Werden –, erleidet die Seele großen Schaden, der nicht wieder gutzumachen ist. Jesus hat solchen Menschen die schlimmste Strafe angedroht, die man sich vorstellen kann: Ins Meer versenken, wo es am tiefsten ist.

Uns ekelt, wenn wir von solchen Skandal-Geschichten hören! Wir schätzen Kinder, wir wissen, dass sie Gott so wertvoll sind, dass ihre Schutzengel ständig das Angesicht des himmlischen Vaters sehen. Und doch kann es auch uns widerfahren, dass wir Kinder „benutzen": als Ventil für unseren Frust, als Vehikel, um unsere eigenen unerfüllten Träume und Ziele doch noch zu erreichen, als Statussymbol („Meine Kinder schreiben nur gute Noten!"), als Missionsobjekte, als Tröster oder Partner-Ersatz, wenn wir verlassen wurden, als Komplizen in einem „Rosenkrieg."

Was wir ihnen antun, wird mit diamantenem Griffel in ihre zarten Seelen geritzt, es hinterlässt tiefe, blutende Wunden, die oft nie mehr ganz heilen. Barsche Worte, die wie Giftpfeile treffen und dauerhaft verletzen: „Du kannst nichts, du taugst nichts, du bist wie dein Vater, du redest wie deine Mutter, du regst mich auf – wenn ich dich schon sehe!"

Gott helfe uns, dass wir auf unsere Gedanken und Worte achten und zarte Pflanzen schützen und nicht niedertreten!

Sylvia Renz

5. April

Sorge für mein Baby

*„Es gibt wohl viele gute und tüchtige Frauen,
aber du übertriffst sie alle!"
Sprüche 31,29 (Hfa)*

Meine Mutter war gestorben! Nach einer extrem stressreichen und von Trauer erfüllten Woche kehrte ich zur Arbeit zurück. Ich tat mir selber leid und erzählte von diesen Gefühlen meiner Freundin Yer. Im Grunde genommen lautete meine Aussage: ‚Ich armer, schwarzer Kater! Meine Mutter ist tot und mein Vater ist gestorben und jetzt bin ich praktisch eine Waise.' Yer hörte mir aufmerksam zu und sagte dann: „Ja, es ist schlimm, ohne Mutter zu sein. Ich wünschte, ich hätte meine Mutter gekannt."

Ich blickte schnell auf meine asiatische Freundin. „Wurdest du adoptiert?"

„Nein," antwortete sie. „Meine Mutter starb, als ich ein Jahr alt war. Somit habe ich sie nie kennengelernt." Sofort wurde mir bewusst, welch ein Segen es für mich war, dass ich meine Mutter 45 Jahre lange haben durfte, und nun erzählte mir Yer, dass sie ihre Mutter nicht einmal kannte. Ich fragte sie, wie es dazu gekommen sei.

„Als ich ein Jahr alt war, lebte ich mit meinen Eltern und älteren Schwestern in Laos. Die Kommunisten beherrschten das Land und legten überall Landminen. Meine Mutter und meine 16 Jahre alte Schwester arbeiteten auf einem Feld in der Nähe, um das Gestrüpp zu entfernen. Sie wussten nicht, dass da eine Mine versteckt war. Meine Schwester schlug mit ihrem Werkzeug fest auf das Gestrüpp, worauf die Mine explodierte. Splitter wurden in alle Richtungen geschleudert. Meine Schwester wurde am Bein verletzt. Sie fiel sofort nieder und blutete stark. Meine Mutter, die auch verletzt war, kümmerte sich nur um meine Schwester und nahm sie hoch, um sie nach Hause zu tragen. Sie hatte sie etwa eine halbe Meile geschleppt, als ihr mein Vater entgegenkam. Mutter war schwach, weil sie viel Blut verloren hatte, und musste sich hinsetzen. Mein Vater versuchte, beiden zu helfen, aber meine Mutter konnte nicht mehr weiter. Sie starb bald darauf. Ihre letzten Worte waren: ‚Sorge für mein Baby!' Deshalb habe ich nie meine Mutter kennengelernt."

Ich dachte über ihre Aussage ‚Ich wünschte, ich hätte meine Mutter gekannt' nach. Ich konnte diese traurige Geschichte nicht aus meinem Kopf verbannen. Dann fiel mir ein: Yer hat ihre Mutter vielleicht nicht persönlich gekannt, aber sie kannte ihr Wesen und ihre Taten. Ihre Mutter war eine liebende, fürsorgliche Frau, die ihr Leben aufgab, damit sie ihre Tochter retten konnte.

Ich enthüllte Yer meine Gedanken und sagte, „Eines Tages wirst du sie treffen, wenn Jesus wiederkommt, um uns zu sich zu holen. Ist deine Mutter nicht genau wie unser Heiland? Als er für uns starb, waren wir bis zum Schluss in seinen Gedanken." Wirklich, die Mutter meiner Freundin Yer trug die Liebe Jesu in ihrem Herzen.

Charlotte Robinson und Yer Moua

6. April

Der geistliche Kleiderschrank

*„Darum zieht nun wie eine neue Bekleidung alles an,
was den neuen Menschen ausmacht: herzliches Erbarmen,
Freundlichkeit, Bescheidenheit, Milde, Geduld.
Und über das alles zieht die Liebe an, die alles
andere in sich umfasst. Sie ist das Band, das euch zu
vollkommener Einheit zusammenschließt."*
Kolosser 3,12.14 (GNB)

Wer von uns Frauen kennt sie nicht, die große Frage. „Was ziehe ich heute an?" Wie oft stehe ich vor dem Kleiderschrank und überlege, wie ich mich kleiden soll. Meine Mutter sagt oft: „Hättest du nur ein Kleidungsstück, dann wüsstest du es." Klar, doch wer die Wahl hat, hat die Qual. Oft ziehe ich mich zwei- bis dreimal um, weil mir die Kombination nicht gefällt. Es kommt auch auf den Anlass an. Wenn ich im Garten arbeite oder in der Fabrik an meinen Leimmaschinen stehe, habe ich die Auswahl schnell getroffen. Dann reichen ein paar alte Hosen, ein T-Shirt darüber und fertig ist das Outfit. Will ich aber ausgehen oder bin ich irgendwo eingeladen oder gehe ich in die Kirche, ist guter Rat teuer. Denn dann überlege ich, was ich letzte Woche anhatte, und schon geht das Aussuchen und Sortieren wieder weiter.

Im Neuen Testament spricht Paulus auch vom Anziehen. Er meint kein Kleidungsstück. Wir lesen in Kol. 3,12: „Darum zieht nun wie eine neue Bekleidung alles an, was den neuen Menschen ausmacht: herzliches Erbarmen, Freundlichkeit, Bescheidenheit, Milde, Geduld." Jedes dieser Kleidungsstücke ist eine Zierde. Wenn schon Kleider im herkömmlichen Sinn Leute machen, wie vielmehr tun das die Kleidungsstücke aus Kolosser! Jeder hat schon einmal die Wirkung erlebt, wenn wir uns mit diesen Dingen schmücken.

Ich verstehe diese Texte so, dass uns Paulus auffordert, herzliches Erbarmen, Freundlichkeit, Demut, Sanftmut und Geduld zu üben. Es sind alles tugendhafte Kleidungsstücke, die uns „gut stehen" und in denen wir „gut aussehen". Wenn wir dann noch die Liebe Christi überstreifen, sind wir wahrlich vollständig.

Wie kann man sich mit dieser Liebe kleiden? Und wann ziehe ich sie an? Nur zu bestimmten Anlässen? Oder um gesehen zu werden? Wie dem auch sei – die Menschen haben den Segen davon, sie werden es merken, und Gott wird verherrlicht.

Es gibt Kleider, die erst perfekt wirken, wenn noch ein Schal oder Gürtel dazukommt. Vielleicht will uns Paulus hier in Vers 14 klarmachen, dass die Liebe Christi wie so ein Hauptgewand ist, das gut sitzt – mit Ärmel und Schnallen. Wie schwer ist es manchmal, dem Wunsch des Paulus in dieser Hinsicht zu entsprechen, denn oft haben wir die „Alltagskleidung" an oder laufen im „Jogginggewand" herum, die für uns ganz bestimmt keine Zierde sind. Herr Jesus, hilf mir, auch im geistlichen Sinn zu fragen: „Was ziehe ich heute an?" Möge mir die Wahl der geistlichen Kleidung leicht fallen! Ich möchte dir gefallen, hilf mir dabei! Amen!

Kathi Heise

7. April

Frühlingsüberraschung an einem Apfelbaum

„Bei dir, Herr, bin ich geborgen. Du bist meine starke Zuflucht, und meine Lippen singen dein Lob."
Psalm 71,1.7.8

Ein leuchtend blauer Himmel spannt sich über das Dorf, Sonnenstrahlen durchfluten die Obstbaumhaine in den Hügeln – der Frühling liegt in der Luft! Während ich so gehe, entdecke ich ein Loch im Stamm eines alten Apfelbaumes. Vor langer Zeit hat man da einmal einen Ast abgesägt, und nun ist der Stamm an dieser Stelle hohl. Der untere Rand der Öffnung ist außerdem mit weißen Flecken bedeckt, und das verrät mir, dass die Höhlung wahrscheinlich einen Inhalt mit Federn besitzt. Gespannt laufe ich zu dem Apfelbaum hinüber, um die Sache genauer zu untersuchen. Ja, tatsächlich! Als ich hineinspähe, hüpft ein fast ausgewachsenes Starenküken in den Eingang und piepst in den höchsten Tönen. Weil es sich aber völlig unerwartet einem recht gigantischen Vogel Auge in Auge gegenüber sieht, klappt es überrascht den Schnabel zu und gefriert in der Bewegung fest. Verblüfft starren wir beide uns an, und es ist fast sichtbar, wie das kleine Kerlchen schlucken muss und wie sich in seinem Köpfchen die Gedanken überschlagen: „Ach, du Schreck! Was ist denn das?! Richtig, es hat zwei Augen, und auch so etwas wie einen Schnabel aus dem Gesicht herausragen, aber das ist ganz bestimmt nicht Mama und nicht Papa!" Daraufhin scheint es einen tiefen Atemzug zu nehmen und sich zu räuspern: „Verzeihen Sie den Irrtum. Es war nett, Sie kennengelernt zu haben. Aber ich glaube, ich ... äh ... verabschiede mich jetzt lieber. Sie gestatten?" Das Küken reißt sich nun aus seiner Erstarrung und hüpft rückwärts in seine Höhle, lässt dabei aber die federlose Marmorstatue da draußen nicht aus den Augen. Schließlich verschwindet es in der dunklen Tiefe des Stammes, weg ist es. Ich kann nicht anders, ich muss lachen. Die Verblüffung ist auf beiden Seiten einfach zu groß, und das Küken einfach niedlich.

Mit einem zufriedenen Seufzer schaue ich zum blauen Himmel hinauf und bedanke mich: „Vater, danke, dass du mir einen deiner kleinen Schätze gezeigt hast." Und ich weiß, Gott freut sich auch daran. Er ist ein Gott, der ein ganzes Universum erschaffen konnte und mit viel Liebe zum Detail ein kleines Küken in einem Baumstamm verborgen hat. Aber gerade dadurch erinnert er mich an etwas: So wie der Baumstamm für das Vogelkind Sicherheit und Geborgenheit bedeutet, so ist Gott ein starker Schutz für uns. Was immer uns im Leben begegnen mag, zu ihm können wir jederzeit fliehen, denn in den Armen seiner Macht ist unsere Seele geborgen. Er ist uns eine Zuflucht, in seiner Fürsorge haben wir ein Zuhause. Von neuem summe ich ein Lied, während ich nun weitergehe. „Du bist meine Zuflucht" und „Werde still, meine Seele". Es sind Lieder, die mich in meinem Leben begleitet haben. Wenn ich Angst hatte, wenn mich etwas schmerzte oder ich voller Unsicherheit nicht wusste, was die Zukunft bringt, waren diese Lieder meine gesungenen Gebete. Wir brauchen uns vor schlimmen Zeiten nicht zu fürchten. Gott umgibt uns, und unsere Seele wird still in ihm, denn er ist unsere Geborgenheit.

Jaimée Seis

8. April

Meine Freiheit der persönlichen Entscheidung ist ein Menschenrecht

„Es ist gut, auf den HERRN zu vertrauen und sich nicht auf Menschen zu verlassen."
Psalm 118,8

Nichts schätzen wir Menschen so hoch wie die persönliche Entscheidungsfreiheit, zumindest in der westlichen Welt. Gleichzeitig aber leiden wir auch darunter, denn das betrachten wir als Grundrecht, also einen Teil dessen, was uns als Persönlichkeit auszeichnet. Besonders die USA sind dafür ein Musterbeispiel, aber nicht nur sie. Der Wortanteil Freiheit wird dabei ausdrücklich betont. Manchmal kommt es mir so vor, als würde er wie eine Monstranz vor sich hergetragen. Zumindest immer dann, wenn eine Entscheidung verteidigt wird. Wenn ich allerdings anschaue, welche Auswirkungen diese persönlichen Entscheidungen auf mein Leben und auf das Leben meiner Umwelt haben, dann wäre es wohl besser, ich würde bei der Entscheidungsfindung nicht nur an mich denken. Es bliebe uns Menschen wohl einiges erspart!

Dabei finde ich eines noch viel erstaunlicher. Dem Gott, der uns Menschen geschaffen hat, war es wichtig, dass wir diese persönliche Entscheidungsfreiheit besitzen – auch und obwohl wir dabei nicht alles wissen. Diesem Gott war es wichtig, dass wir die Möglichkeit haben, selbst über unser Leben und die Art, wie wir es führen, zu entscheiden.

Weil ich aber nicht alles weiß, frage ich ihn um seinen Rat. Ich kann ihm vertrauen, denn er hat mich ja geschaffen. Du kannst das übrigens auch, denn auch du bist von ihm gewollt. Ich frage ihn, ob eine Entscheidung richtig ist, bzw. bitte ihn, mir zu zeigen, was die richtige Entscheidung ist. Für mich ist das keine Einschränkung der Freiheit, sondern die Möglichkeit, mich zu entfalten. Gott bietet mir seine Wissensdatenbank an, und das finde ich klasse.

Großer und allwissender Gott, lass mich immer daran denken, dass du alles weißt und ich so wenig und es für mich das Beste ist, wenn ich dich in meine Entscheidungen einbeziehe!

Claudia DeJong

9. April

Mämmi

*„Schmecke und siehe, dass der Herr gut ist.
Freuen darf sich, wer auf ihn vertraut!"
Psalm 34,9 (Neue Genfer Übersetzung)*

In meiner finnischen Heimat gibt es eine besondere Osterspeise. Sie ist braun-schwarz und besteht aus Roggenmehl und Malz. Heute stellt sie kaum einer noch selber her, sondern kauft sie im Supermarkt. Im alten Kochbuch meiner Oma aus dem Jahr 1911 habe ich aber ein Rezept gefunden. Die Herstellung ist ziemlich aufwändig und zeitraubend, obwohl sie eigentlich ganz einfach ist. Es wird aus Roggenmehl ein Brei gekocht, hierauf wird im Topf dick Mehl und Malz darübergestreut. Das alles muss eine Stunde im Warmen stehen, bis es süßlich wird. Dann wird noch mehr Wasser und Mehl beigefügt. Der Vorgang beginnt von neuem und wird mehrere Male wiederholt. Schließlich wird der Brei glatt geschlagen und in aus Birkenrinde gefertigte flache Schachteln gefüllt (heute sind die Schachteln aus Pappe) und 3 Stunden bei niedriger Hitze im Ofen gebacken. Das fertige Produkt wird kalt mit Zucker und flüssiger Sahne als Osternachtisch gegessen.

Als Kind fand ich diese dunkle Masse irgendwie abschreckend. Ich wollte sie nicht essen. „Nein, meine Mämmi ess ich nicht!" Meine Mutter redete mir gut zu: „Koste doch wenigstens, es schmeckt sehr gut!"

„Nein, meine Mämmi ess ich nicht!" Mein Vater sagte: Probier es doch wenigstens. „Nein, meine Mämmi ess ich nicht." Wer so stur sein kann wie ich, zieht das durch und verzehrt die Osterspeise nicht.

Wir waren zu Ostern bei Leuten eingeladen. Sie tischten ihr bestes Essen auf. Als Nachtisch gab es natürlich Mämmi. Auch dort aß ich das nicht, auch wenn es meinen Eltern sehr peinlich war.

In der Nachbarwohnung lebte ein freischaffender Fotograf, der mich manchmal als Fotomodell einsetzte. Für die Osternummer der nationalen Lehrerzeitschrift machte er ein Foto von mir, wie ich einen Teller Mämmi vor mir habe und mit Begeisterung den Löffel gerade zu meinem Mund führe. Er befahl mir nicht, die Mämmi zu essen. Wahrscheinlich hätte ich mich geweigert.

Erst als ich viele Jahre lang in der Ferne, weit weg von meiner Heimat, lebte und erwachsen war, kostete ich zum ersten Mal Mämmi. Ach, wie war sie lecker! Sie zerging auf der Zunge. Der Zucker und die Sahne bildeten einen schönen Kontrast auf der schwarzen Masse. Was hatte ich nur all die Jahre verpasst, als ich mich stur dieser Speise verschloss!

Gott ruft uns auf, seine Güte und Herrlichkeit zu schmecken. Er ist gut. Probiere es aus! Verlass dich auf den Herrn und seine Liebe! Gehe deinen Lebensweg mit ihm! Lass die Vorurteile sein! Ein Leben mit Gott ist das schönste und glücklichste Leben, das man sich vorstellen kann.

Hannele Ottschofski

10. April

Das Kreuz als Schleuderware

*„Denn das Wort vom Kreuz ist eine Torheit denen,
die verloren werden; uns aber, die wir selig
werden, ist es eine Gotteskraft."*
1. Korinther 1,18

Der junge Maler Franz Xaver Winterhalter kam 1834 nach Paris. Auf einer Auktion ersteigerte er für 75 Franc ein Bett. Als ein staubiges Kruzifix angeboten wurde, machten die Leute ihre Witze darüber. Der Spott tat dem Maler weh, und er kaufte das Kruzifix für 5 Franc. Zuhause bearbeitete er das Kreuz mit einer Bürste, fand Gold unter der Schmutzschicht und entdeckte am Sockel die Inschrift „Benvenuto Cellini". Da er den Namen des berühmten Renaissance-Bildhauers aus Florenz kannte, brachte er das Kreuz zu einem Sachverständigen. Der schätzte das Kunstwerk auf 60.000 Franc. Das Kruzifix war während der Französischen Revolution aus dem Schloss Versailles gestohlen und nun zu einem Schleuderpreis verhökert worden.

Als König Louis Philippe von diesem sensationellen Fund hörte, bestellte er Winterhalter an den Hof und kaufte ihm das Kreuz für den Schätzwert ab. Winterhalter war überglücklich! Aber es kam noch besser: Der König heuerte ihn als Hofmaler an. Schon bald war Winterhalter in ganz Europa als Künstler gefragt und berühmt. Das gefundene Kreuz hatte ihm die Tür zu einem neuen Leben aufgestoßen.

Vielleicht ist die Geschichte vom Kreuz auf Golgatha in deinen Ohren auch schon ein wenig verstaubt, sodass du das „Gold" unter der Schmutzschicht nicht mehr wahrnimmst.

Das Original-Kreuz war aus rohen Holzbalken gezimmert; doch sein Wert übersteigt jeden Kunstgegenstand bei weitem. Denn dort hauchte der Sohn Gottes sein Leben aus, damit wir die Hoffnung auf ein anderes, ein besseres, ein ewiges Leben haben. Dieses Kreuz bildet die Verbindung zwischen uns und Gott. Durch diese „Bekanntschaft" werden wir an den Hof des höchsten Königs gerufen – nicht als Maler, sondern als Prinzen und Prinzessinnen.

Es lohnt sich, in Ruhe über dieses Angebot nachzudenken!

Sylvia Renz

11. April

Jesus will berührt werden

*„Wenn nun der Sohn euch frei machen wird,
so werdet ihr wirklich frei sein."*
Johannes 8,36 (EB)

Vor Jahren hatte ich einmal ein Chinchilla, das furchtbar gerne in der Wohnung herumsprang. Jeden Abend gab es ein „Bonbon" für den kleinen Nager. Jeden Abend das Geschenk des gesicherten Freilaufs. Völlig umsonst, es musste nichts dafür tun – außer EINER Sache: Es musste durch die offene Tür seines Käfigs über meine Hand nach draußen laufen. Und genau das machte es allabendlich zu einem Problem. Die Hand!

Chinchillas sind nicht scheu, sie mögen es nur nicht, gestreichelt zu werden. Ich respektierte das zähneknirschend. Aber meinen „Fetz" über die Hand laufen zu lassen, war Verpflichtung für uns beide. Er bekam die „unendliche Freiheit" und ich eine kurze, kleine Berührung seiner kleinen Fellnase, die ich so liebte.

Wie schon erwähnt, war genau diese Bedingung der springende Punkt. Immer wieder kam Fetz mit der Nase ans Türchen, steckte sie heraus, schnüffelte an meiner Hand und zog sich wieder zurück. Er setzte sich aber immer neben die geöffnete Tür und verschmachtete beinahe vor Sehnsucht nach dem freien Flur. Oft dachte ich mir: Mann, ist der dumm, der muss doch nur über meine Hand flitzen, das geht alles von seiner Zeit ab.

Ist es nicht auch so mit Jesus und seinem Wunsch, wenigstens EINE kleine Berührung mit uns zu bekommen? Er, der das größte Opfer für uns vollbracht und sich selbst im Tod für unseren „ewigen Freilauf" hingegeben hat, sagt von sich selbst: „Ich bin der Weg, die Wahrheit und das Leben. Niemand kommt zum Vater denn durch mich." (Johannes 14,6)

So wie mein Chinchilla nur über meine Hand in seine ersehnte Freiheit gelangte, ist unser Weg in die Freiheit zum Vater nur durch den Sohn möglich. Denn:

Jesus ist der Weg – ohne über seine ausgestreckte Hand zu laufen, werden wir nie frei sein können.

Jesus ist die Wahrheit – seine Hand in die Freiheit wird nicht aus einer Laune heraus wieder zurückgezogen und sein Versprechen, uns zum Vater zu bringen, damit gebrochen.

Jesus ist das Leben. Wer sich traut, auf Tuchfühlung mit ihm zu gehen, wird die Gefangenschaft der Sünde endgültig verlassen.

Was kann es also Erstrebenswerteres geben, als Jesus im Glauben zu berühren?

Bettina Zürn

12. April

Geschenke Gottes

„Wenn nun ihr, die ihr böse seid, dennoch euren Kindern gute Gaben geben könnt, wie viel mehr wird euer Vater im Himmel Gutes geben denen, die ihn bitten."
Matthäus 7,11

Es ist Mittwoch. Heute wird es sich zeigen. Werde ich es schaffen? Ich sitze in einer Prüfung. Die ganze Woche schon werde ich in verschiedenen Fächern geprüft. An jedem Wochentag ein anderes Fach: Deutsch, Englisch, Erdkunde, Religion und Pädagogik. Und heute ist Erdkunde dran. Ich weiß, dass ich nicht viel Ahnung habe. Es kann der ganze Abiturstoff von zwei Jahren Unterricht drankommen. Das Problem ist nur, dass ich diesen Erdkundeunterricht nie besucht habe. Ich habe überhaupt kein Abitur und deswegen sitze ich hier. Ich mache eine Eignungsprüfung für einen Studiengang mit Numerus clausus.

Wenn diese Zufälle nicht so kurios gewesen wären, hätte ich diesen Wahnsinn erst gar nicht versucht. Aber eines Morgens hat Gott zu mir geredet: „Claudia, ruf heute in der Pädagogischen Hochschule an." „Herr, warum? Ich will nicht studieren. Ich kann auch gar nicht. Ich habe schließlich keine Voraussetzungen dafür! Lehrer werden, das ist nicht mein Plan!" „Du wirst kein Lehrer, du wirst etwas zwischen Lehrer und Erzieher!" „Ich weiß zwar nicht, was das sein soll, aber gut." Beim Anruf stellt sich heraus, dass an diesem Tag die Anmeldefrist für die Eignungsprüfung des neuen Studiengangs der Elementarpädagogik ausläuft. Mit viel gutem Willen durfte ich meine schnell zusammengestellten Bewerbungsunterlagen noch faxen. Welche Prüfungsfächer? Na ja, Erdkunde hört sich besser an als Chemie, Physik oder Mathematik. Religion wird auch irgendwie gehen. Deutsch und Englisch auch. Kurz darauf bestand ich das Auswahlgespräch. Dann hatte ich zehn Tage Zeit, um mich auf die fünf Prüfungen vorzubereiten. Die Professoren wünschten mir viel Glück. Doch ich hatte nicht nur Glück, ich hatte Gott auf meiner Seite. Bei allen Prüfungen half er mir, und gerade bei Erdkunde erlebte ich wieder einmal ein Wunder. Als ich nämlich das Prüfungsblatt umdrehe, stellt sich heraus, dass ich die Prüfung schon kenne. Es ist die einzige Probeklausur, die ich zu Übungszwecken besaß. Mit einem Dankgebet beginne ich zu schreiben.

Zwei Wochen später erfahre ich telefonisch das Ergebnis. Bestanden, als einzige Kandidatin. Doch der Durchschnitt ist schlecht. Zu schlecht für den Numerus clausus. Ich bewerbe mich trotzdem um den Studienplatz, und es zeigt sich, dass ich meine Lebenserfahrung auch in Punkte umrechnen kann, was meinen Durchschnitt hebt. Wochen später halte ich meinen Zulassungsbescheid in Händen. Ich kann es nicht fassen! Gott hat mich mit Wundern beschenkt und mich an den Platz gebracht, den er für mich vorbereitet hat.

Derzeit studiere ich mit Freude und fahre jeden Morgen gerne zur Uni. Wenn ich solch gute Beziehungen habe, werde ich auch einen Arbeitsplatz bekommen, da mache ich mir keine Sorgen mehr! Gottes Gaben sind unfassbar groß. Und unmöglich ist für Gott gar nichts.

Claudia Mohr

13. April

Mit einem Mühlstein am Hals ins Meer versenkt

„Aber wenn jemand den Glauben eines dieser Menschen, die mir wie ein Kind vertrauen, zerstört, käme er noch gut davon, wenn er mit einem Mühlstein um den Hals ins Meer geworfen würde."
Matthäus 18,6 (Hfa)

Eine Adressänderung flattert auf meinen Schreibtisch und ich frage mich, was dahinter steckt. Das junge Paar wird nun unter getrennten Anschriften zu finden sein, weil die Frau nicht über das Erlebnis sexueller Gewalt in ihrer Kindheit hinwegkommt. Sie gibt ihren Ehemann frei, denn sie kann trotz Therapie und ernsthaftem Bemühen keine körperliche Nähe ertragen. Anlässlich einer Tagung zum Thema „Sexuelle Gewalt" traten leider viele ähnliche Geschichten ins Bewusstsein. Trotz aller Aufklärung und vorbeugender Maßnahmen sind hinter der schönen Fassade tragische Schicksale versteckt. Manchmal werden Skandale an die Öffentlichkeit geschwemmt und Schuldige angeprangert, aber den Opfern hilft dies meist überhaupt nicht. Manche Wunden sind nie verheilt, Narben werden wieder aufgerissen, der Verlust von Vertrauen und Glauben ist nicht wieder gutzumachen.

Im Zusammenhang mit dem oben angeführten Text treten die Jünger Jesu mit der Frage „Wer ist wohl der Größte im Reich Gottes?" an ihn heran. Er stellt ein Kind in ihre Mitte und sagt: „Wer so klein und demütig sein kann wie ein Kind, der ist der Größte in Gottes Reich." Dann droht er jenen mit einer drakonischen Strafe, die den Glauben von Kindern und demütig Gesinnten zerstören. Passt eine solche Aussage zum liebenden, vergebungsbereiten Heiland? Wie kommt er dazu, jemandem einen Mühlstein an den Hals zu wünschen und ihn im Meer zu versenken? Ich meine, Jesus spricht hier in aller Deutlichkeit von der Schwere der Verbrechen an Kindern, die sich meist in sexueller Gewalt äußert. Wird das Vertrauen eines Kindes zerstört, kann es unter Umständen nie mehr fähig werden, an jemanden oder etwas zu glauben. Da treffe ich Menschen im Altersheim, deren Leib sich bei Berührung unwillkürlich zusammenzieht. Die verbrecherischen Handlungen liegen Jahrzehnte zurück, die Seele ist noch immer wehrlos, voller Angst und Ablehnung. Jesus plädiert in einem solchen Fall nicht für Milde und Verständnis. Unsere Kinder müssen geschützt, die Täter beim Namen genannt und verurteilt werden.

Natürlich können wir fehlbare Menschen nicht im Meer versenken, aber wir sollten doch überlegen, ob in den Kirchen sexuelle Gewalt beim Namen genannt, Fehlbare mit Hausverbot belegt, Kinderstunden und Lager besser überwacht und Verantwortliche in die Pflicht genommen werden sollen. Die Meinung „Das kommt bei uns nicht vor" hat sich leider als gründlich falsch erwiesen. Auch wenn wir es nicht wahrhaben wollen, sind doch Kirchen besonders gefährdet. Priester, Pastoren, Jugendleiter, Verantwortliche beiderlei Geschlechts können ihre Macht missbrauchen. Nennen wir das Problem beim Namen, hören wir auf leise Signale, setzen wir uns für Opfer ein, stellen wir uns entschieden auf die Seite Jesu und versuchen wir mit viel Geduld und Verständnis, den zerstörten Glauben der Kleinen wieder aufzubauen! Denn „wer solch ein Kind mir zuliebe aufnimmt, der nimmt mich auf".

Hanni Klenk

14. April

Das Zimmer des Propheten

„Und es begab sich eines Tages, dass Elisa nach Schunem ging. Dort war eine reiche Frau; die nötigte ihn, dass er bei ihr aß. Und sooft er dort durchkam, kehrte er bei ihr ein und aß bei ihr. Und sie sprach zu ihrem Mann: Siehe, ich merke, dass dieser Mann Gottes heilig ist, der immer hier durchkommt. Lass uns ihm eine kleine Kammer oben machen und Bett, Tisch, Stuhl und Leuchter hinstellen, damit er dort einkehren kann, wenn er zu uns kommt."
2. Könige 4,8-10

Da die meisten unserer Kinder ausgezogen sind, haben wir mehr Platz im Haus. Deshalb haben wir unterm Dach ein Gästezimmer mit einem orientalischen Flair eingerichtet. Es ist nämlich mit vielen exotischen Gegenständen ausgestattet, die ich von meinen Eltern geerbt habe. Ein schönes Zimmer. Das einzige Problem ist, dass es oben auf dem Speicher liegt und nur mit einer Dachlukenleiter zu erreichen ist. Wie soll ich meinen Gästen diesen Zugang zumuten?

Wir hatten einen befreundeten Pastor mit seiner Familie zu Besuch. Eigentlich wollte ich ihnen unser Schlafzimmer anbieten. Aber wir haben dort ein Wasserbett. Aus eigener Erfahrung weiß ich, dass man da die erste Nacht gar nicht gut schläft. Das konnte ich ihnen auch nicht zumuten. Aber wie sollte ich ihnen die Hühnerleiter erklären? Da fiel mir die Geschichte mit dem Zimmer oben auf dem Dach für den Propheten ein und ich sagte ihnen, dass wir ihnen das Prophetenzimmer zur Verfügung stellen. Sie hatten damit kein Problem und schliefen oben auch sehr gut.

Die Frau von Schunem wollte für den Propheten sorgen, weil sie ihn als Mann Gottes ansah. Sie wollte ihm etwas Gutes tun und gab ihm zu essen. Aber das reichte ihr nicht. Sie wollte, dass er länger bei ihnen bleiben konnte und sich bei ihnen wie zu Hause fühlte. Ihr Haus sollte auch sein Haus sein. Deshalb baute sie für ihn ein eigenes Zimmer auf dem Dach des Hauses. Sie erkannte, dass er ein heiliger Mann Gottes war.

Legen wir genauso viel Wert darauf, dass Gott in unserem Haus wohnt? Wollen wir ihn in allem, was bei uns geschieht, einbeziehen? Haben wir auch Platz für ihn in unserem Alltagsleben? Ist mein Haus auch ein Haus des Herrn? „Wenn der Herr nicht das Haus baut, so arbeiten umsonst, die daran bauen. Wenn der Herr nicht die Stadt behütet, so wacht der Wächter umsonst." (Psalm 127,1)

Das schönste Haus ohne den Herrn ist letztlich wertlos. Ein Leben ohne Gott hat keine Zukunft. Wenn der Herr heute bei uns wohnt, werden wir eines Tages bei ihm wohnen. „Euer Herz erschrecke nicht! Glaubt an Gott und glaubt an mich! In meines Vaters Haus sind viele Wohnungen. Wenn's nicht so wäre, hätte ich dann zu euch gesagt: Ich gehe hin, euch die Stätte zu bereiten? Und wenn ich hingehe, euch die Stätte zu bereiten, will ich wiederkommen und euch zu mir nehmen, damit ihr seid, wo ich bin." (Johannes 14,1-3)

Hannele Ottschofski

15. April

Das Baby im Papierkorb

*„Und Gott schuf den Menschen ihm zum Bilde,
zum Bilde Gottes schuf er ihn."
1.Mose 1,27 erster Teil*

Es steht in einer dieser Gratiszeitungen, die es am Morgen im Zug gibt. Auf der zweiten Seite lese ich mit Entsetzen folgende Nachricht, die ich nicht wörtlich, aber im Inhalt wiedergebe: In einem Park in Lausanne (am Genfersee) wurde vor einer Woche ein Neugeborenes in einem Abfallkorb gefunden. Das Baby war unterkühlt und wurde vom Parkgärtner in ein Spital eingeliefert, wo sich die Gesundheit unterdessen stabilisiert hat. Keine Spur von der Mutter. Das Kind wird wahrscheinlich zur Adoption freigegeben.

Die Woche zuvor hatte ich vernommen, dass junge Mädchen und Frauen aus Ungarn in die Schweiz importiert werden. Sie werden den Familien abgekauft, um hier als Freudenmädchen zu dienen. Welche Ironie! Sklaverei würde ich das nennen. Was ist aus Gottes wunderbaren Geschöpfen geworden?

Eigentlich möchte ich mich nur mit den schönen Dingen des Lebens beschäftigen, nichts von den dunklen Abgründen hören. Aber ich kann nicht gleichgültig meinen Weg gehen, ohne etwas zu tun. Vielleicht kann ich nur für einen einzigen Menschen das Schicksal ein bisschen verändern – weil ich nicht einfach weggeschaut, sondern aktiv eingegriffen habe, ihm dort begegnet bin, wo er sich gerade bewegt hat.

Mit meinem Mann habe ich viele Jahre in der sogenannten Dritten Welt gearbeitet. Das Elend war manchmal erdrückend. Nun lebe ich wieder in meinem wunderschönen Heimatland, wo, so dachte ich eigentlich, das Elend nicht in diesem Maß vorhanden ist. Es ist verdeckt, versteckt, vor den Nachbarn geheim gehalten, um die Fassade zu wahren. Und irgendwann kommt es doch ans Tageslicht. Ich wünsche mir, dass ich dann da bin, diesen einen Menschen auffangen und auf seinem Weg zurück in ein normales Leben begleiten kann. Es braucht viel Kraft und ein Vorstellungsvermögen, um den Menschen zu sehen, den Gott aus ihm machen wollte, bevor er stolperte. Ich wünsche für uns alle, dass wir die Kraft bekommen, bei gewissen Entscheidungen ‚nein' zu sagen, aber zuzustimmen, wenn uns Gott eine Aufgabe erteilt, die für uns fast zu groß erscheint. Einen Menschen begleiten heißt, sich auf eine lange Wanderung einstellen. Glücklich ist, wer das Gebet mit im Gepäck hat. Der Rucksack wird dann immer leichter, je mehr Übung man darin bekommt. Und ich wünsche mir, dass auch mir jemand die Hand reicht, wenn ich zu stolpern drohe.

Vreny Jaggi-Rechsteiner

16. April

Göttlicher Entwurf

*„Unser Körper besteht aus vielen Teilen, die ganz
unterschiedliche Aufgaben haben."*
Römer 12,4 (Hfa)

Es ist Frühling. Aus meinem Fenster kann ich all die Blumen sehen, die wieder blühen. Überall gibt es sie. Unterschiedliche Formen, unterschiedliche Größen, unterschiedliche Farben – es ist schwer, eine Lieblingsblume zu bestimmen. Alle sind auf ihre eigene Art schön.

Wenn wir die Pflanzen, Blumen und Menschen um uns herum betrachten, werden wir daran erinnert, dass Gott jede von uns einzigartig und für einen bestimmten Zweck geschaffen hat. Kein anderer passt in deine oder meine Form. Gott schenkte uns individuelle Talente und geistliche Gaben, damit wir zusammen als Körper wirken können. „Deshalb hat Gott jedem einzelnen Glied des Körpers seine besondere Aufgabe gegeben, so wie er es wollte," schrieb Paulus (1. Korinther 12,18 Hfa). Und wie es mit dem menschlichen Körper ist, so ist es auch mit dem Leib Christi, der eine Vereinigung aller Gläubigen ist.

Aber diese Einzigartigkeit hat nicht nur mit unserer Begabung zu tun; sie erstreckt sich weit in die Tiefe der Erfahrungen unseres Glaubenslebens. Kein anderer führt ein Leben genau wie du. Kein anderer kennt deine Schmerzen, Nöte, Freuden oder Sorgen. Alles in unserem Leben prägt uns, und wir werden dadurch für einen bestimmten Zweck geformt, damit wir auf unsere einzigartige Weise andere berühren können – auf der Grundlage, wer wir sind und was wir erlitten haben. Gott ist wunderbar! Er vergeudet in unserem Leben nichts!

Deshalb sind wir die Krönung der Schöpfung. Wir glänzen wie Edelsteine am hellsten, nicht wenn wir unser Abbild in anderen widergespiegelt sehen, sondern wenn wir den einzigartigen Zweck erfüllen, für den Gott uns entworfen hat. Es gibt einen alten, sehr wahren Spruch: „Was du in Gott bist, ist Gottes Gabe an dich; was du aus dir machst, ist deine Gabe an Gott."

Ich glaube, dass wir alle auf verschiedene Arten von Gott berührt worden sind und wir etwas anzubieten haben. Jedes Stück unseres Lebens und unserer Erfahrungen kann Jesus verwenden, um jemand anderen zu berühren. Denke an deine einzigartigen Gaben und stelle dir die Frage, wie sie anderen zum Wohl dienen. Es gibt in unserem Leben keine Zufälle. Was wir erhalten und erlebt haben, hat uns zu dem gemacht, was wir sind. Es gibt wirklich niemanden, der so ist wie du – und das aus gutem Grund.

Nimm dir doch heute vor, dich und deine Gaben von Gott gebrauchen zu lassen, um jemanden für Jesus Christus zu berühren.

Raquel Costa Arrais

17. April

Mein Fahrradcomputer und ich

*„Jesus antwortete: ‚Ich bin der Weg, ich bin die Wahrheit
und ich bin das Leben! Ohne mich kann niemand
zum Vater kommen.'"*
Johannes 14,6

Der Winterspeck muss weg. Endlich, die Sonne scheint, und wir haben uns nach diesem langen Winter auf den Fahrradsattel geschwungen. Ein Picknick wird eingepackt, schnell noch der Fahrradcomputer angesteckt und auf geht's in die schöne Natur. Unsere Fahrradsaison ist eröffnet. Ob wir in diesem Jahr mehr Kilometer schaffen als im letzten? Wir haben ja unseren Kilometerzähler am Rad, einen unbestechlichen Schiedsrichter. Doch was ist das? Er zeigt Null. Ich trete kräftiger in die Pedale, aber nichts tut sich. Keine Geschwindigkeitsanzeige geht, nur die aktuelle Zeit ist sichtbar. Dabei wollte ich doch schon von Anfang an wissen, wie fleißig wir geradelt sind. Ach, wie ärgerlich, ich habe gar keine Augen mehr für die Natur, ich starre nur noch auf das Ding. Unsere Picknickpause nutze ich, um an den verschiedenen Knöpfen zu drücken und den Fehler zu suchen, doch es ist alles in Ordnung. Auch die Batterie ist noch geladen. Die Anzeige jedoch bleibt auf Null. Mein Mann labt sich am Kaffee, am Kuchen und an der Sonne; und ich? Ich ärgere mich über die Technik.

Daheim fällt mir auf, dass der Computer gar nicht mit meinem Fahrrad verbunden war. Ein Kontakt hatte sich gelöst. Wie einfach war das! Ich musste über meine Dummheit lachen. Und dabei kam mir unser Glaubensleben in den Sinn. Sind wir nicht manchmal wie der Rechner? Wir funktionieren, „zeigen die Zeit" an. Wir werden mit verschiedenen Knöpfen bedient. Viele Einflüsse von außen beherrschen unseren Tag. Wir drehen uns um uns selbst, wir rasten an Stellen aus – meist bei unseren Kindern – und ärgern uns über uns selbst. Dabei möchten wir doch so gerne gute Christen sein. Doch es gelingt nicht recht. Wir wundern uns, es geht uns dabei schlecht. Auch in der Gemeinde, wo alles gut sein sollte, sind wir manchmal frustriert.

Wir sind so wie der Computer, dem die Verbindung fehlt. Unsere Verbindung zu Jesus – das ist es, was wir so bitter nötig haben, um unseren Alltag zu bewältigen und sichtbar zu machen, wer und wie wir sind. Wenn diese Verbindung reißt, kann unser Leben nicht funktionieren. Wir bekommen unseren Alltag nicht in den Griff, und alles, was wir tun, scheint umsonst zu sein und erfüllt uns nicht. Aber Jesus bietet uns eine Lösung an. Er ist unsere Verbindung zu Gott. Diese bleibt für immer bestehen, wenn wir uns nicht selbst abkoppeln. Jesus lässt uns nie allein. Er ist der Antrieb in unserem Leben. Und wenn ich das nächste Mal auf mein Fahrrad steige, werde ich mich mit einem Schmunzeln daran erinnern.

Angela Völker

18. April

Gott spricht

"Rede, HERR, denn dein Knecht hört"
1. Samuel 3,9

Meine Tochter war schon sehr lange im Krankenhaus. Ich erhielt von ihr den Auftrag, eine Fahrkarte zu besorgen. Ihre Freundin befand sich auch in einer Klinik zur Therapie und die wollte sie am kommenden Wochenende besuchen.

Als ich von meiner morgendlichen Arbeit nach Hause ging, sprach eine leise Stimme zu mir, dass ich heute zum Bahnhof gehen sollte, um die Fahrkarte zu kaufen. Doch nun begannen sich in mir viele Gründe aufzubauen, es heute nicht zu tun. Ich meinte, dass am nächten Tag auch noch Zeit sei. Aber irgendwie drängte mich die leise Stimme, es doch jetzt zu tun. Als ich von der freundlichen Dame hörte, dass ich eine Fahrkarte zum halben Preis haben könnte und das Angebot am heutigen Tag um 16:00 Uhr ende, wusste ich, warum Gott immer wieder mit mir redete. Er wollte meiner Tochter eine billigere Fahrt schenken.

Nun jubelte ich und tanzte fast vor Freude, dass ich noch ein Schnäppchen ergattern konnte. Aber im gleichen Atemzug hatte ich tausend Bedenken, wie das meine Tochter alles schaffen sollte, in ihrem schwangeren Zustand und dann noch viermal umsteigen. Das überstieg meine Vorstellungskraft. Und in meine tausend Zweifel hinein hörte ich Gott zu mir sagen: „Lass deine Tochter los, ich hab sie in der Hand." Ich traute meinen Ohren nicht, denn so etwas war mir noch nie widerfahren.

Aber ich meldete Gott gegenüber wieder meine Zweifel an. Wieder vernahm ich: „Lass deine Tochter los, ich habe sie in der Hand." Nun hatte ich begriffen, dass Gott mir ein tolles Versprechen gab. Er kümmert sich um meine Tochter, und ich konnte mich beruhigt nach hinten lehnen und es Gott überlassen, dass sie von ihm gehalten wird.

Ja, ich habe gelernt, mich in Gottes Hände fallen zu lassen, weil ich wusste, dass er da ist und sich um alle meine Nöte und Sorgen kümmert. Das war ein langer Lernvorgang, aber ich bin Gott so dankbar, dass ich auf seine Stimme hörte und mich auf das Wagnis des Glaubens einließ. Heute kann ich ihm bedingungslos vertrauen. Meine Probleme gebe ich ihm ab. So brauche ich nicht alles alleine zu schultern, denn er trägt und hält und erhält.

Ich mache dir Mut, etwas mit Gott zu wagen, denn er ist der Allmächtige, der alles im Griff hat. Und wenn unsere Möglichkeiten am Ende sind, dann fangen Gottes Möglichkeiten erst an. Das durfte ich schon viele Male erleben.

Regina Pietsch

19. April

Der alte Flieder

*„Daher, wenn jemand in Christus ist, so ist er eine neue Schöpfung;
das Alte ist vergangen, siehe, Neues ist geworden."*
2. Korinther 5,17 (EB)

„Also, Martin, wenn der alte wirklich nichts mehr wird, dann kauf ich euch einen neuen." Ich stehe am Fenster und höre Martin mit unserem Nachbarn reden. Angeregt unterhalten sie sich vor dem Gartenzaun. Ein wenig später frage ich Martin: „Und was meint Hans? Was kauft er uns?" Martin schmunzelt. Dann erklärt er: „Wenn unser alter Fliederstock wirklich nicht mehr treibt, dann gräbt Hans ihn im Herbst eigenhändig aus und kauft uns einen neuen." Alles klar – wenn man die Vorgeschichte kennt: Als ich vor drei Jahren unser Häuschen am Waldrand bezog, blühte neben der Eingangstür eine wunderschöne Fliederhecke. Erst später merkte ich, dass sie schon sehr knorrig, trocken, ausgewachsen und verwildert war. Hans riet uns schließlich, einen der Stämme abzusägen. Er würde im nächsten Frühjahr sicherlich wieder austreiben, und dann hätten wir einen gesunden, üppigen Strauch. Gesagt, getan. Im Herbst machten sich Martin und Hans ans Werk. Es dauerte nicht lange und von der Hecke war nicht mehr viel übrig – außer einem alten, kleinen Stamm. Ich sah mit gemischten Gefühlen zu. Es tut mir immer weh, wenn etwas abgeschnitten oder gerodet werden muss – auch wenn ich weiß, dass dies zur nötigen Pflege eines Gartens dazugehört. Wie heißt es doch so treffend im Buch Prediger? „Für alles gibt es eine bestimmte Stunde. Und für jedes Vorhaben unter dem Himmel gibt es eine Zeit. Zeit fürs Gebären und Zeit fürs Sterben, Zeit fürs Pflanzen und Zeit fürs Ausreißen des Gepflanzten …" Prediger 3,1-2 Offensichtlich war nun die Zeit gekommen, etwas zu entfernen – um Platz für Neues zu schaffen.

Der nächste Frühling zog ins Land, langsam, aber unaufhaltsam. Martin und ich beobachteten gespannt den Fliederstamm. Rundherum zeigten sich die ersten grünen Blättchen an den Zweigen der Bäume und Sträucher – aber unser alter Flieder blieb „stumm". Keine Spur von neuen Trieben. Ich gab ihm bald keine Chance mehr und meinte: „Nun, Hans kann sich schon bereitmachen. Er wird uns im Herbst einen neuen Flieder kaufen müssen." „Warten wir ab!", erwiderte Martin. „Vielleicht treibt er ja doch noch." Auch Hans wiegte zweifelnd den Kopf, als er den Stamm betrachtete. Der Frühling war längst da, alles stand in herrlicher Blüte, die Vögel zwitscherten und die ersten warmen Sonnenstrahlen erfreuten das Gemüt. Und wir – hatten einen verstümmelten Flieder vor dem Haus. Es dauerte noch Wochen, bis Martin auf einmal freudig rief: „Claudia, komm doch! Sieh, was wir entdeckt haben!" Tatsächlich – da standen wir gemeinsam um den alten Flieder und bestaunten die ersten zarten Knospen neuer Triebe. Und nun war das junge Leben nicht mehr aufzuhalten – es wuchs und gedieh und schon bald erfreuten wir uns an einem verjüngten, üppigen Strauch.

Mir fielen die Worte des Apostels Paulus aus dem 2. Korintherbrief ein: Auch Gott kann völlig Neues schaffen, sogar aus dem Nichts. Wird er nicht auch mich durch seinen Geist neu beleben, wenn ich es zulasse, wenn ich den Willen und die Geduld aufbringe? Er kann und will es – so viel ist sicher!

Claudia Flieder

20. April

Schau nach oben

„Ich hebe meine Augen auf zu dir, der du im Himmel wohnest. Siehe, wie die Augen der Knechte auf die Hände ihrer Herren sehen, wie die Augen der Magd auf die Hände ihrer Frau, so sehen unsere Augen auf den Herrn, unseren Gott, bis er uns gnädig werde. Sei uns gnädig, Herr, sei uns gnädig."
Psalm 123,1-3 a

Wir freuten uns über das Haus, das wir erworben hatten, kauften neue Möbel, hängten Bilder auf und schmückten auch sonst alles. Mein Ehemann war glücklich, dass er morgens nicht mehr so früh aufstehen musste, um zur Arbeit zu fahren – nun war es nur ein fünfminütiger Spaziergang die Straße hinunter. Ich freute mich, weil das Haus viel Platz hatte. Endlich konnte ich all die Dinge, die wir besaßen, unterbringen. Wir fühlten uns so geborgen. Das Leben war so gut!

Dann kam Martin von der Arbeit nach Hause und berichtete, dass ihm gekündigt worden sei. Er war einer der Arbeiter, deren Arbeitsstellen abgebaut werden mussten. Ich war so schockiert, dass sich mein Magen zusammenzog. Wie immer beteten wir im Wissen, dass uns Gott Frieden und Hoffnung schenken konnte. Martin war auch früher schon einmal ohne Arbeit gewesen, doch er hatte innerhalb weniger Wochen eine neue Arbeitsstelle gefunden. So verließen wir uns auf Gott, dass es diesmal auch so gehen würde. Aber anscheinend wollte Gott, dass wir Geduld lernen. Wir müssen uns auf ihn verlassen, auch wenn wir nicht wissen, was als Nächstes geschehen wird. Martin schrieb eine Bewerbung nach der anderen. Jeden Tag erhielten wir Absagen, oder die Bewerbungen wurden mit den besten Wünschen für die Zukunft zurückgesandt.

Wir machten uns über unsere finanzielle Lage Sorgen, weil wir zusätzliche Ausgaben für die Hypothek verkraften mussten. Martin fand Gelegenheitsarbeiten, die mit seinem Beruf nichts zu tun hatten. Er suchte weiterhin eine geeignete Arbeit und sandte mehr als 400 Bewerbungen ab. Die Monate vergingen, und er wurde langsam ungeduldig und entmutigt. Obwohl ich ihn immer wieder mit den Verheißungen Gottes aufmunterte, fing auch ich zu zweifeln an. Ich sagte zwar nichts und zeigte auch keine negativen Gefühle, doch mir kamen einfach die Tränen, wenn ich mit Gott sprach oder beim Autofahren geistliche Lieder hörte. Und Gott beantwortete alle meine Herzensfragen. Ein Lied, das mir Hoffnung schenkte und mir die Kraft gab, weiterzumachen, war: „Dein Gott ist immer noch derselbe; schaue nach oben ...!"

Wir waren fast am Ende unserer Kraft, als Gott endlich unsere Gebete erhörte. Martin fand eine angenehme Arbeitsstelle in einer Computerfirma.

Wenn wir zurückblicken, fragen wir uns, wie wir alles von dem beschränkten Geld bezahlen konnten, das Martin mit den Hilfsarbeiten verdiente. Wir können es nicht immer verstehen, aber Gott folgt seinem eigenen geheimen Plan. Solange wir hier auf der Erde leben, können wir Probleme nicht vermeiden. Er benutzt auch Leute, um uns zu helfen, und wir ahnen es nicht einmal. Nun wissen wir, dass wir bei neuerlichen Prüfungen und Schwierigkeiten sagen können: „Schau nur, wie Gott dir in der Vergangenheit geholfen hat, und schaue nach oben!" Er ist der Einzige, der uns erretten kann, welchen Umständen auch immer wir im täglichen Leben begegnen.

Loida Gulaja Lehmann

21. April

Die Katze Calico

"Wenn ihr dann zu mir rufen werdet, will ich euch antworten; wenn ihr zu mir betet, will ich euch erhören."
Jeremia 29,12

Ich nenne sie Calico, weil sie eine bunte Katze ist, mit grauen, schwarzen, weißen und gelben Flecken. Sie eilt mir jedes Mal entgegen, wenn ich nach Hause komme, und reibt sich an meinen Beinen. Dann legt sie sich auf den Rücken und hebt ihre vier Pfoten in die Luft. Sie unterwirft sich mir und zeigt mir Respekt.

„Brave Katze!", sage ich und streichle ihren Bauch. „Du weißt, wer hier der Boss ist, nicht wahr?"

Sie läuft mir voraus, wenn wir spazieren gehen, hin und her vor meinen Füßen. Wenn ich mit ihr schimpfe, weil sie versucht, mich aufzuhalten, rollt sie sich in Unterwerfung vor meinen Füßen. Ich muss jedes Mal lachen, wenn sie dies tut. Oft höre ich die schwache Stimme Calicos an der Haustür oder an einem Fenster. „Ich höre dich, Calico", rufe ich dann als Antwort auf ihr Miau.

Vor einigen Tagen entdeckte ich eine kleine Karte, die meine Tochter in ein Tagebuch gesteckt hatte, das sie mir einmal schenkte. Es war das Bild einer gelben Katze, die sich auf den Rücken gerollt hatte und die Pfoten in die Luft hielt. Daneben standen die Worte: „Gott hört auch die schwächste Stimme." An dem Tag klebte ich die Karte in mein Tagebuch. Der Tag war lang und frustrierend gewesen. Unter die Karte schrieb ich die folgenden Worte: „O mein Gott, ich fühle mich heute genauso hilflos wie dieses Kätzchen. Nun möchte ich mich, wie das Kätzchen, rollen, um mich dir, meinem Herrn, zu unterwerfen. Ich rufe dich jetzt an. Du kannst meine schwache Stimme hören. Du kennst mein Leid, meine Trauer und meine Sorgen. Du hast verheißen, zu hören, wenn ich rufe. Danke, Herr!"

Dann schrieb ich einen Abschnitt aus dem Buch „Der bessere Weg", S. 104, in mein Tagebuch: „All unsere Sorgen und Kümmernisse können wir zu ihm bringen, ohne befürchten zu müssen, ihm damit lästig zu werden. Und wenn wir uns freuen oder glücklich sind, dürfen wir ihm das erst recht sagen. Alles, was uns betrifft, sei es Freude oder Leid, berührt auch Gott. Nichts, was unserem Frieden dienen kann, ist für ihn zu gering, als dass er nicht darauf achtete. Kein Kapitel unserer Lebensgeschichte, das er nicht lesen könnte; keine Lebenslage, die sich mit seiner Hilfe nicht meistern ließe. Kein Schaden kann uns treffen, keine Angst uns quälen, keine Freude uns beglücken, kein Seufzer sich unserem Herzen entringen, ohne dass unser himmlischer Vater davon betroffen wäre und sich darum kümmerte."

Dorothy Eaton Watts

22. April

Morgenrot in den Wolken

„Siehe, in meine beiden Handflächen habe ich dich eingezeichnet."
Jesaja 49,16

Die schwarzen Nachtwolken werden blasser, am Himmel kündet ein graues Schimmern den Morgen an. Die leise Musik, die ich eingeschaltet habe, trägt mich aus der Nacht. Ich bin ungewöhnlich früh aufgewacht, liege hier warm in meine Bettdecken eingehüllt und kann durch das Fenster den Himmel betrachten. Manchmal flackert es hell am fernen Horizont auf, dort muss ein Gewitter sein. Und dann entdecke ich in den dunklen Wolken im Osten einen länglichen Spalt, durch den der Glanz des Sonnenaufgangs herausbricht und der die Spaltränder blutrot färbt. Dieser Einschnitt erscheint dadurch wie eine offene Wunde, als habe ein Speer den Himmel durchbohrt. Und aus dem geröteten Rand flammen Blitze wie gleißende Strahlen in die dunklen Wolken hinauf! Hellwach und voller Bewunderung beobachte ich diese Naturerscheinung, die mich so deutlich an Johannes 19,34; 20,26.27 und an Habakuk 3,4 erinnert: Einer der Soldaten am Kreuz durchbohrte mit einem Speer Jesu Seite, und sofort traten Blut und Wasser hervor ... Nach seiner Auferstehung besuchte Jesus die Jünger und sprach zu Thomas; ‚Reiche mir deine Hand und lege sie in meine Seite.'" „Da bricht sein Glanz hervor wie das Licht des Sonnenaufgangs; und Strahlen kommen von seiner Seite, denn dort verbirgt sich seine Macht."

In diesen Augenblicken setzt meine Musik mit einer feierlichen Melodie ein, und die Worte des Liedes erzählen aus Offenbarung 5,6; 7,9.11.12; 1,2.3 über die Anbetung Jesu, das Lamm Gottes, das für uns starb und aller Loblieder wert ist. Ich sah mitten auf dem Thron ein Lamm wie geopfert stehen. Und eine große Menge von Menschen umgab den Thron und das Lamm. Sie beteten Gott an und sangen das Lied des Lammes: „Herrlich und wunderbar ist dein Wirken, Herr, unser allmächtiger Gott. Denn von deinem Handeln ist offenbar geworden, wie richtig alles ist, was du tust. Alles herrliche Lob und Dank und Ehre sei unserem Gott in alle Ewigkeit!"

Und mir wird einmal mehr bewusst, dass unser Heiland, der als Opferlamm mit dem Vater auf dem Thron sitzt, noch immer die Wundmale seiner Opferung trägt. Er wird sie für immer tragen. Für alle Ewigkeit erzählen diese Wundmale, was Gott für dich und mich zu tun bereit war. Sie erzählen davon, wie schrecklich die Sünde und wie unermesslich die Liebe unseres Gottes ist, der über Sünde und Tod siegte und durch sein Opfer das Vertrauen des ganzen Universums gewann. Alle Bewohner des weiten Weltalls, alle Engelscharen und alle Menschen werden verstehen, dass Gott wahrhaftig die selbstlose Liebe verkörpert. Nichts und niemand kann dieses Wissen erschüttern. Satans Lügen wurden durch das Opfer Gottes entlarvt, nie mehr wird es eine Rebellion geben, nie mehr Sünde, Leid und Tod. Gott hat die Wahrheit über sein Wesen offenbart. Lichtstrahlen gehen von Jesu Seite aus. Gott hat sein eigenes Herz geöffnet und einen Preis für unser Vertrauen bezahlt, der über alles kostbar ist – es hat Gott in seinem Sohn das Leben gekostet. Er hat seine Liebe zu uns für immer in seine beiden Hände gezeichnet. Es ist ein unbeschreibliches Zeugnis. Und unbeschreiblich muss es sein, wenn wir mit allen, die seine Liebe und Wahrheit angenommen haben, vor ihm stehen und voller Freude jenes Lied des Lammes, das für unsere Erlösung alles gab, singen.

Jaimée Seis

23. April

Gottes Belohnung

"Vergesst nicht, dass die Prüfungen, die ihr erlebt, die gleichen sind, vor denen alle Menschen stehen. Doch Gott ist treu. Er wird die Prüfung nicht so stark werden lassen, dass ihr nicht mehr widerstehen könnt. Wenn ihr auf die Probe gestellt werdet, wird er euch eine Möglichkeit zeigen, trotzdem standzuhalten."
1. Korinther 10,13 (NL)

Als menschliche Wesen fürchten wir Schmerzen wohl noch mehr als den Tod, besonders wenn es sich um unerträgliche, langwierige Leiden handelt. Das ist natürlich. Für denjenigen aber, der Gott liebt, kann eine solche Erfahrung verborgenen Segen bedeuten. Ich nenne das die „Belohnung Gottes."

Eine lange Bettruhe ohne jegliche Bewegung verursacht schnell Schlafstörungen. Ich mache tagsüber oft ein Nickerchen, aber die Nächte sind unendlich lang, und der Schmerz kommt mir im Dunkeln immer schlimmer vor. Hiob sagte, dass Gott „uns in der Nacht Loblieder schenkt" (Hiob 35,10 NL), und Paulus und Silas fanden sicher Linderung der Schmerzen an ihren ausgepeitschten Rücken durch den Gesang um Mitternacht im Gefängnis zu Philippi. Trotzdem ist es nicht immer möglich, nachts zu singen, besonders wenn Mitmenschen im selben Haus leben. Zum Glück gibt es andere, leisere Wege, um die Gedanken zu fesseln und somit den Schmerz zu mildern.

Ich hatte schon immer Schreibblock und Bleistift neben meinem Bett liegen und verbrachte viele nächtliche Stunden damit, Beiträge für das Frauenandachtsbuch und Gedichte sowie gelegentliche Briefe an Freunde, die schwere Zeiten durchmachen, zu schreiben. Nicht jeder schreibt gerne. Dann hat Gott noch andere Mittel, um die langen Stunden der Nacht zu verkürzen.

Oft erinnert er uns an aufmunternde und tröstende Bibelworte oder Stellen aus Andachtsbüchern, die uns Hoffnung und ein tieferes Vertrauen in die Führung Gottes schenken. Das Ergebnis ist Seelenfriede und dieser lindert auch körperliche Schmerzen.

Und was für Gespräche habe ich mit Gott geführt! Er bleibt mir so nah und hört geduldig zu. Obwohl ich noch nie eine hörbare Stimme vernommen habe, bebt mein Herz bei seinen Antworten auf meine endlosen Fragen. Es gibt keine Termine, und dieses entspannte Miteinander ist süßer als alles, was ich früher in meinem gehetzten Leben erfahren habe.

Vielleicht ist das wichtigste Ergebnis dieser süß-sauren Erfahrung eine engere Beziehung mit meinem Heiland und eine erneuerte Hoffnung darauf, dass er bald kommen wird, um uns nach Hause zu holen. Ich lobe Gott für die „Loblieder in der Nacht", für die zarten Anregungen, etwas aufzuschreiben, was anderen eine Hilfe sein könnte, für die kostbaren Verheißungen in seinem Wort und für die entspannten Gespräche mit ihm. Der daraus entspringende Seelenfriede ist wahrlich eine Belohnung!

Revel Papaioannou

24. April

Ich zuerst

„Sie antwortete: ‚Wirst du meinen Söhnen in deinem Reich die Ehrenplätze neben dir geben, den einen rechts und den anderen links von dir?'"
Matthäus 20,21 (NL)

Salome ist nicht die bekannteste Frau der Bibel, aber sie ist eine wichtige Person. Sie tritt in unserem heutigen Text zum ersten Mal in der Bibel auf. Aus anderen Textstellen können wir schlussfolgern, dass Zebedäus, ihr Mann, wohlhabend war, weil er ein Fischereiunternehmen mit mehreren Booten und Arbeitern besaß. Salome ist auch unter jenen Frauen zu finden, die Spezereien bringen, um den Leichnam Jesu nach dessen Kreuzigung einzusalben. Markus 15,41 sagt, dass sie unter den Frauen aus Galiläa war, die „bei Jesus gewesen (waren) und hatten für ihn gesorgt." (NL) Nach Lukas 8,3 waren es diese Frauen, „die Jesus und seine Jünger durch das, was sie besaßen, unterstützten." Das zeigt, dass sie eine wohlhabende und einflussreiche Frau war. Sie hatte mit ihrem Mann mindestens zwei Söhne, Jakobus und Johannes.

Die meisten von uns kennen die Begebenheit, bei der Salome zu Jesus kommt und bittet, dass er ihren Söhnen bedeutende Posten in seinem Reich gibt – dass einer zu seiner Rechten und der andere zu seiner Linken sitzen darf. Wahrscheinlich hatten Jakobus und Johannes sie dazu überredet, denn Matthäus sagt, dass sie mit ihren Söhnen an Jesus herantrat. Wie man sich vorstellen kann, wurde dieses Ansuchen von den anderen Jüngern nicht wohlwollend aufgenommen. Warum sollten diese beiden eine bevorzugte Behandlung erhalten, nur weil ihre Mutter Geld hatte und es wagte, eine so verwegene Bitte vorzubringen?

„Du weißt nicht, worum du bittest", sagt Jesus zu Salome. Als er Jakobus und Johannes fragt, ob sie denn bereit seien, die möglichen Folgen dieser Bitte auf sich zu nehmen, sind sie davon überzeugt.

Sowohl Matthäus wie Markus berichten von dieser Begebenheit unmittelbar vor der Kreuzigungswoche. Wie haben sich wohl Salome, Jakobus und Johannes eine Woche später gefühlt, als sie Jesus auf dem Kreuz sahen, mit einem zu seiner Rechten und einem anderen zu seiner Linken? Haben sie sich vielleicht an die Worte Jesu erinnert: „Könnt ihr auch aus dem bitteren Leidenskelch trinken, den ich trinken werde?" (Matthäus 20,22 NL) Weiter hatte Jesus gesagt: „Ihr werdet tatsächlich daraus trinken müssen" (Vers 23). Wollten sie immer noch die Ersten sein?

Manchmal bitten wir auch um Dinge, Posten oder Beziehungen, ohne eine Ahnung zu haben, worum wir bitten. Wir denken nicht an die möglichen Konsequenzen, wenn wir „Ich zuerst" sagen. Jetzt wäre es an der Zeit, den Rest des Bibeltextes zu lesen, wo es heißt: „Wer euch anführen will, soll euch dienen, und wer unter euch der Erste sein will, soll euer Sklave werden." (Verse 26b – 27)

Ardis Dick Stenbakken

25. April

Karussell

*„Ihr könnt das Reich Gottes nur durch das enge Tor betreten.
Die Straße zur Hölle ist breit und ihre Tür steht für die vielen
weit offen, die sich für den bequemen Weg entscheiden.
Das Tor zum Leben dagegen ist eng und der Weg dorthin
ist schmal, deshalb finden ihn nur wenige."*
Matthäus 7,13.14 (NL)

Aufgeregt und ungeduldig warten wir in der Schlange, um auf dem Karussell Platz zu nehmen. Die Hände meiner Enkelkinder fühlen sich in meinen Händen feucht an. Die Finger sind unruhig. Die wartende Schlange bewegt sich nur sehr langsam vorwärts, doch schließlich sind wir an der Reihe, um auf den schaukelnden, sich im Kreis drehenden Pferden zu reiten. Wir suchen rasch unsere Tiere – weiße Hengste mit rot-blauem Sattel. Wir befestigen die Sicherheitsgurte. Die Musik fängt an, das Karussell beginnt sich zu drehen, und wir reiten – hinauf und hinunter und rundherum. Wir drehen uns einmal, zweimal, dreimal, und dann wird die Musik leiser, das Karussell wird langsamer und wir bleiben stehen. Es ist vorbei. Traurig steigen wir ab und überlassen unsere Plätze den nächsten eifrigen Reitern.

Während ich über das Vergnügen, das wir gerade erlebt haben, nachdenke, stelle ich mir die Frage: Wohin sind wir auf dem Karussell eigentlich gelangt? Welchen Fortschritt haben wir gemacht? Du kennst natürlich die Antwort. Wir haben uns im Kreis gedreht und kamen genau dort an, wo unsere Reise begonnen hatte.

Leider kann es sein, dass viele von uns „Karussell-Christen" sind, die jede Woche den Gottesdienst besuchen und geistlich wieder dort ankommen, wo sie losgefahren sind. Vielleicht haben wir an der Fahrt sogar Freude gehabt und Bemerkungen über die Musik und das Lobpreisteam sowie über die Redekunst des Predigers gemacht, aber war das alles?

Das Leben eines Christen wird eigentlich mit einer Reise verglichen, nicht mit einem Karussell. Henoch wandelte mit Gott (1. Mose 5,22). Mit Gott zu wandeln führt irgendwohin. Wenn wir auf dem schmalen Pfad wandern, sollten wir auf dieser Reise Fortschritte machen. Aber tun wir dies? Oder ist es eher, wie Jeremia es ausdrückte: „Aber sie haben nicht gehorcht, sie haben nicht einmal richtig zugehört. ... Sie drehten mir den Rücken zu – und damit das Gesicht von mir weg" (Jeremia 7,24 NL). Es könnte sein, dass es für uns Zeit ist, vom Karussell abzusteigen und mehr zu tun, als bloß den Gottesdienst zu genießen. Es könnte sein, dass wir unsere Reise auf dem schmalen Pfad antreten sollten, der zum ewigen Leben führt. Mag sein, dass sie nicht leicht oder lustig wird, aber sie wird auch nicht voller Gedränge sein. Vielleicht gibt es auf diesem Weg einsame Stellen, wo wir nicht weitersehen können. Aber er wird uns irgendwohin führen, zum Ziel. Ich lade dich heute ein, vom Karussell abzusteigen und deinen Weg mit Jesus fortzusetzen.

Annette Walwyn Michael

26. April

Streut Blumen der Liebe

„Sechs Tage vor dem Passahfest kam Jesus nach Bethanien, wo Lazarus war, den Jesus von den Toten auferweckt hatte. Dort machten sie ihm ein Mahl und Martha diente ihm; Lazarus aber war einer von denen, die mit ihm zu Tisch saßen. Da nahm Maria ein Pfund Salböl von unverfälschter, kostbarer Narde und salbte die Füße Jesu und trocknete mit ihrem Haar seine Füße; das Haus aber wurde erfüllt vom Duft des Öls. Da sprach einer seiner Jünger, Judas Iskariot, der ihn hernach verriet: Warum ist dieses Öl nicht für dreihundert Silbergroschen verkauft und den Armen gegeben worden? Das sagte er aber nicht, weil er nach den Armen fragte, sondern er war ein Dieb, denn er hatte den Geldbeutel und nahm an sich, was gegeben war. Da sprach Jesus: Lass sie in Frieden! Es soll gelten für den Tag meines Begräbnisses. Denn Arme habt ihr allezeit bei euch; mich aber habt ihr nicht allezeit. Da erfuhr eine große Menge der Juden, dass er dort war, und sie kamen nicht allein um Jesu willen, sondern um auch Lazarus zu sehen, den er von den Toten erweckt hatte. Aber die Hohenpriester beschlossen, auch Lazarus zu töten; denn um seinetwillen gingen viele Juden hin und glaubten an Jesus."
Johannes 12,1-11

Im Wohnzimmer meiner Oma hing ein schön gestickter Wandspruch über dem Sofa, der folgendermaßen lautete: „Streut Blumen der Liebe zur Lebenszeit, bewahrt einander vor Herzeleid." An diesen Spruch musste ich bei der Lektüre des Johannesevangeliums denken, als ich las, wie Maria Jesus salbte. Ihr Herz war so von Liebe erfüllt, dass sie ihm etwas richtig Gutes tun wollte. Und Jesus ließ es sich gefallen! Er wehrte sie nicht ab. Er empfand es auch nicht als peinlich, sondern ließ es gerne zu, dass Maria ihm ihre Liebe zeigte. Maria ließ sich auch nicht von Judas entmutigen, der sich überlegte, wie viel Geld man hätte verdienen können, wenn man das Salböl verkauft hätte, das seiner Meinung nach verschwendet wurde. Marias Herz wusste, dass jetzt der richtige Zeitpunkt gekommen war, um Jesus ihre tief empfundene Liebe zu offenbaren.

Das beeindruckt mich an Maria: Sie musste sich nicht rückversichern, ob man sie auch verstehen würde. Sie ließ sich auch nicht durch Judas Einwände beirren. Sie konzentrierte sich ganz auf Jesus. Und auch das beeindruckt mich: Was Maria für Jesus tat, tat allen gut, denn ich kann mir vorstellen, dass das ganze Haus nach ihrem Öl duftete.

Mir kam aber auch Folgendes in den Sinn:

Was bedeutet mir Jesus? Wie zeige ich ihm meine Liebe? Lasse ich mich entmutigen? Könnte es nötig sein, eine andere Aufgabe dafür zurückzustellen, obwohl auch diese wichtig ist?

Wie sieht es bei uns aus? Streuen wir jeden Tag Blumen der Liebe?

Rosemarie Müller

27. April

Abschlussprüfung

„Halleluja! Danket dem Herrn, denn seine Güte währet ewiglich!"
Psalm 106,1

Eigentlich habe ich diese Erfahrung meinem Bruder Paul zu verdanken, der mein Interesse am Rot-Kreuz-Dienst weckte. Er war schon längere Zeit ehrenamtlicher Mitarbeiter und nahm mich des Öfteren zum Schnuppern in den Dienst mit. Es dauerte auch nicht lange, bis ich mir sicher war, die Ausbildung zum ehrenamtlichen Sanitätshelfer zu machen. Der Kurs fand in der nächsten größeren Stadt, in Wels, statt – viele, viele Abendstunden, viele Dienste – und das alles parallel zu meiner Ausbildung als Physiotherapeutin, die oft mehr als 40 Wochenstunden „zu bieten" hatte. Es bereiteten mir aber nicht nur die Kurse sehr viel Freude, sondern ich lernte in dieser Zeit auch meinen späteren Mann kennen.

Kurz vor Weihnachten war es dann so weit, dass wir die Abschlussprüfung ablegen sollten. Der Termin fiel aber auf einen Sabbat. Ich ging sofort zu unserem Kursleiter und erklärte ihm, dass ich unbedingt einen anderen Termin bräuchte, da ich aus Glaubensgründen die Prüfung nicht am Samstag machen könne. Die Antwort war klar und ernüchternd: „Wenn du am Samstag nicht geprüft werden willst, kannst du die Ausbildung gleich abbrechen, denn diese Prüfungen finden nur am Samstag statt." Ich war wie gelähmt. Die erste Reaktion war der Gedanke an Aufgabe. Dann war eben alles umsonst!

Doch diese Phase war daheim im Bett schon wieder vorüber, denn ich betete. Ich fragte Gott, warum das jetzt ausgerechnet so sein sollte – ich wollte doch diesen Dienst am Mitmenschen auch für ihn machen! Da kam mir die Idee, im Hauptbüro in Linz nachzufragen. Gedacht, getan. Am nächsten Morgen rief ich dort an und erklärte der freundlichen Dame am Telefon mein Problem. Leider konnte sie mir auch keine dienlichere Information geben als die, dass eigentlich in sämtlichen Bezirken diese Prüfung samstags abgehalten wird. Noch während sie mit mir sprach, erhielt sie ein Fax, das besagte, dass in einer kleinen Dienststelle in unserer Nähe die Prüfung zum Sanitätshelfer am kommenden Donnerstag stattfinden sollte! Sie überreichte mir sofort die Telefonnummer und riet mir, mich möglichst gleich dort anzumelden. Als ich auflegte, fiel ich auf die Knie und weinte vor Freude – Gott erhört Gebete! Ich konnte die Prüfung somit stressfreier und sogar früher ablegen als meine Kollegen und Kolleginnen in Wels. Gott hat immer Möglichkeiten, selbst wenn es menschlich gesehen kaum Aussichten gibt. Manchmal belohnt Gott Treue auch ganz direkt. Ihm sei Lob und Dank!

Carola Charlotte Weidinger

28. April

Ist für Gott etwas zu schwer?

*„Wer im Schutz des Höchsten lebt, der findet Ruhe im
Schatten des Allmächtigen."*
Psalm 91,1 (NL)

Im Laufe der Jahre habe ich es mir angewöhnt, geistliche Tagebücher zu führen. Ein Buch ist für meine Gebete und Zeiten der Stille mit Gott. Dann gibt es mein Segensbuch. Dort schreibe ich mit meiner Familie unsere Gebetsanliegen auf, mit Datum, und wir beten darüber und notieren dann auch die Antworten Gottes. Und dann habe ich mein Freudenbuch. Ich habe mir vorgenommen, jeden Abend, wenn es Zeit ist, ins Bett zu gehen, fünf Dinge aufzuschreiben, für die ich Gott danken kann. Vielleicht fragst du, warum ich meine Zeit damit zubringe, meinen Weg mit Gott schriftlich festzuhalten. Einer der Gründe ist, dass die Autorin Ellen White schrieb: „Wir haben für die Zukunft nichts zu fürchten, außer dass wir den Weg vergessen, den der Herr uns in der Vergangenheit geführt hat, und die Lehren, die wir aus unserer Geschichte ziehen können." (Leben und Wirken, Kapitel 31, S. 185)

Oft, wenn ich schwere Zeiten erlebe, könnte ich vergessen, dass ich einem mächtigen Gott diene, dem Gott, den Abraham El Shaddai nannte, den allmächtigen Gott: „Ich bin der allmächtige Gott; wandle vor mir und sei fromm" (1. Mose 17,1). In den Zeiten, in denen meine Lasten schwerer zu sein scheinen, als ich tragen kann, muss ich mich in den Schutz des allmächtigen Gottes begeben. Aber noch mehr, ich muss unter seinem Schutz leben. Ich muss mir jeden Tag Zeit nehmen, um sie mit Gott zu verbringen, denn gerade in diesen Zeiten des Schutzes erkenne ich ihn und seine Kraft.

Wenn ich schwere Zeiten erlebe, wende ich einen kleinen „Trick" an. Ich betrachte mein Problem von allen Seiten und stelle die Frage: „Kann ich es lösen?" Meistens ist die Antwort nein. Es ist zu groß, zu kompliziert. Statt meine Tage und Wochen damit zuzubringen, mir deswegen Sorgen zu machen und mit aller Macht zu versuchen, das Problem in den Griff zu bekommen, sage ich zu Gott: „Herr, ich habe dieses Problem zugesandt bekommen, aber ich kann es nicht lösen. Es ist an die falsche Adresse gelangt. Es gehört dir." So gebe ich meine Probleme an den allmächtigen Gott ab, den El Shaddai, den Gott, der in der Lage ist, mehr zu tun, als ich mir vorstellen kann.

Und deshalb habe ich meine Tagebücher. Ich möchte mich daran erinnern, wie Gott in meinem Leben geführt hat. Der allmächtige Gott hat gesagt: „Die mit Tränen säen, werden mit Freuden ernten. Sie gehen hin und weinen und streuen ihren Samen und kommen mit Freuden und bringen ihre Garben" (Psalm 126,5.6). Ich möchte nie die Güte und Treue Gottes mir gegenüber vergessen. Denn wenn ich daran denke, habe ich Mut. Er hat es schon früher gemacht. Er wird es wieder tun.

Heather-Dawn Small

29. April

Die schönste Zeit im ganzen Jahr, das ist die Frühlingszeit

*„Am Anfang schuf Gott Himmel und Erde und er sprach:
Es lasse die Erde aufgehen Gras und Kraut, das Samen
bringe, und fruchtbare Bäume auf Erden, die ein jeder
nach seiner Art Früchte tragen, in denen ihr Same ist.
Und es geschah so."*
1. Mose 1,12

Der Winter erscheint uns manchmal sehr lang. Er will kein Ende nehmen. Wie leicht klagen wir dann über das Wetter. Aber wenn dann endlich der Schnee taut und die Natur aus ihrem Winterschlaf erwacht, erkennen wir, dass diese den Naturgesetzen Gottes gehorcht. Auch der lange, kalte Winter ist hier in unseren Breitengraden notwendig. Ohne Wind, Regen, Tau und Sonnenschein gäbe es kein Wachstum. Das Weizenkorn, das der Bauer in die Erde legt, sprießt durch des Schöpfers Macht und Kraft aus der Erde.

Durch Gottes Kraft bekommen auch die Bäume ihre Blätter und Blütenpracht zurück. Im frischen, grünen Gras blühen Gänseblümchen, und wir freuen uns über die Veilchen mit ihrem wunderbaren Duft. Anfang April dieses Jahres sahen wir, wie ein Storchenpaar über uns hinwegflog, auf dem Weg in seine Heimat, wo es das Nest bauen will. Aber auch die kleinen Vögel sind in dieser Zeit fleißig und bauen ihre Nester. Zur Ehre Gottes und uns zur Freude singen sie ihre schönsten Lieder.

Gott hat uns verheißen (1. Mose 8,22): „Solange die Erde steht, soll nicht aufhören Saat und Ernte."

Im Vertrauen auf dieses Versprechen Gottes legen wir jedes Jahr neu unseren Samen in die Erde. Es ist sehr beruhigend zu wissen, dass Gott alles lenkt. Er lenkt auch unser Leben. Und er möchte auch unsere Gedanken lenken. Ich wünsche mir heute von Gott gute, positive Gedanken für jeden von uns, damit wir mit Dankbarkeit und Freude jeden Tag bewusst leben.

Angelika Schöpf

30. April

Was die Meisen uns beibringen können

„Lasst uns jede Gelegenheit nutzen, allen Menschen Gutes zu tun, besonders aber unseren Brüdern und Schwestern im Glauben."
Galater 6,10 (NL)

Ich saß da und beobachtete unseren Nistkasten. Sind die Meisen immer noch da? Plötzlich flog ein kleiner Vogel, kleiner als eine ausgewachsene Meise, an den Eingang des Nistkastens und setzte sich auf die Stange. Er flatterte mit den Flügeln und piepste wie ein Vogelbaby, wenn es gefüttert werden will. Er flog dann wieder weg und kam nach einigen Augenblicken wieder. Dann hüpfte er sogar in den Nistkasten hinein und flog nach etwa einer Minute wieder weg.

Ich informierte mich und fand heraus, dass Meisenbabys etwa 12 bis 14 Tage nach dem Schlüpfen fliegen lernen, aber die Eltern sie weitere zwei bis vier Wochen mit Futter versorgen. Genau das hatte ich beobachtet. Vielleicht gab es im Nest noch andere Vogelkinder und der Vogel, den ich beobachtet hatte, war vielleicht der Erste, der flügge geworden war. Er kam ins Nest zurück, um dort gefüttert zu werden.

Wenn jemand zum ersten Mal Christus begegnet, kann das ganz schön aufregend sein. Er möchte sofort zur Tür hinaus, um seine Entdeckung mit der Welt zu teilen. Immerhin hat Jesus gesagt, „Geht hinaus in die Welt." Aber ein neuer Christ ist kaum in der Lage, alle Fragen zu beantworten oder mit den Problemen, die unweigerlich auf ihn zukommen, umzugehen. Sogar die Jünger Jesu mussten drei Jahre bei ihm in die Schule gehen, bevor er ihnen die Aufgabe anvertraute, die er angefangen hatte. Diese neugeborenen Christen brauchen die Möglichkeit, zu denen zurückzukehren, die sie unterwiesen haben, um neue Nahrung zu erhalten, um ihre geistliche Energie aufzuladen und einen Vorrat an Wissen aufzubauen.

Wie die Meisen mehrere Wochen lang zu ihren Eltern zurückkehren, nachdem sie fliegen gelernt haben, wird auch ein Anfänger in Christus zu den erfahrenen Gemeindegliedern kommen, um angeleitet zu werden, wie er das Wort Gottes für sich als Nahrung aufnehmen kann. Wenn jemand jung im Glauben ist, sollten wir daran denken, dass sein Glaube noch der Festigung bedarf. Die Meisenkinder würden verhungern, wenn die Mutter nicht da wäre, um sie zu füttern, nachdem sie das Nest verlassen haben. Genau so kann ein Mensch, der jung im Glauben ist, geistlich ausdörren und die Gemeinde verlassen, wenn wir nicht in der Lage sind, ihm die Ermutigung und Unterstützung zu geben, die er braucht.

„Der Herr aber fügte täglich zur Gemeinde hinzu, die gerettet wurden." (Apostelgeschichte 2,47)

Wanda Hewitt

1. Mai

Ein Bussard, ein Flugzeug und die unsichtbare Luft

„Vertraue auf den Herrn mit deinem ganzen Herzen. ... Gesegnet sind alle, die nicht sehen und dennoch glauben. ... Weil Gott die Welt geschaffen hat, können die Menschen sein unsichtbares Wesen, seine ewige Macht und göttliche Majestät mit ihrem Verstand an seinen Schöpfungswerken wahrnehmen."
Sprüche 3,5 (EB); Johannes 20,29 (NL); Römer 1,20 (GNB)

Ein erster Mai voller Sonne hat mich nach draußen gelockt, und ich genieße die warme Luft. Als ich den hellen Ruf eines Bussards höre, hebe ich den Kopf. Dort oben ist er und zieht seine Kreise immer höher hinauf in den klaren Himmel. Auf einmal faltet er seine Flügel zusammen, taucht im Sturzflug hinunter, breitet die Schwingen blitzschnell wieder aus und schießt mit der Geschwindigkeit, die er gewonnen hat, wie ein Pfeil in das Blau hinauf. Er wiederholt das ein paar Mal und schlägt dabei sogar einen Purzelbaum. Man kann richtig seine Freude an dem Spiel mit den Lüften erkennen.

Weit über ihm zieht nun ein Flugzeug seinen Milchstreifen über das blaue Firmament. Ich werde mich wohl nie an diesen Anblick gewöhnen. Auch wenn ich weiß, dass es mit den Gesetzen der Aerodynamik erklärt werden kann, frage ich mich dennoch, wie eine so große und schwere Maschine dort oben bleiben kann, nur getragen von etwas, was völlig unsichtbar ist – der Luft.

Ist es nicht erstaunlich, dass sowohl der Bussard als auch die Menschen im Flugzeug ihr Leben einem seltsamen Etwas anvertrauen, das man gar nicht sehen kann? Der Bussard ist sich aus Erfahrung vollkommen sicher, dass er in diesem unsichtbaren Ding, das wir Luft nennen, gut aufgehoben ist. Und die vielen Menschen im Flugzeug, die möglicherweise nicht einmal an Gott glauben, vertrauen dieser unsichtbaren Luft sogar mehr, als ich es so manches Mal dem unsichtbaren Allmächtigen gegenüber tue. Im Vergleich zu diesen Menschen fühle ich mich auf einmal klein und demütig. Sie beweisen sehr viel Glauben an ein Element, dessen Gesetze ihnen wahrscheinlich fremd sind, und ich beweise meinem Glauben an Gott, den ich doch kennen sollte, oft in so geringem Ausmaß.

Ja, der Bussard hat Recht, sein sichtbares Beispiel soll mir Mut machen. Er und das Flugzeug sollen mich daran erinnern, meinem himmlischen Vater dieses feste Vertrauen zu schenken, auch wenn ich ihn jetzt noch nicht sehe. Denn so sicher wie die unsichtbare Luft Flugzeuge und Bussarde trägt, wird der unsichtbare Allmächtige dich und mich tragen. Wie der Bussard können wir uns aus Erfahrung ganz sicher sein, dass wir bei dem jetzt noch unsichtbaren Gott, den wir „unseren geliebten Vater" nennen dürfen, gut aufgehoben sind. Was ist die Luft gegen den, der sie geschaffen hat? Wie kleingläubig bin ich doch angesichts der Kunststücke und Luft-Purzelbäume des Bussards!

„Danke, lieber Bussard, für den aufmunternden Zuruf, dass ich es doch auch so frei und vertrauensvoll versuchen sollte. Und danke, Vater, für deine so liebevolle Aufforderung zum Glauben durch einen Bussard, ein Flugzeug und die unsichtbare Luft."

Jaimée Seis

2. Mai

Nicht mein, sondern dein Wille geschehe.

*„Vater, wenn es möglich ist, bewahre mich vor diesem Leiden.
Aber nicht was ich will, sondern was du willst, soll geschehen.
Da erschien ein Engel vom Himmel und gab ihm neue Kraft."*
Lukas 22,42.43 (Hfa)

Jesus Christus steht ein Schicksal bevor, durch das die ganze Menschheitsgeschichte von Grund auf verändert wird. Er weiß, worum es geht und welche körperlichen und seelischen Schmerzen ihn treffen werden. Das ist ein Zustand, der einen vor Angst erstarren lässt. In dieser großen Not sucht Jesus die Begegnung mit seinem Vater. Dieser ist seine Hoffnung, Geborgenheit, sein wichtigster Halt. Bei ihm weiß er sich in Sicherheit – Jesus hat „absolutes" Vertrauen. Diese Vertrautheit zwischen Vater und Sohn ermöglicht es ihm, sein Herz ganz zu öffnen und ohne Beschönigung den Wunsch nach einer „anderen Lösungsmöglichkeit" anzusprechen. Dahinter verbirgt sich kein Feilschen oder Zweifeln an Gottes Allmacht, sondern die ganze Vertrautheit einer echten Liebesbeziehung.

Seinen Freunden empfiehlt Jesus in diesen Stunden: „Betet darum, dass ihr der kommenden Versuchung widerstehen könnt!" (Lukas 22,40) Er empfiehlt ihnen, es ihm nachzumachen. Sie aber schliefen, erschöpft von ihren Sorgen und ihrer Trauer". (Lukas 22,45) Worin besteht nun diese Versuchung? Doch darin, das „Vertrauen zum Vater" aufzugeben, auf seine unsichtbare Kraft zu verzichten und damit dem begrenzten, allzu menschlichen Denken und Fühlen nachzugeben. Jesus selbst widersteht ihr mit den Worten: „Vater, nicht was ich will, sondern was du willst, soll geschehen" und bringt dadurch seine hundertprozentige Gewissheit der Vaterliebe zum Ausdruck! Er gibt weder auf, noch nach – nein, er entscheidet sich aufs Neue für das unbedingte Vertrauen zu seinem Vater.

Auch wir kennen sie, die große Angst vor dem, was kommen könnte oder sicher kommt. Oft geht es uns dann wie den Jüngern. Wir befinden uns in einem Erschöpfungsschlaf, ausgelöst durch Sorgen und Trauer. Nicht selten sind wir dabei, Gott anzuklagen und ihm Vorwürfe zu machen. Unser „Vertrauen zu ihm", das wir in guten Zeiten niemals in Frage gestellt haben, gerät ins Wanken, und die Versuchung klopft bei uns an! Wenn wir dann in diesen Stunden aus tiefstem Herzen sagen können: „Herr Jesus, nicht mein Wunsch und Wille soll geschehen, sondern deine Allmacht und Gnade", dann werden wir wie Jesus und seine Jünger (zu späteren Zeiten) erleben, „wie Engel vom Himmel uns neue Kraft verleihen!"

Waltraud Schneider-Kalusche

3. Mai

Auf den Spuren Jesu

*„Euer Herz erschrecke nicht! Glaubt an Gott und glaubt an mich!
Im Haus meines Vaters sind viele Wohnungen; wenn nicht, so hätte
ich es euch gesagt. Ich gehe hin, um euch eine Stätte zu bereiten.
Und wenn ich hingehe und euch eine Stätte bereite, so komme
ich wieder und werde euch zu mir nehmen, damit auch
ihr seid, wo ich bin."*
Johannes 14,1-3

Ich reise gern. 2010 hat sich mein Traum erfüllt. Wir waren zwei Wochen lang in Israel. „Auf den Spuren Jesu" hieß die Reise. Sie war sehr anstrengend, aber auch höchst interessant. Wir haben Jerusalem besucht und erlebt, wie sich Tausende von Touristen durch die Straßen drängen und bei jeder Sehenswürdigkeit die strengsten Kontrollen über sich ergehen lassen müssen, um die Plätze zu sehen, wo Jesus wandelte.

Trotz Staunen ist uns ein bitterer Nachgeschmack geblieben. Man spürt die Spannung zwischen Arabern, Juden und Christen. Wenn man sieht, wie stolz junge Männer mit Maschinenpistolen in Jerusalems Straßen wachen, bekommt man es auch mit der Angst zu tun. Wir mussten feststellen, dass es trotz aller politischen Bemühungen unmöglich ist, in Israel Frieden zu stiften. Ich glaube, ich könnte dort nicht leben.

Umso mehr freue ich mich auf eine andere Stadt – das neue Jerusalem, das wir aus der Bibel kennen und wo ich sehr gerne leben möchte. Können wir noch mehr darüber erfahren?

„Und ich sah einen neuen Himmel und eine neue Erde; denn der erste Himmel und die erste Erde sind vergangen und das Meer gibt es nicht mehr. Und ich, Johannes, sah die heilige Stadt, das neue Jerusalem, von Gott aus dem Himmel herabsteigen, zubereitet wie eine für ihren Mann geschmückte Braut … Siehe, das Zelt Gottes bei den Menschen! Und er wird bei ihnen wohnen …" (Offb. 21,1ff)

Wir fallen von einem Staunen in das andere, wenn wir diese Verse lesen, aber das Beste lesen wir danach (Offb. 21,4) „Und Gott wird abwischen alle Tränen von ihren Augen, und der Tod wird nicht mehr sein, weder Leid noch Geschrei noch Schmerz wird mehr sein; denn das Erste ist vergangen."

Keine Maschinenpistole, keine Angst, kein Krieg, keine Krankheit, kein Leid, keine Tränen, keine Sünde und kein Tod mehr! In dieser Stadt will ich leben, und ich hoffe, dort viele liebe Menschen zu treffen. Jesus antwortete seinem Jünger, der nach dem Weg dorthin fragte: „Ich bin der Weg, die Wahrheit und das Leben. Niemand kommt zum Vater denn durch mich! (Johannes 14,5) Lasst uns alle diesen Weg beschreiten!

Kathalin Antrack

4. Mai

Eine Säule im Tempel

*„Wer durchhält und das Böse besiegt, den werde ich zu einer Säule
im Tempel meines Gottes machen; er wird dort immer bleiben.
Und er soll den Namen meines Gottes tragen."*
Offenbarung 3,12 (Hfa)

Zusammen mit einer Gruppe von Studenten stehe ich vor den Ruinen eines Gebäudes in Euromos, Kleinasien. Unsere Aufgabe ist es, während der nächsten drei Stunden eine Bauaufnahme durchzuführen, zu überlegen, worum es sich bei der Ansammlung von Steinen handelt, einen Datierungsversuch vorzunehmen und moderne Restaurationsmaßnahmen zu erkennen. Wir machen uns ans Werk und merken schnell, dass es sich um einen Zeustempel, wahrscheinlich aus der römischen Kaiserzeit, handelt. Verwirrt sind wir, als wir drei verschiedene Arten von Säulen finden. Die einen sind sauber kanneliert, andere sind glatt und die dritte Art weist statt der Einbuchtungen runde Wölbungen auf. Wir vermuten drei Bauabschnitte, zeichnen das Ganze auf, wundern uns über den kleinen Abstand von Altar und Tempel, klettern auch im „Steingarten" herum, wo einzelne Bauteile liegen, die während der Restauration nicht wieder eingebaut wurden. Bei der Besprechung mit unseren Dozenten wird schnell klar, dass unsere unerfahrenen Augen einiges übersehen haben. Sie führen uns zu einer liegenden Säule, die eine Mischung von Typus zwei und drei darstellt. Oben die Kanneluren, unten die Wölbungen. Was nun? Wir lernen anhand dieses Beispiels die Technik der Fertigung. Unser Säulentypus drei steht in Bosse, d.h. er wurde nicht fertiggestellt. Unsere Theorie der Bauabschnitte verflüchtigt sich. Dafür wird unsere Aufmerksamkeit auf glatte Säulen gelenkt, die auf ca. drei Metern Höhe Inschriften aufweisen. Sprachkundige übersetzen, dass hier bestimmte Herren ihren Namen verewigen durften, weil sie als Sponsoren aufgetreten waren.

Im Sendschreiben an die Gemeinde Philadelphia wird den Gläubigen verheißen, dass sie zu Säulen im Tempel Gottes werden und seinen Namen tragen. Angesichts der antiken Praktiken gewinnt diese Aussage an Bedeutung. Säulen waren sehr kostspielig und teuer. Besondere Steine wurden oft unter großen Mühen von weit her angeschafft, begabte Steinhauer bearbeiteten sie, die Aufstellung der riesigen Bauteile war kompliziert. Nur wer über viel Geld und Einfluss verfügte, konnte es sich leisten, eine Inschrift mit seinem Namen weithin sichtbar anbringen zu lassen. Jedem Besucher des Tempels wurde vor Augen geführt, wie die zahlungskräftigen Verehrer der jeweiligen Gottheit hießen. Noch heute sind sie zu lesen und nicht in Vergessenheit geraten.

Ein entscheidender Unterschied fällt im Text der Offenbarung auf. Nicht der eigene Name, sondern der Name Gottes wird auf den Säulen eingraviert. Nicht die Verdienste des Einzelnen, nicht seine guten Taten oder der gefüllte Geldbeutel entscheiden über die Aufstellung im Tempel, sondern die Gnade Gottes.

Gerne möchte ich eine solch perfekt gearbeitete Säule im himmlischen Tempel sein und stolz den Namen meines Erlösers tragen. Diese Anbetungsstätte wird für immer bestehen, und ich möchte ein Teil davon sein. Danke, Herr, für diese Verheißung!

Hanni Klenk

5. Mai

Kleine Schönheit am Wegesrand

„Alles hat er schön gemacht zu seiner Zeit"
Prediger 3,11 (EB)

Sonntag Vormittag. Noch ein wenig verschlafen ziehe ich mir die Jacke über und schlüpfe in meine Gummistiefel. In der Nacht hat es geregnet, der Boden wird sumpfig sein. Hündin Leni wedelt mit dem Schwanz, als ich ihr das Brustgeschirr anlege. Endlich ist Frauchen fürs Morgengassi wach! Hinaus geht's in die frische Luft. Es ist ruhig in der Anlage, nur die Vögel zwitschern. Bald sind wir draußen im Wald. Leni läuft aufgeregt hin und her, schnüffelt im Gras und erkundet frische Spuren – während ich nachdenklich vor mich hinstapfe – den Kopf noch voll mit Gedanken an das schwierige Gespräch gestern Abend. Es hat eine wichtige Aussprache gegeben, in einer guten Atmosphäre, aber dennoch wurden auch ernste Dinge gesagt. Spät ist es geworden, und ich kämpfe gegen Schwindel an, während wir die kleine Anhöhe emporwandern.

Die Frische der Morgenluft und der klare Himmel über mir versuchen ihr Bestes, um trübe Gedanken zu verscheuchen. Aber noch halte ich den Kopf gesenkt, grüble vor mich hin. Leni stöbert im Gebüsch am Wegesrand. Ich folge ihr. Mein Blick fällt auf etwas Weißes, Anmutiges, das da mitten unter dem Gehölz und den Grashalmen in die Höhe ragt. Ich bleibe stehen und staune: Eine zarte Blume mit vielen kleinen Blüten steht da und bietet einen Anblick lieblicher Schönheit. Ich kenne ihren Namen nicht, war immer schon schlecht in Botanik. Aber das tut nichts zur Sache – ich vergesse meine Sorgen von vorhin und betrachte dieses kleine Wunder der Schöpfung. Wie liebevoll und sorgsam hat Gott doch alles eingerichtet und gestaltet, mit geradezu verschwenderischer Schönheit ausgestattet – um jetzt gerade mich zu erfreuen und zum Staunen zu bringen!

Meine Grübeleien verwandeln sich in ein Dankgebet. – Großer, wunderbarer Gott, ich danke dir für diesen Morgen, für das Geschenk des Lebens, für Augen, die sehen, und Hände, die fühlen, für diesen besonderen Augenblick in der Ruhe des Waldes und für die kleine Schönheit am Wegesrand, die mir sagt: Hab keine Sorge, Gott sorgt für dich! Wenn er mich hier am Waldrand so lieblich emporwachsen lässt, wird er sich nicht noch viel mehr um dein Leben kümmern?

Mit frohem Herzen kehre ich nach Hause zurück und habe nun Mut für einen neuen Tag.

Claudia Flieder

6. Mai

Die Bibelfreizeit

„Alles hat seine bestimmte Stunde, und jedes Vorhaben unter dem Himmel hat seine Zeit. ... Er hat alles vortrefflich gemacht zu seiner Zeit."
Prediger 3,1.11a (SLT)

Es war Führung gewesen. Gott hatte mich zu dieser Bibelfreizeit geführt. Dessen war ich mir bewusst! Ich schlief mit meinen zwei kleinen Kindern in einem Zelt. Mein Mann hatte keinen Urlaub und konnte deshalb nicht dabei sein. Hier waren wir nun. Ich hatte das unbestimmte Gefühl, dass Gott mich aus einem wichtigeren Grund hier sein ließ, als nur meine Bekannten und Freundinnen zu treffen. In den Wochen und Monaten zuvor waren viele Fragen in meiner Ehe zu bewältigen gewesen. Ich versuchte, ein guter Christ zu sein. Doch scheinbar war das nicht genug. Ich verstand so vieles nicht!

Die meiste Zeit war ich auf der Freizeit mit meinen Kindern beschäftigt. Ich besuchte gemeinsam mit ihnen das Kinderprogramm, damit sie sich sicher fühlten. Dadurch hatte ich wenig von den Seminaren und Programmpunkten mitbekommen, erhielt also kaum geistliche Speise. „Warum bin ich überhaupt hier?" Mitten in der Woche wurde ein Treffen für alle interessierten Frauen angesagt. Die älteren Frauen wollten den jüngeren Ratschläge erteilen. „Da muss ich hin!", war mein einziger Gedanke! Aber wie? Das konnte ich mir noch nicht ausmalen. Meine Kinder würden nicht mit jemand anderem bleiben. So legte ich den Tagesverlauf in Gottes Hand. Am Nachmittag waren mein Sohn im Kinderwagen und meine Tochter im Tragesack auf meinem Rücken gleichzeitig beim Spaziergang eingeschlafen. Da fiel es mir wieder ein! Das Frauentreffen!

Ich legte meine Kinder in unser Zelt und verschloss es sorgfältig. Ich war mir jetzt einfach sicher, dass ich zu diesem Frauenkreis gehen sollte. So ließ ich meine Kleinen in Gottes sicheren Händen schlafend zurück. Das Frauentreffen war ein überaus großer Segen. Ich nahm aktiv an den Gesprächen teil und lernte sehr viel. Das Treffen war noch lange nicht vorbei, doch genau um 15:30 Uhr hatte ich das bestimmte Gefühl: „Es ist Zeit zu gehen." Als ich an unser Zelt herantrat, wachten meine Kinder auf. Wie froh war ich, auf Gottes leise Stimme in meinem Inneren gehört zu haben!

Das Besondere an dieser Erfahrung erfuhr ich später: Meine Freundin hatte ihr Zelt neben dem meinen aufgebaut. Sie hat drei lebhafte Jungs, die neben den Zelten herumtollten. Plötzlich hörte sie aus meinem Zelt ein lautes: „Psst!" Dies war für sie das Zeichen, dass meine Kinder im Zelt schliefen und ich bei ihnen war und um Ruhe bat. Wie überrascht war sie, als sich herausstellte, dass ich mich woanders aufhielt! Gott selbst hatte durch seine heiligen Engel meine Kinder in ihrem Schlaf bewahrt, damit ich zu diesem für mich überaus wichtigem Treffen gehen konnte. Alles war perfekt aneinandergereiht, da konnte man nur staunen. Eine göttliche Hand hatte jeden Schritt bereitet und begleitet.

Herr, leite mich an diesem Tag, wie du es willst. Lass mich deine Wegweiser erkennen und deine sanfte Stimme nicht überhören! Es ist schön, über deine Führung in der Vergangenheit nachzudenken. Das gibt mir die Gewissheit, dass du auch die Zukunft fest in deiner Hand hältst.

Daniela Misiunas

7. Mai

Der Neubürgerempfang

„Die bereit waren, gingen mit ihm hinein zur Hochzeit, und die Tür wurde verschlossen. Später kamen auch die anderen Jungfrauen und sprachen: Herr, Herr, tu uns auf!"
Matthäus 25,10-11

Der Zollern-Alb-Kreis ist einer der wenigen Landkreise in Deutschland, in denen es für die neu eingebürgerten Bewohner einen Empfang gibt. Die Einbürgerung ist kein bloßer Verwaltungsakt. Sie bringt vielmehr zum Ausdruck, dass man sich nachhaltig in die rechtlichen, sozialen und gesellschaftlichen Lebensverhältnisse der Bundesrepublik Deutschland eingeordnet hat und mitwirken will. Sie hat daher auch eine persönliche und emotionale Seite mit hohem Symbolgehalt.

Auch ich bekam meine Einladung vom Landrat zu einem Empfang im Stauffenberg-Schloss, da ich im Jahr zuvor eingebürgert worden war. Pünktlich um 17:00 Uhr fing der Festakt an. Die Tür wurde geschlossen, und das Blechbläserensemble spielte zum Auftakt ein Musikstück. Danach stand die Begrüßung durch den Landrat auf dem Programm.

Es klopfte an der Tür. Einige Geladene traten verspätet ein. Sie verpassten den Anfang und störten den Verlauf der Feier. Die Tür ging wieder auf, und weitere Personen traten ein. Dann war eine Weile Ruhe, bis es wieder klopfte und die Letzten mit großer Verspätung den Saal betraten. Ich empfand das als Respektlosigkeit dem Veranstalter gegenüber. Unwillkürlich musste ich an das Gleichnis der zehn Jungfrauen denken. Die jungen Frauen, die bereit waren, konnten mit dem Bräutigam den Hochzeitssaal betreten. Danach wurde die Tür geschlossen. Die Hochzeit konnte ungestört gefeiert werden. Die anderen jungen Frauen waren nicht rechtzeitig da und wurden auch nicht mehr eingelassen, wie heftig sie auch an der Tür klopften.

Mir wurde erst bei dieser Feier klar, dass meine Einbürgerung mehr als eine Verwaltungsangelegenheit war. Ich bekannte mich zu meinem neuen Volk. Ich muss mich mit meinem neuen Staat identifizieren. Erst hier vollzog sich meine emotionale Einbürgerung. Als wir zum Abschluss das Deutschlandlied singen sollten, wurde ich von meinen Gefühlen überwältigt und Tränen erstickten meine Stimme. Ich gehörte endlich dazu! Über 40 Jahre lang hatte ich in Deutschland als Ausländerin mit Beobachterstatus gelebt.

Für mich stellt sich heute die Frage, ob ich mich wirklich als Christin betrachte und zum Volk Gottes gehöre oder ob ich noch einen gewissen Abstand bewahre. Will ich wirklich Teil des Reiches Gottes sein – mit allen Rechten und Pflichten? Lassen wir uns doch vom Apostel Paulus ansprechen:

„Deshalb, liebe Geschwister, setzt erst recht alles daran, eure Berufung und Erwählung durch ein entsprechendes Leben zu bestätigen ... Der Zugang zum ewigen Reich unseres Herrn und Retters Jesus Christus wird euch weit offen stehen." (2. Petrus 1,10.11 NGÜ).

Hannele Ottschofski

8. Mai

Eine Abmachung mit Gott

„Und wir wissen, dass für die, die Gott lieben und nach seinem Willen zu ihm gehören, alles zum Guten führt."
Römer 8,28 (NL)

Wir wohnten in Miete – wie viele andere auch. Trotz großer Bemühungen unsererseits kam kein gutes Verhältnis zwischen Vermieter und Mieter zustande. Wir mussten also hinaus aus der Wohnung, in eine andere. Leichter gesagt als getan. Die Wohnungspreise im Raum Stuttgart waren für unseren Geldbeutel zu hoch, um Rücklagen zu bilden. Schließlich wollten wir ein Haus – irgendwann. Eines Abends im Hauskreis erfuhren wir, dass ein Gebäude hier in der Straße leer stehe, der Besitzer sei verstorben. Gut, wir schrieben gleich einen Zettel und klebten ihn an den Briefkasten. Da mein Mann bereits seit seiner Kindheit von diesem Haus schwärmte, muss ich nicht erwähnen, wie gern er es als sein Eigentum gesehen hätte.

Ein Vierteljahr verstrich. In dieser Zeit träumten wir beide immer wieder von diesem Gebäude, glaubten aber nicht mehr an eine Verwirklichung unseres Wunsches. Eines Abends kam ein Anruf. Ein Herr Braun wollte wissen, ob wir noch Interesse hätten. „Klar", sagten wir und machten einen Besichtigungstermin aus. Als wir die Summe hörten, verschlug es uns die Sprache. Ganz so reich waren wir dann doch noch nicht, aber wir wollten uns das Haus ansehen und baten Gott, uns jede Menge Schimmelecken zu zeigen, damit wir wüssten, warum dieses Haus für uns nicht in Frage käme. Gott zeigte uns keine Schimmelecken. Selbst die Treppe zum Dachboden war aus Stein! (Ich habe schreckliche Angst auf Holzleitern, und in alten Häusern gibt es fast nur solche, um auf den Dachboden zu gelangen.) Kurz gesagt: Das Haus war perfekt! Leider! Wir gingen mit einem sehr gleichgültigen Gesicht aus dem Haus und sagten großspurig, wir würden es uns überlegen. Auf der Heimfahrt schwärmten wir in den höchsten Tönen und trauerten über unseren Geldbeutelinhalt.

Ein Vierteljahr verging. Wir fuhren jeden Montag an diesem Haus vorbei – zum Hauskreis. Jeden Montag dieses Schmachten nach diesem teuren Schmuckstück. Wir riefen Herrn Braun nochmals an. Wie hoch der Preis denn jetzt sei? 70.000 Euro weniger!!! Leider immer noch zu viel für unsere Finanzlage. Wir nannten ihm den Preis, den wir uns noch leisten könnten. Er sagte, seine Erbengemeinschaft wäre damit bestimmt nicht einverstanden. Die Wochen verstrichen, und wir beteten um dieses Haus. Gott möge uns ein Zeichen senden. Wir konnten uns einen gewissen Betrag leisten. Wenn er höher wäre, würden wir dies als Zeichen nehmen, dass wir vom Kauf Abstand nehmen sollten. Die Preisverhandlung rückte näher. Wir nannten unser „Zeichen"-Angebot" und ließen uns auch gleich noch um 5.000 Euro hochhandeln. Es sollte doch an diesen 5.000 Euro nicht scheitern. Oder doch? Hatten wir nicht eine andere Abmachung mit Gott getroffen? Der Notartermin rückte näher und näher und … platzte! Das Haus war jemand anderem versprochen worden! (Fortsetzung folgt)

Bettina Zürn

9. Mai

Eine Abmachung mit Gott
(Fortsetzung)

Wir waren sehr niedergeschlagen! Und wütend noch dazu. Was fällt denn Herrn Braun ein? Wie kann er uns nur einen Termin beim Notar ausmachen lassen und uns dann absagen!!

Dann die Ernüchterung: Hatten wir mit Gott nicht eine Abmachung getroffen? Hatten wir nicht gesagt, diesen Betrag und keinen Cent mehr? Gott hält sich an Abmachungen, und das war seine Lektion für uns. Schade um das Haus. Schade um unsere Träume. Wir fühlten uns wie begossene Pudel. Wir hatten das volle Mitleid unserer Familien. Man versuchte uns aufzumuntern und doch wussten wir: Diesmal hatten wir es selbst vermasselt.

Genau eine Woche später kam ein erneuter Anruf. Herr Braun war in der Leitung und fragte zerknirscht, ob ich ihn noch kenne. Ich murmelte ein gedämpftes: „Aber natürlich kenne ich Sie noch!" Er teilte mir mit, der Käufer sei abgesprungen, in letzter Sekunde, wobei doch der Termin beim Notar schon fix gewesen sei. Alles sei ganz mies verlaufen. Er fragte, ob wir noch Interesse an dem Haus hätten. Als ich dies bejahte, nannte ich ihm gleich darauf die ursprüngliche Summe und sagte ihm, er würde von uns keinen Cent mehr dafür bekommen. Zähneknirschend versprach er, mit seiner Erbengemeinschaft zu sprechen und mich am nächsten Tag zurückzurufen. Das tat er denn auch. Ich fragte, ob wir das Haus zu diesem Preis bekämen. Er äußerte ein klares JA. Dieses Ja kam unmittelbar von Gott. Ein solches Kribbeln war mir sonst nur nach einem elektrischen Schlag von der Autotür bekannt. Noch nie hatte ich ein „JA" gespürt! Ab diesem Zeitpunkt wusste ich, dass diesmal nichts schief gehen würde. Gott, der Herr hatte sein Ja zu diesem Kauf gegeben.

Von einer Nachbarin erfuhren wir später, dass sich schon viele Leute dieses Haus angesehen hatten. Sie verstand nicht, warum es so lange nicht verkauft werden konnte. Sie meinte, wenn sie es nicht besser wüsste, würde sie sagen, das Haus habe auf uns gewartet.

Ich bin unserem Gott unendlich dankbar. Es passt alles. Das Haus ist größer, als meine Wohnungswünsche je waren. Es hat einen Garten, der für meine Zeit zu groß ist Es gibt drei Garagen, von denen mein Mann absolut begeistert ist. Wir wohnen seit fünf Jahren in diesem Haus und haben es noch keinen Tag bereut! Wir haben tolle Nachbarn, wir verstehen uns mit allen prima, helfen einander, wo es nötig ist, und leben in guter Gemeinschaft. All das hätten wir beinahe kaputt gemacht, nur weil wir Gott ein bisschen nachhelfen wollten. Gott gab uns (wieder einmal) eine neue Gelegenheit, uns an seine Abmachungen zu halten.

Was immer du dir vornimmst, vertraue Gott, triff Absprachen mit ihm und halte dich daran, indem du ihm alles übergibst. Eine bessere Versicherung wirst du nirgendwo sonst bekommen!

Bettina Zürn

10. Mai

Ein Geschenk des Himmels

„Kinder sind ein Geschenk des Herrn, sie sind ein Lohn aus seiner Hand."
Psalm 127,3. (NL)

Sie war in der 28. Schwangerschaftswoche. Bisher verlief alles ohne Komplikationen. Heute sollte erneut eine Ultraschalluntersuchung gemacht werden. Während der Arzt mit dem Ultraschallkopf über den Bauch strich, beobachtete sie den Monitor. Da sah man die kleinen Händchen, das Gesicht. Lutscht das Kind am Daumen? An einer Stelle blieb der Ultraschallkopf lange stehen. Sie konnte nicht erkennen, welcher Teil ihres Kindes nun zu sehen war. Das Gesicht des Arztes war ernst, als er das Gerät weglegte. „Der Rücken Ihres Kindes hat sich nicht geschlossen", eröffnete er der jungen Mutter. Was sie nun zu hören bekam, hätte sie nie für möglich gehalten: „Das Kind wird niemals laufen können, es wird einen Wasserkopf haben und sicher auch geistig behindert sein." Verzweiflung macht sich in der Frau breit, doch der Arzt tröstet sie: „Ihr Kind wird kein lebenswertes Leben führen. Aber in diesem Fall kann man es auch jetzt noch wegmachen. Das ist doch auch für Sie viel besser!"

Die junge Frau hat sich dennoch für ihr Kind entschieden, Sie konnte es aber aus persönlichen Gründen nicht bei sich behalten, selbst wenn das Kind gesund gewesen wäre.

Heute ist ihre Tochter Teil unserer Familie. Sie kann zwar nur mit Schienen an den Beinen laufen, weist aber keinerlei geistige Mängel auf. Sicher, dieses Kind benötigt einen großen pflegerischen Aufwand, und viele Probleme haben mit der Behinderung zu tun, doch hätte uns Gott kein größeres Geschenk machen können, als uns dieses Kind anzuvertrauen.

Welche Mutter kennt nicht das Gefühl, völlig ausgelaugt zu sein? Man kämpft mit lärmenden, zankenden Kindern, sorgt sich um ihre Gesundheit, rennt zu Ärzten und Therapeuten, sitzt stundenlang bei den Hausaufgaben, obwohl der Beruf des Lehrers der letzte war, den man ergreifen wollte, und stürzt sich in Unkosten, um die Klassenfahrt zu ermöglichen. Dann fragt man sich: Womit habe ich das verdient?

Dabei vergessen wir oft, dass unsere Kinder ein Geschenk von Gott sind. Jedes einzelne ein kostbares unvergleichbares Juwel!

Geht uns nicht das Herz auf, wenn die Kinder aus der Schule oder dem Kindergarten nach Hause kommen? Wenn wir bewusst hinschauen, können wir das strahlende Lächeln unserer Kinder in uns aufsaugen. Und wenn sie uns umarmen und uns ins Ohr flüstern: „Ich hab dich ganz lieb", dann können wir uns nur fragen: „Womit habe ich das verdient?" So etwas kann man sich nicht verdienen, man bekommt es nur geschenkt. Und für das, was uns so schwer erscheint, hat uns Gott etwas versprochen: „Lass dir an meiner Gnade genügen, denn meine Kraft ist in den Schwachen mächtig." (2. Korinther 12,9. 1.Teil)

Heike Steinebach

11. Mai

Neu geschaffen

„Ja, ich mache alles neu!"
Offenbarung 21,5 (NL)

Letztes Jahr nahm ich mir vor, im Frühling Blumenzwiebeln in drei langen Kästen am Fenster heranzuziehen. Die Sommerblumen, die ich gewöhnlich dort habe, blühen immer in der Zeit, wo wir nicht da sind, und die Nachbarn müssen sich um sie kümmern. Die neuen Blumenzwiebeln ergaben eine atemberaubende Schönheit, während gelbe und lila Krokusse auf weiße Schneeglöckchen folgten und danach bunte Anemonen, Freesien und Iris blühten. Alle unsere Erwartungen an Lieblichkeit wurden übertroffen, und die Blüten machten die von Menschen geschaffene Hässlichkeit aus Asphalt und Beton schöner.

Als wir nach mehrmonatiger Abwesenheit zurückkehrten, waren die Blumenkästen aber ein trauriges Schauspiel von rissiger, sonnengetrockneter Erde, fast so hart wie der Beton in unserem Hof. Kein Blatt, kein Stängel deutete darauf hin, dass unter der Oberfläche noch Leben vorhanden war. Ich redete mir ein, dass die Zwiebeln, tief in den Blumenkästen vergraben, unbeschadet geblieben waren. Ich beschloss nachzusehen. Aber ich wurde enttäuscht. Einige waren ganz verschwunden, und die übrigen stellten kaum mehr als trockene Hülsen dar, die in meinen Fingern zerbröselten. Ich wollte sie schon wegwerfen, als ich feststellte, dass in einigen dieser Hülsen winzige Zwiebeln zu sehen waren. Ich setze sie in der Hoffnung wieder ein, dass sie sich erholen würden.

Viele Wochen vergingen, bevor kleine, grüne Triebe aus der Erde hervorlugten. Als die Blumen schließlich blühten, waren sie weniger zahlreich, kleiner und nicht so schön. Aber sie blühten! Nun dünge ich sie regelmäßig und sorge liebevoll für sie. Und wenn es Zeit ist, sie im Sommer auszugraben, bin ich zuversichtlich, dass sie sich in gesunde Zwiebeln verwandelt haben, die bereit sind, im nächsten Jahr einen noch schöneren Anblick zu bieten.

Wenn sich der himmlische Meistergärtner unser annimmt, sind wir oft wie meine vernachlässigten kleinen Blumenzwiebeln. In unserem von Sünde gezeichneten, verwelkten, selbstsüchtigen Leben ist nichts Schönes mehr, aber derjenige, der am Anfang den Lebensfunken in uns gelegt hat, weiß um unsere Möglichkeiten. Wenn wir vom Sonnenlicht seiner Liebe gewärmt und regelmäßig von seinem Wort genährt werden, können wir uns nach oben strecken, um mit unserem Schöpfer und Erhalter Verbindung aufzunehmen. Dann fangen wir zu blühen an! Ohne Mühe unsererseits werden die schönen Blüten eines Christus ähnlichen Lebens den Menschen um uns Freude bereiten. Die Ehre dafür gebührt dem Meistergärtner und Schöpfer, der alles neu machen kann.

Revel Papaioannou

12. Mai

Von den Blumen lernen

*„Wachset aber in der Gnade und Erkenntnis unseres
Herrn und Heilands Jesus Christus. Ihm sei Ehre jetzt
und für ewige Zeiten! Amen."*
2. Petrus 3,18

In einer besonderen Ecke meines Schlafzimmers befindet sich ein Stuhl, auf dem ich jeden Morgen meine stille Zeit verbringe. Ich kann aus dem hohen Fenster den Himmel und den Wipfel eines Baumes sehen. Die Blüten sind jetzt, mitten im Frühling, zum größten Teil verschwunden, aber eines Morgens entdeckte ich an einem verborgenen Ast ein schönes Blütensträußchen. Das war für mich ein besonderes Geschenk. Ich dachte an all die Blumen, die an Orten wachsen, wo sie keiner sieht. Sie blühen und sterben ab und tun, wozu sie da sind. Sie heben ihre kleinen Gesichter in den Himmel als leisen Lobpreis Gottes und sind durch ihr Dasein ein Segen für die Bienen und Schmetterlinge. Die Welt ist durch ihre bloße Gegenwart reicher gemacht worden, auch wenn sie kein menschliches Auge sieht.

Wir können wie diese Blumen sein – klein und unscheinbar, aber nicht unbedeutend im größeren Rahmen. Wir haben vielleicht das Gefühl, dass das, was wir tun, keinen besonderen Wert hat, aber wir können immer noch einer trostlosen Welt Schönheit spenden, indem wir einer Person ein freundliches Wort oder ein Lächeln schenken. Es kann sein, dass wir erst in der Ewigkeit erfahren, welche Bedeutung unser Einfluss zum Guten für andere gehabt hat. Kleine Dinge können eine große Wirkung ausüben.

Die kleinen Blumen, die in der Stille ohne unser Wissen blühen, sind ein großartiges Zeugnis der Liebe Gottes. Wenn ich an die treuen kleinen Blüten denke, die zur Ehre ihres Schöpfers leben, bekommt der Spruch „Blühe, wo du bist" einen ganz anderen Sinn. Wir sind alle in der Obhut unseres Heilandes. Nichts entgeht seinem Blick. Mit freudiger Aufmerksamkeit beobachtet er unser geistliches Wachstum und sorgt für unsere Bedürfnisse. Er weiß in jedem Augenblick, wo wir sind. Er kennt jeden Sturm, den wir erleben. Da wir wissen, wie sehr er uns liebt, können wir jeden neuen Tag ohne Angst beginnen. Und wir können das im vollkommenen Vertrauen tun, weil wir wissen, dass er unseren Herzen bleibende Freude und Zufriedenheit schenkt, so wie die Sonne ihre lebenserhaltende Wärme den verborgenen Blumen gewährt. Und wie diese können auch wir anderen Menschen zum reichen Segen werden, wenn wir das Leben führen, zu dem wir berufen sind.

Denke an die Menschen um dich herum! Wie wäre die Welt, wenn keiner seine Aufgaben erfüllen würde?

Joan Green

13. Mai

Mütter in Israel

„Genauso sollst du die älteren Frauen lehren, ihr Leben so zu führen, wie es sich für jemanden gehört, der dem Herrn dient. Sie sollen nicht herumgehen und tratschen, und sie dürfen keine Trinkerinnen sein. Stattdessen sollen sie anderen zeigen, was gut ist. Diese älteren Frauen sollen die jüngeren Frauen anleiten, ihre Ehemänner und auch ihre Kinder zu lieben."
Titus 2,3.4 (NL)

Ich kann mich daran erinnern, dass es, als ich in unserer Gemeinde heranwuchs, ältere Frauen gab, die „Mütter in Israel" genannt wurden. Alle Gemeindeglieder, ob jung oder alt, behandelten sie mit großem Respekt. Jüngere Frauen suchten bei ihnen Rat, und auch diejenigen, die ein Gebetsanliegen hatten, gingen zu ihnen.

Als junge Person war es für mich schwer zu verstehen, wie wichtig diese Frauen im Leben unserer Gemeinde waren. Aber als ich älter wurde und selber Ehefrau und Mutter war, fing ich zu begreifen an, welch wichtige Rolle „Mütter in Israel" in meinem Leben spielen würden.

Im Laufe der Jahre hat es eine ganze Reihe von Frauen gegeben, die meine „Mütter in Israel" gewesen sind. Jede war für mich Vorbild, Ratgeberin, Lehrerin – jemand, der mich liebte und mir Mitgefühl entgegenbrachte. Diese Frauen haben mir erlaubt, aus ihrem Erfahrungsschatz, ihrem Herzen und ihren Schmerzen zu lernen. Ich bin jeder Frau, die Gott in mein Leben gesandt hat, dankbar, denn sie haben mir geholfen, die Frau zu werden, die ich heute bin.

Paulus gibt den älteren Frauen unter uns einen Rat. Er sagt, dass sie in ihrem Verhalten vorbildlich sein und die jüngeren Frauen anleiten sollten. Mit jedem Jahr werde ich älter und stelle mir die Frage, ob ich auch eine „Mutter in Israel" bin oder warten muss, bis ich alt und grau erscheine.

Ich bin zum Schluss gekommen, dass ich eine „ältere" Frau bin, seit ich um die zwanzig war, da ich für die Jugendlichen schon damals als alt betrachtet wurde. Die wichtigste Frage aber ist: „Habe ich mir die Zeit genommen, meinen jüngeren Schwestern zu helfen und ihnen Wegbegleiterin zu sein, damit sie den Herausforderungen des Lebens gewachsen sind?" Die Antwort ist ja. Aber seit meinem 40. Lebensjahr habe ich es mit mehr Absicht getan. Nun sehe ich schon meine Fünfzigerjahre kommen. Das bedeutet aber nicht, dass ich selber keinen Bedarf mehr an einer Ratgeberin hätte.

Ich glaube, dass Gott alle Frauen berufen hat, „Mütter in Israel" für unsere jüngeren Schwestern zu sein. Dafür braucht man Zeit und Geduld, aber der Lohn dafür ist, dass man sehen kann, wie diese Knospen aufgehen und blühen und sich zu der Frau entwickeln, die Gott vorgesehen hat. Willst auch du diese Aufgabe übernehmen?

Heather-Dawn Small

14. Mai

Mit Vorurteilen umgehen

„Da spricht die samaritische Frau zu ihm: ‚Wie, du bittest mich um etwas zu trinken, der du ein Jude bist und ich eine samaritische Frau? Denn die Juden haben keine Gemeinschaft mit den Samaritern.'"
Johannes 4,9

Das Vorurteil kann man als eine vorher gefasste negative Meinung oder Einschätzung bezeichnen, die ohne gute Gründe oder mit unzureichendem Wissen gebildet wird. Vorurteile können zu einer feindlichen Einstellung gegenüber einer Person, Gruppe, Rasse oder Wesensmerkmalen führen. Wie oft haben wir es mit Vorurteilen zu tun, die auf unser Geschlecht, unsere Herkunft, Religion oder sonstige damit verbundenen Dinge abzielen, innerhalb und außerhalb der Gemeinde.

Wie geht Gott mit Vorurteilen um? Wir wissen, dass Mose von Mirjam und Aaron getadelt wurde, weil seine Frau eine Äthiopierin war und sie ihn außerdem um sein Amt beneideten. Gott griff ein, und Mirjam erkrankte an Aussatz. Mose bat Gott um Heilung für sie (siehe 4. Mose 12,1-15).

Jesus wollte nicht, dass Frauen unter den Vorurteilen seiner Zeit als Menschen zweiter Klasse leiden. Er wollte auch nicht, dass Menschen derart in ihren Traditionen verhaftet sind, dass sie sich nicht vorstellen können, am Sabbat Gutes zu tun. So ging er an einem Sabbat in die Synagoge, wo er auf eine Frau traf, die seit 18 Jahren krank war und deshalb ganz krumm geworden war, sodass sie sich nicht aufrichten konnte (Lukas 13,11). Er heilte sie eines Tages – und die Pharisäer kritisierten ihn dafür.

Denke auch an die samaritische Frau, die Jesus am Brunnen traf. Sie war über die vorurteilsfreie Behandlung erstaunt, die sie von einem Juden erlebte. Sie rief aus: „Wie, du bittest mich um etwas zu trinken, der du ein Jude bist und ich eine samaritische Frau?" (Johannes 4,9). Jesus zeigte sich ihr gegenüber als die Quelle des lebendigen Wassers und diente ihr auch weiterhin.

Die Aufgabe Jesu auf Erden war es, alle Schranken abzubauen – auch Vorurteile – und die Unterdrückten zu befreien. Wollen wir nicht auch Partner in seiner Mission sein, indem wir die Mauern in unserem Leben und im Leben unserer Mitmenschen niederreißen? Unser liebender Vater, der Vorurteile hasst, wird uns helfen, seine bedingungslose Liebe weiterzugeben. Mögen wir doch unsere Wege dem Herrn befehlen! Der Sieg gehört uns schon!

Shirnet Wellington

15. Mai

Liebe macht Frauen schön und schenkt Menschen Geborgenheit

„Darum preiset Gott für seine Liebe gegen uns, dass Christus für uns gestorben ist, da wir noch Sünder waren."
Römer 5,8

Das größte Geschenk, das Gott uns gemacht hat, ist die Liebe. Sie ist ein Gut, das wir nicht kaufen können. Wie viel Geld oder Macht ein Mensch auch besitzt, er kann viel dafür bekommen, aber keine Liebe. Diese ist ein Geschenk aus freien Stücken. Wir denken oft, dass Liebe besonders wertvoll ist und deshalb begrenzt werden muss wie die Sonderanfertigungen einer Uhr. Dabei vergessen wir, dass die Liebe verkümmert, wenn wir damit sparsam umgehen. Liebe braucht Platz zur Entfaltung, zur Gemeinschaft. Das Grundwesen der Liebe verlangt nach Weitergabe. Es ist kein Besitztum, das ich bunkern kann. Wenn ich daran denke, dass Gott die Liebe ist und sie verschenkt, dann bin ich zutiefst erstaunt. Der König des Universums ist Liebe. Aus dieser heraus sind wir, du und ich, geschaffen worden, um lieben zu können.

Frauen macht das Wissen, geliebt zu werden, schön. Liebe verleiht Menschen Sicherheit, Geborgenheit und Freude am Leben. Gibt es auf der Erde Schwierigkeiten mit der Liebe, haben wir noch eine Instanz, die uns neu mit Liebe füllen möchte. Wir dürfen immer wieder um Nachschub bitten. Fühlst du dich ungeliebt? Dann gib nicht auf.

Gott liebt dich! Er liebt dich sogar dann noch unvermindert, wenn dich auf dieser Erde kein Mensch leiden kann. Ist er nicht wunderbar? Er würde sich freuen, wenn du ihn auch lieben könntest.

Großer Gott, ich danke dir, dass du jeden Menschen von Anfang an liebst, ganz ohne jede Bedingung.

Claudia DeJong

16. Mai

Nimm dir Zeit für Erinnerungen

„Wirst du aber in deinem Herzen sagen: ‚Diese Völker sind größer als ich; wie kann ich sie vertreiben?', so fürchte dich nicht vor ihnen. Denke daran, was der HERR, dein Gott, dem Pharao und allen Ägyptern getan hat."
5 Mose 7,17.18

Im Jahr 1985, als ich meinen erstgeborenen Sohn Joseph verlor, hatte ich keine Ahnung, dass Gott für mich wunderbare Dinge vorgesehen hatte. Es erstaunt mich immer, wie Gott aus den schlimmsten Erfahrungen unseres Lebens etwas Gutes machen kann. Ich möchte von einem dieser erstaunlichen Dinge, die mir Gott während dieser Erfahrung schenkte, erzählen.

Am Tag nach Josephs Tod kam mir die Idee, während meiner stillen Zeit meine Gedanken und Gebete aufzuschreiben. Ich hatte das vorher nie getan. Ein Gebetsbuch zu führen, war mir völlig fremd. Aber daraus entstand eine wunderbare Art, meine Gefühle auszudrücken und mit Gott auf eine innige und nachdenkliche Art zu sprechen. Seit der Zeit habe ich nicht aufgehört, in mein Gebetsbuch zu schreiben.

Eines meiner liebsten Zitate aus der Feder von Ellen White habe ich im Buch „Leben und Wirken" (S. 185) gefunden: „Wir haben für die Zukunft nichts zu befürchten, außer dass wir den Weg vergessen, den der Herr uns in der Vergangenheit geführt hat". Aber wie können wir die Vergesslichkeit vermeiden? Du weißt, was ich meine. Wenn wir auf neue Schwierigkeiten stoßen, ist es so leicht, die Taten Gottes, die er in der Vergangenheit für uns vollbracht hat, zu vergessen. Die Israeliten vergaßen es immer wieder, und wir tun es genauso. Aber mit meinem Gebetsbuch stelle ich fest, dass ich nicht vergessen kann. Ich habe es mir zur Gewohnheit gemacht, jedes Mal, wenn mir etwas Schweres bevorsteht, Zeit damit zu verbringen, meine alten Gebetsbücher zu lesen, um mich an alles zu erinnern.

Dies birgt einen doppelten Segen. Erstens werde ich daran gemahnt, was Gott für mich in meinem Leben bewirkt hat. Und zweitens erinnert es mich daran, dass Gott es wieder tun kann. Das schenkt mir so viel Mut und Kraft, dass ich allem, was mir widerfährt, begegnen kann.

Wie ist es bei dir? Erinnerst du dich noch daran, was Gott für dich vor zwei Jahren oder zwei Monaten getan hat? Ich möchte dich ermutigen, ein geistliches Tagebuch zu führen, in welchem du deinen Weg mit Jesus festhältst. Fange damit heute an. Und wenn du schon ein Gebetstagebuch führst, nimm dir ab und zu Zeit und lies einige der alten Eintragungen. Lobe Gott für seine Hilfe bei der Bewältigung aller deiner Sorgen! Nimm dir Zeit, dich zu erinnern!

Heather-Dawn Small

17. Mai

Gebet hilft

*"Bekennt also einander eure Sünden und betet füreinander,
dass ihr gesund werdet. Des Gerechten Gebet vermag viel,
wenn es ernstlich ist."*
Jakobus 5,16

Es geschah vor zwei Jahren. Meine Enkelin Any war damals 17 Jahre alt. Auf dem Weg zur Schule blieb, an einem Freitag, ein Auto plötzlich neben ihr stehen. Mehrere starke Männer sprangen heraus, packten Any, stießen sie ins Auto und rasten davon. Kurz danach hatte sie die Gelegenheit, ihren Vater anzurufen. Sie konnte nur sagen: „Papa, hilf mir!", bevor ihr die Männer das Handy abnahmen und sie fesselten. Die Entführer verschleppten sie in eine unbewohnte Hütte außerhalb der Stadt, wo sie ihr die Fesseln abnahmen. Dann sperrten sie sie in ein Zimmer ein. In der Nacht konnte sie die Stimmen der Männer im nächsten Zimmer hören, wie sie über ihr Schicksal berieten. Sollten sie ein Lösegeld verlangen oder sie über die Grenze außer Landes bringen? Die zweite Möglichkeit wäre für Any besonders gefährlich gewesen.

Mein Schwiegersohn benachrichtigte die Polizei. Sobald ich erfuhr, dass meine Enkelin entführt worden war, rief ich betend und weinend meine Schwestern in der Gemeinde an und bat sie, für uns zu beten, wie sie auch für viele andere gebetet hatten. Wir bildeten eine Gebetskette und baten unseren liebenden Gott, uns in dieser schweren Not zur Hilfe zu eilen.

Any weinte die ganze Nacht. Am Morgen bemerkte sie eine blühende Pflanze in einem Topf. Weil sie Blumen sehr liebt, ging sie zur Blüte, um daran zu riechen. Und da sah sie einen Schlüssel. Blitzschnell fiel ihr ein, dass es der Schlüssel in die Freiheit sein könnte. Zitternd steckte sie ihn ins Schloss – und die Tür ging auf! Sie verlor keine Zeit und lief, so schnell sie konnte, von der Hütte weg. Es war niemand da, der ihr hätte helfen können – keine Häuser, keine Leute, nichts. Leider entdeckte sie einer der Männer und lief ihr hinterher, aber gerade dann erblickte Any eine Straße und einen wartenden Bus. Mit letzter Kraft erreichte sie das rettende Ziel, gerade als der Fahrer losfahren wollte. „Bitte, helfen Sie mir!", rief sie weinend. „Sie sind hinter mir her!" Der Fahrer fuhr los! Er brachte sie schnellstens nach Hause.

Als ich erfuhr, dass Any wieder zu Hause war, fehlten mir die Worte, um Gott meinen Dank für das Wunder, das er getan hatte, auszudrücken. Es war eine ganz besondere Gebetserhörung!

Ana Angelova

18. Mai

Die Hundebucht

*„Gott hat seinen Engeln befohlen, dich zu
beschützen, wohin du auch gehst."*
Psalm 91,11 (GN)

Unseren Urlaub verbrachten wir in Spanien. Jeden Tag genossen wir das herrliche, warme Wetter, den Sonnenschein und die gute Luft. Unsere Unterkunft lag nur 500 m vom Strand, einer kleinen Bucht, entfernt. Es gab noch einen anderen, längeren Abschnitt, einen Kilometer entfernt, den man über einen schmalen Felsenweg erreichen konnte. Dort unternahmen wir schöne Spaziergänge und fanden wunderschöne, vom Meer angespülte Muscheln.

Meine Tochter und ich standen einmal kurz nach Sonnenaufgang auf und machten uns bereit für den Felsenweg. Wir wollten Muscheln sammeln. Denn so zeitig sind nur wenige Menschen unterwegs und wir würden, so dachten wir, leicht fündig werden. Die Sonne war schon am sehr frühen Morgen warm und erhöhte unsere Vorfreude. Der Felsenweg war teilweise sehr steil und anstrengend, dennoch sehr belebend. Dann erreichten wir eine Bucht, wo wir zwei Leute mit drei Hunden erblickten. Als wir näher kamen, rannten die wolfsähnlichen Köter bellend und zähnefletschend auf uns zu. Selina und ich erschraken sehr und konnten das Schreien nicht zurückhalten. Gott sei Dank wurden die Tiere zurückgepfiffen. Nun nicht mehr fröhlich, sondern am ganzen Leib zitternd setzten wir unseren Weg fort.

Am Strand fanden wir einige Muscheln und sahen die aufgehende Sonne im Meer funkeln. Wir konnten dies alles nicht richtig genießen, denn wir dachten bereits an den Rückweg, der auch wieder über den Felsenweg führte. Still betete ich zu Gott um Schutz.

Als wir über den Strand zum Felsenweg liefen, kam uns ein älterer Mann entgegen. Ich erzählte ihm, dass wir Angst hätten, über die Felsen zu gehen, weil wir wiederum den Hunden begegnen würden. Glücklicherweise war der Mann ein deutscher Auswanderer, sodass ich mit der Verständigung keine Schwierigkeiten hatte. Freundlicherweise begleitete uns der Herr bis zur „Hundebucht". Die Köter waren nicht mehr dort! Gott sei Dank!

Im Nachhinein denke ich, dass es ein Engel war. Den restlichen Weg liefen wir noch etwas ängstlich, aber dennoch glücklich, weil wir wussten, dass uns ein Teil des Weges ein Engel begleitet hatte.

Sandra Widulle

19. Mai

Ein fröhliches Herz

*„Ein fröhliches Herz tut dem Leibe wohl; aber ein betrübtes
Gemüt lässt das Gebein verdorren."*
Sprüche 17,22

Wir waren dabei, aus unserem großen Haus in ein um die Hälfte kleineres umzuziehen, und ich war von der Menge der Dinge, die ich loswerden musste, überfordert. Bei all diesem Trubel ging ich eines Abends barfuß in die Waschküche, wo es auf dem Boden eine kleine Wasserpfütze gab. Als ich auf die nasse Stelle trat, verdrehte ich meinen rechten Knöchel und rutschte aus. Da ich eine künstliche rechte Hüfte habe, wollte ich diese schützen. Dabei verdrehte sich mein Knöchel noch mehr und ich landete unsanft. Ich wusste sofort, dass der Knöchel einen Bruch erlitten hatte, aber wie schwer die Verletzung war, sollte ich erst erfahren.

Das ist nun schon drei Wochen her und ich schreibe im Rollstuhl sitzend. Beide Seiten meines Knöchels waren zerschmettert. Nachdem ich 24 Stunden auf eine Operation gewartet hatte, wurde der Knöchel mit Platten versehen, genagelt und eingegipst. Mir wurde gesagt, dass ich mindestens sechs Wochen lang den Knöchel nicht belasten dürfe. Dabei habe ich gelernt, dass es bei weitem nicht so viel Spaß macht, auf einem Bein herumzuhüpfen, wie wir uns das als Kinder vorzustellen pflegten.

Ich dachte an all das, was noch zu erledigen war, und traf eine Entscheidung. Ich wollte mich nicht bemitleiden. Ich wusste, dass ich wieder laufen würde. Es gibt viele Leute, die das nie mehr tun können. Ich beschloss, loszulassen und anderen die Verantwortung zu übertragen. Mein Mann und meine Familie packten alles ein – vielleicht nicht so, wie ich es getan hätte, aber sie gaben ihr Bestes – und ich machte mir deswegen keine Sorgen. Ich gebe zu, dass ich pingelig bin, aber ich kann über das Durcheinander, das mit einem Umzug zusammenhängt, nur lachen. Ich habe Freude an meinem kleinen Enkel, wenn er mit seiner Mama kommt, um zu helfen, und es ist eigentlich eine Erleichterung, die Verantwortung an jemand anderen abgeben zu können.

Ich bin Gott für alles, was ich schon erledigen konnte, dankbar; auch für das gute Essen, das uns von unseren Geschwistern aus der Gemeinde gebracht wird. Ich bin auch für meinen liebevollen und geduldigen Mann dankbar, der für mich sorgt. Der Dank gilt Gott auch dafür, dass meine Kinder eine so große Hilfe sind. Ich habe keine allzu großen Schmerzen und kann nachts gut schlafen. Ich habe außerdem meinen Sinn für Humor behalten. Ich denke, dass auch das dem Heilungsverlauf dient.

Der Bibeltext „Seid dankbar in allen Dingen" (1. Thessalonicher 5,18) ist wirklich ein guter und nützlicher Ratschlag.

Anna May Radke Waters

20. Mai

Herzen

„Gott ist die Liebe."
1. Johannes 4,8

Ich sammle Herzen. Ich weiß nicht genau, warum ich damit anfing. Ich glaube, dass es daran lag, dass ich die Form mag und das Herz ein Sinnbild für Liebe und Zuneigung ist.

Mir war nicht klar, wie viele Herzen ich gesammelt hatte, als die Jugendlichen unserer Gemeinde zu Besuch kamen und anfingen, die Herzen zu zählen – die auf den Bildern, die aufgehängten, die ausgestopften, die an einem Kranz befestigten und die auf der Kaminsimsdekoration. Es gab über 150 Herzen. Und das war nur im Wohnzimmer. Dann begaben sie sich in die Küche, wo auf einer Wandbordüre unzählige Herzen in jeweils 10 cm Entfernung aufgemalt sind.

Meine Herzen bestehen aus unterschiedlichen Materialien – Holz, Glas, Leder, Zinn, Bernstein, Filz, Terrakotta, Porzellan, Stoff und sogar Salz! Aber sie sind nicht nur ein Schmuck; die Herzen erinnern mich an die unterschiedlichen Bereiche der Liebe Gottes.

Das Herz aus Filz ist weich und warm und erinnert mich an Gottes liebevolle Fürsorge und Freundlichkeit. Das Herz aus rotem, marmoriertem Stein erinnert mich an die Kraft und Dauerhaftigkeit der Liebe Gottes. Das winzige schwarze Kreidetafelherz mit dem Schwamm lässt mich daran denken, dass durch seine Vergebung meine Verfehlungen wirklich gelöscht sind. Das bestickte Herz mit den hunderten von kleinen Stichen ist ein Sinnbild für die geduldige Liebe Gottes und dafür, dass er auf die Einzelheiten meines Lebens achtet. Das Herz aus Kristallglas erinnert mich daran, dass Gott seine Liebe zu mir auf tausend verschiedene Arten gezeigt hat. Der herzförmige Kranz aus rostigem Draht ist gleichsam das Opfer Gottes, das er aus Liebe zu mir vollbracht hat. Das Herz aus Maschendraht ist wie ein Zaun, der mich an Gottes Schutz gemahnt. Ein glattes Herz aus Metall enthält eine Glocke und erinnert mich an die Freude, die mir Gott schenkt und die mein Herz singen lässt. Eine herzförmige Kerze lädt mich dazu ein, das Licht der Liebe Gottes in meinem Leben für andere leuchten zu lassen.

Indem ich wieder auf meine Herzen schaue, erinnern sie mich nicht nur an Gottes Liebe; sie ermutigen mich auch, andere auf die überschwängliche Art zu lieben, mit der mich Gott geliebt hat: freundlich, geduldig, immerwährend, vergebend, opfernd, schützend und freudig. An manchen Tagen brauche ich eine Form der Herzen mehr als eine andere. Welches Herz der Liebe Gottes brauchst du am meisten? Welches Herz willst du heute mit jenen teilen, die dir begegnen?

Karen Holford

21. Mai

Gute Nachrichten

„So lasst euer Licht leuchten vor den Leuten, damit sie eure guten Werke sehen und euren Vater im Himmel preisen."
Matthäus 5,16

Ich arbeitete in einem Büro mit hauptsächlich jungen Leuten. Diese Mittdreißiger hatten gerade mit ihrer Familienplanung angefangen oder wollten es demnächst tun. Als zwei von meinen Kolleginnen gleichzeitig schwanger wurden, erfuhren wir erst davon, als man es deutlich sehen und nicht mehr verbergen konnte. Mir kam das ein wenig komisch vor, denn beide hatten sich doch ein Kind gewünscht, und es gab nichts, wofür sie sich hätten schämen müssen. Es gab keinen Grund, ihre freudige Erwartung zu verheimlichen.

Eines Morgens rief eine Kollegin in meiner Abteilung an und sagte, dass sie etwas verspätet zur Arbeit erscheinen werde, da sie im Krankenhaus einen Termin habe. Zwei Stunden später betrat sie das Büro mit einem freudigen Lächeln und verkündete: „Gute Nachrichten – ich bin schwanger!" Nachdem sie meine Glückwünsche empfangen hatte, betrat sie jedes Büro unserer Abteilung und erzählte allen von der frohe Kunde.

Dieser Vorfall machte mich nachdenklich. Es gab da zwei junge Frauen, die nur zögerlich ihre freudige Erwartung mit den Kollegen geteilt hatten. Aber diese Frau konnte sich nicht zurückhalten. Sie wollte ihre gute Nachricht sofort allen mitteilen.

Sollten wir nicht auch so sein, wenn es um die gute Nachricht geht, die wir im Wort Gottes finden?

In Apostelgeschichte 4 wird uns von Petrus und Johannes berichtet, dass sie die Gute Nachricht überall verkündigten und dabei viele Seelen gewannen. Den Hohenpriestern gefiel das nicht. Sie „geboten ihnen, keinesfalls zu reden oder zu lehren in dem Namen Jesu" (Apostelgeschichte 4,18). Aber diese zwei Männer waren vom Heiligen Geist erfüllt und sagten, dass sie es nicht lassen könnten, von dem zu reden, was sie gesehen und gehört hatten (V.20). Sie konnten ihren Mund nicht halten, obwohl es ihnen nicht erlaubt war, den Leuten von der Guten Nachricht zu erzählen!

Ist es nicht traurig, dass wir als Christen, die meistens in Ländern leben, wo das Evangelium verkündet werden darf, zögern, die Gute Nachricht zu verbreiten? Der Herr möge uns den Mut schenken, von seinen wunderbaren Taten zu erzählen!

Daniela Weichhold

22. Mai

Schritte ins Ungewisse

"Bewahre mich, Gott, denn ich berge mich bei dir!"
Psalm 16,1 (EB)

Es hat geregnet und zwar nicht nur ein paar Stunden, sondern Tage lang. Zeit fürs Abendgassi – auch wenn es gerade wieder schüttet. Leni ist zwar eine Meisterin in Selbstbeherrschung, aber ich will nicht, dass ihre Blase überstrapaziert wird. Ich rüste mich gegen den Regen aus: Regenjacke, Regenhose und Gummistiefel. Eine zwar nicht sehr elegante, aber äußerst zweckmäßige Bekleidung. So können wir stundenlang durch den Regen spazieren. Ich bin stolz auf meine Maus: War sie früher, als ich sie aus dem Tierheim holte, noch ein richtiges „Zuckerpüppchen", das sich vor jedem Regentropfen verstecken wollte, so ist sie jetzt, nach drei Jahren Landleben, schon recht robust und mutig geworden. Der Regen stört sie gar nicht mehr, wenn es in den Wald geht – draußen riecht es einfach so herrlich!

Ich entscheide mich für unseren Lieblingsweg, der zuerst an einer großen Wiese vorbeiführt und dann in den Wald einmündet. Bevor wir aber auf den richtigen Waldweg gelangen, müssen wir noch ein kleines Hindernis überqueren. Hier fließt ein Bächlein, das im Sommer bloß aus ein paar Pfützen besteht. Doch nun ist aus dem Rinnsal ein richtiger Fluss geworden. Das Regenwasser hat den Wasserspiegel um etliche Zentimeter erhöht. Ich stehe vor dem Fluss und zögere. Normalerweise gibt es da einige große Steine, über die man bequem ans andere Ufer gelangt. Doch jetzt ist von den Steinen nichts mehr zu sehen. Braunes, sprudelndes Wasser bedeckt den Boden, sodass man den Grund nicht mehr erkennt. Wo soll ich hintreten? Mir bleibt nichts anders übrig – ich will schließlich ans andere Ufer, um unseren Spaziergang fortzusetzen. Aufs Geratewohl setze ich meinen Fuß in den Fluss. Vorsichtig taste ich den Boden ab. Da, ich spüre eine Trittfläche und stelle mich sofort darauf. Wieder ein tastender Schritt. Wasser umspült meine Stiefel. Noch ein großer Schritt und ich bin auf der anderen Seite. Erleichtert atme ich auf. Jetzt erst merke ich, dass ich doch ein wenig aufgeregt war. Schließlich kann ich nicht einfach so hinüberhüpfen wie mein Hund.

Mir fällt ein, was ich über die Ströme in Afrika gelesen habe. Die Frauen dort nehmen sich Steine ins Gepäck, wenn sie die reißenden Flüsse durchqueren müssen. Das Gewicht ihrer Last macht ihre Tritte fest und sicher. Hm – ob Gott nicht auch so manche Last in unserem Leben zulässt, damit wir nicht „fortgespült" werden? Er meint es gut mit uns, das glaube ich fest und das habe ich immer wieder erlebt. Ich will das Schwere in Zukunft geduldiger annehmen – Gott wird etwas Sinnvolles daraus machen!

Claudia Flieder

23. Mai

Frühjahrsputz

*„Und vergib uns unsre Sünden; denn auch wir vergeben
allen, die an uns schuldig werden. Und führe uns
nicht in Versuchung."*
Lukas 11,4

Gibt es eine Frau, die nicht schon einmal ihr Haus gründlich geputzt hat? Warum ist es überhaupt nötig, „Frühjahrsputz" zu machen? Weil sich Staub und Schmutz Tag für Tag anhäufen. Und dieser Staub und Schmutz wird beim täglichen Saubermachen übersehen.

Ein neues Haus ist normalerweise rein. Es ist hell und glänzend. Es riecht sogar noch frisch. Aber wenn wir einziehen, folgen uns Staub und Schmutz auf den Fersen. Jedes Mal, wenn wir ausgehen und wieder zurückkehren, bringen wir mehr Staub mit. Schließlich ist ein gründlicher „Frühjahrsputz" notwendig. Wir können der Notwendigkeit zu putzen nie entkommen.

Dasselbe gilt für unseren Umgang mit anderen Menschen. Es ist wichtig, dass wir von Zeit zu Zeit gründlich reinigen. In unseren Begegnungen mit Eltern, dem Ehemann, Freunden oder Verwandten speichern wir im Laufe der Zeit unsere Einstellungen und Worte in den Ablagen unseres Gehirns. Natürlich haben wir auch viele gute und positive Erinnerungen. Es ist gut, sie zu behalten und diese Ordner ab und zu anzusehen. Sie sind eine Quelle der Freude und Zufriedenheit. Aber es kann dort auch schmerzhafte und schlimme Dinge geben, und die belegen nur unnützen Speicherplatz. So ist es gut, dass wir – gleich dem Hausputz – auch das Herz gründlich reinigen. Jedes Mal, wenn uns jemand mit Worten, Gesten, Blicken oder Taten verletzt und Zorn oder Schmerz verursacht, werden diese Dinge in unserem Gehirn gespeichert. Deshalb sollten wir hin und wieder das Gehirn einem Frühjahrsputz unterziehen.

Dieser Reinigungsvorgang erfolgt durch Vergebung – durch ehrliches, echtes Verzeihen aus ganzem Herzen. Vergebung verbrennt alle Ablagen, die über diejenigen gespeichert wurden, die uns wehgetan haben. Und dann kann das Haus wieder blitzeblank sein. Ich bin sicher, dass wir alle die Veränderung im Herzen und Geist erkennen können, wenn wir vergeben haben.

Wenn du heute jemandem vergeben solltest, zögere es nicht hinaus. Je mehr du vergibst, desto eher näherst du dich dem Zustand, den Gott dem Menschen verordnet hat: schön und wunderbar zu sein. Ich bin sicher, dass jede Frau dieses Ergebnis erzielen möchte.

Susana Faria

24. Mai

Eine Katzengeschichte

„Und er kam nach Nazareth, wo er erzogen war, und ging nach seiner Gewohnheit am Sabbattag in die Synagoge."
Lukas 4,16

„Miau, miau", flüstert mir Mieze ganz leise ins Ohr. Ich tue, als ob ich noch schliefe. Nach einigen Minuten hört sich das „Miau, miau" gar nicht mehr wie eine leise Mitteilung an, sondern wird lauter und fordernder. Ich schaue auf die Uhr, es ist 4:30 Uhr. „Okay, Mieze, ich habe verstanden, du willst hinaus", sage ich zur geliebten Mohrle. Ein paar Ermahnungen gebe ich ihr mit auf den Weg, dann ist sie für zwei Stunden verschwunden. Da ich nicht mehr einschlafen kann, freue ich mich, dass heute Sabbat ist. Der Friede des Tages ist so richtig in mir. Mieze kommt heim und verschwindet wieder. Ich denke, wenn sie am Morgen so lange draußen ist, wird sie auch pünktlich wieder da sein. Mieze hält sich an die Abmachung.

Wir nehmen ein reichhaltiges Frühstück ein. Irgendwie haben die Brötchen heute besonders gekrümelt, das Körbchen ist voller Brösel. Vor der Haustür schüttle ich die Krümel in den Garten. Diesen Augenblick der offenen Tür nutzt Mieze zur Flucht. Auweia, sie schlägt zu allem Unglück auch noch die Richtung ein, wo ihre ärgste Feindin wohnt. Meine Sabbat-Ruhe ist wie weggeblasen. Ich weiß, die Kirche kann ich abschreiben, denn dieser Ausflug wird wohl länger dauern. Unsere Mohrle mag nämlich die Nachbarkatze nicht. Sie kann stundenlang unter einem Gebüsch lauern und warten, bis ihre Feindin auftaucht. Dann fängt Mieze Streit an. Wenn es sein muss, verfolgt sie die Katze bis in deren Wohnzimmer; sie kennt die Katzenklappe dort ganz genau. Dann gibt es Prügel. Katze Tina ist Mohrle immer unterlegen. Da plötzlich, ein Wunder! Ich stehe vor der Haustür und traue meinen Augen nicht. Jagt doch Katze Tina unsere Mohrle die Straße hinunter. Mut der Verzweiflung, gepaart mit himmlischem Beistand? Wie Tina es fertig bringt, so über sich hinauszuwachsen, ist ein Rätsel. Also, Mohrle hat ihren Turbo eingeschaltet, sie flitzt die Straße hinunter, fliegt durch die offene Haustür. Der Läufer im Flur wird zum fliegenden Teppich. Um 8:50 Uhr steht Mohrle in der Küche vor ihrem Fressnapf, um sich nach dieser Niederlage ein zweites Frühstück zu gönnen. Genüsslich verspeist sie es.

Es ist 8:52 Uhr, wir können wie gewohnt rechtzeitig das Haus verlassen, um in die Gemeinde zu fahren.

War das pünktliche Auftauchen von Mohrle ein Geschenk Gottes an mich oder nur Glück? Wer will meine Überzeugung anzweifeln, dass Gott hier seine Hand im Spiel hatte?

Ursula Ziegler

25. Mai

Sommer-Poesie, der Duftflakon einer Himmelsmelodie

„Was sich kein Mensch erträumt, das hat Gott denen bereitet, die ihn lieben."
1. Korinther 2,9

Der Duft von Heu und Rosen zieht in meine Seele, und Sommerträume werden für mich wach: In reifen Getreidefeldern flimmert die Abendsonne, Schwalben segeln zwitschernd über den Himmel, der Vollmond geht rosa auf, leuchtet hell in der Sommernacht. Tauglitzernde Wiesen im Morgenrot, eine Amsel singt auf der Tannenspitze, Schmetterlinge gaukeln in den Tag, besuchen die rosa bemalten Blütenkelche der Ackerwinden, die meinen Zaun wie Girlanden umschlingen. Wärme im flirrenden Mittagslicht, Heupferdchen zirpen, der Wald duftet warmwürzig nach Fichtennadeln und Harz, das Laubdach über dem Weg schimmert vom Licht durchflutet, Seerosen auf tiefblauen Teichen, ich sehe, wie sich der Flug der Libelle im glatten Wasser spiegelt. Laue Abendluft, Dämmerlicht über gemähtem Wiesengras, und die letzten Sonnenstrahlen berühren golden meine freien Arme – Sommerduft auf meiner Haut, Sommerduft im Wald, Sommerduft an Wiesenrainen – Geschenke unseres Vaters, eingebunden in Sommerträume ...

Sommer, das ist für mich wie ein Gedichtband mit einer Fülle von Poesie, in dem ich blättern darf, oder wie eine Melodie des Himmels, die mich Eden erahnen lässt und mich zum Schöpfer zieht, während ich ihr lausche. Gott hat eine Welt voller Wunder über uns ausgeschüttet. Und welches Wunder sind erst unsere Sinne, durch die wir seine Wunder wahrnehmen – riechen, sehen, schmecken, fühlen. Ich kann nur voller Dankbarkeit staunen. Es ist wie ein kleiner Blick durch einen Vorhangspalt auf das, was unser Vater für uns in der Ewigkeit vorbereitet. Erfüllt mich schon das Diesseitige mit Staunen, wie atemberaubend muss erst das Jenseitige sein! Unser Sommer trägt einen Grauschleier von Plagen und Unglück, die durch unsere Sünde entstanden, doch einmal wird das Gewand der Natur frisch und rein aus der Hand unseres Meisters hervorgehen. Er konnte treuen Menschen wie Henoch, Jesaja und Johannes die Augen öffnen, damit sie uns aus jener Welt ein Gedicht mitbringen, eine Melodie von Myriaden heiliger Engel, die mit dem Herrn kommen, von Jubelgesängen und der Freude über das Wasser aus der Quelle des Heils, von beieinander liegenden Leoparden und Lämmern, von dem kristallen glänzenden Wasserstrom des Lebens, von Früchten und Blättern des Lebensbaumes.

Aber das alles ist noch nichts gegen das eine: Wenn wir vor unserem Schöpfer stehen, vor unserem Vater, unserem Heiland. Was für Herzklopfen, wenn wir ihm in die Augen sehen und seine Freude darin lesen, wenn wir seine Stimme hören und er seine Arme öffnet, um uns aufzunehmen! Wenn wir den Luftzug spüren, kurz bevor seine Hände uns berühren. Es muss unbeschreiblich sein und ist allen Einsatz wert. „Darum", sagt Paulus in Hebräer 12, „Da wir eine so große Wolke von Zeugen um uns haben, lasst uns jede Bürde der Sünde ablegen und mit Ausdauer laufen, indem wir auf Jesus schauen, der nicht auf die Schande achtete um der Freude willen, die vor ihm liegt." Genauso dürfen auch wir auf diese Freude vorausschauen!

Jaimée Seis

26. Mai

Ein Abenteuer mit Gott

*„Immer wieder hat er uns aus seinem göttlichen Reichtum
mit seiner Liebe beschenkt."*
Johannes 1,16 (Hfa)

Bewegung an der frischen Luft soll ja gesund sein. So hatte ich mir angewöhnt, viel nach draußen zu gehen. Man konnte dabei auch gut nachdenken. Wieder einmal war ich unterwegs; eine Pfadfinderfreizeit stand an. Mein Mann wollte mit den Kindern wandern gehen. Dann bekam er aber genau für diesen Zeitpunkt einen Montageauftrag. Was sollten wir nur tun? Mir war, als spräche jemand zu mir: „Dann mache doch du diese geplante Freizeit mit den Kindern!" War es Gottes Stimme? Bisher hatten wir Pfadfinderfreizeiten immer zu zweit durchgeführt: Sollte ich es diesmal wirklich alleine wagen? Vieles ging mir auf meinem Weg durch den Kopf. Wie könnte ich es umsetzen? Wandern wollte ich nicht. Bei uns in der Nähe gibt es einen Zeltplatz, vielleicht war der zu dieser Zeit noch frei? Ich eilte nach Hause, um beim Forstamt anzurufen. Leider war der zuständige Förster nicht mehr erreichbar. Und zu dieser Jahreszeit sei auch noch nie jemand auf dem Zeltplatz gewesen, wurde mir von der Sekretärin im Forstamt beschieden. Aber sie wolle mein Anliegen am nächsten Tag dem Förster vorlegen. Was tun? Ich ging auf meine Knie und betete, „Vater – wenn du willst, dass diese Freizeit stattfindet, dann bitte ich dich, mir Türen zu öffnen." Was dann ins Rollen kam, lässt mich auch heute noch, fünf Jahre später, staunen.

Ich erhielt die Erlaubnis für den Zeltplatz. Ich musste nicht einmal das Zelt aufstellen, weil auf dem Gelände eine große Holzhütte steht, in der wir schlafen konnten. In der Hütte ist ein Kamin, in dem wir uns Feuer machen konnten. Also brauchte ich Holz. Mein Mann lässt sich das Holz immer von einem Sägewerk anliefern. Aber das muss dann noch in brennbare Stücke gehackt werden. Da ich großen Respekt vor Beilen habe und bis auf ein Mädchen nur Jungpfadfinder (8-11) dabei hatte, schloss ich diese Möglichkeit von vornherein aus. Also musste ich gespaltenes Holz besorgen. Bei uns im Ort ist eine Schreinerei, wo jemand arbeitete, den ich gut kannte. Dort wollte ich nachfragen. Als ich dort ankam, trat mein Bekannter gerade mit seinem Chef heraus. Sie hatten auf einem Wagen eine große Kiste mit Holz – genau in der Größe, wie ich es benötigte. Ich bekam es, obwohl es eigentlich für jemand anders bestimmt war. Den Rest erhielt ich vom Vater des Bekannten, der mir sogar kleines Holz zum Anzünden des Feuers mitlieferte. Dann fiel mir ein, dass ich vorab auch die Eltern fragen müsste, ob sie damit einverstanden wären, wenn ich die Freizeit leitete. Sie waren es. Sie vertrauten mir voll und ganz. Ich bat dann noch meine Tochter, mir bei der Betreuung der Kinder zu helfen. Sie willigte ein und übernahm sogar das Kochen. So konnte ich ganz für die Kinder da sein. Gott wollte, dass diese Freizeit stattfand. Er sprach mich an, und ich ließ mich auf dieses Abenteuer mit ihm ein. Wenn ich mich auf Gott einlasse und bereit bin, auf ihn zu hören, kann ich nur gewinnen. Das gilt auch für dich.

Helga Konrad

27. Mai

Ein Engel auf Erden?

*„Erkennet doch, dass der Herr seine Heiligen wunderbar führt;
der Herr hört, wenn ich ihn anrufe."*
Psalm 4,4

Auf dem Weg zum Führerschein konnte ich einige wertvolle Erfahrungen sammeln: Ich suchte mir eine Fahrschule aus und meldete mich für den Sommerkurs an. Da ich im Herbst meine Berufsausbildung beginnen wollte, war es mir wichtig, bis dahin den „Schein" zu besitzen. Erst nach der Anmeldung stellte sich heraus, dass zwar der Theoriekurs innerhalb von zwei Wochen erledigt wäre, der nächste freie Prüfungstermin aber erst im Dezember zu haben war.

Und dann kam gleich der nächste Schreck: In dieser Fahrschule fanden alle Prüfungen ausschließlich am Samstag statt! Da das für mich nicht in Frage kam, beschloss ich, alles, was ich schon mit dem Grundpaket bezahlt hatte, in dieser Fahrschule zu absolvieren und dann vor der Prüfung in eine andere zu wechseln.

Nach der theoretischen Vorprüfung wollte ich noch einmal versuchen, einen anderen Prüfungstag zu bekommen. Ich legte mir einige Argumente zurecht, doch Gott hatte inzwischen schon den Weg geebnet: Plötzlich standen Samstag- und Montagtermine zur Wahl!

Kurz vor dem vereinbarten Prüfungstermin meldete ich mich für eine Auffrischungsfahrstunde an. Zu meinem Entsetzen hatte die Fahrschule die gesamte Autoflotte ausgetauscht. Mit den neuen Fahrzeugen kam ich gar nicht zurecht! Vor der Prüfung war keine Fahrstunde mehr frei, weshalb ich nicht sehr zuversichtlich war, die Prüfung zu bestehen.

Doch dann hatte meine Mutter eine Idee: Sie fuhr mit mir zu einem Autohändler und schilderte einem der Verkäufer meine Situation. Wider Erwarten war er sofort bereit, mir zu helfen. Er erklärte mir die neue Technologie, bei der sich an roten Ampelkreuzungen der Motor abstellt, und bot meiner Mutter sogar eine Probefahrt an, bei der sie mir in einer Nebengasse die Handhabung in Ruhe zeigen könne. Danach erklärte er mir geduldig alle Schalter und Hebel und die Funktionen des Bordcomputers. Dankbar verabschiedete ich mich schließlich und versprach, mich am Montag nach der Prüfung zu melden.

Alles ging glatt. Wie vereinbart, wollten wir uns mit einer Torte bei unserem Nothelfer bedanken. Zu unserer Überraschung war der nette Verkäufer nicht da. Zuerst dachten wir, er hätte frei, aber ein Kollege teilte uns mit, dass er nicht mehr dort arbeite. Erst jetzt bemerkten wir, dass auf der Visitenkarte, die er mir gegeben hatte, falls ich noch Fragen hätte, sein Name nur aufgeklebt und nicht aufgedruckt war.

Ich danke Gott dafür, dass er uns gerade zu diesem Autoverkäufer, der mir ohne Verkaufsabsicht helfen wollte, geführt hat! Für mich war es eine den Glauben stärkende Erfahrung, die mir gezeigt hat, dass Gott sich um mich kümmert. Er möchte aber, dass du und ich treu zu ihm stehen.

Daniela Gerer

28. Mai

Zehn Tage bei meiner Tochter

„Ich aber will zu Gott rufen und der wird mir helfen."
Psalm 55,17

Meine Tochter wollte Ende November für eine Woche auf Urlaub fahren. Weil aber meine Enkelin Paula noch keine Ferien hatte, fragte sie mich, ob ich einige Tage kommen könnte, um auf alles aufzupassen. Sie wohnen in einem Mehrfamilienhaus im Erdgeschoss. Im Wohn- und Schlafzimmer sind Glasflügeltüren, die zur Terrasse mit Garten führen. Um zu lüften, öffnete ich im Wohnzimmer die Flügeltür. In der Zwischenzeit wollte ich die Küchenabfälle zur Biotonne bringen. Als ich ins Wohnzimmer zurückkam, fiel die geöffnete Glastür plötzlich und unerwartet mit einem sehr lauten Schlag auf den Fußboden. Das Glas blieb trotzdem ganz. So eine Flügeltür ist sehr schwer, alleine konnte ich diese nicht aufstellen. Vor dem Haus war ein Nachbar mit seinem Auto beschäftigt. Diesen bat ich um Hilfe. Die Tür war oben ausgerissen und musste jetzt geschlossen bleiben, weil sie sonst wieder umfallen würde. Der hilfsbereite Nachbar gab mir die Telefonnummer des Hausverwalters, der mir versprach, dass er sich bei mir melden würde, was er aber nie tat.

Ein Jahr zuvor war im Schlafzimmer der gleiche Schaden an der gleichen Glastür aufgetreten. Mein Sohn und einige Freunde hatten damals bei vielen Firmen (auch über das Internet) nachgefragt, ob es Ersatzteile gebe. Aber es gab keine mehr, da die Türen nicht mehr hergestellt werden. Meine Tochter hätte für beide Zimmer je eine neue Flügeltür mit einem großen neuen Fenster einbauen lassen müssen, was sehr teuer geworden wäre.

Aber wie so oft in meinem Leben ging ich im Gebet zu Gott und klagte ihm die Not. Jeden Tag kam ich mit der gleichen Bitte, im Vertrauen, dass er einen Ausweg weiß. Vier Tage vor meiner Abreise musste ich in die Stadt. Auf dem Heimweg sah ich einen LKW vor dem Haus parken. Als ich näher kam, konnte ich die Aufschrift lesen „Fenster, Türen, Terrassen, Balkone". Mein erster Gedanke war, dass der Hausverwalter jemand geschickt habe. Ich fragte den Fahrer, ob er zu uns wolle? Er sagte: „Nein, ich muss nur nebenan einen Brief in den Briefkasten schmeißen." Ich bat ihn um die Telefonnummer der Firma, bei der er arbeitete. Dort rief ich sofort an. Eine Dame wollte wissen, was kaputt sei. Ich erklärte ihr alles. Am nächsten Tag schickte sie einen Monteur, der die kaputten Teile ausbaute, ersetzte, alle Türlager ölte und neu einstellte.

War das Zufall, dass der LKW gerade zu der Zeit am Haus parkte? Nein, für mich war klar, dass Gott wusste, dass diese Firma die Ersatzteile anbot.

„Herr, von ganzem Herzen will ich dir danken, deine machtvollen Taten allein verkünden" Psalm 9,2

Angelika Schöpf

29. Mai

5015 – das Netz

„Opfere Gott Dank und erfülle dem Höchsten deine Gelübde und rufe mich an am Tag der Not; ich will dich erretten, und du wirst mich verherrlichen!"
Psalm 50,14.15 (SLT)

Wer hat noch keines von den Dingern, an die sich Alt und Jung bereits gewöhnt haben? Ich meine das Mobiltelefon. Sie können sehr nützlich sein, diese Handys. Man kann telefonieren, SMS schreiben, filmen und fotografieren, mit manchen sogar im Internet surfen. Bei der jüngeren Generation werden sie voll ausgenutzt. Bei den Älteren wird oft nur telefoniert. Aber was nützt einem ein solches Gerät, wenn man keinen Empfang hat! Manche schlossen einen Vertrag mit irgendeinem Anbieter, andere haben nur eine Karte, die aufgeladen werden muss. Ohne diese Netzanbieter kann man das Handy nicht benutzen.

Die Bibel hat auch so etwas anzubieten. Es ist das Gebet. Damit wird eine direkte Verbindung zu Gott hergestellt. Dazu braucht man keinen Akku oder dergleichen. Vielleicht sagt mancher, dass diese Verbindung bei ihm nicht funktioniere. Beim Handy klappt es auch nicht immer! Da ist das berühmte „Funkloch", das manchmal Schwierigkeiten bereitet.

Beim Handy muss man bestimmte Regeln einhalten, sonst tut sich nichts. Bei Gott ist es genauso. Ich benutze das Handy nur zu bestimmten Zwecken, wenn ich mit dem Auto unterwegs bin und es als Notruf einsetzen will oder für kurze Nachrichten, dass man z. B. gut angekommen ist.

Wer sein Gebetshandy nur benutzen will, wenn er in Not ist und Gott einspringen soll oder wenn jemand Gott anklagen will, weil er dies oder jenes zugelassen hat, der wird nicht immer eine Antwort von Gott empfangen. Der steckt auch in einem tiefen „Funkloch".

Unser Bibeltext erinnert uns daran, dass wir Gott Dank opfern und, unsere Versprechungen ihm gegenüber einhalten sollten, bevor wir ihn anrufen. Dann wird er uns erretten, und wir können ihn dafür preisen. Haben wir nicht genug Grund, Gott jeden Tag zu danken? Wir empfangen so vieles, ohne dass Gott dazu verpflichtet wäre. Hast du schon einmal probiert, Gott für 25 Dinge Dank zu sagen? Es erfordert sehr viel Nachdenken, aber es macht einem auch bewusst, dass wir vieles als selbstverständlich betrachten.

Gott kann mit uns machen, was er will, er ist uns keine Rechenschaft schuldig. Wir sind es aber umso mehr. Wenn wir Gott unser „Sorgerecht" für unser Leben anvertrauen, steht er uns auch voll zur Verfügung, wenn wir ihn benötigen.

Wir brauchen keine Sorge zu haben, dass Gott unsichtbar ist und deshalb keine Verbindung für uns da ist – die Funkwellen des Handysenders sind auch nicht zu sehen und denen vertrauen wir uns doch auch an. Wie vielmehr sollten wir Gott als unserem Schöpfer und Erhalten vertrauen, dass er es wohl machen wird. Mache regen Gebrauch von deinem „Gebetshandy"! Es lohnt sich immer.

Regina Fackler

30. Mai

Schöne Überraschung!

„Ich will regnen lassen vierzig Tage und vierzig Nächte ..."
1. Mose 7,4

Wenn man auf Teneriffa Urlaub macht, erwartet man schönes und warmes Wetter. Aber 2007 schien das Wetter im Frühjahr Kapriolen zu schlagen. Wir waren 20 Tage lang auf der Insel, und von diesen 20 Tagen waren mindestens 15 Tage regnerisch, stürmisch und kühl. Selbst die Einheimischen meinten, so ein komisches Frühjahr hätten sie noch nie erlebt. Wenn wir im Fernsehen das Wetter in Deutschland ansahen oder mit unseren Kindern telefonierten, hörten wir nur: Hitze, Brandgefahr, kein Regen in Sicht.

Nun, was macht man bei einem solchen Wetter auf Teneriffa? Wir fuhren in den Süden der Insel, aber auch dort war es nicht besser. Dann, an einem Tag frühmorgens, gab es herrlichen Sonnenschein. Blauer Himmel, tiefblaues Meer. Ein perfekter Tag. Also nützten wir das aus und besuchten den Loro-Park, der für seine außergewöhnlichen Tiervorführungen berühmt ist. Ein wirklich schöner, gelungener Tag. Als wir abends den Park verließen, fing es schon wieder zu regnen an. Aber das verdarb unsere Laune nicht, denn wir hatten ja „getankt".

Auf der Rückfahrt in unsere Ferienwohnung nahm ich meinen Rucksack in die Hand. Ich weiß heute noch nicht, wieso. Ich stellte fest, dass mein Geldbeutel fehlte. Der Schreck saß tief. Ich vermisste die EC-Karte und meinen Personalausweis. Ich konnte mir nicht vorstellen, wo der Geldbeutel geblieben sein könnte, denn ich hatte den Rucksack keine Minute aus den Augen gelassen. Dazu kam, dass ich es erst kurz vor unserem Ziel bemerkt hatte.

Na ja, Nerven bewahren, überlegen, was zu tun ist. Wir betraten die Wohnung, und siehe da, mitten auf der Kommode lag mein Geldbeutel. Ich hatte ihn einfach vergessen. Wie war ich doch dankbar, dass ich erst am Abend bemerkt hatte, dass der Geldbeutel fehlte. Wäre es früher geschehen, hätten wir bestimmt den Besuch des Parks abgebrochen, und der „perfekte Tag" wäre kaputt gewesen.

So hat Gott dafür gesorgt, dass wir bei unserem verregneten Urlaub doch noch Schönes erleben konnten. Ich danke Gott, dass ich meinen Schreck nicht schon früher bekam. Auch wenn ich unseren verregneten Urlaub nicht mit Noahs Erlebnis in der Arche vergleichen kann, ist es doch immer gut, sich in Gottes Händen geborgen zu wissen.

Margarete Baindner

31. Mai

Das Hochzeitswunder

„Wenn ihr ... wisst, wie man seinen Kindern Gutes tut, wie viel mehr wird euer Vater im Himmel denen, die ihn darum bitten, Gutes tun."
Matthäus 7,11 (NL)

Wir aßen Pasta im Studentenwohnheim meiner Tochter. Ihr Freund Tim war zum Mittagessen herübergekommen, und wir versuchten gerade, die letzten Tagliatelle aus dem Topf zu fischen, als er sagte: „Wir möchten nächsten Sommer gern heiraten." Wir waren nicht überrascht.

Wir feierten mit einer Flasche Holunderbeersaft, aber während unserer Fahrt nach Hause zerbrach ich mir den Kopf darüber, wie wir die Hochzeit bezahlen sollten. Sowohl Beth wie Tim hatten große Studienkredite laufen, die sie zurückzahlen mussten, und wir waren bei der Kirche angestellt. Obwohl ich fast Vollzeit arbeitete, wurde ich nur als Halbtagskraft entlohnt. Am Ende des Monats blieb uns nie Geld übrig. Auch die einfachste britische Hochzeit konnte 20,000 Euro kosten.

Bernie und ich halten öfter ein „Wochenende zur Ehebereichung" unter der Bezeichnung „Wasser in Wein verwandeln." Während der Vorbereitung eines solchen dachte ich über das erste Wunder Jesu nach: Bei einer Hochzeit hatte er dem Hochzeitspaar ein großzügiges und zusätzliches Geschenk gemacht, um die Gelegenheit für sie zu etwas Besonderem zu machen. Also setzte ich mich an meinen Küchentisch mit einem Glas Wasser und las die Geschichte aus dem Johannesevangelium noch einmal durch. Gott Vater, sagte ich, erinnerst du dich noch an das Wunder mit dem Wein? Wir benötigen auch ein Wunder. Beth und Tim möchten, dass ihre Hochzeit eine Feier der Liebe wird, die du ihnen geschenkt hast. Sie möchten, dass sich ihre Ehe nach deinen Wünschen für ihr Leben richtet. Finanziell gesehen, haben wir nur ein wenig Wasser. Aber wir glauben, dass du dieses Wasser nehmen und in eine wunderschöne Hochzeit verwandeln kannst. Ich glaube, dass du dies tun kannst, für uns und für Beth und Tim.

Ich nähte Beths Hochzeitskleid, Tims Onkel bereitete eine wunderbare Hochzeitstorte vor, Freunde sorgten für den Blumenschmuck und die Musik. Beths jüngster Bruder bastelte während des Sommers Tischdekorationen aus Ästen, die er schälte und weiß bemalte. Er verbrachte viele Stunden mit der Arbeit und befestigte an den Ästen Teelichthalter, damit sie beim Festessen glitzerndes Licht streuen.

Gott tat auch Wunder bezüglich unserer Finanzen. Ein ganzes Jahr lang blieb am Ende des Monats etwas Geld übrig. Wir hatten alles, was wir brauchten, um sowohl die Feier zu bezahlen als auch alle anderen Unkosten zu decken. Unsere wässrigen Finanzen wurden in den Wein ihrer wunderbaren Hochzeit verwandelt.

Karen Holford

1. Juni

Mit Freude beten

„Und ich tue das Gebet mit Freuden."
Philipper 1,4

Mittagszeit. Das Kind ist bereits in den Stuhl verfrachtet worden und soll nun endlich seine Mahlzeit essen. Eigentlich hat man schon gar keine Zeit mehr. Das Kind ist übermüdet, und die Mutter hat keine Ahnung, wie lange ihr Sohn noch durchhält. Es gibt viel Geschrei. Hunger! „Ja, nur noch schnell beten und dann …"

Welche Mutter kennt das nicht? Ganz ehrlich: Leiern wir zu unseren Mahlzeiten nicht oft ein Gebetsgedicht herunter? Alle guten Gaben … zack, zack, zack …

Dass das Gebet vor dem Essen dazugehört, ist klar, aber sich Zeit nehmen? Sich Gedanken machen, dass man auch hier, vor dem Essen, mit seinem Herrn redet? Ihm dankt? Oft hören wir unser eigenes Danken nicht, weil wir ja „schnell noch beten" müssen. Das geht dann tatsächlich schnell. So geschwind, dass wir nur mit Glück noch alle Silben klar aussprechen können. Wenn die Gedanken nur noch am Essen hängen und einem schon „der Zahn tropft" (Zitat einer Freundin), dann bleibt für ehrliche Freude am Gebet keine Zeit.

Paulus betet in unserem Bibelvers offensichtlich mit Freuden. Jesus dankte ebenfalls beim Abendmahl. (Und das tat er sicher nicht als Wettbewerb, wer am schnellsten mit dem Gebet fertig ist.) Ich bin Mutter und möchte meinem Sohn das Beten vor dem Essen angewöhnen, ihm Stück für Stück Freude am Beten beibringen. Gelingt mir das wirklich, wenn ich das Gebet schnell herunterrassele? Inzwischen habe ich mich darin geübt, zu merken, wann es Zeit wird, das Kind zum Essen vorzubereiten, bevor es schreit. Ich kann ihn dann stressfrei in seinen Hochstuhl falten, und dann wird gebetet. Wir haben es inzwischen geschafft, dass der Kleine bei der Frage, ob wir jetzt noch beten, die Händchen von alleine faltet. Er sagt sogar so etwas Ähnliches wie Amen zum Schluss. Ganz stressfrei. Und soll ich euch etwas verraten? Es macht Spaß, ich habe bei jedem Essen Freude am Gebet. Ich freue mich darüber, wie mein Kleiner immer ganz konzentriert die Händchen faltet und beim Erwähnen der Tierchen, von denen jedes sein Essen hat, auch lächelt. Wir danken inzwischen bewusst und nicht nur während des Gebets.

Was man durch Kinder lernen kann, ist absolut verblüffend. Ich glaube fest daran, dass Gott jedes Kind als Werkzeug und Schleifzeug für seine Eltern benutzen will, weil Kinder noch ehrlich beten und es einfach Freude macht, sie im Glauben führen zu dürfen.

Aber auch denjenigen unter euch, die ohne Kinder sind, sei gesagt: Unternehmt den Versuch, das Gebet vor dem Essen langsam zu beten, damit die Absicht des Gebetes nachwirkt! Erfreut euch am Gebet!

Bettina Zürn

2. Juni

Rotkehlchen-Lieder und ein Jagdhund

„Siehe, ich schaffe einen neuen Himmel und eine neue Erde. Freuet euch über das, was ich schaffe. Es werden Wolf und Lamm zusammen weiden."
Jesaja 65,17.18.25

Der Hain vor mir hat sich in das frischgrüne Laub des Frühsommers gekleidet, perlender Rotkehlchen-Gesang klingt durch das Blätterdach – und dieser Musik kann ich einfach nicht widerstehen. Deshalb suche ich mir abseits vom Waldpfad ein verstecktes ruhiges Plätzchen, setze mich entspannt unter einen Baum und genieße die Vogellieder ... bis mich ein Schnüffelgeräusch aufhorchen lässt, das vom Pfad zu mir herüberdringt. Was ist das? Dachs? Fuchs? Mir wird ein bisschen mulmig zumute. Nein, das ist ein Jagdhund! Imposante Größe und immer der Nase nach geradewegs auf mich zu. „Hilfe!", doch nirgendwo ist ein Herrchen zu sehen! Mir bleibt nur eines übrig: Ruhig sitzen bleiben, nicht bewegen und hoffen, dass mich das „nette Hündchen" nicht entdeckt.

Doch das stellt sich als eine schwache Hoffnung heraus. Wer hatte schon einmal das „Vergnügen", eine fremde Hundenase in Augenhöhe genau vor dem Gesicht zu haben? Ich meine, die Nase eines überraschten Jagdhundes, dessen Schwanz nicht wedelt? Nun, wir beide sind zunächst einmal wie versteinert. Schließlich nehme ich allen Mut zusammen und frage mein Gegenüber zuckersüß: „Na, du?" Wie bei einer Explosion springt der „nette Jagdhund" vor Schreck mit einem Satz nach hinten, und mein Herz tut dasselbe in Richtung Hosentasche. In diesem Augenblick taucht das Herrchen zwischen den Bäumen am Waldpfad auf und pfeift seinen vierbeinigen Gefährten zurück. Ich atme auf!. „Danke, lieber Gott!", Dann hole ich zwischen Taschentuch und Hausschlüssel mein Herz wieder aus der Hosentasche heraus. So viel zu meinem „versteckten, ruhigen" Plätzchen.

Der erschreckte Jagdhund erinnerte mich daran, dass sich die ganze Schöpfung mit uns ängstigt. Wir leiden jedoch, weil wir gesündigt haben, die Schöpfung leidet unschuldig. Dass sich Rotkehlchen vor uns fürchten oder das Klima so rau wurde, liegt an unserer Sündenschuld – doch wie wenig denken wir daran, wenn wir in einem eisigen Schneewind frieren oder über Mückenstiche, glühende Hitze, madige Äpfel und Nieselregen klagen! Die Rosen sind nicht schuld daran, dass sie Dornen tragen.

Die ganze Schöpfung sehnt sich mit uns nach der Erlösung. Bald wird der Wolf wieder neben dem Lamm weiden, und es wird keinen Tod mehr geben. Gott schenke uns jedoch schon heute einen Blick für die Schönheiten in seiner Schöpfung, und ein mitfühlendes Herz, das Dankbarkeit empfindet – Dankbarkeit, weil die Schöpfung dienstwillig unser Los teilt und der Schöpfer selbst willig war, unser Geschick mit uns zu tragen. Er wurde Mensch und litt mit uns, obwohl er vollkommen unschuldig war. Vielleicht will uns die schuldlose Schöpfung auch daran erinnern. Er sehnt sich nach uns. Und wenn wir ihm in seinem Wort in die Augen sehen, werden wir erkennen und erfahren, wie unbeschreiblich lieb er uns hat.

Jaimée Seis

3. Juni

Dornen und Disteln

"Dornen und Disteln werden darauf wachsen. Dein Leben lang wirst du hart arbeiten müssen, damit du dich von seinem Ertrag ernähren kannst. Viel Mühe und Schweiß wird es dich kosten." 1. Mose 3,18-19

Fürchte dich nicht, Ich stehe dir bei! Hab keine Angst, ich bin dein Gott! Ich mache dich stark, ich helfe dir, ich schütze dich mit meiner siegreichen Hand.
Jesaja 41,10

Vergangene Woche musste ich so oft wie nie zuvor an diese Verse denken. Mein Mann und ich fanden eine gut bezahlte Kurzzeitbeschäftigung. Drei Tage lang fällten wir kleine und große Bäume, zersägten sie dann und schnitten die Äste ab. Wir sollten natürlich auch alles sauber hinterlassen. Also brachten wir einiges davon zu einem Ablageplatz, anderes zogen wir in den Wald. Dieser Wald war jedoch voll mit Bäumchen, Büschen und Unterwuchs, das meiste davon mit Dornen und Stacheln behaftet. Man kommt nicht ohne Schrammen davon, während man die Äste und Baumstämme hineinträgt und hineinzieht. Es war im Ganzen gesehen – wie im Vers oben erwähnt – harte Arbeit und kostete uns viel Mühe und Schweiß. Dennoch dachte ich bei den Kratzern und Stichen nicht nur an den ersten Vers über die Dornen und Disteln, sondern auch an den zweiten, dass Gott uns beisteht und hilft. Ich spürte auch, dass Gott bei uns war und uns führte. Und ich merkte, wie sehr er uns beschützte, denn es ist eine gefährliche Arbeit, mit so großen Bäumen umzugehen. Damit wir diese schwere Arbeit erledigen konnten, verlieh er uns auch sehr viel Kraft – vor allem mir als Frau, denn Männer sind ja meistens sehr stark. „Er gibt dem Müden Kraft und dem Ohnmächtigen mehrt er die Stärke", wie in Jesaja 40,29 geschrieben steht. Der Mut fehlte auch nicht, und zum Schluss überraschten uns die Farm-Eigentümer auch noch mit einem wunderbaren vegetarischen Essen. Gott hat uns sehr verwöhnt und gesegnet.

Auch wenn wir durch schwere Zeiten gehen, ist Gott mit uns und bei uns. Oft vergessen wir das, wenn wir niedergedrückt sind. Aber wenn wir sein Wort aufschlagen und Gottes Verheißungen für uns annehmen, wenn wir seinen Ratschlägen und Bedingungen in Liebe folgen, kann er große Wunder an uns tun. Wir dürfen nicht vergessen, dass eines der wichtigsten Dinge unser Charakter ist – er ist das Einzige, was wir in den Himmel mitnehmen werden. Und gerade der Charakter wird durch Schwierigkeiten gestählt, wenn wir Gott an uns arbeiten lassen. Denn wie Paulus in Römer 5,3-5 schreibt: „Die Schwierigkeiten bewirken Bewährung, die Bewährung bewirkt Hoffnung, und die Hoffnung lässt uns nicht zuschanden werden, denn die Liebe Gottes ist ausgegossen in unsere Herzen durch den Heiligen Geist."

Gott segne unsere Arbeit, auch wenn sie schwer und mühevoll ist. Beschütze und leite uns durch diesen Tag. Gib uns weiterhin Mut, Kraft und Weisheit, um das Richtige zu tun. Reinige unseren Charakter. Hilf uns, aus jedem Erlebnis etwas zu lernen und dir trotz der Schwierigkeiten immer den ersten Platz im unserem Leben einzuräumen. AMEN.

Michaela Penn Harnisch

4. Juni

Der Tag der Abrechnung

*„Da wird dann der König sagen zu denen zu seiner Rechten:
‚Kommt her, ihr Gesegneten meines Vaters, ererbt das Reich,
das euch bereitet ist von Anbeginn der Welt!
Denn ich bin hungrig gewesen und ihr habt mir zu essen
gegeben. Ich bin durstig gewesen und ihr habt mir zu trinken
gegeben. Ich bin ein Fremder gewesen und ihr
habt mich aufgenommen. ... Wahrlich, ich sage euch:
Was ihr getan habt einem von diesen meinen
geringsten Brüdern, das habt ihr mir getan.'"*
Matthäus 25,34-40

Mir wurde eine Aufforderung zum Schöffendienst zugestellt. Ich sollte an einem bestimmten Tag erscheinen. Meine jüngere Tochter hatte als Schöffe gedient und meinte, es wäre auch für mich eine gute Erfahrung. Man würde auch sehen, wie ein Teil unserer Steuergelder ausgegeben wird. Da es schon die zweite Aufforderung war, konnte ich mich nicht verweigern.

Am vorgegebenen Tag ging ich zum Gericht, wo die Auswahl der Schöffen stattfinden sollte. Der Raum füllte sich, und ich stellte fest, dass es da Menschen unterschiedlicher Rassen gab. Den Namen nach zu urteilen, stammten sie aus vielen Ländern. Ich betrachtete ihre unterschiedlichen Gesichtszüge. Natürlich konnten auch sie erkennen, dass auch ich nicht aus den USA gebürtig war. Auf die endgültige Zusammensetzung des Schöffengerichts war ich gespannt.

Uns wurden Fragen gestellt wie „Sind Sie ein Bürger der USA?", „Sind sie über 18 Jahre alt?", „Verstehen sie gut Englisch?", „Sind Sie wegen eines kriminellen Vergehens schon einmal verurteilt worden?" Ich dachte an den Tag des Gerichtes, wenn wir alle vor dem Richter des Weltalls erscheinen müssen. Die Bücher werden aufgetan, Fragen werden gestellt. Taten, sowohl gute wie schlechte, werden offenbart. Welch ein Tag wird das sein!

Menschen aus der ganzen Welt werden vor dem großen Richter erscheinen. Was werden sie zu hören bekommen? „Denn ich bin hungrig gewesen, und ihr habt mir zu essen gegeben. Ich bin durstig gewesen, und ihr habt mir zu trinken gegeben. Ich bin ein Fremder gewesen, und ihr habt mich aufgenommen. ... Wahrlich, ich sage euch: Was ihr getan habt einem von diesen meinen geringsten Brüdern, das habt ihr mir getan." Oder werden wir hören, wie er sagt: „Was ihr nicht getan habt einem von diesen Geringsten, das habt ihr mir auch nicht getan" (Matthäus 25, 45).

Dann wird die wichtigste Frage lauten: „Bist du ein Bürger meines Reiches?" Hast du dich Jesus Christus, deinem Erlöser, vollständig anvertraut und einen Platz in seinem Reich angenommen?

Ofelia A. Pangan

5. Juni

Durch das Tal

*„Und geht es auch durch dunkle Täler, fürchte ich mich nicht,
denn du, Herr, bist bei mir. Du beschützt mich mit
deinem Hirtenstab."*
Psalm 23,4 (Hfa)

Es ist immer schwer, durch ein Tal zu wandern, wenn der Schatten des Todes bevorsteht. Diese Wanderung fängt bei der Diagnose des Arztes an: Nierenversagen, Krebs oder Herzprobleme. Die Bezeichnungen sind unterschiedlich, aber der langsame Weg durch das schreckliche Tal ist ähnlich. Und während wir wandern, überschatten uns die Berge: Was wird mit meinen Kindern? Wie soll ich die Kosten bewältigen? Wie lange kann ich diesen Schmerz ertragen? Werde ich jemals das Krankenbett verlassen? Jeder Berg scheint bedrohlicher zu sein, und wir zittern in seinem Schatten.

Oft geraten wir auch deshalb in dieses Tal, weil ein Elternteil an Alzheimer, eine Tochter an Brustkrebs, eine Schwester an Leukämie oder ein Ehemann an Prostatakrebs erkrankt ist. Wir besuchen die Krankenzimmer, in denen unsere Lieben mit Schmerzen liegen, und wünschen, an ihrer Stelle leiden zu können. Die lebenserhaltenden Geräte machen uns mit ihrem Piepsen Angst. Die Untersuchungen verwirren uns, und die Therapie ist sogar den Mutigsten ein Schrecken.

Aber wenn wir nach oben sehen und unseren Blick auf Jesus richten, finden wir Trost: „Ich fürchte mich nicht, denn du, Herr, bist bei mir." Und wie das sanfte Morgenrot des erwachenden Tages geht bei uns die Erkenntnis auf. Inmitten der Schmerzen, trotz der Berge von Rechnungen, trotz der Sorgen um die Zukunft haben wir keine Angst, weil wir unserem Partner bei der Wanderung vertrauen können.

Wir könnten uns keinen erfahreneren Begleiter in diesem Tal wünschen. Er ging durch die Straßen Galiläas mit Jairus, dessen Tochter todkrank war. Der verzweifelte Vater war zu Jesus gekommen, der das kleine Mädchen mit einem Satz wieder zum Leben erweckte. Er berührte die blinden Augen, und sie wurden geheilt. Er begegnete den zehn Aussätzigen und heilte sie alle. In Bethanien war Lazarus bereits vier Tage tot gewesen, als Jesus ankam. Er erweckte ihn wieder zum Leben. Warum sollte ich mir mit solchen Beweisen Sorgen machen? Warum sollte ich meinen persönlichen Kampf durch das finstere Tal fürchten?

Du, meine Freundin, bist vielleicht noch im Tal der Todesschatten. Obwohl sich die Berge über dir türmen, zeige doch der Welt dein Lächeln! Du bist auf dieser Wanderung nicht allein. Du hast einen Begleiter. Der Hirte ist an deiner Seite.

Annette Walwyn Michael

6. Juni

Wachstumshilfe durch Unkraut

*„Mit meinem Gott über die Mauer springen.
Dieser Gott – sein Weg ist vollkommen!"
2. Samuel 22,30b.31a (SLT)*

Letztes Jahr hatte ich das erste Mal meinen eigenen Garten. Das Stück Land war im Jahr zuvor noch Ackerland gewesen, weshalb das Unkraut üppig wucherte. Der Bauer hatte ein Stück seines Ackers für mich zur eigenen Nutzung abgetrennt.

Eines Morgens, als meine Kleinen noch schliefen, ging ich in den Garten, nicht weit von unserem Haus entfernt. Da wir viel unterwegs gewesen waren und ich auch sonst mit meinen drei kleinen Kindern sehr beschäftigt war, kam das Unkrautjäten viel zu kurz. So unterzog ich nun in aller Frühe den Zustand meines Gartens einer näheren Betrachtung. In meinem Herzen ließ ich meine Gedanken in der Frische des Morgens in Gottes Weite los.

Meine besondere Aufmerksamkeit galt den Erbsen. Sie standen genau am Rand meines Gartenstücks. Gleich daneben waren Futterpflanzen für das Vieh des Bauern samt vielen Unkräutern gewachsen. Diese waren sehr hoch und in meinen Garten eingedrungen. Die Erbsen hatten nichts Besseres zu tun, als an den Unkräutern hinaufzuklettern. Sie benutzten diese scheinbaren Störenfriede, um noch weiter nach oben sprießen zu können. Sie ließen sich nicht im Geringsten von den feindlichen Pflanzen stören, sondern nahmen die Gelegenheit wahr, durch sie noch kräftiger zu werden.

Sogleich stand mir die Parallele zu meinem Leben vor Augen.

Wie leicht lasse ich mich von den Hindernissen und Schwierigkeiten in meinem Leben entmutigen! Hier und da ein Stolperstein. Schwierige Beziehungen, ausweglose Problemberge, Dinge, denen ich nicht gewachsen bin. Doch alles, was mir im Alltag begegnet, muss zuerst an meinem allmächtigen Vater vorbei. Sein Plan ist es, dass ich gerade an den augenfälligen Problemen emporwachse, reifer werde, im Glauben über Dinge hinwegsehe. Oh, wenn es doch so einfach wäre, wie es sich anhört!

Herr, lass mich aufhören zu klagen! Lass mich anfangen, dich zu preisen für alle diese kleinen und großen Unkräuter in meinem Leben. Nichts geht an dir ungehört und ungesehen vorbei. Du hast in deiner überaus großen Weisheit alle Dinge genau dort platziert, wo ich wieder ein Stückchen über mich hinauswachsen soll. Schenk mir Mut, in diesen Tag zu gehen, ohne beim ersten Stolperstein zu straucheln! Schenk mir deinen Blick für alle Dinge, die mir begegnen! Lass mich in freudiger Erwartung auf deine Lösungen hoffen!

Daniela Misiunas

7. Juni

Versöhnung

"Daran erinnere sie und bezeuge vor dem Herrn, dass sie nicht um Worte streiten, was zu nichts nütze ist als zum Verderben derer, die zuhören."
2. Timotheus 2,14

In schöner Regelmäßigkeit besuchten uns Gläubige einer anderen Glaubensrichtung. Ich freute mich auf ihre Besuche, denn wir hatten immer gute Gespräche. Die letzte Begegnung verlief leider nicht so harmonisch. Ihre Startfrage lautete: „Wie viele Gebote gibt es?" „Zehn natürlich", war meine Antwort. „Falsch", wurde ich aufgeklärt, „es gibt nur noch eines." Ich war zunächst sprachlos und bat um Aufklärung darüber, was mit den restlichen passiert sei. „Aufgehoben!", wurde ich belehrt. Das vierte Gebot somit gänzlich gestrichen, keinen Sabbat mehr – meine adventistische Seele schrie auf.

Der Glaubensstreit wurde hart und laut, ich verteidigte meinen Standpunkt. Die Herren waren über meine Worte sauer, ich nannte sie Irrlehrer. Sie packten ihre Bibeln ein und verabschiedeten sich. Hinterher hat es mir aufrichtig leid getan, so lieblos zu ihnen gewesen zu sein, aber gesagt war gesagt.

Einen Monat später waren wir zu einem Geburtstagsempfang eingeladen. Die Gäste waren bunt gemischt. Vom Apotheker bis zur „Lotos-Tänzerin" war alles vertreten. Ich war über die Vielfalt der Geladenen erstaunt.

Mein Mann und ich teilten den Tisch mit einem sehr sympathischen Ehepaar. Wir waren sofort in ein Gespräch verwickelt. Das Programm war mit christlichen Beiträgen durchwoben. Wir kamen auf den Glauben zu sprechen, und siehe da, das Ehepaar entpuppte sich als bekennende Gläubige eben der Glaubensrichtung, mit deren Anhänger ich meinen Disput gehabt hatte. Das war meine Gelegenheit!

Ich erzählte ihnen, dass ich zwei ihrer Glaubensbrüder verärgert hätte und ich mir deshalb Gewissensbisse machen würde. Sofort waren sie bereit, als Friedensstifter zu fungieren und meine Entschuldigung weiterzuleiten.

Das taten sie auch, denn kurze Zeit nach unserem Gespräch klingelte es an der Haustür. Die zwei Herren waren wieder da. Große Freude herrschte auf beiden Seiten. Wir feierten die Versöhnung und dankten Gott, dass er dafür gesorgt hatte, diese Verstimmung zu beseitigen.

Vielleicht hat meine (Un-)Tat etwas dazu beigetragen, dass sich in Zukunft unsere beiden Glaubensrichtungen in unserer Gegend besser verstehen.

Ursula Ziegler

8. Juni

Kann Gott für mich sichtbar werden?

„Und Mose sprach: ‚Lass mich deine Herrlichkeit sehen!'"
2. Mose 33,18

Ein leeres Blatt erscheint vor mir auf dem Computer. Am liebsten würde ich es von dir, liebe Leserin, mit der Antwort auf meine Frage, ob du Gott schon einmal gesehen hast, füllen lassen. Natürlich weiß ich, dass man Gott nicht sehen kann, aber vielleicht gibt es für dich etwas, bei dem du das Gefühl hast, dass er dir gerade in diesem Augenblick ganz besonders nahe ist.

Es gibt Tage, die sind mit Sorgen und trüber Stimmung erfüllt. Manchmal scheint es, als schleppte ich schwere Steine mit mir herum. Hilflos bin ich dem Druck der Lage ausgeliefert. Noch so gründliches Nachdenken bringt keine brauchbare Lösung. Der Verstand erinnert mich daran, dass es Gott gibt, dem man vertrauensvoll das Problem in die Hände legen kann. Das mache ich auch bereitwillig, aber das Herz fühlt sich trotzdem noch schwer an. Der Friede und die Freude, die Gott verspricht, wollen nicht so recht in mir aufkommen. Als wäre ich in eine Ecke gedrängt, verharre ich bewegungsunfähig in meiner Not. Um den Kopf ein wenig freizubekommen, gehe ich spazieren. Bewegung und frische Luft tun gut, auch wenn sich der Himmel meiner Stimmung angepasst hat und mit vielen schweren, dunklen Wolken behangen ist. Nachdem ich schon eine Weile unterwegs bin, öffnet sich plötzlich ein Spalt in den Wolken und Licht dringt durch. Wie ein Fächer bahnt es sich mit hellen Strahlen unaufhaltsam den Weg durch die dichte Wolkendecke. Gefesselt von diesem Schauspiel bleibe ich stehen und spüre mit einem Mal die Gegenwart Gottes, als würde er sich für mich sichtbar machen wollen. Freude zieht in mein Herz, und ein Gefühl des Friedens macht sich in mir breit. Jetzt ist Gott für mich tatsächlich sichtbar.

Eine liebe Freundin hat mich eingeladen, mit ihr einen flotten Spaziergang zu unternehmen. Nach einem langen Tag im Büro freue ich mich auf ein bisschen Bewegung. Im Nu ist eine Verabredung getroffen. Als ich dann mein Auto am vereinbarten Treffpunkt einparke, prasselt ein starker Gewitterregen auf Feld und Flur. Erfahrungsgemäß hört der Regen bald auf, dann können wir unsere Runde in der frisch gewaschenen Natur starten. Und tatsächlich – als wir losmarschieren wollen, kommt die Sonne wieder zum Vorschein, und es breitet sich über den Häusern ein wunderschöner, großer Regenbogen aus. Mächtig und in kräftigen Farben überspannt er den Himmel. Augenblicklich freue ich mich über diesen Gruß von Gott. Ich bin ihm sehr dankbar dafür, dass er den Regenbogen immer wieder erscheinen lässt. Dadurch macht er sich für mich sichtbar, auch wenn das nur ein kleiner Teil von ihm ist. Auch darin kann man die Liebe Gottes erahnen, dass er sich uns nur in kleiner Dosierung zu erkennen gibt. Aber dieser Bogen weckt in mir die Vorfreude auf den Tag, an dem wir Gott in seinem ganzen Ausmaß sehen und ihm unmittelbar gegenüberstehen können. Dann werden wir fähig sein, ihn in seiner ganzen Größe zu erfassen und zu ertragen. Mit diesem Ziel vor Augen möchte ich meinen Weg durch das Leben gehen, immer mit wachem Auge für die sichtbaren Hinweise auf Gottes Gegenwart.

Erika Kellerer-Pirklbauer

9. Juni

Kleine Radtour

*„Und geht es auch durchs dunkle Tal – ich habe keine Angst!
Du, Herr, bist bei mir; du schützt mich und führst mich,
das macht mir Mut."*
Psalm 23,4 (GN)

Da wir in diesem Jahr einen Urlaub ohne Auto geplant hatten, radelten wir mit unseren Fahrrädern an einem Mittwoch zum vereinbarten Kundendienst in eine 20 Kilometer entfernte Stadt. Die Fahrt dorthin war schön, immer Radwege und am Wald entlang. Wir mussten uns beeilen, um noch vor Geschäftsschluss am Fahrradladen anzukommen. Meine Kinder und ich nahmen uns vor, nach Abholung der Räder gemütlich heimzuradeln und auch eine Pause einzulegen.

Es sollte aber anders kommen. Es war ein herrlicher, sonniger Freitag. Es war warm, und unserem Vorhaben stand nichts im Wege. Ich packte eine kleine Brotzeit und Getränke in eine Tasche. Mein Mann fuhr uns mit dem Auto zum Fahrradhändler, wo die Räder bereits frisch gerichtet auf uns warteten. Es war bereits halb sechs Uhr Abend, als meine Kinder und ich den Rückweg per Rad antraten. Mein Mann fuhr mit dem Auto nach Hause.

Wir waren erst ein paar Kilometer weit gekommen, da verfinsterte sich der Himmel, und dunkle Wolken zogen auf. Die Dunkelheit lag hinter uns, wir fuhren ins Helle. Wir radelten nun doch etwas schneller, wollten dem schlechten Wetter davonfahren. Dann kam auch noch ein starker, kalter Wind auf. Die Bäume rauschten, die Blätter wirbelten umher. Es zog ein Gewitter heran. Mir wurde angst und bange. Dann fing es auch zu tröpfeln an. Wir radelten noch schneller. Wir durchfuhren ein kleines Dorf, wo ich einen Torbogen erblickte. Zu meinen Kindern sagte ich: „Hier bleiben wir stehen und warten das Gewitter ab." Kaum waren wir unter dem Torbogen, als es anfing, wie aus Eimern zu schütten. Das war Rettung in letzter Minute. Der Wind pfiff gewaltig, es war sehr stürmisch. Nur ein paar Meter vom Torbogen entfernt sah ich ein Festzelt. Ich rannte dort hin und fragte, ob wir hinein dürften. Meine Kinder, unsere Fahrräder und ich waren nun in Sicherheit und im Trockenen. Einige Leute versuchten, das Zelt vor den Wassermassen und dem Wind zu schützen. Unsere Fressalien verzehrten wir nun auf den Bierbänken. Um uns die Zeit zu vertreiben, spielten wir „Wir packen unseren Koffer". Etwa 1 ½ Stunden verbrachten wir in diesem Zelt. Es war uns zwar kalt, aber wir wurden nicht nass und hatten sogar noch Gesellschaft. Als Sturm und Regen aufhörten, schwangen wir uns wieder auf unsere Drahtesel und radelten die restlichen Kilometer nach Hause, wo bereits mein Mann auf uns wartete.

Während der ganzen Zeit hatte ich unseren heutigen Bibelvers im Kopf. Wir fuhren durchs dunkle Tal, weil sich der Himmel verfinsterte. Gott war immer bei uns und schützte uns. Und zur rechten Zeit ließ er uns anhalten und Geborgenheit im Zelt finden. Wenn Gott bei uns ist, brauchen wir keine Angst zu haben und können ihm für seine Führung und Bewahrung danken.

Sandra Widulle

10. Juni

Der Spaziergang

*„Herr, wie sind deine Werke so groß und viel! Du hast sie alle
weise geordnet, und die Erde ist voll deiner Güter."*
Psalm 104,24

Mein Lieblingsweg breitet sich vor mir aus. Als dunkel gefärbtes Band schlängelt er sich den Hügel hinab, leitet mich ins Tal zwischen die Häuser. Mein Blick aber zieht am Waldsaum entlang zur Talsohle und weiter den Nachbarhügel hinauf. Wie friedlich streichelt dieses Bild mein Inneres. Auf der linken Seite der Wald über den Hügeln, vor mir die Wiese mit den Obstbäumen, dazwischen weiden Pferde in der Ferne.

Die Blüten an den Ästen der Bäume, an denen ich vorbeigehe, machen mich auf ihren Duft aufmerksam. Eine leichte Brise trägt den Duft der Wiesenkräuter herbei, als hüllten sie mich ein – wunderbare Stimmung rundum. Der blaue Himmel bewölkt sich sanft. Eine große Wolke, am Rand schneeweiß und wie mit Licht durchflutet, schiebt sich soeben vorbei.

Hummeln schwingen sich von Blüte zu Blüte und suchen den Nektar im Blütenmeer. Ich bleibe stehen und schaue, erlebe Bewegung, ohne mich zu rühren. Radfahrer huschen vorbei, leise oder in Gruppen übermütig lärmend, während der Fahrt in Wortwechsel vertieft. Mich wundert, dass Fahrradfahren so laut sein kann! Fußgänger grüßen mich, ich bin ihnen vertraut. Es berührt mich, Vertrautheit von Menschen angeboten zu bekommen, deren Nähe ich noch nicht erlebt habe. So hat ein kleiner Ort seine Geheimnisse.

Die Luft riecht nach Feuchtigkeit; abgemähtes Gras verbreitet kostbare Frische. Kein Tag gleicht dem anderen. Gestern noch lag bleierne Schwüle auf allem, was lebt. Heute singen die Vögel um die Wette, und die Greifvögel ziehen ihre Kreise über denHügeln. Jetzt ins Gras legen und schauen! Doch es ist noch zu kalt!

Des Nachbarn Katze schnurrt und streicht mir um die Beine, sucht Kontakt. Ein Hund kommt mit gestrecktem Kopf auf mich zu, stutzt und wendet sich gleichgültig ab – Er kennt mich.

Dankbarkeit lässt mein Gesicht erstrahlen. Wie schön kann bewusstes Sehen sein! Ist es nicht immer auch ein Aufsehen auf den, der uns diese Freude schenkt? Herr, ich danke dir für diesen Tag der Muße! Gib mir immer wieder rechtes Sehen – auch auf meinem Lieblingsweg!

„O wär ich dort! O stünd ich schon, ach süßer Gott, vor deinem Thron und trüge meine Palmen! So wollt ich nach der Engel Weis erhöhen deines Namens Preis mit tausend schönen Psalmen." (Paul Gerhardt, 1653)

Christel Mey

11. Juni

Warum sich das Rotschwänzchen und der Heilige Geist ähneln

„Denn die Liebe Gottes ist ausgegossen in unser Herz durch den Heiligen Geist, welcher uns gegeben ist."
Römer 5,5

Heute Morgen haben Alex und ich am Frühstückstisch gesessen, als etwas seine Aufmerksamkeit fesselte. Doch wie sehr ich mich auch reckte und schaute, ich konnte es einfach nicht entdecken. Als er mein Bemühen sah, lächelte er und erzählte mir, dass am Fenster ein Rotschwänzchen sitze. Es war eindeutig da, mein Mann konnte es ja sehen. Weil ich aber in einem anderen Winkel zum Fenster saß, war es für mich unsichtbar.

Immer wieder erlebe ich Ähnliches. Es ist etwas da, obwohl ich es nicht sehe. Dann ertappe ich mich dabei, wie ich darüber nachdenke, ob es das nun gibt oder nicht.

Neulich ist es mir mit dem Beten genauso ergangen. In der Bibel steht, dass Gott unsere Gebete erhört. Und dann beten wir und beten wir und nichts geschieht. Irgendwann fange ich zu zweifeln an, ob das alles wirklich stimmt. Die Menschen, die die Bibel geschrieben haben, erzählten eine wahre Geschichte. Doch im Augenblick empfinde ich das nicht so.

Dann ist Gottes Wort wie das Rotschwänzchen vor unserem Fenster. Es ist da, ich glaube es nur nicht. Geht es dir auch so? Dann brauchst du Freunde, die dir sagen, dass das alles wirklich stimmt. Wenn du in so einer Lebenslage keine Freunde hast, ist das schade, aber nicht so schlimm. Gott hat einen Freund, der dir auf jeden Fall helfen kann. Die Bibel nennt ihn den Heiligen Geist. Gleich dem Rotschwänzchen ist er da, aber du kannst ihn nicht sehen. Dieser Freund hilft dir, Dinge zu verstehen, die dir sonst verhüllt blieben.

Herr, hilf mir, auch dann zu glauben, wenn ich Zweifel hege!

Claudia DeJong

12. Juni

Der Schöpfer ist dein Ehemann

„*Denn dein Schöpfer ist dein Ehemann. Sein Name ist Herr,
der Allmächtige! Er, der Heilige Israels, ist dein Erlöser,
er wird der Gott der ganzen Erde genannt.*"
Jesaja 54,5 (NL)

Ich war Anfang zwanzig und neu zum Glauben gekommen. Nach einer fehlgeschlagenen Beziehung mit einem jungen Mann hatte ich das Bedürfnis, Freundschaften mit anderen christlichen jungen Leuten auf der ganzen Welt zu knüpfen. Ich war nicht wirklich auf der Suche nach einem neuen Freund, aber ich dachte, dass es auf meinem Weg mit dem Herrn hilfreich sein könnte, mit Gleichgesinnten in Verbindung zu treten. Ich stieß auf ein Inserat für einen Katalog, der angeblich Menschen half, „weltweite Kontakte" zu knüpfen. Das klang gut. Darum stellte ich ein Bild von mir zur Verfügung – mit der klaren Aussage: „Ich suche Kontakte mit Christen auf der ganzen Welt". Ich ahnte nicht, dass es sich in Wirklichkeit um eine Werbung für Menschen handelte, die einen Ehepartner suchten. Während der nächsten Monate erhielt ich Briefe von Männern aller Altersgruppen, aus der ganzen Welt, nicht einmal unbedingt von Christen, die mich heiraten wollten! Das fand ich abstoßend. Am Schluss wollte ich die Briefe nicht einmal mehr aufmachen, da ich wusste, dass sie weitere Heiratsanträge enthielten.

Wie ist es aber mit dem Heiratsantrag des Herrn? Hatte ich ihn wirklich eingeladen, die volle Herrschaft über mein Leben anzutreten? Wie oft hatte ich mein Herz vor seiner Stimme verhärtet, auch nach meiner Bekehrung! Und trotzdem wollte er eine enge Beziehung mit mir eingehen, die der irdischen Beziehung zwischen Ehemann und Ehefrau ähnelt.

Es war erst nach einer weiteren unglücklichen Beziehung, dass ich mein Leben Gott völlig übergab und mich für die Taufe entschied. Seitdem – und das war vor mehr als 10 Jahren – bin ich alleinstehend. Während dieser Zeit hat mir der Herr viele wertvolle Lektionen erteilt. Ich bin jetzt mit Jesus Christus verheiratet – und trotzdem schließe ich nicht aus, dass ich eines Tages einen irdischen Ehemann haben werde. Der Herr hat in uns den Wunsch nach Ehegemeinschaft hier auf Erden gelegt, und ich habe ihn schon oft gefragt, warum er mir noch nicht „meine andere Hälfte" gegeben hat. Trotzdem bin ich in dieser „Unvollkommenheit" gesegnet, weil er das Fehlende ersetzt hat.

„Ihr seid durch eure Einheit mit Christus damit erfüllt. Er ist Herr über alle Herrscher und alle Mächte." (Kolosser 2,10 NL) Er wird mich niemals im Stich lassen und weiß genau, was für mich wann das Beste ist. Danke, Herr, für die Gabe, allein zu sein!

Daniela Weichhold

13. Juni

Ein warmes Plätzchen

„Er gibt mir neue Kraft. Er leitet mich auf sicheren
Wegen, weil er der gute Hirte ist."
Psalm 23, 3 (Hfa)

Wieder einmal ging ich mit meinen Pfadfindern wandern. Wie immer trug jeder alles, was er für diese Tage benötigte, auf dem Rücken. Wir legten alles mit einem Gebet in Gottes Hände. Die Sonne schien, sodass alle neun (sieben Pfadfinder und zwei Betreuer) guter Dinge waren. Am ersten Tag kamen wir bis zum Römerstein. An der Feuerstelle kochten wir unser Abendessen. Dann legten wir uns zum Schlafen in die Schutzhütte für die Wanderer. In der Nacht fing es zu regnen an. Das machte uns nichts aus, denn wir lagen ja im Trockenen. Der Regen hörte nicht auf. Ich hatte bedauerlicherweise zu Beginn der Tour die Regensachen der Kinder nicht überprüft. So fehlte den meisten Kindern ein guter Regenschutz. Dann klagte Annika auch noch über Schmerzen im Bein. Bald darauf fing noch Marie zu jammern an, dass ihr kalt sei. Ich versuchte sie aufzumuntern. Trotz Gepäck sprang ich mit ihr herum, damit ihr wieder warm würde. Alle Bemühungen meinerseits fruchteten nichts, sie reagierte richtig hysterisch. Bei all dem hatte ich zudem stets Annika im Blick, damit sich diese nicht überanstrengte. Unsere Stimmung war so auf dem Nullpunkt (Regen und Geschrei von Marie), dass keiner darauf achtete, ob wir noch auf dem richtigen Weg waren. So kam es, dass wir eine Abzweigung übersahen. Mein Begleiter meinte „Wir sind wohl falsch gelaufen." Mein Kommentar lautete nur: „Vielleicht will Gott uns in diesem Dorf haben, das nun vor uns liegt."

Zunächst war mir gar nicht aufgefallen, dass ich die ganze Zeit innerlich ruhig blieb und auch Maries Geschrei an mir abprallte. Ich danke Gott heute noch dafür, dass er die Situation im Griff hatte und uns durchtrug. Weder Schlafmangel noch meine Sorge um Annika noch das Geschrei von Marie noch Regen, Kälte und schwerer Rucksack konnten mir die innere Ruhe und Gelassenheit rauben. Gewöhnlich setzen mir solche Dinge sehr zu und bringen mich schnell aus dem Gleichgewicht. Ruhe und Geborgenheit in Gottes Hand – das hatte ich jetzt erlebt. Ich hatte diese schwache Seite von mir Gott schon vor längerer Zeit im Gebet vorgebracht, doch erst jetzt wurde mir bewusst, dass Gott mein Gebet nicht vergessen hatte.

Ja, und wie ging die Geschichte aus? Wir kamen aus dem Wald heraus. Der Weg führte geradewegs auf ein schönes Bauernhaus zu. Ich klingelte. Ein Mann öffnete. Ich schilderte ihm unsere missliche Lage, und er und seine Frau nahmen uns für die nächsten zwei Tage in ihr Haus auf. Wir mussten uns also verirren, weil Gott uns in diesem Dorf haben wollte. Er hatte schon ein warmes Plätzchen für uns bereitet. So wunderbar führt Gott. Er gab mir Kraft und Ruhe in dieser für uns ungewöhnlichen Lage. Er leitete uns auf dem sicheren und richtigen Weg wie ein guter Hirte.

Helga Konrad

14. Juni

Stella aus Trojan

*"Siehe, um Trost war mir sehr bange. Du aber hast dich
meiner Seele herzlich angenommen, dass sie nicht verdürbe,
denn du wirfst alle meine Sünden hinter dich zurück."*
Jesaja 38, 17

Es ist nicht so einfach, einen Gottesdienst im Ausland zu erleben, wenn man die Landessprache nicht spricht. Am ersten Sabbat übersetzte unsere Schwiegertochter die Predigt, und wir wurden dadurch geistlich gestärkt. Eine Woche später hatten wir leider keinen Übersetzer zur Verfügung. Wir hörten, dass in den Sommermonaten eine Frau im Gemeindehaus wohnt, die deutsch spricht. Darum betete ich im Stillen, dass Gott mich heute für diese Frau zum Segen werden lässt. Ich klopfte an ihre Tür und betrat ein kleines Zimmer. Aus dem Fernseher dröhnte lautstark Werbung an meine Ohren. Eine alte Dame lag in einem rosa Satin-Morgenmantel im Bett und schaute mich erwartungsvoll an. Ich begrüßte sie auf Deutsch, und sie erwiderte meinen Gruß. Nachdem der Fernseher zum Schweigen gebracht worden war, stellte ich mich vor. Ja, wir konnten uns ganz gut in meiner Sprache unterhalten. Sie erzählte mir, dass sie Ärztin war und auch mehrfach nach Deutschland zu medizinischen Studien eingeladen wurde. Mit ihren 82 Jahren lebte sie sichtlich auf, als sie von meiner Heimat sprach. Sie hatte ein Haus in Sofia (Bulgarien) und lebte nur im Sommer hier. Dieses Haus hatte sie ihrer Cousine, einer Adventistin, verkauft, die es der Gemeinde zur Verfügung stellte.

Stella lebte allein, ihr Mann war bereits gestorben und Kinder hatten sie keine. In den folgenden zwei Stunden erzählte sie mir vieles aus ihrem Leben. Später fragte ich sie nach ihrem Verhältnis zu Gott. „Nun ja, Ingrid, ich bin immer Ärztin und Wissenschaftlerin gewesen, der Glaube an einen unsichtbaren Gott passte nicht in mein Leben!"

Ich durfte ihr aus meiner Vergangenheit große und kleine Erfahrungen mit dem treuen Vater im Himmel berichten. So etwas hatte sie auch schon von ihrer Cousine gehört, aber das Gehörte meistens verdrängt. Während sie so sprach, betete ich still für sie. Plötzlich brach es aus ihr heraus: „Ich habe meinen Selbstmord für nächste Woche schon geplant!" Ich war geschockt! Doch dann sagte ich ihr: „Stella, ich glaube, Gott hat mich noch rechtzeitig zu dir geschickt, um das zu verhindern!"

In einfachen Worten erklärte ich dieser hoch gebildeten Dame nun den Plan Gottes für uns Menschen. „Du brauchst dein Leben nicht wegzuwerfen, denn Gott hat dich lieb und wird dich noch reich beschenken!"

Inzwischen bin ich wieder zu Hause. Auf ihren Wunsch hin haben wir Telefonkontakt und sind gespannt, wie Gott für sie sorgen wird.

Ingrid Bomke

15. Juni

Licht des Regenbogens

„Ihr seid das Licht der Welt."
Matthäus 5,14

Ich habe einen kleinen Regenbogenmacher an einem meiner Fenster. Das Sonnenlicht scheint auf eine kleine Scheibe und erzeugt so viel Kraft, dass sich dieses Prisma aus Glas dreht. Wenn die Sonne scheint, dringt das Licht durch das Prisma und verteilt sich sanft in allen Regenbogenfarben auf das Zimmer. Das Prisma ist aber auch schön, wenn die Sonne nicht scheint. Doch die Sonnenenergie schafft Bewegung und ermöglicht es, dass das volle Spektrum der Farben zum Vorschein kommt.

Während ich an einem ruhigen Morgen da saß und die Regenbogenfarben betrachtete, überlegte ich, was Gott von mir erwartet und welches Licht ich in die Welt ausstrahlen sollte. Ich erinnerte mich an den Physikunterricht, dass wir ohne Licht keine Farben erkennen können. Wie kann mein Licht die göttlichen Farben in der Welt der Menschen um mich herum erkennbar machen? Ich dachte über die verschiedenen Farben des Lichts in meiner Welt nach und wie sie mir mehr Verständnis darüber geben könnten, was es heißt, Gottes Regenbogenfarben auszustrahlen. Hier einige meiner Gedanken:

Rotes Licht – Ampeln und Warnleuchten an einigen Geräten. Vielleicht kann ich andere vor Schaden bewahren und für sie eine Warnleuchte sein.

Oranges Licht – Sicherheitsleuchten. Ich muss wissen, wann ich warten und mit anderen geduldig sein muss.

Gelbes Licht – glitzernde Festbeleuchtung. Ich kann mir überlegen, wie ich Freude ins Leben anderer bringen kann.

Grünes Licht – Ampeln. Wissen, wann man aufstehen und losziehen muss. Ich kann in meiner Liebe für andere tätig sein und dafür den geeigneten Zeitpunkt aussuchen.

Blaues Licht – Das Blinklicht von Rettungsfahrzeugen. Ich kann meine Bedürfnisse für eine Weile zur Seite schieben und anderen in ihren Nöten beistehen.

Violettes Licht – Ultraviolettes Licht. Vielleicht kann das Licht meiner Liebe den Blick auf die Reinheit der glühenden Liebe Gottes auch in den finstersten Orten richten.

Wende heute deine Energiescheibe zu Gottes Licht. Bewege dich, indem du seine Kraft aufnimmst. Streue Regenbögen seiner Liebe, wohin du auch gehst. Lass Gott sein Licht durch dich leuchten, damit auch du ein Regenbogen seiner Liebe sein kannst!

Karen Holford

16. Juni

Anweisungen befolgen

*"Ich will dich unterweisen und dir den Weg zeigen,
den du gehen sollst; ich will dich mit meinen Augen leiten."*
Psalm 32,8

Ich habe eine Arbeit, die verlangt, dass ich viele Orte aufsuche, manchmal kleine Städte und Dörfer im westlichen Teil von Missouri und im östlichen Kansas. Manchmal sind die Anschriften, die ich aufsuchen muss, ziemlich unbekannt. Darum benütze ich im Internet einen Routenplaner, um sie zu finden. Ich kann fast jede Adresse eingeben und die Anweisungen für die Fahrt von meinem Aufenthaltsort her abrufen. Der Computer vermittelt mir genaue Angaben, damit ich mein Ziel erreiche. Wenn ich diese Anweisungen befolge, lande ich gewöhnlich am richtigen Ort.

Manchmal schaue ich mir die Anweisungen und die Landkarte an und denke: Ich könnte leichter oder schneller hinkommen, wenn ich diese kleine Abkürzung nähme. Aber diese Entschlüsse bringen mich oft in Schwierigkeiten. Manchmal komme ich tatsächlich am richtigen Ort an, aber oft genug habe ich mich verirrt. Dann muss ich den Weg wieder zurückfahren, bis ich einen Punkt erkenne, von wo aus ich die Anweisungen wieder befolgen kann.

Natürlich ist auch dieser Routenplaner nicht unfehlbar. Manchmal gibt es Baustellen und Umleitungen oder Ausfahrten, die gesperrt sind. Eines Tages musste ich mehrere zusätzliche Kilometer zurücklegen, weil mich die Umleitung in die verkehrte Richtung geführt hatte.

Gottes Anweisungen für das Leben, die wir in seinem Buch, in der Bibel, finden, sind ziemlich genaue Wegbeschreibungen. Aber manchmal denken wir, dass wir eine Abkürzung nehmen können und es einen einfacheren oder besseren Weg gibt, um an unser Ziel zu gelangen. Aber es gibt keine Abkürzungen, keine einfacheren Wege. Gottes Wort sagt, „Dies ist der Weg; den geht! Sonst weder zur Rechten noch zur Linken!" (Jesaja 30,21). Außerdem enthält Gottes Buch nur gute Anweisungen und ist nie überholt. Der Weg mag uneben und voller Hindernisse sein, aber den Anweisungen sorgfältig zu folgen, ist die einzige Lösung, um unser endgültiges Ziel – den Himmel – zu erreichen. Satan versucht den Eindruck zu erwecken, dass es zu schwierig sei, und lockt uns auf Umwege und Rückschritte. Aber wenn wir unseren Blick auf Gott richten und jeden Tag sein Wort lesen, finden wir den besten Weg. Ich hoffe, dass du, wie ich, festgestellt hast, dass er uns nie in die Irre führt.

Fauna Rankin Dean

17. Juni

Die Letzten werden die Ersten sein

„So werden die Letzten die Ersten und die Ersten die Letzten sein."
Matthäus 20,16

Als ich auf meiner Rückreise nach Belgien auf dem O'Hare Flughafen in Chicago landete, betete ich, dass ich ohne Probleme in meinen Flieger einsteigen könne. Ich war immer noch von einer anderen, nicht so schönen Erfahrung auf einem amerikanischen Flughafen traumatisiert. Zu meinem Entsetzen wurde meine Befürchtung wahr, als bekannt gegeben wurde, dass das Flugzeug technische Probleme habe und wir auf einen Ersatz warten müssten. Während ich noch über die bevorstehende Verspätung in Brüssel nachdachte, kam die Durchsage, dass ein Ersatzflugzeug gefunden worden sei. Man musste unverzüglich mit dem Einsteigen beginnen, da viele Fluggäste auf Anschlussflüge in Brüssel angewiesen waren. Es galt ein knappes Zeitfenster zu nutzen. Das einzige Problem war, dass die Verpflegung noch nicht an Bord war und die Wagen von ganz hinten nach vorne geschoben werden mussten. Dadurch konnten die Passagiere der ersten und der Businessklasse nicht als Erste einsteigen. Darum beschloss man, die „normalen" Fluggäste zuerst durch den rechten Gang bis nach ganz hinten gehen zu lassen, während die Cateringwagen durch den linken Gang geschoben wurden. Erst danach konnten die betuchteren Leute das Flugzeug betreten.

Ich fand das ganz lustig. Die Leute, die wesentlich mehr für ihre Flugscheine bezahlt hatten, verloren das Vorrecht, als Erste einzusteigen. Das erinnerte mich an die Worte unseres heutigen Bibeltextes. Es handelt sich hier um den Abschluss des Gleichnisses vom Grundbesitzer, der Arbeiter für seinen Weinberg verpflichtet hatte. Er gab jedem den gleichen Lohn, unabhängig von der Arbeitsdauer.

Als ich jünger war, konnte ich dieses Gleichnis nicht verstehen. Mir schien es ungerecht, dass alle den gleichen Lohn bekamen, obwohl sie unterschiedlich lange gearbeitet hatten. Ähneln wir manchmal „Erste-Klasse-Christen" die das Himmelreich gepachtet haben und es wie eine Selbstverständlichkeit betrachten? Meinen wir, dass wir es verdient haben, weil wir schon so lange für den Herrn gelebt und gewirkt haben? Was ist mit den Christen der „zweiten Klasse", die sich später bekehren und nicht mehr so viel Zeit haben, dem Herrn zu dienen und für ihn Seelen zu gewinnen? Gott sei Dank sieht unser Herr es anders.

Wir wollen heute für die Gnade Gottes dankbar sein und bitten, dass sie nie vergeht.

Daniela Weichhold

18. Juni

Hunger haben nach Gott.

"Denn dieser mein Sohn war tot und ist wieder lebendig geworden; er war verloren und ist gefunden worden."
Lukas 15,24

Durch eine Krise in meinem Leben begann ich an Gott zu zweifeln. Ich hatte so viele Fragen an ihn und an sein Wort. Aber dann fing ich an, die Bibel zu studieren, alleine und mit anderen Menschen. Es entwickelte sich ein Hunger nach dem Wort, ich wollte Gott mehr besser verstehen lernen. Für mich kann ich heute sagen, dass mein Hunger gestillt wurde, dass ich Antworten für mein Leben erhalten habe, dass ich Jesus als meinen besten Freund erkennen darf. Ich weiß jetzt, wo ich Hilfe finden kann.

Wenn wir in der Bibel vom „verlorenen Sohn" (Lukas 15,11ff) lesen, dann begegnet uns ein junger Mann, der weg wollte, in die Freiheit, und seinen Hunger mit dem Vermögen stillte, das ihm der Vater vererbt hatte. Doch eines Tages, als er alles verspielt, ausgegeben und verbraucht hatte, wurden ihm seine leeren Taschen bewusst. Er bekam Hunger. Wie sollte er diesen stillen? „Er begehrte seinen Bauch zu füllen mit Schoten, die von den Säuen gefressen wurden" (V.16). Er hat seinen Hunger mit Abfall gestillt, und im übertragenen Sinn war alles, was er in den Taschen hatte, nur noch Mist.

Womit füllen wir unsere Taschen? Suchen wir nach Vergebung, nach Gott, nach Heilung? „Da ging er in sich: Wie viele Tagelöhner hat mein Vater, die Brot die Fülle haben, und ich verderbe hier; ich will mich aufmachen und zu meinem Vater gehen und zu ihm sagen: Vater, ich habe gesündigt gegen den Himmel und vor dir!"

Es ist nur ein kurzer Satz! Ich will mich aufmachen, will umkehren und neu beginnen! Der Ruf Gottes an die Menschen ist letztlich: "Lass alles, was du hast, und folge mir nach!" Vielleicht sind es die eigenen Maßstäbe, der Reichtum, das theologische Wissen, vielleicht der Computer, das Haus oder andere Dinge, die uns von einem Neubeginn mit unserem HERRN abhalten.

Bei einem Leben in Freiheit und mit Christus geht es immer darum, dass wir uns aufmachen und zum Vater gehen, zurück zur Quelle, zu den Wurzeln unseres Lebens. Entdecke, dass du ein von Gott geschaffener Mensch bist, der geliebt wird und für den alles getan wurde, damit er leben kann, jetzt und in der Zukunft!

Der Vater erwartet dich mit offenen Armen und sagt: „Bringt das beste Gewand, lasst uns fröhlich sein und feiern, denn dieser mein Sohn (meine Tochter) war tot und ist wieder lebendig geworden, er war verloren und ist gefunden worden." (Lukas 15, 24)

Ich wünsche uns allen heute einen Hunger nach dem Wort Gottes. Der kurze Satz „Ich will mich aufmachen" soll unser Gebet sein.

Ingrid Naumann

19. Juni

Kleiner Tiger und ein Lächeln.

„Der Fels aber, der sie begleitete, war Christus."
1. Korinther 10,4 (EB)

Ein Juni-Morgen dämmert trüb herauf. Für diese Jahreszeit ist es kalt. Es fällt mir schwer, aufzustehen. Die letzten Monate waren sehr hart für mich. Am liebsten würde ich die Decke über meinen Kopf ziehen oder mich in Luft auflösen. Obwohl ich gerne zu Hause bliebe, weiß ich doch, dass Gott möchte, dass ich den Gottesdienst besuche. Ich nehme meine Bibel und schlage sie einfach auf, um ein paar Verse als Gedankenanstoß für den Tag zu lesen. Es ist das Buch Hesekiel 26,4-5: „Sie werden die Mauern zerstören und seine Türme abbrechen; und ich werde den Staub wegwischen und es zu einem freien Felsen machen ... spricht der Herr." Dieser Text sagt mir nichts, deshalb blättere ich zum Neuen Testament. Matthäus 3,3: „In jenen Tagen kommt Johannes. Die Stimme eines Boten, der in der Wüste ruft: Bereitet den Weg des Herrn!" Das hilft mir auch nicht viel weiter.

Schließlich stehe ich auf und mache mich für den Gottesdienst bereit. Verloren in trüben Gedanken laufe ich an den Rosen vorbei, die den Weg zur Haustür säumen. Da springt plötzlich aus den Büschen ein kleiner orange-roter Blitz mit einem lauten „Miau" an mein Bein! Mein Herz macht vor Schreck einen Salto und ich schnappe nach Luft. Doch im nächsten Augenblick muss ich über den gelungenen Scheinangriff lachen. Es ist Tiger, der Kater meiner Schwester. Miauend streicht er nun um meine Beine. Wer könnte da widerstehen! Ich gehe in die Hocke und streichle sein rot getigertes Fell. Er schnurrt zufrieden und sieht mich so unschuldig an, dass ich lächeln muss. Ich glaube, das ist das erste Lächeln, das heute zu meinem Herzen findet. Offensichtlich hatte Gott noch nicht aufgegeben, als ich meine Bibel weglegte. Er hatte noch immer einen Plan, um mein Herz zu erreichen, das sich hinter Mauern von Traurigkeit verbarg. Nun hat er es durch die Zuneigung eines Katerchens erobert. So wurde Tiger zu einem kleinen Boten in der Wüste meiner Tage, um den Weg für Gott zu bereiten, damit Gott die Mauern und Türme der Traurigkeit abbrechen und beseitigen konnte. Auf einmal bekommen die beiden Bibelverse Sinn.

Es ist Abend geworden, und ich gehe im Wald spazieren. Die Vögel singen, und die Ruhe der hohen Bäume hüllt mich ein. Ich muss daran denken, dass mich Gott auch noch in der Kirche mit so manchen frohen Erlebnissen erwartet hat, die meinen Tag erhellten. Deshalb bedanke ich mich bei ihm: „Vater, du hast mit einem kleinen Tiger begonnen und dein Lächeln in meinem Herzen hinterlassen." Und ich weiß wieder: In all unserem Leid wacht er mitfühlend über uns. Indem er uns seine kleinen Boten schickt, versucht er einen Weg vorzubereiten, damit er uns erreichen kann. Mein Gebet ist, dass wir diese Boten nicht übersehen und Gott die Möglichkeit einräumen, die Mauern der Traurigkeit abzubrechen und auch den Staub von unserer Seele zu wischen, alles das, was uns die Sicht nimmt. Denn erst dann sehen wir wieder unter uns den ewigen Felsen des Friedens, der unerschütterlich fest im tobenden Meer unseres Lebens steht, der Fels, der unser Erlöser ist. Und wir stellen fest: Er war eigentlich immer da, die ganze Zeit! Er wird immer da bleiben.

Jaimée Seis

20. Juni

Welche Gebete werden erhört?

„Und als er sich besonnen hatte, ging er zum Haus Marias, der Mutter des Johannes mit dem Beinamen Markus, wo viele beieinander waren und beteten."
Apostelgeschichte 12,12

Das Klopfen war laut und beharrlich, aber es störte auch die Gebetsstunde. Darum versuchten die Gemeindeglieder, es zu überhören. Schließlich ging Rhode, die Magd, zur Tür. Und da stand Petrus. Als er schließlich Einlass fand, erzählte er ihnen, was geschehen war und wie der Herr ihn aus dem Gefängnis herausgeführt hatte. Eine eindeutige Gebetserhörung, oder? Es scheint so.

Aber im ersten Teil des 12. Kapitels der Apostelgeschichte wird berichtet: „Etwa um diese Zeit begann König Herodes Agrippa einige Gläubige in der Gemeinde zu verfolgen. Er ließ den Apostel Jakobus, den Bruder des Johannes, mit dem Schwert hinrichten. Als Herodes sah, dass diese Entscheidung den führenden Männern des jüdischen Volkes gefiel, ließ er Petrus während der Passahfeierlichkeiten verhaften." (Apostelgeschichte 12,1-3 NL)

Jakobus kam um, Petrus blieb am Leben. Glaubst du nicht, dass die Gemeinde auch betete, als Jakobus verhaftet wurde? Ich kann mir nicht vorstellen, dass sie es nicht getan hat – schließlich war er der Leiter der Gemeinde. Diese Gebete wurden nicht erhört. Jakobus wurde getötet. Ist Gott sprunghaft? Hat er Petrus geliebt, aber Jakobus nicht? Haben die Gemeindeglieder nicht genug gebetet, oder benutzten sie nicht die richtigen Worte? Was war los?

Wir lesen Geschichten von wundervollen Erlebnissen, bei denen Menschen vor dem sicheren Tod gerettet wurden. Wir lesen, dass Gott verheißen hat, uns zu helfen. Wir lesen: „Wenn neben dir auch Tausende sterben, wenn um dich herum Zehntausende fallen, kann dir doch nichts geschehen. ... Denn er befiehlt seinen Engeln, dich zu beschützen, wo immer du gehst. ... Der Herr spricht: ‚Ich will den erretten, der mich liebt. Ich will den beschützen, der meinem Namen vertraut. Wenn er zu mir ruft, will ich antworten. Ich will ihm in der Not beistehen und ihn retten.'" (Psalm 91,7-15 NL) Aber wir kennen alle auch Gebete, die nicht erhört wurden. Geliebte Menschen sterben. Unfälle geschehen. Menschen leiden an Krankheiten und Schicksalen. Wir werden entmutigt und sind niedergeschlagen. Was ist los?

Wir leben in einer Welt voller Sünde. Gott erhört unsere Gebete, aber nicht immer so, wie er sie nach unserer Meinung erhören sollte. Manchmal muss er sagen: „Wegen der Sünde geschehen schlimme Dinge. Aber ich bin immer bei dir. Bald werde ich wieder kommen und dann wird nie mehr etwas Böses geschehen. Dann werden all meine Verheißungen endgültig erfüllt." Es geht nicht darum, wie intensiv wir beten, wie gut oder schlecht wir sind, oder welche Worte wir benutzen. Es geht darum, dass Gott alles am besten weiß und sich immer noch um uns kümmert. Wir beten und loben ihn für die Gelegenheiten, bei denen er uns vor Schaden bewahrt hat. Wir sollten ihm auch dafür danken, dass er eines Tages all unsere Gebete erhören wird.

Ardis Dick Stenbakken

21. Juni

Mein Urlaub in Ägypten

*„Du hast geleitet durch deine Barmherzigkeit dein Volk,
das du erlöst hast, und hast sie geführt durch deine Stärke
zu deiner heiligen Wohnung."*
2 Mose 15,13

Wir fuhren in klimatisierten Bussen einen ganzen Tag lang durch die Wüste. Einmal gab es eine Rast in einer Oase, wo wir uns die Beine vertreten und frisches Wasser trinken konnten. Während der ganzen Fahrt und auch in der Oase wurden wir vom Militär sehr gut bewacht.

Bei dieser Reise musste ich an das Volk Israel denken, das vierzig Jahre lang durch diese Wüste gewandert ist. Vierzig Jahre zu Fuß in der Wüstenhitze! Manchmal hatten sie nichts zu essen oder zu trinken. Sie mussten alles, was sie besaßen, mitführen.

Uns allen war der eine Tag schon zu viel, obwohl wir nicht mit Sack und Pack wandern mussten, sondern ganz bequem im kühlen Fahrzeug befördert wurden.

Die Wüstenwanderung war für das Volk Gottes kein Spaziergang. Es gab immer wieder Herausforderungen und Schwierigkeiten, die überwunden werden mussten. Aber sie durften erleben, dass Gott mit ihnen war – am Tag in der Wolken- und in der Nacht in der Feuersäule.

Unser Hotel stand direkt am Roten Meer. Und wieder kam mir das Volk Israel in den Sinn. Ich schwamm in diesem glasklaren, schimmernden Wasser und dachte daran, wie Gott dieses Wasser teilte, damit sein Volk hindurchgehen konnte und vor den Feinden in Sicherheit war.

Was für ein Gott ist doch unser Gott, der solche Wunder tut, um sein Volk auf den richtigen Weg zu führen!

Gott teilt oft auch unsere Wege und führt uns sicher ans Ziel. Manchmal leitet er uns auf Umwege. Den Grund dafür verstehen wir nicht immer. In Gottes Hand sind wir dennoch sicher und geborgen.

Tilli Gelke

22. Juni

Flaschenpost von Gott

*„Als er hörte, dass es Jesus von Nazareth war, fing er an
zu schreien und zu sagen: Jesus, du Sohn Davids,
erbarme dich meiner!"*
Markus 10,47

In meiner Heimatstadt gibt es noch Überreste vom Hansehafen. Als Mädchen war ich mit meinen Schulfreunden oft dort. Vor allem im Sommer, da dort verwilderte Brombeerbüsche am Ufer des Flusses wuchsen. Und um an die ganz dicken Beeren heranzukommen, mussten wir oft ins Wasser steigen. Einmal fanden wir eine verkorkte Flasche und darin einen Brief. Einiges davon ließ sich noch entziffern, unter anderem: „Wenn du noch lebst, dann gib mir ein Zeichen"! Wir wollten damals darauf antworten, aber der Name war zu unleserlich. Trotzdem verfassten wir voller Naivität einen Zettel: „Lieber Herr Unbekannt" Wir steckten ihn in die Flasche und warfen diese in den Fluss, auf Antwort hoffend. Eine lange Zeit ging ich immer wieder zu dieser Stelle, um nachzuschauen, aber nichts kam an.

Ein Strom von Menschen ging in Jericho an Bartimäus vorbei. Er war blind. Als er hörte, dass es Jesus war, schrie er um Hilfe. Bartimäus muss ein Optimist gewesen sein, denn er ergab sich nicht seinem Schicksal, sondern glaubte, was er über Jesus gehört hatte. Wanderer, die an ihm vorbeigegangen waren, hatten sich über Jesus unterhalten, dass er Wunder gewirkt habe usw. Das konnte doch nur der Messias sein! Nun kam Jesus selbst vorbei, und Bartimäus spürte am Wegesrand, dass es der Sohn Gottes war. Um gehört zu werden, rief er sehr laut. Ja, er schrie! Sitzen wir nicht auch manchmal wie blind da und sind verzagt und verzweifelt? Denken wir da nicht auch: „Wenn doch jetzt jemand für mich, für meine Blindheit, da wäre, würde mir das helfen!" Manchmal sollten wir sogar schreien, um von Gott gehört zu werden.

Jesus blieb stehen und sprach: „Ruft ihn her!" Und dann geschah das Unglaubliche: Jesus stellte dem Blinden eine Frage! „Was willst du, dass ich dir tun soll?" Bartimäus antwortete nicht: „Herr, das weißt du doch! Du weißt, dass ich blind bin." Vielmehr bat er voller Zuversicht, dass ihm seine Bitte, sein sehnlichster Wunsch, erfüllt werde! Jesus sagte: „Gehe hin, deine Glaube hat dir geholfen!" Und alsbald konnte Bartimäus wieder sehen und folgte Jesus nach.

Hast du auch so einen Glaubenswunsch an Gott oder eine Bitte, von der du innerlich schon weißt, dass Gott dich nicht enttäuschen wird? Er fragt dich heute: „Was willst du, dass ich dir tun soll?" Gott wird diese Bitte erhören, und du wirst erleben, wie er in deinem Leben wirkt. Genauso können wir für einander da sein. Du musst nur ein Zeichen geben: „Wenn ich etwas für dich tun kann, wenn du Zuspruch brauchst, ein offenes Ohr, eine helfende Hand, wenn du mit mir reden oder mit mir gar schweigen willst, wenn du eine Schulter brauchst, an die du deinen Kopf lehnen kannst, oder einen Arm, der dich hält, oder einfach nur einen Menschen in deiner Nähe, dann lass es mich wissen …"

Silke Donat

23. Juni

Von ganzem Herzen

*„Hört, ihr Israeliten! Der Herr ist unser Gott,
der Herr allein. Ihr sollt ihn von ganzem Herzen lieben,
mit ganzer Hingabe, mit all eurer Kraft."*
5. Mose 6,4.5 (Hfa)

Sich immer an etwas Höherem ausrichten zu wollen und auch zu müssen, ist Teil unseres Daseins. Diese „Unfreiheit" liegt dem Schöpfungsakt zugrunde, einfach deshalb, weil wir Geschöpfe und nicht Schöpfer sind. Und doch besitzen wir sie, die Freiheit, indem wir entscheiden können, wem wir uns voll anvertrauen und welcher „Gott" uns leiten und prägen soll.

Es ist interessant, dass dem Volk Israel immer wieder vor Augen gehalten werden musste: „Der Herr ist unser Gott, der Herr allein!" Auch wenn es so aussieht, als habe dieser Aufruf dem Volk allgemein gegolten, war doch jeder einzelne Israelit damit gemeint. Auch uns und unseren Nachfahren gilt diese Feststellung immer wieder aufs Neue. Deshalb stellt sich mir die Frage: Welche nur allzu menschlichen Gründe gibt es, dass auch in meinem Leben der „Herrschaftsanspruch Gottes", für den ich mich ja aus freien Stücken entschieden habe, ins Wanken gerät? Habe ich in bestimmten Lebenslagen Angst vor ihm oder seinem Handeln? Halte ich es manchmal für möglich, dass er mich nicht mehr liebt oder sogar einen Fehler macht? Bin ich ungeduldig und unzufrieden, weil mein Lebensweg trotz „Treue und Gebet" nicht wunschgemäß verläuft? Halte ich mich an festgelegte Regeln und verpasse dabei gottgewollte Veränderungen?

In solchen oder ähnlichen Situationen kann meine Beziehung zu „meinem Ideal" nur noch halbherzig sein. Plötzlich gibt es da eine „Spaltung", die mich beherrschen und womöglich in eine andere Richtung drängen möchte. Ein „zweiter Gott", dessen Name ganz individuell ist, schleicht sich ein!

Diese „Halbherzigkeit" fordert mich auf, über meine „Hingabe" nachzudenken. Wem gebe ich mich schwerpunktmäßig hin? Wer bekommt Oberwasser? Meine Traurigkeit, Verzweiflung, Verletzung, Kraft- und Sinnlosigkeit … mit Gott auf Platz Nr. 2, oder – trotz Traurigkeit usw. … Gott auf Platz Nr. 1?

Halbherzigkeit und halbe Hingabe führen zur „Kräfteteilung", und mit halber Kraft ein Ziel zu erreichen, kann sehr mühsam sein. Wenn Paulus in 1. Korinther 13,7 von „der Liebe, die alles erträgt, alles glaubt, alles hofft und allem standhält", spricht, kann damit vordergründig nur die Aufforderung meiner Liebe zu Gott gemeint sein. ER liebt mich „von ganzem Herzen, mit ganzer Hingabe und all seiner Kraft" – dem will auch ich nacheifern.

Waltraud Schneider-Kalusche

24. Juni

Eine Rosenkrone in der Hand der Liebe

„Ich habe dich schon immer geliebt. Darum habe ich dich zu mir gezogen, aus meiner ganzen Zuneigung." Jeremia 31,3

Die Junisonne spielt auf rosa Blütenblättern und lässt sie aufleuchten. Sind Rosen nicht herrlich? Diese hier sind es für mich auch ganz besonders, da die Sorten bereits Jahrhunderte alt sind. Sie blühen in sanften Farben von Rahmweiß über Muschelrosa bis Tiefrot. Und ihr Duft ist unbeschreiblich – würzig, süß und voll. Schon die Namen allein sind wie Gemälde und Düfte: „Rosa Centifolia" – Rose der hundert Blütenblätter, „Celeste" – die himmlische Rose, und all die anderen. Die „Vierjahreszeiten-Rose" ist wahrscheinlich die älteste von allen, sie soll schon vor über 2000 Jahren in griechischen Gärten geblüht haben. Rhodos war die Insel der Rosen. Von ihr stammt unsere Bezeichnung „Rose". Und der Name der Dienerin Rhode in der Bibel, die den Nachfolgern Christi in gefahrvoller Zeit diente, ist von Rhodos abgeleitet und bedeutet nichts anderes als „Rose". Ich beuge mich über eine Rosenblüte, ziehe genießend den Duft ein. Dann nehme ich einen abgestorbenen Zweig, um ihn abzuschneiden. Aber noch schneller, als ich ihn berührt habe, zucke ich zusammen, „Au!" Ich reibe meinen Handrücken, auf dem eine rote Linie erscheint. Oh, wie oft habe ich mich gefragt, warum Rosen Dornen tragen müssen! In Eden waren sie noch dornenfrei. Erst durch Adam und Evas Sünde haben sich die Gene der Rose verändert.

Aber warum nur kündigte Gott an, dass uns der Erdboden Disteln und Dornen bescheren werde? Wusste er nicht, dass er sich eines Tages selbst damit schaden würde? Ja, er wusste es. Er wusste in dem Augenblick, als er diese Worte sprach, dass er für die Menschen leiden werde. Er wusste von den Schmerzen, von der Todesangst und von den blutenden Wunden, die die Dornen verursachen würden, wenn sie als geflochtene Krone auf sein Haupt gedrückt würden. Aber das war nicht alles. Er wollte uns erklären, was das für ihn bedeutete, und er ließ in seinem Wort schreiben, dass die Ungläubigen und Feinde jene Dornen und Disteln sein würden … und dass Jesus für uns starb, als wir noch seine Feinde waren. Er trug uns, obwohl wir ihn verwundeten, weil er uns Menschen unendlich liebt – auch diejenigen, die sich letztendlich von ihm trennen. Das schmerzt ihn unbeschreiblich. Hätte er es eindrücklicher zeigen können als durch die Dornenkrone?

Wir sind wie die Rose. Gott stattete uns mit der Fähigkeit aus, zu lieben und uns zu verschenken, so wie die Rose ihren Duft verbreitet. Doch durch den Sündenfall trieben die Rosen Dornen aus, die verletzen. Und wen verletzen sie am meisten? Den Gärtner, der die Rosen pflegt und beschneidet. Den Gärtner, der die Dornen entfernen und das veränderte Gen ersetzen möchte, denn er will nicht, dass wir Dornenkronen bleiben. In Jesaja 62,3 sagt er voraus, dass wir zu einer herrlichen Krone werden, zu einem königlichen Diadem in der Hand unseres Gottes. Ich kann es nicht so ganz fassen, was er für uns getan hat und wie wertvoll wir für ihn sind. Mögen wir immer mehr duftende Rosen für ihn sein und immer weniger Dornen …, bis wir zu herrlichen „Rosenkronen" in der Hand unseres Gottes werden.

Jaimée Seis

25. Juni

Späte Freundschaft

„Einer trage des anderen Last, so werdet ihr das Gesetz Christi erfüllen."
Galater 6,2

Mit mancher Glaubensschwester kommt man nur schwer ins Gespräch. Woran könnte das liegen? Diese Frage habe ich mir oft schon gestellt. Dabei konnte ich so manche Beobachtungen an den Frauen machen – auch an mir selbst. Ich möchte von einer Erfahrung erzählen, bei der mich Gott reich beschenkt hat.

Die Schwester kannte ich schon seit einigen Jahren. Wir gehören beide in die allgemein verständliche Kategorie „Powerfrauen". Sie war 15 Jahre älter als ich, unterrichtete an der Volkshochschule, führte einen großen Haushalt und war in der Gemeinde sehr rührig – also die ganze Bandbreite von Sprüche 31. Ich kam nur mit ihrer „rauen Schale" nicht so gut zurecht.

Dann geschah es: Zum zweiten Mal kam bei ihr der Krebs zurück. Nicht zu fassen! Als das medizinische Programm mit Chemotherapie erfolglos abgeschlossen war, durfte diese liebe Schwester wieder nach Hause. Als ich davon hörte, rief ich sie an und gab ihr die Telefonnummer eines Glaubensbruders, der sich nicht nur mit allen Kräutern der Natur auskannte, sondern auch wusste, wie man damit Krankheiten heilen und Schmerzen lindern kann. Ich ermutigte sie, dort hinzufahren, um sich ein eigenes Bild zu machen.

Das erste Mal beteten wir am Telefon, dass Gott ihr Klarheit gebe, was sie machen soll. Was nun begann, hätte ich mir nie träumen lassen! Sie nahm die Behandlung mit den stark wirkenden Kräutern an. Ich schlug ihr geistliche Begleitung und Gebetsfürsorge vor. Tatsächlich kamen wir jetzt jeden Abend am Telefon zusammen und flehten Gott um Gnade und Hilfe an. Im Laufe der folgenden Wochen wurden wir enge Gebetsfreundinnen. Wer hätte das gedacht? So etwas schafft nur der Heilige Geist. Sie wusste, dass ich die Decke des Schweigens über unsere Gespräche breitete. Darum legten wir alles Sehnen, alle Verzweiflung, alle Sorgen und kleinen Wünsche in Gottes liebevolle Hände! Ich durfte ihr die wunderbaren biblischen Verheißungen vorlesen und bat Gott um viel Kraft für sie.

Ja, er schenkte ihr mehrere Sommermonate, in denen sie nicht bettlägerig war und die Gemeinschaft mit ihrer Familie erleben konnte. Fünf Monate lang genoss meine liebe Schwester ihren Garten, das Essen, die Nähe lieber Menschen. Das Wunder der Heilung blieb zwar aus, aber der innere Friede und die Geborgenheit in Gottes Fürsorge waren in ihrem Herzen verankert. Nur wenige Tage vor ihrem Tod besuchte ich sie, die nun schon hinfällig war. Als ich sie im Arm hielt und ihr das Lied „So nimm denn meine Hände" vorsang, summte sie kurz mit. Der Herr hat sie ans Ziel gebracht. Auf Wiedersehen!

Ingrid Bomke

26. Juni

Blind!

„Mit sehenden Augen sehen sie nicht."
Matthäus 13,13

Ich war von der Stadt auf dem Weg nach Hause. Da sah ich von der anderen Straßenseite jemanden mit einem Blindenstock über die Straße kommen. Eigentlich nichts Ungewöhnliches. Der Blindenstock wurde richtig eingesetzt, immer links, rechts, damit man eventuelle Hindernisse aufspüren kann. Das Außergewöhnliche daran aber war, dass dieser blinde Mann eine blinde Frau, ebenfalls mit Stock, führte. Sie verließen sich voll und ganz auf diesen „Führer", denn sie setzten ihn ja richtig ein.

Doch auf der anderen Straßenseite liefen sie trotz der Orientierungshilfe in eine Gruppe von Leuten hinein. Diese machten für die Blinden Platz, aber die beiden traten genau auf die gleiche Seite wie die Gruppe. Einer sagte ihnen dann, wie sie gehen sollten, damit das Hindernis überwunden wird. Das taten sie auch, aber der Mann merkte kurz danach, dass dies die falsche Richtung war. Er nahm seine Partnerin bei der Hand, sie kehrten um und auf direktem Weg fanden sie ihr Ziel. Sie strebten einem Restaurant zu.

Was war da wohl geschehen? Weshalb hatten sie plötzlich die Orientierung verloren, obwohl sie doch die Hilfe dabei hatten? Hatten sie sich zu sehr auf jemanden verlassen, obwohl dieser ihnen die falsche Richtung wies?

Mich brachte das zum Nachdenken über unser Glaubensleben. Laufen wir nicht auch manchmal blind auf unserem Glaubensweg? Es kann ja nichts passieren, wir haben doch unseren „Blindenstock", die Bibel. Doch schwups, da kommt ein Hindernis. Wie konnte das geschehen? Wir haben uns doch auf unsere Orientierungshilfe verlassen! Da wispert dann eine Stimme in unser Ohr: „Du musst die andere Richtung einschlagen." Wie gut, wenn wir darauf nicht hören, sondern wieder voll und ganz unser Vertrauen auf unseren „Blindenstock" setzen, um sicher an unser Ziel zu gelangen und das zu erreichen, was wir uns vorgenommen haben, was für Hindernisse auch immer wir überwinden müssen.

Margarete Baindner

27. Juni

Ich kann es nicht glauben

„Wenn ich nicht die Nägelmale sehe und meinen Finger
in die Nägelmale lege und meine Hand in seine Seite lege,
kann ich's nicht glauben."
Johannes 20,25

Heute (27.06.2010) spielte die deutsche Nationalmannschaft im Achtelfinale der Fußballweltmeisterschaft in Südafrika gegen England. Unsere Tochter Saskia hatte zur Zeit des Spiels Dienst in der Tankstelle, in der sie arbeitet. Nach der mäßigen Leistung der vorangegangenen Spiele waren alle gespannt, wie die Deutschen abschneiden würden. Es war eigentlich nicht zu erwarten, dass sie so klar siegen würden. Das Endergebnis 4:1 war dann doch sehr überraschend, wenn auch verdient, weil sie diesmal richtig gut gespielt hatten.

Natürlich bekam Saskia auch in der Tankstelle über das Radio den Spielstand mit, aber die Tore konnte sie nicht sehen. Als sie nach ihrer Schicht nach Hause kam, sagte sie immer wieder: „Ich kann's erst glauben, wenn ich es selber gesehen habe!" Heute hat man ja die Möglichkeit, im Internet alles abzurufen, und so dauerte es nicht lange, bis sie sich die Tore angeschaut hatte und sich vom Sieg überzeugen ließ.

Die Jünger Jesu waren nach der Auferstehung ängstlich hinter verschlossenen Türen versammelt, als Jesus zu ihnen stieß. Thomas war zu dieser Zeit nicht anwesend und verpasste die Gelegenheit, Jesus zu sehen. Als er später dazukam, erzählten ihm die anderen Jünger: „Wir haben den Herrn gesehen!"

Thomas fiel es schwer, zu glauben, dass seine Freunde ihm die Wahrheit gesagt hatten. Ähnlich Saskia antwortete er: „Ich kann es nicht glauben, wenn ich es nicht selber sehe." Damals gab es natürlich nicht die Möglichkeit des Internets. Thomas musste auf eine andere Gelegenheit warten. Diese bot sich acht Tage später, als er mit den Jüngern zusammensaß und Jesus wieder zu ihnen stieß. Jesus sprach Thomas an und lieferte den Beweis, den er verlangt hatte.

Jesus sagte: „Weil du mich gesehen hast, Thomas, darum glaubst du. Selig sind, die nicht sehen und doch glauben!"

Wir können heute nicht nachvollziehen, wie Jesus den Jüngern damals erschien. Wir müssen uns mit dem biblischen Bericht zufrieden geben. Wir können ihn nicht überprüfen. Aber wir haben das Wort Gottes, auf das wir uns verlassen können. Jesus hatte Verständnis für die Bedenken des Thomas und tadelte ihn nicht. Sicherlich versteht er auch heute diejenigen, denen es schwer fällt, zu glauben. Er geht ihnen nach. Gleichzeitig möchte er uns ermutigen, an ihn zu glauben, auch wenn wir keine Beweise in Händen halten. Wir dürfen glauben, auch wenn wir nicht sehen, weil wir Jesus kennen und wissen, dass er vertrauenswürdig ist.

Hannele Ottschofski

28. Juni

Gott möchte meinen Rahmen sprengen

„Das Heu verdorrt, die Blume fällt ab, aber das Wort unseres Herrn bleibt ewig." Jesaja 40,8

Wieder einmal stehe ich völlig ratlos in meinem Blumengarten. Irgendwie herrscht wie jedes Jahr das Chaos. Ich schaffe es anscheinend nicht, trotz sorgfältiger Planung für Ordnung zu sorgen. Blumen, die vom Gartenfachgeschäft auf eine gewisse Wuchshöhe begrenzt sind, wachsen weit darüber hinaus und bedecken zur Gänze die Pflanzen, die eigentlich höher werden sollten. Andere wiederum haben zu schwache Stängel für die großen Blüten und fallen einfach um. Oft habe ich den Eindruck, dass alles nur noch kreuz und quer liegt. In den letzten Jahren habe ich versucht, durch Umpflanzen und Neugestaltung Abhilfe zu schaffen, aber der Erfolg blieb aus. Jedes Jahr im Sommer stehe ich dann wieder da, betrachte das Durcheinander und gebe auf. Für diese Saison ist schon alles gelaufen, und ich verschiebe die Herrschaft über die Unordnung auf das nächste Jahr. Vielleicht schaffe ich es dann, meinen Garten so zu gestalten, dass er so aussieht wie in den bunten Gartenzeitschriften mit den vielen mustergültigen Beispielen.

Konzentriert sitze ich vor meiner Bibel und lese eine bestimmte Textstelle. Es ist nicht das erste Mal, dass ich sie lese. Ich möchte mich schon etwas anderem zuwenden, als mir plötzlich ein Gedanke durch den Kopf schießt. Kann es sein, dass ich beim Lesen der Bibel auch bestimmte Vorstellungen habe und diese dann in einen Rahmen presse? Lege ich bereits bekannte Textinhalte möglicherweise in verschiedene Schubladen, als würde ich ein Schriftstück in einem Ordner ablegen, um es dann als erledigt zu betrachten?

Vielleicht ist es mit dem Wort Gottes wie mit meinen Blumen, die sich von mir nicht bändigen und zurechtrücken lassen. Was meinen Blumengarten betrifft, bilde ich mir ein, dass ich darüber Herr sein darf. Aber bei Gottes Wort steht mir das nicht zu. Ich habe den Eindruck, dass ich mit dem Abhaken bekannter Textinhalte Gott meine Vorstellungen aufzwinge. Aber damit beschneide ich mich selbst und verschließe mich der Erkenntnis, die Gott mir schenken möchte. Gerade das eingehende Hinterfragen, die Suche nach Hintergrundinformationen, das Lesen von Paralleltexten und nicht zuletzt das Gespräch mit gläubigen Mitmenschen bringen mich oft zu einem ganz veränderten Verständnis eines Textes. Dazu muss ich ihn aber aus meiner Schublade holen und mich auf ihn einlassen. Offen sein für Gottes Führung und sich einlassen auf ein scheinbares Chaos sind hier notwendig, um positive Veränderungen zu schaffen. Dann passe ich in den fürsorglichen und weisen Rahmen, den Gott für mich vorgesehen hat, und nicht er in meinen begrenzenden.

Heuer war es notwendig, einen alten Marillenbaum, der mitten in meinem Blumengarten stand, zu entfernen. Wir werden einen neuen pflanzen. Wieder einmal unternehme ich den Versuch, durch Umpflanzen und Neupflanzen etwas Ordnung zu schaffen. Aber den Rahmen meiner Vorstellungen werde ich weiter setzen, damit die Blumen genügend Platz haben, sich so zu entwickeln, wie es letztendlich ihrer Art entspricht.

Erika Kellerer-Pirklbauer

29. Juni

Unkraut

„Da aber die Leute schliefen, kam der Feind und säte Unkraut zwischen den Weizen und ging davon."
Matthäus 13,24

Schon als kleines Mädchen musste ich im Garten arbeiten, besonders am schulfreien Nachmittag. Bevor mit den anderen Kindern gespielt werden durfte, musste ich eine Stunde jäten oder Beeren pflücken. Eigentlich war es nicht so schlimm, nur wenn man die anderen spielen und lärmen hörte, wurde die Stunde unendlich lang.

In den Jahren, in denen wir in tropischen Ländern, in Asien oder Afrika, arbeiteten, hatten wir einen Gärtner. Erstens wusste er besser, wie und was man in welcher Jahreszeit anpflanzen konnte, zweitens war er glücklich, dass er eine Arbeit hatte, und drittens war ich ja nicht um eines großen Gartens willen in das fremde Land gekommen. So war allen geholfen.

Jetzt sind wir wieder in der Heimat und die Gärtner sind mein Mann und ich. Der Garten um unser Haus ist wohl gepflegt. Wir haben gar nicht den Eindruck, als müssten wie je jäten. Wir merken gar nicht, dass wir jeden Tag das frisch keimende Unkraut gleich ausreißen. Es geht wie von selbst und erscheint uns nicht als Mühe, sondern macht Freude. Wir haben aber noch einen anderen Garten, ein rechtes Stück vom Haus entfernt. Dort knie ich dann und jäte an dem steilen Hang, bis mir Rücken und Beine schmerzen und ich mich nicht mehr bewegen möchte. Manchmal rinnt der Schweiß in Strömen, dann wieder sind wir und der Hang vom Regen völlig aufgeweicht.

Wir haben den ganzen Steilhang nun mit sogenannten Bodendeckern bepflanzt. Aber immer noch wächst das Unkraut dazwischen. Manchmal hätte ich Lust, einfach mit einem Unkrautvertilger alles zu begießen, um dem wuchernden Kraut ein Ende zu setzen.

Sieht die Erde von Gottes Warte so aus? War es so, als die Sintflut alles überflutete? Es hat nichts genützt, das Böse ist wieder gewachsen, ganz nahe beim Guten. Alles begann wieder von vorne. So wäre es auch bei meinem Unkrauthang.

Irgendwann werden die Bodendecker so groß sein, dass sie das Unkraut ersticken. Bis dahin muss ich noch eine Weile im Schweiße meines Angesichts im Garten schuften. Eigentlich bin ich schon sehr zufrieden, denn das Ergebnis meiner Bemühungen sieht schon recht gut aus.

Ich kann Gott verstehen. Wie traurig muss er manchmal sein, wenn er auf unsere Erde schaut. Was haben wir aus dem gemacht, was er einst als „sehr gut" bezeichnete! Immer wieder lassen wir es zu, dass das Gute vom Unkraut verdrängt wird. Anstatt das kleine Unkraut jeden Tag sofort auszuziehen, warten wir, bis es groß ist und seine Ableger Wurzeln geschlagen haben. Dabei muss ich es doch gar nicht alleine erledigen! Gott will mir helfen. Er ist immer bereit. Er wartet – auf dich, auf mich, auf alle.

Vreny Jaggi-Rechsteiner

30. Juni

Die Dinge sind nicht immer das, was sie scheinen

„Weiter, liebe Brüder: Was wahrhaftig, was ehrbar, was gerecht, was rein, was liebenswert ist, was einen guten Ruf hat, sei es eine Tugend, sei es ein Lob – darauf seid bedacht!" Philipper 4,8

Wer von uns möchte nicht so richtig umschwärmt sein? Es war Sommer, ich war sehr umschwärmt. Nicht nur ich, unsere ganze Familie. Es waren große, längliche Lebewesen, um die man normalerweise einen großen Bogen macht – Hornissen. Es waren Tausende, sie waren überall, in unserem Haus, in meinem Büro. Überall. Wir fanden es schrecklich, auf diese Art umschwärmt zu sein.

In dieser Zeit hatten wir viel Bewegung. Mit Schlägern und mit Zeitungen, ja mit allem, was uns in die Hand kam, tanzten wir herum und erschlugen das lästige Geschmeiß. Irgendwann wurde es uns zu bunt. Wir begaben uns auf die Suche nach dem Nest. Wie schaut denn so ein Nest aus? Wir suchten überall und wurden schließlich fündig. Unser Nachbar liebt Vögel. Er hat ein Vogelhaus unter dem Dach. Eine tolle Einrichtung – an die Hauswand gebaut, mit einer Glasscheibe, wodurch man das Vogelnest mit den Eiern, später mit der jungen Brut, beobachten kann. Da war das gesuchte Nest, nein, es war eher ein Bau, ein echtes Kunstwerk. Wunderschön! Nicht wie ein Wespennest, nein, ganz anders, auch viel größer. Möchtet ihr euch in das Schlafzimmer schauen lassen? Nein?

Den Hornissen machte es nichts aus. Sie bauten genau dort, wo wir sie sehr gut beobachten konnten. Wir warfen einen Blick in ihre Zimmer. Es war höchst interessant! Ja, was soll man da machen? Wir wollten es vernichten. Alles war geplant, vorbereitet.

Kurz vor dem Großeinsatz schauten wir ins Internet, wollten mehr über die Hornissen erfahren. Wir stellten fest, dass dies hochinteressante Tiere sind! Die einheimische Hornisse gehört sogar zu den besonders geschützten Arten. Ein Verstoß gegen das Bundesnaturschutzgesetz kann mit bis zu 50.000 Euro Bußgeld geahndet werden (§ 65 BNatSchG). Hornissen sitzen nicht auf Trauben im Garten, die man essen möchte. Sie fliegen weder auf Getränke noch auf Süßspeisen. Sie sind ganz anders als Wespen, auch viel größer. Und ihr Gift ist nicht so gefährlich, wie wir immer denken. Sie sind weniger gefährlich als Bienenstiche. Hornissen schützen uns sogar vor Wespen, Mücken und anderem Ungeziefer. Denn gerade das ist ihre Nahrung.

Wir fingen an, uns für sie zu interessieren. Plötzlich freuten wir uns, sie bei uns zu haben. Plötzlich schützten wir sie. Sie wurden sogar unsere Freunde. Die Hornissen sahen nicht anders aus als vorher. Sie hatten sich auch nicht verändert. Worin lag also der Unterschied? Wir hatten unsere Sichtweise geändert!

Trachtet nach dem, was ehrbar, lieblich ist, heißt es im Eingangstext. Wie schön wäre es, wenn wir unsere Sichtweise immer wieder ändern würden. Wir könnten dann Menschen, die uns unangenehm sind, neu betrachten, sie studieren, uns mit ihnen auseinandersetzen, für sie beten. Warum nicht? Wer weiß, vielleicht hätten wir schon bald ganz viele neue Freunde.

Denise Hochstrasser

1. Juli

Agnes aufmuntern

*„Seid dankbar in allen Dingen; denn das ist der Wille
Gottes in Christus Jesus an euch."*
1. Thessalonicher 5,18

Besuche bei Agnes frustrierten mich stets. Agnes war eine kleine, magere Frau mit gebeugter Haltung und faltiger Stirn. Ein finsterer Blick stand wie gemeißelt in ihrem Gesicht, und ihre Lippen waren missbilligend fest zusammengepresst.

„Hallo, Agnes!", rief ich, als ich ihre kleine Wohnung mit einem frisch gebackenen Kuchen betrat und hoffte, dass ihre Augen anerkennend aufleuchten würden. Als ich sie das letzte Mal besuchte, hatte sie mir vorgejammert, was für ein Verlangen sie nach einem Kuchen habe. Würde sie sich jetzt freuen? Weit gefehlt. Sie seufzte und sagte: „Warum hast du mir Kuchen gebracht? Ich wollte so gern Käse essen. Ich kann mir mit meiner kleinen Rente keinen leisten."

Beim nächsten Mal nahm ich eine Tüte voller Lebensmittel mit und setzte sie auf ihren Tisch. „Schau, was ich dir mitgebracht habe!", sagte ich und nahm eine Packung Käse aus der Tüte. Ihre Falten um den Mund wurden tiefer. Sie klagte: „Ich glaube nicht, dass mein Magen das verträgt. In letzter Zeit habe ich oft Verdauungsprobleme gehabt." „Was kann ich tun, um dir eine Freude zu bereiten?", fragte ich. „Es muss doch etwas geben, was du möchtest."

Sie überlegte eine Weile und sagte: „Schau doch meine Bettlaken an! Das sind meine letzten; sie haben Löcher. Ich brauche neue – keine abgelegten, sondern neue." Ich überprüfte meinen Wäscheschrank und fand eine noch ungeöffnete Packung mit Bettwäsche in einem pastellfarbigen Streifenmuster. Das müsste Agnes doch glücklich machen! Die Laken waren von guter Qualität. Sicher würde ich damit ein Lächeln der Anerkennung auf ihr Gesicht zaubern. Aber nein! Nichts konnte Agnes glücklich machen. Sie ließ ihre Finger über den Stoff gleiten und sagte mit ihrer traurigsten Stimme: „Ich mag keine bunten Laken – konnte sie nie ausstehen. Ich mag nur weiße Bettwäsche."

Ich gab auf und fing an, die humorvolle Seite daran zu entdecken. Denn es ist ja ungewöhnlich, dass jemand an allem, was man schenkt, nur herumnörgelt. Ich habe aber auch erkannt, dass ich selber oft wie Agnes bin, wenn es um die schönen Geschenke geht, die mir Gott jeden Tag zukommen lässt.

Wie oft nehme ich alles, was er gibt, als selbstverständlich hin! Wie oft beklage ich mich bei Gott: „Warum musste es heute regnen, wo ich doch im Garten arbeiten wollte?" Wenn der Tag warm und sonnig ist, neige ich zum Jammern, „Herr, heute habe ich so viel zu tun und es ist viel zu heiß. Könntest du nicht einen Regenschauer senden, um die Luft abzukühlen?" Ich bete um eine Arbeitsstelle und dann beklage ich mich über diese. Ich könnte eine lange Liste meiner Beschwerden aufstellen, statt Gott in Dankbarkeit für alles zu loben, was er mir geschenkt hat.

Dorothy Eaton Watts

2. Juli

Kerzen-Palmlilie

*„Jeder Mensch wird durch seine eigenen Begierden
dazu verleitet, Böses zu tun. Wer seinen Begierden
nachgibt, sündigt, und die vollzogene Sünde
führt zum Tod. Macht euch also nichts vor,
liebe (Schwestern)! Alles, was gut und vollkommen
ist, wird uns von oben geschenkt, von Gott,
der alle Lichter des Himmels erschuf."*
Jakobus 1,14-17 (NL)

Wir hatten eine Kerzen-Palmlilie in unserem Garten. Ihre Wurzeln reichen tief in die Erde hinein, weshalb die Pflanze ungebremst wächst und gedeiht.

Ich wollte aber die Stelle, an der ich sie gepflanzt hatte, umgestalten. Darum grub ich sie aus und setzte dort einen Lavendelstrauch ein. Bald kamen aber wieder spitze, grüne Triebe aus der Erde hervor und umgaben den Lavendel.

Ich hatte doch die Palmlilie ausgegraben und verpflanzt! Warum wuchs sie denn immer noch hier? Nach einer Weile gab ich den Kampf gegen sie auf und pflanzte den Lavendel um.

Die Kerzen-Palmlilie wucherte fröhlich weiter und wurde immer größer, Überall auf den Seiten setzte sie neue Triebe. Es wurde uns endgültig zu viel. Wir gruben sie wieder aus und ersetzten sie durch eine Buschrose. Und wieder erschienen die spitzen, grünen Triebe!. Die Buschrose sollte aber die Oberhand gewinnen. Wir gruben ganz tief und versuchten, jedes kleine Wurzelstück zu entfernen, damit die Rose endlich in Ruhe wachsen könne.

Ähnlich ist auch der Kampf mit der Sünde in meinem Herzen. Manchmal gebe ich entmutigt auf und sage, das schaffe ich nicht, ich kann sie nicht überwinden. Wenn ich dem himmlischen Gärtner nicht erlaube, das letzte und kleinste Stück der Wurzel auszureißen, wird sie wieder austreiben. Aber Gott kann Stück für Stück herausgraben, so dass die Neigung endgültig verschwindet. Es ist manchmal sehr schmerzhaft, und ich muss den Schmerz zulassen.

Ich kann es nicht. Aber Gott schafft es!. Yes, He can!

Hannele Ottschofski

3. Juli

Das Waldkonzert

„O, Herr, welch unermessliche Vielfalt zeigen deine Werke! Sie alle sind Zeugen deiner Weisheit, die ganze Erde ist voll von deinen Geschöpfen."
Psalm 104,24 (Hfa)

Im Juli reifen im Schwarzwald die Blaubeeren. Es kribbelt in den Fingern, wenn sich die ersten Beeren zu verfärben anfangen. An einem Sonntagmorgen nahm ich mir vor, im Wald einmal nach dem „Rechten" zu sehen. Ich fand eine gute Blaubeerstelle und begann mit der mühseligen Arbeit. Etwas mulmig war mir zumute, weil ich alleine war. Ich schickte ein Stoßgebet zu Gott empor, mit der Bitte, mich ruhig werden zu lassen. Kurz darauf war mir, als ob Gott zu mir sagte wie zum Volk Israel: „Höre, Israel …". Ja, was ich zu hören bekam, war einmalig. Die Stille, die ich am Anfang als bedrückend empfand, war weg. Der ganze Wald glich einem Konzertsaal mit verschiedenen Vogelstimmen. Ein Vogelkundler hätte seine wahre Freude daran gehabt. Vom kleinsten Piepmatzstimmchen bis zur krächzenden, lauten Stimme des Eichelhähers und der Krähe waren alle Vogelstimmen zu hören. Sie alle gaben ihr Bestes, um Gott zu loben. Nicht nur das, auch ich hatte meine wahre Freude an dem Zwitschern und Tirilieren der Waldvögel. Ich erlebte eine schöne Morgenandacht und war in Hochstimmung. Manchmal musste ich sogar schmunzeln, wenn eine Krähe ihren Einsatz gab.

Ich las einmal den Satz: „Es wäre still im Wald, wenn nur die begabtesten Vögel sängen." Nicht jeder von uns kann singen. Wir verfügen nicht alle über die gleichen Gaben. Wir können mit den Gaben, die wir besitzen, Gott von ganzem Herzen loben. Der Herr Jesus erzählte einmal das Gleichnis von den drei Talenten. Der Erste, der zehn Talente bekam, arbeitete damit und der Zweite mit seinen fünf Talenten auch. Der Dritte vergrub sein Talent. Vielleicht passte es ihm nicht und er hätte etwas anderes gewollt. Paulus schreibt an die Römer: „Gott hat jedem von uns durch seinen Heiligen Geist unterschiedliche Gaben geschenkt." (Römer 12,6) Mit diesen Gaben, die jeder für sich erhalten hat, sind wir aufgerufen, Gott zu verherrlichen. Wir dürfen nicht neidisch auf andere sein, die bessere Gaben bekommen haben. Eine Krähe krächzt nun mal, während eine Nachtigall ihre Melodie trällert.

Es wäre langweilig, wenn wir alle Leiter der Gemeinde wären oder alle nur im Ausschuss säßen. Unsere Welt braucht Menschen, die bereit sind, auf vielfältige Art und Weise zu dienen. Auf die Vielfalt kommt es an und darauf, wie ich die mir übertragene Aufgabe erfülle. In Christus sind wir ein Leib mit verschiedenen Funktionen. Ein jeglicher dient mit der Gabe, die er erhalten hat (1 Petrus 4,10). Die Glieder an unserem Körper erfüllen auch ihre zugewiesene Aufgabe. Keines kann die Aufgabe eines anderen übernehmen. Und doch sind wir ein Ganzes, zusammengefügt zu einem Leib. Nichts gefällt Gott mehr, als von uns, seinen Geschöpfen, gelobt und angebetet zu werden – mit den Gaben, die uns anvertraut sind. Das ist für mich der rechte Gottesdienst.

Ich freue mich schon, auf der neuen Erde zu sein, wo eine sehr große Vielfalt von Menschen Gott loben und preisen wird. Ihr Lob wird nie mehr verstummen.

Kathi Heise

4. Juli

Dankbarkeit

„Dankt Gott in jeder Lebenslage. Das will Gott von denen, die mit Jesus Christus verbunden sind."
1. Thessalonicher 5,18 (GN)

An einem Sonntag besuchte ich mit meiner Familie einen Freund im Krankenhaus. Einige Tage zuvor hatte er einen schweren Motorradunfall gehabt. Sein rechter Fuß wurde schwer verletzt. Er verlor zwei Zehen. Ob der Fuß zu retten war, stand zu diesem Zeitpunkt noch unter einem großen Fragezeichen. Da kam von einem anderen Besucher der Gedanke, dass wir doch in allen Lebenslagen dankbar sein sollten. Kann man das, wenn man im Krankenhaus liegt und nicht weiß, wie es weitergeht? Unser Freund war dankbar, dass er noch lebte, dass seine Wirbelsäule unverletzt geblieben und sein Kopf ohne Schramme davongekommen war. Aber dankbar sein, dass der Unfall überhaupt geschah?

Da fällt mir mein Lieblingsvers aus der Bibel ein: „Die Lebenskräfte, die ich von Natur aus habe, werden aufgerieben; aber das Leben, das Gott mir schenkt, erneuert sich jeden Tag. Die Leiden, die ich jetzt ertragen muss, wiegen nicht schwer und gehen vorüber. Sie werden mir eine Herrlichkeit bringen, die alle Vorstellungen übersteigt und kein Ende hat. Ich baue nicht auf das, was man sieht, sondern auf das, was jetzt noch keiner sehen kann. Denn was wir jetzt sehen, besteht nur eine gewisse Zeit. Das Unsichtbare aber besteht ewig." (2. Korinther 4,16-18 GN)

Ja, die Leiden, die Sorgen, die Probleme, die wir hier auf der Erde haben, wiegen in Gottes Augen nicht schwer. Wir müssen freilich oft viel erdulden und ertragen. Aber Gott trägt uns in allen Lebenslagen. Sein Ziel ist es, mit uns auf seiner neuen Erde zu sein. Die Freude und die Herrlichkeit, die uns dort erwartet, übersteigt unser Vorstellungsvermögen.

Unser Freund hat eine feste Beziehung zu Gott. Er vertraut darauf, eines Tages mit zwei gesunden Füßen in Gottes Arme laufen zu dürfen. (Sein rechter Fuß wurde vier Tage nach unserem Besuch amputiert.)

Gott, ich danke dir, dass du uns immer wieder daran erinnerst, wie wichtig es ist, dankbar zu sein.

Sandra Widulle

5. Juli

Gemeinsam sind wir stark

*„Wenn ihr Glauben habt wie ein Senfkorn, so könntet ihr
sagen zu diesem Berg: Heb dich dorthin! So wird er sich heben;
und euch wird nichts unmöglich sein."*
Matthäus 17,20

Mich hat ein Spruch von Marie von Ebner-Eschenbach zum Nachdenken gebracht. Der klingt folgendermaßen: „Es gibt nur einen Glauben, der Berge versetzen kann, und das ist der Glaube an die eigene Kraft."

Wenn ich diesen Spruch lese, ist das ein ganz schöner Gegensatz zum oben gelesenen Bibeltext. Hier geht es um Glauben und Vertrauen in Gottes Kraft, nicht in unsere eigene. Wünschen wir uns nicht oft, dass wir so Großes schaffen könnten? Dass wir sagen könnten: „Geh' dahin!", und der Berg verrückt sich?

Was erwarten wir? Was erwartet Gott von uns?

Wie heißt es doch: „Wenn ihr Glauben hättet so groß wie ein Senfkorn." Er sagt nicht: „Ich erwarte einen Glauben, der so groß ist wie der größte Samen der Welt." Gott will nur ein winzig kleines Stückchen Glauben. Also erwartet Gott nichts Großes von uns. Warum auch? Ich denke, weil er genau weiß, dass wir es allein nicht hinbekommen.

Gemäß den wissenschaftlichen Erkenntnissen ist dieser Same kaum sichtbar. Es heißt, er sei 0,8 – 1 mm groß und wiege 0,001 g. Erwartet also Gott viel von uns? Aus dem winzigen Senfkorn wird eine Staude von 3 bis 4 m Höhe. Aus einem kleinen Samen wird etwas Großes! Die Senfstaude wächst allerdings nicht bei uns, sondern in Palästina. Ihr schützendes Blätterdach dient der Behausung von Vögeln. Die Samen dienen zur Speise. Die Staude ist somit nicht Selbstzweck.

Gott möchte unsere kleine Kraft nutzen und vermehren. Aus kleinen Anfängen will er Großes werden lassen. Nun taucht die Frage auf, ob ich Gott in meinem Leben wirken lasse, damit seine Kraft spürbar wird – für mich und andere.

Wenn wir Gott wirken lassen, besitzen wir Kraft für Gottes Sache sowie für andere, für die wir da sein wollen, denen wir den Weg zu Jesus weisen können oder denen wir einfach mit Rat und Tat beistehen möchten. Wenn wir Gott ans Ruder lassen, wendet sich unser Blick von uns weg zum Nächsten hin. Dann steht nicht mehr unser Ich, sondern das Du im Vordergrund.

Ich wünsche euch, dass ihr Gott in euer Leben aufnehmt und dieses winzige Samenkorn an Glauben einsetzt, damit Gott in eurem Leben Großes vollbringen kann.

Erwarte Großes von Gott!
Wirke Großes für Gott!

Regina Pietsch

6. Juli

Gottes zweites Buch

„Wie lieblich sind auf den Bergen die Füße der Freudenboten, die da Frieden verkündigen, Gutes predigen, Heil verkündigen."
Jesaja 52,7

Wir wandern gern in den Bergen, und die kleine biblische Stadt Beröa, in der wir leben, liegt ideal in den Ausläufern des Vermion-Gebirges auf einer Höhe von 2.000 Metern. Es gibt eine große Auswahl von Wanderpfaden und Höhenunterschieden. Gerade auf der anderen Seite des Aliakmon-Flusses erstreckt sich das Pierion-Gebirge (2.170 Meter) kilometerweit in die andere Richtung, wo viele Gipfel darauf waren, bezwungen zu werden, einschließlich des höchsten griechischen Berges, des Olymp (2.900 Meter).

Die Schönheit der Natur, Gottes zweites Buch, belohnt alle, die die freie Natur lieben. Die nackte winterliche Schönheit der stattlichen Laubbäume und des zarten Sonnenlichtes, das vom Schnee zurückgeworfen wird, weicht langsam den lebhaften und zarten Grüntönen des Frühlings, den vielfarbigen Blütenteppichen der wunderbaren Wiesenblumen und den harmonischen Melodien des Vogelgesangs.

Nach und nach weichen auch sie den langen dunstigen Sommertagen, die wiederum mit ihrer nebeligen Fruchtbarkeit zu den grellen Farben des Herbstes erwachen.

Solche Schönheit hat eine heilende, beruhigende Wirkung auf die Wanderer. Sie kommen von verschiedenen Hintergründen und üben unterschiedliche Berufe aus, aber wie die meisten Menschen von heute haben sie mit scheinbar unüberbrückbaren Problemen zu kämpfen: mit Spannungen in der Ehe, mit aufmüpfigen Kindern, mit gesundheitlichen Schwierigkeiten und natürlich mit den alltäglichen Entscheidungen, ob groß oder klein, mit denen wir alle zu tun haben. Einige wandern alleine, tief in Gedanken versunken, während andere ihr Herz mitfühlenden Zuhörern ausschütten und Verständnis, Ermutigung oder Rat suchen. Sie werden nicht enttäuscht.

In einer solchen Umgebung scheint es ganz natürlich zu sein, von einem liebenden Gott zu sprechen, der erreichbar und bereit ist, mit seinen betrübten menschlichen Kindern eine Beziehung einzugehen. Herzen werden zu ihm gezogen, dort wo man überall die Zeichen seiner Fürsorge beobachten kann, angefangen bei der bescheidenen Wiesenblume, die versteckt blüht und einen lieblichen Duft verbreitet, auch wenn sie zertrampelt wird, bis hin zur himmlischen Musik der unzähligen kleinen Vögel, die aus voller Kehle Loblieder zur Ehre ihres Schöpfers zwitschern. Unser begrenzter Blick erhebt sich anbetend zum Himmelsgewölbe, und wir verbeugen uns vor dem Thron des Universums, auf dem unser Gott, Schöpfer und Erlöser allmächtig herrscht.

Revel Papaioannou

7. Juli

Zeckenabweisende Kinderbekleidung

*„Ich freue mich im HERRN, und meine Seele ist fröhlich
in meinem Gott; denn er hat mir die Kleider des Heils
angezogen und mich mit dem Mantel der Gerechtigkeit gekleidet,
wie einen Bräutigam mit priesterlichem Kopfschmuck geziert
und wie eine Braut, die in ihrem Geschmeide prangt."*
Jesaja 61,10

Wir sprachen im Bibelgesprächskreis über die Sünde. Alicia, die in einer Firma für Bekleidungsherstellung arbeitet, berichtete von einer neuen Entwicklung. Sie stellen Kinderbekleidung her, die aus einem Material besteht, das Zecken abweist.

In unserer Zeit versuchen wir uns vor Zeckenbissen zu schützen, weil dadurch oft Krankheiten übertragen werden. Diese Jacken und Hosen lassen den Zecken keine Fläche, an der sie sich festhalten können. Sie fallen ab.

Wie schön wäre es, wenn wir auch eine sündenabweisende Kleidung hätten und gegen die Sünde gefeit wären.

Aber eigentlich besitzen wir diese Kleidung. Gott hält sie für uns bereit. Es handelt sich um das Kleid seiner Gerechtigkeit. Wir können unsere sündigen Fetzen am Fuße des Kreuzes ablegen und uns von Gott neu einkleiden lassen, und das jeden Tag.

Es bedeutet nicht, dass wir nun gar keine Sünde mehr tun, aber wir dürfen Gott bitten, sich um unsere Flecken und Zecken zu kümmern. Wenn wir das Kleid des Heils anziehen, sorgt er für den Zeckenschutz. Die Zecken der Sünde fallen zwar immer noch auf uns, aber sie können sich nicht mehr an uns festklammern und uns anstecken.

Ich bin erstaunt, wie teuer Kinderbekleidung sein kann. Die kleinen Umhüllungen der Kinder sind heute genauso aufwändig verarbeitet wie die Markenkleidung von Erwachsenen, So mancher kann sich neuwertige Ware nicht mehr leisten.

Diese Schutzkleidung möchte ich haben. Was mag sie kosten? Kann ich sie mir leisten? Die gute Nachricht ist, dass Gott sie uns schenken möchte. Sie wurde schon mit dem teuren Blut Jesu bezahlt. Er bietet sie uns an. Dieses Angebot wollen wir doch nicht abschlagen!

Hannele Ottschofski

8. Juli

„Ich kann leiden"

„Ich habe einen guten Kampf gekämpft, ich habe den Lauf vollendet, ich habe Glauben gehalten."
2. Timotheus 4,7

Jedes Jahr findet im Juli die Tour de France statt. Da strampeln sich Hunderte von Radfahrern beinahe die Lunge aus dem Leib. Bei den Bergstrecken können sie kaum atmen oder schlucken und doch müssen sie während der Fahrt ungefähr 10.000 Kilokalorien in Form von hochwertigen Kohlehydrat-Riegeln zu sich zu nehmen. Wir Menschen nehmen pro Tag etwa 2000 kkl zu uns, eine Banane hat 150 kkl. Die Radfahrer trinken auch viel mehr, nämlich etwa 10 Liter pro Tag. Vermehrte Arbeit erfordert auch vermehrte Nahrungszufuhr. Man hat jedoch herausgefunden, dass nicht unbedingt die körperlich Tüchtigsten gewinnen, sondern die mental Stärksten.

Mein langer Schulweg kommt mir oft in den Sinn. Sieben Kilometer mit dem Fahrrad, im Sommer wie im Winter, vier Mal am Tag – es war eine Vorbereitung aufs Leben. Ich sah das damals noch nicht so!

Vor einigen Tagen war ich zum ersten Mal auf der Insel Reichenau (Bodensee). Dort gibt es neben großen Gemüsefeldern auch ein Kloster. Von diesem erzählt man sich, dass vor einigen hundert Jahren ein älteres, sehr begütertes Ehepaar seinen körperlich behinderten Sohn zur Aufnahme anmeldete. Die Klosterbrüder waren nicht begeistert. „Was kannst du denn?", fragten sie ihn. „Ich kann leiden", war seine bescheidene Antwort. Er wurde aufgenommen und bereitete dem Kloster durch seine hohe Intelligenz und Leidensbereitschaft Ehre. Auch er bewies geistige Stärke. Er konnte über sein Leiden hinaus denken.

In Afghanistan wurde von den Sicherheitsdiensten oft eine Ausgangssperre verhängt. Es wurde zu gefährlich, man durfte nicht mehr auf die Straße. In diesen Zeiten arbeiteten wir daran, wie die Projekte weitergeführt werden, wenn die Sperre wieder aufgehoben ist. Oftmals stellten wir uns auch vor, was wir tun wollten, wenn wir Afghanistan überstehen würden. Es waren wunderschöne Gedanken, wir sprachen im Team über unsere Wünsche und Träume und vergaßen dabei, dass wir eigentlich in einer Falle saßen, aus der wir derzeit gar nicht herauskamen. Wir richteten unsere Gedanken auf das Schöne, auf die Zeit danach, auf die Fülle, die das Leben bieten konnte. Es half. Die Moral der Gruppe konnte aufrechterhalten werden. Solche Augenblicke brauchen besondere Nahrung, vermehrte Kilokalorien aus Gottes Wort, und sie bringen Erfahrungen mit Gott. Es sind Sternstunden, wenn man einen kurzen Augenblick tief in die Herzen anderer Menschen blicken darf. Das kommt selten vor. Oftmals wünschen wir uns eine besondere Begabung und bilden uns ein, wir hätten keine solche. Leiden können ist auch eine Begabung. Wenn wir sie annehmen, ohne zu klagen, haben wir den guten Kampf gekämpft und dürfen getrost den Lauf vollenden.

Vreny Jaggi-Rechsteiner

9. Juli

„Ärgert euch nicht übereinander."

Jakobus 5,9 (NL)

Eines Sommerabends besuchte ich meine Freundin Jeannie, die mitten in der Baumschule ihrer Familie wohnt. Zu der Zeit hatten sie einen rostroten Hund mit Namen Auggie. Er hatte ein wuscheliges Fell und sah eher aus, als ob er zur Plüschtierabteilung eines Spielwarenladens gehörte.

Der Rasen ist auf einem ziemlich steilen Hang über der Einfahrt angelegt, sodass er mehr als einen Meter über dem Weg liegt. Als ich an jenem Abend wegfuhr, sprang Auggie auf diesem Rasen neben der Einfahrt fröhlich bellend daher, um mir auf Wiedersehen zu sagen. Plötzlich verschwand er, und ich hörte einen dumpfen Knall unter meinem Auto. Ich hielt sofort an und sprang hinaus, aber ich konnte Auggie nirgends sehen. Dann entdeckte ich ihn zu meinem Entsetzen eingeklemmt in der Mitte zwischen den Vorderrädern meines Wagens.

Ich lief zum Haus zurück und rief Jeannie. Da kam auch ihr Mann Hally mit dem Sohn zur Unglücksstelle. Auggie war so fest eingeklemmt, dass alle unsere Bemühungen, ihn zu befreien, scheiterten. Es gab nur noch eine Lösung. Martin holte den Wagenheber und kurbelte das Vorderteil des Wagens hoch. Wie aus der Pistole geschossen raste Auggie davon. In sicherer Entfernung schüttelte er sich, drehte sich um und sah mich, wie mir schien, beleidigt an. Ich deutete den Blick wie die sarkastische Aussage: „Herzlichen Dank, meine Dame!"

Spät am Abend rief mich Hally an, um zu sagen, dass Auggie offensichtlich nichts zugestoßen war. Wie erleichtert ich war! Das dicke Fell hatte wie ein Kissen gewirkt und ihn beschützt. Mir fiel jedoch auf, dass sein Stolz verletzt worden war. Ich bemühte mich, mich bei ihm zu entschuldigen, aber sein Verhalten mir und meinem Auto gegenüber war danach nicht sehr freundlich. Es war eindeutig – Auggie war nachtragend! Er schob mir wahrscheinlich die ganze Schuld zu, dass er auf dem Hang den Boden unter seinen Pfoten verloren hatte.

Auggies Reaktion erinnert mich an die Zeiten, als auch ich nachtragend war. Wir neigen dazu, anderen die Schuld für Missgeschicke zu geben, die uns widerfahren. Vergebung ist der Schlüssel zur Problemlösung. Wenn wir sie umsetzen, löst sich unsere Missgunst in Luft auf. Hally und Jeannie sind immer noch meine Freunde, aber Auggie verzieh mir die Sache bis zu seinem Tod nicht. Ich konnte seine Gunst nie wieder gewinnen. Auggie lernte nie, dass es sich einfach nicht lohnt, nachtragend zu sein.

Marybeth Gessele

Sternschnuppe

*„Freue dich über den Herrn; er wird dir alles geben,
was du dir von Herzen wünschst. Vertrau dich dem Herrn
an und sorge dich nicht um deine Zukunft!
Überlass sie Gott, er wird es richtig machen."*
Psalm 37,4-5 (Hfa)

Es war eine ganz normale Nacht in den Sommerferien. Meine Freundin und ich wollten draußen unter freiem Himmel schlafen. Als wir nach oben schauten, tauchten immer mehr Sterne auf und verzauberten die nächtliche Stimmung. Jede hing ihren eigenen Gedanken nach. Da sahen wir plötzlich, wie sich ein Stern aufhellte und einen Lichtschweif hinterließ – nur kurz und nicht sehr groß, aber wunderschön. Im selben Augenblick schnappten wir beide vor lauter Überraschung nach Luft. Es dauerte einige Sekunden, bis wir begriffen, was wir gerade gesehen hatten: Eine Sternschnuppe!

Also schlossen wir die Augen und jeder wünschte sich etwas ... Ich wusste sofort, was ich wollte. Es kam mir vor, als ob dieser Wunsch schon immer in mir lebte und nur darauf wartete, ausgesprochen zu werden. Es war klar: Ich wünschte mir, dass ich ein Leben für Gott leben kann. Als ich die Augen wieder öffnete und erneut den wunderschönen Sternenhimmel betrachtete, merkte ich, dass mein Wunsch eigentlich gar keiner war. Es war meine Entscheidung, ein Leben für Gott zu leben. Ich spürte die Gelassenheit, die davon herrührte. Da wusste ich, dass es Gott war, der mir in jener Nacht die Sternschnuppe zeigte.

Im folgenden Sommer verließen meine Freundin und ich die Schule. Unsere Wege trennten sich. Die Sternschnuppe lehrte mich: Gott wird auch in der ungewissen Zukunft bei mir sein.

Du musst keine Sternschnuppe gesehen haben, damit dir Gott dieses Versprechen erfüllt. Du musst ihm nur vertrauen, dass er dein Leben in seiner Hand hält.

Adina Dewinter

11. Juli

Rufe mich an in der Not

*„Rufe mich an in der Not, so will ich dich erretten,
und du sollst mich preisen."*
Psalm 50,15

Ein Fischer nahm seinen sechsjährigen Sohn mit ins Boot, als er frühmorgens zum Fischen aufs Meer hinausfuhr. An jenem Tag gingen viele Fische ins Netz. Darüber freuten sich die beiden sehr. Während der Vater die Fische in die Kisten sammelte, hörte er plötzlich einen Aufprall: Sein Sohn war über Bord gegangen. Ohne nachzudenken, sprang der Fischer hinterher und tauchte nach seinem Jungen. Endlich bekam er ihn zu fassen und zog ihn nach oben. Erschöpft schnappten beide nach Luft. Der Junge hustete und spuckte, und der Vater drückte ihn an sich: Gerettet! Aber wo war das Boot? Entsetzt sah der Fischer, dass es inzwischen schon weit fortgetuckert war. Vor lauter Aufregung hatte er versäumt, den Motor abzustellen! Nun hatte er zwar seinen Sohn im Arm, doch wie sollten sie an Land kommen? Das nächste Ufer war meilenweit entfernt. Hoffnungslosigkeit legte sich wie ein schwarzer, nasser Sack über seine Seele. Da fiel ihm ein, dass er doch beten könnte. Er schrie mit aller Kraft zu Gott.

Das Unfassbare geschah: Das Boot fuhr auf einmal eine weite Kurve und kam wieder auf den Fischer und seinen kleinen Jungen zu. Schnell griff der Vater nach der Bordwand, hievte seinen Sohn ins Boot und kletterte erleichtert hinterher. Er dankte Gott für diese Rettung. Später stellte er fest, dass sich eine Leine um das Ruderblatt gewickelt hatte. Dadurch wurde das Boot auf neuen Kurs gebracht und kehrte zurück.

Kennt ihr das? Ihr wollt einem anderen helfen und stellt fest, dass durch eure Aktion alles nur noch schlimmer geworden ist! Selbstvorwürfe oder Schuldzuweisungen bringen uns da nicht weiter. Aber ein SOS – an den Vater im Himmel abgesetzt – wird nicht ungehört verhallen.

„Warum machst du dir Sorgen, wenn du doch beten kannst, und damit das, was dich umtreibt, aus deinem Herzen bannst? Warum machst du dir Sorgen, wo Gott doch bei dir ist und wo in seinem Lichte den neuen Tag du siehst?" (Johannes Jourdan 1977, WLG 412, Vers 2)

Ob Gott sofort eingreift oder später, ob er dein Gebet so erhört, wie du es dir vorstellst, oder ganz anders (und viel besser), das müssen wir ihm überlassen. Er hat versprochen, uns zu helfen, auf seine Art und zu seiner Zeit. Darauf können wir bauen.

Sylvia Renz

12. Juli

Wiedervereinigung

„Und ich hörte eine laute Stimme aus dem Himmel sagen: Siehe, die Hütte Gottes bei den Menschen! Und er wird bei ihnen wohnen, und sie werden sein Volk sein, und Gott selbst wird bei ihnen sein, ihr Gott."
Offenbarung 21,3 (EB)

Juli 2010 in Atlanta, USA. Es war eine der aufregendsten Versammlungen, die wir jemals besucht hatten. Es war die Generalkonferenz der Siebenten-Tags-Adventisten. Delegierte und Kirchenmitglieder aus der ganzen Welt waren zusammengekommen. Diese Art von Konferenz wird alle fünf Jahre an unterschiedlichen Orten abgehalten. Mein Mann und ich erwarteten sehnsüchtig dieses große Ereignis. Wir haben viele Freunde in der ganzen Welt und freuen uns, sie bei dieser Gelegenheit treffen zu können. Auch ist es eine gute Gelegenheit neue Freundschaften zu knüpfen. Wir hatten dafür lange Zeit Pläne gemacht, uns vorbereitet und auch etwas Geld gespart. Wir beteten fast jeden Tag dafür. Ich zählte die Tage auf dem Kalender und wurde manchmal sogar ungeduldig, auch wenn es noch Monate entfernt war. Wir hatten alte Freunde angerufen und es so eingerichtet, dass wir zusammen in einem gemieteten Haus übernachten würden. So hatten wir eine eigene kleine Wiedersehensfeier!

Wir wurden durch gute Redner geistlich reich gesegnet, was unseren Glauben stärkte. Die Musik erwies sich als ausgezeichnet! Wir trafen viele alte Freunde, mehr als erwartet. Wir sahen sogar meine Schulfreundin und viele Gemeindeglieder aus der ganzen Welt. Wie schön war es, sie in ihren farbenfrohen Kostümen zu betrachten!

Der letzte Sabbat war der Höhepunkt der Veranstaltung. Tausende von Adventisten aus aller Herren Länder waren hier versammelt, um unseren Schöpfer anzubeten. Wir sangen zusammen und beteten im Namen des Herrn. Ich hatte Gänsehaut, als ich um mich blickte und all die Leute im großen „Georgia Dome" Gott preisen sah.

Ich musste an die himmlische Wiedersehensfeier denken, die bald kommt. Es wird ein wundervolles und freudiges Ereignis sein. Wir müssen uns nicht mehr verabschieden, wie wir das in Atlanta tun mussten. Kein Geld, kein Einreisevermerk oder Ähnliches wird fürs Reisen benötigt. Die aufregenden Ereignisse, die im Himmel stattfinden werden, bedeuten das Zusammentreffen von Familie und Freunden. Es gibt keine Verzweiflung mehr, keine Tränen und keine Trennungen, keine Krankheiten. Ich kann dann nach Herzenslust alle Früchte essen und muss nicht über allergische Reaktionen nachdenken. Würde es dir gefallen, andere Planeten und Milchstraßen zu besuchen? Alles kostenfrei! Wenn du planst, an dieser großen Wiedersehensfeier teilzunehmen, dann fange mit den Vorbereitungen jetzt an. Wir können das nur, solange wir auf Erden sind. Bedenke: Unser Charakter ist der einzige Besitz, den wir mitnehmen können ...

Loida Gulaja Lehmann

13. Juli

Liebe ist nicht erklärbar, sie ist einfach da

„Denn der HERR ist freundlich, und seine Gnade währet ewig und seine Wahrheit für und für."
Psalm 100,5

Warum nur tun wir uns bei manchen Dingen so schwer, an Gottes Handeln zu glauben? Ich erwarte etwas von Gott, aber er handelt nicht. Dann stehe ich da, ohne eine Antwort geben zu können. Auch in meinem Leben gibt es solche Erfahrungen. Ich möchte Gott gleichsam schütteln und fragen, wie er seine Aussage, dass er mich liebt, mit seinem Handeln in Einklang bringt. Ich kann es nicht, und so steht seine Aussage: „Ich hab dich lieb" alleine im Raum. Es liegt an mir, ob ich diesen Satz annehme oder ablehne.

Als ich gestern mit Tränen in den Augen auf einer Terrasse stand und diese Antwort bekam, war ich damit heillos überfordert. Doch Gott schickte mir eine junge Frau, die diese Aussage in eine Handlung umsetzte. Sie nahm mich einfach in den Arm. Sie kannte mich nicht und wusste nichts von mir und meinem Kummer. Doch in diesem Augenblick waren ihre Arme die Arme meines Vaters im Himmel. Er erinnerte mich daran, dass Liebe nicht erklärbar ist. Auch nicht, warum ich jemanden liebe. Liebe ist einfach da.

Weil das so ist, will ich Geduld haben, bis er handelt. Wenn er mich liebt, wird er auch wissen warum.

Woher ich weiß, dass er mich wirklich liebt? Oh, ich bin Mensch. Zunächst hat Gott es verheißen. Dann zeigt er es mir immer wieder in den kleinen Dingen des Lebens. Ein Beispiel ist der Flug vor einer Woche oder das Wetter von gestern. Eigentlich sollte es regnen. Wir baten ihn aber um einen guten und langen Spaziergang und setzten das Ende auf 14 Uhr. In der Zeit, in der wir unterwegs waren, regnete es nicht, obwohl die Wolken dunkel drohten und es im Laufe des Tages immer mehr zuzog. Erst als wir zurück waren, setzte der Regen ein.

Danke, mein Vater, dass du mich lieb hast, ohne Vorbedingungen.

Die gute Nachricht ist, dass Gott, der Herr des Universums, dich genauso liebt wie mich!

Claudia DeJong

14. Juli

Abhängig – und das gerne

„Liebe Brüder (Schwestern)! Durch Christus wurde
euch die Freiheit geschenkt. Das bedeutet aber nicht,
dass ihr jetzt tun und lassen könnt, was ihr wollt.
Nehmt vielmehr in gegenseitiger Liebe
Rücksicht aufeinander."
Galater 5,13 (Hfa)

Im Jahr 2008 wurde bei mir – nach gründlicher Untersuchung – Brustkrebs festgestellt.
Nach Operation, Chemotherapie, Bestrahlung und Reha hatte ich mich mit der Hilfe unseres Vaters im Himmel und vielen Gebeten in der Gemeinde, in Hauskreisen, von Freunden und Familie, gut erholt.

Ein Jahr später geschah es bei einem Waldgottesdienst. Beim Aufstehen von einer Bank blieb ich mit meinem Fuß in einem Stuhl hängen und stürzte. Ich brach mir beidseitig das Sprunggelenk. Jetzt war ich wieder hilflos. Ich fühlte mich schwach, arm und abhängig, da es mir unangenehm ist, andere Menschen um einen Gefallen zu bitten.

Ich habe Angst, anderen zur Last zu fallen. Aber weit überwogen hat die Freude darüber, wie selbstverständlich mir die Familie und Freunde geholfen haben. Ich merkte, dass ich ihnen wichtig bin. Sie unterstützten mich gerne und großzügig. Von solchen Leuten abhängig zu sein, ist wirklich nicht schlimm.

Genauso macht es mir nichts aus, von Gott abhängig zu sein, weil ich mir weder Leben noch Liebe, weder Gesundheit noch Glück selber geben kann. Ich bin darauf angewiesen, die wirklich wichtigen Dinge im Leben geschenkt zu bekommen. Ich habe gespürt, dass mir Gott seine Liebe, Hilfe und Zuwendung zuteil werden lässt.

Und zu denen, die dies brauchen, gehöre ich oft – und gar nicht ungern.

Hannelore Kunze

15. Juli

Und ich höre seine Stimme im Glockenklang

„Ich bin mit dir, Ich halte dich fest mit meiner rechten Hand."
Jesaja 41,10

Es hat zu regnen aufgehört, als ich das schlafende Dorf verlasse. Es nieselt nicht einmal mehr. Nur noch ein paar Wolkenschleier schweben eilig über den Nachthimmel. Mitten unter ihnen schimmert der Mond und taucht das Land mit den Wiesen und Wäldern in sein geheimnisvolles Licht. Die Regenpfützen fangen die Mondstrahlen ein und spiegeln sie wider, sodass sie wie Silberspiegel glänzen. Dort zwischen den Bäumen saß ich vor Jahren in der hereinbrechenden Dunkelheit, als ich durch eine schmerzhafte Zeit in meinem Leben ging. Ich setze mich auch jetzt wieder an diesen Platz. Über mir heben sich die Föhrenzweige wie dunkelgraue Flaum-Wolken gegen den Himmel ab, und ich kann von hier aus noch immer den Mond erblicken. Ich weiß, dass ich hier nicht alleine bin. Auch wenn ich mich vor Jahren eine Zeitlang verlassen fühlte, ist mir dennoch bewusst, dass damals wie heute mein himmlischer Vater bei mir ist. Denn so treu und unveränderlich wie der Silbermond dort oben seine Bahn zieht, ist der Bund, den unser Vater mit uns Menschen geschlossen hat. Ein sanfter Wind wispert in den Zweigen. Er trägt den Glockenklang zu mir in den Wald, als im Dorf die Kirchturmuhr schlägt.

Das erinnert mich an uralte biblische Zeiten. Damals hingen goldene Glöckchen am Gewandsaum des höchsten Priesters. Die Menschen im Tempelhof konnten ihn dadurch hören, während er im Tempel Gottes für sie diente. Genauso können wir auch Jesus, unseren Hohenpriester, in seinem "Himmels-Tempel" hören. Denn er spricht durch die Worte der Bibel und durch den Heiligen Geist zu uns und gibt uns die Gewissheit, dass er immer für uns da ist. In meine Gedanken hinein beginnen auf einmal alle Kirchturmglocken zu läuten. Obwohl mein Dorf weit zurückliegt, hallt das Echo melodisch durch den Wald. Das mächtige Läuten scheint nahezu greifbar zwischen den Bäumen hindurchzufließen. Ich kann die Kirchenglocken in diesen Augenblicken nicht sehen – so wie ich Jesus jetzt noch nicht sehe –, doch wer wollte bezweifeln, dass die Glocken da sind? Ihr Klang erreicht mich selbst hier in der Dunkelheit. „Vater, genauso bist du bei uns, auch in unseren dunkelsten Stunden. Wie könnte ich je das aufwiegen, was du für mich getan hast? Du hast mich durch die Nächte meines Lebens getragen. Deine Worte waren mir nah. Und nun komme ich in Dankbarkeit zu dir." Die Glocken schicken ein letztes Echo durch den Wald und verhallen. Es kehrt wieder Ruhe ein. Allein der Wind flüstert durch die Bäume und streicht mir über die Wangen.

„Vater, ich hab dich lieb." Im Wispern des Windes meine ich fast, die Stimme meines Vaters zu hören: „Ich liebe dich auch." Mit einem Lächeln blicke ich zum Himmel hinauf. Der Mond schimmert noch immer zwischen den Schleierwolken – er ist treu. Und ich spüre eine Ruhe in mir, die nur Gott schenken kann. Nach einer Weile stehe ich auf. Während ich durch die Stille der Nacht heimgehe, höre ich seine Stimme im Glockenklang tief in mir nachklingen, wie er zu mir – und zu dir – spricht: „Ich liebe dich auch, mein Kind."

Jaimée Seis

16. Juli

Zwei Freunde

*„Aber Jesus ... bückte sich und schrieb mit seinem
Finger auf die Erde."*
Johannes 8,6 b

Zwei Freunde wanderten durch die Wüste. Während der Wanderung kam es zu einem Streit und der eine schlug dem anderen ins Gesicht. Der Geschlagene war gekränkt. Ohne ein Wort zu sagen, kniete er nieder und schrieb folgende Worte in den Sand: „Heute hat mir mein bester Freund ins Gesicht geschlagen." Sie setzten ihre Wanderung fort und erreichten bald darauf eine Oase. Dort beschlossen sie, ein Bad zu nehmen. Der Freund, der geschlagen worden war, blieb auf einmal im Schlamm stecken und drohte zu ertrinken. Aber sein Freund rettete ihn buchstäblich in letzter Minute. Nachdem sich der Freund, der fast ertrunken war, wieder erholt hatte, nahm er einen Stein und ritzte folgende Worte darauf: „Heute hat mir mein bester Freund das Leben gerettet." Der Freund, der den anderen geschlagen und auch gerettet hatte, fragte erstaunt: „Als ich dich kränkte, schriebst du deinen Satz nur in den Sand, aber nun ritzt du die Worte in einen Stein. Warum?" Der andere Freund antwortete: „Wenn uns jemand gekränkt oder beleidigt hat, sollten wir es in den Sand schreiben, damit der Wind des Verzeihens es wieder auslöschen kann. Aber wenn jemand etwas tut, was für uns gut ist, können wir das in einen Stein gravieren, damit nichts es jemals vergessen machen kann." (Verfasser unbekannt)

Wir kennen Jesu Worte von damals nicht, aber wir dürfen davon ausgehen, dass auch sie vom Wind weggeblasen wurden. Seine Botschaft jedoch hatte die Herzen der Ankläger (wer sich davonschleicht (Vers 9), ist betroffen) sowie auch das Herz der Angeklagten erreicht. Gleichzeitig wurde aber bei allen „Jesu Liebestat" unauslöschlich eingraviert. Wie viele Früchte diese Gravur tragen durfte, lag in der Hand jedes Einzelnen!

Auch in unserem Leben „schreibt Jesus manches Ungute in den Sand", vielleicht sogar des Öfteren, weil er uns liebt und als wahrer Freund und Erlöser gern hätte, dass es gut mit uns wird. Gleichzeitig begegnet er uns mit dem „starken Wind seines Verzeihens" und der unauslöschlichen „Gravur seiner Liebestat". Was kann uns Besseres widerfahren, als in dieser Form unserem ewigen Ziel entgegenzugehen? „So ist Versöhnung. So muss der wahre Friede sein. So ist Versöhnung. So ist Vergeben und Verzeih'n" (Quelle-Liederbuch Nr. 152).

Waltraud Schneider-Kalusche

17. Juli

Die Bibel sagt es mir

*„Petrus aber und die Apostel antworteten und sprachen:
Man muss Gott mehr gehorchen als den Menschen."*
Apostelgeschichte 5,29

Meine Familie lebte in einem kleinen Dorf in Sizilien. Mein Onkel war als Priester im Vatikan angestellt, weshalb sich meine Familie tief im katholischen Glauben verwurzelt fühlte. Ich war damals neun Jahre alt und wunderte mich, dass meine gleichaltrige Verwandte am Samstag und nicht am Sonntag die Kirche besuchte. Als ich sie nach dem Grund fragte, antwortete sie mir: „Weil es so in der Bibel geschrieben steht." „Das kann nicht sein!", begehrte ich auf. „Wenn das so wäre, dann wären wir Katholiken die Ersten, die am Samstag zur Kirche gingen."

Meine Verwandte machte mir den Vorschlag, doch selbst einmal in der Bibel nachzulesen, welcher der richtige Ruhetag Gottes ist. Weil ich keine Bibel besaß, schenkte sie mir eine, in der viele Zettel all jene Bibelverse markierten, in denen vom Sabbat die Rede war. Gespannt und neugierig fing ich sofort zu lesen an. Und tatsächlich: In all den Versen stand geschrieben, dass die Menschen den Sabbat als Ruhetag halten sollten. Am nächsten Sonntag ging ich wie gewöhnlich zum Kindergottesdienst. Ich konnte es kaum erwarten, meine neue Erkenntnis dem Priester mitzuteilen, denn ich dachte, das „Ei des Kolumbus" entdeckt zu haben. „Herr Pfarrer", sagte ich aufgeregt, „in der Bibel heißt es, dass der Sabbat der richtige Ruhetag Gottes ist. Warum halten wir Katholiken dann den Sonntag?" Der Priester nahm den Katechismus in die eine und die Bibel in die andere Hand. Dann erklärte er mir: „Für uns Katholiken hat das Wort Gültigkeit, wie es der Papst übersetzt und ausgelegt hat." Den ganzen Heimweg dachte ich über diese Antwort nach. Denn schon mit neun Jahren war mir bewusst, dass man Gott mehr gehorchen sollte als den Menschen.

Von dieser Zeit an besuchte ich nicht nur wie bisher den Kindergottesdienst am Sonntag, sondern ging auch mit meinen Verwandten am Samstag zu deren Kirche. Als dies meine Klassenkameraden und Mitschülerinnen erfuhren, schwärzten sie mich beim Pfarrer an und wollten, dass er mich vom Religionsunterricht der Schule ausschließt. Ich war erleichtert, aber auch erstaunt, als ich die Antwort des Pfarrers an meine Mitschüler hörte: „Lasst Josefine in Ruhe, denn sie kann eher in den Himmel kommen als ihr alle." Diese Antwort hat sich tief in mir eingegraben. Sie tat mir gut und bestärkte mich im Vorsatz, noch mehr in der Bibel zu lesen.

Ich erinnere mich noch gerne an den weitsichtigen Pfarrer, der mir persönlich in diesem Augenblick bestätigte, dass ich mich in der Frage nach Gottes richtigem Ruhetag auf einem guten Weg befand. Für mich war und ist diese Begebenheit mein ganzes Leben hindurch eine Bestätigung und Stütze gewesen. Sie war mir Ansporn, nicht nur Traditionen und menschliche Vorschriften zu übernehmen, sondern im Wort Gottes nach Antworten zu suchen. Bis zum heutigen Tag schöpfe ich immer wieder aufs Neue Kraft und Hilfe aus der Bibel. Aus ihr erfahre ich nicht nur seinen Willen für mein persönliches Leben, sondern darf auch seine Verheißung in Anspruch nehmen, dass er mich immer, auch in schwierigen Zeiten, ganz fest an seiner liebevollen Hand hält.

Josefine Wimmer

18. Juli

Lauter kleine Sandkörner

"Gott ist zwar unsichtbar, doch an seinen Werken, der Schöpfung, haben die Menschen seit jeher seine göttliche Macht und Größe sehen und erfahren können."
Römer 1,20 (Hfa)

Ich liege am Strand und schaue mir den Sand an. Ein Freund von mir meint, dass es doch langweilig sei, nur herumzuliegen und nichts zu tun.

Ich finde das alles nicht langweilig. Ich schaue mir den Sand schon eine ganze Weile an und muss sagen, dass es höchst interessant ist. Wenn man mit den Augen ganz nahe ist, sieht man die einzelnen Körner. Alle sind verschieden. Der Strand, auf dem ich liege, ist hell. Trotzdem sind zwischen den vielen hellen Sandkörnern dunkle dabei. Einige von ihnen sind nicht einfarbig. Alle sind unterschiedlich groß und weisen unterschiedliche Formen auf. Die meisten sind rund geschliffen, aber manche sind noch ziemlich eckig. Manche sehen sich sehr ähnlich, aber völlig gleich ist keines von ihnen.

Ich hebe meinen Kopf und schaue aufs Meer. Vom Strand aus sieht man nur das Wasser. Aber es ist voller Leben. Viele von den Lebewesen unter dem Wasser sind noch nicht erforscht, wir wissen nicht viel von ihnen. Von einigen wissen wir freilich etwas mehr. Gott hat sie alle erschaffen. Er hat sich jedes einzelne ausgedacht – jedes von den vielen Millionen Tieren und Pflanzen. Er weiß alles über sie. Und es gibt ja nicht nur die Meeresbewohner. Die Landtiere und die Tiere in der Luft kommen noch hinzu. Wie soll das alles von allein entstanden sein? Wie kommt es, dass wir Menschen leben? Dass unser Körper funktioniert? Wieso kennt jede einzelne Zelle ihre Aufgabe und weiß, was sie zu tun hat? Kann es wirklich sein, dass sich das alles von allein entwickelt hat? Nein! Ich bin fest davon überzeugt, dass alles erschaffen ist. Die Welt mit ihren kleinsten Lebewesen und das ganze Universum mit seinen größten Planeten – das muss sich jemand ausgedacht haben! Jemand, der sehr genau gewusst hat, was er tut. Jemand der sehr viel Geduld und Liebe besitzt. Jemand, der große und kleine Dinge liebt und auch kleinste Nebensächlichkeiten sieht und beachtet. Es muss jemand gewesen sein, der mehr Liebe besitzt als alles, was es hier auf Erden gibt.

Lieber Vater im Himmel, ich danke dir für alles, was du geschaffen hast.

Luise Oberlader

19. Juli

Der Diakon

„Und dienet einander, ein jeder mit der Gabe, die er empfangen hat, als die guten Haushalter der mancherlei Gnade Gottes."
1. Petrus 4,10

Eine Glaubensschwester schrieb mir einmal einen Brief, in dem sie ihren Frust und ihre Unzufriedenheit offenlegte. Bei den Gemeindewahlen war sie „übersehen" worden. Alle wichtigen Ämter hatten andere bekommen. Für sie war nur das Amt der Saaldiakonie (saubermachen der Gemeinderäume) und der Dienst als Diakon in der Betreuung der Gemeindeglieder übrig geblieben. Sie war darüber sehr traurig und verbittert. In ihrem Brief schrieb sie dann weiter, dass sie eine andere alte Schwester in einer weit entfernten Stadt besucht habe. Sie habe einige Male umsteigen müssen und drei Stunden Aufenthalt gehabt, bis der Zug eintraf. Schließlich habe sie diese alte Schwester erreicht, die über ihren Besuch sehr erfreut gewesen sei. Die Familie habe sich überschwänglich bei ihr bedankt.

Ich schrieb ihr einen Brief, in dem ich sie ermutigte, mit ihrer Diakoniearbeit fortzufahren, denn der Herr sieht auch die Taten, die wir im Verborgenen tun, ohne von anderen gesehen zu werden. Der Herr würde ihre Arbeit segnen und diese auch vermerken, denn im Bibelwort (Matthäus 25,40) heißt es: „Was ihr einem dieser geringsten Brüder getan habt, das habt ihr mir getan."

Ein Sprichwort sagt: „Denn die Freude, die wir geben, kehrt ins eigene Herz zurück." Dadurch haben wir gleich zwei gute Taten vollbracht. Gott hat jedem Menschen Gaben gegeben, keiner ist ausgeschlossen. Vielleicht denkst du manchmal, du verfügest über keine besondere Gabe, die man hervorheben könnte. Gott vergleicht uns aber nicht miteinander. Er verlangt nicht von jedem das Gleiche. Er möchte nur, dass jeder sein Bestes gibt. Vielleicht gibt es niemanden, der so ermutigen kann wie du. Vielleicht kann niemand so herzerfrischend lachen wie du. Vielleicht kann auch niemand so trösten, so zuhören, so dienen, so lieben wie du. Eines ist sicher: Du kannst etwas auf einzigartige, unnachahmliche Weise, was kein anderer kann. Deshalb solltest du deine Gabe nicht für dich behalten. Lass andere daran teilhaben! Diene mit der Gabe, die du empfangen hast, und gib dein Bestes. Deine Mitmenschen werden es merken, wenn es ehrlich gemeint ist.

Psalm 139 sagt, dass wir wunderbar erschaffen sind. Gott hat sehr viel Gutes in uns hineingelegt, mit dem wir als gute Haushalter Gottes wirken können. Lass dich nicht entmutigen, weil andere etwas besser können als du, sondern bitte Gott, er möge die Gabe, die du hast und die er dir geschenkt hat, in dir groß werden lassen, damit du damit dienen und Gott preisen kannst. Ich wünsche dir und mir, dass der Herr bei seiner Wiederkunft sagen kann: „Recht so, du tüchtige/r und treue/r (Knecht) Magd, du bist über wenigem getreu gewesen, ich will dich über viel setzen; geh hinein zu deines Herrn Freude." Matthäus 25,21.

Kathi Heise

20. Juli

Ein Spaziergang in Irland

„Ich bin der Herr, dein Gott, der dich lehrt zu deinem Nutzen,
der dich leitet auf dem Weg, den du gehen sollst."
Jesaja 48,17

Irland. Ich hatte mir immer schon gewünscht, die smaragdgrüne Insel zu besuchen. Und jetzt erobere ich mir nun an diesem sonnigen Nachmittag die irisch grünen Fluren und gehe spazieren. In bewohnten Gegenden ist das aber gar nicht so einfach. Die Feldwege enden meist schnell an einem Gatter oder einer Weide. Ein Spaziergang sieht dann folgendermaßen aus: Über das Gatter klettern (wenn man den verrosteten Riegel nicht aufbringt); die Wiese entlang wandern; über den elektrischen Zaun steigen; durch das Stoppelfeld schlendern; sich am Stacheldrahtzaun vorsichtig hindurchzwängen; gleich dahinter den Graben überspringen; eng am Weidezaun entlanglaufen und fluchtbereit sein, da sich am anderen Ende der Weide junge Stiere aufhalten; über die Feldsteinmauer klettern, die netterweise Treppchen für den Wanderer besitzt; einen Pfad durch das Wäldchen suchen (auf hinterhältige Brombeerranken quer über den Pfad achten) ... ach ja, und nicht vergessen, dass selbst bei schönstem Sonnenschein eine Regenwolke schon irgendwo lauert. Langweilig ist es mir also nicht. Als ich schließlich nach dieser Abenteuer-Wanderung und einem weiteren Regenschauer auf meinem Heimweg bin, entdecke ich einen wunderschönen Regenbogen. Von fern klingt irische Musik zu mir, während die letzten Sonnenstrahlen mein Gesicht wärmen. Und von den Brombeerhecken am Wegrand pflücke ich reife Beeren, die ich süß auf meiner Zunge zergehen lasse.

Und noch etwas Gutes hat mir Gott auf diesem Spaziergang mitgegeben: Im Grunde genommen ist auch unser Leben eine ähnliche Reise. Manchmal liegen die Tage vor uns wie eine grüne Wiese im Sonnenschein. Aber noch viel öfter müssen wir uns mit Stacheldraht und Mauern auseinandersetzen und uns durch das Dornenunterholz des Lebens kämpfen. Wenn wir uns von diesen Hindernissen aufhalten lassen und uns über sie beklagen, kommen wir nicht sehr weit. Wenn wir jedoch von den Schwierigkeiten wegsehen und unseren Blick zu Gott hinwenden, kann er uns Zuversicht und Hilfe sein, um die Probleme in Angriff zu nehmen. Dadurch wird jedes bezwungene Hindernis zu einem kleinen Sieg auf unserem Weg mit Gott. Er will uns dazu ermutigen, die schönen und guten Dinge zu sehen und zu behalten, die er uns so überreich schenkt – Dinge, die uns tief berühren, über die wir uns freuen oder herzlich lachen.

Wir sollen uns nicht auf den Stacheldraht konzentrieren, der uns verletzt hat, und nicht auf die Dornenranken, in denen wir mit dem Fuß hängen geblieben und gestürzt sind. Das Schlimmste ist nicht das Fallen, sondern wenn wir liegen bleiben. Gott reicht uns die Hand und hilft uns, wieder aufzustehen. Wir werden dann entdecken, dass an den Brombeerranken Früchte für uns wachsen – denn an einem Leben mit Gott reifen wir. Diese Erfahrungen mit ihm kann uns niemand mehr nehmen. Und dann sehen wir wieder seinen Regenbogen, nicht den Regen ... und Gott beschenkt uns mit den Farben seiner Liebe.

Jaimée Seis

21. Juli

Flug Nummer AF 1409

„Ein Geduldiger ist besser als ein Starker und wer sich selbst beherrscht, besser als einer, der Städte gewinnt."
Sprüche 16,32

Wir sollten mit Air France von Stuttgart über Paris nach Boston fliegen. Den Flug hatte ich vor sehr langer Zeit im Internet gebucht. Wir wurden per e-Mail aufgefordert, rechtzeitig zum Abflug zu erscheinen, weil unser elektronisches Ticket umgeschrieben werden müsse. Am Schalter dauerte es ziemlich lange, und ich hatte schon die Befürchtung, dass wir es nicht rechtzeitig schaffen würden. Wir hatten einen Flug mit mehrstündigem Aufenthalt in Paris. Ich hatte seinerzeit die finanziell günstigste Möglichkeit gebucht. Nun wurden wir gefragt, ob wir bereit wären, mit KLM über Amsterdam nach Boston zu fliegen, da der Flug nach Paris überbucht sei. Wir würden auch drei Stunden früher ankommen. Damit waren wir natürlich einverstanden, und man half uns, das Gepäck aufzugeben. Zudem überreichte man uns einen Gutschein als Belohnung für unsere Bereitschaft.

Da saßen wir nun und warteten darauf, ins Flugzeug hineingelassen zu werden. Ein wenig unruhig wurden wir schon, weil es aussah, als ob der Abflug nicht rechtzeitig stattfinden könnte. Ich betrachtete unseren Reiseverlauf und stellte fest, dass wir in Amsterdam nur eine Stunde zum Umsteigen hatten. Schiphol ist ein riesiger Flughafen, wo man leicht eine halbe Stunde laufen muss, um ans andere Ende zu gelangen. Ich fragte das Bodenpersonal, ob sie wüssten, an welchem Flugsteig unser Flieger ankommen würde. In diesem Augenblick erschien der Flugkapitän und teilte uns mit, dass das Flugzeug leider ein technisches Problem habe und der baldige Abflug nicht sicher sei. Man müsse aus Amsterdam einen Techniker kommen lassen, um den Schaden zu beheben. Wir hatten aber einen Anschlussflug, den wir nicht verpassen wollten! Wenige Wochen zuvor hatten wir in Warschau den Anschlussflug wegen einer Verspätung versäumt und fühlten uns vom dortigen Personal nicht gut bedient. So wurde ich unruhig und hätte eigentlich gerne den Leuten am Schalter die Meinung gesagt. Natürlich konnten sie nichts dafür, weshalb ich mich in Geduld übte.

Nach kurzer Zeit wurden wir aufgerufen und gebeten, uns schnell zum Flug nach Paris zu begeben. Unser Gepäck wurde noch im letzten Abdruck ins richtige Flugzeug verfrachtet. Nun wurden wir in die erste Klasse gesetzt. Außerdem hatte man uns auf einen früheren Flug von Paris nach Boston gebucht. Der lange Aufenthalt in Paris war damit hinfällig. Eine dreifache Belohnung für ein kleines Entgegenkommen und ein wenig Geduld! Der Gutschein, die erste Klasse und die frühere Ankunft in Boston ... Ich bin von Natur aus kein geduldiger Mensch. Gott hat mir aber im Laufe meines Lebens etwas mehr Geduld beigebracht. Eine geduldige Einstellung verhindert viel Ärger und macht uns für andere erträglicher. Es lohnt sich, nett, freundlich und geduldig zu sein.

Hannele Ottschofski

22. Juli

Dort wo mein Vater ist

„Du sollst deinen Herrn, deinen Gott, lieb haben von ganzem Herzen, von ganzer Seele, von allem Vermögen."
5. Mose 6,5

Unser erster Einsatz in einem Entwicklungsland fand in Nepal statt. Man musste sich damals für mindestens drei Jahre verpflichten, später wurde diese Zeitspanne auf sechs Jahre ausgedehnt. Den ersten Heimaturlaub bekam man nach drei Jahren. Drei Wochen Ferien jedes Jahr im Arbeitsland waren allerdings inbegriffen. Da ich nur als Teilzeitkraft angestellt war, konnte ich meine Ferien nehmen, wo und wann ich wollte. Nach zwei Jahren harter Arbeit in Nepal fanden mein Mann und ich, dass es an der Zeit sei, unseren Kindern die Großeltern wieder näher zu bringen und den Großeltern die Kinder zu zeigen, damit sie sehen konnten, wie sie sich auch in diesem fernen Land gesund und munter entwickelten.

Schon die Reisevorbereitungen waren aufregend – Vorfreude, das hatte meine Mutter schon immer gesagt, sei die schönste Freude. So reiste ich also mit unseren zwei kleinen Jungen im Vorschulalter allein in die Schweiz. Papi musste als Arzt das Krankenhaus in Gang halten.

Das Wiedersehen mit den Großeltern war herrlich. Es wurde ein unvergesslicher Sommer in Europa. Aber irgendwie fehlte etwas. Kleine Kinder verfügen noch nicht über den Wortschatz, um ihre Gefühle auszudrücken. Ich wusste, was es war, aber ich hütete mich, das auch nur andeutungsweise auszudrücken – ich wollte, dass alle Beteiligten glücklich sind.

Eines Tages, nach dem Gottesdienst, sagte ein lieber alter Mann zu unseren Buben: „Gäll, es isch doch viel schöner i der Schwiiz. Wo möchted ihr lieber sii?" Wie aus der Kanone geschossen antwortete unser Januarkind: „Ich wett liaber döt si, wo min Papi isch." Und das Julikind echote: „Ich au, wo de Papi isch." Der alte Mann war ganz perplex. Konnte das möglich sein, dass man lieber irgendwo lebte, aber nicht in der schönen Schweiz, nur weil der Papi dort war? Er schüttelte den Kopf und murmelte: „Komisch." Daraufhin habe ich ihn lächelnd angesprochen. „Möchtest du nicht auch alle Freuden mit jemandem teilen, vielleicht mit deinem himmlischen Vater?" Jetzt staunte er gleich nochmals, dann nickte er und sagte: „Das war eine Predigt in einem Satz von einem kleinen Jungen."

Wie geht es uns doch manchmal so gut – wir verspüren kein bisschen Sehnen nach unserem himmlischen Vater. Die Welt – besonders im Frühjahr – ist wunderbar! Die Natur wartet mit tausend Wundern auf. Aus dem Tod des Winters erwacht neues Leben! Wohl dem, der seinem Schöpfer für die tief empfundenen Freuden im Leben danken kann! Freude mit dem Vater teilen, das ist Glück auf Erden!

Vreny Jaggi Rechsteiner

23. Juli

Ein Blick nach innen

„Mit welchem Maß ihr messt, wird euch zugemessen werden."
Matthäus 7,2

Es war ein herrlicher Tag. Wir holten unsere Fahrräder heraus und tauchten mit ihnen in die Frische. Wie schön war doch die Welt!
  Um in die Stadt – an unser bevorzugtes Eis – zu gelangen, mussten wir an einem Kiosk vorbei. Dort stand eine Bank, auf der wieder einmal einige trinkfeste Männer herumgrölten und sich mit vollen Bierdosen bewarfen. Wer die Dose fing, sollte sie in einem Zug leeren. Ich fand das abstoßend. Auch ein junges Paar, das hier radelte, entrüstete sich.
  Was für eine Welt! Wir schauten uns an. Unsere eben noch gute Laune war verflogen. Warum mussten die gerade dort sitzen! Da fiel mir ein Wort aus dem Matthäus-Evangelium ein: „Mit welchem Maß ihr messt, wird euch zugemessen werden." Dieses Wort ließ mich frösteln. Was war denn mit uns oder gar mit mir? Hatten wir nicht laufend etwas an anderen Menschen herumzunörgeln?
  „Schlecht," sprach das Gewissen und gab mir einen Tritt. Wir hatten ein wunderschönes Zuhause, wir waren „gesellschaftsfähig", es ging uns gut, und wir hatten einen Gott, der uns liebt und auf den wir unser ganzes Vertrauen setzten. Dass wir auch täglich an Gott schuldig wurden, hatten wir nicht bedacht. Es war selbstverständlich, dass wir ihn hatten und in seiner Barmherzigkeit und Liebe Tag für Tag leben durften.
  Wir schauten uns an. Diesmal war es ein Hinschauen. Heraus aus uns selbst, aus unserer Eigenliebe und Ichsucht! Wir beteten: Vater im Himmel, wir haben dich nötig, wir haben kein Recht, unser selbst gestricktes Bandmaß an unsere Mitmenschen zu legen. Du hast ein Bandmaß der Liebe an jeden Menschen angelegt. Du bist gütig. Gib uns mehr Menschlichkeit! Ziehe in unsere kalten Herzen ein!

Christel Mey

24. Juli

Ich kann es nicht erwarten, bis wir wieder zusammen sind

*„Der Herr ist von Ferne gekommen und sprach zu ihm:
‚Ich habe dich schon immer geliebt. Deshalb habe ich dir
meine Zuneigung so lange bewahrt.'"*
Jeremia 31,3 (NL)

Unsere ersten Enkelkinder waren die Kinder unserer Tochter Heidi und ihres Mannes Dan. Wir entdeckten alle die „ersten Ereignisse", die Großeltern erleben, und suchten immer wieder Gelegenheiten, um dem kleinen Ryan einen Besuch abzustatten und all die schlauen Dinge zu bestaunen, die unser erstgeborener Enkel inzwischen dazugelernt hatte. Die Zeit verging. Ryan bekam eine kleine Schwester und einen jüngeren Bruder – Heather und Eric. Sollte das die endgültige Zahl unserer Enkelkinder bleiben? Wir konnten nur abwarten.

Dann, nach einer elf Jahre dauernden Dürre auf dem Gebiet der Enkelkinder, bekamen wir die aufregende Nachricht, dass unser Sohn Todd und seine Frau Leesa ihren Beitrag zu unserer Sammlung an kostbaren Enkelkindern leisten würden. Wir fragten uns, ob es ein Junge oder Mädchen sein würde. Dann kam Leesa von einer Ultraschalluntersuchung mit der Nachricht nach Hause, dass sie der Familie den dritten Enkelsohn – Clay – schenken würde.

Ich bin so froh, dass wir in der Nähe unserer Enkelkinder leben und sie oft sehen können. Während ich diese Andacht schreibe, ist Clay ein siebenjähriger Zweitklässler geworden. Wir haben gelernt, unsere gemeinsame Zeit zu schätzen. Als ich vor kurzem Clay vom Schwimmunterricht nach Hause fuhr, war er in einer besonders liebevollen Laune. Ich dachte gerade, dass er wohl bald einschlafen würde, als ich hörte, wie er vom Rücksitz mit schläfriger Stimme sagte: „Omi, ich kann es kaum erwarten, bis wir wieder zusammen sind!" Ich meine, dass das die schönsten Worte waren, die ich jemals gehört hatte. Ich kam nach Hause und erzählte Clays Opa von dieser lieben Äußerung. Er stimmte mir zu, dass ich wohl einen kostbaren Augenblick mit unserem wahrscheinlich letzten Enkel erlebt hatte.

Ich war gebeten worden, für das Andachtsbuch für Frauen etwas zu schreiben, aber mir fiel nichts ein. Ich wusste nicht, worüber ich schreiben sollte. Aber als mir Clay dieses Kompliment bereitete, wusste ich, was ich zum Ausdruck bringen sollte. Ich konnte fast meinen himmlischen Vater hören, wie er mir sagt: „Ich kann es kaum erwarten, bis wir wieder zusammen sind!" Dies sind meine Gedanken, wenn ich an ihn und auch an meinen Enkel denke, denn ich freue mich darauf, die Ewigkeit mit beiden zu verbringen!

Rose Otis

25. Juli

Ein Same, der aufgeht

*„Denn gleichwie der Regen und Schnee vom Himmel
fällt und nicht wieder dahin zurückkehrt, sondern feuchtet
die Erde und macht sie fruchtbar … so soll das Wort, das aus
meinem Munde geht, auch sein: Es wird nicht wieder leer
zu mir zurückkommen, sondern wird tun, was mir gefällt,
und ihm wird gelingen, wozu ich es sende."*
Jesaja 55,10.11

Anna wurde in einem niederbayerischen Dorf geboren und wuchs bei ihren Großeltern auf. Ihre sehr gläubige Großmutter erzog sie im katholischen Glauben. Sie wurde sogar zum Liebling des örtlichen Pfarrers. Als Anna siebzehn Jahre alt war, starb ihre geliebte Großmutter, mit 18 ging sie nach München, um dort eine Anstellung anzunehmen. Für das junge, unerfahrene Mädchen vom Land war es in der ungewohnten Großstadt nicht immer leicht. Bald darauf lernte sie ihren späteren Ehemann kennen, der zu dieser Zeit bereits ein neu getauftes Glied der Adventgemeinde war. Vieles von dem, was er glaubte, kam ihr seltsam und fremd vor und passte so gar nicht zu dem, was sie aus ihrem katholischen Glauben kannte. Hinsichtlich ihrer Ablehnung meinte er: „Wenn du mich wirklich gern hast, dann befasst du dich mit dem, was mir wichtig ist, und dann kannst du entscheiden, wie du darüber denkst!"

Anna nahm Bibelunterricht und kam somit der Botschaft der Adventgemeinde näher. Sie ging auch regelmäßig zum Gottesdienst. Aber eine endgültige Entscheidung zu treffen, fiel ihr schwer, zu sehr war sie in dem in der Kindheit und Jugend vermittelten Glauben verwurzelt. Im Jahr 1955 (Anna war inzwischen 20 Jahre alt) fand in München ein internationaler Kongress der Adventjugend statt, an dem das junge Paar teilnahm. Bei einer der Veranstaltungen wurde Anna plötzlich vom Gedanken ergriffen: „Wenn ich hier dabei bin, muss ich mich auch taufen lassen!" Diese Entscheidung führte letztlich dazu, dass sie zwei Jahre später, ein Jahr nach ihrer Hochzeit, getauft und ein überzeugtes Glied der Adventgemeinde wurde.

Natürlich konnte dieser Schritt auch in ihrem Heimatdorf nicht verborgen bleiben, musste sie doch aus der katholischen Kirche austreten. Der Pfarrer, immer noch der, dessen Liebling sie einmal gewesen war, predigte daraufhin von der Kanzel, sie hätte für DM 2000,- ihre Seele an den Teufel verkauft. Viele andere Verleumdungen wurden verbreitet, die ihr erst etwa 50 Jahre später bekannt wurden. Die Familie verbot Anna zwei Jahre lang, nach Hause zu kommen, was sehr bitter für sie war. Aber sie war überzeugt, das Richtige getan zu haben, und hielt treu an ihrem Glauben fest.

Anna ist meine Mutter. Durch das Zeugnis und Vorbild unserer Eltern haben auch wir Kinder, die Schwieger- und Enkelkinder die Liebe Gottes kennengelernt. Heute gibt es im Heimatdorf meiner Mutter einige getaufte Adventisten und eine Gruppe Interessierter, die Bibelunterricht erhält. So trägt ihr Zeugnis und ihre Treue bis heute Früchte, gerade dort, wo man ihren guten Ruf vernichten wollte. Gott sei Dank dafür!

Karin Kraus

26. Juli

Segensreiche Lebenstiefen

„Denn das Wort Gottes ist lebendig und kräftig."
Hebräer 4,12a

Wir hatten uns so sehr auf unser erstes Baby gefreut. Fünf Wochen vor dem Geburtstermin spürte ich plötzlich kein Leben mehr. Der Gynäkologe beruhigte mich und wollte noch abwarten. Mit großer Aufmerksamkeit hörte ich in den folgenden Tagen nach innen. Regte sich etwas oder doch nicht? Das Wechselbad von Hoffen und Bangen war heftig. Ein erneuter Arztbesuch brachte nichts Neues. Ich sollte am kommenden Montag zur Geburtseinleitung in die Klinik kommen. Am Abend zuvor stellten sich jedoch Wehen ein. In der Klinik legte die Hebamme das Hörrohr an meinen Bauch (Ultraschall gab es damals noch nicht) und verkündete: „Ich hör etwas!" Meine Hoffnung kehrte wieder. Nach vielen Stunden der Schmerzen wurde ich von einem toten Jungen entbunden. Später entschuldigte sich die Hebamme für diese Notlüge. Ich sollte doch aktiv an der Geburt teilnehmen! Die begleitende, einfühlsame Ärztin eröffnete mir: „Ihr Baby lebt nicht" und fügte hoffnungsvoll hinzu: „Aber Sie können schon im nächsten Jahr wieder ein Kind haben." Dann war ich mit meinem Schmerz allein, denn damals durften die Väter bei der Geburt nicht dabei sein.

Nach einem kurzen Erschöpfungsschlaf las ich den im Taschenkalender angegebenen Bibeltext für jenen Tag. Jesaja 55,12: „Denn meine Gedanken sind nicht eure Gedanken, spricht der Herr, sondern soviel der Himmel höher ist als die Erde, so sind auch meine Gedanken höher als eure Gedanken." Dieser Text wirkte gewaltig auf mich. Gott hatte mich damit durch die Kraft seines Wortes so getroffen, dass ich sofort verspürte, wie ich aus der tiefen Traurigkeit meines Herzens herausgehoben wurde und mich der Friede erfüllte. Das war ein Schlüsselerlebnis, wie ich es in dieser Stärke nie wieder hatte. Dieses Erleben trug sicher dazu bei, auch die nachfolgenden zwei Fehlgeburten anzunehmen, ohne zu verzagen.

Die Frage nach dem Warum findet oft keine Antwort. Aus der heutigen Sicht kann ich nur sagen: Gott weiß, warum – das ist mir genug. Und dann wurden uns, nach langer Durststrecke, zu früh geborene, aber gesunde Zwillingsbuben geboren, die nicht einmal einen Brutkasten benötigten. Und fünf Jahre später noch einmal ein Gottesgeschenk, unsere Tochter.

Manchmal erkennt man erst im Nachhinein, wie segensreich Lebenstiefen sein können. Das Wissen, dass Gott nur das Beste für uns im Sinn hat, auch wenn wir manches nicht verstehen, bewahrt das Vertrauen zu ihm. Danke, Herr, für deine tröstenden Verheißungen.

Hilde Vielweber

27. Juli

Mouson Lavendel

*„So lange dauerte die Schönheitspflege der Frauen:
Sechs Monate wurden sie mit Myrrhenbalsam massiert
und danach sechs Monate mit besonderen Balsamölen
und Cremes für Frauen."*
Esther 2,12b (NL)

Lavendel! Wenn ich diesen Duft wahrnehme, muss ich nur die Augen schließen und ich sehe die endlosen blauen Lavendelfelder der Provence vor mir und ziehe den Duft ein, der über den Feldern liegt. Ich liebe Lavendel, in jeder Form. Als Duftkissen, Öl in der Duftlampe, Tee, Sirup, den man verdünnen kann, ja auch als Eis, das es nur in der Provence gibt. Dieser Geschmack, wenn das Eis auf der Zunge zergeht! Das kann man nicht beschreiben. Lavendel im Duschbad, im Shampoo, in Cremes. Also einfach alles. Wenn ich Lavendel rieche, fühle ich mich wohl.

Eigentlich habe ich mir nie Gedanken darüber gemacht, woher das kommt oder was der Auslöser dafür ist. Doch eines Morgens im Bett, als ich überhaupt nicht an Lavendel dachte, fiel es mir wie Schuppen von den Augen. Meine Mutter hatte mich als kleines Mädchen immer nach dem Baden eingecremt. Das Gesicht, den Körper, die Hände. Und zwar mit einer Creme, die „Mouson Lavendel" hieß. Ich weiß nicht, ob es diese Creme heute noch gibt. Aber diese Gefühle, die ich dabei empfand, die Hände der Mutter, das Streicheln und dann der Duft – es bedeutete Geborgenheit. Ganz tief in meinem Unterbewusstsein ist dies noch immer drinnen. Jedes Mal, wenn ich Lavendel rieche, erinnert sich ein kleiner Teil von mir ganz unbewusst an diese Zeit, als mich die Mutterhände mit Liebe umgaben. Auch wenn meine Mutter schon lange nicht mehr lebt und ich später kein so gutes Verhältnis zu ihr hatte, bleibt dies bestehen.

Auch wir haben Vaterhände, die uns berühren, die uns streicheln, auch wenn es nicht mit Lavendel geschieht. Aber unser himmlischer Vater umgibt uns mit Liebe. Vielleicht kommt auch da durch einen „Duft", den wir unwillkürlich wahrnehmen, eine Erinnerung auf. Wenn es uns nicht so gut geht, wenn wir meinen, unser Vater habe uns vergessen, dann kann uns so ein „Dufterlebnis" helfen. Vielleicht erinnern wir uns dann daran, dass es doch einmal schön war, ganz nahe bei Gott zu sein und sich von ihm berühren zu lassen. Ich wünsche dir und mir ganz viele solcher Dufterinnerungen.

Margarete Baindner

28. Juli

Mücken

„Und es kamen Mücken und setzten sich an die Menschen und an das Vieh; aller Staub der Erde ward zu Mücken in ganz Ägyptenland."
2. Mose 8,13

Die Mücken haben mich aus meinem Heimatland vertrieben. Mücken gibt es überall, aber die finnischen sind besonders lästig. Sie sind riesig und sehr blutgierig. Kleine Draculas. Man nennt sie die „Finnische Luftwaffe". Stechmücken gehören zu Finnland wie die Seen. Und deshalb habe ich seit 20 Jahren dort keinen Urlaub mehr verbracht.

Wer bisher glaubte, nur die Briten seien mit einem ganz besonderen Humor ausgestattet, hat sich noch nicht mit Finnlands ausgeprägter Spaßkultur beschäftigt. Im Sommer wie im Winter finden im ganzen Land höchst ausgefallene Wettbewerbe statt, die die Finnen auch gleich zur Weltmeisterschaft erheben. Doch so ernsthaft, wie es klingt, ist es nicht gemeint – es geht vor allem ums Vergnügen.

Eine dieser seltsamen Weltmeisterschaften wird einmal im Jahr in Pelkosenniemi ausgetragen. Innerhalb von fünf Minuten muss jeder Teilnehmer so viele Stechmücken erschlagen, wie er kann. Regel: Hilfsmittel sind nicht erlaubt, es zählt nur die Handarbeit. Geradezu legendär wurde der Finne Henri Pellonpää, der im Jahr 1995 ganze 21 Mücken erschlug und es damit ins Guinness-Buch der Rekorde schaffte.

Für mich ist es hingegen kein Vergnügen, mich den Mücken auszusetzen. Ich kann mich noch gut erinnern, wie ich an einem Sommerabend für eine halbe Stunde nichtsahnend nach einer Veranstaltung beim Jugendkongress in Otaniemi spazieren ging, um frische Luft zu schnappen. Zurück auf meinem Zimmer zählte ich 53 Mückenstiche im Gesicht und auf dem Kleidausschnitt. Bei mir verursachen die Stiche der finnischen Mücken rote, juckende, aufgequollene Pusteln, etwa 2 cm im Durchmesser, die erst nach 10 Tagen langsam wieder verschwinden. Ich war für den Rest des Jugendkongresses völlig verunstaltet! Und das ist bei weitem nicht meine einzige böse Erfahrung mit Mücken geblieben.

Natürlich gibt es schlimmere Schicksale als ein paar Mückenstiche, das gebe ich gerne zu. Aber diese kleinen Plagegeister haben es geschafft, mir mein Heimatland zu vermiesen, mich auf Distanz zu halten. Die Mückenplage in Ägypten muss die Menschen einem Nervenzusammenbruch nahe gebracht haben. Wie gut kann ich mich in sie hineinversetzen! Wie sehr müssen sie sich nach einem Ende dieser dritten Plage gesehnt haben! Aber ein wirkliches Ende der Mückenplage wird es erst auf der neuen Erde geben. Die Mücken dürfen mich von dieser Heimat nicht vertreiben. Ich darf mich auf eine neue Heimat ohne sie freuen: „Und der auf dem Thron saß, sprach: Siehe, ich mache alles neu!" (Offenbarung 21,5) Es wird (frei nach Vers 4) kein Leid und keine schmerzenden, juckenden Mückenstiche mehr geben! Auf dieser neuen Erde will ich nicht nur Urlaub machen, sondern ewig leben. Was immer es sein mag – Mücken oder größere Dinge –, nichts ist es wert, zu Gott auf Distanz zu gehen.

Hannele Ottschofski

29. Juli

Das Auge des Herzens

„Weil du in meinen Augen so wertgeachtet und auch herrlich bist und weil ich dich lieb habe ..." Jesaja 43,4

Die Schönheit liegt bekanntlich im Auge des Betrachters. Beispielhaft für diese Tatsache sind Wuffi, Lisa und andere, die in vielen Kinderzimmern und vor allem -betten unentbehrlich geworden sind. Wuffi war einmal ein richtig flauschiger Stoffhund. Jetzt ist er unansehnlich. Aber als er einmal bei uns liegen geblieben war, musste meine Freundin viele Kilometer fahren, um ihn zu holen, denn an einen guten Schlaf ihrer Tochter ist ohne diesen kaputten Köter nicht zu denken! Was Lisa betrifft, könnte wohl eher die Queen den Verlust ihrer Kronjuwelen verkraften als unsere Tochter den ihres Kuscheleichhörnchens. Ihr kennt sie alle, diese „abgeliebten" Unentbehrlichen. Sie sind sehr unterschiedlich, haben aber Wesentliches gemeinsam: Die einst Jungen und Schönen wurden im Laufe ihres Lebens alt, unansehnlich, schmutzig – und werden trotzdem geliebt!

Unsere ehemaligen Nachbarn waren für unsere Kinder viele Jahre lang regelrechte Großeltern. Kurz vor unserer Versetzung zogen sie in ein Seniorenheim. Der Abschied war schwer, aber die Besuche wurden im Heim aufrechterhalten. Nach unserem Umzug blieben wir in Kontakt. Neulich erzählte mir unser Nachbar, wie er bei einem dieser Besuche unsere Jüngste vermisste. Er fand sie am Bett seiner Frau, die schon sehr elend war und kaum mehr Anteil nehmen konnte. Er sah, wie unsere Tochter dort saß und den Arm seiner Frau streichelte. Ohne Scheu, ohne Unsicherheit. So gehen wir mit denen um, die wir lieben! Ob es unser schäbiges Stofftier ist, unser alter treuer Hund, unsere träge alte Katze, unsere lieben, alt gewordenen Eltern und Großeltern, mit ihren Falten und Runzeln – wir lieben sie! Wir entsorgen sie nicht!

Ich schaue manchmal in den Spiegel und stelle fest, dass die Jahre auch an mir nicht spurlos vorbeigegangen sind. Es gibt da aber jemanden mit einer gänzlich anderen Wahrnehmung. Mein Mann wird niemals müde, mir Komplimente zu machen. Ist er denn blind, dass er nicht sieht, was ich sehe? Er liebt mich, lautet die schlichte Antwort. Mir drängt sich hier die Frage auf, was Gott denn eigentlich an uns findet. Gibt es irgendetwas, was uns in den seinen Augen noch schön erscheinen lässt? Wir sind längst nicht mehr das, was er am Anfang als sehr gut bezeichnete. Wir sind unserer äußeren Erscheinung nach Wuffis und Lisas, keines Blickes wert, geschweige denn einer Berührung oder eines Sonderplatzes im Bett. Aber unser Schöpfer sieht uns mit anderen Augen, mit den Augen der Liebe. Deshalb hat er auch einen so unvorstellbar hohen Preis bezahlt, um uns für sich zu gewinnen. Er hat für uns einen Sonderplatz in seinem Herzen vorgesehen. Ihn schreckt keine Missgestalt ab, kein niedriger IQ, keine schmutzige Vergangenheit – nichts kann uns von der Liebe Gottes scheiden. NICHTS! Das ist ein Wort, an das ich mich halten kann, wenn ich mich selbst nicht mag und mit meinen Unvollkommenheiten hadere. Wenn ich sogar das Alte, Abgenutzte und Unansehnliche lieben kann, wie viel mehr kann das unser Freund und Erlöser JESUS. Wenn du heute in den Spiegel schaust und du dir nicht gefällst, dann denke daran, wer du in Gottes Augen bist. Nimm diese Liebe an und gib sie an andere weiter!

Elke Schlude

30. Juli

Unsere Nachbarskinder

„Ein fröhliches Herz macht ein fröhliches Angesicht."
Sprüche 15,13

Wer kennt nicht das Lied aus dem Kindergottesdienst: „Immer fröhlich, immer fröhlich, alle Tage Sonnenschein; voller Schönheit ist der Weg des Lebens, fröhlich lasst uns immer sein!"
Dazu war uns nicht zumute. Wir wohnen in einer Doppelhaushälfte, und unsere Nachbarn hatten eine schwere Krise hinter sich. Wir litten mit ihnen. Sie zogen nun aus und verkauften ihre Doppelhaushälfte. Wie würden unsere neuen Nachbarn wohl sein? Wir malten uns schon aus, was für Unannehmlichkeiten auf uns zukommen könnten.

Dann zogen sie ein, unsere neuen Nachbarn. Ein jüngeres Ehepaar mit zwei Kindern. Das ältere Mädchen war vier und das jüngere knapp ein Jahr alt. Wir freundeten uns rasch an und luden uns gegenseitig ein, um uns besser kennenzulernen.

Wir tauschten die Tageszeitung aus. Das vierjährige Mädchen brachte uns jeden Tag die Zeitung. Schließlich machte auch das jüngere Mädchen ihre ersten Gehversuche und kam mir mit tapsigen Schritten freudig entgegen.

Eines Tages klingelte es. Nachdem ich die Tür geöffnet hatte, sah ich das einjährige Mädchen mit der Zeitung in der Hand vor der Tür stehen. „Du bist also unser Postbote und bringst mir die Zeitung?" Freudig nickte sie und streckte mir mit beiden Händen das Blatt entgegen. Und weil es regnete, hatte sie ihre neu erworbenen ersten Stiefel an, auf die ich sie ansprach. Sie nickte wieder mit strahlendem Gesicht.

Ihr unbekümmertes und freudiges Wesen fesselte mich. Mir kam der oben angeführte Bibeltext in den Sinn: „Ein fröhliches Herz macht ein fröhliches Angesicht." Was tief in einem Herzen wohnt, drückt sich in unseren Gesichtszügen aus – das war hier zu spüren.

Natürlich kann man Fröhlichkeit nicht befehlen – aber wir sind nicht verpflichtet, missmutig durch den Alltag zu gehen. Wir können unseren Herrn jeden Morgen um ein fröhliches Herz bitten. Unsere Mitmenschen werden dies dankbar annehmen, wie auch ich durch das fröhliche Kinderherz sofort froh und gut gelaunt durch den Tag ging.

Regina Fackler

31. Juli

Mein verkehrtes Verhalten

„Wenn dagegen der Heilige Geist unser Leben beherrscht, wird er ganz andere Frucht in uns wachsen lassen: Liebe, Freude, Frieden, Geduld, Freundlichkeit, Güte, Treue."
Galater 5,22 (NL)

Als ich über die Ereignisse des Tages nachdachte, empfand ich weder Freude noch Frieden. Ich hatte mich aufgeregt und einem Mann auf unfreundliche Weise die Meinung gesagt – vor einer Gruppe von Gläubigen. Was ich gesagt hatte, stimmte zwar, aber ich hatte es auf die falsche Art gesagt und nie hätte ich es in Anwesenheit anderer tun dürfen. Ich hätte einen ruhigen Augenblick suchen und es ihm unter vier Augen sagen sollen.

Einer in der Gruppe schlug vor, dass wir miteinander beten, was wir auch taten. Ich beteiligte mich auch am Gebet und bat für meine unfreundlichen Worte um Vergebung. Und doch fühlte ich mich im Nachhinein unglücklich und friedlos.

Was sollte ich tun? Ihn auf dem Weg in die Stadt in seinem Büro aufsuchen? Und was noch wichtiger war: Was sollte ich sagen, um die Dinge nicht noch schlimmer zu machen? Ich war ja nicht die Einzige in der Gruppe, die mit seinem Vorschlag nicht einverstanden war, aber ich hatte mein Missfallen mit Nachdruck geäußert. Es war eine Begebenheit, die lange im Gedächtnis bleiben würde.

Auf dem Weg in die Stadt zu einem Termin sprach ich mit dem Herrn wie mit einem Freund. Ich war Mitglied in einer Weberzunft, und wir hatten ein Treffen. Ich war schon etwas spät dran, aber mir fiel ein, dass ich in den Stoffladen nebenan gehen sollte, um etwas zu besorgen. Natürlich hätte ich das genauso gut auch nach dem Treffen tun können. Aber ich hatte den Eindruck, dass ich es jetzt erledigen sollte. Schnell hatte ich gefunden, was ich brauchte, und schritt zur Kasse, um meinen Einkauf zu bezahlen. Während ich in meiner Tasche nach dem Geldbeutel kramte, schaute ich kurz auf und sah in die überraschten Augen der Person, die ich beleidigt hatte. Auch er wartete darauf, etwas zu bezahlen. „Hallo, Sinikka", sagte er. Ich streckte meine Hand aus und sagte: „Ich kann es nicht fassen." Dann erzählte ich ihm, dass ich das Gefühl hatte, mich persönlich für mein unfreundliches Verhalten entschuldigen zu müssen. Ich sagte, dass ich darüber gebetet hätte, weil ich ein so schlechtes Gewissen hatte und nicht wusste, was ich tun sollte. Ich hatte den Herrn gebeten, mir zu helfen. Ich hatte eigentlich gar nichts in dem Stoffladen zu suchen, da ich sowieso schon zu einem Termin spät dran war.

Er wiederum erzählte, dass er überall nach kleinen Vorhanghaken gesucht habe und schließlich in das Stoffgeschäft gekommen sei, weil er dachte, dass sie sie vielleicht haben könnten! Mit Tränen in den Augen blickten wir einander an und sagten, „Wie groß ist doch der Herr, dass er uns in unserer Schwachheit aufhilft." Wie froh waren wir, dass wir beide auf die Stimme des Herrn gehört hatten und auf diese Weise die Sache klären konnten! Ganz erleichtert zog ich meines Weges.

Sinikka Dixon

1. August

Arm – reich

*"Herr, ich danke dir dafür, dass du mich so wunderbar
und einzigartig gemacht hast! Großartig ist alles, was
du geschaffen hast – das erkenne ich!"*
Psalm 139,14

Die folgende Geschichte passt genau zu diesem Bibeltext:
Ein reicher Vater, der seinem Sohn unbedingt zeigen wollte, was es bedeutet, arm zu sein, sandte ihn zu einer mittellosen Bauernfamilie. Der Sohn war dort drei Tage und drei Nächte. Zurück in der Stadt, fragte ihn sein Vater: „Was sagst du zu dieser Erfahrung?" „Gut", sagte der Sohn zurückhaltend. „Hast du etwas daraus gelernt?", fragte der Vater.

Der Sohn überlegte eine Weile und antwortete:
1. Wir haben einen Hund, sie haben vier.
2. Wir haben ein Schwimmbad mit behandeltem Wasser, das bis zur Mitte unseres Gartens reicht, sie haben einen ganzen Bach, mit kristallreinem Wasser, mit Fischen darin und anderen schönen Sachen.
3. Wir haben elektrischen Strom im Garten, sie haben die Sterne und den Mond als Lichtspender.
4. Unser Garten reicht bis zum Zaun, ihrer bis zum Horizont.
5. Wir kaufen das Essen, sie kochen es.
6. Wir hören CD's. Sie hören die Konzerte der Vögel, Grashüpfer und anderer Tiere. Und all dies wird zusätzlich von einem Arbeiter begleitet, der sein Feld bebaut.
7. Wir benützen die Mikrowelle, aber das, was sie essen, hat Geschmack.
8. Um uns zu schützen, leben wir von Mauern umgeben, sie leben mit offenen Türen und sind von Freunden umgeben.
9. Wir sind mit dem Handy, PC und TV verbunden, sie sind es mit dem Leben – mit Himmel, Sonne, Wasser, grünen Wiesen, Tieren, dem Schatten und mit ihrer Familie.

Der Vater war über die Aussagen seines Sohnes erstaunt. Dann zog der Sohn diese Schlussfolgerung: „Vielen Dank, Vater, dass du mir gezeigt hast, wie arm wir sind!"

Jeden Tag werden wir noch ärmer, weil wir die Natur nicht wahrnehmen, die unser Schöpfer geschaffen hat. Wir beschäftigen uns immer mit: Haben, haben, haben und noch mehr haben, anstatt zu sein, wer wir sind, dazu zu stehen, uns daran zu erfreuen und dafür dankbar zu sein. Geht es dir manchmal auch so?

Denise Hochstrasser

2. August

Geduld, Bewährung und Hoffnung

„Da wir nun durch den Glauben gerechtfertigt sind, so haben wir Frieden mit Gott durch unseren Herrn Jesus Christus, durch welchen wir auch im Glauben Zutritt erlangt haben zu der Gnade, in der wir stehen, und rühmen uns der Hoffnung auf die Herrlichkeit Gottes."
Römer 5,1-2 (SLT, 1951)

In der britischen Tate-Galerie in London kann man ein Bild des Malers George Frederick Watts betrachten. Es trägt den Titel „Hoffnung". Der Künstler hat eine Frau gemalt, die auf einer Weltkugel sitzt. Ihre Augen sind verbunden, und sie hält eine Leier (Harfe) in der Hand. Das Interessante daran ist, dass alle Saiten der Harfe bis auf eine kaputt sind. Dennoch spielt die Frau weiter und leiht ihr Ohr dem Klang der letzten verbliebenen Töne.

Ich finde es sehr schön, dass er eine Frau für dieses Bild gewählt hat. Außerdem ist es ein großartiges Gleichnis auf die Bedeutung der Hoffnung. Ist es nicht so, dass jeder in dieser Welt auf etwas hofft? Auf bessere Zeiten, auf eine einträglichere Arbeit, auf das Ende der Wirtschaftskrise, auf die Sommerferien und so weiter. Man muss nicht gläubig sein, um auf etwas zu hoffen. Ist es das, worauf uns der Maler mit seinem Bild hinweisen möchte? Nein, die Hoffnung, an die ich hier denke, wird Früchte hervorbringen. Eine Hoffnung, die uns nicht enttäuschen kann und sich auch nicht als leer erweist. Wir sind in der Lage, viele Geschehnisse in unserem Leben anders zu deuten, weil Jesus durch seine Liebe alles grundlegend geändert hat. Wir lernen, dass wir Gott preisen können, auch wenn wir im Glauben bedrängt sind. Dadurch lernen wir Geduld, um Schwieriges auszuhalten und zu tragen. Unser Glaube erfährt Bewährung und weckt in uns Hoffnung, die nicht enttäuscht wird. Denn wir haben die Gewissheit, dass, was auch immer geschieht, Gottes Liebe in unseren Herzen lebendig bleibt!

Jesus selbst verbürgt sich dafür! „Gelobt sei der Gott und Vater unseres Herrn Jesus Christus, der uns nach seiner großen Barmherzigkeit wiedergeboren hat zu einer lebendigen Hoffnung durch die Auferstehung Jesu Christi von den Toten, zu einem unvergänglichen und unbefleckten und unverwelklichen Erbe, das im Himmel aufbehalten wird für euch, die ihr in Gottes Macht durch den Glauben bewahrt werdet zu dem Heil, das bereit ist, geoffenbart zu werden in der letzten Zeit; in welcher ihr frohlocken werdet, die ihr jetzt ein wenig, wo es sein muss, traurig seid in mancherlei Anfechtungen, damit die Bewährung eures Glaubens, die viel kostbarer ist als die des vergänglichen Goldes (das durchs Feuer erprobt wird), Lob, Preis und Ehre zur Folge habe bei der Offenbarung Jesu Christi, welchen ihr nicht gesehen und doch lieb habt, an welchen ihr jetzt glaubt, ohne ihn zu sehen, und über den ihr euch freuen werdet mit unaussprechlicher und herrlicher Freude, wenn ihr das Endziel eures Glaubens davontragt, der Seelen Seligkeit!" (1. Petrus 1,3-9)

Hab Dank dafür, Jesus, unsere Hoffnung, unser Zugang zum lebendigen Wasser, das aus dem Herzen Gottes fließt und uns im Glauben wachsen lässt.

Nancy Duske

3. August

Zerstörungswut

„Zerstört ihre Götterfiguren aus Stein und Metall! Reißt ihre Altäre ab, die sie auf den Hügeln und Bergen gebaut haben!"
4. Mose 33,52 (Hfa)

Als 2001 die Taliban die Buddha-Statuen in Bamiyan zerstörten, ging ein Aufschrei durch die Welt. In unserer modernen, aufgeklärten, toleranten Welt darf doch niemand antike Kunstwerke mutwillig zunichte machen! Aber aus christlicher und erst recht aus jüdischer Sicht haben diese Freiheitskämpfer genau das Richtige getan. Monumentale Götzenstatuen verführen Menschen dazu, Gott zu vergessen. Sollten wir deshalb mit einer Handgranate im Gepäck hingehen und die von Touristen bewunderten und von der UNESCO wieder aufgebauten ägyptischen Tempel in Abu Simbel in die Luft jagen? Die Aufmerksamkeit der Welt wäre uns sicher.

Beim Studium der antiken Stadt Ephesus stieß ich auf ähnliche Beschäftigungen der ersten Christen. Die zum Teil riesigen kaiserlichen Kultanlagen wurden systematisch zerstört, die Bildnisse von Augustus und dessen Frau Livia an den Stirnen mit Kreuzen gekennzeichnet und rituell begraben. Allem Anschein nach wurde gründlich aufgeräumt, um dem neuen Glauben Platz zu schaffen. Schaut man allerdings genauer hin, stellt man inkonsequentes Verhalten fest. Viele antike Denkmäler wurden einfach zu Kirchen umfunktioniert, Ehreninschriften als Bodenplatten oder an anderen Stellen neuerlich verwendet, sogar Statuen mit neuen Köpfen versehen und in anderem Zusammenhang wieder aufgestellt.

So weit die alten Geschichten, die uns ja zum Glück nicht betreffen. Meine Kirche verhält sich gegenüber anderen Religionen tolerant, ich liebe alle Menschen. Doch hat nicht die Aufforderung im 4. Buch Mose auch mir heute etwas zu sagen?

Ich möchte ein bekehrter Mensch sein, das Alte eindeutig und entschlossen hinter mir lassen, so leben, wie Jesus es tat. Da kommt mir unweigerlich die Begebenheit in den Sinn, als der Meister eigenhändig eine Geißel aus Stricken drehte und die Händler und Geldwechsler aus Jerusalems Tempel vertrieb. Habe ich meine Videothek, den Kleiderschrank und die Schmuckschatulle ausgemistet? Wie steht es mit meinem Bücherbord und der Musiksammlung? Grinst da nicht mancher Götze aus einer Ecke hervor? Schnell bin ich dabei, glaubhaft versichern zu wollen, dass ich diese Dinge nicht anbete, sie mir also nicht schaden können und nur der Information dienen. Wirklich? Wie weit übernehme ich alte Gebäude oder Statuen, räume ein wenig um, stecke einen neuen Kopf auf und erkläre das Ding dann als der Gottesfurcht und Frömmigkeit dienlich?

Auch wenn ich meinen Weg mit Christus schon lange gehe, muss ich doch ab und zu Kehraus machen und mich fragen, ob mein Fundament in Ordnung ist, meine Bausteine von der richtigen Art sind und sich meine Fassade als echt erweist.

Hanni Klenk

4. August

Brief einer Bräutigam-Mutter

*„Der Herr segne dich und behüte dich. Der Herr zeige
dir sein Angesicht und sei dir gnädig. Der Herr wende
zu dir sein Angesicht und gebe dir Frieden."*
4. Mose 6,24-26

Mein lieber Sohn, wenn man zum ersten Mal Mutter wird, ist das eine Zeit der gemischten Gefühle. Freude vermengt sich mit Unsicherheit, Unbekümmertheit wechselt sich mit manchen Fragen ab. Würden wir überhaupt fähig sein, ein Kind richtig zu erziehen? Wie sollte ich dem Baby die Fingernägel schneiden, wenn es herumzappelt? Zumindest diese Frage war gänzlich unbegründet, denn du warst ein sehr braves und verschlafenes Kind. Während ich mit dir in der Entbindungsklinik war, konnte dich dein Vater bei seinen Besuchen nicht ein einziges Mal mit offenen Augen sehen, weil du immer schliefst. Auch die kommenden Jahre mit dir als Kleinkind waren ruhig und erfreulich.

Du bist unser Erstgeborener und damit, wie für die meisten Eltern, etwas Besonderes. Auch in der Bibel ist oft von den Erstgeborenen die Rede. Damit verbunden waren gewisse Rechte und Pflichten, aber vor allem der Erstgeburtssegen. Und offensichtlich war dieser sehr begehrt, wie das Beispiel von Jakob zeigt. Mit dem Segen sind Gaben verbunden, die Gott schenkt, um der Aufgabenstellung des Erstgeborenen gerecht zu werden. 25 Jahre lang hatte ich jetzt Zeit, deine Entwicklung zu beobachten. Und eines ist mir immer wieder aufgefallen: Du warst in dieser Zeit deinen Geschwistern oft ein gutes Vorbild, hast ihnen eine bestimmte Richtung vorgegeben. Sie haben sich an dir ausgerichtet, und ich bin sehr froh, dass Gott dich mit den notwendigen Gaben eines Erstgeborenen ausgestattet und dich geleitet hat. Manchmal, wenn du so groß und erwachsen vor mir stehst, erinnere ich mich wieder an die erste Zeit nach deiner Geburt. Ich war Gott so von Herzen dankbar. Als du einmal friedlich und zufrieden in meinem Arm lagst, versprach ich ihm, dass ich dich ihm zurückgeben würde, falls er für dich eine besondere Aufgabe bereithalte. Gott hat mein Angebot angenommen. Er hat dich mit Gaben und Fähigkeiten ausgestattet, mit denen er durch dich anderen Menschen Freude bereiten und sie erreichen kann. Mit Freude sehe ich, dass du deinen Weg mit ihm gehen und dich für ihn einsetzen willst.

Wenn heute für dich ein neuer Lebensabschnitt beginnt, bitte ich ihn, dass er dich jederzeit und in allen Dingen leiten und mit seiner Liebe, Weisheit und Gnade begleiten möge. Ich bitte ihn, dass er dich und deine Frau in eurer Ehe segnen möge. Ich bitte ihn, dass er dir sein Angesicht zeigen und dir gnädig sein möge, damit du stets nach seinem Willen handeln und entscheiden kannst und du die notwendigen Eigenschaften entwickelst, um deiner Familie würdig vorzustehen. Und ich bitte ihn, dass er dir sein Angesicht zuwenden und dir Frieden schenken möge. Das beruhigt mein Herz, und ich kann dich in dein neues Leben gehen lassen, wissend, dass er mit seinem Schutz und seiner Fürsorge immer bei dir sein wird. Dafür bin ich ihm von Herzen dankbar.

In Liebe deine Mama

Erika Kellerer-Pirklbauer

5. August

Meine Teelöffelsammlung

*„Und nun spricht der HERR, der dich geschaffen hat,
Jakob, und dich gemacht hat, Israel: Fürchte dich nicht,
denn ich habe dich erlöst; ich habe dich bei deinem
Namen gerufen; du bist mein!"*
Jesaja 43,1

Als ich zum ersten Mal gerufen wurde, in der weiten Ferne zu arbeiten, fing ich an, kleine Teelöffel zu sammeln, um Andenken an jene Orte zu besitzen, die ich besuchte. Ich wollte etwas haben, worauf der Name des Ortes zu sehen war.

Nach einigen Jahren hatte ich eine schöne Sammlung beisammen. Ich fand auch einen Kasten, um die Löffel aufzuhängen und zu verwahren. Ich ordnete sie der Reihe nach ein, je nach dem Zeitpunkt der Reisen, auf denen ich sie erstanden hatte. Einige weisen feine Gravuren am Stiel auf. Zusammen ergeben sie mit ihren unterschiedlichen Formen, Farben und Oberflächen ein schönes Bild.

Als ich einen Kasten mit all den kleinen Löffeln aus fernen Ländern gefüllt hatte, fand ich einen weiteren für die Löffel aus den Staaten und Orten meines Heimatlandes. Bald brauchte ich einen weiteren für die Löffel, die ich in Nationalparks und an touristischen Brennpunkten gekauft hatte.

Nun hatte ich also drei Kästen mit schönen kleinen Löffeln. Sie sind für mich eine erbauliche Erinnerung an all meine Reisen, und mir macht es Freude, meinen Freunden, die zu Besuch kommen, jeden kleinen Löffel zu zeigen. Ich nenne die besuchten Orte beim Namen, einen nach dem anderen. Welch wunderbare Erinnerungen kommen da zurück, wenn ich diese kleinen Löffel betrachte!

Dieses Erlebnis lässt mich an unseren heutigen Bibeltext denken. Ich will meinen Heiland noch mehr suchen als diese kleinen Löffel. Und ich bin froh, dass er eine Sammlung hat, in der unsere Namen im Buch des Lebens eingetragen sind. Eines Tages wird Jesus kommen, um sein Volk von dieser Erde in sein himmlisches Reich zu sammeln. „Sie sollen mein Eigentum sein", sagt der Herr (Maleachi 3,17). Er kennt uns beim Namen und ruft uns heute auf, uns seiner Sammlung der Erlösten anzuschließen, die er für immer in sein Reich mitnehmen will. Wollen wir dabei sein?

Lieber Herr, ich danke dir heute für deine Verheißung, dass wir bei dir sein dürfen. Komme bald, um uns nach Hause mitzunehmen – dort, wo du bist.

Bessie Siemens Lobsien

6. August

Dein Wille geschehe

„Unser Vater im Himmel! Dein Name werde geheiligt. Dein Reich komme. Dein Wille geschehe auf Erden wie im Himmel."
Matthäus 6,9.10

Es geschah alles sehr plötzlich – im heißen Sommer des Jahres 2003. Unser Sohn war in Zagreb zur Schule angemeldet. Wir lebten nun schon 3½ Jahre dort. Als ich mit Marko nach Deutschland fuhr, sagte er: „Mami, endlich hinaus aus der Stadt!" Ich ahnte nicht, dass es ein Hinaus für unbestimmte Zeit war. Wir lebten mitten in der Stadt, in einer sehr kleinen Wohnung, mit einem sehr lebhaften Kind, das einen großen Bewegungsdrang hatte.

Es war ein schöner, heißer Sommer. Muttis achtzigsten Geburtstag feierten wir auf einem Boot auf dem Neckar mit Verwandten, die wir schon lange nicht gesehen hatten. Es war eines unserer letzten Wochenenden, bevor wir wieder nach Kroatien abreisen sollten. Meine Freundin hatte sich angesagt. Einmal im Jahr treffen wir uns, und jedes Mal ist es für uns beide eine persönliche Bereicherung. Aber dieses Mal fühlte ich mich ein wenig ausgeschlossen. Meine Freundin war die meiste Zeit mit meiner Mutter im Gespräch. Das machte mich eifersüchtig. Ich tröstete mich damit, dass wir den ganzen nächsten Vormittag gemeinsam haben würden.

Es sollte alles ganz anders kommen als geplant. Mitten in der Nacht hörte ich meine Schwester mit meinem Vater reden, der schon sehr alt war. Es ging um meine Mutter. Wie ein Blitz war ich aus dem Bett. Vati sagte nur: „Die Mutter!" Ein paar Schritte und ich wusste, was los war. Meine Mutter lag im Sterben. Sie sagte: „Jesus hilf!" Ich wusste, es würde nicht lange dauern. Ich betete mit ihr.

Sollte ich meine Freundin informieren? Sie damit belästigen? Da fiel mir der gestrige Tag ein, und in meinem Inneren hörte ich: „Geh zu ihr!" Ich weckte sie. Meine Freundin betete mit meiner Mutter das „Vaterunser". In der Zwischenzeit verständigte ich den Rettungswagen. Als meine Mutter im Krankenwagen lag, hörte ich sie beten: „Dein Wille geschehe …" Meine Freundin blieb bei meinem Kind, meiner Schwester und meinem Vater, der selber sehr hilflos war. Ich konnte dadurch beruhigt mit meinem Auto dem Krankenwagen hinterherfahren. So konnte ich dabei sein, während sich fremde Leute um meine Mutter kümmerten. Ich verabschiedete mich von ihr, indem ich ihr sagte, dass wir uns später oben, ich meinte die Intensivstation, sehen würden. Ich sah sie später – aber nicht mehr lebend. Ich werde sie oben, in unserer himmlischen Heimat, wieder treffen.

Warum erzähle ich das? Oft haben wir einen Plan, wie alles für uns verlaufen soll. Gott plant aber manchmal ganz anders. Unser Sohn ging dann doch nicht in Zagreb zur Schule. Wir leben jetzt schon sieben Jahre lang in Deutschland. Gott schenkte mir ein besonderes Wochenende mit meiner Freundin, die mir beistehen konnte. Gottes Wille ist geschehen. Er sah anders aus, als ich dachte und geplant hatte, und es war sehr schwer und schmerzhaft. Aber Gott sorgte dafür, dass ich mit all den Belastungen zurande kam. Unser himmlischer Vater weiß, was er tut. Da will ich gerne meine eigenen Pläne hintanstellen.

Dorothea Starek

7. August

Die unvollständige Textangabe

*„Ich sage das nicht, weil ich Mangel leide; denn ich habe
gelernt, mir genügen zu lassen, wie's mir auch geht."*
Philipper 4,11

Es war kurz vor Redaktionsschluss. Alle Schreibkräfte im Redaktionsraum der „Los Angeles Times" tippten, so schnell sie konnten, um ihren Text einfließen zu lassen. Ich kam gerade vom Nachrichtentisch zurück, mit einem Bericht in der Hand, als mich Kathie ansprach. „Ich habe dich beobachtet", sagte sie. „Ich weiß, du bist Witwe, hast ein behindertes Kind und eine pflegebedürftige Mutter. Deine Arztrechnungen müssen enorm hoch sein. Trotzdem lächelst du immer freundlich. Wie kannst du mit all den Problemen, die du hast, immer glücklich sein?"

Ich lächelte. „Kathie, ich gebe dir nach Redaktionsschluss eine Antwort." Ich kehrte an meinem Computer zurück und betete: „Herr, du musst mir jetzt helfen. Bitte, gib mir die richtige Antwort."

Nach Redaktionsschluss stand Kathie sofort an meiner Seite. „Nun?"

„Kathie, in der Bibel steht: Ich habe gelernt, mit dem zufrieden zu sein, was ich habe."

„Wo steht das?"

Ich wusste es nicht. „Wahrscheinlich irgendwo im Römerbrief", stotterte ich, „aber ich bin mir nicht sicher." Ich fühlte mich schlecht, denn man hatte mir ans Herz gelegt, Bibeltexte immer mit der Textangabe auswendig zu lernen.

Monate später kam Kathie auf mich zu und sagte, dass sie die Nachtarbeit aufgegeben, sich einer Gemeinde an ihrem Wohnort angeschlossen habe und eben getauft worden sei. Sie erzählte: „Der Vers, den du zitiert hast, stand nicht im Römerbrief. Ich ging an jenem Abend nach Hause und fing bei Römer 1,1 an. Ich las in der Bibel meiner Mutter so lange weiter, bis ich den Vers in Philipper 4,11 fand. Bevor ich auf diesen Vers stieß, war ich Jesus begegnet und hatte ihm mein Leben übergeben."

Kathie war nachts Prostituierte gewesen und tagsüber Tippmamsell für die Times. Nun war sie Christin und voller Freude in ihrem neuen Leben, weil ich die Textangabe eines Bibelverses vergessen hatte. Ich hatte Gott um Führung gebeten. Er gab mir genau, was gebraucht wurde – die Worte des Textes ohne die vollständige Angabe, weil er wusste, dass Kathies Neugier sie dazu führen würde, die Bibel ihrer Mutter aufzuschlagen.

Danke, lieber Herr, dass du mein Gebet erhört hast. Hilf mir, dir immer zu vertrauen, wenn du mir antwortest.

Darlenejoan McKibbin Rhine

8. August

Mauern

„Ich kann mit meinem Gott über Mauern springen."
Psalm 18,30

„Fertig, LOS!" Und schon bin ich über jedes Hindernis hinweg. Das wäre toll! Vor allem für mich, die ich Hochsprung in der Schule gar nicht mochte, weil ich kaum über die niedrigste Latte sprang. Ich habe schon von Jugendlichen gehört, die als Sportart das Mauerspringen betreiben. Unglaublich, was sie schaffen! Aber wir wollen uns heute nicht mit Extremsport beschäftigen. Was kann denn David mit dieser Aussage gemeint haben?

David war ein Mann, der mit Gott viel Gutes erlebt hatte, aber auch einer, der Krieg und Verfolgung zur Genüge kannte. Saul war ihm jahrelang hinterher gewesen, weshalb er sich ständig auf der Flucht befand. Daher wusste David, woher er Hilfe erwarten konnte. Von Menschen sicherlich nicht. Er wandte sich in allen Lebenslagen an Gott – mit dem er „über Mauern sprang".

Auch wir stoßen in unserem Leben zuweilen auf Grenzen und Herausforderungen, die uns unüberwindlich scheinen. Wie reagieren wir dann? Mit schlaflosen Nächten, in denen wir irgendein „Loch" in der Mauer suchen? Wir zermartern uns den Kopf und suchen nach einer Lösung. Andere schließen die Augen und reden sich ein, es gebe kein Problem. Sie kehren alles unter den Teppich. Nach außen ist alles „Danke, gut" – niemand darf etwas erfahren. Sie setzen eine Maske auf, und eine Zeit lang funktioniert es auch. Andere laufen vor den Schwierigkeiten davon und glauben, die Lösung in einem Orts- oder Partnerwechsel zu finden. Aber was ist, wenn alle diese Lösungsversuche fehlschlagen? Niedergeschlagenheit und Verzweiflung folgen, und die Mauer wird immer höher.

Die Bibel bietet uns eine andere Lösung an – die uns wirklich über Mauern und Berge springen lässt. Gerade wenn ich keinen Ausweg mehr sehe, mich aber ganz in Gottes Hand lege und zu strampeln aufhöre, kann Gott endlich an sein Werk gehen. Plötzlich tun sich Lösungen auf, an die wir nie gedacht hätten – oder wir dürfen noch ein wenig Geduld lernen. Sicher ist, dass Gott uns nie hängen lässt, dass er unsere Schwierigkeiten auf seine Art und zu seiner Zeit lösen wird. Gott sagte zu Abraham und Sara, als sie an einem Kind im Alter von 90 Jahren doch ein wenig zweifelten: „Sollte dem Herrn etwas unmöglich sein?" (1. Mose 18,14) Nein, Gott ist nichts unmöglich – daran dürfen wir festhalten. Aber er hat manchmal einen anderen Zeitplan oder andere Lösungen. Diese dürfen wir unbesorgt abwarten.

Seine Verheißungen haben Gültigkeit. Lasst uns daran festhalten, selbst wenn alles so unmöglich aussieht wie bei Sara – ein Kind noch mit 90! Gott ermöglicht es, dass wir über Mauern springen, wenn wir ihm unser Vertrauen schenken.

Elisabeth Hausenbiegl

9. August

Zeit für eine Auszeit

*„Denn des Menschen Sohn ist gekommen, zu suchen
und selig zu machen, was verloren ist."*
Lukas 19,10

Juli und August sind in Mitteleurop Ferienmonate. Wenn ich von kilometerlangen Staus höre, von Warteschlangen und Bahnstreiks, dann frage ich mich, ob das wirklich eine Auszeit oder eher eine neue Stresszeit ist. Was suchen die bedrängten Bürger eigentlich? „Entziehe dich für eine bestimmte Zeit komplett der monströsen Reizüberflutung durch Fernsehen, Computer, Handy und Co!", lese ich in einem Gesundheitsmagazin. Dann wird nachgedoppelt „Suche dir wahre Freunde im Leben. Freunde in den Netzwerken des Internets haben kein Fleisch und Blut … suche dir zwei echte Freunde und genieße die Auszeit mit ihnen!"

Noch nie war das Freizeitangebot so groß wie heute. Man weiß kaum, wie und wo man die Auswahl treffen soll. Aber das Handy muss mit, der Computer ebenfalls, vielleicht steht im Wohnwagen ein Fernseher. Man bewegt sich weiterhin in der virtuellen Welt. Unsere Großeltern kannten noch den Feierabend. Für die heutige Menschheit geht der Stress erst recht los, wenn die Nacht zum Tag wird und wir meinen, etwas zu verpassen, wenn wir nicht am Feierabend noch Großartiges unternehmen. Dabei geht so viel verloren!. Wir hören die leisen Töne nicht mehr, die Ohren sind zugedröhnt vom Lärm, der uns allezeit umgibt. Viele merken nicht mehr, dass man so langsam zum Gefühlsathleten verkommt, der beim kleinsten Konflikt ausrastet oder dreinschlägt.

In Afrika hatten wir die ganzen zwölf Jahre keinen Fernsehanschluss. Ich erinnere mich noch gut, wie ich bei unserer Heimkehr in die Schweiz von der Flut der virtuellen Eindrücke vollkommen überwältigt war. Ich fühlte mich wie ein Kind, dem man ein Programm vorsetzt, für das es gar nicht reif ist. Irgendwann fallen die feinen Zwischentöne dem Getöse der täglichen Überflutung zum Opfer.

Zeit für sich selber, Zeit für gute Freunde, Zeit für einen Freund, der mit uns unser Leben teilen möchte, Zeit der leisen Töne – das wünsche ich allen, die in die Ferien fahren. Nebst i-Phone hat vielleicht das Buch eines Freundes noch Platz, des Freundes nämlich, der uns nur das Beste im Leben geben möchte. Kennen wir ihn wirklich so, wie man einen Freund kennen möchte? Seinen Namen kennen wir – Jesus Christus. Seine Herkunft kennen wir, sein Leben und sein Sterben, das gehört zur Allgemeinbildung. Aber kenne ich auch das, was er in meinem Leben sein möchte? Ist mein Vertrauen so groß, dass ich auch in den traurigsten Stunden nicht verzweifle? Lassen wir uns nicht von irgendwelchen Normen unter Druck setzen! Ferienzeit bedeutet Zeit für Familie, für Freunde und für sich selber. In den Ferien kann ich mitbestimmen, wie meine Zeit eingesetzt wird. Einen Augenblick der leisen Töne wünsche ich dir und mir und das an jedem Tag, nicht nur in den Ferien.

Vreny Jaggi-Rechsteiner

10. August

Das Gipfelkreuz in Südtirol

*„Rufe zu mir am Tage der Not, ich helfe dir und
du wirst mich preisen."*
Psalm 50,15 (Bruns)

Mein Mann und ich lieben Berge, Wanderungen und alles, was damit zusammenhängt. Im Juli des vergangenen Jahres durchstreiften wir Südtirol. Das Wetter war herrlich, die Sonne strahlte, und wir freuten uns auf eine schöne, lange Tour. Die Hälfte der Strecke hatten wir schon hinter uns und den Berg fast erklommen. Aber irgendwo mussten wir falsch abgebogen sein. Auf einmal war alles anders. Um uns herum tiefer Abgrund und Steingeröll, das bei jedem Schritt nachgab und bröckelte. Angst kletterte in uns hoch. Wir fürchteten abzustürzen. Die Angst wurde noch größer, weil ich meine gesundheitlich angeschlagenen Arme nicht voll einzusetzen in der Lage war. Wir konnten weder vor noch zurück. Als ich dann noch die Absturzstelle eines „Wanderfreundes" entdeckte, ging es mir ganz schlecht. In unserer Not überlegten wir, ob wir nicht die Bergwacht um Hilfe rufen sollten. Wir verwarfen den Gedanken aber wieder und wandten uns einer viel größeren „Bergwacht", einem großen Helfer, dem Schöpfer des Universums zu. Wir schilderten Gott unsere Not und bekamen die Gewissheit, dass er uns helfen werde. Er wusste, dass wir nicht aus Leichtsinn in diese Notlage geraten waren. Nach unserem Gebet wurden wir beide ruhiger, obwohl sich nichts verändert hatte. Während wir in unserer Benommenheit noch herumstanden, entdeckte mein Mann ein Gipfelkreuz. Sofort war uns klar, dass wir dorthin aufsteigen müssten. Wir wissen bis heute nicht, wie wir die Schlucht überwunden haben. Aber eines wussten wir: Aus dieser Not hat uns nur Gott befreit.

Durch diese Erfahrung haben wir die Zusage des heutigen Textes neu erleben dürfen: „Rufe mich am Tage der Not, ich helfe dir und du wirst mich preisen." Jawohl, zu diesem Herrn haben wir in unserer Not gerufen. Er hat uns geholfen, und voll Dankbarkeit und Lob ist unser Herz. Diese „Rufnummer Gottes (50 15)" hat für uns eine vollkommen neue Bedeutung bekommen.

Was mich an dieser Erfahrung besonders stärkt, ist der Zeitpunkt, zu dem mein Mann das Gipfelkreuz entdeckte. Nachdem wir zu unserem großen Helfer gefleht hatten, sah er es, als ob Gott uns zeigen wollte: Zum Kreuz müsst ihr hin, um gerettet zu werden. Wir behielten dieses Gipfelkreuz fest im Auge, weil wir gerettet werden wollten. Auch auf unserer Glaubenswanderung gibt es viele Hürden, die wir überwinden müssen. Mancher Abgrund öffnet sich vor unseren Augen, der Mut verlässt uns, die Kraft schwindet, wir fühlen uns verloren, allein, und kein Ausweg ist in Sicht. In solchen Lebenslagen lenkt Gott, unser guter Vater, unsere Augen auf das Kreuz, an dem sein Sohn für uns gestorben ist, damit wir leben dürfen. Wenn wir uns danach richten, werden wir sicher an der „Gipfelstation" in Gottes Reich ankommen. Diese Hoffnung kann uns niemand rauben. Dafür sei unserem Gott Lob und Dank!

Andrea Rödig

11. August

Ein Seil, das hält

*„Ich aber, Herr, vertraue dir. Du bist mein Gott,
daran halte ich fest!
Was die Zeit auch bringen mag,
es liegt in deiner Hand."*
Psalm 31,15 (Hfa)

Während ich die 20 Meter hinunterschaute, spürte ich förmlich, wie mein Herz schneller schlug. Es war sonderbar. In meinem Körper schien ein Feuer zu brennen, das mich kribbelig machte. Der Augenblick war gekommen, und ich sollte nun vorsichtig meine Beine gegen die Felswand stemmen und mich langsam zurücklehnen ...

Ich war wieder einmal in einem Sommerlager der Pfadfinder. Ich konnte mir aussuchen, in welche Aktionsgruppe ich gehen wollte. Ich wählte das Abzeichen „Abseilen". Und nun hing ich da am Seil in der Hoffnung, es würde mich halten. Zweifelte ich irgendwie daran? Könnte es reißen? Immerhin würde das mein Ende bedeuten ...

Schritt für Schritt bewegte ich mich abwärts. Am Anfang war es recht mühsam, voranzukommen. Wahrscheinlich beugte ich mich mit dem Gesäß zu wenig nach hinten oder der Fels bröckelte ein wenig – jedenfalls verloren meine Füße plötzlich den Halt und ...

Ich war immer noch am Leben und hatte mich auch nicht verletzt. Vom starken Seil gehalten, baumelte ich in der Wand. Nun hatte ich den Beweis dafür, dass mich das Seil sicher hält. Der Rest des Abstiegs verlief problemlos. Später wurde mir klar, dass es in meinem Leben doch oft so ist.

Wie oft habe ich mich gefragt, wo Gott geblieben ist, warum er bei diesem oder jenem Erlebnis nicht eingegriffen hat oder zusah, wenn etwas Böses geschah! Ich glaube, so etwas hat jeder schon einmal erlebt.

Zweifeln gehört zum Leben. Darum ist es wichtig, gerade in den „schweren Zeiten" auf Gott zu vertrauen. ER ist das starke Seil, das unser Leben hält. Manchmal lässt Gott zu, dass wir fallen, damit wir erkennen, dass er uns auch wirklich auffängt.

Adina Dewinter

12. August

Kleckerburgen

*„Wer sich meine Worte nur anhört, aber nicht danach lebt,
der ist so unvernünftig wie einer, der sein Haus auf Sand baut."*
Matthäus 7,26

In den Neunzigerjahren machten wir mit meiner Freundin und ihrer Familie Urlaub an der Adria. Für uns als Familie war es der erste Urlaub am Meer. Es war herrlich – im Wohnwagen, mitten im Pinienwald. Der Sandstrand war nicht weit entfernt, weshalb wir immer am Meer blieben. Wir bauten mit den Kindern wunderbare Kleckerburgen oder auch andere Gebäude aus Sand, mit Schutzwällen abgesichert, wegen der Flut. Je näher am Wasser man seine Burg baute, desto schöner konnte man sie gestalten. Das Risiko war nur: Kam eine etwas größere Welle, konnte man nichts tun, um die Burg zu schützen. Sie fiel in sich zusammen und war manchmal nicht einmal mehr zu erahnen. Am anderen Morgen konnte man manchmal noch ein paar Spuren entdecken. Die Kinder waren darüber oft traurig, aber sie machten sich sofort wieder daran, eine neue Burg zu errichten.

Jesus sagte in seiner Bergpredigt in Matthäus 7,26: „Wer sich meine Worte nur anhört, aber nicht danach lebt, der ist so unvernünftig wie einer, der sein Haus auf Sand baut."

Bei der nächsten Welle wird das Haus untergraben und stürzt ein. Wenn ich nach dem Wort lebe und es auch verinnerliche, erhalte ich immer wieder neue Anweisungen, wie ich mein Lebenshaus ausbauen kann. Manche Häuser werden von Grund auf saniert, umgebaut, verstärkt und lebenstüchtig gemacht. Im geistlichen Leben brauchen wir diese Wandlungen auch, sonst sind wir wie der, der sein Haus auf Sand baute. Wir sind ein Leben lang damit beschäftigt, unser Lebenshaus zu berechnen, zu planen, zu gestalten. Wir erstellen auch Schutzwälle von Vorsorgemaßnahmen, die unser Heim absichern sollen. Was nützen sie mir aber, wenn ich es auf vergänglichem Grund (Sand) gebaut habe?

Bei den Sandburgen rechneten wir mit der Flut oder sonstigen zerstörerischen Ereignissen. An die Vergänglichkeit unseres Lebens denken wir oft nicht. Irgendwann kommt die schreckliche Flut. Was machen wir dann? Das Fundament unseres Lebenshauses wird unterspült und freigelegt. Dann zeigt sich, auf welcher Unterlage ich mein Haus gebaut habe.

Die Empfehlung Gottes, unser Lebenshaus auf den wahren Grund zu bauen, gilt noch heute. „Denn einen anderen Grund, ein anderes Fundament kann niemand legen, außer dem, der gelegt ist, welcher ist Jesus Christus." (1. Korinther 3,11)

Habe ich ein sicheres Lebenshaus, wenn das irdische weggespült wird? Ist mein Fundament fest mit Gott verankert? Dann darf ich getrost sein, wenn die „Sturmflut" naht.

Kathi Heise

13. August

Die Sterne und die Erde

„Wenn ich anschaue deine Himmel und die Sterne, die du bereitet hast."
Psalm 8,4

Erleuchtete Fenster glühen warm in die Dunkelheit, als ich mich auf die Stufen der Eingangstreppe setze. Es ist still hier auf dem Innenhof, und ich denke über mein Leben nach. Wie wird es weitergehen? Welchen Platz soll ich ausfüllen? Im Vergleich mit anderen fühle ich mich manchmal unbegabt und jetzt auch mutlos. „Mein Vater, wie lange werde ich noch mit diesen ungelösten Fragen kämpfen? Wann werde ich endlich zur Ruhe kommen?" Mit einem Seufzer blicke ich zum klaren Himmel hinauf, der inzwischen von Sternen funkelt. Eigentlich ist es eine vollkommene Sommernacht, um draußen zu schlafen! Unternehmungslustig haste ich ins Haus und rolle in meinem Zimmer den Schlafsack zusammen, den man mir als Bettdecke gegeben hat. Dann husche ich wieder zur Haustür hinaus. Auf einer Gartenliege hinter dem Haus kuschle ich mich zusammen und atme zufrieden die laue Nachtluft ein. Gott hatte das alles im Voraus gewusst und geplant, um mir eine Freude zu bereiten. Hat er also mein Seufzen gehört? Oh ja, und er möchte offenbar auch, dass ich hier übernachte.

Ich lausche dem Wind, der in den Trauerweiden wispert, Grillen zirpen einander zu, und langsam kehrt Ruhe in meine Seele ein. Die Sterne über mir sind wie Myriaden glitzernder Diamanten über den samtblauen Himmel gestreut. Dahinter schimmert das Silberband der Milchstraße. Sie ist eine Galaxie, eine gewaltige Sternenspirale. Wahrscheinlich ist die Erde der einzige Milchstraßen-Planet, auf dem Leben bestehen kann. Dazu wandert unsere Erde im genau richtigen Abstand mit der richtigen Geschwindigkeit um die Sonne. Auch die Anziehung zwischen der Erde und den Planeten unseres Sonnensystems ist im Gleichgewicht. Selbst die Sterne dort draußen existieren nicht sinnlos. Alle Sonnen und Planeten unserer Milchstraße sind in der richtigen Beziehung zur Erde angeordnet, um hier Leben zu ermöglichen.

Welch ein Gedanke! Alles muss der Erde zum Besten dienen. Weiß ich das? Und weiß ich, dass Gott auch mich zu meinem Besten an genau den richtigen Platz in der Menschheitsgeschichte gestellt hat? Alles, was um mich herum geschieht und mir begegnet, soll mir helfen. Er umsorgt mich und weiß ganz genau, was er tut und was ich benötige. Er, der die Sterne alle so weise angeordnet hat, damit wir hier auf der Erde leben können, ordnet genauso weise alle Dinge für uns, damit er uns zum Leben führen kann.

Er hat mir diese Sommernacht, den Schlafsack, den Hausschlüssel und sein schimmerndes Sternenmeer gegeben, damit er mir das alles zeigen kann. Er hatte auf mein Seufzen sehr viel zu sagen. Gott ist hier, in allen Schwierigkeiten. Wir dürfen Ruhe finden in seiner Fürsorge. Er kennt unseren Platz. Er sorgt für jeden von uns. Nichts übersieht er. Deshalb dient uns alles zum Besten (Römer 8,28). Vater, wenn ich Deinen Himmel ansehe, das Werk Deiner Hände, die Galaxien und die Sterne, die Du geordnet hast, wie viel muss erst der Mensch Dir wert sein, da Du Dich so sehr um ihn kümmerst.

Jaimée Seis

14. August

Herr, bitte, lösche meinen Durst!

Auf, ihr Durstigen, alle, kommt zum Wasser."
Jesaja 55,1 (EB)

Ich bin draußen im Garten, um den Rasen zu mähen. Da es in den letzten Wochen viel geregnet hat, ist das Gras höher, als mir lieb ist. So kämpfe ich jetzt bei heißem Wetter – es sind 36° C – eineinhalb Stunden lang mit dem grünen Zeug. Ich bin gänzlich durchgeschwitzt und schrecklich durstig. Meine Mutter bringt mir frisches, kaltes Wasser. Es schmeckt einfach herrlich!

Was für ein erquickendes Gefühl, wie dieses Wasser so schön kalt in meinen Bauch fließt! Innerhalb von wenigen Augenblicken sind Erschöpfung und Hitze vergessen. Was für ein Wunderwerk! – Wasser! Immer wieder bin ich erstaunt darüber, wie schnell sich Blumen und Pflanzen nach Hitze und Trockenheit erholen. Oder wie wundervoll die Wüste erblüht, wenn es dort geregnet hat. Jahrelang verharren die Samen im Wüstensand. Dann entstehen wahre Blütenmeere nach einem Regen. Unser Herr und Schöpfer ist wirklich einzigartig.

Wenn ich den oben genannten Text lese, muss ich daran denken, was uns von Gott versprochen wurde. Eines Tages – bald – wird unser Durst für immer gelöscht sein. Es ist ein ganz unglaubliches Versprechen. Ein Heilsversprechen, denn wir werden heil sein, rundum und für immer. Nichts mehr wird durchgeschwitzt und schlapp sein, nein, sondern vor Kraft nur so strotzen. „Wie ein Hirsch lechzt nach frischen Wasser, Herr, so sehne ich mich nach dir ..." – das ist nicht nur ein Liedtext, entnommen aus Psalm 42, sondern auch mein tägliches Sehnen nach mehr Wasser. Es handelt sich dabei um meine Hoffnung und meinen Glauben daran, dass es einmal richtig gut sein wird. In naher Zukunft werde ich mit meinem Herrn zusammen sein. Ich darf ihn sehen und mit ihm reden. Jetzt schon kann ich von der Quelle des Lebens trinken und so vielen wie möglich erzählen, wie schön es ist. mit meinem Vater, meinem Herrn, zu leben, auf ihn zu bauen, zu wissen, er wird alles wirklich wieder gutmachen. Ich wünschte, mehr Menschen würden dieses Lebenswasser trinken und ihn kennenlernen, wie er ist.

Schon jetzt – in diesem Leben – darf ich einen Hauch dessen verspüren, was es bedeutet, ganz mit Jesus zu sein. Mein Durst ist unendlich groß, und ich habe viele Fragen, die mir auf der Zunge brennen. Dinge, die ich heute noch nicht verstehe, werden mir dann unmittelbar von unserem Herrn beantwortet. Dieser Gedanke stärkt mich, lässt mich zuversichtlich in die Zukunft blicken, denn ich weiß: Der Herr wird meinen ganzen Durst löschen!

Ulrike Lüke

15. August

Eine Lektion von Caro

„Lasset die Kinder und wehret ihnen nicht, zu mir zu kommen."
Matthäus 19,14

Die heiße Sonne hatte schon viel zu lange geschienen. Die erdrückende Feuchtigkeit zog den Sauerstoff aus der Luft. Ein kurzer Aufenthalt in einem Schnellimbiss würde mir und meinen zwei Enkelinnen Zuflucht vor der Hitze gewähren. Ich spürte mein Blut kochen, als ich mit dem Sitzgurt der vierjährigen Carolina kämpfte. Bis ich sie im Wirtshaus an den Tisch gebracht hatte, schwitzte ich stark und fühlte mich unwohl.

„Caro", sagte ich, „pass auf mit deinem Getränk, dass du nicht kleckerst!" Zu spät. Der Saft floss von ihrem Stuhl wie ein Wasserfall und bildete auf dem Boden rote Pfützen. Ich blickte sie an. Auch sie schien erhitzt und unglücklich zu sein. Schnell griff ich nach den Servietten auf dem Tisch und bückte mich, um alles zu beseitigen. „Lass mich deine Sauerei aufwischen!"

Ich stellte mir die Frage, wie sie es geschafft hatte, ihren Saft umzustoßen, bevor sie überhaupt getrunken hatte. Da sagte sie leise, „Oma Amy, hast du, als du klein warst, auch deinen Saft verschüttet?"

Ohne sie anzublicken, sagte ich: „Ja, oft." Aber meine Antwort galt nicht ihrer Frage, denn während ich auf dem Boden ihre Bescherung aufsammelte, sah ich Jesus, der meinen Unrat reinigte. Das traf mich ins Herz. Er kniet zu unseren Füßen und sagt sanft: „Lass mich die Sauerei, die du aus deinem Leben gemacht hast, aufwischen." Immer wieder ist er so liebevoll zu unseren Füßen gekniet. Sein Blut ist wie ein Wasserfall geflossen und hat Pfützen am Fuße des Kreuzes gebildet. Dabei hat er uns von unseren Sünden gereinigt. Er trank bereitwillig aus unserem Becher, damit wir die Vorzüge seiner Gerechtigkeit erleben können.

Ich reichte Caro meinen vollen Becher und nahm ihren leeren. Meine Liebe für dieses kleine Mädchen hatte meinen Durst gestillt. Ihre Lektion wärmte mein Herz. Jesus liebt es, unsere schmutzigen Lumpen mit seiner Gerechtigkeit zu ersetzen. Seine Liebe ist es, die ihn zu unseren Füßen bleiben lässt. Er freut sich, wenn wir den Becher seiner unendlichen Gnade annehmen. Er weiß, dass wir, wie kleine Kinder, von den Vergnügungen der Welt kosten wollen und in unserer Hast, davon zu trinken, alles verderben.

Lieber Jesus, wie oft haben wir unseren Becher der Unvernunft zu deinen Füßen umgestoßen und du hast alles aufgewischt! Danke, dass du uns als deine kleinen Kinder betrachtest. Schenke uns, bitte, deine Gnade, damit wir, wenn wir wieder versucht sind, an dein Opfer erinnert werden. Amen.

Amy Smith Mapp

16. August

Bellende Hunde und krähende Hähne

„Wacht und betet, dass ihr nicht in Anfechtung fallt!"
Matthäus 26,41

Stell dir vor, du hast einen arbeitsreichen Tag hinter dir, obwohl du im Urlaub bist, denn du hilfst jemandem beim Bauen in einem südlichen Land.
Nun freust du dich auf dein Bett und den baldigen Schlaf. Mitten in der Nacht zwischen ein und zwei Uhr wirst du von lautem Hundegebell unsanft aus deinen Träumen gerissen. Nur wenige Minuten später setzt der zweite, dritte, vierte und fünfte Hund mit kräftigem „Bellkonzert" ein. An Schlaf ist natürlich nicht mehr zu denken, denn die Köter entwickeln eine enorme Ausdauer.

Hellwach geworden, bemerke ich, dass etwas passiert. Kaum hört ein Hund auf zu bellen, folgen in kurzer Reihenfolge alle anderen. Es wird ruhig. Ich freue mich auf den Schlaf, drehe mich um und suche mir eine bequeme Schlafstellung. Da! Was ist das denn? Nur kurze Zeit ist vergangen, jetzt beginnt der erste Hund wieder mit lautem Bellen. Das gibt es doch nicht! Das volltönende Drama geht von neuem los und hält mich über eine Stunde lang wach. Endlich falle ich in den ersehnten Schlaf.

Doch noch vor 6 Uhr morgens, na, du ahnst es schon, kommen die nächsten lautstarken Tiergeräusche dazu. Es sind die krähenden Hähne, die das tun müssen, was zu ihrem Leben gehört: Krähen, krähen.

Ich fasse es nicht, wie viele Tiere die Leute hier besitzen, und begreife es noch weniger, dass diese nächtlichen Störkonzerte für die nächsten drei Wochen treue Begleiter meiner Familie werden. Nun, wir haben es überlebt und den ruhigen Schlaf zu Hause doppelt schätzen gelernt.

Aber etwas habe ich durch diese nächtlichen Vorgänge begriffen. Wie alle anderen Menschen befinde ich mich im Kampf, um die vielfältigen täglichen Aufgaben zu bewältigen. Das ist ganz normal. Aber diese Weckrufe in den Nächten und am frühen Morgen haben mir gezeigt, dass ich mein Leben neu überdenken sollte. Bin ich immer noch in froher Erwartung der Wiederkunft meines Herrn Jesus Christus? Auf der ablaufenden Weltenuhr ist es tatsächlich später, als wir meinen. Es ist nicht mehr Mitternacht, es ist schon früher Morgen. Herr, wo hast du Menschen, die du noch wecken möchtest, damit sie bei dem großen Siegeszug dabei sind? Herr, reiße uns aus dem „Schlaf" unserer ununterbrochenen Geschäftigkeit heraus, damit wir den wahren glückbringenden Lebenssinn erfassen und auf dein Wort hin tätig werden oder bleiben!

Ingrid Bomke

17. August

Wer reist, kann was erzählen!

"Befiehl dem Herrn deine Wege und hoffe auf ihn, er wird's wohl machen."
Psalm 37,5

Einen runden Geburtstag wollte ich zusammen mit meiner Zwillingsschwester und meiner ältesten Schwester, die beide in den USA leben, feiern. Eine liebe Freundin begleitete mich auf der Reise. Nach der Geburtstagsfeier begann der Urlaub. Unser erster Ausflug führte uns von Massachusetts nach Vermont, wo wir alle eine Nichte besuchten. Wir saßen in deren Wohnzimmer und wussten viel zu erzählen. Plötzlich kamen wir auf Elche zu sprechen. Der Mann meiner Nichte, der kein Deutsch sprach, verstand aber das Wort Elch. Er sagte uns, ganz in der Nähe sei eine Elchfarm und wir könnten sofort hinfahren. Gesagt, getan. Das Auto meiner Zwillingsschwester stand vollgetankt auf dem Parkplatz. Der Mann meiner Nichte schnappte es sich. Er meinte, es sei größer als sein eigenes, alle hätten Platz. Wir Zwillinge blieben zu Hause, wir wollten die Hütte aufräumen. Stunden vergingen. Die Zeit verstrich, wir machten uns langsam Sorgen. Dann läutete das Telefon. Meine älteste Schwester teilte uns mit, dass meine Freundin verhaftet worden sei. Ich begann schallend zu lachen, denn dieses Unschuldslamm konnte nichts angestellt haben.

Die Elchfarm lag im nahe gelegenen Kanada, was keiner von uns wusste. Die Einreise dorthin verlief ohne Zwischenfall. Auf der Rückfahrt in die USA wurde das Auto kontrolliert. Der Fahrer hatte keinen Führerschein dabei, daran hatte er beim eiligen Aufbruch gar nicht gedacht. Die Beamten vermuteten, dass das Auto geklaut worden sei, da es in Massachusetts gemeldet war. Alle Erwachsenen sollten sich ausweisen. Meine Schwester, die nie ohne Handtasche das Haus verlässt, konnte das gewünschte Dokument sofort zeigen. Doch meine Freundin hatte ihren Pass in Massachusetts im Safe meiner Zwillingsschwester eingeschlossen, also war er unerreichbar. Die Beamten wollten nicht glauben, dass ein Ausländer ohne Reisepass Landesgrenzen überquert. Die Ärmste hatte wirklich keine Ahnung, dass sie an jenem Tag sogar in Kanada war. Eine große Gabe meiner Freundin ist es, sich alle wichtigen Zahlen zu merken – ihr Glück, denn sie hatte ihre Passnummer im Kopf! Sie bat die Beamten, in Boston am Flughafen anzurufen und ihre Angaben zu überprüfen. Die Herren taten das, und nach längerer Zeit kam die Bestätigung, das Gesagte sei richtig. Nach einigem Hin und Her wurde ihr der Vorschlag unterbreitet, eine Strafe zu bezahlen – sie wäre dann wieder frei. Leider hatte keiner so viel Geld dabei, um sie auszulösen. Da meine Reisekasse gut bestückt war, machte ich das Geld locker. Sofort fuhr meine Zwillingsschwester zur Grenzstation – mit dem Führerschein des Fahrers und dem nötigen Geld für die Strafe.

Spät in der Nacht waren wir alle wieder glücklich vereint. Die amerikanischen Beamten hatten etwas von der Gnade gezeigt, die Gott uns fehlbaren Menschen erweist. Wir alle dankten unserem Gott, dass dieses Abenteuer eine so gute Wendung genommen hatte. Lasst uns auch heute unseren Mitmenschen mit einer ähnlich gnädigen Einstellung begegnen und nicht vergessen, dass wir alle auf Gottes Gnade angewiesen sind.

Ursula Ziegler

18. August

Erste Liebe oder Alltag?

„Du hast in deiner ersten Liebe nachgelassen."
Offenbarung 2,4

Wieder einmal bin ich mit meinen Stöcken unterwegs, um meinen Körper beim Schnellgehen in Schwung zu bringen. Es ist Ende August. Die zum Großteil abgeernteten Felder lassen schon ganz deutlich den Herbst erahnen. Heute wähle ich eine Strecke, die mit einem langen, geraden Stück beginnt und meinen etwas müden Muskeln genügend Zeit zum Aufwärmen gibt. Ein Stück entfernt kommt mir ein junges Pärchen entgegen. Ich habe den Eindruck, dass es sich bei den beiden um einen Kennenlern-Spaziergang handelt, denn sie halten noch einen entsprechenden Abstand zueinander ein. Beim Näherkommen höre ich, dass der junge Mann sehr freundlich mit ihr spricht, wofür sie ihm mit einem seligen Lächeln dankt. Erste Verliebtheit, ein herrlicher Zustand! Ein typisches Zeichen dafür ist, dass die doch eher träge Jugend plötzlich die Natur für sich entdeckt und sich sogar der größte Bewegungsmuffel zu einem Spaziergang aufrafft.

Erste Liebe – wie war das eigentlich? Ein Hochgefühl, ein Kribbeln, ein Nicht-mehr-erwarten-Können, bis Gelegenheit für das nächste Treffen war, ein Verfliegen der Zeit, vom anderen nicht genug bekommen können … Jeder, der diesen Zustand schon einmal erlebt hat, könnte die Liste sicherlich noch ergänzen. Da fällt mir ein, dass Gott in der Offenbarung auch von der ersten Liebe spricht. Wie sieht es in meinem Glaubensleben aus? Immer noch erste Liebe oder schon Alltag?

Mein Schritt ist zwar flott und unterscheidet sich deutlich von einem Spaziergang, aber vielleicht hat Jesus Lust, mit mir eine Runde zu drehen. Ich lade ihn in Gedanken dazu ein und setze meinen Weg fort. Neben den Bauernhäusern, an denen ich vorbeikomme, stehen zahlreiche Obstbäume. Äpfel, Zwetschken und Birnen hängen reichlich an den Ästen und bieten ein wahrhaft herbstliches Bild. Ich bin Jesus für die Vielfalt an Obst und für die Bienen dankbar, die er im Frühling so zahlreich ausschickt, damit dieser Segen überhaupt möglich wird. Ein Stück weiter kommt mir ein Problem in den Sinn, für das ich eine Lösung suche. Da ich nicht allein bin, kann ich meinem Begleiter meine Sorge mitteilen. Jesus ist ein aufmerksamer und geduldiger Zuhörer. Allmählich ordnet er meine Gedanken, und seine Ruhe breitet sich auch in mir aus. Ich weiß, bei ihm ist mein Problem in guten Händen und er findet dafür eine Lösung.

Plötzlich springt ein Reh über die Straße. Es scheint, als wäre es meinetwegen nicht besonders beunruhigt, denn es lässt sich Zeit damit, im Dickicht auf der anderen Straßenseite zu verschwinden. Liegt das vielleicht an der Ruhe, die mein Begleiter ausstrahlt?

Mittlerweile marschiere ich schon eine Weile bergauf. Schnaufend erreiche ich eine Anhöhe. Vor mir beeilt sich eine Raupe, vom Asphalt in die Wiese zu gelangen. Kurz darauf kommt mir ein Auto entgegen, aber die Raupe ist in Sicherheit. Herr, hast du dafür gesorgt?

Während mir der Wind kräftig um die Ohren bläst und ich meinem Ausgangspunkt zustrebe, danke ich Jesus für seine Begleitung. Ich weiß, er wartet auf meine Einladung zum Spaziergang, denn seine Liebe zu mir ist immer noch ganz frisch.

Erika Kellerer-Pirklbauer

19. August

Lieber Kaubonbon als Kaugummi

„Sechs Tage sollst du arbeiten; aber am siebenten Tage sollst du ruhen, auch in der Zeit des Pflügens und des Erntens."
2. Mose 24,21

Neulich sind wir mit dem Auto 500 km von einer Hochzeit nach Hause gefahren. Da wurde es natürlich ziemlich spät. Weil ich das schon vorher erwartete, hatte ich eine Packung Kaugummi ins Auto gelegt. Ich dachte mir: „Wenn ich müde werden sollte, kaue ich einfach, so bleibt wenigstens ein Teil meines Körpers in Bewegung, und das hält mich wach." Nachdem mein Mann eine Strecke gefahren war, machten wir Fahrertausch. Innerhalb weniger Minuten schlief die ganze Familie, und auch ich merkte, wie ich langsam müde wurde. Schnell nahm ich mir einen Kaugummi und steckte ihn in den Mund. Tatsächlich, es funktionierte. Ich wurde wieder richtig wach und konnte mich gut konzentrieren. Der frische Geschmack des Kaugummis unterstützte diese Wirkung. Das hielt an die 6 Minuten an. Dann veränderte sich der Geschmack. Nach 10 Minuten verspürte ich in meinem Magen eine kleine Missstimmung. Nach 15 Minuten spuckte ich das Zeug aus, bevor der Magen gänzlich in Aufruhr geriet.

Meine Töchter können an einem Kaugummi den ganzen Tag herumkauen. Dann wundern sie sich über den Muskelkater im Kiefer. Kein Witz! Mir scheint das unbegreiflich. Lieber nehme ich ein großes Kaubonbon. Daran lutscht und kaut man 6 Minuten lang, dann ist es weg. Der gute Geschmack aber bleibt bis zum Schluss erhalten. Man legt hierauf eine Pause ein, bevor man sich das nächste Stück Naschwerk zuführt.

Leben wir nicht manchmal so, als wären wir ein Kaugummi? Wir schuften und planen und machen und tun. Nach einiger Zeit wird aus der Freude an der Arbeit eine Qual. Doch selbst wenn wir am Ende unserer Kräfte sind, machen wir weiter. Tag für Tag, Woche für Woche, Monat für Monat. Bis wir zusammenklappen. Wie Kaugummikauen, bis es dem Magen reicht und der Muskelkater den Kiefer beherrscht.

Gott hat für uns aber kleine Kaubonbon–Portionen vorgesehen. Deshalb hat er uns gesagt: „Du sollst nur sechs Tage arbeiten, aber am siebenten Tag sollst du dich ausruhen. Nach dieser Pause kannst du wieder arbeiten." So lässt sich der Alltag viel besser bewältigen, und wir können Freude an dem erleben, was wir tun. Ich musste als Krankenschwester immer wieder in einem 10 Tage-Rhythmus arbeiten. Es ist wirklich so, dass nach dem 6. Tag die Luft draußen ist! Ich bin Gott für den Sabbat sehr dankbar, denn da kann ich alle Arbeit liegen lassen und mich der Ruhe und dem Wesentlichen hingeben. Und am Sonntag schmeckt mir mein Kaubonbon wieder richtig gut.

Heike Steinebach

20. August

Gefahr in der Luft

„Denn er wird mich aufnehmen, wenn schlechte Zeiten kommen, und mir in seinem Heiligtum Schutz geben."
Psalm 27,5 (NL)

Ich war erst 14 Jahre alt und befand mich im Anflug auf den Flughafen von Birmingham, England. Wir sollten gerade landen. Das Fahrwerk hatte schon fast Bodenkontakt gehabt, als das Flugzeug wieder steil in den Nachthimmel schoss. Wir fingen an, den Flughafen in einer Warteschleife zu umkreisen. Ich blickte hinunter und sah Feuerwehrfahrzeuge und Krankenwagen, die zu einem besonderen Wartebereich rasten.

Der Pilot gab bekannt: „Wir haben leider ein kleines technisches Problem und werden eine Weile kreisen, um vor der Landung so viel Treibstoff wie möglich zu verbrauchen. Der Kontrollturm hat uns mitgeteilt, dass mit unserem Fahrwerk etwas nicht in Ordnung sei. Es könnte beim Start beschädigt worden sein."

Alle waren still. Ich wusste, dass meine Eltern am Flughafen auf mich warteten. Ich machte mir über das kleine technische Problem Gedanken. Ein beschädigtes Fahrwerk schien ein ernstes Problem zu sein. Die Stimmung war gespannt und gereizt. Eine Frau fing zu heulen an.

Es gab absolut nichts, was ich in meiner menschlichen Kraft hätte tun können. Ich war allein, unerfahren und schüchtern. Ich verstand nichts von Flugzeugen. Und so betete ich. Auch der Pilot war in seiner Handlungsweise eingeschränkt. Kein Mensch konnte den Schaden während des Fluges beheben. Ich stellte mir den Tod vor. Es dauerte lange, bis der Treibstoff verbraucht war – eine Zeit zum Nachdenken und zum Beten. Aber ich fühlte mich von einem tröstenden Gefühl des Friedens umhüllt.

Schließlich teilte uns der Pilot mit, dass es Zeit sei, eine Landung zu versuchen. Wir bereiteten uns auf das, was geschehen könnte, vor. Ich sah, wie wir uns dem Boden näherten und betete noch inniger.

Wir berührten die Landebahn auf die sanfteste Art, die ich je erlebt hatte, und kamen schließlich auf einer weit vom Flughafengebäude gelegenen Strecke der Landebahn zum Stillstand. Alle jubelten und lachten! Während wir endlich aus dem Flugzeug stiegen, kehrten die Notfallfahrzeuge wieder an ihren Standort zurück.

Nun bin ich älter (aber wohl nicht viel weiser) und meine manchmal, dass ich mein eigenes Fahrwerk richten kann. Ich vergesse, dass Gott alles viel besser macht. Ich muss meinen Platz in seinem Flugzeug einnehmen, wie dunkel die Nacht auch sein mag oder wie einsam ich mich fühle oder welche Ängste und Gefahren mir drohen. Ich muss mich ganz darauf verlassen, dass er mich an einen sicheren Ort bringt. Und er tut es immer wieder.

Karen Holford

21. August

Geben und Glück

„Geben ist seliger als nehmen."
Apostelgeschichte 20,35

Meine Mutter hat mir vor vielen Jahren einen Spruch ins Poesiealbum geschrieben, den ich nie vergessen habe: „Willst du glücklich sein im Leben, trage bei zu anderer Glück, denn die Freude, die wir geben, kehrt ins eigene Herz zurück."

Diese Auffassung wurde inzwischen von Wissenschaftlern geprüft und als richtig befunden. Eine Studie aus Kanada hat einen engen Zusammenhang zwischen dem persönlich empfundenen Glück und der Großzügigkeit beim Spenden entdeckt. Die wissenschaftliche Zeitschrift „Science" (Erscheinungsort Washington) berichtet, dass die Sozialpsychologin Elizabeth Dunn aus Vancouver diese Wechselbeziehung erforscht hat. Damit wäre der Satz „Geld macht glücklich" widerlegt. Nicht die Geldmenge sei für das persönliche Glück entscheidend, sondern der Umgang damit. Gemäß diesen Studien ist der, der alles für sich behält, unglücklicher als andere, die einen Teil ihres Geldes, ihrer Zeit oder ihrer Fähigkeiten für andere zur Verfügung stellen. Wirtschaftswissenschaftler können immer noch nicht erklären, warum die Menschen in Amerika mit ihrem wachsenden Wohlstand nicht glücklicher geworden sind.

In einer dieser Studien hatte Frau Dunn den Probanden etwas Geld gegeben und sie danach gefragt, wofür sie es ausgegeben hätten und wie sie sich dabei fühlten. Die Studenten, die mit diesem Geld etwas für andere Menschen taten, fühlten sich glücklicher als jene, die das Geld für sich selbst verbrauchten. Eine andere Gruppe von Angestellten, die von der Firma eine unerwartete Zahlung bekamen, bestätigte diese Ergebnisse. Dabei waren die Leute umso glücklicher, je mehr sie weggaben. Und das war nicht von der Höhe ihres Gehaltes abhängig.

Frau Dunn sagte, diese Ergebnisse hätten ihre Annahme noch viel stärker bestätigt als erwartet. Wer mehr gibt, wird glücklicher. Sie verglich die Wirkung des Gebens mit körperlichem Training. Auch Bewegung hat kurz- und langfristige Folgen. Wer kurz übt, wird für eine Weile glücklich. Wer sich aber regelmäßig und längere Zeit bewegt, hat einen ständigen Zugang zu dieser Glücksquelle. So ähnlich ist es beim Spenden: Wer einmal spendet, wird für einen Tag glücklich, aber wenn das Geben zur Lebensweise gehört, kann es dauerhaftes Glück hervorrufen.

(Siehe auch http://sciencev1.orf.at/science/news/151108)

Sylvia Renz

22. August

Das Häuschen im Grünen

„Selig sind die Friedfertigen, denn sie werden Gottes Kinder heißen."
Matthäus 5,9

Alles sah aus wie im Märchen. Das Haus stand frei an einem sanften Berghang mitten im Grünen. Es war von Weinreben umrankt und hatte Stil. Die Wohnung war ein Traum: hell, toller Grundriss mit einer großen Galerie und weißer Holzdecke. Genau wie in den Schöner-Wohnen-Zeitschriften. Ich war begeistert, die Vermieterin sehr nett. Es kam zügig zum Abschluss des Mietvertrages. Jetzt konnte mein neues Leben beginnen. Glücklich träumte ich bis zum Umzug vor mich hin. Was dann allerdings begann, glich eher einem Alb- als einem Wunschtraum.

Am zweiten Tag nach dem Einzug bekamen wir einen Zettel vor die Tür gelegt mit Benimm-Vorschlägen der Miteigentümerin, die die Wohnung neben uns belegte. Kurze Zeit später rief sie an und klagte, es gebe Beschwerden, weil wir zu laut seien. Wir versuchten die Unstimmigkeiten freundlich zu klären und hofften auf ein Einleben. Doch es wurde nicht besser. Einmal waren es Haare im Waschraum, Licht, das wir vergessen hätten auszumachen, der nicht zugedrehte Waschmaschinen-Wasserhahn, nicht vollständig geputzte Kellerfenster, Dreck vor der Garage und viele andere Kleinigkeiten. Nicht nur wir, auch andere Mieter wurden beständig gerügt. Das Leben wurde zunehmend unerträglich. Die Lage spitzte sich zu, es musste ein Anwalt zu Hilfe gerufen werden. Ich kam stets ungern nach Hause, wusste ich doch nie, welch neue Willkür mich erwartete. In dieser Zeit haderte ich wieder einmal mit Gott. Warum muss ich wieder so ein Pech haben? Habe ich mich zu schnell durch den äußeren Schein blenden lassen? Habe ich für diese Entscheidung zu wenig gebetet?

Da wir, beruflich bedingt, immer wieder den Wohnort wechseln müssen, ersehnte ich das Ende dieser Periode. Vor der Zeit umziehen war uns aber finanziell und zeitlich nicht möglich. Ich rang immer wieder mit Gott. Warum lässt er das zu? Warum geht es bei uns im Haus wie in einer schlechten Seifenoper zu? Das kann doch alles gar nicht wahr sein! Ich wünschte mir Harmonie und Frieden.

Im Sommer, zwei Jahre später, erhielt ich dann, nach weiteren Schwierigkeiten, Gottes Antwort: „Geh und rede mit dem Dienstgeber. Es wird eine Lösung gefunden werden." Jetzt hatte ich die Gewissheit. Jetzt durfte ich handeln. Ein Gespräch, Gebet, Vertrauen. Innerhalb von drei Monaten durften wir kündigen, eine neue Wohnung suchen und dann ein neues Leben starten. Auch bei der Wohnungsübergabe, vor der uns wirklich graute, wirkte Gott Wunder. Wir kamen als einzige Mieter ohne Anwalt aus dem Haus.

Nichts ist schlimmer als Streit und Hader. Mit streitlustigen Frauen unter einem Dach zu wohnen, kann das Leben vergiften. „Besser im Winkel auf dem Dach wohnen als mit einer zänkischen Frau zusammen in einem Hause." (Sprüche 21,9)

So schön das Haus ist, in dem man wohnt, es kommt doch viel mehr auf den Frieden an, der darin herrscht.

Claudia Mohr

23. August

Lebenslauf

„Sei mir gnädig, o Gott, sei mir gnädig! Denn bei dir birgt sich meine Seele, und ich nehme Zuflucht unter dem Schatten deiner Flügel, bis das Verderben vorübergezogen ist."
Psalm 57,2 (SLT)

Eine Geschichte aus der Bibel fasziniert mich schon seit längerer Zeit. Es handelt sich um das Leben des Manasse. Nein, nicht des Sohnes von Josef. Ich meine den König von Juda! Er war nicht nur grausam. Er war der Grausamste. Ohne Rücksicht. Ohne Mitleid. Trotzig forderte er Gott heraus.

Er baute die heidnischen Opferstätten, die sein gläubiger Vater Hiskia zerstört hatte, wieder auf. Er ließ es aber nicht bei den altbekannten Götzen bewenden. Für das ganze Himmelsheer baute er Altäre. Als Gipfel der Gotteslästerung stellte er diese sogar ins Haus des Herrn, in den Tempel. Außerdem opferte er seinen Sohn den Götzen und betrieb Zauberei und Wahrsagerei. Dem Volk Juda war er ein schlechtes Vorbild. Um die Sitte des Volkes stand es bald schlimmer als bei den umliegenden heidnischen Völkern. Mit den eigenen Leuten ging er auch nicht zimperlich um. Es steht geschrieben, dass zu seiner Zeit die Gassen von Jerusalem von einem Ende zum anderen mit Blut erfüllt waren.

Manasse wurde immer wieder ermahnt, jedoch ohne Erfolg. Mit den angedrohten Folgen endet die Geschichte grausam und hoffnungslos. Das Buch der Chronik erzählt aber noch mehr über ihn. Die Assyrer kämpften gegen Juda. Sie fingen Manasse mit Haken, fesselten ihn mit eisernen Ketten und führten ihn nach Babel ab. Jetzt sollte er ernten, was er gesät hatte.

Aber als Manasse nicht mehr so beschäftigt war, um all seinen Götzen zu opfern, keine Zeit mehr fand, um sein Unwesen zu treiben, und sein lustvoller und unterhaltsamer Tagesablauf zu Ende war, merkte er, in welcher Not er sich befand. Er besann sich auf den Gott seines Vaters. Er schrie in seiner Not zu dem Herrn und demütigte sich vor ihm. Da erhörte Gott seine Gebete! Manasse durfte heimkehren und wurde sogar wieder als König eingesetzt. Nachdem er sich noch einige Jahre lang hatte betätigen können, um Götzenbilder und Altäre zu entfernen und Jerusalem auszubauen, entschlief er zufrieden und lebenssatt.

Welch ein turbulentes Leben! Aber das Tröstliche: Welch eine Hoffnung für mich! Ich kann mir nicht vorstellen, dass jemand von uns auch nur annähernd so viel auf dem Kerbholz hat wie Manasse. Und doch sind wir immer wieder mit unserem Leben unzufrieden. Mir geht es zumindest so. Schon wieder war ich mit meinen Kindern ungeduldig. Schon wieder war ich zur älteren Dame in der Gemeinde nicht liebevoll genug, auch wenn sie ziemlich anstrengend sein kann. Schon wieder hatte ich unfreundliche Gedanken, als mich etwas ärgerte. Schon wieder war meine Zunge schneller als mein Hirn, denn ich habe jemanden verletzt oder einen falschen Eindruck hinterlassen. Schon wieder habe ich mich über Kleinigkeiten geärgert und meine schlechte Laune an den Menschen ausgelassen, die mir am allerliebsten sind. Schon wieder! Aber schon wieder darf ich zu meinem Schöpfer kommen und auf seine Gnade vertrauen! Danke, Gott!

Bettina Stroeck

24. August

Unkraut

„Was der Mensch sät, das wird er ernten."

Galater 6,7

Beim Spazierengehen schaue ich gerne in die Gärten der Leute. Es erstaunt mich, mit welchem Ideenreichtum manche Gärten angelegt werden. Man sieht die Liebe, die da steckt, gepaart mit viel Fantasie und Geschicklichkeit. Dann gibt es auch Gärten, die ihrem Los überlassen bleiben, weil man die Natur liebt.

Während eines solchen Spaziergangs fiel mir auf, dass auch sehr viel Unkraut zwischen den Nutzpflanzen wächst. Irgendwann war ich nur noch damit beschäftigt, nach dem Unkraut Ausschau zu halten. Wie schön auch die Löwenmäulchen blühten oder die Ringelblumen ihre Köpfchen der Sonne entgegenstreckten, meine Augen hingen an verschiedenen Sorten Unkraut. Meine Finger juckten danach, es auszureißen. Ich „musste" es bleiben lassen und weitergehen, denn es war nicht mein Garten.

Unser Bibeltext sagt, dass man erntet, was man gesät hat. Die Gartenbesitzer haben guten Samen gesät, Pflänzchen gezogen und gesteckt, von denen sie auch etwas ernten wollten. Die Absicht war gut. Aber das Unkraut schleicht sich auch ein und fasst schnell Fuß.

Wenn ich an meinen Nächsten denke, was sehe ich in ihm? Ist er für mich eine Nutzpflanze oder lästiges Unkraut? Jeder Mensch ist einzigartig und mit besonderen Fähigkeiten ausgestattet, die man hegen und pflegen könnte. Oft sehen wir diese Einzigartigkeit aber als Eigenartigkeit und möchten sie verändern. Wir sehen nicht mehr die schönen Blüten, sondern das wuchernde Unkraut, das uns stört. Man verstrickt und verheddert sich wie in der Ackerwinde, die sich einem um den Fuß legt und von der man sich mit Gewalt befreien muss.

Man läuft Gefahr, nur das Unkraut zu sehen und am Guten vorbeizugehen. „Was der Mensch sät, wird er ernten …" Kann man das auch auf das Gute beziehen? Meistens wird dieser Satz nur mit dem Bösen verbunden. Man möchte das „Unkraut" ausreißen, es mit der Wurzel vernichten, doch Jesus rät davon ab. Die Gefahr besteht, dass auch die guten Pflanzen ausgerissen werden.

Gutes säen, wo der Boden schon schlecht ist, ist sehr schwer. Jesus sagt: „Segnet, die euch fluchen". Eine schwer nachvollziehbare Aufforderung, doch mit Gottes Hilfe kann daraus etwas Gutes werden. Wir leben alle in Gottes großem Garten und müssen darauf bedacht sein, das darzustellen, wozu Gott uns berufen hat. Der große Gärtner Jesus Christus wird, wenn er kommt, den Weizen von der Spreu trennen. Er hat ein Auge dafür, was ausgerottet werden muss und was nicht.

Wenn er in großer Kraft und Herrlichkeit kommt, wird er Gerechtigkeit schaffen und vollkommenen Frieden denen schenken, die sich danach gesehnt haben. Ein altes Kinderlied sagt: „Wir sind des Heilands Himmelsblumen / die er von ganzem Herzen liebt / und denen er, was sie bedürfen / für alle Tage freundlich gibt.

Gib uns, Herr, die Kraft, Gutes zu säen, um Gutes zu ernten.

Regina Fackler

25. August

„In diesem Haus wohnt eine Verrückte"

„Herr, deine Güte reicht, so weit der Himmel ist, und deine Wahrheit, so weit die Wolken gehen." Psalm 36,6

Ich wurde in eine Familie geboren, die sich als gläubig bezeichnete, aber sehr selten in die Kirche ging. Ich wurde getauft. Aber erst als ich neun Jahre alt war, bereitete ich mich auf die erste Kommunion vor. Als uns die Nonne die Geschichte des Barmherzigen Samariters erzählte, war ich entzückt. Das war das Schönste, was ich in meinem Leben je gehört hatte. Meine Freundin Rosa und ich waren begeistert und wollten unser Leben Jesus übergeben und ihm dienen. Wir versprachen uns gegenseitig, Nonnen zu werden. Ich war damals zehn Jahre alt.

Mein Vater war Alkoholiker und schlug meine Mutter jedes Wochenende. Ich hatte zehn Halbgeschwister, weil mein Vater drei andere Frauen hatte. Meine Mutter war die vierte. Bis zu meinem achten Lebensjahr hatte ich kein eigenes Bett. Meine Mutter arbeitete Tag und Nacht in seinem Wirtshaus. Auch ich musste mich dort aufhalten. Am Abend ging mein Vater aus. Meine Mutter weinte dann sehr, weil er zu den anderen Frauen ging. Weil meine Mutter keine Zeit für mich hatte, lernte ich mit vier Jahren ganz alleine lesen. Mein Vater betrieb in dem gleichen Haus ein Bekleidungsgeschäft und einen Laden für Autoersatzteile. Eines Tages kam ein Mitarbeiter meines Vaters in den Raum mit den Ersatzteilen und tat mir sexuelle Gewalt an. Ich war schockiert, konnte mich aber nicht wehren. Das war aber nicht die einzige Erfahrung dieser Art. Ich war vier oder fünf Jahre alt geworden, als mich mein Taufpate in sein Zimmer mitnahm und mich ebenfalls sexuell missbrauchte. Ich verstand nicht, worum es sich handelte, und war entsetzt.

Als ich acht wurde, zogen wir aus dieser Gegend weg. Trotzdem kam mein Pate ab und zu am Abend zu unserem Haus und fragte meine Mutter, ob er mich zu einem Spaziergang mitnehmen dürfe. Meine ahnungslose Mutter war einverstanden. Er nahm mich dann mit in seine Wohnung. Von all dem wussten meine Eltern nichts. Mein Vater prügelte meine Mutter weiterhin. Einmal dachte ich, dass er sie getötet habe. Sie kam aber wieder zu sich. Der Kreislauf der Gewalt ging weiter. Mein Vater hatte inzwischen nur noch seinen Ersatzteilladen und war viel unterwegs. Von seinen Reisen brachte er mir Bücher mit, die meine Heimat wurden. Mit zwölf wechselte ich auf eine private Schule, an welcher der Unterricht von Nonnen erteilt wurde. Tania, eine meiner neuen Mitschülerinnen, war besonders nett. Sie sagte mir, dass ihre Schwester Adventistin sei und keinen Kaffee trinke, weil das für die Gesundheit nicht gut sei. Da vollzog sich etwas in mir. Ich hatte den starken Eindruck, dass ich in diese Kirche gehen sollte. Tania lud mich auch zu sich nach Hause ein. Sie wurde meine beste Freundin und übte einen großen Einfluss auf mein Leben aus. Nach einigen Jahren ließ ich mich taufen. Mein Vater sagte mir nach der Taufe, dass er vor dem Haus ein Schild aufstellen werde: „Hier wohnt eine Verrückte". Mein armer Vater wusste nicht, welchem Leidensdruck ich ausgesetzt war. Jesus aber hatte alles gesehen. In ihm fand ich Trost. Ich wollte ihm aus Dankbarkeit mein Leben weihen.

Wir sollten alle dazu beitragen, Gewalt und sexuellen Missbrauch zu beenden. Ich möchte dich ermutigen, das Schweigen zu brechen und klar Stellung zu beziehen, damit keinem Kind solches Leid angetan wird. *www.enditnow.de / www.itFaces.me*

Rossimar Mätzler Amaïdia

26. August

Sein Traum im Abendrot

*„Die Himmel erzählen die Herrlichkeit Gottes, und
ein Tag tut es dem anderen kund."*
Psalm 19,2

Die Sonne versinkt hinter dem Wald, und ich freue mich, dass ich den Ruhetag Gottes mit einem Spaziergang beginnen kann. Die frische Luft tut gut.
Auf einem schmalen Wiesenpfad wandere ich zu einem Hain mit Weiden. Wasser gluckert in einem Bach neben meinem Weg. Als ich schließlich die Bäume erreiche, fällt mir auf, dass ein seltsames Leuchten auf allem liegt. Ich drehe mich fragend um, da halte ich überrascht den Atem an. Der Himmel ist intensiv türkisblau, und die Federwolken ziehen als schillernd rosa Schleier darüber. Die Farben glühen mit jeder Sekunde strahlender und in einer Kraft, als hätten sie ihr eigenes Licht.

Im atemlosen Staunen scheint es, als würde unser himmlischer Vater fragen: „Weißt du, woran dich das erinnern will?" „Ja, Vater, ich weiß. Die wunderschönen Augenblicke bei Sonnenaufgang und Sonnenuntergang sollen uns an die Zeiten erinnern, als in deinem Tempel die goldenen Öllampen neu angezündet wurden und man Weihrauch vor der Lade deines Bundes aufsteigen ließ – als Sinnbild für unsere Gebete, die zu dir aufsteigen. Es soll uns an die Zeiten erinnern, die dazu gedacht sind, um innezuhalten und ganz bei dir zu sein."

Auch die Bundeslade war ein Sinnbild dafür, dass Gott ganz mit uns vereint sein möchte. Denn die vergoldete Holzlade, in welche die zwei Steintafeln mit den 10 Grundsätzen der Liebe gelegt wurden, war ein Bild dafür, dass der Heilige Geist diese Grundsätze auf unsere „Herzenstafeln" schreiben möchte. Er will in uns wohnen und die Liebe in unsere Herzen legen. Und so wie die herrliche, goldene Platte die Holzlade bedeckte, möchte sich Gott mit uns verbinden und uns mit seiner reinen Liebe und Herrlichkeit bedecken. „Öffne deine Bibel!", scheint seine leise Stimme zu antworten. Ich ziehe meine Bibel aus der Umhängetasche und finde die Stellen in Johannes 16 und 17, wo Jesus erklärte: „Ihr werdet mich sehen, und euer Herz wird sich freuen. Und ich will euch nicht mehr in Bildern, sondern ganz offen vom Vater verkünden: Ich brauche nicht für euch zu bitten, denn der Vater selbst hat euch lieb." Dann sprach Jesus das schönste Gebet der Bibel: „Vater, Ich habe ihnen deinen Namen, deinen Charakter der Liebe, offenbart. Ich habe sie behütet. Ich sage dies, damit sie meine Freude in sich haben. So wie du und ich eins sind, sollen auch sie in uns eins sein, damit die Liebe, mit der du mich geliebt hast, in ihnen sei und ich eins mit ihnen bin."

Der leuchtende Schein der Wolken hat so zugenommen, dass selbst die Seiten meiner Bibel rosarot schimmern. Jesu Gebet von seinem Traum der Einheit verbindet sich auf diesen rosa Seiten mit dem Licht des Himmels. Ich sehe zum flammenden Himmel hinauf und weiß, dass Gott seinen Traum verwirklichen wird. Als Zeichen dafür schenkt er uns seinen Ruhetag, um uns mit sich und seinem Traum zu vereinen. Ein Traum der Zusammengehörigkeit und Verbundenheit ... ein Traum, von dem der Himmel erzählt. „Ja, Vater, erinnere uns immer wieder daran. Und vereine uns mit dir, dass auch in uns diese Liebe sei, mit der du uns so sehr liebst."

Jaimée Seis

27. August

Christen mit Hirnstammfunktion

*„Bei dem aber auf felsigen Boden gesät ist, das ist, der das
Wort hört und es gleich mit Freuden aufnimmt; aber er
hat keine Wurzel in sich, sondern er ist wetterwendisch;
wenn sich Bedrängnis oder Verfolgung erhebt
um des Wortes willen, so fällt er gleich ab."*
Matthäus 13,20-21

Als ich dieses Gleichnis las, dachte ich an meine Zeit als Kinderkrankenschwester in Kalifornien. Ab und zu wurde uns ein Baby gebracht, bei dem nur die Hirnstammfunktion vorhanden war. Das bedeutet, dass die Lunge atmet und das Herz noch einige Tage lang schlägt, aber ohne funktionierendes Gehirn diese Funktionen schließlich aufhören. Die Lunge und das Herz haben dann vergebens gearbeitet.

Ist es möglich, im übertragenen Sinn ein Christ zu sein, der nur eine Hirnstammfunktion aufweist? Was bedeutet für den Christen das Gehirn? „Dein Wort ist meines Fußes Leuchte und ein Licht auf meinem Weg." Ich glaube, wir können getrost sagen, dass die Bibel mit dem Gehirn verglichen werden kann. Ohne sie hat der Christ keine Ausrichtung in seinem Leben. Was benötigt unser wirkliches Gehirn, um zu funktionieren? Das Blut führt dem Gehirn Nahrung zu, um es am Leben zu erhalten. Ohne Blut geht nichts. Der Heilige Geist macht das Wort Gottes für den Christen lebendig.

„Ihr werdet die Kraft des Heiligen Geistes empfangen, der auf euch kommen wird." (Apg. 1,8) „Wenn aber jener, der Geist der Wahrheit, kommen wird, wird er euch in alle Wahrheit leiten." (Joh. 16,13)

Der Heilige Geist ist das Leben spendende Blut, das dem betenden Kind Gottes verliehen wird. Aber das Blut erreicht das Gehirn nicht von alleine. Das Herz pumpt das Blut, um den Kreislauf zu erhalten. Was ist der Herzschlag des Christen?

„Wenn nun ihr, die ihr böse seid, euren Kindern gute Gaben geben könnt, wie viel mehr wird der Vater im Himmel den Heiligen Geist denen geben, die ihn bitten!" (Lukas 11,13) Durch das Gebet bittet der Gläubige um den Beistand des Heiligen Geistes, für geistliches Verständnis. Das bedeutet somit, dass das Gebet der Herzschlag des Gläubigen ist.

Der Christ mit nur Hirnstammfunktion wird als derjenige bezeichnet, „der das Wort hört und es gleich mit Freuden aufnimmt; aber er hat keine Wurzel in sich." Der menschliche Körper kann einige Tage ohne Gehirn funktionieren, hat aber kein Leben. Der Gläubige kann existieren, aber es gibt kein Wachstum, kein Leben und kein Verständnis ohne Bibelstudium unter Gebet, geleitet durch den Heiligen Geist. „Wenn sich Bedrängnis oder Verfolgung erhebt um des Wortes willen, so fällt er gleich ab." Unser Schöpfer will jedem von uns „ein Herz geben, das verständig ist, damit sie erkennen, dass ich der Herr bin." (Jeremia 24,7 NL) Wir müssen nur um den Heiligen Geist bitten und er wird uns gegeben. Halten wir doch im Gebet inne, damit der Heilige Geist unserem geistlichen Gehirn heute helfen kann, um zu funktionieren!

Wanda Hewitt

28. August

Herr, heilige meine Gedanken

*„Und kein Geschöpf ist vor ihm verborgen, sondern
es ist alles bloß und aufgedeckt vor den Augen Gottes,
dem wir Rechenschaft geben müssen.
... und ist ein Richter der Gedanken
und Sinne des Herzens."*
Hebräer 4,13.12 b.

Mein Mann und ich machten in einer kleinen Vollwert-Pension, mitten in waldreicher Natur, Urlaub. Hier war die Luft sauerstoffreich – im Gegensatz zu unserem Zuhause in der Großstadt. Wir unternahmen lange Spaziergänge, um unsere Lungen so richtig durchzulüften.

Wieder einmal kamen wir von einem solchen Spaziergang zurück. Schon von weitem sahen wir, dass neue Gäste eingetroffen waren. Das Auto stand vor der Eingangstür. Daneben eine Bank, auf der ein kräftig gebauter, gesund aussehender Mann saß. Seine Frau trug das Gepäck ins Haus. Während wir uns näherten, meldeten meine Gedanken: So ein Pascha, lässt seine Frau schleppen!

Kurze Zeit später, als mein Mann und ich am Tisch saßen und auf das Abendessen warteten, betrat dieses Ehepaar den Speiseraum ... er mit Krücken. Bei diesem Anblick war mir, als müsste ich im Boden versinken. Wie konnte ich nur so kurzsichtig sein! Ich war über mich selbst erschrocken. Innerlich leistete ich Abbitte.

Dieses Erlebnis hatte auf mich eine nachhaltige Wirkung. Gott hatte mir eine deutliche Lektion erteilt. Mir ging das alles nicht aus dem Kopf, weshalb ich mit meinem Mann darüber sprach. Wie schnell ist man doch mit einem Urteil zur Hand!. Ich nehme an, da wird sich manche Leserin wieder finden. Es lohnt sich, darüber nachzudenken.

Mir hat das Geschehen die Augen geöffnet. Ich habe zwar dem Behinderten nicht weh getan, Gott aber damit betrübt. Wenn ich dem Heiligen Geist nicht erlaubt hätte, an mir zu arbeiten, hätte ich meine Lieblosigkeit nicht einmal bemerkt. Wie sollen unsere Taten für sich sprechen, wenn wir solche Gedanken hegen, ohne sie zu berichtigen?! Es ist eine der schwierigsten Aufgaben, Gedanken zu verscheuchen, die ja den Taten vorausgehen. So sei die Frage erlaubt: Womit füttere ich meinen Kopf?

Ohne die Entschlossenheit, nur das Gute im Kopf zuzulassen, werden wir von dem, was unsere Seele vergiftet, zugeschüttet. Die gute Gewohnheit ist ein Riegel, um schlechten Gedanken den Einlass zu verwehren.

Herr, heilige meine Gedanken!

Hilde Vielweber

29. August

Wunder der Schöpfung

*"Dann betrachtete Gott alles, was er geschaffen
hatte, und es war alles sehr gut!"*
1. Mose 1,31 (Hfa)

Seit Wochen und Monaten planen und arbeiten wir an einer Erneuerung des stark verwilderten Gartens meiner Schwester. Über die Jahre ist wirklich eine kleine Wildnis entstanden, Wege sind zugewuchert, nur starke Büsche und Stauden haben überlebt. Man muss das Unkraut mühevoll entfernen und den Rasen abtragen. Wege müssen anders gelegt sowie Bäume und Sträucher zurückgeschnitten werden, um viel Platz für ein neues, pflegeleichtes Paradies zu schaffen. Ein großer Teich mit Bachlauf, ein Staudenbeet, Rosenbeete, eine Buchslandschaft, ein Tal der Farne, Trockenbeete und großzügige Wege sollen entstehen. Ein paar wenige alte Bäume dürfen bleiben.

Wir überlegen uns, welcher Standort der richtige für die Pflanzen ist. Es gilt die Lichtverhältnisse und Bodenbeschaffenheiten zu beachten. Durch den Aushub des Teiches bekommen wir Hügel, die des gestalterischen Eingriffs bedürfen. Wir stellen fest, dass alles viel Arbeit erfordert sowie Kraft und Ausdauer kostet. Es regnet. Die Arbeiten müssen unterbrochen werden. Trotz viel Erfahrung mit dem eigenen Garten ist es für alle Beteiligten eine große Herausforderung! Manchmal sind wir knapp an der Leistungsgrenze. Aber es ist erstaunlich, was Freunde und die Familie an Hilfsbereitschaft und Schaffenskraft einbringen.

Während wir als Gruppe Großes leisten, wird mir immer mehr bewusst, wie großartig unser Schöpfer die Welt geschaffen und gestaltet hat. Und das in einem Augenblick! Die Vielfalt ist nicht zu beschreiben, die Arten sind nicht zu zählen. Das Wunder der Natur ist vollkommen. Der Ablauf des Jahres mit seinen Zeiten, die Gezeiten, der menschliche Körper, einfach alles! Jedes noch so kleine Lebewesen füllt den richtigen Ort aus.

Manches ist nicht mehr so, wie es einmal war, keine Frage. Aber am Anfang war alles sehr gut. Je mehr ich im neuen Garten arbeite, desto mehr staune ich über diesen großartigen Gott und seine unübertreffliche Ordnung. Alles hat seinen Platz und ist bis in alle Einzelheiten durchdacht. Und noch während ich in Gedanken über die Schöpfung staune, ruft mich meine Nichte ganz aufgeregt an den ganz neu angelegten Teich: Es haben sich zwei Molche in den Steinen im Wasser versteckt! Und über unseren Köpfen surren die ersten Libellen …

Marlise Rupp

30. August

Der Regenbogen-Kristall

„Wie das Aussehen des Regenbogens war der Glanz ringsumher. Das war das Abbild der Herrlichkeit des Herrn. Und er sprach zu mir: Ich will mit dir reden."
Hesekiel 1,28; 2,1

Gestern schien die Sonne durch meine Küchenfenster und durchflutete mit ihrem Licht das Zimmer. In einem dieser Fenster hängen geschliffene Kristall-Tropfen. Sie fangen das Sonnenlicht ein, und durch den Schliff des Kristallglases brechen sich die Strahlen darin, sodass Regenbogen-Sprenkel an meinen Küchenwänden tanzen. Ich freue mich jedes Mal, wenn ich diese bunten Lichtpunkte sehe. Meistens versuche ich herauszufinden, in welchen Ecken und Winkeln sie überall auftauchen, und zähle dann, wie viele es sind. Die Regenbogenfarben an meinen Wänden haben auch eine ganz bestimmte Bedeutung für mich, weil uns der Regenbogen an einen besonderen Bund erinnert. Es ist jener Bund, durch den unser ewiger Vater das Versprechen gegeben hat, dass er bei uns sein will und uns nahe ist, wo immer wir uns befinden.

Aber gestern, da ist mir etwas aufgefallen. Ich sagte zu unserem himmlischen Vater: „Weißt du, Vater, die Regenbogen-Punkte und auch der Regenbogen erscheinen nur dann, wenn die Sonne durch die Wolken bricht. Wenn ohnehin Sonnenschein in meinem Leben ist, zeigen sich auch die Regenbogen-Punkte in meinem Zimmer. Aber was ist mit den dunklen Tagen, wenn der Himmel verhüllt ist und kein Sonnenstrahl die Wolken durchdringen kann? Was ist mit den dunklen Zeiten in meinem Leben, wenn ich diese Erinnerung an dein Treueversprechen am meisten brauche?" Es war mir, als würde Vater leise darauf antworten: „Glaubst du, ich habe keine Lösung dafür? Warte es ab und siehe ..."

Das beantwortete nicht wirklich meine Frage. Nach einer Weile dachte ich auch gar nicht mehr an diese Begebenheit – bis heute Nachmittag. Heute ist der Himmel vollständig mit einer Wolkendecke überzogen. Nicht einmal der Schimmer eines Sonnenstrahls schafft es, durch dieses Wolkengrau zu blinzeln. Ich sitze auf meinem Küchensofa und schreibe. Gedankenverloren hebe ich den Kopf. Da bleibt mein Blick an den Kristalltropfen hängen. Völlig überrascht halte ich inne. Es ist verblüffend! Einer der Kristalle trägt den Regenbogen in sich! Er funkelt in allen Regenbogenfarben! Und ich meine, Vaters Stimme zu hören, als würde er mir zuflüstern: „Du wolltest wissen, was an wolkendunklen Tagen geschieht."

Was für eine erstaunliche Antwort, die er mir mit dem Regenbogen-Kristall gibt! An Wolkentagen leuchtet der Regenbogen im Kristall selbst! Und in den dunklen Zeiten unseres Lebens legt uns Gott diese Erinnerung an sein Bundesversprechen noch mehr ans Herz als an irgendeinem anderen Tag. Er möchte uns gerade dann ins Gedächtnis rufen, dass er da ist. Er verlässt uns nicht. Er ist uns nahe, auch wenn wir den Regenbogen in unserem Leben nicht sehen. Doch das Regenbogen-Versprechen will er in unseren Herzen aufleuchten lassen und uns dadurch sagen: „Du bist nicht allein. Ich bin bei dir alle Tage bis an das Ende der Welt" (Matth. 28,20). Das ist die Antwort eines Vaters, der sich durch ein Versprechen mit uns verbunden hat, damit wir es ihm glauben: Er ist da – immer.

Jaimée Seis

31. August

Trotz Irrfahrt von Gott geführt

*„Denn er hat seinen Engeln befohlen, dass sie dich
behüten auf allen deinen Wegen und du deinen Fuß
nicht an einen Stein stößt."*
Psalm 91,11

Wir waren zwei befreundete reiselustige Familien und fuhren zu Glaubensgeschwistern nach Miskolc in Ungarn. Das Außergewöhnliche an unserer Reisegesellschaft waren fünf Kinder und ein Rollstuhlfahrer. Daher wollten wir schnell ans Ziel gelangen.

Es war eine lange, anstrengende Fahrt. Den letzten Teil der Strecke durch Ungarn legten wir erst nachts zurück. Als wir uns schon fast am Ziel wähnten, bemerkten wir, dass der schwierigste Abschnitt der Reise erst begann. Das erste Problem gab es beim Blick auf den Tacho – alle Tankstellen waren damals in Ungarn nachts geschlossen! Auf der Landkarte erkannten wir, dass der kürzeste Weg durch das Bükk-Gebirge führte. Freundliche Ungarn, bei denen wir klingelten, halfen uns, die unbeleuchtete Einfahrt dorthin zu finden, konnten uns aber kein Benzin vermitteln.

Die endlos scheinende Fahrt in lang gezogenen Serpentinen machte uns schnell bewusst, dass wir uns in der Ausdehnung dieses 100 000 Hektar umfassenden Gebirges geirrt hatten. Die Angst, bald ohne Benzin und in völliger Dunkelheit festzusitzen, schnürte uns die Kehle zu. Wir waren dankbar, dass es endlich abwärts ging, doch schon hatten wir das zweite Problem. Sprachlos standen wir plötzlich vor einer Weggabelung. Drei Straßen führten aus dem Gebirge heraus, aber welche war die richtige? Vergeblich suchten wir mit Taschenlampen nach einem Wegweiser. Was tun? In unserer Not riefen wir den an, der allein helfen kann. „Herr Jesus Christus, du siehst uns hier in Dunkelheit und Ängsten, bitte, zeige uns den richtigen Weg!"

Einige Minuten lang hielten wir uns an den Händen und blieben ganz still. Christine verspürte den Drang, den linken Weg zu nehmen. Es ging etwa fünfzehn Minuten lang talwärts. Wir erlebten es als Wunder, dass unser Benzin immer noch reichte. Aber wo waren wir eigentlich? Während uns diese Frage noch beschäftigte, leuchtete plötzlich ein Scheinwerfer vor uns auf!

Wir sahen einen geschlossenen Schlagbaum und schickten unsere sechzehnjährige Diana, die etwas Ungarisch verstand, dorthin. Der verschlafene Wächter öffnete uns. Er gab uns zu verstehen, dass wir bald in Miskolc sind. Tatsächlich waren es nur noch 4 km. Wir kamen erschöpft, aber glücklich und dankbar im Morgengrauen am Ziel an. Diese Erfahrung mit unserem gnädigen Gott ist uns heute noch in dankbarer Erinnerung.

So geht es uns auch oft in unserem geistlichen Leben. Wir verirren uns in den Bergen der Ängste und Not, verstricken uns in Sünde und Schuld. Nur Gott kann uns da den richtigen Ausweg zeigen. „Ich bin der Weg, die Wahrheit und das Leben!", sagte Jesus, um uns darauf hinzuweisen, dass wir diesen Weg nur in und mit ihm finden.

Christine Busch und Ingrid Bomke

1. September

Die ersten Schritte

„Als er die Wellen sah, bekam er Angst und begann zu sinken."
Matthäus 14,30

Seit 1. September 2008 bin ich Oma eines kleinen Enkels. Mein kleiner Timo macht mir sehr viel Freude. Leider wohnen er und seine Eltern etwa zwei Stunden Autofahrt von mir entfernt, sodass ich ihn nicht oft sehe. Wenn wir uns aber treffen, genieße ich jeden Augenblick mit ihm. Jedes Mal kann man etwas Neues an ihm und seiner Entwicklung entdecken. Als ich ihn wieder einmal besuchte, machte er gerade die ersten selbstständigen Schritte. Er hatte riesigen Spaß an seinen Übungen. So oft es ging, stellte ich ihn auf seine Füßchen. Voller Stolz kam er auf mich zugelaufen. Fünf bis sechs Schritte schaffte er, dann lachte er aus vollem Herzen, freute sich und wandte sich voller Stolz seinen Eltern zu, als wollte er sagen: „Seht her, ich kann's!"

Dieses Erlebnis erinnert mich an eine Begebenheit aus der Bibel. Petrus war der Held, der zu Jesus sagte: „Herr, lass mich auf dem Wasser zu dir kommen!" Jesus rief ihn zu sich, und Petrus schritt über das Wasser. Wenn Timo keinen Blickkontakt hatte, konnte er keinen Schritt alleine tun. Bei Petrus war es genauso. Er stieg sogar auf jener Seite des Bootes aus, wo er Jesus im Auge behalten konnte. Alles klappte nur, weil er auf dem Weg zu Jesus war. Die Bibel berichtet, dass Petrus irgendwann auf den Wind und die Wellen achtete, sich umsah und die hohen Wellen erblickte. Da bekam er Angst und begann zu sinken. Vielleicht war auch etwas Stolz in seinem Herzen, „Seht her, ich kann auf dem Wasser gehen!" Vielleicht dachte er voller Hochmut: „Was ich kann, könnt ihr nicht!"

Mein kleiner Timo konnte mit einem Jahr nicht wissen, dass er dann zu Boden geht, wenn er sich umschaut. Petrus hätte es wissen müssen, denn er hatte schon lange mit Jesus zu tun gehabt. Wie sieht es mit uns aus, die wir Jesus eine kurze oder längere Zeit kennen? Was wirft uns aus der Bahn? Was lässt uns sinken? Auf welche Art und Weise haben wir mit den Wellen des Lebens zu kämpfen? Wie gehen wir mit bestimmten Situationen um? Sind es Stolz oder Hochmut, sind es Sorgen und Nöte, die uns die Gelegenheit rauben, unseren Blick auf Jesus zu richten?

Natürlich tut ein bisschen Anerkennung gut, aber unser Blick auf das Wesentliche sollte dadurch nicht getrübt werden. Oft schauen auch wir auf uns selbst, auf unser Können, und vergessen allzu schnell, dass wir ohne Jesus nichts tun können. Wenn die Lebenswellen über uns hereinbrechen, vergessen wir auch sehr schnell, dass Jesus in greifbarer Nähe ist. Eines ist sicher. Wie stark die Wellen des Lebens uns ängstigen mögen – Jesus ist nicht fern. Wenn wir zu sinken drohen, bedarf es nur eines Hilferufes und Jesus ist da. Dann bin ich dankbar, Jesus als meinen Retter zu haben.

Kathi Heise

2. September

Der Kanada-Baum

*„Auf beiden Seiten des Flusses ist je ein Baum des Lebens, der zwölf
verschiedene Früchte trägt und jeden Monat eine neue Frucht
hervorbringt. Die Blätter dienen zur Heilung der Völker."*
Offenbarung 22,2 (NGÜ)

Im September 2009 hatten wir die Gelegenheit, dabei zu sein, als der Kanada-Baum zurück in seine Heimat in Montague auf Prince Edward Island in Kanada gebracht wurde. Einst war er eine majestätische Eiche gewesen, die vor langer Zeit gefällt wurde, damit aus ihrem Holz Schiffe gebaut werden konnten. Der junge Künstler Tyler Aspin bekam den Stumpf mit den Wurzeln des Baumes und hatte eine Idee. Er wollte die Skulptur eines Baumes schaffen und dafür Holz aus allen Provinzen Kanadas verwenden – Zedernholz, Walnuss, Eiche und Fichte – und dadurch die Geschichte der Menschen quer durch das Land einbinden. Er machte sich auf, Gegenstände aus Holz zu sammeln, die er in das Kunstwerk einfügte. Dieses ist jetzt als der Kanada-Baum bekannt. Jedes eingesetzte Stück hat seine eigene Geschichte.

Wenn man den Baum aus der Nähe betrachtet, erkennt man die unzähligen verarbeiteten Gegenstände und Teile – Schiffsbretter, einen Ast von einem Biberdamm, Eisenbahnbohlen aus dem Yukon-Gebiet, Holz von einem Getreidesilo in Alberta und sogar ein Stück vom Tisch, auf dem der Bundesvertrag Kanadas unterschrieben wurde. Das Kunstwerk ist nicht wirklich ein Baum, es sieht nur so aus. Es ist kein Buch, aber es erzählt eine kraftvolle Geschichte. Der Kanada-Baum umfasst die Geschichte der Kanadier, ihren Charakter und ihr Erbe. Er ist quer durch den Kontinent von Stadt zu Stadt gereist und ausgestellt worden. Tyler Aspin konnte verwirklichen, was er sich vorgenommen hatte: Ein nationales Kunstwerk, an dem Menschen aus den verschiedensten Bereichen teilhaben. Dadurch sind die Bewohner des Landes miteinander verbunden worden. Der Baum ist ein Zeichen der Einheit Kanadas geworden. Leider starb Tyler Aspin viel zu jung, mit 31 Jahren, durch einen Unfall. Sein Baum wurde aber in seine Heimatstadt zurückgebracht. Bei dieser Gelegenheit konnte ich ihn sehen.

Der Kanada-Baum ist ein Sinnbild der Einheit, aber trotzdem nur ein totes Stück Holz. Der vollkommene, lebendige Baum, der Baum des Lebens, den Gott in den Garten Eden pflanzte, sollte Leben spenden und für alle Menschen ein Zeichen der Liebe Gottes sein. Die Sünde kam dazwischen. Der Baum des Lebens im Neuen Jerusalem ist ein Zeichen der Heilung von der Sünde durch Jesus Christus. Nur in ihm sind alle Menschen in der Liebe Gottes vereint und können wieder auf ewig heil werden. Ich möchte dabei sein, wenn wir diesen Baum zu sehen bekommen.
„Danach hörte ich eine große Menge im Himmel rufen: ‚Halleluja! Die Rettung kommt von unserem Gott. Ihm allein gehören Herrlichkeit und Macht.'" Offenbarung 19,1 (NGÜ)

Hannele Ottschofski

3. September

Von Kleinigkeiten beschenkt

„Kommt her und sehet an die Werke Gottes ..."
Psalm 66,5

Seit ich einen Hund besitze, sehe ich viel häufiger die Sonne. Mag sein, dass man mich als Stubenhocker bezeichnen konnte, aber ich mochte mein Haus viel mehr von innen als von außen. Das musste sich ändern. Ich wollte mehr Bewegung, mehr frische Luft – und mehr Natur. Mit einem Vierbeiner muss man dreimal täglich Gassi gehen. Ich hatte keine andere Wahl.

Plötzlich wird die unmittelbare Umgebung zu einem kleinen Paradies. Jeden Tag gibt es ein oder mehrere Wunder zu bestaunen: Hier einen Reiher, der stolz und erhaben in den nebeligen Feldern steht. Dort den winzigen Zaunkönig, bei dem man – will man ihn entdecken – wirklich genau hinsehen muss. Oder jeden Tag zur gleichen Uhrzeit den Tanz zweier Krähen und eines kleinen Falken um den Ruhesitz auf dem Dach einer Scheune. Hier ein Fuchs, dort die scheue Nachbarskatze, die sich dann doch streicheln lässt. Sogar ein Reh, das selbst erstaunt war, uns zu erblicken. Meine Augen erfreuen sich an der Natur und ihren Bewohnern.

Doch auch meine Ohren kommen nicht zu kurz. Früh am Morgen, bevor der Alltagslärm losgeht, beginnen die Vögel mit ihrem Gesang. Wie schön der Klang der Meisen, der Finken und Spatzen doch ist!

William Barclay beschrieb einst den Psalm 104 mit folgenden Worten:

„Dieser Psalm verliert nie die Erhabenheit und Heiligkeit Gottes aus dem Blick und streicht doch zugleich heraus, dass Gott in der Welt, die er geschaffen hat, auch anwesend ist. Wer diesen Psalm liest, geht mit Gott auf Entdeckungsreise durch seine geschaffene Welt."

Gott beschenkt uns jeden Tag, ob wir es erkennen oder nicht. Gott wirkt jeden Tag Wunder – ob große oder kleine, liegt an uns. Sollte Gott nicht jeden Tag dafür gelobt werden? Von den Vögeln wird das bereits getan. Loben wir ihn ebenfalls jeden Tag? Beginne doch heute deinen Tag mit sehenden Augen und hörenden Ohren. Gott beschenkt auch dich mit der ganzen Fülle seiner Schöpfung.

Bettina Zürn

4. September

Der Kilometerstein

*„Wohl dem, dessen Hilfe der Gott Jakobs ist, der seine Hoffnung
setzt auf den Herrn, seinen Gott."*
Psalm 146,5

Das Straßennetz in Rumänien ist mit Kilometersteinen geschmückt. In welche Richtung man auch fährt, nach jedem Kilometer ist ein solcher Stein aufgestellt. Er zeigt jeweils die Entfernung zum nächsten Dorf und zur nächst gelegenen Stadt an. Man weiß stets, wo man sich als Reisender befindet. Zum Teil sind diese Steine weiß gestrichen. Die Buchstaben und Zahlen wurden mit schwarzer Farbe nachgezogen. Oft waren diese Steine Hoffnungsträger. Man freute sich, bald bei seinen Angehörigen oder bei guten Freunden zu sein. Was war das für ein tolles Gefühl, wenn man den letzten Kilometer angefahren hatte, weil man seinem Ziel näher gekommen war!

Anders verhielt es sich, wenn das Ziel nicht so erfreulich war. Dann hätte man gern noch zwei bis drei Kilometer angehängt. Manche Kilometersteine wurden regelmäßig gewartet, andere waren verschmiert, verschmutzt vom Straßendreck, oder die Schrift war unleserlich und die Farbe abgebröckelt.

Unsere Lebensabschnitte sind mit diesen Kilometersteinen vergleichbar. Vielleicht sind sie nicht alle gleich lang und abgemessen, aber jeder hat doch vieles erlebt. Manchmal waren es gute „Abschnitte" mit einem schmucken Kilometerstein, manchmal aber welche, die uns nicht gefallen haben und die man am besten vergessen möchte.

Auch diese Lebensabschnitte haben uns geprägt. Mancher war vielleicht ein Hoffnungsträger, der sich dann als Enttäuschung entpuppte. Wohl dem, der nicht daran zerbrochen ist und trotz allem in Gottes Armen Zuflucht und Heimat gefunden hat! „Wohl dem, dessen Hilfe der Gott Jakobs ist, der seine Hoffnung setzt auf den Herrn, seinen Gott" (Psalm 146,5). Dieser Gott enttäuscht nie, und seine Hilfe kommt zur rechten Zeit. Wenn wir zurückblicken, können wir Gott für das loben, was er uns Gutes getan hat. Wir können erfahren, wie er uns Schritt für Schritt begleitet und uns sogar getragen hat, als uns unsere Last fast erdrückte.

Dieser Gott wird uns auch Kilometer um Kilometer auf dem Weg zur himmlischen Heimat begleiten. Jeden Tag, den wir hinter uns lassen, sind wir unserem Ziel ein Stück näher. Bald werden wir vor den Toren der himmlischen Heimat stehen. Jesus selbst wird uns Einlass gewähren. Dann wird sich mancher „Lebensabschnitt" zum Guten wenden, denn Jesus wird alle Tränen abwischen. Es wird keinen Tod mehr geben und keine Traurigkeit, keine Klage und keine Quälerei mehr. Was einmal war, ist für immer vorbei (siehe Offenbarung 21,4 GN). Ich freue mich darauf, denn was Jesus zugesagt hat, hält er auch.

Kathi Heise

5. September

Nein, nein

*„Und ich hörte die Stimme des Herrn, wie er sprach:
Wen soll ich senden? Wer will unser Bote sein? Ich aber sprach:
Hier bin ich, sende mich!"*
Jesaja 6,8

Bei einer herbstlichen Reise rund um den Michigan-See war ich gerade der Fahrer. Das Wetter war herrlich, die Landschaft wunderschön, und mein Mann schlief. Es war eine gute Gelegenheit, die Bibel auf Kassette anzuhören. Ich drückte den Startknopf, und das Buch Jona war zu hören. Manchmal begreift man das Wort Gottes leichter, wenn man es hört. Obwohl ich die Geschichte von Jona seit Jahren kenne, fand ich das Gehörte interessant. Es handelt sich hier um einen Mann Gottes, der nicht Gottes Mann sein wollte.

Habt ihr kleine Kinder beobachtet, wenn sie das Sprechen lernen? Fast alle durchleben eine Zeitspanne, in der die Antwort auf jede Frage ein klares „Nein" zu sein scheint. Der Wortschatz von Jona schien ähnlich begrenzt zu sein. Gott sagte ihm, dass es eine Stadt gebe, die vor der bevorstehenden Zerstörung gewarnt werden müsse und er der Verkündiger sein solle. „Nein, nein", sagte er. Wir wissen, dass ungünstige Umstände (drei Tage im Bauch eines Fisches) seine Meinung änderten. Aber seine Einstellung war immer noch „Nein, nein".

Schließlich zog Jona – ein Mann mit einer Mission – in die berüchtigte Stadt Ninive, die drei Tagesreisen groß war (wobei eine Tagesreise 35 Kilometer betrug) und eine Bevölkerung von 120.000 Menschen aufwies. Er begann zu predigen, nachdem er eine Tagesreise in die Stadt zurückgelegt hatte. Die Menschen hörten zu und bereuten. Sogar der König hörte davon und ließ eine Fasten- und Gebetszeit ausrufen. „Als Gott sah, dass sie von ihren schlechten Wegen umgekehrt waren, bedauerte er, dass er ihnen Unheil angedroht hatte, und verschonte sie" (Jona 3,10 NL). War Jona über den Erfolg seines Dienstes erfreut? Nein, nein. Gibt es irgendwo einen Evangelisten, der von einem solchen Erfolg nicht begeistert wäre? 120.000 Bekehrte aus einem Evangelisationsfeldzug! Am Ende des Buches ist Gott immer noch da und tadelt Jona sanft. Dieser aber sitzt in der heißen Sonne, schmollt und denkt über sein Sterben nach. Ich hoffe, dass das wirkliche Ende der Geschichte, das wir nicht kennen, ein glückliches ist.

Ruft Gott dich und mich in einen Dienst, den wir tun könnten, aber nicht wollen? Antworten wir allzu schnell mit „Nein, nein", bis es uns zur Gewohnheit wird, so zu antworten? Ja, Gott ruft dich. Wie viel besser ist doch die Antwort Jesajas: „Hier bin ich, sende mich!" (Jesaja 6,8).

Diana Inman

6. September

Blaue Augen
– blonde Löckchen

*„Ich will den Herrn loben und nie vergessen,
wie viel Gutes er mir getan hat."*
Psalm 103,2 (Hfa)

Als ich mit meinem vierten Kind schwanger wurde, war ich darüber gar nicht glücklich. Meine Familienplanung war für mich abgeschlossen. Drei Töchter hatte ich. Vielleicht würde es ja diesmal ein Junge. Da meine Töchter alle braune Haare und braune Augen haben, bat ich Gott, falls es ein Mädchen wird, mir ein blondes, blauäugiges zu schenken. So war es denn auch. Als diese Tochter zwei Jahre alt war, wurde sie sehr krank.

Alles fing mit Bauchschmerzen einen Tag nach meinem Geburtstag an. Ich dachte, sie habe zu viel gegessen. Dann tippte ich auf den Blinddarm, aber der Kinderarzt sagte mir, dass ein Kind in diesem Alter so etwas nicht bekomme. Es wurde immer schlimmer. Wir brachten sie dann selbst ins Krankenhaus. Dort kümmerten sich die Ärzte gleich um unser Kind und versorgten es. Nach unserer Rückkehr rief mein Mann gleich seine Mutter an und bat sie, für unser Kind zu beten. Sie wiederum rief ihre Schwestern an. Auch unsere Gemeinde informierten wir. So stiegen viele, viele Gebete für unser Kind zu Gott empor. Ich konnte mir nicht vorstellen, dass Gott mein Kind sterben lassen würde.

Als wir am nächsten Morgen ins Krankenhaus fuhren, sprach der Chefarzt der Kinderklinik mit uns. Er sagte: „Als ich Ihre Tochter gestern Abend sah, schien es mir, als würde sie die nächste halbe Stunde nicht überleben." Man verlegte unsere Tochter nach Stuttgart, weil sie operiert werden musste. Der Blinddarm war inzwischen durchgebrochen. Sie befand sich im Schockzustand, ihr Blut war vergiftet. Nach der OP lag sie auf der Intensivstation und wurde tagelang künstlich beatmet. Wir mussten auch damit rechnen, dass ihr Gehirn Schaden genommen hatte. Es waren bange Tage! Doch sie hat diese schwere Krankheit überlebt. Die Narben auf ihrem Bauch erinnern uns immer daran. Als Jugendliche wollte sie wie die anderen Mädchen Bikinis tragen, aber doch nicht so! Mein Mann fuhr dann mit ihr in das Krankenhaus, wo sie einst operiert worden war. Es war noch die Ärztin da, die sie 12 Jahre zuvor operiert hatte. Sie meinte zu unserer Tochter: „Mädchen, sei froh, dass du das damals überlebt hast." Die Narben sind inzwischen etwas berichtigt und nicht mehr so unansehnlich.

Meine Tochter hat heute, im Alter von 29 Jahren, immer noch blaue Augen. Blond ist sie außerdem. Nur die Löckchen hat sie verloren. Ich liebe sie! Dies liegt nun schon viele Jahre zurück, aber ich muss von dieser Erfahrung zum Lobe Gottes berichten. Ich möchte Gott immer wieder danke sagen, dass er uns durch diese schwere Zeit getragen hat. Nie werde ich das vergessen. Mit einem solchen Gott lohnt es sich zu leben!

Helga Konrad

7. September

Wilde Haare

*„Denn Gott ist's, der in euch wirkt beides, das Wollen und
das Vollbringen, nach seinem Wohlgefallen."*
Philipper 2,13 (Hfa)

Eines Morgens schaute ich mich im Spiegel an und sah, was mir wie eine wilde Frau aus dem Urwald vorkam. Das Bürsten und Kämmen machte meine bauschigen Haare nur noch schlimmer. Ich machte sie nass, aber nun sah ich wie eine wilde Frau aus, die vom Sturzregen überrascht worden war. Haarbüschel standen in jede Richtung. Es war furchtbar!

„Zeit für einen Haarschnitt", sagte ich zum Gesicht im Spiegel. Ich überlegte kurz, ob ich eine Schere holen und selber meine Haare in Form bringen sollte. Aber ich hatte das schon einmal versucht – mit einem niederschmetternden Ergebnis. So griff ich nach dem Telefon und rief meine Friseurin an, um einen Termin zu vereinbaren. Eine Stunde später saß ich im Schönheitssalon. „Machen Sie, was nötig ist, um mich wieder schön zu machen!", bat ich.

Sie wusch meine Haare und pflegte sie mit einer Spülung. Sie kämmte und schnitt und föhnte. 45 Minuten später hielt sie mir den Spiegel hin, damit ich sehen konnte, was sie erreicht hatte.

„Wunderbar! Sie haben es wieder einmal geschafft. Vielen Dank!" Ich sah wieder gut aus. Jedes Haar war an seiner Stelle und geformt, um den besten Eindruck zu hinterlassen. Eine Verwandlung hatte stattgefunden, aber was hatte ich dazu beigetragen? Nichts, außer dass ich beschlossen hatte, zur Expertin zu gehen und sie gewähren zu lassen.

Auf dem Heimweg dachte ich: Welch ein Sinnbild der Verwandlung, die in meinem Leben stattfinden könnte! Die Verwandlung oder Heilung ist Gottes Werk, nicht meines. Der Heilige Geist macht aus einer wilden, eigenwilligen Person einen Menschen, der Gottes Willen tut und seine Liebe und Gnade im Leben erfährt. Unser Beitrag ist gering. Wir müssen Gott nur das Handeln überlassen.

So ist es auch mit meiner Erlösung. Mein Anteil daran ist es, den zu wählen, der mein Leben formen soll. Ich gebe Gott die Erlaubnis, die Veränderung in mir nach seinem Ermessen zu vollbringen. Das Ergebnis ist sein Werk, nicht meines. Wenn ich dann in den Spiegel des Gesetzes Gottes schaue, erblicke ich keine eigenwillige Sünderin, sondern bin über das erstaunt, was er bei mir erreicht hat. Das Werk des Heiligen Geistes lässt mich wie die Tochter eines Königs aussehen.

Dorothy Eaton Watts

8. September

Pflaumenbaum und Brennnessel

*„Der Herr pflanzte den Garten Eden,
und in seine Mitte den Lebensbaum."*
1. Mose 2,8-9

„Soll ich es wirklich tun?" Ich reibe mir unsicher die Stirn, während ich den alten Pflaumenbaum betrachte. Er steht in einem verwilderten Obstbaumgarten bei einer Holzhütte, inmitten von Wiesen, Feldern und Schlehenhecken. In meiner Kindheit war ich oft hier. Damals war der Garten noch von einem Zaun eingefasst und besser gepflegt. Doch jetzt ist der Zaun zerbrochen, die Hütte morsch, und die Bäume sind von einem ganzen Hofstaat wild wuchernder Brennnesseln umringt. „Also gut, Herr, die Brennnesseln sollen mich nicht davon abhalten, wieder einmal auf einen Baum zu klettern!" Vorsichtig suche ich mir einen Weg zu einer kleinen Lücke zwischen den Brennnesseln und halte dann den Ast über mir fest. Doch mit meinem ersten Absprung schaffe ich es unglücklicherweise nicht, mich nach oben zu ziehen, und trete auf den Boden zurück... natürlich mitten in die Brennnesseln! Mit einem Kopfschütteln lache ich leise in mich hinein. Ich habe gelesen, dass es manchmal gut für die Gesundheit sei, von Brennnesseln gepiekst zu werden. Welch ein Trost! Doch mit meinem zweiten Sprung bin ich erfolgreich und klettere zum nächsten Ast hinauf. Dort setze ich mich bequem hin und lehne meinen Kopf an den Stamm. In meinen Kindertagen saß ich im Spätsommer oftmals in solchen Obstbäumen und naschte saftigsüße Pflaumen. Ich fühlte mich dabei geborgen und von der Welt abgeschieden. So fühle ich mich auch jetzt. Allein mit Gott. Nichts anderes um mich als wispernde Blätter und Zweige, die von Moos und Flechten bewachsen sind. Goldene Sonnenstrahlen verwandeln das Blätterdach in eine leuchtend grüne Kuppel. Schwebefliegen summen geschäftig um unreife Frühsommerpflaumen, und Singvögel flattern von einem Ast zum anderen. Ich atme tief ein. Das alles ist Frieden.

Ein wenig ähnlich muss der Frieden in Eden gewesen sein. Der Lebensbaum in der Mitte muss Früchte getragen haben, an welche die süßesten Pflaumen nicht heranreichen. Seit uralten Zeiten ist die Menschheit nun schon auf der Suche nach diesem sagenhaften Baum, der ewiges Leben spendet. Aber habe ich ihn nicht schon längst gefunden? Jesus sagt, er selbst sei das Brot des Lebens beziehungsweise das Leben selbst. Darum durfte ich in den Schoß meines „Lebensbaumes" klettern, kann bei Jesus sitzen und die Früchte essen, die er für mich erworben hat. Er möchte, dass wir jeden Tag zu ihm kommen und das Lebensbrot in seinem Wort zu uns nehmen. Er füllt uns mit seinem Frieden, weit weg von den „Brennnesseln der Welt". Diese stille Zeit mit ihm ist entscheidend, damit unsere Seele überleben kann. In seiner Gegenwart wird er die Früchte des Heiligen Geistes in uns wachsen lassen, Früchte mit den Namen „Liebe, Freude, Friede, Geduld, Freundlichkeit, Güte, Treue, Sanftmut und Selbstbeherrschung" (Galater 5,22).

Übrigens, als ich den Pflaumenbaum wieder hinunterklettere und auf den Boden springe, vermeide ich die Brennnesseln. Gewisse Erfahrungen muss man nicht zweimal machen.

Jaimée Seis

9. September

Liebesgeschichte

„Die mit Tränen säen, werden mit Freuden ernten!"
Psalm 126,5

Als ich 1986 das erste Mal offiziell eine Besuchsreise in die BRD antreten durfte, war ich wie eine Träumende. Gott hatte einen Plan mit mir, den ich noch nicht kannte. In der Bundesrepublik sollte ich meinen späteren Ehemann kennenlernen.

An sich ist so eine Liebesgeschichte etwas ganz Normales. Aber uns trennte eine hohe Mauer – sichtbar in Berlin und unsichtbar in den Köpfen der DDR-Politiker. Nur Briefe waren möglich. „Herr, wenn es dein Wille ist, so fördere unser Zusammenkommen. Wenn nicht, dann verhindere alles Weitere!" Nach zweimaligem Besuch durfte ich nicht mehr einreisen. Telefonate bei Freunden wurden abgehört. „Sie haben eine Beziehung mit einem BRD-Bürger!"

Wir waren auf Christus angewiesen! Laut Gesetz dauerte die Bearbeitung eines Antrages drei Monate – theoretisch. Für mich begann in der DDR ein monatelanger Spießrutenlauf. Erste schlimme Nachricht: „Wir können Sie nicht aus der Staatsbürgerschaft der DDR entlassen, denn wir verlieren sonst mit Ihnen einen volkswirtschaftlichen Nutzen!" Ich war viele Jahre lang in leitender Stellung tätig! Sofort kam die nächste Aktion: Mehrfache Kreuzverhöre. Bis dahin wusste ich nicht, was das bedeutete!

Fast täglich erfolgten neue Anriffe, an die ich ungern zurückdenke. Für eine verschenkte Autobestellung bekam ich einen Telefonanschluss. Auf diese Weise konnte ich meinem Freund nachts telefonisch den nächsten Termin für ein weiteres Verhör in verschlüsselter Sprache durchgeben.

Für den 20.3.1989 hatten wir in Ost und West eine Gebetskette vereinbart. Es war uns wichtig, dass der Herr den Weg zeigt, den wir gehen sollten. Eine Beamtin war mir heimlich wohl gesinnt – welch ein Lichtblick! Plötzlich kam zu meinem bereits bestehenden Augenleiden eine verheerende Netzhautblutung dazu. Ein ärztliches Attest bescheinigte den Behörden, dass ich bald nicht mehr arbeiten könne. Nun war es mit dem „volkswirtschaftlichen Nutzen" nicht mehr weit her.

Unter Gebet fasste ich mir ein Herz und rief im Innenministerium in Berlin an, mit der Bitte um Auskunft über meinen „Fall". Ungewohnt freundlich gab man mir zu verstehen, dass meine Papiere vor vielen Wochen bearbeitet an den Bezirk zurückgeschickt worden seien! Mit dem letzten Gramm an Mut fragte ich nach dem Beschluss. Die darauf folgenden Sekunden werde ich mein Leben lang nicht vergessen. „Dem Antrag wurde stattgegeben!" Das war die kurze Antwort auf monatelanges Beten, Bangen, Hoffen und Warten. Wir hatten schon vorher bei positivem Bescheid einen Code-Satz ausgemacht. So war in kürzester Zeit dieser so harmlos erscheinende Satz telegrafisch von Ost nach West „gesprungen".

Nachts am Telefon riefen wir uns Psalm 126 Vers für Vers zu. Wer solches erlebt hat, wird nicht an der Allmacht Gottes zweifeln.

Ingrid Bomke

10. September

Bettina aus Gomaringen

*„Und gib deinen Knechten, mit aller
Freimütigkeit zu reden dein Wort."*
Apostelgeschichte 4,29

„Ich bin Bettina aus Gomaringen". Mit diesen Worten stellte sich eine junge Frau bei unserem Lauftreff vor. Alle, die neu zu uns kommen, laufen zwei bis drei Mal mit dem Trainer. Danach sucht man sich die Partner aus, mit denen man gern laufen möchte. Wir ziehen unsere Runden im Wald. Es sollten immer zwei Personen zusammen sein; falls etwas passiert, kann der andere Hilfe holen.

Ich kann mich noch genau erinnern, als ich mit Bettina das erste Mal zusammen gelaufen bin – es war ein herrlicher Frühlingsmorgen. Die Sonne glitzerte im zarten Hellgrün der Blätter, Vögel gaben ein kostenloses Konzert, ein paar Rehe bekamen wir auch zu Gesicht, Ameisen wuselten eifrig auf den Wegen. Es war wie im Garten Eden. Wir nahmen beide diese Schönheit in unseren Seelen auf. Natürlich nutzte ich diese Stimmung, um über Gottes großartige Schöpfung zu reden. Wir waren ganz enttäuscht, als wir unseren Gedankenaustausch abbrechen mussten – die Laufrunde war zu Ende. Ein Trost war: Nächste Woche diskutieren wir weiter. Viele aufbauende Gespräche folgten, unsere verschiedenen Glaubenszugehörigkeiten brachten uns sogar näher. In Bettina habe ich eine geliebte Freundin gefunden.

Eine Frage brannte dann doch noch auf meiner Seele. Ich fragte sie, warum sie denn so oft mit mir gelaufen sei, da es so viele Teilnehmer in ihrem Alter gebe. (Ich gehöre schon eher zu den „Betagten"). Ihre Antwort hat mich verblüfft. Sie sagte: „Ich bin von dir sehr angetan, du hast einen großen Glauben, redest mit Mut und frei darüber. So etwas habe ich noch bei keinem Menschen erlebt. Das imponiert mir." Eine Gabe, von der ich gar nichts wusste, hat Bettina da an mir entdeckt.

Ich möchte aufgrund ihrer Aussage alle meine lieben Glaubensschwestern ermutigen, frei und mit großer Begeisterung von unserem Herrn und Heiland zu berichten. Es kommt an!

Ursula Ziegler

11. September

Ein Tag im September

*„Und die Menschen werden vergehen vor Furcht und in
Erwartung der Dinge, die kommen sollen über die ganze Erde."*
Lukas 21,26

Es gibt wohl kaum ein Datum, das Bilder einer solchen Stärke in unseren Köpfen heraufbeschwört wie der 11. September 2001. Ja, wir erinnern uns an den Tsunami am 26. Dezember, aber welches Jahr war es denn eigentlich? Ach ja, 2004. Oder an das Erdbeben in Haiti. Das war doch erst am 12. Januar 2010. Die Überschwemmung in Pakistan? Wann fing die eigentlich an?

Der Anschlag auf das World Trade Center in New York war so unvorstellbar, dass diejenigen, die ihn selbst miterlebten, das Gefühl des Entsetzens wohl niemals vergessen werden. Jedes Jahr um diese Zeit werden Berichte darüber gesendet. Wir können es nicht fassen, dass sich Menschen einen solchen Anschlag ausdenken und ihn durchführen konnten. Was sind das für Zeitgenossen, die im Namen Gottes so viele Menschenleben zerstören?

Wir scheinen mit Naturkatastrophen besser umgehen zu können als mit Terroranschlägen. Wahrscheinlich werden die Überlebenden eines Erdbebens oder einer Überschwemmung länger brauchen, um sich davon zu erholen. Dennoch sind wir gefühlsmäßig nicht so getroffen. Die Menschen tun uns leid und wir spenden, damit ihnen geholfen werden kann. Aber was können wir noch mehr tun?

Der 11. September war keine Heimsuchung der Natur, sondern ein Angriff auf die ganze westliche Welt. Ich sitze vor dem Fernseher und sehe betroffen die Berichte über Mohammed Atta und seine Mittäter, sehe, wie die Flugzeuge in die Zwillingstürme rasen, höre die Stimmen der dort Eingeschlossenen, die mit der Notrufzentrale der Feuerwehr telefonieren, und stelle mir die Frage, wie so etwas möglich sein konnte.

Seit jenem Tag ist die Welt nicht mehr dieselbe. Das spüren wir jedes Mal, wenn wir auf einem Flughafen durch die Sicherheitskontrollen geschleust werden. Das erleben wir auch, wenn wir bei der Einreise in die USA unsere Fingerabdrücke abgeben müssen.

Wir wissen nicht, was noch alles passieren wird. Angst und Ungewissheit herrschen überall. Jesus hat uns davor gewarnt und gesagt: „Wenn aber dieses anfängt zu geschehen, dann seht auf und erhebt eure Häupter, weil sich eure Erlösung naht." (Lukas 21,28) Unsere Rettung, ob im Unglück oder beim Terroranschlag, ist unsere Hoffnung, dass Jesus dieser alten, bösen Welt ein Ende bereiten wird und für uns auf der neuen Erde etwas viel Besseres vorgesehen hat. Dort wird es keinen Tod, keine Tränen, keine Schmerzen mehr geben. Amen, ja, komm, Herr Jesus!

Hannele Ottschofski

12. September

Für mich? Für dich!

„Ich weiß, wie aufrichtig du glaubst; genauso war es schon bei deiner Großmutter Lois und deiner Mutter Eunike. Ich bin überzeugt, dass dieser Glaube auch in dir lebt."
2. Timotheus 1,5 (Hfa)

Während ich die weiße Bettwäsche mit der Hand glatt streiche, fliegen meine Gedanken zu meiner Großmutter. Erinnerungen an ihre offenen Arme und ihr offenes Herz überfluten meinen inneren Blick. Ich sehe gleichsam, wie Oma das Gästebett für ihre Lieben bezieht oder für andere, die noch Freunde werden sollten. Omas Willkommensumarmung wickelte uns in die Gewissheit, dass alles gut war und jeder Mensch geliebt wurde. Dass wir für Oma etwas Besonderes waren, bedeutete gleichzeitig, dass auch wir für Gott etwas Besonderes darstellen.

Wir schlichen aus unseren Betten vorbei am Gästezimmer und huschten in das beeindruckende Schlafzimmer unserer Großeltern. Wir Mädchen schlüpften unter das Federbett und stellten uns auf eine weitere Lektion in Familiengeschichte ein. Damals wussten wir nicht, wie man so etwas nennt. „Oma", flehten wir, „erzähle uns davon, als ..." Und ein weiterer besonderer Morgen mit Oma begann. Die Geschichten waren immer aufbauend, obwohl die Schwierigkeiten nicht übertüncht wurden. Meine Großeltern vertrauten auf Gott und glaubten, dass er für sie sorgt.

Familiengeschichte ist etwas, was man weitergibt: Wortbilder, Einstellungen, Erfahrungen, Enttäuschungen und Freuden, die das Leben meiner Großeltern geformt haben. Familienerbe – das sind die Sprünge voller Herausforderung, zu denen ich ermutigt werde, um in die Fußspuren vor mir hineinzuspringen.

Die Großmutter von Timotheus muss so ähnlich gewesen sein wie die meine.

„Ich sehne mich danach, dich (Timotheus) wieder zu sehen ... Und ich werde voller Freude sein, wenn wir wieder zusammen sind." (2. Timotheus 1,4 NL) „Ich weiß, dass du dem Herrn aufrichtig vertraust, denn du hast den Glauben deiner Mutter Eunike und deiner Großmutter Lois." (Vers 5) Ich stelle mir die Frage, ob Timotheus seine Familiengeschichte als bedeutsam ansah, als er diesen zweiten Brief des Apostels Paulus las. Ist es ihm vielleicht eingefallen, dieses Familienerbe zu bewahren?

Paulus schrieb dann in (Vers 6): „Deshalb ermutige ich dich dazu, die geistliche Gabe wirken zu lassen, die Gott dir schenkte." Das Erbe ist eine Gabe, die wir gebrauchen und an diejenigen weitergeben sollen, die uns am nächsten stehen, aber auch an die, die weiter weg sind. Jede Oma und Mutter, Tante und Schwester spielt eine Rolle, wenn sie das Beste ihres Lebens weiterreicht und Gott erlaubt, es noch zu verschönern. Die Familiengeschichte ist etwas, was mit Absicht weitererzählt werden sollte.

Glenise Hardy

13. September

Meine Orchidee und mein Ich

"Erforsche mich, Gott, und erkenne mein Herz; prüfe mich und erkenne, wie ich's meine. Und sieh, ob ich auf bösem Wege bin, und leite mich auf ewigem Wege."
Psalm 139,23-24

Voriges Jahr bekam ich eine sehr schöne Orchidee geschenkt. Das Besondere daran ist, dass sie auch heuer wieder blüht! Sie hat aber keine 20 Blüten wie jene einer Nachbarin. Bei mir sieht es etwas bescheidener aus. In der Küche, gleich neben dem Esstisch, steht sie! Schon seit Wochen warte ich darauf, und nun lachen mich fünf schöne violettfarbene Blüten an. Es ist für mich ein Wunder und ein besonderes Geschenk, dass sie blüht. Die Blüten erinnern mich tagtäglich auch daran, dass sie etwas Pflege brauchen. Doch ich schiebe und schiebe das Gießen immer wieder hinaus! Da entdecke ich eines Tages, dass die Blätter schon schrumpfen und Runzeln bekommen. Die Blüten jedoch strahlen unvermindert! Wieder nehme ich mir vor: Heute, heute werde ich sie gießen. Wieder ist ein Tag verstrichen, und meine bescheidene Orchidee gibt noch immer ihr Bestes. Als ich die braunen Blätter an der Orchidee entdeckte, packt mich der Eifer. Ich nehme die ganze Pflanze und halte sie unter den Wasserstrahl! Nur nicht vertrocknen lassen! Jetzt, da sie endlich blüht! Zufrieden stelle ich sie an ihren Platz zurück! Kurze Zeit später finde ich eine Blüte auf dem Boden, dann die nächste, bis nur mehr ein leerer Stamm in die Höhe ragt. Da wird mir bewusst, dass ich mich doch an die Pflegeanleitung hätte halten sollen. Beinahe jeder weiß, wie einfach eine Orchidee zu pflegen ist. Man muss nur ein paar Kleinigkeiten beachten!

Jetzt komme ich schon etwas ins Grübeln. Mir wird wieder einmal bewusst, wie schwer es mir fällt, mich nach Anleitungen zu richten. Noch dazu war ich felsenfest davon überzeugt, dass es auch auf meine Art und Weise funktionieren müsse! Noch während meine Gedanken kreisen, fällt mir auf, dass ich mich in anderen Bereichen auch so verhalte. Wie oft wird wohl Gott schon versucht haben, mich von Fehlentscheidungen abzuhalten! Doch ich war so von meinem rechten Handeln und Tun überzeugt, dass ich ihn nicht gehört, ja ihn nicht einmal um Rat gefragt habe. Wie geduldig ist doch Gott mit mir! Er hat für jede Notlage in meinem Leben die rechte Lösung. Er hätte mich auch davor bewahren können, meine Orchidee „zu Tode zu pflegen". Nur ich war nicht bereit zu hören! Durch meine Orchidee ist mir bewusst geworden, dass ich mein Handeln viel stärker hinterfragen muss! Erkenne ich in meinem Verhalten den Willen Gottes oder folge ich wieder einmal nur meinen Plänen, meinen Überzeugungen, meinem ICH?

Christa Hartl-Brandstetter

14. September

Ich habe den Herrn gesehen!

*„Frieden sei mit euch! Wie der Vater mich gesandt
hat, so sende ich nun euch."*
Johannes 20,21 (GNB)

Sind dein Kopf und dein Herz manchmal voller Unruhe und Gedanken? Vielleicht weil dich die Tagesereignisse nicht zur Ruhe kommen lassen? Was tust du dagegen? Ich wohne nahe an den Bayerischen Alpen. Wenn ich mich gestresst fühle, suche ich meine Ruhe und Stille auf dem Berg. Für mich ist das immer ein Stück „näher dem Himmel – näher bei Gott". Die schneebedeckten Gipfel der Berge sind wundervoll. Im Tal sehe ich die blühenden Landschaften, die Orte, Häuser und Autos, klein wie in einer Spielzeuglandschaft. Stille finden bedeutet für mich, ein bisschen den Alltag zu verlassen, alles aus einem anderen Blickwinkel zu betrachten! Da sehe ich alles neu, und die Sorgen und Nöte werden kleiner!

Als ich vor Kurzem wieder einmal dort oben auf meinem Lieblingsberg war und die Stille suchte, beobachtete ich lange einen Vogel. Er stellte sich gegen den Wind, aber plötzlich tauchte er in den blauen Himmel hinein. Was für eine Freiheit! Ich dachte an das Lied von Reinhard May „Über den Wolken muss die Freiheit wohl grenzenlos sein – über den Wolken, da werden die Sorgen ganz klein."

Im Johannesevangelium begegnen wir Maria Magdalena (Johannes 20,11-23). Sie trauert und weint um Jesus nach seiner Grablegung. Doch dann wird sie plötzlich angesprochen. „Maria". Sie kennt diese Stimme, dreht sich um und antwortet: „Rabbuni! Mein Lehrer!" Jesus setzt ein Zeichen und macht sie zur ersten Zeugin seiner Auferstehung. Er sendet sie zu den Jüngern: „Geh und sage es ihnen!"

Was für eine Fröhlichkeit, was für eine Freiheit mag sie verspürt haben! Jesus ist auferstanden und sie, Maria, darf es verkündigen: „Ich habe den Herrn gesehen." Eine Frau wurde damals nicht als Zeugin anerkannt. Dennoch sendet Jesus sie, eine Frau, zu den Jüngern.

Jesus, der Erlöser, sprach zu den Menschen damals und er spricht zu uns heute:
- Ich bin die Lösung für dein Problem
- Ich möchte dich heilen
- Ich möchte dir helfen und dir neue Hoffnung schenken.

Welch eine Achtung hat Jesus vor der Würde des Menschen! Er möchte in eine Beziehung mit uns treten. Er sagt „Ich liebe dich, du bist so unendlich wertvoll für mich, mein Leben habe ich für dich gegeben!" Spürst du diese „Freiheit und Freude", die er dir heute schenken möchte? Hast auch du heute den Herrn gesehen?

Ingrid Naumann

15. September

Jona

*„Denn meine Gedanken sind nicht eure Gedanken,
und eure Wege sind nicht meine Wege, spricht der Herr,
denn soviel der Himmel höher ist als die Erde, so sind
auch meine Wege höher als eure Wege und meine
Gedanken als eure Gedanken."*
Jesaja 55,8.9

Als unsere Tochter mit ihrem zweiten Wunschkind schwanger wurde, war die Freude in der Familie groß. Auch ich freute mich darauf, wieder Oma zu werden. Unserer Tochter ging es bis auf anfängliche Kreislaufbeschwerden ganz gut, sie wurde regelmäßig ärztlich untersucht und überwacht, auch mit Ultraschall. Dann kam der Tag, etwa vier Wochen vor dem errechneten Geburtstermin, der alles verändern sollte. Es war wieder einmal Zeit für eine Untersuchung beim Frauenarzt. Außerdem wurde ihr wieder Blut abgenommen. Der Arzt schickte unsere Tochter mit der Aussage „Mein Ultraschallgerät ist wohl kaputt" in die Klinik. Dort wurde ihr gesagt, es stimme etwas nicht, sie solle sich doch beim „Ultraschallpapst" in Frankfurt vorstellen, der viel mehr Möglichkeiten habe und über mehr Erfahrung verfüge. Sie war natürlich besorgt, aber selbstverständlich stellte sie sich dort vor. Sie erhielt die niederschmetternde Nachricht, dass ihr Kind behindert zur Welt kommen werde.

Für die werdenden Eltern war dies ein mindestens so großer Schock wie für mich als angehende Oma. Ich wollte es nicht glauben. Ich betete zu Gott und flehte ihn an. Es könne doch nicht sein, dass ein so sehr erwünschtes Kind krank zur Welt komme!

Ich muss zugeben, dass ich sehr mit Gott haderte und sein Handeln nicht verstehen konnte. Ich hatte lange daran zu knabbern und zweifelte an seiner Liebe.

Inzwischen ist Jona vier Jahre alt, ein sehr freundliches Kind. Ich liebe ihn sehr und freue mich über die Fortschritte, die er macht. Alles dauert natürlich sehr viel länger. Er hat inzwischen sitzen gelernt und er bewegt sich vorwärts, indem er durch die Gegend rutscht. Nun hoffen wir, dass er bald auch stehen, laufen und sprechen lernt.

Wir wissen auch, dass es manchmal Fortschritte und dann wieder traurige Rückfälle geben wird. Unser Enkelkind wird nie wie ein gesundes Kind sein. Aber wir sind über jeden kleinen Fortschritt froh.

Ich danke Gott, dass er mir meine Anklagen vergeben und mir durch Jona ein anderes Verständnis für Menschen mit Behinderungen geschenkt hat.

„Denn ich weiß wohl, was ich für Gedanken über euch habe, spricht der Herr: Gedanken des Friedens und nicht des Leides." *Jeremia 29,11*

Angelika Nixdorf

16. September

Hubschi

*„Und Gott sprach, ‚Die Erde soll alle Arten von Tieren
hervorbringen …' und Gott sah, dass es gut war."*
1. Mose 1,24 (NL)

Es war einmal … so beginnen die meisten Märchen. Und die folgende Geschichte klingt fast so. Aber sie zeigt uns, dass Gott seine erschaffenen Tiere liebt und für sie sorgt.

Er war wunderschön: Ein schwarzes, glänzendes Fell, nicht ein kleines bisschen weiß, große bernsteinfarbene Augen. Er war einer jener Leisetreter auf samtenen Pfoten, die ich so mag. Ein schwarzer Kater, herrenlos, der von unseren Nachbarn und mir versorgt wurde. Nachts schlief er in einem halbverfallenen Schuppen. Im Sommer war das ja in Ordnung. Aber im Winter? Nun, auch einen ziemlich kalten Winter brachte er hinter sich. Das Frühjahr kam, er erschien öfter in unserem Garten, schlief auch auf den Gartensesseln auf der Terrasse. Aber es ließ mir keine Ruhe. Was wird aus ihm, wenn wieder ein kalter Winter ins Land zieht oder der Schuppen gar abgerissen wird?

Als er eines Tages zusammengerollt auf meinem Schoß lag, entdeckte ich, dass er eine Ohrmarke trug. Er ließ es sich sogar gefallen, dass ich das Ohr umbog, um die Nummer lesen zu können. *B67 2006* stand da. Ich kombinierte: Der Name unserer Tierärztin – wir besaßen ja selbst einen Stubentiger – fing mit „B" an. Vielleicht war sogar sie es, die den Kater gekennzeichnet hatte. Eine innere Stimme drängte mich: Ruf an! Tatsächlich, es war so. 2006 im Mai, sein Name war „Hubschi". Allerdings waren seine Besitzer nach Norddeutschland gezogen. Aber sie konnte mir sagen, dass sie früher in unserer Straße gewohnt hatten. Da ging ich dort vorbei, erhielt die Telefonnummer und rief in Norddeutschland an. Es stellte sich heraus, dass Hubschi ein halbes Jahr vor dem Umzug weggelaufen war. Natürlich dachten sie, dass er längst nicht mehr lebte. Immerhin waren drei Jahre vergangen. Die Freude war riesig.

Später rief mich die Tochter an, die noch hier lebte, und teilte mir mit, dass sie in der darauffolgenden Woche nach Norddeutschland fahre und Hubschi mitnehmen würde, was dann auch geschah. Nun ist er seit dem Spätsommer 2009 wieder bei seiner Familie. Kein kalter Winter mehr im Schuppen! So sorgt Gott für seine Geschöpfe.

Hätte ich dem inneren Drängen nicht nachgegeben, wäre er immer noch heimatlos. Wenn Gott schon für die Tiere so sorgt und seine Liebe zeigt, wie viel muss ihm erst an uns liegen?

Margarete Baindner

17. September

Mein Sorgenrucksack

*"Kommet her zu mir alle, die ihr mühselig und beladen seid;
ich will euch erquicken."*
Matthäus 11,28

Ich war gerade bei der Hausarbeit, als das Telefon klingelte. Die Firma meines Mannes teilte mir mit, dass er soeben mit dem Rettungswagen in die Klinik eingeliefert worden sei.

Sofort eilte ich ins Krankenhaus. Der Zustand meines Mannes war jedoch so kritisch, dass ich ihn weder sprechen noch sehen durfte. Das Warten auf eine Nachricht der Ärzte wurde zur Ewigkeit. Die Zeit schien still zu stehen. Schließlich drängten mich die Ärzte, nach Hause zu gehen. Sie würden mich sofort benachrichtigen, wenn sich eine Veränderung ergeben sollte. Da ich noch meine minderjährigen Kinder – mein Jüngster war gerade zwei Jahre alt geworden – zu versorgen hatte, folgte ich dem Rat der Ärzte.

Inzwischen war es Abend geworden. Nachdem ich die Kinder zu Bett gebracht hatte, fiel ich auf die Knie und sprach mit meinem Gott. „Lieber Vater, ich habe meine Mutter mit 16 Jahren verloren und erfahren, wie es ist, ohne Mutter groß zu werden. Wenn du mir jetzt den Mann nimmst, wo doch die Kinder noch so klein sind, weiß ich nicht, wie wir zurechtkommen sollen. Bitte, sei du meinen Kindern, meinem Mann und mir gnädig!"

Gegen 2:00 Uhr in der Nacht war ich der Erschöpfung nahe. Ich flehte zu Gott: „Vater, ich kann nicht mehr. Ich lege meine schwere Last in deine Hände und vertraue darauf, dass du alles zu einem guten Ende führst".

So schlief ich ein. Am nächsten Morgen machte ich mich sofort auf den Weg ins Krankenhaus, wo mich die Schwestern zu meinem Mann brachten. Ich werde den Satz nicht vergessen, den er mir damals sagte. „Die Ärzte haben schwer um mich gekämpft, aber gegen 2:00 Uhr ging es plötzlich mit mir aufwärts".

Meine Freude war unbeschreiblich groß, weil ich wusste, dass Gott meine Gebete erhört hatte. Als ich etwas später meinem Mann von dieser Gebetserhörung erzählte, dankten wir gemeinsam Gott. Und er schenkte meinem Mann noch weitere 12 Jahre, bis meine Kinder aus dem „Gröbsten" waren.

Wie stark dich dein Sorgenrucksack auch drückt, es gibt einen, dem du dich anvertrauen darfst. Es gibt einen, der dir auch in schlimmen Zeiten ganz nahe ist und dir tragen hilft. Unser Heiland hat uns zugesagt: „Kommet alle her zu mir, die ihr euch abmüht und unter eurer Last leidet! Ich werde euch Ruhe geben".
Matthäus 11,28 (Hfa)

Josefine Wimmer

18. September

Häuschen im Grünen

„Wirf dein Anliegen auf den Herrn, der wird dich versorgen und wird den Gerechten in Ewigkeit nicht wanken lassen."
Psalm 55,23

Heute möchte ich euch erzählen, wie wir zu unserem Häuschen gekommen sind und wie der große Gott in seiner Weitsicht alles geplant hat. Für mich ist das fast unglaublich.

Mein Mann war viele Jahre lang Buchevangelist und ledig. Er musste wegen Eigenbedarf aus seiner Wohnung ausziehen. Im Nachbarort erfuhr er, dass ein Häuschen frei wurde. Weil er aber zu früh nach dem Tod der Leute um diesen Wohnraum nachfragte, wurde er abgewiesen. Vier Wochen lang suchte er erfolglos weiter. Dann hörte er, dass die Vermieter des kleinen Häuschens nach ihm suchten. Er betete, ob es Gottes Wille sei, hier einzuziehen. Er bat Gott, dass die Miete nicht höher als 250,- DM sein möge. Das war 1981. Es kam zu einem Treffen. Das Häuschen am Waldrand mit fast 2000 Quadratmeter Wiese und Garten gefiel ihm auf Anhieb. Der Vermieter nannte die Summe von 220,- DM. Dafür müsse mein Mann alles selbst in Ordnung halten. Er erkannte Gottes Willen und zog ein.

Ein Jahr später zogen seine Eltern aus dem Münsterland zu ihm, obwohl sie im Alter nicht mehr umziehen wollten. Aber durch ein ausgestoßenes Gift der dortigen Zementwerke war ihr biologischer Garten unbrauchbar geworden. Die Gemeinschaft im Haus des Sohnes wurde ihnen zum Segen. Denn die Mutter wurde schwer krank und Vater allein wäre bei der Pflege überfordert gewesen. Damals baute mein Schwiegervater für sich noch eine Blockhütte auf dem Grundstück. Nachdem die Mutter gestorben war, zog der Vater in ein Altenheim und fühlte sich dort bis zu seinem Tod mit 98 Jahren sehr wohl.

1989 kamen wir aus Ostdeutschland, meine beiden Söhne und ich. Wir heirateten. Nach einem Jahr bekamen wir noch ein gemeinsames Kind. Jetzt wurde uns die Blockhütte eine echte Hilfe. Der ältere Sohn zog dort ein. Wir hatten zehn Jahre zu fünft auf gut 70 qm Wohnfläche gelebt, und keiner hatte sich über die Enge beklagt. Nur ich hatte manchmal meine Probleme damit.

Das Häuschen wurde uns weiterhin zum Segen: Ich begann mit dem Religionsunterricht im Gemeindebezirk. Zehn Sommer hindurch veranstalteten wir fröhliche Treffen mit 34 Jugendlichen auf dem großen Grundstück. Glaubensgeschwister schenkten uns ihren Wohnwagen für die Jugendlager. Wir konnten dort bei Spiel und Sport und nicht zuletzt durch das Bibelstudium einander näher kommen. Ich erinnere mich an zahlreiche gute Gespräche. Knapp 200 m vom Grundstück entfernt liegt ein Badeweiher im Wald, der für Bootfahrten gern genutzt wurde. Ich danke Gott für dieses reichhaltige Leben in seiner Gegenwart.

So ist das Häuschen im Grünen ein Segen geworden – für uns und für alle unsere Gäste.

Ingrid Bomke

19. September

Ich bin glücklich

„Trachtet am ersten nach dem Reich Gottes und nach seiner Gerechtigkeit, so wird euch solches alles zufallen."
Matthäus 6,33

„Ich hab's getan, ich bin glücklich, ich kann's nicht glauben, es ist verrückt!", sagte Philippe Croizon, 43 Jahre alt, als er am 19. September 2010, nach 13,5 Stunden, den Ärmelkanal durchschwommen hatte – ohne Arme und ohne Beine. Der Franzose hatte sie nach einem Stromschlag im Jahr 1994 verloren. Der mehrfache Vater hat nie aufgegeben, sein Leben trotz Behinderung sinnvoll zu gestalten. Er hat ein Buch geschrieben mit dem Titel „J'ai décidé de vivre" (Ich habe beschlossen, zu leben). Vor drei Jahren machte er schon einmal Schlagzeilen, als er mit einem Fallschirm aus dem Flugzeug sprang. Bewundernswert! Er hat nie aufgegeben. Wir kennen allerdings seine Kämpfe nicht, nur das Ergebnis.

Wie geht es uns manchmal im Leben? Hast du auch schon einen „Stromschlag" erhalten? Vielleicht sah der Schlag ganz anders aus. Beine und Arme sind noch da, aber in dir drinnen ist etwas kaputt gegangen, hat man dir etwas weggenommen, was dir sehr lieb war. Dein innerer Friede ist zerstört. Dein Selbstbewusstsein ist am Boden. Was hast du gemacht? Hast du auch beschlossen, wieder zu leben? Oder geht das Leben einfach weiter, bis die Zeit den ärgsten Schmerz hinter sich gebracht hat?

Man hat beobachtet, dass zeitweise drei Delphine neben Philippe Croizon schwammen und ihn begleiteten. Hast du vielleicht auch einen oder mehrere Zeitgenossen, die bei dir sind? Dann hast du Glück, dann fühlst du dich nicht ganz verlassen. Noch eines wusste Philippe: In der Nähe saß eine Mannschaft in einem Boot und war da, wenn er etwas brauchte. Zu dieser Mannschaft zählte auch sein Vater!

Psychologen sagen, man soll sich nie mit anderen Menschen vergleichen, wenn man ein Leid verarbeiten will. Das sagt auch Christus: Du bist einmalig, du bist mein Geschöpf, ich habe dich wunderbar gemacht, ich liebe dich, ich bin ganz nahe bei dir, ich sitze im Boot und fische dich heraus, wenn du nicht mehr kannst, ich lasse dich nicht los, außer du sagst mir, dass ich dir nicht mehr helfen soll – aber auch dann bin ich trotzdem da. Du musst dich nur entschließen, leben zu wollen, dann wirst du auch meinen Frieden finden, auch wenn du alles verloren hast, was dir lieb war. Ich werde dir alles geben, was du brauchst. Ich liebe dich. Du bist mein. Und ich werde auch für diejenigen sorgen, für die du betest. Ich bin nicht tot – ich bin auferstanden zum ewigen Leben.

Wie schön, dass wir das jeden Tag neu erfahren dürfen! Ich wünsche dir einen gesegneten Tag!

Vreny Jaggi-Rechsteiner

20. September

Rationalisierung

*„Ich bin schon auf dem Weg. Haltet fest, was ihr habt,
sonst bekommen andere den Siegeskranz."*
Offenbarung 3,11 (GN)

Tilly, eine kleine Spinne, hatte ihr Netz bereits fertig gebaut. Nun war sie müde. Ganz alleine hatte sie es gebaut. Keiner half ihr. Sie war sehr glücklich. Sie legte sich hin und ruhte sich aus. Sie streckte die Beine aus und genoss die warme Luft. Welch ein schöner Tag!

Wie gut das tut, sich auszuruhen! Tilly stellte das Radio neben sich und lauschte, was da zu hören war. Sie schnappte ein Wort auf: „Rationalisierung". Das bedeutet so viel wie einsparen, Ordnung machen, alles wegschmeißen, was man nicht mehr braucht. Tilly sprang sofort auf. „Ich führe auch eine Rationalisierung in meinem Spinnennetz durch", sagte sie zu sich. Sie sauste im ganzen Netz herum. „Aha, da ist etwas!" Die kleine Spinne fand einen Faden, der schräg nach unten verlief. „Diesen brauche ich nicht. Den habe ich umsonst gemacht. Der muss weg!" Gesagt, getan. Tilly biss den Faden durch. Dann flitzte sie weiter durch das Netz und fand noch vieles, was unnütz war. Alles räumte sie auf die Seite. Am Abend war Tilly fix und fertig. Sie legte sich mitten in ihr Netz und streckte die Beine wieder aus. Sie war zufrieden, denn sie hatte wahrlich „tabula rasa" gemacht.

Jeder von uns kennt das. Man fühlt sich erst zufrieden, wenn man etwas geschafft hat und alles in Ordnung ist. Der kleinen Spinne erging es genauso! Aber ihre Augen kreisten immer noch herum. Da! Sie sprang auf! Was war denn das? Ein Faden! Ein Faden, der senkrecht nach oben führte, ganz dünn, man sah ihn kaum. Diesen hatte Tilly noch nicht beachtet. „Den brauche ich bestimmt nicht! Der ist so dünn. Den rationalisiere ich auch weg." Tilly setzte wieder ihre Beißwerkzeuge ein, erledigt war die Sache. Und dann geschah es. Das komplette Spinnennetz klappte in sich zusammen, und die Spinne wurde von den anderen Fäden eingewickelt – da hatte sie den Salat. Der dünne, senkrechte Faden hatte das ganze Netz fest zusammengehalten.

So einen dünnen Faden gibt es auch in unserem Leben. Es ist die Hand Gottes. Wir können jeden Tag Gott bitten, den Faden fest in seiner Hand zu halten. Das tut er ohnehin! Gott freut sich aber, wenn wir ihn bitten, auf uns Acht zu geben und unser Leben zu führen.

Sandra Widulle

21. September

Die Eisenbahn von Santa Fé

*„‚Denn ich weiß genau, welche Pläne ich für euch gefasst habe‘,
spricht der Herr. ‚Mein Plan ist, euch Heil zu geben und kein Leid.
Ich gebe euch Zukunft und Hoffnung.'"*
Jeremia 29,11

Ich blicke aus meinem Motel in Gallup (New Mexico) und zähle die Wagen eines vorbeifahrenden Güterzuges der Santa Fe Eisenbahn. 99 – 100 – 101 – 102 ... Drei Dieselloks vorne, 110 Waggons, zwei Loks hinten. Ich habe schon Züge mit 175 Waggons gezählt, was eine Gesamtlänge von über 2,5 km ergibt. Während ich die Eisenbahn betrachte, werde ich an die Gemeinde erinnert. Ohne die Lokomotiven geht nichts. Auch eine einzelne schafft die Aufgabe nicht. Eine Lok benötigt Kraftstoff. Die Lokomotive der Gemeinde ist auf die Kraft angewiesen, die Gott durch seinen Geist schenkt. Sonst kann sie nichts bewirken.

Manchmal fahren die Züge schneller, manchmal langsamer. Sie sind schwer beladen. Viele sind Kesselwagen. Die offenen Ladewagen befördern oft zwei Container übereinander. Da geht es bergauf nur ganz langsam, sodass man meint, der Zug stehe still. Aber er bewegt sich doch. Ein Zug muss aber auch stehen bleiben. Das geschieht meistens in den Bahnhöfen. Wenn ein Zug auf freier Strecke steht, ist meistens etwas nicht in Ordnung. Auch in der Gemeinde sieht es manchmal so aus, als ob sich gar nichts bewegte. Da muss man genau hinsehen, warum das so ist. Die Santa Fe-Eisenbahn ist die Hauptverbindung zwischen der Ost- und Westküste Amerikas. Die Wagen befördern lebensnotwendige Güter für die Bevölkerung. Sie sind nicht vergebens unterwegs. Was bringt unsere Gemeinde? Hoffentlich die Botschaft der Versöhnung, der Liebe, der Zuwendung!

Wenn der Zug durch eine bewohnte Gegend braust, gibt er Warnsignale von sich. Er macht auf sich aufmerksam. Man hört und sieht ihn. Machen diese Zeichen die Menschen neugierig? Wollen sie wissen, wohin der Zug fährt, was er von A nach B verschiebt? Schadhafte Achsen und Räder müssen ausgetauscht und die einzelnen Wagen gewartet und gepflegt werden, damit sie der Belastung standhalten können. Vielleicht wäre es auch besser, wenn die Lasten gleichmäßig aufgeteilt würden, damit nicht ein Waggon zwei Container tragen muss und ein anderer ganz leer mitfährt.

Wenn es bergab geht, müssen die Bremsen gut funktionieren, damit der schwere Zug nicht außer Kontrolle gerät. Er darf nicht einfach so schnell wie möglich rollen. Eine kontrollierte Fahrt sorgt für Sicherheit. Die Lokomotiven müssen außerdem in dieselbe Richtung ziehen und die Weichen gestellt sein, damit die Richtung stimmt. Man muss das Ziel kennen.

Gott hat seine Pläne mit dir und mir, aber auch mit seiner Gemeinde. Wir tun gut daran, ihn zu fragen, welche Pläne er denn für uns gefasst hat.

Hannele Ottschofski

22. September

Anerkennung

*„Euren Herzen wünschen wir den Frieden, der von
Christus kommt. Denn als Glieder des einen Leibes seid
ihr alle berufen, im Frieden miteinander zu leben.
Und seid immer dankbar!"*
Kolosser 3,15 (NL)

Als ich selbst noch ein Backfisch war und mein kleiner Bruder noch nicht zur Schule ging, hatten wir eine Frau, die nachmittags kam, um auf meinen Bruder aufzupassen. Nach und nach wurde sie ein Teil unseres Familienlebens. Sie übernahm immer mehr Aufgaben in unserem Haushalt und war für meine Mutter eine unentbehrliche Hilfe. Als mein Bruder älter wurde und keiner Aufsicht mehr bedurfte, kam unsere „Perle", wie meine Mutter sie zu nennen pflegte, weiterhin regelmäßig in unser Haus, um zu putzen, zu waschen und zu bügeln. Ich kann mich lebhaft daran erinnern, wie meine Mutter sie jedes Mal mit freudigen Worten begrüßte und sich anerkennend von ihr verabschiedete. Manchmal stellte ich mir die Frage, ob das notwendig sei. Hätte es nicht gereicht, ihr ab und zu den Dank auszusprechen?

Das Vorbild meiner Mutter ließ bei mir einige Fragen auftauchen. Danken wir einander genug? Schätzen wir, was andere für uns tun, oder nehmen wir es als selbstverständlich hin? Ich entsinne mich noch, wie ein Pastor von einem Ereignis erzählte, das in einer seiner Gemeinden geschah. Eines Morgens lobte er beim Gottesdienst vor der ganzen Gemeinde die Frau, die sich um den Blumenschmuck kümmerte. Diese war von seiner Geste überwältigt, weil sie in den 20 Jahren, in denen sie diesen Dienst versah, dafür niemals Anerkennung erhalten hatte!

Warum sollten wir 20 Jahre warten, bevor wir jemandem Anerkennung zollen? Wir genießen ein schönes, sauberes Haus, die Blumen in der Gemeinde, eine leckere Mahlzeit, aber wir schaffen es nicht, uns bei Gott und den Menschen, die uns dies alles ermöglichen, zu bedanken. Sollten wir nicht einander ermutigen und unsere Wertschätzung zum Ausdruck bringen?

In fast jedem Brief, den der Apostel Paulus schrieb, dankt er den Menschen, denen er schreibt – für ihren Glauben (Römer 1,8), für die Gnade Gottes, die ihnen gegeben ist (1. Korinther 1,4), für ihre Mitarbeit in der Evangeliumsverkündigung (Philipper 1,3-5) und für die Liebe und den Glauben, den sie anderen gegenüber offenbar werden lassen (Kolosser 1,3.4). Welch ein Vorbild! Wem könntest du heute „Danke!" sagen?

Daniela Weichhold

23. September

Friede im Herzen

*„Wer seine Sünde leugnet, dem wird es nicht gelingen;
wer sie aber bekennt und lässt, der wird Barmherzigkeit erlangen."*
Sprüche 28,13

Hast du manchmal ein schlechtes Gewissen? Ich schon. Wie geht es dir dabei? Mir geht es schrecklich. Ein Klumpen liegt in meinem Bauch und meine Gedanken kreisen ständig um das Problem. Zunächst versuche ich, Ausreden zu finden, Entschuldigungen für das Geschehene. Der Wasserball der Schuld, den ich unter Wasser zu halten versuche, kommt immer wieder hoch. Es erschöpft, ihn ständig niederzudrücken, aber es nützt alles nichts – ich muss irgendwann aufgeben und die Sache bereinigen. Warum tut man sich so etwas Tage, Wochen, Monate, vielleicht Jahre lang an? Es wäre viel besser, sich dieser Last so schnell wie möglich zu entledigen. Dazu bräuchte man aber Jesus. In seinem Wort gibt er uns immer wieder die Zusicherung, dass er uns dabei helfen will.

In unserem Text verheißt uns Gott, dass wir „Barmherzigkeit erlangen" werden. Darauf dürfen wir vertrauen und es für uns annehmen. Gott sei es gedankt, dass wir nicht auf Menschen oder Kirchen angewiesen sind, um Sündenvergebung zu erlangen. Kein Mensch auf Erden kann Sünde vergeben. Wir sind alle Sünder, wie es in Römer 3,23 heißt, und haben nichts Gutes aufzuweisen. Allein Jesus Christus kann die Schuld der Sünde mit seinem Blut tilgen. Allein sein Blut kann uns reinigen. Jesus wartet auf dich und auf mich, dass wir reumütig zu ihm kommen – ja er sehnt sich nach uns. Er möchte uns gerne segnen und uns einmal bei sich haben. Wenn du heute zu Jesus kommst und seinem Opfertod vertraust, wird dir vergeben! Wenn wir unsere Hilflosigkeit und Schwachheit er- und bekennen, werden wir frei. Vergiss nicht, dass uns jede Sünde, die wir nicht einsehen wollen, vom Reich Gottes ausschließt. Aber es gibt Gnade, es gibt Befreiung von Sünde und Schuld! Jesus sagt in Johannes 6,37: „Wer zu mir kommt, den werde ich nicht hinausstoßen."

Zögere nicht länger, bereinige heute – soweit es an dir liegt – deine Schuld! Du wirst einen Frieden und eine Freude erleben, die über das menschliche Maß hinausgeht. „Meinen Frieden gebe ich euch, nicht gebe ich euch, wie die Welt gibt. Euer Herz erschrecke nicht und fürchte sich nicht!" Johannes 14,27

Elisabeth Hausenbiegl

24. September

Nimm dir Zeit für Gott

*„Ich behalte dein Wort in meinem Herzen, damit ich
nicht wider dich sündige."*
Psalm 119,11

Hast du in deinem Andachtsleben eine Dürrezeit erlebt? Du weißt doch, was ich meine, die Zeiten, wenn dir alles platt vorkommt. Vielleicht lag es an einem Problem, mit dem du zu kämpfen hattest, oder an einem Bereich deines Lebens, in welchem du immer wieder versagst. Was immer der Grund sein mag, wir haben alle irgendwann in unserem Glaubensleben eine glatte Mauer vor uns gehabt. Die Frage, die sich stellt, lautet: Was tut man da?

Eine gute Freundin, die ihre erwachsene Tochter verloren hatte, half mir, mit solchen Zeiten umzugehen. Sie erzählte mir, dass sie nach dem Tod ihrer Tochter das Bedürfnis verspürte, sich mit dem Wort Gottes zu beschäftigen. Darum begann sie am Tag nach dem Tod ihrer Tochter, das Neue Testament abzuschreiben. Jeden Tag brachte sie während ihrer stillen Zeit einige Verse zu Papier. Ich fragte sie, ob sie auch ein Tagebuch über ihre Gefühle und Gedanken führe, die ihr während des Lesens in den Sinn kommen. Ja, das tue sie.

Sie hatte bei Matthäus angefangen und war nun im Philipperbrief angelangt. Erstaunlich! Welch besseren Weg gab es, die Gedanken auf Jesus zu richten, als seine vom Geist erfüllten Worte zu lesen und aufzuschreiben! Sie sagte, das Schreiben habe sie gezwungen, innezuhalten und sich auf jedes Wort einzustellen.

Ich wusste, dass Gott sie an jenem Tag gesandt hatte, um mich zu besuchen und mir zu erzählen, was sie tue, denn ich stand mitten in einer Glaubenskrise. Was ich auch tat oder las, die Worte und Gedanken schienen mein Herz nicht zu erreichen. Darum beschloss auch ich, meine Andachtszeit damit zu verbringen, eines der Bücher der Bibel abzuschreiben. Ich betete und empfand den starken Eindruck, dass ich mir zuerst den Kolosserbrief vornehmen sollte. Was für ein Buch! Jeder Vers enthält etwas, was mein Herz berührt, mich in meinem Leben anspricht oder in mir den Wunsch weckt, Gott zu loben.

Wenn du in einer Zeit der geistlichen Dürre steckst, dann mach dir keine Sorgen. Probiere es aus, die Worte Gottes einem Tagebuch anzuvertrauen. Nimm dir Zeit zum Lesen, Schreiben und Nachdenken! Wenn du das tust, wirst auch du das Wort Gottes in deinem Herzen behalten. Dein Glaube und deine Liebe zu Gott werden wie eine Pflanze wachsen und gedeihen.

Heather-Dawn Small

25. September

Python

„Warum bist du so zornig und blickst so grimmig zu Boden?, fragte ihn der Herr. Wenn du Gutes im Sinn hast, kannst du doch jedem offen ins Gesicht sehen. Wenn du jedoch Böses planst, dann lauert die Sünde dir auf. Sie will dich zu Fall bringen, du aber beherrsche sie!"
1. Mose 4,6-7 (Hfa)

Eine Frau hatte schon seit zwei Wochen seltsame Geräusche in ihrer Wohnung vernommen. Einmal war eine Vase „wie durch Geisterhand heruntergefallen". Schließlich entdeckte sie im Wäschetrockner eine Python-Schlange. Sie rief die Feuerwehr. Doch die Männer konnten auch nach zwei Stunden das Tier nicht aus dem Gerät herausziehen. Deshalb umwickelten sie den Trockner ausbruchsicher mit Klebeband und schleppten das Gerät zur Hauptfeuerwache. Dort wurde der Trockner im Beisein eines Schlangenexperten komplett zerlegt. Woher das 80 cm lange Reptil kam und wie es in die Wohnung im vierten Obergeschoss des Hauses gelangen konnte, bleibt schleierhaft. Ihren Wäschetrockner bekam die Dame wieder – funktionstüchtig und schlangenfrei (ddp).

Wer möchte schon einer Schlange in der eigenen Wohnung begegnen! Und doch haben wir vielleicht längst einem gefährlichen Reptil Einlass gewährt. Gott warnte Kain davor, seinen „unfrommen" Gedanken nachzuhängen. Luther übersetzt diesen Vers so: „Bist du aber nicht fromm, so lauert die Sünde vor der Tür und nach dir hat sie Verlangen; du aber herrsche über sie." Das Wort, das Luther mit „Sünde" wiedergibt, verlangt im Hebräischen ein männliches Personalpronomen. Hier will der Feind Gottes selbst, der Widersacher, der Ankläger, die „alte Schlange" in unsere Gedanken eindringen.

Was war an Kain so „unfromm"? Er war neidisch. Er fühlte sich ungerecht behandelt. Er war der Meinung, selbst bestimmen zu können, welches Opfer ihn vor Gott annehmbar machen würde, nämlich die Früchte seiner eigenen Leistung. Bitterkeit wurde zu Groll, Groll wuchs zum Hass, Hass explodierte zum Mord.

Auch eine große Wickelschlange war einmal klein, zutraulich und weich. Sie wächst allmählich. Ähnlich funktionieren unsere Gedanken. Zuerst sind es nur Kleinigkeiten: „Hier werde ich ungerecht behandelt! Warum muss ausgerechnet ich zurückstehen?" Gott möchte, dass wir solche Gedanken abwehren. Das sind die Rammböcke, mit denen der „alte Ankläger" unser Tor einrennen will. Fromm denken heißt, ein unerschütterliches Vertrauen beibehalten, auch wenn es in meinem Leben drunter und drüber geht. Auch wenn ich vor Gott keine „saftigen Früchte" vorzuweisen habe, sondern nur schluchzend um Verzeihung bitten kann und erkenne, dass ich ganz auf die Güte und Gnade Gottes angewiesen bin. Genau diese Haltung schützt mich vor dem Ankläger. Ich darf wissen: ich bin bei Gott angenommen, weil sich Jesus für mich geopfert hat. Meine Leistung zählt nicht. Ich darf den Blick frei zu Gott erheben, denn ich baue weder auf meine eigene Frömmigkeit, auf mein Gut-Sein, noch verurteile ich meine Schwestern und Brüder. Ich verlasse mich ganz und gar auf ihn. Deshalb bin ich seine geliebte Tochter.

Sylvia Renz

26. September

Nimm dir Zeit, Gottes Führung in deinem Alltag zu erkennen

„Wenn der Herr deine Zuflucht ist, wenn du beim Höchsten Schutz suchst, dann wird das Böse dir nichts anhaben können, und kein Unglück wird dein Haus erreichen. Denn er befiehlt seinen Engeln, dich zu beschützen, wo immer du gehst."
Psalm 91,9-11 (NL)

Als wir uns auf eine 7000 km lange Reise quer durch die östlichen Staaten der USA begaben, um Verwandte und Freunde zu besuchen, planten wir im Voraus und beteten um Gottes Führung und Schutz. Wir erstellten eine Liste mit den Tagen und den Übernachtungszielen. Viele Naturwunder und geschichtsträchtige Orte wurden in die Reiseroute eingearbeitet.

Unterwegs lasen wir keine Zeitung und hörten auch im Radio keine Wetterberichte. Als wir bei den Niagara-Fällen ankamen, regnete es zwar, aber wir konnten die Fälle dennoch bewundern. Wir fanden sogar einen leeren Parkplatz mit Parkuhr genau gegenüber dem Naturwunder. Die Restzeit auf der Parkuhr reichte genau, bis der Regen wieder einsetzte.

Auf unserer Fahrt durch Iowa und Ohio, die Kornkammern des Landes, wurde das Wetter trocken und wir fühlten die brennende Hitze fast wie unter der Wüstensonne. Meilenweit sahen wir nur Getreidefelder unter einem klaren, blauen Himmel. „Perfekte Bedingungen für einen Tornado, wenn eine Kaltfront auf die Hitze stößt", sagte ich zu meinem Mann. Wir setzten unsere Fahrt gen Osten fort und fuhren Hunderte von Kilometern, ohne anzuhalten, außer um an einem Rastplatz Mittag zu essen. An den Toilettentüren waren Schilder mit dem Hinweis angebracht, dass sie bei Sturm auch als Schutzräume geeignet seien.

Für diesen Teil unserer Reise hatten wir keine Reservierungen vorgenommen. Wir fuhren einfach drauf los. und wählten den Ort New Stanton als Nachtquartier. Wir bogen ab und stellten fest, dass das dortige Hotel geschlossen war. Wir fuhren zu einem Motel in der Nachbarschaft, wo uns berichtet wurde, dass gerade ein Tornado durchgezogen sei. Sie hatten keinen Strom und konnten uns nicht beherbergen.

Wir waren in Richtung Osten unterwegs gewesen. Der Sturm war von Süden gegen Norden gezogen und hatte mit einer Spitzengeschwindigkeit von 123 km/Std. großen Schaden angerichtet. Unsere Schutzengel mussten bei uns gewesen sein, um zu verhindern, dass uns der Wirbelsturm kreuzte.

Wenn wir das Leben aus einem gläubigen Blickwinkel betrachten, stellen wir immer wieder fest, dass uns Gott führt und vor Schaden bewahrt. Mach auch du die Augen auf, um in deinem Leben Gottes Wirken zu erkennen!

Sinikka Dixon

27. September

Bleibe achtsam

„Und weil ihr nicht wisst, wann dies alles geschieht, bleibt wachsam und seht euch vor."
Markus 13,33 (NL)

Die Tagestemperatur war auf über 32°C gestiegen. Es war der Tag für ein Eis. Aber weil ich mir vorgenommen hatte, etwas für meine Gesundheit zu tun und auf Schmalkost zu schalten, hatte ich in meiner Tiefkühltruhe keinen Vorrat angelegt. Ich nahm mir vor, in den nächsten Laden zu fahren und für Nachschub zu sorgen. Auf der Rückfahrt geschah es. Ich stieg in mein Auto, drehte den Zündschlüssel und stellte zu meinem Entsetzen fest, dass die Batterie keinen Mucks tat. „Das kann nicht wahr sein!", dachte ich. Mein Auto war ziemlich neu, und die Batterie sollte eine lange Lebensdauer aufweisen. Ich versuchte es erneut – mit demselben Ergebnis. Jetzt hatte ich ein Problem!

Plötzlich erlebte ich einen Wechsel der Prioritäten. Jetzt dachte ich nicht mehr an das Eis, vielmehr galt meine Sorge dem Auto. Ein junger Mann eilte mir zu Hilfe. „Ich wollte nur Eis einkaufen", erklärte ich ihm. Wir lachten beide über meine Notlage.

Als ich meinem Bruder von dem Vorfall berichtete, meinte er, dass die Batterie in der Tat schon vorher Warnsignale von sich gegeben habe, aber ich sie nicht beachtet hätte.

Ich dachte an unseren heutigen Bibelvers und überlegte, wie es mit meinem geistlichen Leben bestellt ist. Gibt es in meinem Leben Zeiten, in denen ich tatsächlich von der Quelle abgekoppelt bin und es nicht merke? Bin ich so beschäftigt, dass ich unbewusst die Hinweise des Heiligen Geistes, mein Leben wieder in Ordnung zu bringen, ausklammere? Übersehe ich die Zeichen der Wiederkunft Christ? Bin ich so mit meinem Alltag beschäftigt, dass ich keine Zeit finde, anderen von der baldigen Wiederkunft Christi zu erzählen?

Vater, ich weiß, dass es Zeiten gibt, in denen ich so von meinem Leben in Beschlag genommen werde, dass die Vorbereitung auf deine Wiederkunft nicht Vorrang hat. Nach außen hin mag alles gut aussehen, aber mein geistliches Leben müsste neu aufgeladen werden. Hilf mir, auf dein Wort zu hören, damit ich mit der Quelle der Kraft verbunden bleibe. Vergib mir, bitte. Von heute an hilf mir, darauf zu achten, dass ich nicht überrascht werde.

Andrea A. Bussue

28. September

Mein Garten

*„Ich habe eure ganze Schuld vergeben; sie ist
verschwunden wie der Nebel vor der Sonne. Wendet euch
zu mir, denn ich werde euch befreien."*
Jesaja 44,22 (GN)

Jeden Tag beginne ich mit einem Rundgang durch unseren Garten. Manche mögen denken, ich sollte zuerst meine Andacht halten, doch hat jeder Mensch seinen eigenen Rhythmus, seinen eigenen Platz und seine Zeit, um mit Gott ein erstes Gespräch zu führen. Ich freue mich an jeder neuen Blume, am Gemüse, das wächst, und an den Bäumen, die Früchte ansetzen.

Im Winter staune ich über die bizarren Formen, die der Frost bildet. Wenn Nebel herrscht und plötzlich die Sonne aufgeht, denke ich an den Text in Jesaja 44,22: „Meine ganze Schuld ist verschwunden wie der Nebel vor der Sonne." Man sieht und spürt nichts mehr davon, sie ist vergeben und weg. Es gibt noch einen Nachsatz: „Wendet euch zu mir, denn ich werde euch befreien." Diesen Teil muss ich tun. Ich kann das Angebot ablehnen, er drängt sich nicht auf. Er lässt mich frei entscheiden. Aber wer möchte denn im Nebel verharren? Nebelwetter macht einsam, ich sehe meinen Nächsten nicht mehr, erkenne kaum die Bäume, bin nur noch mit mir selber beschäftigt. Wie schön, wenn „der Nebel vor der Sonne verschwindet"!

Im Sonnenschein kann ich erkennen, wo meine Pflanzen Unterstützung brauchen, um gerade zu stehen und zu voller Schönheit zu erblühen. Ein kleiner Stecken verleiht neuen Halt, ein Unkraut, das ich ausziehe, ermöglicht mehr Sonnenschein, ein bisschen Wasser oder Dünger schenkt neue Kraft. Ich habe gelesen, dass im Hebräischen das Wort „züchtigen" aus demselben Wortstamm kommt wie der Begriff für die Aufzucht von Pflanzen. Ich schlage meine jungen Pflanzen nie, ich will sie ja aufziehen, nicht zerstören. Aber sie brauchen oft einen kleinen Stock, damit ich sie liebevoll daran aufbinden kann und sie so Halt finden, bis sie kräftig genug sind, um selber stehen zu können. Manche brauchen diese Hilfe ein ganzes Pflanzenleben lang. Für große Pflanzen reicht ein Stecken nicht mehr, sie bekommen einen großen Ring, damit die Stiele nicht auf allen Seiten aus dem Rahmen fallen und dann einknicken. Sie entwickeln in diesem „Gehege" prächtige und kraftvolle Blumen. Genauso ist es bei Menschenkindern.

Mein Nebel der Nacht lichtet sich am Morgen im Garten. Das Dunkel der Nacht verschwindet, das Leben hat mich wieder. Düstere Gedanken haben keinen Platz mehr, wenn das Licht den Nebel durchbrochen hat. Nur ich selber könnte mich noch vom Licht, von Gottes Vergebung, ausschließen. Wenn du keinen Garten hast, verfügst du vielleicht über einen kleinen Balkon oder ein Fensterchen, wo du den ersten Sonnenstrahl durch den Nebel erkennen kannst. Du musst es nur öffnen. Das Licht ist immer über dem Nebel!

Vreny Jaggi-Rechsteiner

29. September

Ein Baum, mein Vater und ich

„Mit meinem Gott kann ich eine Mauer überspringen."
Psalm 18,30 (EB)

Hier bin ich nun, ein erwachsenes „Mädchen", das hoch oben in einem Baum sitzt und nach unten späht. Letzteres erweist sich als Fehler. „Vater, wie bin ich nur hier heraufgekommen?" Sicher, bei meinem Spaziergang ist mir dieser Baum aufgefallen, weil der unterste Ast gut zu erreichen war. Voller Übermut wollte ich ausprobieren, wie gut ich noch klettern kann. So stemmte ich mich mit Schwung an dem Ast hoch, brachte aber meine Beine nicht herauf, weil meine glatten Schuhsohlen an der Rinde abrutschten. Für einen Augenblick hing ich kläglich in der Astgabel. Sollte ich aufgeben? Nein, lieber streifte ich mir die Schuhe ab und ließ sie ins trockene Gras und den herbstlichen Laubteppich hinunterplumpsen und kletterte nach oben. Logischerweise ist aber nun der Erdboden „meilenweit" von mir entfernt.

„Wie komme ich da nur hinunter? Kann mir jemand einen Rat geben?" ächze ich hilflos, und es ist, als würde über mir eine Stimme antworten: „Du bist heraufgekommen, und auf dieselbe Weise kommst du auch wieder nach unten: Einfach klettern." Stöhnend schaue ich in die Tiefe. Aber mit dem Trost und der Ermutigung, dass man heil landen kann, wage ich den Abstieg, – wenn auch mit weichen Knien. Ich klammere mich jedes Mal an den Ästen fest wie ein Ertrinkender an den Strohhalm und taste mit meinen Söckchenfüßen nach den Ästen darunter, bis ich mich schließlich vom letzten Ast auf den Boden gleiten lasse. Fantastisch! Eroberung eines „Urwaldriesen" erfolgreich abgeschlossen! Erleichtert suche ich meine Schuhe aus dem Herbstlaub heraus und fühle mich wie der Bezwinger des Mount Everest ... Ich sollte jetzt aber niemandem verraten, dass der „Urwaldriese" nur ein niedriges Apfelbäumchen war.

Ist es in unserem Leben nicht manchmal ähnlich? Wir stehen vor Problemen, und ein Ausweg erscheint unmöglich. Oder es gibt Zeiten, da ist alles so frustrierend. Wir möchten am liebsten aufgeben. Zweifel umhüllt uns wie ein schwarzes Tuch. Doch genauso wie im Baum möchte uns unser Vater Mut machen und sagt zu uns: „Du bist nicht allein. Hab keine Angst, ich kümmere mich um dich. Du stehst in einer Welt, die nicht einfach ist. Doch ich bin diesen Weg vor dir gegangen und habe die Verantwortung für dich und dein Leben übernommen. Hab den Mut, mit mir zusammen dein Leben in Angriff zu nehmen, auch wenn dir jetzt manches unüberwindlich erscheint. Vertraue mir, denn zu zweit sind wir stark. Wir schaffen es. Gib nicht auf. Ich bin hier. Sieh nur ein wenig höher hinauf zu mir."

Und ja, es ist wahr: Mit meinem Gott kann ich einen Baum bezwingen und Mauern überwinden. Seine Worte geben mir den Mut, damit ich auch über die Hürden in meinem Denken springen kann. Zweifel und Furcht sind wie Mauern, Sorgen lähmen und machen blind. Was ich brauche, kann nur Gott allein geben, Er ermutigt mich. Deshalb hör auf ihn, meine Seele, denn wenn ich rufe, antwortet er und schenkt dir seine innere Ruhe. Denk daran, Dein Vater ist immer hier! Schau nur ein wenig höher, im Baum über dir.

Jaimée Seis

30. September

Aus einem Haus wird ein Zuhause.

„Und ich bin darin guter Zuversicht, dass der in euch angefangen hat das gute Werk, der wird's auch vollenden bis an den Tag Christi Jesu."
Philipper 1,6

Ich habe einen Freund, der ein geschickter Handwerker ist. Er macht aus gewöhnlichen, langweiligen und uninteressanten Häusern einzigartige, helle und nützliche Gebäude. Jedes Haus, in dem er gelebt hat, ist auf wunderbare Weise verändert worden. Ich dachte, dass es kein Haus gebe, das er nicht umgestalten könnte – bis er mit seiner Familie ihr letztes Domizil kaufte.

Es war ein zweigeschossiges Gebäude im Bauernhausstil, das (aus meiner Sicht) einige Kilometer östlich von nirgendwo lag. Die unfertigen Räume im oberen Stockwerk bestanden aus rauen Balken. Die Küche bedurfte dringend einer Einrichtung und der Boden bestand aus verschiedenen Schichten, die durcheinander verlegt worden waren. Ich konnte vier verschiedene Muster erkennen. Ich bin sicher, dass die altmodische Sanitärinstallation im Bad echt antik war. Die drei heruntergekommenen Schuppen im Hof passten perfekt zum Inneren des Hauses. Ich hätte längst schon aufgegeben, noch bevor ich erfuhr, dass das Wasser für das Haus aus dem 1,6 km entfernten See geholt werden muss. Ich sah die Probleme. Meine Freunde sahen die Möglichkeiten. Sie erzählten mir von ihren Plänen. Dadurch veränderte sich meine Einstellung. Ich wusste, dass sie es schaffen würden. Ich dachte nur, dass es sehr lange dauern würde, da es oft viel schwieriger und zeitaufwändiger ist, ein altes Haus umzugestalten, als ein neues zu bauen.

Bei meinem nächsten Besuch sah ich beeindruckende Fortschritte. Als ich das letzte Mal dort war, hatte sich die Verwandlung ganz vollzogen. Aus dem vermeintlich unmöglichen Unterfangen ist ein wunderschönes Zuhause geworden. Meine Freunde hatten hart gearbeitet, aber ich konnte an ihren Gesichtern erkennen, dass ihre Mühe nicht umsonst gewesen war.

Vielleicht sieht uns der Herr auch ein wenig so, wie meine Freunde ihr Haus betrachteten – voller Möglichkeiten, wenn harte Arbeit geleistet wird. Mit göttlicher Liebe und Geduld hat Jesus Menschen schon lange umgewandelt, die schlechten Gewohnheiten weggehämmert, den Stolz weggehobelt, Lektionen der Sanftmut und Demut festgenagelt und neue Leitungen gelegt, damit die Wut keinen Kurzschluss verursacht. Wenn seine Arbeit beendet ist, wird Jesus zurückkommen, um uns in den Himmel zu holen, den er für uns vorbereitet hat. Wenn er die strahlenden Gesichter derer sieht, die er erlöst hat, wird die Freude grenzenlos sein.

Marcia Mollenkopf

1. Oktober

Die Fülle des Himmels

*„Bringt aber die Zehnten in voller Höhe in mein Vorratshaus,
auf dass in meinem Hause Speise sei, und prüft mich hiermit,
spricht der HERR Zebaoth, ob ich euch dann nicht des Himmels
Fenster auftun werde und Segen herabschütten die Fülle."*
Maleachi 3,10

Meine Ausbildung absolvierte ich in Stuttgart, 100 km von meiner Heimatstadt entfernt. Mit einer eigenen Wohnung und dem Lebensunterhalt reichte mein kleines Azubi-Gehalt gerade für das Nötigste. Kamen zusätzliche Zahlungen dazu, z. B. Büchergeld für die Schule, so wurde es knapp. Kredite oder Anleihen aller Art kamen für mich nicht in Frage. Also hieß es, den Gürtel enger schnallen und kürzer treten. Unterstützung erhielt ich von meiner Familie, doch allzu viel konnte sie auch nicht beisteuern, denn meine Eltern hatten wenig Geld. Und dann dieser Bibeltext. Den Zehnten geben … hm … in voller Höhe. Ein harter Brocken! Ich überlegte. Denn schließlich blieb vom eigenen Geld wirklich nicht viel übrig. Und doch stand da in meiner Bibel ganz klar Gottes Aufforderung: „Bringt die Zehnten in voller Höhe […] und prüft mich hiermit […]." Ich betete tagelang. Der Zeitpunkt des ersten Gehaltes rückte näher, der Zeitpunkt der monatlichen Ausgaben ebenso. Was sollte ich tun? Gott, der mich schon so oft beschenkt hatte – ihm sollte ich seinen Anteil nun verweigern? Wie sollte ich da noch in den Spiegel schauen können?

Doch die andere Stimme in mir blieb nicht stumm. Sie sagte: „Gott wird es verstehen. Gott braucht dein Geld nicht, um sein Werk zu vollenden. Er wird dir in Gnade verzeihen." Und dann las ich eines Morgens den Text aus Lukas 21,1-4: „Er blickte aber auf und sah, wie die Reichen ihre Opfer in den Gotteskasten einlegten. Er sah aber auch eine arme Witwe, die legte dort zwei Scherflein ein. Und er sprach: Wahrlich, ich sage euch: Diese arme Witwe hat mehr als sie alle eingelegt. Denn diese alle haben etwas von ihrem Überfluss zu den Opfern eingelegt; sie aber hat von ihrer Armut alles eingelegt, was sie zum Leben hatte." Nun war es klar, ich würde Gott prüfen, ich würde den Zehnten geben, in voller Höhe, und Gott nicht um seinen Anteil bringen. Was eine arme Witwe konnte, sollte mir unmöglich sein? Der Zahltag kam, mit ihm kamen die Ausgaben. Es wurde so knapp, dass es nicht einmal mehr für die Heimfahrt gereicht hätte, wenn ich meinem Meerschweinchen einen Salat gekauft hätte. Nun saß ich da. Kein Geld, aber ich hatte auch keinen Zweifel, dass ich das Richtige getan hatte. Da klingelte es. Vor meiner Tür stand meine Nachbarin mit einem Teller voll Salat. Sie habe zu viel davon; ob ich es gebrauchen könne? Den Teller könne ich behalten.

Wie großartig ist doch Gott! Nicht nur, dass ich heimfahren konnte, ich bekam sogar noch den Salat und einen Teller gratis dazu! Daheim wartete meine Mutter und gab mir für den Monat ein wenig Taschengeld – und das war weit mehr, als ich Zehnten gezahlt hatte! Gott hatte das Fenster des Himmels aufgetan und mich mit seinem Segen in Fülle beschenkt! Ihm sei Ehre und Lob gebracht!

Bettina Zürn

2. Oktober

Der Sturz

*„Ich habe dich je und je geliebt, darum habe ich dich zu
mir gezogen aus lauter Güte."*
Jeremia 31,3

Die Ampel zum Abbiegen wechselt von Rot auf Grün und gibt mir freie Fahrt. Beim Beschleunigen lenkt mich mein Blick auf zwei Männer, die auf dem Bürgersteig dahintrotten. Den jüngeren, drei Schritte hinter dem älteren und ganz an der Straßenrandseite, plagen offensichtlich Gehprobleme. Plötzlich verliert er sein Gleichgewicht und stürzt mitten auf die Fahrbahn. Eine Vollbremsung bringt mein Auto kurz vor dem auf der Straße liegenden jungen Mann zum Stehen. Der Vater rennt auf die Fahrbahn und stellt seinen Jungen wieder auf die Beine. Ich öffne die Fensterscheibe und frage, ob sie einsteigen möchten, damit ich sie zum Arzt bringen könne. „Nein, wir brauchen keinen Arzt, wir müssen zum Bahnhof", antwortet der Vater in gebrochenem Deutsch. „Steigen Sie ein, ich bringe Sie zum Bahnhof", ist mein Angebot, das sie auch gerne annehmen.

Unterwegs erzählen sie mir von ihren Sorgen. Der Zwanzigjährige leidet an Epilepsie und bekommt seit neuestem plötzlich diese Schwindelanfälle. Er ist das jüngste von sechs Kindern. Seit zwei Jahren gehen Vater und Sohn diesen schweren Weg der Krankheit alleine, nachdem die Mutter und Ehefrau im Alter von 52 Jahren verstorben ist. Laut Auskunft der Ärzte gibt es für den jungen Mann außer seinen Medikamenten, die er regelmäßig einnimmt, keine weitere medizinische Hilfe. Erst Stunden später wird mir das Geschehen richtig bewusst. Es ist für mich auch heute noch nicht selbstverständlich, dass mein Auto rechtzeitig zum Stillstand kam. Was, wenn ich diesen jungen Mann überfahren hätte?

Dieses Erlebnis wurde mir zu einem wichtigen Gleichnis. Sehr oft, meistens sogar unverhofft, stürzen wir im Laufe unseres Lebens auf „gefährliche Straßen". Warum dies geschieht, ist oft nicht erklärbar. Doch eines ist sicher: Gott steht hinter uns, er überfährt uns nie, er hält immer rechtzeitig an und bittet uns, in sein Rettungsfahrzeug einzusteigen. Nehmen wir sein Angebot an, dürfen wir unsere Sorgen, unsere Verletztheit, Hilflosigkeit und Verzweiflung auf der gemeinsamen Fahrt aussprechen, denn sein Angebot, unsere Kümmernisse zu heilen, steht bei IHM immer an erster Stelle.

Beim Verabschieden am Bahnhof empfehle ich dem jungen Mann, auf dem Gehweg immer ganz rechts zu gehen und sich bei seinem Vater festzuhalten. Vermutlich können beide den zweiten Vorschlag nur sehr schwer umsetzen, da es nicht zu ihrer Gepflogenheit passt, körperliche Nähe in der Öffentlichkeit zuzulassen. Meine Nähe und mein absolutes Vertrauen zu Gott können auch mich vor manchem Sturz bewahren. Falle ich trotzdem, darf ich wissen: „ER steht bei mir und richtet mich wieder auf. Seine Einladung an mich gilt immer und in jeder Lebenslage. Mit ihm komme ich zum sicheren Ziel und darf geborgen in seiner Liebe gesunden."

Waltraud Schneider-Kalusche

3. Oktober

Dank an meinen himmlischen Vater

*„Er hat zu mir gesagt: Verlass dich ganz auf meine Gnade.
Denn gerade wenn du schwach bist, kann sich meine Kraft
an dir besonders zeigen."*
2. Korinther 12,9

Herr, in der Bibelschule unterhielten wir uns über den Text in 2. Korinther 12,9. Da gingen meine Gedanken zurück zur Wanderfreizeit im vergangenen Jahr. Zehn Tage wollten wir mit dir an der Seite unterwegs sein. Das hieß für mich, neun Nächte auf der Isomatte schlafen. Herr, du wusstest, dass ich Schmerzen im Bein hatte und eigentlich zu Hause bleiben wollte, aber im Vertrauen, dass du an meiner Seite sein wirst, ging ich mit.

Du wusstest, dass mir nicht das Laufen, sondern das Schlafen auf der Isomatte große Schwierigkeiten machte. Wie ich mich auch hinlegte, ich hatte Schmerzen. Auch Schmerztabletten halfen nicht viel. Aber du hast auf wunderbare Weise dafür gesorgt, dass ich nur zweimal auf der Isomatte schlafen musste.

Hab Dank, dass du uns immer wieder Menschen in den Weg gestellt hast, die uns freundlich aufgenommen haben – wie Eddi beim Sportplatz, der uns in den Umkleidekabinen schlafen ließ und uns warmes Wasser zur Verfügung stellte. Oder am nächsten Tag Petra, die sich für uns stark machte, damit wir in ihrem Dorf in der Turnhalle übernachten konnten. Dann Tom und Sonja. In ihrer Stadt durften wir durch ihre Vermittlung vier Tage und Nächte in einem Jugendhaus bleiben. Du wusstest, dass wir diese Tage zur Erholung brauchten, die Kinder und auch wir Betreuer. Dort lernten wir dann Johanna und ihren Mann kennen, die sich rührend um uns kümmerten. Als wir wieder weiterwandern mussten, setzte sich Johanna mit dem Bürgermeister jener Stadt in Verbindung, die unser nächstes Ziel war. Dort durften wir dann in der Festhalle die Nacht verbringen.

Ich möchte mich an dieser Stelle nochmals bei diesen Menschen bedanken. Der größte Dank aber gebührt dir, mein Gott und Vater, dir und keinem anderen, denn ohne dich wären wir diesen Menschen nie begegnet. Du hast alle meine Erwartungen übertroffen. Als ich dich um Hilfe bat, gabst du mir Kraft für diese Tage.

Das wurde mir wieder klar, als wir uns über den Text unterhielten, dass du in den Schwachen mächtig bist.

Helga Konrad

4. Oktober

Gebete

*„Der uns tröstet in aller unserer Trübsal, dass auch wir
trösten können, ... durch Hilfe auch eurer Fürbitte."*
2. Korinther 1,4.11

In unserer Gemeinde ist eine große Gebetsgemeinschaft entstanden. Alle, die dabei sein wollen, beten zu Hause an einem bestimmten Wochentag und zu einer bestimmten Zeit für bestimmte Anliegen, Nöte und Sorgen. Zur Gemeinschaft gehörte auch eine liebe, blinde Schwester mit 96 Jahren im Altenheim. Sie sagte: „Wenn meine Uhr 19:00 Uhr schlägt, bin ich in eurem Kreis und gehöre betend dazu."

Während einer Morgenandacht lenkten mich meine Gedanken ganz besonders auf das Thema und die Inhalte der Fürbitte. Klar, ich habe mir dafür eine Gebetsliste angelegt. Aber was steht hinter meiner Fürbitte? Ich bekam einen nicht geringen Schreck, weil ich mir nicht für ein solch wichtiges Anliegen die Zeit nahm. Die Liste wurde zwar mit kurzem Gebet schnell Gott vorgelegt, damit er „meinen Betkindern" nahe sei und ihnen helfe. Sicher wird Gott die Bitte erhören. Doch war ich nicht zufrieden. Darum begann ich, mich viel eingehender mit den Belangen meiner „Betkinder" zu befassen, sie in ihrem eigenen Umfeld zu sehen, sie zu verstehen, warum sie so sind und meiner Fürbitte bei Gott bedürfen. Ich unterteilte ihre Bedürfnisse in vier Gruppen:

- Da gibt es die unheilbar Kranken mit ihren Angehörigen. Mit bewegtem Herzen schließe ich alle Beteiligten betend ein – ihre Not, ihre Hoffnung, ihr Leid.
- Für alle Kranken will ich beten. Wenn ich ihre Heilung erlebe, preise ich Gott dafür und bin ganz glücklich.
- Und da gibt es die vielen, deren Einzelschicksale unsere Herzen berühren, Schicksale von Menschen, die mir sagen: „Bete für mich!" Ich erkenne, dass Gottes Eingreifen vonnöten ist.
- Ich bete für die Friedlosen, die es anderen mit Missgunst, Zank und Stolz schwer machen. Ich versuche zu ergründen, was dieses Verhalten verursacht. Gottes Geist möge die Herzen dieser Menschen verändern!

Dankbar konnte ich oft Gottes Wirken miterleben. Ein Nachbar schimpfte immer nur und vertrug sich mit niemandem. Geduldig beteten mein Mann und ich für ihn – über mehrere Monate hinweg. Was geschah? Unser Nachbar wurde freundlicher, begann zu grüßen, und wir konnten ihn vorsichtig auf Gottes Liebe hinweisen. Wir beachteten ihn freundlich, brachten ab und zu einen Teller mit Kuchen oder ein Mittagessen in seine Wohnung. Er war alleinstehend, die Familie hatte ihn verlassen. Er suchte Anerkennung und Vertrauen und auch etwas Liebe bei seinen Mitmenschen. Die Hausgemeinschaft wunderte sich über sein neues, angenehmes Verhalten. Er freute sich über seinen kleinen Hund, man spürte förmlich bei ihm, wie die Liebe sein Wesen verändert hatte. Nach einer Weile starb der Nachbar, aber Jesus Christus war seine Hilfe und Hoffnung geworden.

Gott möge uns eine von Liebe getragene Fürbitte schenken und uns die tröstliche Gewissheit geben, dass auch andere liebe Menschen fürbittend uns alle vor den Thron Gottes bringen. Lob und Preis sei Gott dem Vater und dem Sohne!

Gundula Gall

5. Oktober

Kann Gott auch Hunde benützen?

„Fürchte dich nicht vor ihnen, denn ich bin bei dir und will dich erretten, spricht der Herr."
Jeremia 1,8

Ich hatte große Angst vor Hunden. Schlechte Erfahrungen in meiner Kindheit hatten diese Angst in mir ausgelöst. Sobald ich einen größeren Hund auf mich zukommen sah, wechselte ich die Straßenseite.

Es war wieder Herbst geworden, und die jährliche Sammlung für karitative Zwecke stand bevor. Ich entschied mich, die Sammlung in einem Nachbardorf durchzuführen. Als ich mit dem Fahrrad in die Nähe des Dorfes kam, hörte ich zu meinem Entsetzen mehrere Hunde bellen. Mein Mut sank, und ich wollte auf der Stelle umdrehen. Aber ich steuerte dennoch das erste Haus an. Und was kam mir entgegen? Ein großer, wunderschöner Schäferhund! Komisch, ich hatte vor diesem Exemplar gar keine Angst! Er blieb in einiger Entfernung von mir stehen und beobachtete mich. Ganz offensichtlich gehörte er nicht zu diesem Haus, denn die Bewohner warnten mich vor ihm. Als ich das Haus wieder verließ, begleitete er mich zum nächsten. Auch dort gab es einen Köter, der sehr bellte und mir Angst machte. Aber mein Begleiter – der große Schäferhund – hielt ihn auf Abstand. Mein Weg führte mich zum nächsten Haus, und wieder das gleiche Verhalten – „mein" Schäferhund hielt alle Kläffer von mir fern. Dieses Ereignis wiederholte sich, bis ich das ganze Dorf durchgearbeitet hatte. Ich fühlte mich in seiner Gegenwart sicher – trotz der Warnungen der Leute. Insgeheim musste ich über mich selber lachen. Wie kam es, dass ich mich vor diesem großen Hund nicht fürchtete? Ja, mich überkam Freude und innerer Friede. Als ich mit meiner Sammlung fertig war, war der Hund verschwunden.

Fröhlich setzte ich mich auf mein Fahrrad und fuhr nach Hause. In der Bibel haben wir viele Beispiele dafür, wie Gott Tiere gebraucht, um den Menschen etwas zu zeigen. Ich bin überzeugt, dass mir Gott an jenem Nachmittag diesen Hund sandte, um mich zu schützen und meine Angst zu überwinden. Wäre ich aus Angst nach Hause gefahren, hätte mir Gott diese Erfahrung nicht schenken können. Aber wie die Israeliten beim Überqueren des Jordans den Fuß ins Wasser setzten, half Gott auch mir, als ich in seinem Dienst für meine Nächsten unterwegs war.

Möge es auch deine Erfahrung werden, dass Gott Herr über deine Ängste ist! Setze deinen Fuß in den Jordan – auch wenn er „Hochwasser" führt!

Brunhilde Janosch

6. Oktober

Studiotour in Hollywood

*„Denn wir sind der Welt ein Schauspiel geworden,
sowohl Engeln als auch Menschen."*
1. Korinther 4,9 (EB)

Auf dem „Walk of Fame" in Los Angeles sind über 2.400 Sterne eingelassen, mit denen Prominente geehrt werden, die in der amerikanischen Unterhaltungsindustrie eine wichtige Rolle spielten. Es ist für einen Schauspieler ein großes Ereignis, wenn er seinen Stern bekommt. Genau so sind die Auszeichnungen der Filmakademie, die Oscars, sehr begehrt. Bei unserer Tour durch die Filmstudios von Warner Brothers in Burbank gewannen wir einen Einblick in die Geschichte der Filmindustrie und sahen, wie heute Filme gedreht werden. Wir wurden in kleinen Gruppen mit Elektrowagen auf dem Gelände herumgeführt. Wir erkannten Drehorte und Kulissen von bekannten Produktionen. Wir konnten uns im „Central Park" fotografieren lassen. Uns wurde das Möbellager gezeigt, aus dem die Filmschaffenden ihre Requisiten anfordern. Wir konnten Originalkostüme berühmter Filme bestaunen. Der Führer erklärte uns, wie dieselben Kulissen je nach Bedarf verändert werden, um in verschiedenen Filmen andere Gebäude darzustellen. Der Central Park ist eigentlich nur ein kleines Stück Rasen mit einem Baum darauf. Sogar die Blätter auf den Bäumen sind künstlich und werden je nach Jahreszeit anders aufgeklebt. Der Schnee besteht aus Kartoffelflocken und das Blut bei Wunden aus Ketchup. Die Unterhaltungsindustrie beschäftigt Tausende von Menschen und vermittelt uns eine Illusion, in die sich viele aus ihrem tristen Alltag flüchten.

Der Apostel Paulus kam sich wohl wie ein Schauspieler im falschen Film vor. Er litt Hunger und Durst und wurde geschlagen und verhöhnt. Er war ohne Obdach und fühlte sich wie der Abschaum der Welt. Und trotzdem machte ihm dies nichts aus. Er stellte fest, dass er für die Menschen und Engel zum Schauspiel geworden war – um Christi willen. „Was macht es denn? Wird doch auf jede Weise, sei es aus Vorwand oder in Wahrheit, Christus verkündigt, und darüber freue ich mich. Ja, ich werde mich auch freuen, denn ich weiß, dass dies mir zum Heil ausschlagen wird durch euer Gebet und durch den Beistand des Geistes Jesu Christi ... Denn das Leben ist für mich Christus und das Sterben Gewinn." (Philipper 1,18-20 EB)

Der Schauspieler von heute nimmt so manchen schwierigen Dreh auf sich und gibt sein Bestes, um vielleicht für den Oscar nominiert zu werden. Paulus gab sein Äußerstes, um das Evangelium zu verkündigen und möglichst viele Menschen für Jesus zu gewinnen. Darum bezeichnet er auch seine Brüder (und Schwestern) im Glauben (Philipper 4,1; EB) als seinen Siegeskranz, wenn sie denn dem Herrn treu bleiben. Seine Belohnung war viel mehr als eine goldene Statue oder ein Stern auf einem Bürgersteig. Er wollte seinen Lauf in Begleitung derer vollenden, denen er das Evangelium verkündigt hatte. Das ewige Leben zu gewinnen ist doch unermesslich mehr wert als eine Ehrung der Unterhaltungsindustrie. Vergessen wir das nie!

Hannele Ottschofski

7. Oktober

Dank für heute

*„Was wahrhaftig, was ehrbar, was gerecht, was rein,
was liebenswert ist, was einen guten Ruf hat, sei es eine Tugend,
sei es ein Lob – darauf seid bedacht!"*
Philipper 4,8.

Die schlechten Nachrichten übers Fernsehen bedrücken mich einmal mehr, einmal weniger, obwohl ich mich zurzeit nicht als depressiv einschätzen würde! Auch darum habe ich ein „Alternativ-Programm" erstellt:

- Herr, ich danke dir für die vielen Autos, Züge und Flugzeuge, die heute nicht in einen Unfall verwickelt waren.
- Ich danke dir für die vielen Arbeiter, die heute an ihrem Platz arbeiten konnten und es gut und zuverlässig getan haben.
- Ich danke dir, dass heute die Sonne schien und unser Wohngebiet frei von Überschwemmung und Verwüstung ist.
- Ich danke dir für die Menschen, die heute einen ruhigen Spaziergang an der Sonne genießen konnten.
- Ich danke dir für alle Vorgesetzten sowie für die Eltern, die heute in einer „kniffligen Situation" Ruhe bewahrt haben.
- Ich danke dir, Herr, für all die Menschen, die heute zur richtigen Zeit am richtigen Ort waren und helfen konnten.
- Ich danke dir für die Kinder, die mit ihren Freunden ganz harmlos Fußball spielten, anstatt sich zu schlagen.
- Jesus, ich danke dir für die Lehrer, die sich mit viel Einsatz um ihre Schüler bemühen.
- Ich danke dir, Heiland, für den Arzt und die Krankenschwester, die heute ihr Bestes gaben.
- Ich danke für die Geschäftsleute, die heute beim Kauf oder Verkauf einer Ware nicht betrogen, sondern anderen einen guten Dienst erwiesen haben.
- Ich danke dir für die Bauern, die ihr Vieh artgerecht halten.
- Ich danke für die vielen Mütter, die heute ihre Wünsche zugunsten ihrer Kinder hintangestellt haben.
- Ich danke dir für den Vater, der sich Zeit nahm, um mit seinem Kind zu spielen.
- Ich danke für die Menschen, die in einer Notlage tapfer ausgehalten und die Hoffnung nicht aufgegeben haben.
- Danke für alle, die erkennen, dass sie auch viele Fehler machen und heute schon dazu stehen und sagen können: „Ich war im Unrecht, bitte, entschuldige, es tut mir leid!"

Gesegnet sei all das Gute, das du, Gott, mit „deinen Menschen" erreicht hast! Danke, himmlischer Vater!

Deine Christina Polig

8. Oktober

Glaube einfach

*„Tochter, dein Glaube hat dich gesund gemacht.
Geh in Frieden. Du bist geheilt."
Markus 5,34 (NL)*

Hast du jemals ein solch dramatisches Ereignis erlebt, dass dir nur noch der Glaube übrig geblieben ist? Warst du schon einmal in einer Lebenslage, in der du nur noch an ein Wunder hoffen konntest?

Ich hatte mich auf den vielstündigen Flug von Amsterdam nach Tel Aviv vorbereitet. Während eines Fluges gehe ich meistens die Notizen für meine Präsentationen noch einmal durch (die alle in einem Ordner zusammengefasst sind), um sicher zu sein, dass alles bereit ist. Auf diesem Flug steckte ich den Ordner hierauf, in die Sitztasche vor mir. Dann verbrachte ich einige Zeit im Gebet. Ich fühlte, dass ich Gott ganz nahe war – wie so oft, wenn ich fliege.

Wir landeten. Ich musste mich beeilen, denn in nur zwei Stunden sollte ich mich frisch gemacht haben und in der Kirche sein, wo ich an jenem Abend predigen sollte.

Im Hotel angekommen, ging ich rasch auf mein Zimmer und stellte meinen Koffer und die Computertasche ab. Ich hatte kaum Zeit, kurz zu duschen, meine Bibel und meine Notizen zu nehmen und in die Gemeinde zu fahren. Als ich mein Material zusammensuchte, stellte ich fest, dass sich der Ordner mit allen meinen Präsentationen nicht in meiner Computertasche befand. Entsetzt durchwühlte ich alles. Nichts! Ich fing zu weinen an und bat Gott um Hilfe. Dann blickte ich zum Fenster hinaus und sprach: „Herr, bitte, bring mir meinen Ordner wieder zurück."

Einen Augenblick dachte ich, dass ihn die Flugbegleiter finden würden, aber in meinem Herzen wusste ich, dass das nahezu unmöglich war. So verließ ich ohne meine Predigtnotizen das Hotel und beruhigte mich erst, als ich die Kirche betrat. An jenem Abend predigte ich aus ganzem Herzen im Bewusstsein, dass Gott einen Plan hatte, nicht nur um mir etwas zu sagen, sondern auch, um meinen Glauben zu stärken. Friede durchdrang mein Herz. Ich war angespannt und gleichzeitig äußerst ruhig. Die Sicherheit, dass Gott mir eingeben würde, was ich in meinen Seminaren sagen sollte, gab mir Mut, weiterzumachen.

Wieder im Hotel legte ich meine Sachen zusammen und beschloss, noch einmal in der Computertasche nachzusehen. Zu meinem größten Erstaunen fand ich dort den Ordner. Wie? Ich weiß es nicht. Ich weiß nur, dass mir Gott seine Liebe und Fürsorge zeigte, als ich ihn um etwas bat, was für meinen Kleinglauben unmöglich schien. Er ist derjenige, der uns Hoffnung schenkt und die Antwort gibt, die wir in Zeiten der Trübsal brauchen. Glaube einfach, glaube nur!

Raquel Queiroz Costa Arrais

9. Oktober

Liebkosungen

„Ihr werdet euch wie Kinder fühlen, die ihre Mutter auf den Armen trägt, auf den Schoß nimmt und liebkost."
Jesaja 66,12 (Hfa)

Seit ich Oma bin, freue ich mich über jedes kleine Kind. Am liebsten würde ich jeder Mami zurufen: „Nehmen Sie ihr Baby, so oft es geht, auf den Arm, halten Sie es fest, genießen Sie diese Zeit, denn viel zu schnell ist sie vorbei, und die kleinen Menschen werden selbstständig."

Ich war jedes Mal von meinem kleinen Timo angetan, wenn ich ihn auf dem Arm oder auf dem Schoß haben durfte. Ich konnte seine Pausbäckchen liebkosen, ihn streicheln. Ein herrliches Gefühl! Irgendwann kam aber der Zeitpunkt, als er nicht mehr auf dem Schoß sitzen wollte. Seine ersten Schritte befähigten ihn, seine kleine Welt zu entdecken. Da half kein Bitten und Betteln, denn der Kleine war ständig unterwegs. Oft riss er sich los und landete ein paar Sekunden später auf dem Boden. Es waren schmerzhafte Erfahrungen. Manche Beule musste weggetröstet werden, wenn er wieder seinen Willen durchgesetzt hatte.

Wie geht es uns im übertragenen Sinn? Unser Vater im Himmel will uns bei sich haben. Er umarmt und liebkost uns mit seinen Segnungen. Er möchte, dass wir uns bei ihm wohlfühlen. Jesus weinte über Jerusalem und seine Bewohner. Er wollte sie sammeln, wie es eine Henne mit ihren Küken tut, aber sie verweigerten sich (Matthäus 23,37). Er wollte sie bei sich haben, aber sie haben sich auch aus seinen Armen losgerissen. Sie haben ihn verstoßen, ja sogar ans Kreuz genagelt.

Was machen wir mit Jesus? Entziehen wir uns auch seinen Liebkosungen? Gehen wir auch unsere Wege, ohne nach ihm zu fragen? Wie oft fallen wir auf die Nase, wie oft brauchen wir in unserem Leben die gütige Vaterhand Gottes, die uns wieder mit seiner Güte, Langmut und Barmherzigkeit umgibt, uns aufhebt, uns tröstet und uns wieder auf die Füße stellt! Bei ihm können wir uns wie Kinder fühlen, die ihre Mutter auf den Armen trägt, auf den Schoß nimmt und liebkost (Jesaja 66,12 Hfa). Seine Arme werden nicht müde, dies zu tun.

Wenn Gott uns bei sich haben möchte, hat er nur Gutes mit uns vor. Er hat Gedanken des Friedens und nicht des Leides, er gibt uns Zukunft und Hoffnung (Jeremia 29,11). Jesus lädt uns ein, zu ihm zu kommen, weil er sich unser annehmen, uns erquicken und uns Ruhe schenken will (Matthäus 11,28).

Lass mich bei dir bleiben, oh Herr, und deine Umarmungen und Liebkosungen genießen. Amen.

Kathi Heise

10. Oktober

Mückenstiche

*„Ich wandte mich an den Herrn, und er antwortete mir;
er befreite mich von allen meinen Ängsten."*
Psalm 34,5 (GN)

Unsere Freunde, die für längere Zeit beruflich nach Südafrika gingen, luden uns ein, sie dort zu besuchen. Wir überlegten nicht lange und sagten zu. Es galt einiges zu beachten, vor allem die Impfungen und die Malariavorbeugung. Laut Aussage des Arztes kann man sich auch durch Kleidung schützen, wenn man keine Tabletten nehmen möchte. Also entschieden wir uns für diese Methode. Wir wollten die Reise im Oktober antreten, da es dort Frühling und daher nicht so heiß ist. Nach einem langen, aufregenden und schönen Flug wurden wir in Durban von unseren Freunden freudestrahlend erwartet. In ihrem Haus angekommen, tauschten wir uns zuerst über unsere Eindrücke aus. Ihr Haus war mit Gittertoren versehen, was wir nicht gewohnt waren. In ihrer Straße stand ein wunderschöner Baum mit blauen Blüten, die so stark dufteten, dass man ganz betäubt war. Jeden Tag empfingen wir neue Eindrücke von diesem außergewöhnlichen Land.

Als wir eines Abends gemütlich zusammensaßen, sagten sie uns, dass wir einen Ausflug in den bekannten Krügerpark machen sollten, der allerdings 1000 km entfernt war. Schon am nächsten Morgen ging es sehr früh los. Diese lange Fahrt werde ich nie vergessen. Der Horizont war unendlich – man sah kein Ende, und die Schönheit all dieser Farben war unbeschreiblich.

Wir machten uns nach dieser eindrucksvollen Fahrt in unserer klimatisierten Strohhütte etwas frisch und gingen essen. Es war noch sehr heiß, 40°C im Schatten. Ich trug lange Ärmel, damit meine Haut bedeckt war. Wir schauten uns noch ein wenig um und entdeckten, dass unsere Anlage mit einem Zaun versehen war. Wir hörten verschiedene Tierstimmen. Es war alles sehr aufregend. Es brüllte und schnaubte in der Ferne.

Später legten wir uns schlafen, da wir am Morgen sehr früh zu den Wasserstellen aufbrechen wollten. Ich spannte mein Moskitonetz über mich, damit mich keine Mücke stechen konnte. Am anderen Morgen traute ich meinen Augen nicht, als ich in den Spiegel blickte: Mein Gesicht war von Mückenstichen übersät! Ich hatte große Angst, dass ich Malaria bekommen könnte. Ich betete: „Lieber Gott, hilf doch, dass ich nicht krank werde. Ich glaube, dass du es machen kannst. Wenn du mir bei dieser Fahrt in die Wildnis ganz viele Tiere zeigst, dann weiß ich, dass du mein Gebet erhört hast und die Stiche nichts bedeuten."

Ich konnte es kaum glauben, dass wir so vieler schöner Tiere ansichtig wurden. Selbst unsere Freunde meinten, so viele hätten sie noch nie an einem Tag gesehen. Also wusste ich, dass Gott mein Gebet erhört hatte. Ich spürte eine innere Freude und dankte meinem Gott von ganzem Herzen für dieses Wunder.

Ellen Bisinger

11. Oktober

Der falsche Zug

*„Wahrlich, das ist Gott, unser Gott für immer und ewig.
Er ist's, der uns führt."*
Psalm 48,15

Mein Mann und ich waren auf Urlaub in New York City, wo wir in Brooklyn bei Freunden untergebracht waren. Das bedeutete, dass wir mit der Bahn nach Manhattan fahren mussten, wenn wir dort etwas unternehmen wollten.

Wir hatten gerade den Tag mit einem Einkaufsbummel in Manhattan verbracht. Wir waren müde, aber glücklich und machten uns auf den Weg zur U-Bahn, um nach Brooklyn zurückzukehren. Wir benutzten die Treppe in den Untergrund – da kam schon ein Zug an. Wir zögerten nur einen Augenblick, bevor wir annahmen, auf der richtigen Seite des Bahnsteiges zu sein. In New York muss man wissen, ob man „uptown" (auswärts) oder „downtown" (einwärts) fahren will, um auf der richtigen Seite in den Zug einzusteigen.

Schnell sprangen wir in den Wagen. Meine Augen suchten den Streckenplan, der überall ausgehängt ist. Nachdem ich unsere Station entdeckt hatte, las ich die Namen der folgenden Bahnhöfe. Sie waren mir alle unbekannt. Ich sagte zu meinem Mann: „Wir sind im falschen Zug!" „Wir steigen bei der nächsten Station aus", antwortete er. Das taten wir auch. Dort gingen wir auf die andere Seite und bestiegen den richtigen Zug nach Brooklyn. Diesmal kam uns der Streckenplan bekannt vor. Wir entspannten uns und genossen die Fahrt.

Hast du schon einmal so etwas erlebt? Hast du bemerkt, dass du in der falschen Richtung unterwegs warst? Leider geschieht das auf unserem Glaubensweg oft. Wir vergessen unseren Reiseführer, Jesus, um Anweisungen zu erbitten. Vielleicht verlassen wir uns auf andere, um das bestätigt zu erhalten, was wir schon wissen. Wir sollten die Stimme Gottes erkennen lernen. Nachdem ich den Streckenplan gelesen hatte, wusste ich, dass ich nicht in die vorgesehene Richtung fuhr. Es wäre dumm gewesen, weiter im falschen Zug zu bleiben.

Liebe Freundin, wenn du den Streckenplan der Christen, die Bibel, liest und erkennst, dass du in deinem Glaubensleben im falschen Zug bist, halte an! Steige aus! Bitte Jesus um Anweisungen und setze erst dann deine Reise fort. Hierauf kannst du dich entspannen und die Reise genießen, weil du weißt, dass du dein ewiges Ziel erreichen wirst.

Dana M. Bean

12. Oktober

Versprechen

*"Opfere Gott Dank und bezahle dem Höchsten deine
Gelübde und rufe mich an in der Not, so will ich dich erretten,
so sollst du mich preisen."*
Psalm 50,14-15

Über der Straße flimmerte die Hitze. Ich hatte die Schulstunde etwas gekürzt, um vor den erwarteten Unruhen wieder zu Hause zu sein. Die ganze Stadt Blantyre (Malawi) war in Aufruhr. Man wollte sich vom selbsternannten Präsidenten auf Lebenszeit befreien. Der Straßenverkehr stockte. Ich ahnte nichts Gutes. Es gab für mich keine andere Straße als die, die an der Universität vorbeiführte. Ich drehte die Autofenster herunter, die Hitze war erdrückend. Neben mir ließ ein Autofahrer ebenfalls die Scheiben herunter und rief:

„Madam, drehen Sie so schnell wie möglich die Scheiben wieder hinauf. Ich habe soeben einen Anruf bekommen, die Studenten sind in Aufruhr, Steine werden geworfen, Autos umgekippt, Frauen aus den Autos gezerrt. Sperren Sie alle Türen zu! Passen Sie auf sich auf!"

Seine Scheibe ging wieder hoch, und er verschwand im Straßenverkehr. Ich schloss alle Fenster, verriegelte die Türen und schlängelte mich durch den Aufruhr. Schon spürte ich, wie mein Auto von hinten angehoben wurde. Steine flogen von allen Seiten. Mein Herz begann zu hämmern. Wie im Film sah ich mein Leben an mir vorübersausen. Das konnte doch nicht alles gewesen sein! Mein Blut pulste in den Adern. „Lieber Gott, ich habe ja noch nichts für dich getan. Gib mir die Gelegenheit, dazu! Ich nehme deine Aufgaben an, aber lass mich unversehrt dieser Hölle entrinnen. Du hast versprochen, uns zu erretten, wenn wir dich anrufen. Bitte, hilf mir!"

In diesem Augenblick sah ich ein Auto quer über die Wiese auf uns zusteuern. Wenn der in dieser Richtung durchkam, dann konnte ich das auch von meiner Seite her tun! Es gab keinen anderen Ausweg. Ich schaltete den Gang – drückte das Gaspedal – mit Vollgas scheppterte ich über das holprige Grasland. Gerettet! Im Rückspiegel sah ich, wie mir eine ganze Autokolonne folgte. Die Menschenmenge hatten wir hinter uns gelassen. Nur noch durch einen Stadtteil, dann war ich zu Hause. Der Gärtner stand gerade beim Tor, riss es auf und schloss es rasch hinter mir. „Danke, lieber Gott," sagte ich laut, „du hast dein Versprechen gehalten, ich werde meines auch einlösen."

Notversprechen können uns im Nachhinein schwer belasten, mein Versprechen tat es nicht. Ich wusste um Frauen, die bei anderen Gelegenheiten in Afrika belästigt worden waren. Ich war mir der hohen AIDS-Rate im Land bewusst. Ich hatte das Leben noch einmal geschenkt bekommen. „Opfere Gott Dank und bezahle dem Höchsten deine Gelübde ... so sollst du mich preisen" – diese Worte begleiten mich seither auf meinem Lebensweg. Danken ist kein Opfer, sondern Freude!

Vreny Jaggi Rechsteiner

13. Oktober

Mission cumplida – Mission erfüllt

„Kommt herzu, lasst uns dem Herrn frohlocken und jauchzen dem Hort unseres Heils! Lasst uns mit Danken vor sein Angesicht kommen und mit Psalmen ihm jauchzen! Denn der HERR ist ein großer Gott und ein großer König über alle Götter. Denn in seiner Hand sind die Tiefen der Erde, und die Höhen der Berge sind auch sein." Psalm 95,1-3

Am späten Mittwochabend des 13. Oktober 2010 fuhr der letzte der 33 verschütteten Kumpel aus dem Stollen auf, in dem die Minenarbeiter von San José in der Atacama-Wüste Chiles 69 Tage lang in mehr als 600 Meter Tiefe gefangen waren.

Als letzter Kumpel entstieg der Schichtführer und „Boss" genannte Bergarbeiter Luis Urzúa Iribarren der Phönix-Rettungskapsel. Er hatte in der Tiefe entscheidend zum Zusammenhalt der Gruppe beigetragen. Urzúa wollte erst alle Männer gerettet wissen, bevor er sich selbst auf den Weg nach oben machte. Er wurde mit frenetischem Jubel empfangen und vom sichtlich ergriffenen Präsidenten Sebastián Piñera umarmt. „Sie haben Ihre Aufgabe erfüllt", sagte Piñera. Der Staatschef harrte die ganze Zeit am Ausgang des Rettungsschachtes aus und begrüßte die Kumpel mit den Worten: „Willkommen zurück im Leben." Die im Schacht verbliebenen Retter hielten Minuten nach der Bergung des letzten Kumpels ein Schild in die unterirdisch installierten Kameras. Darauf stand: „Mission cumplida. Chile".

Jede Ankunft wurde von den Familien gefeiert. Dabei spielten sich bewegende Szenen ab. Viele Kumpel dankten Gott für ihre Rettung und trugen T-Shirts mit der Worten „Gracias Senor, thank you, Lord" (Danke, Herr). Dann folgte ein Auszug aus Psalm 95 der Bibel: *„In seiner Hand sind die Tiefen der Erde, sein sind die Gipfel der Berge"* und zum Schluss: *„Ihm gehören Ehre und Ruhm."* Für die Bergleute ging am Mittwoch ein langes Leiden zu Ende. Weltweit verfolgte die Öffentlichkeit mit Spannung das Schicksal der Verschütteten.

Der chilenische Schriftsteller Antonio Skármeta rief dazu auf, nach der glücklichen Rettung der Bergleute mit der gleichen großen Anteilnahme auch anderen Notleidenden auf der Welt zu helfen. „Bildlich gesprochen möchte ich sagen, dass es noch viele Menschen in vielen Teilen der Welt gibt, die verschüttet sind und die wir nicht sehen", sagte Skármeta der Nachrichtenagentur dpa in Berlin. „Wir könnten ihnen helfen, wenn wir eine Ethik hätten, wie sie die Welt gegenüber den paar chilenischen Bergleuten entfaltet hat."

„Gott und Teufel kämpften um mich – Gott hat gewonnen", sagte Mario Sepulveda, einer der geretteten Kumpel bei einem Interview nach seiner Rettung.

In der Tat kämpft der Teufel mit Gott jeden Tag um Menschen, die unter der Last der Sünde verschüttet sind. Er möchte nicht, dass sie nach oben kommen und das Licht der Wahrheit und der Liebe Gottes sehen können. Gott aber sandte seinen Sohn in die Welt, um die Menschen zu retten. Diese Rettung kostete ihn das Leben auf dem Kreuz. Aber dadurch hat er den Sieg für immer errungen! Er vollendete seine Mission auf dem Berg Golgatha, damit jeder Sünder aus der tiefsten Höhle menschlichen Elends befreit werden kann. Danke, Herr, dass du uns gerettet hast!

Hannele Ottschofski

14. Oktober

Nimm dir Zeit, um Gott zu loben

„Du, Herr, bist alles, was ich habe. Du gibst mir alles, was ich brauche. In deiner Hand liegt meine Zukunft."
Psalm 16,5

Ich bin von Geburt an mit einem Genfehler behaftet, was ich als Kind nicht wusste, auch nicht, als ich später an den Zähnen und im Gesicht operiert wurde. Als Kleinkind machte sich sogar ein Zahnarzt über mein Gesicht lustig. Später, mit etwa zehn Jahren, erfuhr ich zum ersten Mal, was Liebe unter Kindern heißt. Damals wurden mir Zähne entfernt, was sich später als überflüssig herausstellte. Als ich die Zahnklinik in Augsburg verließ, bekam ich von jedem der zehn Kinder, die mit mir das Zimmer teilten, ein kleines Geschenk aus ihren Osterkörbchen.

Über die ganze Schulzeit wurde ich von vielen Mitschülern und Lehrern nicht angenommen, da man jemandem mit einem krummen Gesicht nicht glauben könne. Jahre später wurden mir ein Tumor im Gesicht sowie Knoten und der Kieferknochen entfernt. Man befürchtete, es sei Krebs. Viele Jahre später bekam ich Probleme mit den Augen.

Obwohl ich den Namen meiner Krankheit schon während meiner Schulzeit kannte, erfuhr ich erst vor Kurzem, dass es sich um einen Genfehler handelt. Viele Leute, unter anderem auch Ärzte, bestätigen mir, dass ich trotz allem noch Humor habe. Meine Antwort ist dann: „Ja, Gott gibt mir jeden Tag die Kraft, die ich brauche, um alles zu ertragen. Ohne dieses Wissen würde ich es nicht schaffen und bewältigen." Unser Vater im Himmel ist mein Trost und meine Hilfe. Auf seine ermutigenden Worte möchte ich jeden Tag hören.

Wir brauchen alle die tägliche Verbindung zu unserem Vater im Himmel, damit wir ihn verstehen, wenn er zu uns spricht.

Herr, ich danke dir, dass du mir alles gibst, was ich heute brauche. Meine Zukunft liegt in deiner Hand. Hilf mir, bitte, weiterhin, die richtigen Entscheidungen in meinem Leben zu treffen, auch für die anstehenden Operationen. Danke.

Claudia Marz

15. Oktober

Ein interessantes Fahrrad für einen Herbsttag

„Es ist nicht im Himmel und nicht jenseits des Meeres, sondern ganz nahe ist dir das Wort in deinem Herzen. Das ist das Wort des Glaubens, das wir verkündigen."
5. Mose 30,12-14; Römer 10,6-8

Für einen herbstlichen Radausflug mit meiner Freundin habe ich ein Fahrrad ausgeliehen. Beim Aufsteigen stelle ich fest, dass ich mich zu meinem Sitz hinaufstemmen muss und die Lenkstange gerade noch mit den Fingerspitzen erreiche. Wenn ich sie richtig halten will, muss ich mich so weit nach vorne beugen, dass ich fast wie ein Rennradfahrer aussehe. Meine Freundin weiß Rat. Sie öffnet eine Halterung, und wir drücken zu zweit den Sattel bis zum Anschlag hinunter. Doch jetzt hocke ich wie auf einem Kinderfahrrad. Trotzdem ist es so bequemer. Das Fahrrad ist eben nicht für mich gebaut worden!

Wir nähern uns einem Graben und sollen die Räder auf einem schmalen Brett über den Bach schieben. Ich trete zum Bremsen wie immer mit dem Pedal nach hinten. Doch zu meinem Entsetzen drehen sich die Pedale ohne Widerstand, und das Fahrrad schießt mit unverminderter Geschwindigkeit auf den Bachgraben zu! Ungefähr einen Meter vor dem Bach fällt mir ein, dass ein Fahrrad mit 28 Gängen keine Rücktrittbremse besitzt. Im letzten Augenblick kann ich noch die beiden Bremshebel an der Lenkstange betätigen.

Entspannt atme ich auf, als wir schließlich auf einem Radweg in Flussnähe fahren. Die Herbstlandschaft ist einmalig schön. Die Weidenbäume an den Ufern spiegeln sich im Wasser. Schwäne und Enten dümpeln auf der fast spiegelglatten Wasserfläche. Das herbstliche Laub malt rote und gelbe Tupfen in die silbergrünen Flussauen. Gott ist ein wunderbarer Schöpfer. Und mir kommt der Gedanke, wie wundervoll er sich auch um uns kümmert. Das Fahrrad ist zwar nicht so ideal für mich, aber irdische Dinge sind eben nicht immer passend und fehlerfrei, genauso wie irdisch-menschliche Anschauungen auf Dauer nicht weiterhelfen. Nur Gottes Wort ist genau auf unsere Seele abgestimmt, sodass wir auf jeder Strecke unseres Lebensweges durchhalten können. Sein Wort ist unvergleichlich, denn trotz verschiedener Bedürfnisse der Menschen steht für jeden etwas Zutreffendes in der Bibel: Gott schenkt den Traurigen Trost, den Mutlosen Mut, den Schwachen Kraft, den Beladenen Vergebung, den Ratlosen Weisheit, den Suchenden reiche Schätze der Erkenntnis – die wahre Erkenntnis über einen wunderbaren Gott und seinen Heilsplan, und über sein Geschenk, das auf uns wartet. Gott geht jedem von uns nach. Er trifft uns dort, wo wir sind. Er blieb nicht auf dem Himmelsthron sitzen und wartete, bis wir zu ihm kommen, sondern er kommt zu dir und zu mir. Er hat ein Wort, das für ein Leben gilt, denn er weiß, was jeder von uns benötigt. Er liebt jeden – mich und dich!

Jaimée Seis

16. Oktober

Das Herz einer Mutter

*„Einer trage des Anderen Last, so werdet ihr
das Gesetz Christi erfüllen."*
Galater 6,2

Wenn wir auf Reisen sind, suche ich mit meinem Mann immer schöne Orte in der Natur auf – Parkanlagen mit herrlichen Bäumen, mit grünem Gras und mit Unmengen von Blumen. Es zieht uns oft an die Ruhe und die friedvolle Schönheit der Friedhöfe.

Bei einer solchen Gelegenheit anlässlich eines Besuchs in Österreich schlenderten wir in stiller Besinnung die Wege eines schönen Friedhofs entlang. Dort stießen wir auf ein Familiengrab, an dessen Stein die Bilder von drei jungen Männern und ihrer Mutter angebracht waren. Den Todesdaten der Söhne konnten wir entnehmen, dass sie während des letzten Weltkriegs innerhalb kurzer Zeit starben. Neben dem Bild der Mutter war die Schrift eingraviert: „Am Ende starb sie an gebrochenem Herzen." Unsere Augen wurden feucht, als wir diese Inschrift lasen.

Wenn unsere Last so schwer zu sein scheint, dass wir sie nicht alleine tragen können, ist es tröstlich zu wissen, dass gerade unser Leid uns mit anderen verbindet, die auch leiden. Auch wenn unser Leben hier auf Erden vorbei ist, kann es ein Zeugnis für andere sein – sogar für Fremde, die wir gar nicht kennen.

Das Leben und der Tod dieser Mutter, die für uns eine unbekannte Frau war, berührte unser Leben. Für sie konnten wir nichts mehr tun, aber wir nahmen uns vor, in Zukunft auf andere zu achten, um ihnen zu helfen, ihre Last zu tragen. Keiner sollte mit der Trauer allein gelassen werden.

Außerdem wollen wir durch unseren Einsatz und unsere Gebete dazu beizutragen, dass auf Erden Friede herrscht, damit Menschenleben nicht umsonst geopfert werden und keine Mutter mehr wegen eines Krieges an gebrochenem Herzen sterben muss.

Sinikka Dixon

17. Oktober

Mein Weg

*„Ich will dich unterweisen und dir den Weg zeigen,
den du gehen sollst; ich will dich mit meinen Augen leiten."*
Psalm 32,8

Schon seit einigen Jahren kämpfen wir in unserer Familie mit schlimmen psychischen Problemen. Therapien und Therapeuten begleiten nicht nur meine Tochter, sondern auch mich. Hinter uns liegen schwierige Zeiten. Der oftmals steinige Weg ist noch lange nicht zu Ende.

Während dieser Zeit durfte ich immer wieder erfahren, dass mich Gott nicht im Stich lässt. Wie oft schon wollte ich verzweifeln, weil ich meinte, er habe mich verlassen! Aber wenn ich nicht mehr weiterweiß, gibt es Menschen, mit denen ich reden kann, die mich verstehen und mir mit den richtigen Worten Mut machen. So hat Gott dafür gesorgt, dass ich eine liebe, erfahrene Therapeutin kennenlernte, und eine Pastorin habe, die mich betreut (einem männlichen Pastor könnte ich mich kaum so öffnen!). Auch meine Schwester wurde mir zur Seelsorgerin, weil sie mich lange und gut kennt.

Ich erlebte Gottes Führung in vielen, scheinbar unwichtigen Alltagsdingen, die mir das Leben erleichtern oder einfach „nur" Freude bereiten. So lässt Gott Blumen entlang meines steinigen Weges blühen, die mir das Weitergehen leichter werden lassen und mir klarmachen, dass Gott, wenn er sich um die kleinen Dinge am Wegrand kümmert, das ganz Große erst recht in seiner Hand hält.

Ich weiß, dass ich in meinem Leben an einer Weggabelung stehe. Ich bin mir noch nicht im Klaren, wohin ich mich wenden soll. Aber ich glaube fest, dass mir Gott die Richtung weisen wird, auch wenn es Tage gibt, an denen das Loslassen des Gewohnten, das Aushalten der Leere und das Warten auf Gottes Antwort und Weisung nicht leicht fällt.

Bitte, Herr, öffne mir täglich die Augen für deine Führung und Wegweisung; für die kleinen und großen Fortschritte, die wir machen, und lass mich nie das Vertrauen in dich verlieren. Weise mir, Herr, deinen Weg ...

Karin Kraus

18. Oktober

Die Spuren des Lebens

*„Darum lasst uns hinzutreten mit Zuversicht zu dem
Thron der Gnade, damit wir Barmherzigkeit empfangen
und Gnade finden zu der Zeit, wenn wir Hilfe nötig haben."*
Hebräer 4,16

Ich bin jedes Mal überrascht, wenn ich kleinen Kindern zuschaue, die sich an allem Möglichen hochziehen. Meist ist die Muskulatur der Beinchen noch nicht stark genug, sodass sie oft hinfallen. Dabei passiert selten etwas Schlimmes, und schon versuchen sie es aufs Neue. Man hat das Gefühl, als hätten kleine Kinder Gummibeine. Sie erholen sich schnell von jeder Beule und können weitermachen, wo sie Schlimmes erfahren haben.

Da sind wir Erwachsene ganz anders. Im Laufe unseres Lebens wird das Aufstehen immer schwieriger. Je öfter man das mitgemacht hat, umso schwerer fällt es einem. Dort weiterzumachen, wo man vorher war, geht oft nicht mehr.

Aufstehen und weitergehen, etwas Neues anfangen, das ist wichtig, aber oft auch sehr schwer. Denn manchmal gibt es Verletzungen, die nie mehr vollständig heilen, sodass sich die Menschen gar nicht mehr aufrichten können. Die Narben in der Seele schmerzen zu sehr.

Vor einiger Zeit war ich wegen meines chronischen Rückenleidens in einer Reha. Dort merkte ich, dass viele Menschen von den Spuren ihres Lebens gezeichnet waren. Die körperliche Beanspruchung, Stress, Unfälle, Probleme ließen manche Menschen gekrümmt daherkommen. Die Schmerzen waren für viele unerträglich. Dank guter Therapeuten konnte man bei vielen eine Besserung in kurzer Zeit feststellen. Ihr Gang war aufgerichtet, die Hilfsmittel waren vermindert, denn es hat sich „jemand" um diese Menschen gekümmert.

Die Bibel berichtet von einer Frau, die 18 Jahre lang krank war. Sie war krumm und konnte sich nicht mehr aufrichten (Luk.13,10-17). Was für Spuren in ihrem Leben sie so gezeichnet haben, steht nicht geschrieben. Aber es war ein Therapeut zur Stelle, Jesus selber. Als er die Frau sah, rief er sie zu sich und heilte sie von ihrer Krankheit. Er legte die Hände auf sie, und sie konnte sich wieder aufrichten. Sie war imstande, wieder voll und ganz am Leben teilzunehmen. Jesus hatte sie nicht einfach links liegen lassen, sondern ihr seine Zuwendung und Nähe geschenkt. Beides kann aufrichten und stärken.

Auch wir benötigen jemanden, der uns tröstet und uns hilft, wenn es uns nicht gut geht. Verletzungen brauchen ihre Zeit, damit sie heilen können. Oft geschieht das nicht von alleine, sondern es muss jemand da sein, der uns zur Seite steht, der uns nicht liegen lässt, sondern aufrichtet. Bei der Frau aus der Bibel war es Jesus, der ihr beistand. Er tut es auch heute mit jedem von uns. Er ist nicht ferne von uns, nur ein Gebet weit.

Kathi Heise

19. Oktober

Arbeitslos

„Bringt aber die Zehnten in voller Höhe in mein Vorratshaus, auf dass in meinem Hause Speise sei, und prüft mich hiermit, spricht der Herr Zebaoth, ob ich euch dann nicht des Himmels Fenster auftun werde und Segen herabschütten die Fülle." Maleachi 3,10

Der Sachbearbeiter schaut angestrengt auf seinen Bildschirm. Er kneift die Augen zusammen. „Was habe Sie gelernt?" „Ich bin Siebdrucker." „Was für ein seltener Beruf!" Wieder langes Schweigen, nur das Rollen der Maus ist zu hören.

Ich sitze im Zimmer eines Personalbetreuers des Arbeitsamtes. Ich suche Arbeit im Osten Deutschlands. Eigentlich ziemlich hoffnungslos bei einer 30%igen Arbeitslosenquote. Wie bin ich nur wieder in diese Lage gekommen? Ich war zuvor jahrelang im Ausland berufstätig gewesen und hatte deshalb gehofft, beim Umzug nach Deutschland wenigstens Arbeitslosengeld beantragen zu können. Stand es mir denn nicht zu? Schließlich hatte ich doch in die Kasse eingezahlt! Zwar nicht in die deutsche, doch ich hoffte auf einen EU-Länderausgleich. Die Hoffnung zerschlug sich. Da war nichts zu machen. Blieb mir nur noch, Hartz IV zu beantragen. In mir stieg Groll hoch. Diese Vorgehensweise ist wirklich entwürdigend. Das bedeutet die gänzliche finanzielle Offenlegung. Die Kontoauszüge werden ständig kontrolliert, alles Geld, die Geschenke und Warenwerte müssen jeden Monat angegeben werden. Alles wird dann vom ohnehin knappen Bezug abgezogen. „Gott, warum nur? Ich kann doch wirklich nichts für meine Notlage! Ich war fleißig und möchte arbeiten! Ich bin kein Sozialschmarotzer! Bitte, tu doch etwas!"

Jetzt sitze ich da und komme mir vor wie ein Versager, Büßer und Bettler. „Siebdrucker ... wirklich? Dann hab ich da tatsächlich ein Angebot für Sie!" Es klingt, als könnte der Sachbearbeiter es selbst nicht glauben. Doch es stimmt. Die Anfrage ist neu und ganz in der Nähe. Ich bekomme die Adresse der Siebdruckerei, rufe dort an und vereinbare ein Vorstellungsgespräch. Die Firma ist klein und, wie sich später herausstellt, ebenso krisengeschüttelt wie die ganze Region. Ich darf zwei Wochen zur Probe arbeiten. Die Mitarbeiter verhalten sich wortkarg, kritisch und geben mir zu verstehen, dass ich hier nicht erwünscht bin. „Ich weiß gar nicht, warum der Chef einen neuen Mitarbeiter braucht. Wir bekommen das auch allein ganz gut hin!" Bei einem Gespräch stellt sich heraus, dass der Chef wohl selbst nicht mehr so genau weiß, warum er diese Anzeige aufgesetzt hat. Jedenfalls bietet er mir einen Mini-Job an, den ich zuzüglich zum Hartz IV-Bezug noch nutzen kann. Ich putze, koche Kaffee, backe Kuchen, bedrucke T-Shirts und beklebe Wahlplakate. Ich bin Mädchen für alles.

Das Jahr mit Hartz IV ging auch vorbei. Es war keine leichte Zeit. Doch war ich Gott für die winzige Arbeitsstelle dankbar, weil sie uns das Überleben leichter machte. Wir haben streng gewirtschaftet, ehrlich dem Arbeitsamt alle Sondereinnahmen aufgelistet und konnten dennoch immer Gott den Zehnten geben. Heute kann ich den Menschen Mut machen und sagen: „Es zahlt sich aus, Gott zu vertrauen." Er lässt niemanden im Stich. Armut und Verzicht ist eine Sache, Elend eine andere.

Claudia Mohr

20. Oktober

Wer auf Gott vertraut, hat nichts zu fürchten!

„Ich will ihn von ganzem Herzen loben: Herr, niemand ist wie du, der du den Schwachen vor dem Starken beschützt und die Armen vor denen, die sie ausrauben wollen".
Psalm 35,10

Seit 15 Jahren bin ich nach einer Kinderpause wieder berufstätig. Ich fand im Sekretariat unseres Firmenlabors Beschäftigung. Leider wurde das allgemein gute Betriebsklima für mich durch personelle Umbesetzungen schwer belastet. Wir bekamen einen
neuen Chef, und es wurde auch eine neue Sekretärin eingestellt, die gleichzeitig als seine Assistentin fungierte. Es gab noch eine andere Sekretärin, die aber unseren neuen Chef nicht mochte und auch seiner Assistentin abwartend gegenüberstand. Aber das allein genügte ihr nicht. Sie wollte die neue Mitarbeiterin ausgrenzen. Ich wurde von ihr bearbeitet, um diese neue Mitarbeiterin in ihren Funktionen zu beschneiden. In mir wuchs der Zorn. Ich erwiderte ihr, dass ein solches Verhalten an Mobbing grenze und ich das nicht machen würde. Nachdem ich das Wort „Mobbing" ausgesprochen hatte, wendete sich das Blatt vollends! Ab jenem Zeitpunkt machte diese Frau mir das Leben zur Hölle Jeden Arbeitstag hoffte ich, ihr nicht zu begegnen, was aber kaum möglich war. Es gab sogar einmal eine Aussprache, die aber an der ganzen Sache nichts änderte.

Ich wandte mich an unseren himmlischen Vater um Hilfe, denn jeder Tag am Arbeitsplatz wurde für mich zur Qual. Ich wollte Gott Vorschläge unterbreiten. Aber es kam nicht so – Gott handelte anders! Nach zwei schwierigen Jahren, in denen ich Gott immer wieder anflehte, etwas zu unternehmen, und ich sogar meine Gemeinde um Fürbitte bat, geschah endlich etwas. Der Chef verließ überraschend die Firma. Die schwierige Kollegin hätte es gerne gesehen, wenn er seine Assistentin gleich mitgenommen hätte. Das war aber nicht der Fall.

Dann geschah plötzlich die Wende. Ich wurde zum neuen Chef gerufen. Dieser eröffnete mir ganz neue Möglichkeiten. Ich erkannte das unendlich liebevolle Handeln Gottes. Ich wurde zu einer kleinen Arbeitsgruppe versetzt, die auch in einem anderen Gebäude untergebracht war. Dort war ich bereits zehn Jahre vorher tätig gewesen, und ich freute mich sehr auf diesen neuen Anfang. Heute bin ich immer noch gerne in unserem Team. Die Zusammenarbeit ist gesegnet. Gott hat mich aus der Tiefe emporgezogen, weil er mich liebt und für mich das Beste will. Ich lobe und preise meinen Gott dafür!

Lassen wir doch Gott handeln, ohne ihm vorzuschreiben, wie er unsere Schwierigkeiten meistern soll! Er kennt uns gut und wird alles besser lösen, als wir es uns vorstellen können.

Anita Eitzenberger

21. Oktober

Vergesslichkeit

*„Denn ich will gnädig sein ihrer Untugend und ihren Sünden,
und ihrer Ungerechtigkeit will ich nicht mehr gedenken."*
Hebräer 8,12

Wer kennt sie nicht, die leidige Vergesslichkeit? Die Alten werden vergesslich, aber auch immer mehr Jungen macht das zu schaffen. Mit zunehmendem Alter wird meine Wohnung immer mehr mit Zetteln gespickt, damit ich dies oder jenes nicht vergesse. Knoten im Taschentuch, wie man das in jungen Jahren gemacht hat, reichen nicht mehr. Manchmal weiß ich nicht mehr, warum ich einen Knoten gemacht habe. Für mich persönlich habe ich eine ganz besondere Methode entwickelt: Ich lege meine Zettel auf den Boden, weil sie mich dort am meisten stören und ich sie dadurch besser wahrnehme. Unangenehm wird die Sache dann, wenn ich etwas verspreche und nicht einhalte. Oder Arzttermine versäume. Peinlich, peinlich. Vergesslichkeit würde sich vielleicht lohnen, wenn es um unangenehme Dinge ginge.

Paulus bemühte sich zu vergessen: „Ich vergesse, was dahinten ist. Ich vergesse, was unangenehm ist. Und ich jage nach dem vorgesteckten Ziel." Philipper 3,14 Wenn wir uns Ziele stecken, sind es meist keine unangenehmen. Man will weiterkommen, zum Guten hin.

Wie ist das mit Gott? Ist er vergesslich? Ganz bestimmt nicht! Aber in unserem heutigen Text steht: Ich will ihrer Untugend, ihrer Sünden, ihrer Ungerechtigkeit nicht mehr gedenken. Es heißt nicht – vergessen! Wo liegt der Unterschied? Bei Gott ist das ein bewusster Willensakt. Wenn er bewusst nicht mehr an meine Sünden denken will, dann hält er sie mir auch nicht mehr vor. Denn was von Gottes Festplatte gelöscht ist, ist weg. Er wirft unsere Sünden ins Meer, wo es am tiefsten ist. Der tiefste Punkt ist der Marianen-Graben im Ozean – 11.034 Meter tief. Dort ist fischen zwecklos. So tief hinunter schafft es keiner, um die Sünden heraufzuholen. In Micha 7,19 steht geschrieben: „Du wirfst alle ihre Sünden in die Tiefen des Meeres." Sünden, für die um Vergebung gebeten wurde, haben ihre Endlagerung erreicht. Gott wird ihrer nicht mehr gedenken.

Wie sieht es bei mir aus, wie bei dir? Fischen wir noch in den trüben Gewässern unseres Nächsten? Führen wir Listen darüber, wie viel wir gefischt haben, oder geben wir uns auch Mühe, alle Unannehmlichkeiten unseres Nächsten zu vergessen? Hier hält Gott uns seinen Spiegel vor, sein heiliges Wort. Wir tun gut daran, es für unser Leben in Anspruch zu nehmen.

Wenn wir etwas Bestimmtes unbedingt wollen, setzen wir alles daran, es auch zu erlangen. Wenn es um das Vergessen geht, sollten wir unseren Willen auch ganz bewusst einsetzen und der Fehler unseres Nächsten nicht mehr gedenken. Täglich müssen wir uns neu entscheiden, denn der Widersacher schläft nicht und möchte uns verführen, wo er nur kann. Menschlich gesehen ist es sehr schwer, aber mit Gottes Hilfe werden wir gute Erfahrungen machen. Gott wird uns dabei segnen.

Ich wünsche mir und dir diesen Segen.

Kathi Heise

22. Oktober

Die Stimme des Herrn

*„Meine Schafe hören meine Stimme, und ich
kenne sie und sie folgen mir."*
Johannes 10,27

Einer der Höhepunkte meiner Reise nach Neuseeland war der Besuch des Internationalen Antarktischen Zentrums in Christchurch. Ich hatte die Gelegenheit, eine Kolonie von kleinen, blauen Pinguinen zu beobachten, den kleinsten überhaupt. Sie werden auch Feen-Pinguine genannt. Ihre Größe beträgt 40 cm, ihr Gewicht kaum mehr als einen Kilo. Obwohl sie an Land etwas unbeholfen wirken, sind sie im Wasser beim Schwimmen und Tauchen wahre Meister. Es war für mich eine Freude, ihnen durch die Scheibe des Beckens, das für sie gebaut worden war, zuzusehen.

Obwohl ihr Bereich im Vergleich zum großen Ozean sehr klein ist, sind diese Tiere im Antarktischen Zentrum keine Gefangenen. Sie sind alle gerettet worden. Jeder hat eine Verletzung oder Behinderung, die es ihm unmöglich macht, im Freien zu überleben. Eine gelähmte Flosse bedeutet beispielsweise, dass der Pinguin nicht schnell genug schwimmen kann, um Nahrung zu fangen.

Ein kleiner Kerl, den seine Retter Elvis nannten, war, als er noch ganz jung war, mit einem Schiff zusammengestoßen und deshalb nun dauerhaft blind. Der Tierpfleger erzählte uns während der Fütterung, dass eine Frau ihn eines Tages überrascht hatte, indem sie rief: „Elvis, erinnerst du dich noch an mich?" Der kleine Pinguin drehte sich hierauf in ihre Richtung und gab aufgeregt Schreie von sich. Er hatte diese Stimme erkannt! Es war dieselbe Frau, eine ehrenamtliche Helferin der Tierschutzorganisation, die nach seinem Unfall für ihn gesorgt und ihn wieder gesund gepflegt hatte. Sie weinte Tränen der Freude, dass nach all dieser Zeit der Mühe und Liebe, die sie ihm geschenkt hatte, ein kleiner Pinguin immer noch ihre Stimme erkannte.

Natürlich gab es in Judäa keine Pinguine, aber Schafe! Die Geschichte des kleinen Elvis erinnerte mich daran, was in Johannes 10 berichtet wird. Jesus sagte, dass der Hirte jedes Schaf bei seinem Namen ruft und sie ihm folgen, weil sie seine Stimme kennen (Verse 3+4). Er sagte weiter: „Ich aber bin der gute Hirte und kenne meine Schafe, und sie kennen mich; genauso wie mich mein Vater kennt und ich den Vater kenne. Ich gebe mein Leben für die Schafe" (Verse 14+15 Hfa).

Ich möchte heute auf die Stimme Jesu hören, weil ich weiß, dass er der Einzige ist, der mich vor den tödlichen Gefahren dieser Welt retten kann.

Jennifer Baldwin

23. Oktober

Ein neuer Mensch

*„Das bedeutet aber, wer mit Christus lebt, wird ein neuer Mensch.
Er ist nicht mehr derselbe, denn sein altes Leben ist vorbei.
Ein neues Leben hat begonnen!"*
2. Korinther 5,17 (NL)

Die Verkrampfung in meinem Nacken strahlte auf meinen ganzen Körper aus. Ich wagte es nicht, meinen Kopf zu drehen, weil ich Angst vor einer neuen Schmerzattacke hatte. Was ich auch dagegen unternahm, es half alles nicht sehr lange. Jemand empfahl mir eine Tiefenmassage in einer Kurklinik. Ich machte schnell einen Termin aus und wartete ängstlich auf die Behandlung. Würde es helfen oder alles nur noch schlimmer machen?

Als ich in der Praxis ankam, beruhigte mich die fachliche und mitfühlende Art der Masseurin sofort. Nach der einstündigen Behandlung mit ihren gut ausgebildeten Händen war ich ein neuer Mensch! Ich konnte meinen Kopf und Hals ohne Angst bewegen. An jenem Abend und in den nächsten paar Tagen erzählte ich allen Leuten von meiner Erfahrung. „Die Therapeutin war großartig!", sagte ich „Wenn du eine Massage brauchst, geh zu ihr." Die schrecklichen Schmerzen der vergangenen Tage waren durch ihre geschickten Hände verschwunden.

Mir ist Veränderung nicht fremd. Einst war mein Leben voller Leid und Verzweiflung. Die Androhung der ewigen Vernichtung stand mir wirklichkeitsnah vor Augen. Dann kam Jesus, der Therapeut, legte seine heilenden Hände auf mein Leben und machte aus mir einen neuen Menschen. Ich brauche vor den Folgen von Sünde und Schuld nicht mehr Angst zu haben, weil Jesus den Preis für mich bezahlt hat.

Wenn ich über diese wunderbare Wirklichkeit nachdenke, stelle ich aber fest, dass ich nicht immer bereit bin, Jesus weiterzuempfehlen, wie ich das bei meiner Masseurin getan habe. Die Angst der Ablehnung und die Sorge, was andere über mich denken, lassen mich still bleiben. Die Vorteile sind aber weit größer als das Wagnis. Die Alternative zum ewigen Leben ist ewige Verdammnis. Doch Jesus hat dafür gesorgt, dass sich jeder auf der Welt für das Leben anstelle für den Tod entscheiden kann. Je mehr ich darüber nachdenke, umso mehr möchte ich es von den höchsten Bergen in die Welt hinausrufen!

Lieber Vater, hilf mir, immer an die Veränderung zu denken, die du in meinem Leben vollbracht hast. Vergib mir, wenn ich darüber geschwiegen habe. Schenk mir den Eifer und den Mut, andere zur Quelle des ewigen Lebens zu führen. Amen.

Abigail Blake Parchment

24. Oktober

Gottes Antwort

*„Ob ich gehe oder liege – du siehst mich, mein ganzes Leben
ist dir vertraut. Schon bevor ich rede, weißt du, was ich sagen will.
Von allen Seiten umgibst du mich und hältst deine
schützende Hand über mir."*
Psalm 139,3-5 (Hfa)

An einem schönen und klaren Wintermorgen schaute ich auf unseren Balkon. Er sah nass aus, es musste in der Nacht geregnet haben. Ich trat hinaus, doch mit keinem Gedanken dachte ich daran, dass die Balkonfliesen mit Eis überzogen sein könnten. Ehe ich mich versah, stürzte ich heftig auf den Boden. Mit dem Kopf schlug ich zuvor noch auf eine große Glasvase und die Blechverkleidung auf und verletzte mich dabei am Ohr. Da lag ich nun und konnte alleine gar nicht aufstehen. Zum Glück war mein Mann zu Hause. Er eilte auf meine Hilferufe herbei und half mir auf die Beine. Ich blutete am Kopf. Wir bemerkten auch schnell, dass mit meiner Hand etwas nicht stimmte. Der Arzt stellte dann fest, dass sie gebrochen war. Am Ohr musste ich genäht werden, der Arm kam in den Gips. „Bei allem Unglück hast du noch einen Schutzengel gehabt", dachte ich mir und war Gott von Herzen dafür dankbar. In der darauffolgenden Nacht hatte ich Schmerzen, ich lag wach und konnte nicht schlafen.

Allerlei Gedanken gingen mir durch den Kopf. Mir wurde bewusst, wie schnell etwas passieren und man zu Tode kommen kann. Was wäre wohl geschehen, wenn die Glasvase beim Sturz zu Bruch gegangen wäre? Es beschäftigten mich die drängenden Fragen: Wäre ich bereit gewesen? Ist mein Leben in Ordnung? Kann ich meines Heils gewiss sein?

Gott verspricht uns in seinem Wort: Das habe ich euch geschrieben, damit ihr wisst, dass ihr das ewige Leben habt, die ihr glaubt an den Namen des Sohnes Gottes (1. Johannes 5,13). Eigentlich ist das doch eine ganz eindeutige Aussage. Dennoch kommen in solch einer Lebenslage Fragen und Zweifel auf und rauben einem den Schlaf.

Im darauffolgenden Gottesdienst wurde in der Gemeinde wie üblich ein Lied für alle Geburtstagskinder der vergangenen Woche gesungen. Vom Organisten wird dieses Lied zuvor ausgesucht, was immer für eine gewisse Spannung sorgt. Da ich auch zu den Geburtstagkindern gehörte, freute ich mich darauf. Es war ein altbekanntes Lied aus dem Gesangbuch „Wir loben Gott": „Komm zu dem Heiland, komme noch heut!" Da heißt es in der dritten Strophe: „Glaube nur fest, der Herr nimmt dich an! Oh, fühlst du ihn nicht jetzt dir schon nah? Mit Lieb und Gnad will er dich umfahn. Komm nur, o Sünder, komm!"

Für mich war dieses Lied ganz klar eine Antwort Gottes auf meine Fragen. Es traf mich mitten ins Herz. Dankbarkeit, Hoffnung und Freude erfüllten mich. Wie sehr liebt uns doch unser himmlischer Vater! Oft habe ich dieses Lied seither in Gedanken gesungen und in meinem Herzen bewegt.

Gisela Baur

25. Oktober

Die Frage nach dem Leid dieser Welt

*„Und Hiob antwortete dem HERRN und sprach:
Ich erkenne, dass du alles vermagst,
und nichts, das du dir vorgenommen,
ist dir zu schwer."
Hiob 42,1,2*

Derzeit lese ich ein Buch der Bibel, das mich immer wieder aufs Neue in den Bann zieht. Es ist das Buch Hiob. Der Hauptdarsteller erlebt gleich zu Anfang des Buches ein Unglück nach dem anderen. Schließlich verliert er alles und wird unheilbar krank. Zu Besuch kommen Freunde und versuchen herauszufinden, was geschehen ist. Auf menschliche Weise wollen sie das Leid und den Schmerz dieser Welt erklären und scheitern doch dabei. Immer wieder gehen die Argumente hin und her. Es kommt die Frage auf, ob sich Gott für uns Menschen interessiert. In der Auseinandersetzung über die Frage, woher das Leid kommt, ist Hiob das Beispiel schlechthin. Sämtliche Gedankengänge werden in den Gesprächen beleuchtet.

Gott ist von uns Menschen unabhängig. Er braucht uns nicht, um zu existieren. Er ist da, ob wir ihn wollen oder nicht, ob unser Handeln gut oder schlecht ist. Für ihn hat das alles keine Bedeutung. Doch das Gespräch im Buch Hiob bleibt dabei nicht stehen. Gott mischt sich ein und erweitert Hiobs Horizont.

Am Ende bekennt Hiob, dass er nicht Gott ist und deshalb Fragen offen bleiben. Er nimmt Gott als den an, der er ist. In seiner Antwort stellt er fest, dass er ihn nun kennt und nicht mehr nur von ihm gehört hat. Diese kurze Antwort Hiobs ist wohl das, was wir Menschen suchen und wollen – Gott kennen, weil wir ihm begegnet sind. Ich bin immer wieder aufs Neue erstaunt, dass sich Gott damals darauf eingelassen hat und das auch heute noch tut.

Hiob wurde reich beschenkt. Er bekam wieder eine Familie und erlangte seine Gesundheit wieder. Sein Vermögen wurde noch größer als vorher. Und wir?

Großer Gott, bitte, lass mich dir vertrauen, auch wenn in meinem Leben nicht alles so läuft, wie ich es gerne hätte.

Claudia DeJong

26. Oktober

Vom Aussehen geblendet

„Doch der Herr sprach zu Samuel: Lass dich nicht von seinem Äußeren oder seiner Größe blenden, ich habe ihn nicht erwählt. Der Herr entscheidet nicht nach den Maßstäben der Menschen! Der Mensch urteilt nach dem, was er sieht, doch der Herr sieht ins Herz."
1. Samuel 16,7

Die Graviola, eine Frucht aus Amazonien, kann man als Obst, als Mus, als Saft, als Eiscreme, in Fruchtkonserven, als Marmelade oder als Gelee verzehren. Im Volksmund nennt man sie wegen ihres Aussehens die Jakobsfrucht des armen Mannes. Sie gehört zur Familie des Zuckerapfels (Annona squamosa). Sie enthält die Vitamine C, B und B^2 sowie Kalzium und Eisen. Die Blätter dieses Baumes sind erst vor kurzem untersucht worden. Man hat entdeckt, dass sie eine krebsvorbeugende Wirkung ausüben.

Ich hörte von dieser Frucht erst vor drei Jahren, als eine Firma eine Gelatine mit Graviola-Geschmack auf den Markt brachte. Zwei Jahre später zog ich in eine Gegend, in der diese Frucht wächst.

Auf den ersten Blick ist die Frucht nicht sonderlich anziehend. Schönheit ist nicht ihre vornehmste Eigenschaft. Deshalb wollte ich sie erst gar nicht kosten. Eines Tages nahm ich mir doch vor, dieses sonderbar aussehende Gewächs näher kennenzulernen. Zu meinem Erstaunen stellte ich fest, dass ich durch mein Zögern wirklich etwas verpasst hatte. Welch wunderbaren Geschmack hat doch diese Frucht! Sie schmeckt angenehm, erfrischend und leicht säuerlich. Ich mochte sie wirklich! Wie dumm von mir, dass ich sie nur wegen ihres Aussehens nicht kosten wollte!

Wie oft habe ich Menschen aufgrund ihres Aussehens eingestuft! Eigentlich tun wir dies ständig. Als gefallene Wesen neigen wir zu Vorurteilen. Ohne die Menschen zu kennen, machen wir uns ein Bild von ihnen. Wir lassen es zu, dass Aussehen und Besitz sie beurteilen. Nur wenn wir uns mit den Menschen unterhalten oder ihnen näher kommen, erkennen wir, dass sie ganz anders sind, als wir dachten. Manchmal sind wir enttäuscht; aber manchmal fangen wir an, sie zu lieben und zu bewundern.

Hast du schon einmal darüber nachgedacht, was für einen ersten Eindruck du auf Menschen machst? Oder welches wahre Wesen sie in dir erkennen? Stell dir vor, Gott würde uns nach dem ersten Eindruck, den er von uns gewinnt, einstufen! Welch eine Katastrophe!

Wie wunderbar ist es doch, dass Gott uns so nicht sieht! Er sieht nicht unsere äußere Erscheinung, die von der Sünde zerknittert und befleckt ist. Er sieht in uns hinein, sieht das Herz an und kennt uns, wie wir wirklich sind. Das Beste daran: Dass er uns trotzdem liebt!

Sandra Savaris

27. Oktober

Fürchte dich nicht!

*„Er sprach: Fürchte dich nicht, denn derer sind mehr,
die bei uns sind, als derer, die bei ihnen sind!"*
2. Könige 6,16

Als mein Mann ins Kriegsgebiet versetzt wurde, kam es mir vor, als ob ich dauernd Angst haben müsste. Ich fürchtete um sein Leben. Ich hatte Angst vor dem Ungewissen. Ich wusste, dass Gott auf ihn aufpasst, aber ich hatte immer noch das ungute Gefühl, dass etwas passieren könnte. Ich sah im Fernsehen die Berichterstattung und hörte, wie viele Soldaten jeden Tag umkamen. Das machte mich noch ängstlicher. Es wurde noch schlimmer, als mich Leute anriefen, um mich „aufzumuntern" und mich auf das Schlimmste vorzubereiten. Wie sehr mir mein Mann auch versicherte, dass es ihm gut gehe, dachte ich immer nur an das Schlimmste. In dieser Zeit der Not benützte Gott die Musik, um mir Trost zu spenden. Die Lieder, die ich anhörte, schenkten mir Ruhe und bestärkten mich im Glauben, dass es in dieser Welt nichts gibt, was Gott und ich zusammen nicht meistern könnten.

Der Prophet Elisa stand in Lebensgefahr. Der König von Syrien hatte eine große Armee mit Streitwagen und Pferden aufgeboten, um den Propheten zu töten. Elisas Diener sah die heranrückenden Soldaten und lief angsterfüllt, um es Elisa zu berichten. Der Diener hatte keine Ahnung, was sie tun sollten. Da waren sie, zwei Männer, gegen eine ganze Streitmacht! Menschliche Augen, die von Angst getrübt sind, können die gewaltige Macht Gottes nicht erkennen. „Da öffnete der HERR dem Diener die Augen und er sah, und siehe, da war der Berg voll feuriger Rosse und Wagen um Elisa her." (2. Könige 6,17)

In unserem Leben überfordern wir uns ständig, wenn wir uns ängstigen. Wir haben Angst, den Schritt des Glaubens zu tun. Wir haben Angst vor dem, was kommen mag, und je mehr wir darüber nachdenken, umso ängstlicher werden wir. Wir vergessen, dass Gott das Weltall besitzt und beherrscht und es nichts gibt, was er für uns nicht tun könnte. Wir werden ungeduldig, wenn wir kämpfen müssen, und denken nicht daran, dass bei Gott alles möglich ist. Gott hat eine Armee, die dich und mich heute umgibt. Er sendet seinen Schutzengel, um über uns zu wachen, wenn wir unterwegs oder in unserem privaten Bereich sind. Er legt seine liebenden Arme um uns, damit wir vor Schaden und Gefahr bewahrt werden. Wenn du deine täglichen Aufgaben erledigst, höre gut zu. Gott sagt dir: „Fürchte dich nicht, ich bin an deiner Seite."

Diantha Hall-Smith

28. Oktober

Das Büchlein

„Wie sollen sie aber den anrufen, an den sie nicht geglaubt haben? Wie sollen sie aber an den glauben, von dem sie nichts gehört haben?"
Römer 10,14a

Ellen G. White schrieb im Buch „Aus der Schatzkammer der Zeugnisse": „Ich möchte, dass das Licht der Wahrheit an jeden Ort dringt, damit es Menschen erleuchtet."

Eines Tages beschloss meine Freundin Gisela, den Dachboden ihres Hauses aufzuräumen. Mindestens drei Generationen vor ihr hatten dort alles, was sie nicht mehr benötigten, aufbewahrt. Porzellan, alte Fotos, viel Gerümpel und ein altes, vergilbtes Büchlein kamen zu Tage. Bis alles schön in Ordnung war, hatte sie mehrere Tage harter Arbeit hinter sich. Als Belohnung beschloss sie, das gefundene Büchlein zu lesen.

Da ich schon 40 Jahre lang nicht mehr im Dorf meiner Freundin wohne, telefonieren wir öfter miteinander. Immer wieder erzählte sie von diesem Büchlein. Das Thema sei Gott und der Glaube. Ich konnte allem Gesagten nur zustimmen. Es war alles richtig – so wie es in der Bibel geschrieben steht. Als wir wieder einmal ein „Schwätzle" hielten, hörte sie gar nicht mehr auf, mir zu berichten, so begeistert war sie. Plötzlich wusste ich, wer der Verfasser des Büchleins war. Es gibt nur einen Menschen auf der ganzen Welt, der so wunderbar schreibt. Ich sagte zu Gisela: „Bitte, schau nach, wer das Buch geschrieben hat." Sie antwortete: „Ellen G. White."

Danach hat sie geforscht. Ihre Urururgroßmutter muss dieses Büchlein so um 1920 von einem umherziehenden Buchvertreter an der Tür erstanden haben. Nach Ansicht meiner Freundin hat es kein Mensch gelesen, da sie alle streng katholisch waren. Da wurde keine Literatur von der „Gegenseite" angerührt. Also gelangte das Büchlein auf den Dachboden und wurde vergessen. 2008 entdeckte es meine Freundin wieder.

Das ist doch typisch Gott! Er dachte an Gisela, als sie noch gar nicht geboren war. Fast 90 Jahre lang schlummerte die Kostbarkeit im Verborgenen, um da zu sein, als meine Freundin Fragen über Gott und den Glauben äußerte.

Im hintersten Winkel Bayerns haben Worte aus einem alten Buch Licht ins Dunkel gebracht. Ist es nicht wunderbar, wie Gott wirkt und unerwartete Wege beschreitet, um Menschen zu erreichen?

Ursula Ziegler

29. Oktober

Das Steuer wird aus der Hand genommen

„Elisa aber ward krank, daran er auch starb. Und Joas, der König Israels, kam zu ihm hinab, weinte vor ihm und sprach: Mein Vater, mein Vater! Wagen Israels und seine Reiter!" 2. Könige 13,14

Betagten Menschen ihr Auto wegzunehmen, ist oft ein sehr schwieriges Unterfangen. Opa kann zwar noch vorwärts in die Garage einparken, hinaus muss er das Vehikel allerdings von Hand schieben. Die 86-jährige Tante ist oft mit überhöhter Geschwindigkeit unterwegs, nicht angegurtet und missachtet Fahrverbote und Ähnliches. Wird sie von der Polizei gestellt, argumentiert sie mit dem hohen Alter der Mitfahrerinnen, die sonst nicht mehr in der Lage wären, die geliebte Heide zu besuchen. Die Tante kommt meist ungeschoren davon. Setzt sich Großvater den Hut auf und nimmt den Autoschlüssel, müsste man laut in der Nachbarschaft verkünden: „Nehmt die Kinder und Hunde von der Straße!" Immer wieder wird gefordert, dass sich alte Leute regelmäßig ihre Fahrtüchtigkeit bescheinigen lassen und allenfalls den Schein abgeben. Diese argumentieren, dass sie viel weniger tragische Unfälle verursachen als junge Raser und zudem auf ihren fahrbaren Untersatz angewiesen seien, um Besorgungen zu erledigen und selbstständig wohnen zu können. Trotzdem machen sich viele Kinder um ihre betagten Eltern, die noch mit dem Auto unterwegs sind, Sorgen. Sie überlegen, wie ihnen das Steuer aus der Hand genommen werden könnte.

Einen Wagen beherrschen zu können war schon immer ein Zeichen von Kraft und Eigenständigkeit. So kommt auch der König von Israel zum alten, kranken Elisa und bezeichnet ihn als Wagen Israels. Nun sollen diesem die Zügel aus der Hand genommen werden. Auch wir machten uns Sorgen um unsere Oma, die regelmäßig in einem älteren Mercedes mit einer hochbetagten Fahrerin unterwegs war. Wie lange konnte das noch gut gehen? Die Geschichten, die wir zu hören bekamen, waren abenteuerlich. Wir fragten uns, was wir unternehmen könnten. Gott hat sich der Sache auf wunderbare Weise angenommen.

Das kam so: Oma und Tantchen fahren zum Gottesdienst. Auf dem Heimweg, bloß einige hundert Meter von der Gemeinde entfernt, gerät der Wagen unerklärlicherweise ins Schleudern, dreht sich, prallt gegen einen Pfosten und bleibt verkehrt herum stehen. Die anderen Gottesdienstbesucher kommen gleich hinterher und können auf der Stelle helfen. Den beiden alten Damen ist überhaupt nichts passiert, kein blauer Fleck, keine Prellung, nur der Schrecken. Der Wagen allerdings muss abgeschleppt werden, eine Reparatur lohnt sich nicht mehr. Die Polizei wundert sich, woher all die Helfer so schnell zur Stelle waren, die Gottesdienstbesucher wundern sich, dass niemand zu Schaden kam, die alten Damen sprechen auch von einem Wunder, dass sie mit dem Schrecken davongekommen sind. „Gott selbst hat mir das Steuer aus der Hand genommen", bezeugt Tantchen und fügt sich dem Schicksal, dass die Garage nun leer steht. Wir alle sind für die feine Art und Weise dankbar, wie Gott die Dinge gelenkt hat, ohne dass die alte Wagenlenkerin Kinder oder Betreuer beschuldigen muss, ihr den Wagen weggenommen zu haben. Gottes Wege sind wunderbar, auch wenn es um Wagen und Reiter geht!

Hanni Klenk

30. Oktober

Meint Gott es gut mit mir?

"Und habe deine Lust am Herrn, so wird er dir
geben, was dein Herz begehrt!"
Psalm 37,4 (SLT)

Meine Frage an dich lautet: Glaubst du das? Glaubst du, dass dir unser himmlischer Vater das geben kann, was dein Herz begehrt? Dass er auch deine Gebete erhört? Häufig gibt er uns das, worum wir ihn bitten, doch bleiben auch viele unserer Gebete unbeantwortet. Warum? Weil Gott weiß, was wir nicht wissen. Wenn wir einmal im Himmel sind, werden wir Gott für alle erhörten Gebete danken, aber sehr wahrscheinlich werden wir ihm für die unbeantworteten Gebete noch mehr Dank abstatten. Erst auf der neuen Erde werden wir die Dinge aus der Sicht Gottes betrachten können und erkennen, dass Gott niemals irrt! Nicht erhörte Gebete sind kein Beweis dafür, dass Gott Fehler macht, sondern dafür, dass Gott viel mehr weiß als wir! Er hat uns erschaffen. Ist es da nicht anmaßend zu behaupten, Gott wisse nicht, was er tut? Ich wage zu behaupten, dass es sogar gefährlich für uns wäre, würde Gott alle unsere Gebete so erhören, wie wir es gerne hätten. Vergleichen lässt sich das mit den Wünschen von Kindern. Was würde geschehen, wenn Eltern alle Begehrlichkeiten ihrer Kinder zu stillen versuchten?! Obwohl beziehungsweise weil sie ihre Kinder lieben, werden sie ihnen nicht alle Wünsche erfüllen, auch wenn es ihr Kind jetzt nicht begreifen kann.

Wir Menschen sind begrenzt, und das vergessen wir oft. Wie wunderschön ist es doch, zu wissen, dass wir einen Gott haben, der das alles weiß und sich um uns kümmert! Auf Gott können wir unser ganzes Vertrauen setzen. Wenn wir ihn darum bitten, wird er uns durch seinen Heiligen Geist lehren, unsere Sorgen zu ihm zu bringen und auch dort zu lassen! Sich sorgen bedeutet, dass man die Lösung selbst herbeiführen will. Doch diese Last möchte Gott uns abnehmen, indem er uns mehrfach durch sein Wort sagt, dass wir uns um nichts zu sorgen brauchen (Philipper 4,6).

Der Mensch denkt und Gott lenkt! Er wird uns auch den Glauben schenken, den wir benötigen, um unbeantwortete Gebete zu akzeptieren. Was für Herausforderungen dir heute auch begegnen mögen, verlasse dich auf unseren Vater und rufe dir in Gedanken in Erinnerung, was er bereits alles für dich getan hat! Auch wenn es keinen Ausweg zu geben scheint, vertraue auf unseren Herrn!

Rebecca Ganzi

31. Oktober

Keine Angst im Dunkeln

*„Der Herr ist mein Licht und mein Heil;
vor wem sollte ich mich fürchten? Der Herr ist meines
Lebens Kraft; vor wem sollte mir grauen?"*
Psalm 27,1

„Mama, lässt du das Licht im Flur noch an?" Wenn ihr Kinder habt, kommt euch der Satz sicherlich vertraut vor. Vielleicht kennst du ihn sogar aus deiner eigenen Kindheit. Ich kann mich jedenfalls gut daran erinnern, dass ich es als Kind ganz schrecklich fand, wenn ich etwas aus dem dunklen Keller holen sollte und den Lichtschalter nicht gleich fand. Während meine Hand panisch an der Wand hin- und herfuhr, schnürte mir die Angst die Kehle zu.

Auch als Erwachsene erlebe ich manchmal dunkle Zeiten, die mir Angst machen. Da hilft mir das Beispiel Davids, des Schreibers dieses Psalms. Er hatte während seines Lebens reichlich Gelegenheit, sich zu ängstigen, weil er heimatlos und einsam war. Warum? Weil Menschen und sogar seine eigene Familie ihm nach dem Leben trachteten. Er wurde verlacht und bekämpft. Er lebte jahrelang auf der Flucht.

David machte aber die Erfahrung, dass er sich mit allem, was ihn ängstigte, an Gott wenden konnte und er bei ihm geborgen war. Gott wollte David eine Hilfe sein, und dieser nahm die Hilfe dankbar an. Auch uns will Gott helfen und unser Dunkel erhellen.

Davids Vertrauen zu Gott war in der engen Beziehung zu ihm gewachsen. Er hatte gelernt, dass Gott zuverlässig ist. Das möchte auch ich mehr und mehr lernen, denn er will mir meine Ängste nehmen und mein Dunkel erhellen.

Lassen wir uns doch auf das Abenteuer des Lebens mit Gott ein! Wir werden es nicht bereuen. Gott kann und will unser Licht und Heil sein.

Rosemarie Müller

1. November

Ein Adler im Sturm

*„Die sich auf den Herrn verlassen, gewinnen neue Kraft,
sodass sie auffliegen mit Flügeln wie ein Adler."*
Jesaja 40,31

Vor einiger Zeit habe ich eine Adlerflügelfeder geschenkt bekommen. Sie steht in einer Muschelvase auf meiner Küchenkommode – damit ich sie immer sehen kann. Doch es ist natürlich weit beeindruckender, einen lebenden Adler mit seinen mächtigen Schwingen im Flug zu beobachten. Er strahlt Kraft und Majestät aus. Und Mut. Wie so viele andere Tiere weiß auch er lange im Voraus, wann ein Sturm aufzieht. Aber er hat davor keine Angst. Er wartet in einem Baumwipfel, bis der Sturm losbricht, dann breitet er seine Flügel aus, lässt den Ast los und wird vom Sturm hoch hinaufgetragen, bis er den klaren, lichten Himmel über dem Unwetter erreicht – die Ruhe über dem Sturm.

Es gibt noch einen anderen Sturm. Er bricht nachts über die Jünger Jesu herein, als sie mit ihrem Boot auf dem See unterwegs sind. Sie haben Angst und kämpfen mit aller Kraft ums nackte Überleben, während der pfeifende Orkan die Wogen aufpeitscht. Sie wissen nicht, warum dieses Unglück sie überfallen musste, und sie denken, sie sind verlassen und verloren. Doch Jesus steht am Seeufer und wacht mit aufmerksamen Augen über seine geliebten Jünger. Schließlich geht er auf dem Wasser auf sie zu. Er wird sie retten. Auf seinen Befehl hin legt sich das Unwetter, das Boot gleitet ruhig auf dem spiegelglatten See dahin. Die Jünger sind sprachlos.

Viele Stürme gab es auch schon in meinem Leben! Auch ich hatte Jesus aus den Augen verloren und wie die Jünger gedacht, ich kämpfe verlassen und ohne Hoffnung gegen einen sinnlos wütenden Sturm. Aber Jesus ist noch immer derselbe. Er will uns nahe sein. So manches Mal, wenn mein Schiff wieder ruhig dahinglitt, begann ich zu verstehen, dass der Sturm doch nicht sinnlos war. Durch ihn musste mich Gott von etwas zurückhalten. Oder er lehrte mich Durchhaltevermögen und Geduld. Oder Verständnis für Notleidende. Aber vor allem hatte mich der Sturm wieder zu Gott hinaufgetragen.

Gott wird in unserem Leben immer nur das zulassen, was zu unserem Besten dient. Er wägt alles ab, was unseren Weg kreuzen wird. Alle Erlebnisse, durch die wir gehen, sind zuerst an seinen Augen vorübergegangen. Wir sind sicher in seiner Hand, auch wenn wir es nicht sehen oder fühlen. Er ist jede Sekunde unseres Lebens bei uns. Lasst uns mit ihm die Angst überwinden, die die Jünger im Boot hatten. Vertrauen möchte ich wie der Adler und die irdischen Sicherheiten loslassen, so wie dieser Vogel den Zweig in der Baumkrone loslässt, um fliegen zu können. Gott kann uns durch den Sturm hinauftragen, bis wir den klaren, lichten Himmel erreichen. Denn wenn wir zu ihm fliehen, finden wir bei Ihm die Ruhe über dem Sturm. Daran wird mich meine Adlerfeder auf der Kommode stets erinnern.

Jaimée Seis

2. November

Was bist du wert?

*„Denn Gott hat einen hohen Preis für euch bezahlt.
Deshalb ehrt Gott mit eurem Leib!"*
1. Korinther 6,20 (NL)

In einer Predigt zog der Pastor einen neuen Geldschein aus seiner Brieftasche und sagte: „Dies ist ein nagelneuer 100-Euro-Schein, den ich in der Bank eigens zu diesem Zweck geholt habe." Er faltete den Schein in die Hälfte und fragte: „Wenn ich den Schein in die Hälfte falte, ist er dann nur noch die Hälfte wert?" „Natürlich", sagte die Gemeinde „Nein!"

Er faltete den Schein weiter, bis er ganz klein war. Jedes Mal stellte er die Frage: „Welchen Wert hat dieser Schein in dieser Größe?" Die Antwort war immer dieselbe, „Er ist immer noch 100 Euro wert."

Er öffnete den Schein und zerknüllte ihn in seiner Hand. „Was ist er jetzt wert?", fragte er. Dann warf er den Schein auf den Boden und trampelte darauf umher. Wieder stellte er die Frage: „Was ist er jetzt wert?" Die Antwort kam sofort zurück: „Dasselbe."

„Ihr seid vielleicht wie dieser 100-Euro-Schein", sprach der Pastor weiter. „Vielleicht hat man euch klein gemacht. Vielleicht fühlt ihr euch weniger wert als einen Groschen. Andererseits kann es sein, dass ihr von Verleumdung, Krankheit oder Verlust gleichsam zerknüllt worden seid. Vielleicht ist man auf euch herumgetrampelt – durch Missbrauch seitens eines Angehörigen oder sogenannten Freundes. Denkt daran: Wie bei diesem Geldschein kann nichts, was euch im Leben widerfahren ist, euren Wert vor Jesus mindern. Seine Liebe für euch ist unveränderlich. Seine Liebe lässt nie nach. Er ist immer derselbe. Er hat für euch einen hohen Preis am Kreuz bezahlt. Für ihn seid ihr unbezahlbar."

Das erinnert mich an Matthäus 10,29-31: „Nicht einmal ein Spatz, der doch kaum etwas wert ist, kann tot zu Boden fallen, ohne dass euer Vater es weiß. Selbst die Haare auf eurem Kopf sind alle gezählt. Deshalb habt keine Angst; ihr seid Gott kostbarer als ein ganzer Schwarm Spatzen." (NL)

Nathalie Ladner-Bischoff

3. November

Die Gabe meiner Zeit

*„Höre, Israel, der Herr ist unser Gott, der Herr allein.
Und du sollst den Herrn, deinen Gott, lieb haben von
ganzem Herzen, von ganzer Seele und mit all deiner Kraft.
Und diese Worte, die ich dir heute gebiete, sollst du zu Herzen
nehmen und deinen Kindern einschärfen und davon reden,
wenn du in deinem Hause sitzt oder unterwegs bist,
wenn du dich niederlegst oder aufstehst."*
5. Mose 6,4-7

Am Omadasein ist etwas Besonderes dran. Ich bin mit fünf wunderschönen Enkeltöchtern gesegnet. Wie alle Omas freue ich mich sehr, wenn ich Zeit mit ihnen verbringen kann. Vor Kurzem kam unsere Tochter mit ihren drei Kindern, nach England zu Besuch. Während ihres Aufenthaltes suchte ich etwas in einem Schrank und stieß auf zwei kleine Porzellanfiguren, die dort verstaubten. Ich fragte die beiden älteren Mädchen, ob sie sie für ihr Zimmer haben wollten. Sie waren darüber überglücklich.

Die Vierjährige spielte auf dem Boden, blickte nach oben und spielte weiter. Einige Minuten vergingen. Dann stand sie auf und stellte sich vor mich hin. Indem sie mir ihre zwei Händchen entgegenstreckte, sagte sie: „Hier ist nichts, was du mir gegeben hast."

Seit der Zeit habe ich oft an ihre Worte gedacht: „Hier ist nichts, was du mir gegeben hast." Habe ich nur ihre kleinen Hände mit materiellen Geschenken gefüllt, mit Dingen, die mit der Zeit kaputt gehen, altmodisch werden, verbleichen oder ihren Wert verlieren? Oder habe ich ihr auch die Geschenke des Herzens gegeben, die ewigen Wert haben?

Je älter ich werde, desto mehr erkenne ich, wie wichtig es für mich ist, diesen kleinen Kindern meine Zeit zu schenken. Ich möchte ihnen zuhören und ihnen von Dingen erzählen, die wirklich wichtig sind. Wir unterschätzen die Gabe der Zeit. Gott hat mir im 5. Buch Mose bildhaft gezeigt (Kapitel 6,Verse 4-9), wie ich meine Zeit mit meinen Enkelkindern verbringen sollte: Zu jeder Zeit und auf jede erdenkliche Art und Weise über Gott und seine Taten reden und es gleichsam auf die Türpfosten und Tore schreiben.

Mein Gebet ist, dass ich immer an diese meine Pflicht denke!

Anne-May Wollan

4. November

Herbstwunder

*„Solange die Erde steht, soll nicht aufhören Saat und Ernte,
Frost und Hitze, Sommer und Winter, Tag und Nacht."*
1. Mose 8,22

Jedes Jahr dürfen wir in der Natur diese Zusage Gottes aufs Neue erleben und genießen. Das Kommen und Reifen, das Gehen und Ruhen – immerwährend. Ich persönlich liebe und genieße die Herbstzeit mit allem, was mir dabei in der Natur begegnet. Sie zeigt sich noch ein letztes Mal in den prächtigsten Farben, bevor sie ihr Blüten- Früchte- und Blätterkleid loslässt. Nach diesem Abschied sehe ich plötzlich die kahlen Zweige der Bäume und Büsche als geradlinige, stabile Struktur, durch die ich hindurchschauen kann. Beim diesem Durchblick entdecke ich, dass die „Welt größer" wird, indem ich die Weite und andere Gebilde sehe, die mir durch das dichte Blätterkleid verwehrt worden sind. Wenn dann noch der Wind als „Straßenfeger" einsetzt, ist es mir, als würde jetzt alles in Ordnung gebracht werden, um der notwendigen Ruhe begegnen zu können.

Selbstverständlich gibt es Stürme, die großes Unheil anrichten und manchen Baum entwurzeln. Auch der Nebel signalisiert durch seinen Schleier eine trübe Stimmung. Der Tag, ein Zeichen der Tätigkeit, wird kürzer, die Dunkelheit, als Einladung zur Ruhe, länger. Für die gesamte Natur kommt der Befehl vom Schöpfer, sich zurückzunehmen und für die kommende Kälte den warmen Schutzraum in den Wurzeln aufzusuchen.

Auch für uns als Menschen, die wir ein Teil der Schöpfung sind, gelten diese Gesetze im Laufe unseres Lebens. Da sind die Zeiten der Beschäftigung als „Blütezeit", des Reifens und Wachsens als „Zeiten der Fruchtbarkeit", des Loslassens als „Abschiedszeiten" und des Ruhens als „Zeiten in der Geborgenheit". Nehmen wir diesen Wechsel, der sich nicht nur jeweils einmal im Leben einstellt, wahr oder kämpfen wir gegen die Zeiten des Loslassens und der Ruhe an? Wenn ja, warum?

Unser Vater im Himmel hat es so eingerichtet, dass auch wir, so wie die Natur, die ganze Fülle seines Angebotes ausschöpfen und erleben können. Scheuen wir uns nicht, das Angebot Gottes in einer „Herbst- und Winterphase" anzunehmen, sondern lassen wir los und ruhen aus in den „Wurzeln seiner Liebe" – so lange, bis wir seine Stimme wieder vernehmen! Auch wenn wir den wunderbar farbigen „Regenbogen der Verheißung" nicht sehen können, steht er wirklich über unseren kahlen Zweigen, über dem verschleiernden Nebel, dem stürmischen Wind und der dunklen und kalten Nacht, in welcher wir für einen neuen Frühling voller Tatendrang vorbereitet werden.

Waltraud Schneider-Kalusche

5. November

Alle gleich

*„Die Toten werden dich, Herr, nicht loben,
keiner, der hinunterfährt in die Stille."*
Psalm 115,17

Ich gehe gerne über den Friedhof, auf dem meine Eltern begraben sind. Es ist ein alter Gottesacker, mit alten Bäumen. Sogar eine „Dohlenkolonie" gibt es, und es sind dort bekannte Dichter, Professoren, Wissenschaftler und Politiker begraben – auch Bundeskanzler Kurt Georg Kiesinger und seine Frau. Besondere Grabsteine zieren diese Gräber, manche sind richtige Denkmäler, und der Blumenschmuck ist auch dementsprechend. Das Grab des früheren Bundeskanzlers ist fast so groß wie ein kleines Zimmer. Wenn irgendein Geburtstag anrückt, häufen sich die Kränze, denn Bundesregierung, Landesregierung und Stadt gedenken seiner. Keiner will hinter dem anderen zurückbleiben.

Schon oft habe ich mich gefragt, wem das noch nützen soll. Andere Gräber sind eher bescheiden angelegt, ein einfacher Stein, einfacher Schmuck. Doch der allgemeine Eindruck ist, als sähe man, wo im Leben das Geld geherrscht hat. Es herrscht auch noch im Tod. Wie töricht!

Eines Tages im Winter und bei viel Schnee durchstreifte ich wieder einmal den Friedhof. Die Gedenktage meiner Eltern liegen im Januar und Februar. Ich wollte einen Strauß Mimosen, etwas Schönes, auf das Grab legen. Es war etwas Eigenartiges geschehen. Alle Gräber waren mit Schnee zugedeckt. Man konnte nicht mehr erkennen, ob das Grab groß oder klein und ob der Winterschmuck üppig oder einfach war. Alles war zugedeckt und gleichgemacht. Jeder Unterschied war aufgehoben.

Da ging mir der Gedanke durch den Kopf, dass wir auch einmal alle gleich sind. Man wird nicht mehr sehen können, wer reich und wer arm war. Alles wird weiß sein. Auf der neuen Erde werden wir die weißen Kleider der Gerechtigkeit tragen.

Margarete Baindner

6. November

Durch Umleitung besser ans Ziel?

*„Befiehl dem Herrn deine Wege und hoffe auf ihn,
er wird´s wohl machen."*
Psalm 37,5

Auf meiner beinahe endlosen „Muss"-Liste für heute steht auch eine Erledigung in der Stadt. Ich mache mich schon am frühen Morgen auf, um alles, was mir möglich erscheint, in den Tag hineinzupacken. Unterwegs überlege ich noch, wie ich am geschicktesten und schnellsten mein Ziel erreichen kann. Kaum habe ich mich für eine Route entschieden, leuchtet mir auch schon das Schild „Umleitung" entgegen. Etwas ärgerlich folge ich der Beschilderung. Zu meinem Erstaunen ist dieser Weg kürzer als mein geplanter.

Jetzt gilt es noch das Parkplatzproblem zu lösen. Unmittelbar vor dem Geschäftseingang wäre es mir am liebsten, wenn ich mein Auto abstellen könnte, noch dazu, wo es gerade zu regnen beginnt. Leider nichts frei. Alles zugeparkt! Es ist überhaupt in der näheren Umgebung nur eine Parklücke frei. Da quetsche ich mich hinein. Als ich auf den Haupteingang des Geschäftes zueile, entdecke ich wiederum Schilder, die mich in Richtung meines Parkplatzes verweisen. Der Eingang des Geschäftes wurde wegen Umbauarbeiten verlegt. Zu meinem Erstaunen befindet sich der vorübergehende Eingang genau gegenüber meinem geparkten Wagen! Das versetzt mich in Staunen!

Schmunzelnd betrete ich das Geschäft! Meine Gedanken sind bei Gott! Wie wunderbar hat er mich heute wieder geführt! So nebensächlich diese Autofahrt auch scheinen mag, zeigt sie mir doch sehr viel! Ich darf wieder erkennen, wie liebevoll er sich auch um meine kleinen Anliegen kümmert. Wie behutsam und geduldig er mit mir umgeht und versucht, mich auf den rechten Weg zu führen und dabei auch seinen Humor beweist!

„Lieber Gott, ich möchte dir alle Wege meines Leben anvertrauen. Bitte, hilf mir, dir auch wirklich die Führung zu überlassen. Lass mich lernen, loszulassen! Hilf mir, mich an dich zu halten, auch wenn der Weg steinig, eng und unbequem wird! Danke, dass du mich nicht aufgibst und alles tust, um mich heimzuholen – zu dir, auf die neue Erde!"

Christa Hartl-Brandstetter

7. November

Was ist der Tod?

*„Denn es ist hier kein Unterschied: Sie sind allzumal Sünder
… und werden ohne Verdienst gerecht aus seiner Gnade
durch die Erlösung, so durch Jesus Christus geschehen ist."*
Römer 3,23.24

Schon seit langer Zeit nehme ich jedes Jahr an einer Beerdigung teil. Ich weiß, das klingt makaber. Ich wünsche es mir auch nicht. Trotzdem ist es so und erinnert mich daran, dass wir alle sterben werden. Für dieses Jahr habe ich meine Beerdigung geschafft. Dabei war das eine sehr schöne kleine Feier. Es war das freundlichste und heiterste Leichenbegängnis, das ich bis jetzt erlebt habe. Die Trauer war da, sie war echt. Aber über allem hing die Gewissheit, dass dieser Tod nicht das Ende war.

Doch das allein war es nicht. Es kam noch etwas hinzu. Für manchen ist der christliche Glaube Trost. Das mag in den Worten liegen oder im Ritus. Gestern ging es nicht um diese beiden Dinge. Alle Anwesenden spürten einen tiefen Frieden und waren sich vollkommen sicher, den Verstorbenen wieder zu sehen.

In der Bibel steht, dass der Tod ein Schlaf ist. In dieser Zeit wissen die Toten nichts. Sie haben am Geschehen auf der Erde keinen Anteil. Wie aus einem Schlaf werden sie aber wieder erwachen. Das geschieht, wenn Jesus Christus zur Erde zurückkehrt. Dann werden wir alle wieder munter werden.

Damit das möglich ist, musste Jesus Christus auf diese Erde kommen und an unserer Stelle sterben. Wenn er das nicht getan hätte, gäbe es die Hoffnung auf ein zweites Leben nicht. Der Tod wäre unser endgültiges Schicksal gewesen. Weil das nicht so ist, können Christen loslassen und den Tod als Geschenk annehmen.

Herr Jesus, du bist für mich und für andere Menschen gestorben und hast damit das ewige Leben geschenkt. Hilf mir, gerade in Zeiten der Trauer nicht den Mut zu verlieren, sondern an diesem Wissen festzuhalten.

Claudia DeJong

8. November

Gelebte Geschichte

„All diese Ereignisse, die ihnen widerfuhren, dienen uns als Beispiel. Sie wurden für uns, die wir am Ende der Zeiten leben, als Warnung aufgeschrieben."
1. Korinther 10,11 (NL)

Zum Älterwerden gehört die Tatsache, dass man viel Geschichte erlebt hat. Zurzeit (2009) feiern wir in Deutschland „20 Jahre Wiedervereinigung". Die jüngeren Leute kennen das nur aus Berichten oder aus dem Unterricht, aber ich war dabei, habe es „live" (im Fernsehen) miterlebt. Die 68-er Generation? Damit kenne ich mich aus, ich war dabei.

Wenn man auf sechs Jahrzehnte oder mehr zurückblicken kann, gibt es viel davon zu erzählen. Ich bin eigentlich froh, dass ich nicht noch weiter zurückblicken kann, auf die schwere Kriegszeit. Dafür wurde ich zu spät geboren. Ich hatte das Glück, es nicht miterleben zu müssen.

Ich lese gerne Lebensgeschichten, weil ich mich immer für persönliche Erfahrungsberichte interessiert habe. Auch ich habe angefangen, ein Buch zu schreiben. Vielleicht wird es eines Tages auch fertig. Doch wer will die vielen Bücher lesen, die Menschen meines Alters über ihre Vergangenheit verfassen? Unsere Kinder oder Enkelkinder? Sagt doch schon der weise Salomo: „Denn des vielen Büchermachens ist kein Ende, und viel Studieren macht den Leib müde (Prediger 12,12).

Die Bibel sagt aber auch, dass wir aus der Erfahrung unserer Vorfahren, aus der Geschichte, lernen sollten (1. Korinther 10,11). Leider geschieht das oft erst nach schmerzlichen Erfahrungen.

Wozu sich also die Mühe machen, Erlebnisse aufzuschreiben? Manche Leute führen ein Tagebuch. Da können sie all ihre Gedanken aufschreiben. Nichts gerät in Vergessenheit. Wir können darauf zurückgreifen und dankbar erkennen, wie Gott in unserem Leben gewirkt hat.

Als Mose wusste, dass seine Zeit als Anführer des Volkes Israel bald zu Ende sein würde, rief er es zusammen und wiederholte alles, was wichtig war. Dann sagte er: „Und diese Worte, die ich dir heute gebiete, sollst du zu Herzen nehmen und deinen Kindern einschärfen und davon reden, wenn du in deinem Hause sitzt oder unterwegs bist, wenn du dich niederlegst oder aufstehst." (5. Mose 6,6.7)

Wir haben für die Zukunft nichts zu befürchten, es sei denn, wir vergessen, wie Gott uns in der Vergangenheit geführt hat. Der Gott, der in der Vergangenheit vertrauenswürdig war, wird uns auch in Zukunft nicht im Stich lassen. Dieses Glaubenszeugnis ist es wert, weitererzählt zu werden.

Hannele Ottschofski

9. November

Mauerfall

„Und mit meinem Gott kann ich über Mauern springen."
Psalm 18,30

Am 9.11.2009 konnte ganz Deutschland die 20-Jahrfeier zum Mauerfall erleben. 1989 hatte ich mich persönlich gar nicht so eingehend mit dem Fall der Mauer beschäftigt. Ich war einfach froh, dass die Grenzen offen waren. Ich konnte meine Freundin mit Familie besuchen, und sie konnten ihrerseits den Schwarzwald erleben. Erst jetzt ist mir bewusst geworden, wie viel Kraft die Menschen in Ost und West aufgewandt haben. Wie viele Tränen diese Teilung gekostet hat, das können nur die verstehen, die davon betroffen waren. 1989 besuchte ich vom Westen aus meine Schwester mit Familie und meine Freundin im Erzgebirge. Das war die schlimmste Zugfahrt meines Lebens. Es gab Tränen bei den Menschen im Zug und Tränen auf den Bahnsteigen, bei den Zurückgebliebenen. Man war sich bewusst – wir sehen uns nie wieder. Nicht lange danach gab es die offenen Grenzen. Ich habe die TV-Sendungen vor 20 Jahren richtig in mich hineingesogen, vor allem wenn man freudestrahlende Menschen sah, die diesen Mauerfall erlebt hatten.

Wie ist es mit den Mauern in unseren Köpfen? Sind sie auch gefallen oder gibt es sie noch? Mauern, die unüberwindbar sind, Mauern, die mein Denken einengen, Mauern, die mich versauern lassen, weil ich keinen Weitblick habe. Mauern, die mich nicht zu meinem Nächsten durchdringen lassen, aus welchem Grund auch immer. Ist mein „Ich" nicht auch so eine Mauer, die ich Stein um Stein höher wachsen lasse, weil ich nur an mich denke, an meine Vorteile, an meinen Nutzen? Wir fragen manchmal: „Herr, was soll ich tun?" Der Herr antwortet: „Lass los, die du mit Unrecht gebunden hast." Jesus sagt selber: „So nun euch der Sohn frei macht, so seid ihr recht frei." (Johannes 8,36) Das betrifft nicht nur den Anderen, sondern auch mich. Wenn wir Jesus unsere Mauern vorlegen, sprengt er sie. Nicht nur kleine Stücke, wie es die Mauerspechte in Berlin taten. Nein, er lässt sie umfallen wie die Dominosteine am 9.11.09. Dieses Bild möchte ich festhalten. Manchmal reicht ein kleiner Ruck, und alles ist hin. So sollte es auch in unseren Köpfen sein.

„Durch den Glauben fielen die Mauern von Jericho." (Hebräer 11,30) Habe ich diesen Glauben, dass der Herr dies auch an mir vollbringen kann, wenn ich es zulasse? Du sagst vielleicht, dass du keine Mauer hast – es ist nur ein Schutzwall, der leichter abzutragen ist als eine zementierte Mauer. Aber auch dieser Schutzwall verstellt die Sicht, macht einsam, ungerecht, hart und verbittert. Und daraus kann leicht eine echte Mauer entstehen. Eines Tages werden alle Mauern fallen, die echten und jene in unseren Köpfen. Wenn Jesus wiederkommt, wird es keinen Gefangenen mehr geben, keinen, der „drüben" ist, ob im Osten oder Westen, Süden oder Norden. In seinem Reich wird sich niemand abgeschoben vorkommen, denn: „Er wird den Gefangenen die Freiheit verkündigen und den Gebundenen, dass sie frei und los sein werden." (Jesaja 61,1) Herr, mache mich willig, meine Mauer an dich abzugeben.

Kathi Heise

10. November

Lahm

„Blinde sehen und Lahme gehen, Aussätzige werden rein und Taube hören, Tote stehen auf und den Armen wird das Evangelium gepredigt."
Matthäus 11,5

Während ich dies schreibe, steckt mein rechter Knöchel in einem Stützverband und mein linker Fuß in einer Schiene. Es war kein großer Unfall, kein dramatisches Ereignis – ich habe einfach meinen rechten Knöchel verdreht und fünf Wochen später meinen linken Fuß. Dabei brach ein Knochen. Er musste genagelt werden. Es ist kaum verwunderlich, dass ich dadurch viel über Menschen mit Behinderungen nachgedacht habe – und über die behinderten Menschen in der Bibel.

Kannst du dich an Mephi-Boschet erinnern? „Auch hatte Jonathan, der Sohn Sauls, einen Sohn, der war lahm an beiden Füßen; er war nämlich fünf Jahre alt, als die Kunde von Saul und Jonathan aus Jesreel kam. Seine Amme hatte ihn aufgehoben und war geflohen, und während sie eilends floh, fiel er hin und war fortan lahm. Er hieß Mephi-Boschet." (2. Samuel 4,4) Armer, kleiner Mephi-Boschet – es gab keine Röntgenbilder und keinen, der die Knochen wieder gerichtet hätte. So verbrachte er sein Leben mit verkrüppelten Beinen. Zum Glück sorgte König David für ihn, aus Liebe zu Jonathan, dem Vater des Jungen.

Interessanterweise war es im Alten Testament nicht erlaubt, dass jemand, der lahm oder irgendwie verkrüppelt war, als Priester diente. Gott verlangte das Beste. Ich aber weiß, dass ich gerade jetzt auf so vielen Gebieten nicht mein Bestes geben kann. Das schmerzt!

In biblischen Zeiten äußerten sich die Propheten oft über Lahme, Blinde, Witwen und Kinder. Die geistliche Gesundheit des Volkes wurde daran gemessen, wie gut diese Menschen in der Gesellschaft behandelt wurden. Auch das verheißene Land wird immer in Verbindung mit der Heilung und Unterstützung dieser Menschen dargestellt.

In der Geschichte der frühen Kirche gab es eine Reihe von Begebenheiten, bei denen Menschen mit Behinderungen geheilt wurden. Eine der bekanntesten Geschichten ist die Heilung des lahmen Bettlers am Schönen Tor. Diese Heilung und die dabei stattgefundene Verkündigung führten dazu, dass Petrus und Johannes im Gefängnis landeten. Später heilte Paulus einen Krüppel in Lystra. Auch dort entstand ein Problem, und Paulus wurde gesteinigt und als tot zurückgelassen. Die Apostel erlitten diese Misshandlungen, weil sie das Evangelium verkündeten.

Auch Jesus half denen, die lahm, blind, krank und verkrüppelt waren. Er brachte ihnen die „Gute Nachricht" – körperlich und geistlich. Aber die wirklich gute Botschaft ist, dass es eines Tages überhaupt keine Behinderungen mehr geben wird. Auf diesen wunderbaren Tag dürfen wir uns freuen!

Ardis Dick Stenbakken

11. November

Umarme das Unmögliche!

*"Überall in der Welt, wo in Zukunft die Gute Nachricht
verkündigt wird, wird auch berichtet werden, was sie getan hat.
Ihr Andenken wird immer lebendig bleiben."*
Markus 14,9 (GNB)

Immer wenn ich von dieser Frau in Markus 14 lese, erinnere ich mich an die Reise in die Wüste Sahara, die ich vor vielen Jahren unternahm. Es war eine kleine Oase – im südlichen Atlasgebirge in Algerien. Dort hatten wir für eine Nacht unser Zelt aufgeschlagen. Am Abend kamen einige Beduinen zu uns und luden uns zu einem Essen mit dem Lehrer des Ortes ein, der Englisch sprach. Aus Gründen der Gastfreundschaft war es mir als Frau erlaubt, im Kreis der Männer zu sitzen. Wir sahen während der ganzen Zeit keine Frau in der Oase – außer einmal, als zwei weibliche Gesichter neugierig hinter einem Holztor hervorlugten.

Die Männer saßen im Raum an der Wand ringsherum, während wir in der Mitte an einem dafür aufgestellten Tisch Platz nahmen, gemeinsam mit dem Lehrer. Ein kleiner Junge brachte Schüsseln und Töpfe mit der Mahlzeit. So ähnlich lief es wohl auch zu Zeiten Jesu ab.

In den Augen der Männer, die mit Jesus zu Tische saßen, hat die Frau, die in den Raum eindrang, etwas ganz Unmögliches vollbracht. Sie wagte sich an den Tisch Jesu und salbte sein Haupt mit teurem Öl. Maria Magdalena hatte den Raum, der nur Männern vorbehalten war, betreten. Sie wollte nicht mehr warten und setzte sich über alle auferlegten Schranken ihrer Zeit hinweg.

Jesus hatte sie aus ihrem Elend herausgerissen und von den Verstrickungen ihres Lebens befreit. Sie hatte durch ihn ihren Wert gefunden. Sie fühlte sich angenommen und hatte nun den Mut aufgebracht, etwas zu tun, was unvorstellbar schien.

Maria Magdalena war eine mutige Frau. Im Wort Gottes heißt es: „Das wird man zu ihrem Andenken sagen!" Sie erkannte in Jesus ihren Erlöser und wurde dadurch erst zur Frau.
- Sie hat Jesu Liebe und Vergebung für sich erlebt und angenommen,
- Sie hat gezeigt, dass sie als Frau – als Mensch – wertvoll ist,
- Sie hat das Unmögliche gewagt.

Ich wünsche dir, dass du auch das Unmögliche wagst, heute Jesus in dein Herz lässt und dich an IHN klammerst, IHN umarmst und SEINE Liebe spürst.

Ingrid Naumann

12. November

Brotkrümel

*„Ich will sie nicht hungrig gehen lassen,
damit sie nicht verschmachten."*
Matthäus 15,32

Die Tannen und Kiefern stehen so dicht, dass ich den grauen Himmel kaum sehen kann. „Weißt du, mein Vater, die Versprechen, die du in deinem Wort gegeben hast, erscheinen mir wie zerbrochen, als würden sie sich kaum für mich erfüllen. Natürlich weiß ich, dass du dich noch immer um mich kümmerst. Du verfolgst deine Pläne und wirst das tun, was für mich das Beste ist. Aber ich habe den Eindruck, als sei das alles Lichtjahre von mir entfernt."

Ich nehme meine kleine Bibel aus der Tasche und öffne sie. Die Geschichte in Matthäus 15, die ich aufgeschlagen habe, erzählt von einer Fremden, die zu Jesus kommt, als er eine Gegend außerhalb Israels durchwandert. Sie fleht ihn an, ihr krankes Töchterchen zu heilen. Aber zunächst erhört er sie nicht. Warum nicht? Was ist geschehen?

Kurz zuvor hatten jüdische Lehrer seinen Jüngern vorgeworfen, sie würden Brot essen, ohne sich vorher rituell die Hände zu waschen. Jesus erklärte, dass nicht das Unterlassen von Zeremonien einen Menschen verunreinige, sondern die schlechten Gedanken im Herzen. Dabei wurde deutlich, dass die Jünger auch noch an Reinheitsvorschriften glaubten und Auffassungen vertraten, die alle Ausländer als unreine Hunde brandmarkten. Deshalb entschloss sich Jesus, ihnen ihre Vorurteile vor Augen zu führen. Er kennt auch jene fremde Frau und vertraut darauf, dass sie es aushalten wird, wenn er sich kalt von ihr abwendet und dadurch seinen Jüngern zeigt, wie lieblos sie diejenigen behandeln, die Gott retten möchte. Die Frau lässt sich nicht entmutigen. Jesus kommt auf das selbstgerechte Gerede der Israeliten zu sprechen: „Es ist nicht fein, wenn man den Kindern das Brot wegnimmt und es den Hunden hinwirft." Selbst darauf antwortet sie: „Ja, Herr, aber auch die Hunde essen von den Brotkrümeln, die vom Tisch ihrer Herren fallen." Jesus wusste, dass er dieser Frau vertrauen konnte. Er heilte nun auch ihr Töchterchen. Aus Liebe zu ihr.

Ich weiß, dass er mich dadurch ermutigen will, mit ihm durch diese schwierige Zeit zu gehen, ohne meinen Glauben an ihn zu verlieren. Er sorgt sich mitfühlend um mich. Gleichwohl spüre ich die Last noch immer auf mir. „Vater, ich verstehe nun, dass du mir das alles deshalb zutraust, weil es auch anderen eine Hilfe sein kann. Ich frage auch nicht nach einem ganzen Brotlaib, aber, bitte, gib mir wenigstens ein paar Krümel!" „Habe ich dieser Frau nur ein paar armselige Brotkrümel gegeben?", höre ich seine sanfte Stimme in meinem Herzen. Ich muss lächeln: „Nein. Du hast ein überaus großes Wunder für sie getan."

Er wird auch uns überreich beschenken und uns für das, was wir erleben mussten, entschädigen.

Jaimée Seis

13. November

Große Veränderungen

*„Die Unterdrückten finden bei Gott Zuflucht.
In schwerer Zeit beschützt er sie."
Psalm 9,10 (Hfa)*

Nach fast 15 Jahren kehrten mein Mann Harold und ich wieder nach Russland zurück, wo wir früher gearbeitet hatten, und erlebten, wie viel sich seit dem Fall des Kommunismus veränderte hatte. Harold war eingeladen worden, die Festansprache anlässlich der Abschlussfeier an der Zaoksky Universität zu halten. Wir waren schon ganz gespannt darauf. Den ersten Eindruck bekamen wir, als wir den neuesten Flughafen Moskaus – Domodedovo – betraten. Er war gut ausgeleuchtet, ausgestattet mit Boutiquen für teure Geschenke, und es gab eine Reihe von einladenden Gaststätten, die russische Spezialitäten und sogar Pizza anboten. Es war alles anders als früher.

Die Zeit verändert Menschen und Orte. Sie kann Freiheit bescheren oder wegnehmen. Wie wunderbar ist es doch, in die ehemalige Sowjetunion zu reisen und festzustellen, dass dort Gemeinden wie die Märzenbecher im Frühling aus dem Boden schießen und junge Menschen ihr Diplom erhalten, um als Prediger dort zu arbeiten, wo ihre Großeltern Verfolgung erlitten hatten. Die russische Musik hat mein Herz immer schon erfreut. Wenn du die Gelegenheit hast, Russland zu besuchen, wird sie sicher auch dein Herz erquicken.

Mir kam es vor, als ob unser Besuch ein Vorgeschmack des Himmels wäre, weil wir liebe Freunde aus lang vergangenen Tagen wieder treffen durften. Ich merkte, dass nicht nur ich mehr Falten im Gesicht und graue Haare hatte. Ich konnte bei großen Versammlungen viele Gesichter erkennen, die ich seit fast zwei Jahrzehnten nicht mehr gesehen hatte. Das war für mich ein Beweis dafür, dass wir auf der neuen Erde einander wieder erkennen werden. Dort werden wir miteinander unseren jeweiligen Lebenslauf durchgehen. Ich kann es kaum erwarten.

Wo waren die Kinder, die wir gekannt hatten? Die schöne junge Frau, die den Chor der Universität leitete, war das Mädchen, das uns vor vielen Jahren mit dem russischen Brot und Salz willkommen geheißen hatte. Andere Studenten, die vor ihrem Abschluss standen, kamen, um uns zu umarmen und Erinnerungsfotos zu machen. Wir sahen uns das Verlagshaus an und trafen viele Pastoren, die den Bibelkommentar als Geschenk der Gemeindeglieder in Amerika, Kanada und Australien erhalten hatten. Sie erzählten uns, dass sie mit Hilfe des Kommentars Englisch gelernt hätten.

Es war wirklich ein Stück Himmel! Wir konnten ohne besondere Erlaubnis und Überwachung der Regierung predigen. Wir konnten aus voller Kehle singen. Wir konnten christliche Literatur weitergeben! Für mich war es wirklich ein kleiner Blick in den Himmel!

Komm, Herr Jesus, komm!

Rose Otis

14. November

Herzenswünsche

*"Des Menschen Herz erdenkt sich seinen Weg;
aber der Herr allein lenkt seinen Schritt."*
Sprüche 16,9

Wir alle habe Träume und Herzenswünsche, bestimmte Vorstellungen darüber, was uns wirklich glücklich machen könnte, wenn wir es denn bekämen. Ein solcher Traum war für unsere Familie immer ein Hund. Mein Mann ist mit Hunden aufgewachsen, und Omas Geschichten über dieses „Hundeleben" haben den Wunsch unserer Töchter nach einem solchen Gefährten stark geprägt. Im örtlichen Tierheim waren wir Stammgäste. Da bot sich manche Gelegenheit, zu einem geliebten Vierbeiner zu kommen. Doch wie gibt das Sprichwort unseren Andachtstext verkürzt wieder: Der Mensch denkt und Gott lenkt!

An einem verregneten Novembertag geschah das Außergewöhnliche. Wir waren mit dem Auto unterwegs, als plötzlich zwei kleine Katzen vor uns über die Straße huschten. Mein Mann hielt sofort an. Ein schwarzes Kätzchen verschwand im Wald, das zweite, grauweiß, blieb ängstlich unter einem Busch sitzen und fauchte so furchterregend, wie es nur konnte. Während Werner den Flüchtling suchte, hielt ich das andere Kätzchen auf dem Schoß. Nun muss man wissen, dass ich Katzen nie besonders mochte. Ihre unabhängige, in meinen Augen selbstsüchtige Art stand in unangenehmem Gegensatz zur Treue eines Hundes. Wie dem auch sei – dieses Kätzchen auf meinem Schoß weckte meine Muttergefühle. Ich war wild entschlossen, es nicht im Tierheim abzugeben. Aber Mira, wie sie von uns genannt wurde, machte es mir nicht leicht. Es dauerte sehr lange, bis sie stubenrein war. Doch bis heute ist Mira ein fester Bestandteil der Familie. Sie hat uns mehrfach daran gehindert, einen Hund ins Haus zu holen. Und gelernt haben wir von ihr eine ganze Menge!

Nicht immer entspricht das, was wir uns wünschen, dem, was wir brauchen! Ich bin Gott so dankbar, dass er sie uns „vor die Füße geworfen" hat. Sonst wäre ich nie auf die Idee gekommen, eine Katze als Haustier anzuschaffen. Sie ist ein Ruhepol in unserer lebhaften Familie. Sie ist so herrlich lautlos. Ist jemand krank, dann legt sie sich daneben, sodass sie schon den Namen „Krankenschwester" bekommen hat. Sie tröstet auch die Traurigen, bekommt Ungerechtigkeiten und Kümmernisse erzählt, die uns bedrücken, beruhigt durch ihr Schnurren und belustigt durch ihre ausgefallenen Schlafplätze oder Eigentümlichkeiten im Verhalten. Gott wusste, dass die Zeit für einen Hund für uns noch nicht gekommen ist. Eine Katze passt viel besser. Unsere eigene Wahl hätte nicht besser sein können.

Die Bibel sagt uns, dass unser Vater weiß, wessen wir bedürfen. Ich glaube, das trifft auch auf vermeintliche Kleinigkeiten wie die Auswahl eines Haustieres zu. Ich bin Gott sehr dankbar für die Tiere und freue mich auf den Tag, an dem wir auch die Gemeinschaft mit ihnen ungetrübt auf der neuen Erde genießen können. Es würde mich nicht wundern, wenn dort plötzlich eine kleine, weißgrau getigerte Katze um unsere Beine streichen würde, denn – dem Herrn ist nichts unmöglich!

Elke Schlude

15. November

Welche Macht hat die Vergangenheit?

„Mehr als auf alles andere achte auf deine Gedanken, denn sie bestimmen dein Leben." Sprüche 4,23 (GN)

Wer kennt es nicht, in der Vergangenheit Dinge erlebt zu haben, an die er sich nicht gerne erinnert? Einer hat eine Kindheit in einem Elternhaus erlebt, wo Geldknappheit und Streit zum Alltag gehörten, der nächste hat eine gescheiterte Ehe hinter sich, noch ein anderer hat Einschränkungen seiner persönlichen Freiheit durch die Zugehörigkeit zu einer Kirche in einem sozialistischen Land erlebt. Letzteres hat mich betroffen.

Bei meiner Immatrikulation (Einschreibung) an der Universität sagte man mir: „Wer an Gott glaubt, hat an unserer Uni keinen Platz." Trotz Auflehnung und Kampf – es führte kein Weg zu einem Hochschulstudienplatz. Vorbildung und gute Noten gehörten angeblich zu den Auswahlkriterien, spielten aber in meinem Fall keine Rolle. Ich gehörte zu Gottes Partei, die einfach nicht in einem sozialistischen Staat gefragt war. Ich musste wohl oder übel einen anderen Bildungsweg beschreiten. Mein Traumberuf war für immer dahin. Aber meine tatsächliche Beschäftigung hat mich in all den Jahren gut versorgt. Ich war nie arbeitslos. Dafür habe ich meinem Schöpfer immer wieder gedankt.

Seit einiger Zeit treffe ich mich regelmäßig mit meinen Mitschülern aus der Abiturklasse. Nach mehr als 30 Jahren erfahre ich das eine oder andere Schicksal, das ähnlich verlaufen ist. Getreu dem Motto „Schließe Frieden mit deiner Vergangenheit, sonst zerstört sie deine Gegenwart" können wir heute gemeinsam und ohne Bitterkeit über das Erlebte sprechen. Wir erfahren heute einen Zusammenhalt, wie er in der Schulzeit nicht bestand. Es haben sich Freundschaften entwickelt, die ich nicht mehr missen möchte. Ich bin auch dafür dankbar, dass religiöse Themen kein Tabu mehr sind.

Auch in der Bibel finden wir Beispiele dafür, dass positives Denken unser Leben bestimmt und viele gute Früchte bringt. Mich hat die Geschichte von Naomi besonders angesprochen. Nach dem Tod ihres Mannes und ihrer zwei Söhne nahm sie den Namen Mara an, was auf Hebräisch „bitter" heißt. Sie war verzweifelt, als ihr die ganze Familie durch den Tod genommen wurde. Dieser Seelenzustand ist durchaus verständlich und nachvollziehbar. Doch sie blieb nicht verbittert, sondern wandte sich neuen Aufgaben zu und ging mit ihrer Schwiegertochter Ruth zurück nach Juda. Dort übernahm sie für Ruth die Verantwortung. Sie half ihr, einen neuen Ehemann und damit ein neues Zuhause zu finden. Auch über die Einkommensverhältnisse der Schwiegertochter machte sie sich Gedanken. Sie suchte für Ruth nach einem legalen Weg, um die Felder ihres verstorbenen Ehemanns zurückzubekommen. In dieser biblischen Geschichte gibt es ein „Happy end". Ruth und Boas heiraten. Beide Frauen gelangen zu Lebensbedingungen, die für sie angenehm sind. Naomi blieb nicht verbittert. Vom helfenden Sinn getrieben, gelangte sie zu einer neuen Lebensqualität. Von ihr wird auch berichtet, dass sie dem Gott ihrer Väter immer treu blieb. Auch ihre Schwiegertochter beschloss, dem lebendigen Gott des Volkes von Juda zu dienen. Was für ein gutes Vorbild für uns alle!

Maritta Rosner

16. November

Kein Problem für Gott

„Bei Gott ist kein Ding unmöglich!"
Lukas 1,37

Was würdest du dir zum 20. Hochzeitstag wünschen? Eine Reise, ein neues Auto oder neue Möbel? Für mich stand fest: Ich wollte eine neue Küche! Mehr als zehn Sommer hindurch „tobten" hier Jugendliche an den Wochenenden durch das Haus. Am liebsten waren sie bei mir in der Küche. Als nun die neue Küche in „Birke hell" aufgestellt war, machte mir das Kochen und Backen noch einmal so viel Freude! Kurze Zeit danach erhielten wir noch eine sehr günstige schöne Schrankwand für unser Wohnzimmer.

Nun hatten wir doppelt so viele Möbel: Die neuen, aber auch die alten, die wir so rasch wie möglich loswerden wollten. Bei uns in Deutschland wird das ganz gut durch die kostenlose Entsorgung als „Sperrmüll" gehandhabt. Darum füllten wir die Karte aus und erwarteten in sechs Wochen die Abholung des „Gerümpels". Leider hatte ich das Kleingedruckte nicht gelesen. Da stand nämlich, wie viele Kubikmeter sie abholen würden.

Am Abend zuvor schleppten mein Mann und ich alle zerlegten Schrankteile an die Straße. Es war ein großer Stapel aufgetürmter alter Möbel. In der Nacht begann es heftig zu regnen. Wir machten uns keine Gedanken, alles stand abholbereit da, das Fahrzeug konnte alles „verschlucken". Am nächsten Tag kam das ersehnte Auto. Im Stillen dankte ich Gott, dass alles aufgeladen wurde. Doch plötzlich machten sie Schluss! Einer der Männer kam an die Haustür. „Sie haben viel zu viel da stehen! Wir müssen einen neuen Termin vereinbaren. In vier Wochen kommen wir wieder." Peng! Das saß! Schon begannen wir, alles wieder von der Straße wegzuräumen. Und dann geschah es. Nach einer halben Stunde kehrte der Sperrmüll-Wagen zurück. „Sie haben Glück, bei den anderen Familien war nur wenig Müll, so können wir alles von Ihnen mitnehmen!"

„Herr, es ist so wunderbar, wie du dich unserer großen und kleinen Sorgen annimmst! Deine Kinder sind auch ein ‚Aushängeschild' für ihren Herrn, der ein Gott der Ordnung ist!"

Das erinnert mich daran, dass ich meinen ‚Müll', der sich immer wieder im Herzen ansammelt, bei Gott abgeben kann. Wir brauchen keine Bestellkarte auszufüllen, um sechs Wochen auf Abholung zu warten. Nein, das geht bei Gott im Nu! Wir können uns vor ihm niederknien und ihn darum bitten, dass er mit seinem reinen Blut alles abwäscht, was uns schmutzig macht. Dann ist der „Herzensplatz" sauber, und wir können Blumen der Freundlichkeit und Liebe wachsen lassen.

Ingrid Bomke

17. November

Den Staffelstab weitergeben

*„Ich habe den guten Kampf gekämpft, ich habe
den Lauf vollendet, ich habe Glauben gehalten."*
2. Timotheus 4,7

Was für eine wunderbare Zeit, um einen Spaziergang zu unternehmen! Der starke Wind hat die Wolken vertrieben, und die Sonne gibt den herbstlich gefärbten Blättern den richtigen Glanz. Ich laufe fröhlich den Weg entlang und werde von Windstößen, die zwischen den Häuserreihen miteinander spielen, hin- und hergestoßen.

Plötzlich höre ich hinter mir ein Geräusch. Ich denke, dass mich jemand auf dem schmalen Bürgersteig überholen möchte, und weiche darum zur Seite aus. Ich schaue mich um. Zu meinem Erstaunen stelle ich fest, dass mein Verfolger ein Blätterhaufen ist, der den Asphalt streift, wenn er vom Wind hin- und hergewirbelt wird. Alle Herbstfarben sind in diesem fliegenden Haufen vertreten – Braun, Rot und Gelb, alle tanzen sie fröhlich zusammen. Ich lache über ihre Bewegungen und schließe mich ihrem Frohsinn an, indem ich mich bemühe, schneller zu gehen und mich nicht überholen zu lassen. Ich habe das Rennen fast verloren, als der Wind plötzlich nachlässt – und die Blätter auf den Boden fallen. Meine spielerische Laune wird von einem Hauch Trauer überschattet. Die Blätter liegen reglos auf dem Boden, ihr Rennen ist vorbei.

Während ich alleine weitergehe, denke ich über ein anderes Rennen nach, einen Wettlauf von größerer Bedeutung. Ich denke an die vielen heiligen Menschen, die vor mir auf dieser Erde gelebt haben. Sie stammen aus allen Völkern und erhielten ihre herrlichen Farben als Erben des Vaters. Im Winde des Geistes liefen, tanzten und wehten sie auf ihrem Weg eine Weile. Plötzlich und allzu früh waren sie weg. Als sie ihren Lauf vollendeten, ließen sie etwas Kostbares zurück. Wie ein Staffelläufer den Staffelstab weiterreicht, gaben sie die kostbare Nachricht von Christus an die nächste Generation weiter.

Jetzt bin ich an der Reihe, um durch den Wind des Geistes zu tanzen. Aber bevor ich leblos auf den Boden falle, bitte ich, dass der Herr mir Kraft schenken möge, den Staffelstab weiterzureichen. Dann kann ich mit Paulus sagen: „Ich habe den guten Kampf gekämpft, ich habe den Lauf vollendet, ich habe Glauben gehalten."

Es kann keinen größeren Erfolg geben, als die Ziellinie mit einem Siegesruf zu überqueren.

Laura L. Bradford

18. November

Gott tut Wunder ... heute noch!

*„Und ihr werdet mich anrufen und hingehen und
mich bitten, und ich will euch erhören."*
Jeremia 29,12

Es war im Herbst 2009. Zu meinen Aufgaben als Physiotherapeutin gehören auch Hausbesuche bei immobilen oder bettlägerigen Patienten. Ich wurde zu einer jungen Frau gerufen. Anna war gerade 26 Jahre jung, wurde einige Jahre zuvor mit der Diagnose MS konfrontiert und konnte ihren Tagesablauf bis vor einem guten Monat selbstständig durchführen. Sie fuhr sogar mit dem eigenen Auto zu sämtlichen Therapien. Dann ging es den Erzählungen ihrer Eltern nach plötzlich steil bergab. Als ich das erste Mal bei ihr war, konnte sie nur schwer verständlich sprechen, lag im Bett und war so gut wie bewegungsunfähig. Ich begann mit meiner Arbeit, doch nach zwei Wochen lag Anna nur mehr regungslos mit geschlossenen Augen im Bett. Sie konnte weder sprechen noch schlucken.

Das war die Zeit, in der ich den sehr rührigen Gebetskreis unserer Gemeinde bat, für Anna und ihre Familie zu beten. Der Arzt, die mobilen Schwestern, ja selbst die Eltern sahen keine Hoffnung mehr für Anna, obwohl sich keiner diese drastischen Verschlechterungen erklären konnte. Anna wurde palliativ betreut, das heißt, dass ihr die wenigen Tage, die ihr noch zu bleiben schienen, möglichst schmerzfrei und angenehm gemacht wurden. Auch meine Tätigkeit ging in diese Richtung. Wenn ich mit Anna alleine war und sie bewegte, sang ich oft Lieder leise vor mich hin – vor allem solche über die neue Erde. Eines Tages erzählte ich ihr von meiner Hoffnung, sie dort gesund und fröhlich wieder zu sehen. Ich sagte ihr auch, dass es viele Menschen gebe, die für sie beteten. Da öffnete sie ihre Augen, und dicke Tränen kullerten über ihre blassen, eingefallenen Wangen. Anna hatte mich gehört und verstanden!

Ich denke, es war im Spätherbst, ungefähr acht Wochen nach Beginn meiner Therapien, als ich wie gewohnt das Haus betrat und Annas Mutter nach deren Befinden fragte. „Gehen Sie hinein und sehen Sie selbst!", bekam ich zur Antwort. Ich öffnete die Zimmertür, sagte wie immer „Hallo, Anna! Carola ist wieder da!" und traute meinen Ohren nicht, als ich aus dem Bett ein zaghaftes „Hallo!" vernahm!

Ja, Gott tut Wunder, auch heute noch – wie es das bekannte Lied zum Ausdruck bringt! Von jenem Tag an ging es mit Anna fast so steil bergauf wie wenige Monate zuvor bergab. Wir besorgten Anna einen eigenen Rollstuhl und fuhren sie nach Monaten wieder in den Garten., Sie war lange auf Reha und wohnt jetzt in einem Behindertendorf in Oberösterreich.

Verliere nie den Mut, zu beten! Erwarte von Gott Wunder! Er vollbringt sie auch heute noch!

Carola Charlotte Weidinger

19. November

Unterwegs in Bolivien

„Von allen Seiten umgibst du mich und hältst deine Hand über mir... Wo soll ich hingehen vor deinem Geist, und wohin soll ich fliehen vor deinem Angesicht? Führe ich gen Himmel, so bist du da ... Nähme ich Flügel der Morgenröte und bliebe am äußersten Meer, so würde mich doch deine Hand daselbst führen und deine Rechte mich halten."
Psalm 139,5-10

Unsere berufliche Tätigkeit als Beratungsunternehmen drehte sich um die Suche nach Wasser und um die Versorgung von Mensch und Vieh sowie um die Nutzbarmachung großer landwirtschaftlicher Flächen. Nachdem wir von der Regierung Boliviens die Bitte erhalten hatten, ein neues Projekt zu bewerten, sagten wir nur zögernd zu, denn wir wussten, dass dieses Projekt im Südwesten des Landes lag, weit ab von jeder Zivilisation. Wir beteten innig um Gottes Schutz und traten schließlich die Reise an. Von La Paz ging es mit einem kleinen Flugzeug 800 km nach Santa Cruz de la Sierra, von dort nochmals 300 km mit einer Cessna ins Projektgebiet. In der Cessna konnte ich auf beiden Seiten nach unten auf die Erde blicken. Langsam kroch Angst in mir hoch, denn unter mir hatte sich die Landschaft völlig verändert. Urwaldähnliche Flächen, wohin man auch blickte! Wenn jetzt dem Flugzeug etwas zustößt, wo sollten wir hin? Ich tröstete mich mit den Worten des Psalmisten: „Führe ich gen Himmel, so bist du da." Bald erschien unter uns ein großes gerodetes Gebiet mit Gebäuden und landwirtschaftlichen Flächen – gleichsam eine Insel mitten im Urwald.

Überschwänglich wurden wir vom Projektleiter begrüßt, der uns dann alles zeigte. Wir trafen auch einen Deutschen, der uns kurz ängstlich anschaute und sofort wieder verschwand. Sein Verhalten beschäftigte uns lange, auch im Zusammenhang mit gewissen Flüchtigen vor Strafverfolgung: „Wohin soll ich fliehen vor deinem Angesicht?" Gott wird die Antwort wissen.

Nachdem wir unsere Arbeit beendet hatten, drängte der Pilot auf die sofortige Rückreise. Vor uns türmten sich dunkle Gewitterwolken am Himmel auf. Unsere Bitte an den Piloten, den Flug zu verschieben, tat er nur mit einem Achselzucken ab. Er müsse am Abend wieder in Santa Cruz sein. Wir flogen mitten ins Gewitter hinein. Unser kleines Flugzeug tanzte wie ein Schmetterling hin und her, auf und ab. Donnergetöse und Blitze um uns herum. Nur meine Gebete hielten mich davor zurück, vor Angst auszuflippen und die Nerven zu verlieren. „Nähme ich Flügel der Morgenröte und bliebe am äußersten Meer, so würde mich doch deine Hand daselbst führen und deine Rechte mich halten ..." Mit stoischer Gelassenheit steuerte der Pilot die Maschine. Nach und nach wurde ich auch ruhiger und fühlte mich in Gottes Hand geborgen. Mit Verspätung landeten wir in Santa Cruz.

Nie werde ich diese Reise auf meinem Lebensweg vergessen. Gottes Hand und seine Rechte werden mich und alle meine Lieben führen – mit der innigen Bitte, uns bis zum himmlischen Ziel zu bringen, bis wir auf der neuen Erde das Angesicht Gottes schauen dürfen.

Gundula Gall

20. November

Mit den Augen eines Kindes sehen lernen

„Jesus sprach: Wahrlich ich sage euch: Wenn ihr nicht umkehrt und werdet wie die Kinder, so werdet ihr nicht ins Himmelreich kommen."
Matthäus 18,3

Mein Mann sagte kürzlich: Ein Kind zu haben ist eine wichtige Schule. Er hat Recht.

Ich habe das unbeschreibliche Glück, meinen Sohn selbst aufziehen zu können. Das erste Jahr mit ihm war anstrengend, keine Frage, aber ich lernte mehr als in den Schul- und Ausbildungsjahren zuvor. Ich lernte, die Welt aus Kindersicht neu zu entdecken. Ich freute mich darauf, mit meinem Sohn auf „Bildungsreise" zu gehen. Aber jedes Lernen bedeutet, mit Anfangsschwierigkeiten zu kämpfen. Timo zeigte mir Schritt für Schritt, worauf es einem Kind ankommt. Nicht das schöne Haus oder die tolle Kleidung ist hier wichtig. Es ist das Windspiel, das sich so lustig dreht; der Vogel, der hoch über uns kreist und nur von ihm wahrgenommen wird; der Wasserhahn am Fass; das verwelkte Blatt, das so lustig raschelt, wenn man darauftritt; die Fliege, die witzigerweise immer dann wegfliegt, wenn man mit dem Finger danach greifen will. Und noch viel mehr Wunder gibt es jeden Tag neu für ihn zu entdecken!

Ein Kind zu haben heißt, die Welt ein Stockwerk tiefer zu betrachten und sie von unten nach oben zu erforschen. Mit den Augen eines Kindes sehen heißt, sich der vollkommenen Schöpfung Gottes neu und unvoreingenommen zu erfreuen, jede von Gott erschaffene Pflanze genau zu studieren, ihr Blattwerk echt toll zu finden, mit dem Zeigefinger die Blattadern nachzufahren und an ihren Blüten gern zu riechen.

Nehmen wir uns die Zeit, um dieses Geschenk Gott zu genießen? Rennen wir nicht vielmehr in aller Hektik durchs Leben? Wir sind oft müde und geschafft, genervt und gestresst.

Timo ist abends auch völlig fertig, aber bei ihm kann ich sicher sein, dass es positiver Stress war, der ihn den ganzen Tag auf den Beinen hielt. Sein Wahlspruch scheint zu lauten: So viel Neues und Schönes wie nur möglich einzusaugen. Er nimmt Gottes Wunder gerne an. Er genießt sie einfach und freut sich am Leben. Und genau hier setzt Gott an. Er sagt: Kehrt um und werdet wie die Kinder, wehrt ihnen nicht und begreift, dass nur ihnen das Himmelreich gewiss ist – denen, die wie Kinder sind.

Bettina Zürn

21. November

Die Versicherungen Gottes

*„Wer sich Gott naht, muss glauben, dass er ist und dass er denen,
die ihn suchen, ein Vergelter (= Belohner) sein wird."*
Hebräer 11,6

Wo man sich auch hinwendet, überall stößt man auf die verschiedensten Versicherungen. Wer das nötige Kleingeld besitzt, kann sich in allen Dingen mehr oder weniger gut absichern. Ängstliche Menschen tun es sehr oft. Für sie ist diese Sicherheit sehr wichtig.

Wie sieht das bei uns Christen aus? Gibt es bei Gott auch Versicherungen, vielleicht mit Rückgewährleistung? Mal sehen, was Gott uns in seinen „Verträgen", seinem Wort, alles anbietet!

Unser Eingangstext sagt uns: „Wer sich Gott naht, muss glauben, dass er ist und dass er denen, die ihn suchen, ein Belohner sein wird."

Verschiedene Versicherungen stehen uns zur Verfügung:
1. Eine neue Geburtsurkunde: Ihr seid von neuem geboren worden. (1. Petrus 1,23)
2. Der Erbschein Gottes: Derselbe Geist gibt Zeugnis unserem Geist, dass wir Gottes Kinder sind. (Römer 8,16)
3. Meine Lebensversicherung: Ich bin die Auferstehung und das Leben. Wer an mich glaubt, wird leben, auch wenn er stirbt. (Johannes 11,25)
4. Meine Versicherung gegen Diebstahl: Niemand wird sie aus meiner Hand und aus der Hand meines Vaters rauben! (Johannes 10,27-30)
5. Meine Altersversicherung: Und bis in euer Greisenalter bin ich derselbe und bis zu euren grauen Haaren werde ich euch tragen. Ich selbst werde tragen und erretten, spricht der Herr. (Jesaja 46, 4)
6. Meine Rechtsschutzversicherung: Wer wird gegen Gottes Auserwählte Anklage erheben? Gott ist es, welcher rechtfertigt, wer ist es, der verdamme? (Römer 8,33-34)
7. Mein Versorgungsschein: Niemals werde ich euch verlassen. Ich werde für euch sorgen, dass es euch an nichts fehlt. (Hebräer 13,5b Hfa)

Eine Garantieerklärung gibt es ebenfalls in Gottes Wort: Es gibt … kein Verdammungsurteil mehr für die, die mit Jesus Christus eins sind. (Römer 8,1)

Eine Quittung bei Inanspruchnahme dieser „Verträge" gibt es auch: Ihrer Sünden und Ungerechtigkeiten werde ich nicht mehr gedenken. (Hebräer 10,17)

Mit einer Siegerurkunde werden wir belohnt. Gott aber sei Dank, der uns den Sieg gibt durch unseren Herrn Jesus Christus. (1. Korinther 15,57)

Gibt es eine Versicherung, die etwas Vergleichbares, Wertvolleres anzubieten hat? Nur durch Umkehr zu ihm kann die oben stehende Liste für uns Gültigkeit erlangen. Auf diesen Schutz können wir uns verlassen!

Kathi Heise

22. November

Segnungen

*„Der Herr ist meine Stärke und beschützt mich.
Ich habe von ganzem Herzen auf ihn vertraut, und er
hat mir geholfen. Darum freue ich mich und danke
ihm mit meinem Lied."*
Psalm 28,7 (NL)

An jenem Freitag wollte ich all die Dinge erledigen, zu denen ich während der Woche nicht gekommen war. Dann fiel mir ein, dass ich versprochen hatte, Rose zu besuchen. Als wir vor einiger Zeit ihren 90. Geburtstag feierten, wurde uns mitgeteilt, dass sie bald in ein Heim ziehen würde. Dadurch wurde die Feierlaune allerdings etwas getrübt, denn sie liebte ihr großes zweistöckiges Haus mit den vielen Erinnerungsstücken ihres langen Lebens über alle Maßen.

Schnell griff ich nach ein paar französischen Büchern und sauste hinaus, weil ich mich daran erinnerte, dass sie mich um 14:00 Uhr treffen wollte. Sie wartete auf mich mit Bonnie, ihrem 12 Jahre alten Schäferhund. Rose sagte, dass er sich an die neue Umgebung besser angepasst habe als sie und alle im Heim den Hund sehr mochten. Langsam gingen wir in ihr Zimmer, da sich Rose jetzt auf einen Stock stützte. Ich freute mich über die Größe ihres Zimmers und darüber, dass sie ihr Klavier hatte minehmen können. Fröhlich spielte sie mir einige Stücke vor. Ich war von ihrer Leistung beeindruckt.

Unser wichtigstes Bindeglied war jedoch unser Interesse an der französischen Sprache. Wir hatten uns vor vielen Jahren bei einem Sprachkurs kennengelernt. Sie hatte im College Französisch studiert und es nicht vergessen. Ihr großer Wunsch war es einst, Paris zu besuchen. Jetzt lasen wir abwechselnd und übersetzten das Gelesene. Ihre Aussprache war makellos – wie die einer geborenen Französin. Das aber ist meine Schwäche! Wir arbeiteten fest daran und hatten großen Spaß dabei.

Als es Zeit war, zu gehen, sagte sie: „Oh, ich muss dir mein Strickzeug zeigen. Ich bin Linkshänderin, aber dabei, rechts stricken zu lernen." Sie zeigte mir den grünen Schal, an dem sie arbeitete. Ich sah zehn perfekt gestrickte Reihen! „Ich habe eine gute Lehrerin. Sie lässt mich alles aufribbeln, wenn ich einen Fehler mache", fügte sie hinzu.

Sie umarmte mich und sagte: „Du hast mir eine Riesenfreude gemacht!" Ich aber sah mich als diejenige, die reich gesegnet worden war. Lasst uns nicht vergessen, Gott für die Fähigkeit zu danken, alltägliche Segnungen zu genießen. Er hat sie uns alle geschenkt.

Dessa Weisz Hardin

Die zwei Seiten des Schmetterlings

„Er hat uns auch davon berichtet, welche Liebe untereinander der Geist Gottes in euch geweckt hat."
Kolosser 1,8

Zu unserer Hochzeit erhielten wir einen Schmetterling. Er ist eingeklemmt zwischen zwei Glasscheiben, in einem Rahmen, wunderschön. Auf der oberen Seite ist er schwarz. Er hat grüne Streifen und Punkte mitten auf dem Flügel. Auf der unteren Seite ist er braun und weist, der Flügelkante entlang, weiße Punkte auf.

Der Prediger forderte uns damals auf, uns links und rechts von ihm hinzustellen. Er hielt den Schmetterling zwischen uns, in Augenhöhe, und bat uns, ihm zu berichten, was wir sehen. Natürlich sagten wir beide etwas anderes. Er sah einen schwarzen, ich einen braunen Schmetterling. Er einen mit weißen Punkten, ich einen mit grünen, leuchtenden Flecken. Und doch, das wussten wir, sahen wir das Gleiche.

Unser Prediger ermutigte uns, sollten wir uns einmal nicht verstehen oder gar streiten, einfach einen Schritt auf die Seite des Partners zu machen, um zu sehen, wie die Sache von der anderen Seite aussieht. Oft haben wir diesen Rat befolgt. Noch heute sagen wir manchmal zueinander: „Versuche doch, meine Seite des Schmetterlings zu betrachten!" Wir tun das auch, und es hat uns schon oft geholfen. Der Schmetterling ist an einem gut sichtbaren Ort in unserem Wohnzimmer aufgestellt. Er erinnert uns immer wieder daran, auch die Kehrseite der Dinge zu berücksichtigen.

Das gilt natürlich nicht nur in der Ehe, sondern auch in Freundschaften, in Nachbarschaften, am Arbeitsplatz, in der Schule, in der Gemeinde. Die Indianer würden sagen: „Laufe eine Weile in meinen Moccasins!" Wie oft verurteilen wir Leute und verstehen nicht, warum sie so und nicht anders handeln! Wie oft belächeln wir jemanden aus demselben Grund! Die Moccasins stehen für eine Vergangenheit, eine Geschichte, die jeder Mensch mit ins Leben bringt. Sie stehen für einen Rucksack, den jeder mit sich herumträgt, voll bepackt mit traurigen, schweren, aber auch glücklichen Erinnerungen. Sie haben ihn geformt und zu dem gemacht, was er ist.

Ich wünsche dir und mir, dass wir einander annehmen können, auch wenn wir uns nicht immer ganz verstehen. Ich wünsche dir und mir, dass wir auch in die Moccasins des anderen schlüpfen oder uns auf die andere Seite des Schmetterlings stellen. Denn wer weiß – vielleicht bin ich es, die auf der falschen Seite steht.

Denise Hochstrasser

24. November

Des Christen Krankheit und Leid

*„Selig sind, die da Leid tragen;
denn sie sollen getröstet werden."*
Matthäus 5,4

Mein heutiges Thema passt zu meiner Stimmung. Eine Grippe ist im Anzug, und ich fühle mich lausig.
Vor Kurzem redeten wir über die Tatsache, dass auch Christen Krankheit und Leid erfahren. Der Gedanke, als Kind Gottes kein Leid erleben zu müssen, ist immer noch weit verbreitet. Im Allgemeinen erwarten wir, dass uns Gott vor Leid und Krankheit bewahrt. Es läuft immer wieder auf die Frage hinaus, warum Gott dies oder das im Leben zulässt. Dabei vergessen wir sehr gerne, dass wir hier auf einer Erde leben, in der Krankheit und Leid zur Grundausstattung gehören, auch wenn uns das alles nicht gefällt.

Wenn bei Christen das Leben reibungslos und ohne Unheil verliefe, wäre das ganz schlecht. Wer würde dann den Menschen erzählen, wie sie mit Leid und Krankheit umgehen können und dass es Hilfe gibt, jenseits aller Ärzte? Christen offenbaren ihre Überzeugungen, ob sie das wollen oder nicht. Besonders wichtig ist das in Zeiten, in denen nicht alles toll ist. Nur so können wir zeigen, dass unser Glaube eine Bedeutung für den Alltag und das Hier und Jetzt hat.

Deshalb werde ich meine Grippe und andere Wehwehchen wohl aushalten müssen, obgleich das nicht lustig ist. Auch ich führe lieber ein Leben, in dem immer alles glatt verläuft. Bloß weil mein Leben nicht nach meinen Vorstellungen funktioniert, ist das noch kein Grund, schlecht gelaunt zu sein.

Herr, schenke Kraft und Hoffnung in Zeiten von Krankheit und Leid. Sei du besonders in solchen Zeiten ganz nahe bei uns.

Claudia DeJong

25. November

Der Lohn des Hirten

„Niemand wird meine Schafe aus meiner Hand reißen."
Johannes 10,28

Ich mache es mir mit einer Decke auf dem Sofa gemütlich und sehe zum samtschwarzen Winterhimmel hinaus. Die Sterne wirken wie Schäfchen, die als weiße Pünktchen auf fernen Himmelsweiden ruhen. Ich muss an Jesaja denken, der in Kapitel 40,12.26 und 9-11 schreibt: „Kann einer den Himmel mit der Handspanne messen? Er, der das Heer der Sterne hervortreten lässt, ruft sie alle mit Namen. Vor ihm, der reich an Kraft ist, fehlt kein einziger. So rufe laut, du Freudenbotin: ‚Seht, da ist euer Gott! Er kommt mit machtvoller Hand. Sein Lohn ist bei ihm und seine Belohnung geht vor ihm her. Er wird seine Herde weiden wie ein Hirte. Die Lämmer nimmt er auf seinen Arm und trägt sie am Herzen. Die Mutterschafe mit ihren Jungen leitet er voller Fürsorge.'"

Nachdenklich stütze ich meinen Arm auf das Fensterbrett und lege mein Kinn in die Hand. Er, der die zahllosen Heere der Sterne dort draußen heraufführt, leitet auch fürsorglich seine Herde. Und sein Lohn ist bei ihm und seine Belohnung geht vor ihm her. Es wird gesagt, dass Gott uns einmal unseren Lohn bringt. Doch ist das in diesem Vers die einzige Bedeutung? Wie kann ein Lohn „gehen"? Was ist damit gemeint? Ich hole meine Bibel und lese im warmgoldenen Kerzenlicht noch einmal diesen Abschnitt. Das Bild wird vor meinen Augen lebendig: Ich sehe Jesus, wie er als Hirte langsam auf einem Feldweg dahinwandert. Er trägt ein neugeborenes Lämmchen an seinem Herzen, und die Herde mit den Mutterschafen und Lämmern trottet vor ihm her. Der aufwirbelnde Staub hüllt sie in eine feine Wolke, die im Abendlicht leuchtet, während die untergehende Sonne einen letzten Goldschimmer über die Baumspitzen wirft. Jesus und seine Herde sind auf ihrem Weg nach Hause. Die Lämmer trägt er bei sich – sind diese etwa sein Lohn, der bei ihm ist? Oder die Herde? Kann das sein? Meint er etwa, dass wir sein Lohn sind? Wenn das stimmt, muss es auch noch an einer anderen Stelle in der Bibel stehen. Und tatsächlich! Nur ein paar Seiten weiter (Kap. 53,10-12) wird über Jesus Folgendes vorausgesagt:

Wenn er sein Leben als Opfer für die Sünden des Volkes gegeben hat, wird er seine Kinder sehen. Weil sich seine Seele abmühte, wird er die Früchte seiner Mühe ernten und sich darüber freuen. Dafür, dass er den Tod auf sich genommen hat, werde ich ihm seinen Anteil geben und ihm seine erkämpften Schätze zuteilen.

Er wird seine Kinder und die Früchte seiner Mühe sehen. Er wird seine Anteile und Schätze erhalten. Was für ein Gedanke! Auch Gott hat eine Belohnung! Wir sind für ihn sein erkämpfter Schatz, der wertvolle Lohn für all sein Ringen, seine Schmerzen und sein Leiden, für sein Werk, für seine Mühe. Wir sind sein Schatz! Es ist wirklich eine Freudenbotschaft, die wir laut ausrufen können: Denn höre nur, er hat alles für dich eingesetzt. Du bist für ihn sein Schatz, sein Lohn. Du bist an seinem Herzen! Möge dich dieser Gedanke dein Leben lang begleiten – durch den aufwirbelnden Staub, denn wir sind auf dem Weg nach Hause!

Jaimée Seis

26. November

Umwärmungen

*„Von allen Seiten umgibst du mich und hältst
deine Hand über mir."*
Psalm 139,5

Wenn ich zur Arbeit fahre, mache ich das Radio an. Ich lausche der Musik, höre die Nachrichten, manchmal ist auch etwas zum Lachen dabei. An einem Morgen hörte ich eine Andacht über Umwärmungen. Ich stutzte. Hatte ich richtig gehört? Das Wort war mir unbekannt. „Umwärmung" hat etwas mit Wärme zu tun. Die Werbung sagt auch, dass der Mensch etwas Warmes brauche. Ja, etwas Warmes, etwas, was mich wärmt, wenn es draußen kalt ist, etwas, was mir gut tut. Es kann eine warme Suppe sein, ein warmer Tee, eine warme Heizung, an die ich mich anlehne, oder sogar ein warmes Bad, wenn ich durchgefroren bin. Sind die eben genannten Dinge mit „Umwärmung" gemeint?

Wenn mich etwas „umwärmt", so lustig dieses Wort auch klingt, dann umgibt mich etwas Angenehmes. Der Psalmist David sagt in Psalm 139,5: „Von allen Seiten umgibst du mich und hältst deine Hand über mir." Bei diesem Text fühle ich mich auch „umwärmt" – von einem liebenden Gott Vater. Nicht nur dass er mich umgibt, mich einschließt in seine Hand, er hält sie sogar schützend über mir. Er schenkt mir die nötige Geborgenheit, die beste Zuwendung, die liebevollste Umarmung. Ich weiß, er hat mich lieb und ich darf mich in seine liebevollen Arme fallen lassen. Er lässt mich seine Güte spüren, ich darf seine Barmherzigkeit annehmen und mich daran erfreuen.

Wo bekomme ich noch solche guten „Umwärmungen"? Es kann ein guter Freund sein, der zu mir steht, eine Freundin, die mich in den Arm nimmt, mit der ich mich herzlich verbunden weiß, auch wenn es nur am Telefon ist. Es kann ein Mensch sein, der meine Arbeit schätzt und dies durch eine kleine Anerkennung ausdrückt. Ein Lächeln, ein freundliches Wort, ein netter Gruß.

„Umwärmungen" lassen Nähe zu und schenken Vertrautheit. Solche Dinge bleiben in Erinnerung. Manchmal können wir sie auch abrufen, wenn wir das Bedürfnis haben, wieder einmal „umwärmt" zu werden. Diese Wärme tut einfach gut und tröstet.

Ich wünsche dir und mir gerade in diesen kalten Wintertagen viele, schöne und gute „Umwärmungen":
„Umwärmungen" aus der Erinnerung,
„Umwärmungen" in der Gegenwart,
„Umwärmungen" durch Gottes Wort,
„Umwärmungen" durch Gottes Verheißungen,
„Umwärmungen" durch die Gewissheit, dass Gott für uns da ist.

Kathi Heise

27. November

Wartezeit

„Früh am Morgen hörst du mein Rufen, in der Frühe trage ich dir meine Sache vor und warte auf deine Entscheidung."
Psalm 5,4 (GN)

Ich weiß nicht, ob du eine Frühaufsteherin bist oder nicht, aber ich bin es. Ich glaube, dass es daran liegt, dass ich die Stille liebe.

Die Welt scheint Tag für Tag lauter zu werden, und unsere Sinne werden bei jedem Schritt bombardiert. Es ist unsere Aufgabe, Augenblicke der Stille in einer Welt, die von Lärm erfüllt ist, zu finden. Am Morgen fühle ich mich entspannter. Meine Gedanken sind am Anfang des Tages geordneter. Am Morgen finde ich die Stille an meinem liebsten Ort, in meinen eigenen vier Wänden, während die restliche Welt noch schläft. Außerdem gibt es am Ende des Tages Zeiten, wo man meint, keine Kraft mehr zu haben. Man ist müde, erschöpft und freut sich auf einen guten Nachtschlaf.

Der Psalmist rät uns heute, früh am Morgen zu beten und Jesus all unsere Sorgen vorzutragen. Warum am Morgen? Die Sinne sind dann ausgeruht, friedlich und sorgenfrei. Wir sind auch besser imstande, auf Gottes Stimme zu hören. Auch werden wir an die Liebe und den Schutz Gottes für den Tag erinnert.

Aber in diesem Text Davids steckt noch mehr: Warten. Das ist schwer, besonders wenn die Jahre vergehen und unsere Träume und Pläne immer noch nicht erfüllt sind. Wir verbringen einen großen Teil unseres Lebens mit Warten auf Führung. Ein Wörterbuch beschreibt „warten" wie folgt: „Untätig bleiben oder an einer Stelle bleiben, bis etwas Erwartetes passiert; in einem Zustand der Bereitschaft sein." David sagt, „Haste nicht, verzweifle nicht. Bleibe still. Gott weiß, was das Beste ist. Verlass dich auf ihn!" In Erwartung zu harren heißt auf Hebräisch wortwörtlich „aufsehen". Mit Geduld warten, bis eine Antwort von oben kommt, auch wenn Gott dir einen anderen Plan zeigt.

Warten ist schwer, weil sich keiner gerne in Geduld übt. Es gibt überall Druck. Oft haben wir keine Zeit, zu verharren. Aber im geistlichen Leben hilft es, geduldig auf eine Antwort Gottes zu warten. Dadurch wächst unser Glaube. Höre auf denjenigen, der sagt, dass alles gut wird, bete und warte weiter! Gott schläft nicht. Er ist bei dir, wenn du mit deinen Herausforderungen kämpfst. Deshalb solltest du, bevor du aus dem Haus gehst, sagen: „Höre meine Stimme am Morgen, Herr. Früh am Morgen trage ich dir meine Bitten vor und harre in Erwartung."

Raquel Costa Arrais

28. November

Bitte, gib mir einen zusätzlichen Sonntag!

„Ein jegliches hat seine Zeit, und alles Vorhaben unter dem Himmel hat seine Stunde."
Prediger 3,1

Ich saß an meinem Schreibtisch, den Kopf auf meine Hände gestützt, und blickte auf meinen Terminkalender. Ich sah die lange Liste und seufzte. Ich hatte nichts von dem geschafft, was ich tun wollte. Es hatte so viele Unterbrechungen gegeben, die alle sehr wichtig waren, aber viel Zeit kosteten. Ich blickte auf meine Uhr. Es war fast Zeit fürs Mittagessen, und ich hatte erst so wenig erledigt. Woher sollte ich die Zeit nehmen, um alles zu tun, was nötig war? „Was ich diese Woche brauche, ist ein extra Sonntag", dachte ich. Am Sonntag war das Büro geschlossen, und ich konnte ohne Unterbrechungen an schwierigen Dingen arbeiten, bei denen ich mich konzentrieren musste.

„Hoihnu!", rief ich meine Assistentin. „Hast du eines dieser Hefte, die wir benützen, um Vorräte aus dem Lager abzurufen?"

„Ja," sagte sie fröhlich. „Ich bringe es sofort." In einem Augenblick war sie neben mir – mit dem Heft und einem Stift in der Hand. „Was kann ich dir bringen?", fragte sie.

„Bitte, bestelle mir einen zusätzlichen Sonntag für diese Woche!"

Sie sah mich erstaunt an. „Was brauchst du? Ich hab's nicht ganz kapiert."

„Ich brauche diese Woche einen zusätzlichen Sonntag", wiederholte ich. „Bitte, bestelle mir einen!"

Plötzlich wurde ihr klar, dass es sich um einen Spaß handelte. Sie antwortete: „Dafür musst du wohl mit dem Bürovorsteher reden."

Ach ja. Wenn wir bloß mehr Zeit bestellen könnten, wenn wir sie benötigen! Ich sehnte mich nach Abschnitten von ununterbrochener Zeit.

An jenem Abend schrieb ich in mein Gebetsbuch: „Herr, für dich ist Zeit nicht so wichtig. Du hast die ganze Ewigkeit, aber ich habe nur das Jetzt. Für mich ist die Zeit eine Quelle der Ärgernisse, weil ich nicht genug davon habe. Mir kommt vor, als ob mir die Zeit davonliefe." Auf das Papier malte ich eine Uhr mit Beinen, die davonläuft, und eine Strichfigur von einer Frau (ich), die ihr nachläuft. Darunter schrieb ich: „Wenn ich bloß die Zeit anhalten könnte, bis ich all meine Arbeit erledigt habe! Welch ein Traum!"

Und doch hat uns Gott genug Zeit geschenkt, um alles zu tun, was wichtig ist. Ich muss meine Liste der zu erledigenden Dinge jeden Tag zu ihm bringen und ihn um Wegweisung bitten. Es wird genug Zeit für alles geben, was wirklich erledigt werden muss. Wir brauchen keine zusätzlichen Sonntage mehr.

Dorothy Eaton Watts

29. November

Josef in Ägypten

*„Und der Herr war mit Josef, sodass er ein Mann
wurde, dem alles glückte."*
1. Mose 39,2

Mir ist die biblische Geschichte von Josef immer eine Ermutigung gewesen, besonders in schweren Zeiten. Hier meine Kurzfassung der Geschichte: Es war ein Mann, der zwölf Söhne hatte. Aber die älteren Brüder waren neidisch auf Josef, den zweitjüngsten Bruder. Eines Tages ging ihr Neid und Hass so weit, dass sie ihren jüngeren Bruder als Sklaven in ein anderes Land verkauften. Dort wurde er von einer Frau beschuldigt, sie vergewaltigt zu haben, was aber eine Lüge war. Josef landete unschuldig im Gefängnis. Er kam durch Gottes Hilfe wieder frei und sollte Pharao einen Traum deuten. Er versicherte dem Herrscher, dass Gott die Geheimnisse der Träume deuten könne, und machte dadurch Pharao und die Großen des Landes auf den wahren Gott aufmerksam. Gott verkündete durch Josef, was geschehen sollte. Es würden sieben Jahre des Überflusses ins Land ziehen und die Felder würden mehr Getreide tragen als je zuvor. Danach sollten sieben Jahre der Hungersnot folgen, in denen nichts mehr wächst. Aus Dankbarkeit und weil Josef so weise gehandelt hatte, machte der Pharao Josef zum Minister, der rangmäßig dem Herrscher ganz nahe stand.

Wie ist Josefs Erfolg zu erklären? Er übte sein Amt genau und getreu aus. Was immer seine Mitmenschen taten, er blieb seinem Gott treu. Auch wir müssen vor Gott unser Leben in Treue und Vertrauen leben. Der Herr war mit Josef und segnete ihn. Wenn dieser schon Sklave sein musste, dann wollte er der beste sein, den es gab. Deshalb ging es Josef gut, sogar im Gefängnis.

„Gib mir die Gelassenheit, die Dinge anzunehmen, die ich nicht ändern kann, den Mut, die Dinge zu ändern, die ich ändern kann, und die Weisheit, den Unterschied zu erkennen."

Auch uns kann es gut gehen, wenn wir nach obigem Wahlspruch handeln. Gott segnet uns jeden Tag. Seine Gesetze schränken uns nicht ein, wir können frei und in Freude leben.

„Verlass dich auf den Herrn von ganzem Herzen und verlass dich nicht auf deinen Verstand, sondern gedenke an ihn in allen deinen Wegen, so wird er dich recht führen." (Sprüche 3,5.6)

Angelika Schöpf

30. November

Ein sonniger Novembermorgen

*„Herr, öffne mir die Augen, dass ich die herrlichen
Wahrheiten erkenne." Psalm 119,18 (NL)
„Ja, ich will dir den Weg zeigen. Ich will dich mit
meinen Augen leiten."*
Psalm 32,8

Es ist ein wundervoller Novembermorgen. Während ich meinen Wagen durch die Straßen der Stadt lenke, erstrahlt vor mir die Morgensonne und blendet mich. Ich klappe die Sonnenblende herunter. Im selben Augenblick springt die Musikkassette aus dem Radiorekorder, weil sie abgelaufen ist. Automatisch setzt das Radio ein. Der Nachrichtensprecher lenkt mich ab, als ich gerade in eine Kreuzung fahre. Da biegt gleichzeitig aus der Seitenstraße ein Auto in meine Fahrspur ein! Geschockt trete ich auf die Bremse. „Ach, du meine Güte, hat dieser Autofahrer mich denn nicht gesehen?" Doch in der nächsten Sekunde werfe ich einen Blick in den Rückspiegel – und tatsächlich! Neben meiner Straße steht kein karoförmiges Schild, das mir die Vorfahrt geben würde! Ich habe jemandem die Vorfahrt genommen und beinahe einen Unfall verursacht! Erleichtert bedanke ich mich bei meinem himmlischen Vater für seinen Schutz. Ich fühle mich mehr als betreten. Noch dazu, wenn ich mir in Erinnerung rufe, was ich von dem anderen Fahrer dachte. Vermutlich dachte er dasselbe von mir – in seinem Fall zu Recht. Und das alles geschah nur, weil ich geblendet war.

„Oh, Vater", überlege ich. „Es stimmt schon. Wenn ich meine, dass mir andere in den Weg geraten, sollte ich sie nicht zu schnell verurteilen. Vielleicht bin ich diejenige, die ihnen den Weg versperrt." Mit einem Seufzer fahre ich weiter. „Und weißt du, Vater, ich staune, mit welcher Geduld du mich immer wieder dasselbe lehrst."

Mir ist nämlich sehr wohl bewusst, dass ich nicht das erste Mal über einen anderen etwas Falsches gedacht habe. Weil wir nicht so schnell lernen, muss uns der Vater immer wieder durch solche Erfahrungen führen, bis wir es verstehen. Doch er gibt die Hoffnung nicht auf. Er hat mich durch dieses Erlebnis von neuem gelehrt, dass die Dinge ganz anders aussehen, wenn ich mich in die Lage der anderen versetze und ihren Hintergrund bedenke. Dadurch bekomme ich viel mehr Verständnis für meine Mitmenschen.

„Im Grunde genommen trifft das genauso auf dich zu, nicht wahr, mein Vater? Wenn ich versuche, mit deinen Augen zu sehen, beginne ich dich besser zu verstehen. Ich weiß, du möchtest mir die Augen für deinen Blickwinkel öffnen, damit ich dein Wort, die Menschen und die Dinge im richtigen Licht sehe – in deinem Licht."

Und somit hat alles, was geschieht, eine Bedeutung in Gottes besonderen Plan für unser Leben. Nichts ist in seinen Augen sinnlos. Jede Minute ist für ihn wertvoll, jede Einzelheit in unserem Leben ist ein ausgewähltes Werkzeug in seinen Händen, mit dem er uns zu Edelsteinen schleift, um uns in seinem Licht zum Leuchten zu bringen. Und dann werden wir mit seinen Augen sehen... mit den Augen eines Vaters.

Jaimée Seis

1. Dezember

Wer trägt wen?

„Auch bis in euer Alter bin ich derselbe, und ich will euch tragen, bis ihr grau werdet. Ich habe es getan; ich will heben und tragen und erretten."
Jesaja 46,4

„Ein guter Tag," tschilpte der Spatz seiner Spätzin auf dem kahlen Ast der ehrwürdigen Buche zu. „Ja, aber frisch ist es heute", keckerte sie. „Es hat heute Nacht gefroren." „Das werden einige unserer Vogelbrüder nicht überlebt haben." Der Spatz flog vom Baum herunter und hüpfte zu einem dunkelbraunen Bündel hinüber, das reglos auf dem Boden lag. Es war eine Amsel. Sie hielt beide Beine zum Himmel empor. Der Spatz flatterte vorüber und beäugte die Amsel von allen Seiten. Dabei sah er, dass immer noch das Vogelherz klopfte. „He, Amsel!", rief er. „Du bist ja noch am Leben! Großartig! Aber du musst dich bewegen!" Die Amseldame öffnete pikiert die Augen und murmelte: „Stör mich nicht bei meiner Arbeit! Ich habe eine wichtige Aufgabe zu erfüllen." „Wichtige Aufgabe?", piepste der Spatz. „Was könnte das sein?" Er konnte das Rätsel nicht lösen. Er flog zurück auf seinen Ast. „Ich werde nachfragen, bevor du vor Neugierde platzt!", sagte die Spätzin und flatterte hinunter zur reglosen Amsel. „Verehrte Amsel", sagte sie, „gestatte, dass wir dich noch einmal mit unserem Wissensdurst belästigen. Was tust du da? Warum liegst du so unbeweglich auf dem Rücken? Warum streckst du deine Beine nach oben? Du bist ja schon ganz erstarrt und verkrampft? Wozu soll das gut sein?" Die Amsel drehte den Kopf und piepste klagend: „Siehst du das denn nicht? Ich trage den Himmel mit meinen Beinen. Sobald ich meine Beine anziehe, stürzt der Himmel auf uns hernieder." „Wirklich?", staunte die Spätzin. „Das ist ja furchtbar! Der ganze große Himmel ruht auf deinen schwachen Beinen?" „Von wegen schwach", keuchte die Amsel, „meine Beine sind stark und kräftig, sonst könnten sie den Himmel ja nicht halten. Aber ich darf nicht lockerlassen, ich bin dafür verantwortlich, dass der Himmel da oben bleibt." In diesem Augenblick löste sich ein welkes Blatt vom nahen Eichenbaum und fiel raschelnd zur Erde. Die Amsel zuckte zusammen, ihr Fluchtreflex riss sie herum und im Nu war sie auf- und davongeflogen. Die Spätzin spähte nach oben, weil sie sehen wollte, was nun der Himmel machte, so ganz seiner Stütze beraubt ... doch der Himmel blieb fest und unverrückbar an seinem Ort, so wie ihn Gott, der Herr, damals bei der Schöpfung befestigt hatte.

Die kleine Fabel lehrt: Nicht wir tragen den Himmel, sondern der Himmel „trägt" uns. Unsere Verantwortung hat Grenzen, und unsere Beine, ob stark oder schwach, sind in erster Linie dazu da, das eigene Körpergewicht zu bewältigen und uns von einem Ort zum anderen zu bringen. So manche Last wurde uns gar nicht von Gott oder vom „Leben" aufgebürdet. Wir haben sie uns selber aufgeladen, weil es uns an Demut mangelt. Wir überschätzen die eigene Kraft, kennen unsere Grenzen nicht.

Oft fehlt uns auch eine Portion Gelassenheit und Geduld. Wir meinen, alles selbst im Griff haben zu müssen. Diese beiden „Traghilfen" für unseren Alltag können wir uns von Jesus abgucken. Ihm blieben knapp 3,5 Jahre, um die ganze Welt zu erlösen. Trotzdem nahm er sich Tage zum Gespräch mit Freunden, Nächte zum Gespräch mit seinem geliebten Vater im Himmel und immer wieder Stunden zum fröhlichen Spiel mit Kindern.

Sylvia Renz

2. Dezember

Nepal

*„Machet die Tore weit und die Türen der Welt hoch,
dass der König der Ehren einziehe!"* Psalm 24.7
„Der Herr ist groß zu Zion und hoch über alle Völker."
Psalm 99, 2.

Am Morgen bei meiner Andacht denke ich oft an wunderbare Ereignisse, die schon einige Jahre zurückliegen. Gott hat uns gute Erinnerungen geschenkt, die uns keiner rauben kann.

So führten mich die obigen Bibeltexte nach Nepal. Dieses Land gehört zu den höchstgelegenen Ländern und wird als Dach der Welt bezeichnet. Die Asiatische Entwicklungsbank (ADB) in Manila schrieb ein wasserwirtschaftlich-landwirtschaftliches Entwicklungsprojekt in Nepal aus. Unser Beratungsunternehmen war auf diesen Fachgebieten spezialisiert. Wir wagten es, ein entsprechendes Angebot einzureichen. Vor Angebotsabgabe muss man sich gründlich über die bestehenden Verhältnisse informieren. Das Wichtigste ist die Besichtigung des Geländes.

Wir begannen unsere Arbeit in Katmandu mit Gebet. Die Ehefrau eines Kollegen kam eines Mittags strahlend zurück. Sie streckte ihre rechte Hand aus und sagte: „Die werde ich in den nächsten Tagen nicht mehr waschen." Was war geschehen? „Ich habe der Königin mit dieser Hand zum Geburtstag gratuliert", erzählte sie. „Als ich am Königspalast vorbeikam, sah ich, wie sich eine Menschenschlange auf eine in Gold und Silber gekleidete Person zubewegte. Ich stellte mich an, und dann konnte ich der Königin meinen Geburtstagsglückwunsch aussprechen. Sie erwiderte ihn mit einem freundlichen Lächeln und ein paar dankenden Worten."

Ein Höhepunkt unserer Reise war der Flug ins Projektgebiet. Das gecharterte Flugzeug flog in 3500 – 4000 m Höhe parallel an dem gewaltigen Himalajamassiv mit dem Mt. Everest (8848 m) vorbei. Obwohl unsere Flughöhe nicht gering war, erschienen über uns die schneebedeckten Berge des Himalajas viel, viel höher und doch ganz nah. Ich konnte nur dankbar beten: „Machet die Tore weit und die Türen der Welt hoch, dass der König der Ehren einziehe! Der Herr ist groß zu Zion und hoch über alle Völker!" Unter uns sahen wir auf den Bergkuppen kleine Ansiedlungen, während die tief eingeschnittenen Täler unbewohnt waren. Die Ingenieure konnten gut die Oberflächenverhältnisse erkennen, machten Fotos und schrieben Notizen. Mehrmals kreiste das Flugzeug über das Gebiet. Ich betete, damit wir gesund wieder in Katmandu landen würden. Mit Dank an alle Beteiligten und an Gott verließen wir das Flugzeug. Fristgemäß konnten wir das Angebot einreichen. Vom Ergebnis unseres Angebotes hörten wir allerdings nichts mehr. Wir warteten lange, bis eines Tages die schreckliche Meldung eintraf: Die Nachfolger des Königspaares hatten das Königspaar ermordet. Auch die Entwicklungsbank zögerte jetzt mit der Auftragsvergabe.

Auch diese Reise zeigte mir die Gegenwart Gottes in unserem Leben. Er ist groß und hoch über allen Völkern. Wir wissen nicht, was der Tag bringt, aber als seine Kinder können wir uns auf ihn verlassen.

Gundula Gall

3. Dezember

Befreit

*"Rufe mich an in der Not, so will ich dich erretten
und du sollst mich preisen."*
Psalm 50,15

Es war an einem Dienstagabend. Fünf Frauen versammelten sich bei Tee, Adventmusik und Räucherkerzenduft in der Gemeinde, um Bascetta-Sterne zu basteln, die wir am Heiligen Abend im Krankenhaus an die Patienten und die diensthabenden Schwestern und Pfleger verteilen wollten.

Nachdem zwei von uns gegangen waren, blieben wir zu dritt noch recht lange beieinander. Wir führten sehr angeregte Gespräche und waren emsig mit der Fertigstellung der letzten Sterne beschäftigt. Die Zeit vergaßen wir. Als auch für uns die Zeit des Aufbruchs gekommen war und wir mit dem Auto nach Hause fahren wollten, bemerkten wir, dass das Tor geschlossen war. Es schließt sich automatisch um 22:00 Uhr. Aber keiner von uns wusste, wo sich das Schloss des Automatentores befand. Ich hatte zwar einen Generalschlüssel, auch für dieses Tor passend, aber das half jetzt nichts. Ich hatte mich damit nicht weiter befasst und darum nie nachgesehen, wo das Schloss angebracht war. Wir waren jetzt ziemlich ratlos.

Eine von uns zückte das Handy – doch ich meinte, sie solle es wegstecken, Gott würde uns helfen. So beteten wir, dass uns Gott zeigen möge, wie wir das Tor aufbekämen. Es war in dieser Nacht stockfinster, und es regnete. Wir waren froh, dass uns ein kleines 1-LED-Licht einen Stromkasten zeigte, wo ebenfalls ein Schloss eingebaut war. Aber der Schlüssel passte nicht. Meine zwei Mitstreiterinnen probierten nun alle verfügbaren Schlüssel aus, die sie in unserem Gemeindekasten finden konnten. Aber ich stoppte sie und flehte Gott ein zweites Mal an, uns in die richtige Richtung zu führen. Sofort konnte ich wieder klar denken und sagte den beiden, dass dies der falsche Kasten sei. Ich suchte daraufhin oben am Zaun entlang – und tatsächlich wurde ich fündig. Der Weg in die Freiheit war gebahnt.

Wir lobten Gott für seine schnelle Hilfe und dankten ihm.

Ja, Gott hat jederzeit Sprechstunde, auch um Mitternacht, wenn alles schläft. Er will uns gern helfen. Der oben genannte Bibeltext ist eine Verheißung, ein Versprechen Gottes. Wir können diese Hilfe immer in Anspruch nehmen. Aber wie oft denken wir, dass wir es alleine schaffen und quälen uns mit irgendwelchen Dingen ab, obwohl Gott schon in den Startlöchern steht und uns helfen will! Aber wollen wir das? Er wird uns nur das geben, worum wir ihn auch bitten. In seinem Wort heißt es: „Bittet, so wird euch gegeben." (Matthäus 7,7)

Regina Pietsch

4. Dezember

Hast du in letzter Zeit deinen Ölstand überprüft?

*„Deshalb schlaft nicht ein und haltet euch bereit,
denn ihr kennt weder den Tag noch die Stunde
meiner Wiederkehr."*
Matthäus 25,13 (NL)

Es geschah an einem kalten Dezemberabend, als ich, vom Flughafen Atlanta kommend, mit einem Leihwagen auf der Autobahn 75 unterwegs war. Es war eben erst dunkel geworden, als mir bewusst wurde, dass am Auto etwas nicht in Ordnung war. Es machte jedes Mal Krach, wenn ich aufs Gaspedal drückte. Dann leuchtete eine Anzeige auf: „Überprüfe den Ölstand." Da ich es sehr eilig hatte, beschloss ich, die Warnung zu übergehen. Ich wollte nicht zugeben, dass mir größere Probleme bevorstehen könnten. Der Krach wurde immer lauter. Plötzlich sank der Ölstandsanzeiger auf Null. Der Motor starb ab.

Nun hatte ich keine andere Wahl, als auf dem Standstreifen stehen zu bleiben. Schnell erkannte ich, dass ich in großen Schwierigkeiten steckte. Mich überkamen beunruhigende Gedanken. Hier war ich, eine Frau, ganz allein auf einer Autobahn, in einem fremden Land. Es war dunkel. Ich hatte nicht einmal ein brauchbares Handy bei mir. Ich wusste, dass ich etwas unternehmen musste. Darum fing ich an, die Autos, die an mir vorbeirasten, heranzuwinken. Es dauerte nicht lange, bis ein freundliches Ehepaar und gleich danach ein LKW-Fahrer auf meine verzweifelten Gesten reagierten und stehen blieben, um zu sehen, ob alles in Ordnung war. Sie überzeugten mich, dass ich das Auto zurücklassen musste. Doch der LKW-Fahrer war auf dem Weg nach Nashville, Tennessee. In diese Gegend wollte auch ich! Er nahm mich mit und ließ mich genau am Zielort aussteigen.

Später stellte sich heraus, dass ich ein Auto bekommen hatte, das kein Öl mehr enthielt, wodurch ein Motorschaden entstand. Der Ölstandsanzeiger hatte nicht funktioniert und angezeigt, dass alles in Ordnung war!

Dieses Erlebnis erinnerte mich an das Gleichnis Jesu von den zehn Jungfrauen. Gleich den fünf törichten hatte ich es versäumt, zu überprüfen, ob ich genug Öl hatte. Ich wähnte mich im Besitz eines ausreichenden Vorrats.

Auch Satan möchte uns im Glauben wiegen, dass es uns an nichts fehlt und wir uns um unseren täglichen Wandel mit Jesus nicht weiter kümmern müssten. Die fünf klugen Jungfrauen kannten die Quelle ihres Vorrats und vergewisserten sich, dass sie genug Öl hatten. Durch das tägliche Gebet und Bibelstudium können auch wir vom Öl des Heiligen Geistes erfüllt sein.

Dank sei dem Herrn – denn durch ihn können wir die Sünde überwinden. Ich möchte nicht wieder wie die törichten Jungfrauen handeln!

Daniela Weichhold

5. Dezember

Großer Gott – ganz klein

*„(Er) entäußerte sich selbst und nahm Knechtsgestalt an,
ward den Menschen gleich und der Erscheinung nach
als Mensch erkannt. Er erniedrigte sich selbst und ward
gehorsam bis zum Tode, ja zum Tode am Kreuz."*
Philipper 2,7-8

Ich bin im Umzugsstress, doch manchmal sorgt Gott dafür, dass ich trotzdem ein wenig zur Ruhe komme. Beim Sortieren meiner sieben Sachen fiel mir eine Geschichte in die Hände, die mich an etwas erinnerte. Sie wird einigen vielleicht auch bekannt vorkommen.

Ein junger afrikanischer Christ hatte die Angewohnheit, die Predigten in seiner Gemeinde durch ein lautes „Halleluja" zu unterbrechen. Dem Pastor war das lästig, vor allem beim Weihnachtsgottesdienst, denn er erwartete viele Zuhörer. Er rief den Störer zu sich und bat ihn, seine heutige Predigt nicht zu unterbrechen. Er würde ihm ein Paar neue Stiefel schenken, wenn er ruhig bliebe. Der junge Mann ließ sich auf diesen Handel ein.

In seiner Predigt las der Pastor aus der Bibel, wie Christus, der Heiland der Welt, geboren wurde. Er erklärte, was das für uns Menschen bedeutet. Währenddessen rutschte der junge Mann unruhig auf seinem Stuhl hin und her.

Der Pastor erklärte weiter: „Der große Gott ist ganz klein geworden, nicht nur weil er als Säugling in die Welt kam, sondern weil er seine ganze Herrlichkeit aufgab, um schließlich am Kreuz für uns zu sterben."

Da hielt der junge Mann es nicht mehr aus. Er rief in die andächtige Versammlung hinein: „Stiefel hin, Stiefel her: Halleluja, gelobt sei Jesus Christus!"

Lassen wir uns von unseren „Stiefeln" davon abhalten, Gott zu loben und ihm zu danken? Gott sorgt für uns, er gibt das, was wir am nötigsten brauchen, zur rechten Zeit. Dafür sollen wir ihm jeden Tag dankbar sein.

Rosemarie Müller

6. Dezember

Die rote Amaryllis

„Betet den Herrn in seiner heiligen Herrlichkeit an."
1. Chronik 16,29 b (NL)

In der Vorweihnachtszeit schmücke ich mein Wohnzimmer gern mit einer knallroten Amaryllis. Das sind hohe, elegante Pflanzen mit riesigen Blüten, etwa 20 cm im Durchmesser. Wenn sie verblüht sind, vergrabe ich die Zwiebeln draußen im Garten und kann mich jedes Frühjahr über weitere Blüten freuen.

Letztes Jahr kaufte ich Anfang Dezember eine Amarylliszwiebel, deren Triebe etwa 15 cm hoch waren. Ich wusste, dass ich bis Weihnachten oder spätestens Neujahr mehrere schöne, große Blüten haben würde. Ich stellte den Topf in das helle Sonnenlicht. Wie erwartet wurde ich vor Weihnachten mit vier riesigen Blüten und zwei weiteren im Januar belohnt. Ich hatte aber über die Feiertage so viel zu tun, dass ich mir nicht die Zeit nahm, die Pflanze gelegentlich zu gießen. Das holte ich im Januar nach. Ich betrachtete die wunderschönen Blüten etwas genauer im Sonnenlicht und stellte etwas fest, was ich noch nie vorher gesehen hatte. Die Blütenblätter sahen aus, als ob sie mit rotem Glitzer überpudert wären, ähnlich den Stoffen mit Metallfäden, aus denen man zuweilen Frauenkleider herstellt.

Ich war über meine Entdeckung so erstaunt, dass ich lange und ungläubig die Pflanze betrachtete. Ich machte Fotos, um das glitzernde Phänomen für andere festzuhalten. Ich hatte viele Jahre lang zu Weihnachten rote Amaryllis gezüchtet, aber mir nie die Zeit genommen, sie genauer bei Sonnenlicht anzusehen. Erst jetzt erkannte ich ihre wahre Schönheit und die verborgenen Schätze, die nur bei Betrachtung im Licht sichtbar werden.

Mir fiel ein, dass Gott durch die Schöpfung viel von sich offenbart. Irgendwie ist es wie mit der Amaryllis. Je besser wir ihn kennenlernen, desto mehr Einzelheiten seines himmlischen Wesens können wir entdecken. Nur wenn wir uns die Zeit nehmen, eine enge Beziehung zu ihm aufzubauen, begreifen wir allmählich, welch wunderbarem Gott wir dienen.

Gott belohnt uns, wenn wir uns jeden Tag die Zeit nehmen, um die Herrlichkeit und Strahlkraft seines Wesens zu bestaunen. Er wird uns nicht enttäuschen, wenn wir uns ihm zuwenden.

Carla Baker

7. Dezember

Trost finden

*„Siehe, um Trost war mir sehr bange. Du aber hast
dich meiner Seele herzlich angenommen, dass sie nicht
verdürbe; denn du wirfst alle meine Sünden hinter dich."*
Jesaja 38,17

Fast am Ende eines langen Arbeitslebens hatten mein Mann und ich den Entschluss gefasst, noch einmal aufzubrechen und neu anzufangen. Immer war es schon unser Wunsch gewesen, im Ausland zu arbeiten. Skandinavien war unser „Traumziel". Ziemlich rasch bot sich für meinen Mann die Möglichkeit, eine Stelle in Norwegen anzutreten. Wir fuhren dorthin, um uns den Arbeitsplatz und die Umgebung anzusehen. Was wir dort sahen, gefiel uns sehr – die herrliche Natur, die Arbeitsstelle und die Wohnmöglichkeiten.

Dann war alles geschafft. In der alten Heimat war alles geordnet, der Umzug vorbei, das Einrichten der neuen Wohnung abgeschlossen. Schließlich fanden wir uns in der neuen Umgebung auch schon zurecht. Ich besuchte die Sprachschule und richtete mich in meinem Alltag ein. Es lagen aufregende Monate hinter mir. Kaum gab es Zeit zum Nachdenken oder Nachfühlen. Dann aber, wie aus heiterem Himmel, machte sich in mir eine Traurigkeit und Schwere breit, die ich mir nicht erklären konnte. Ich sprach mit Gott im Gebet darüber. Ich sprach mit ihm in meinen Gedanken. Ich suchte eine Antwort beim Bibellesen. Die Traurigkeit aber blieb, sie verlangsamte meine Schritte, und schon der kleine Anstieg zur Bushaltestelle war wie ein großer Berg. Es war doch alles gut, ich war zufrieden, unser Ziel war erreicht. Gut, während all dieser aufregenden Zeit hatte ich nicht Zeit genug für Gott gehabt. Meine Gedanken waren in Anspruch genommen von allen Dingen, die getan werden mussten. Ich hatte mich von Gott entfernt, ihn aber nicht wirklich vergessen.

Als ich eines Tages auf den Bus wartete und meinen Gedanken nachhing, drang die Sonne durch die Wolken. Ich wurde von den Strahlen geblendet und trat ein wenig zur Seite, um besser sehen zu können. Die Sonnenstrahlen glitzerten auf dem Wasser des Fjords, der nur eine Straßenbreite von mir entfernt war. Sie fielen auf die Bergkette, die den Fjord umgaben, und tauchten alles in ein wunderschönes Licht. Es war ein herrliches Bild. Ein leichter Wind streifte mich, und ein Gedanke ging mir durch den Kopf: Das ist Gottes Trost für mich. Er hat mir verziehen, denn er wirft meine Sünden hinter sich. Er ist es, der mich tröstet und sich meiner herzlich annimmt. Gott ist für mich da und tröstet wirklich. Ich fühlte mich viel besser. Jeden Tag dachte ich an Gottes Trost und seine Fürsorge. Allmählich verließ mich die Traurigkeit.

Es blieb aber die Gewohnheit, die Natur um mich herum bewusst als Gottes Trost anzusehen.

Ruth Wittwer

8. Dezember

Eine lockere Verbindung

„Wer den Sohn hat, der hat das Leben; wer den Sohn Gottes nicht hat, der hat das Leben nicht."
1. Johannes 5,12

Ich habe den Eindruck, dass ich von einem Traum erzählen sollte, der mich heute Morgen weckte. Ich habe immer viele Träume gehabt, meistens ohne besondere Bedeutung. Bis vor wenigen Jahren konnte ich mich immer an sie erinnern, wenn ich aufwachte. Dann fingen sie zu verschwimmen an, sobald ich die Augen aufmachte. „Ich werde eben alt", dachte ich, „und mein Gedächtnis ist nicht mehr so gut wie früher." Aber in letzter Zeit sind meine Träume sehr deutlich gewesen und haben einen bleibenden Eindruck hinterlassen. Der Traum der letzten Nacht war ein solcher. Darin erschien Jesus, um seine treuen Kinder zu sich zu holen – und er nahm mich nicht mit.

Weil du nun Vermutungen über mein sündiges Leben anstellen könntest, ist eine kurze Erklärung vonnöten. Ich war mehr als 50 Jahre lang ein glücklicher, bekennender Christ und die meiste Zeit die Frau eines Pastors. Meine Familie wuchs in der Gemeinde auf. Die Kinder, mit Adventisten verheiratet, erziehen wiederum ihre Kinder in der Gemeinde. Ich war immer sehr tätig und habe versucht, die Verantwortung für meine Familie mit den verschiedenen Aufgaben in der Gemeinde in Einklang zu bringen. Aber heute muss ich ernsthaft über meinen Seelenzustand nachdenken – Jesus kam und nahm mich nicht mit.

Bin ich wie der Pharisäer, der in den Tempel ging, um zu beten, und Gott nahm sein Gebet nicht an, weil er so selbstgefällig war? Ich glaube nicht, obschon ich mir über die unterbewussten Tiefen meines Wesens Gedanken mache.

Bin ich wie eine der törichten Jungfrauen aus Matthäus 25? Es könnte sein; es könnte wirklich sein. Sie waren treue Gemeindeglieder, die auf die Wiederkunft Jesu warteten. Sie hatten ihre Lampen (das Wort Gottes), und diese waren mit Öl (dem Heiligen Geist) gefüllt, da ihre Lampen brannten und leuchteten. Was ging da schief? Mit der Zeit wurde ihr Ölvorrat weniger. Als die kritische Zeit gekommen war, ging ihr Licht aus. Bis ihnen ihre Notlage bewusst wurde, war es zu spät, um Abhilfe zu schaffen. Die Tür war zu, und sie blieben draußen.

Laut unserem Bibeltext ist Jesus bereit, in unserem Herzen durch den Glauben zu leben. Wir können es uns nicht leisten, die Verbindung locker zu lassen.

Lieber Vater, ich bin zutiefst dankbar, dass du mich, diese törichte Jungfrau, heute Morgen aufgerüttelt hast. Mache mir ständig klar, dass ein Leben im Dienst für dich keinen Wert in sich hat. Es muss immer in Verbindung mit dir bleiben – durch deinen innewohnenden Geist.

Revel Papaioannou

9. Dezember

Mein Sorgenglas

„Ich möchte aber, dass ihr ohne Sorge seid."
1. Korinther 7,32

Es war wieder einmal Zeit für ein Frauenwochenende. Das Thema der Referentin lautete: „Woher nehme ich die Kraft für den Alltag?" Sie verwies auf viele Möglichkeiten, wie wir auftanken können – u.a. können wir aus den Erfahrungen der Familie und den damit verbundenen Erinnerungen Kraft schöpfen. Sie zeigte uns einen Korb voller Habseligkeiten: eine Konzert- oder Theaterkarte, die einem nette Gedanken beschert, eine schöne Geburtstagskarte, einen schönen Spruch, einen kleinen Stein und viele andere Dinge, die einen aufleben lassen. Dazu braucht man für die stille Zeit ein kleines Eck im Haus, wo man ungestört verweilen kann. Das Gebet darf natürlich nicht fehlen. Es ist für uns eine Kraftquelle, die nie versiegt. Luther nahm sich, wenn er viel zu tun hatte, noch mehr Zeit zum Beten.

Am Sonntagmorgen hatte die Referentin etwas ganz Besonderes mit uns vor. Bei der Teilnahmebestätigung stand, dass wir ein leeres Marmeladeglas mitbringen sollten. Wollte sie mit uns Süßes einkochen? Diese Frage beschäftigte viele Frauen. In ihrer Arbeitsgruppe sollten wir den Deckel des Glases schön verzieren. Jede Frau durfte ihn individuell mit Emailfarbe gestalten. Das hatte eine besondere Bedeutung. Denn dieses Glas sollte ein Sorgenglas werden. Es war dafür gedacht, alle unsere Schwierigkeiten, Anliegen, Nöte, Fürbitten und Gebete vor Gott zu bringen, damit er sich dieser Anliegen annehme. Der Deckel kam darauf, und wir sollten lernen, alles an Gott abzugeben. Manche führen ein Gebetstagebuch, andere haben Gebetslisten, ich habe mein Sorgenglas.

Ich verwende es seit dieser Tagung noch immer. Ich habe gute Erfahrungen gemacht, denn Gott hat viele Wünsche erfüllt und ich konnte sie „entsorgen". Ich habe dadurch gelernt, alles an ihn abzugeben. Der Deckel kommt darauf, und ich kann sagen: „Herr, jetzt kümmerst du dich darum. Amen." Da ich etwas vergesslich bin, kommt mir dieses Sorgenglas ganz gelegen. Besonders wenn mich Menschen bitten, mit ihnen und für sie zu beten, gerät nichts in Vergessenheit, weil ich es schon an Gott abgegeben habe. Es wundert die Leute oft, wenn ich sage: „Ich werde dich in mein Sorgenglas stecken." Während meiner Morgenandacht erinnere ich Gott an dessen Inhalt, da er ja besser weiß, was alles darinnen ist und wie und wann er die Bitten erfüllen will.

Der Herr, unser Gott, ist allmächtig und allwissend, er richtet alles zum Besten. Hier erfüllt sich der Bibelvers aus 2. Mose 14,14: „Der Herr wird für euch streiten, und ihr werdet stille sein." Dieses Stillesein ist auch ein Atemholen, Kraft für den Alltag. Ich brauche mich um nichts zu kümmern, er sorgt für mich.

Paulus wünschte sich für die Korinther, dass sie ohne Sorgen seien. Der Heiland selbst sagte, dass wir uns um den nächsten Tag nicht sorgen sollten (Matthäus 6,34). „Alle eure Sorgen werft auf ihn, er sorgt für euch." (1. Petrus 5,7) Was kann es Besseres dafür geben als das Sorgenglas!

Kathi Heise

10. Dezember

Stolperbretter

*„Der Herr sagt: Schaufelt fleißig und baut eine glatte Straße!
Bahnt meinem Volk einen Weg ohne Hindernisse!"*
Jesaja 57,14 (NL)

Als mein Enkel Gabriel etwa 2 Jahre alt war, sagte er etwas, was mich tief beeindruckte. Er wollte wieder einmal ein biblisches Video ansehen. Wir waren auf dem Weg ins Wohnzimmer. Er lief, so schnell ihn seine Beinchen tragen konnten. Als er zur Stufe von der Küche ins Wohnzimmer kam, stolperte er und fiel hin. Ich nahm ihn auf meinen Schoß und versuchte, ihm den Schmerz zu lindern und ihn zu trösten. „Ach, Oma", jammerte er, „ich will in den Himmel gehen." Als ich ihn nach dem Grund fragte, sagte er: „Im Himmel gibt es keine Bretter, über die ich stolpern und fallen kann."

Ich musste schmunzeln. Und doch dachte ich über seine Worte nach und freute mich, dass er so eine freudige Einstellung zum Himmel hatte.

Wie oft sind wir gestolpert und gefallen? Wir liegen auf dem Boden, verletzt, schmerzerfüllt, gedemütigt und unfähig, selber aufzustehen. Oft benützen wir nur unsere eigene Kraft und können nicht wieder aufstehen. Wir bleiben liegen und bedauern unsere Lage. Wir vergessen Jesus. Nur er kann uns wieder aufrichten – er kann die „Bretter" entfernen, die uns stolpern und fallen ließen.

In unserem täglichen Kampf werden wir von vielen Dingen zu Fall gebracht. Aber wenn wir Jesu Hand festhalten, werden wir nicht fallen. Er ist unsere Kraft, unser treuer Führer in schwierigen Zeiten. Jesus macht unsere Wege eben, entfernt Hindernisse, kühlt die Hitze des Tages, wärmt die Kälte der Nacht und vertreibt dunkle Wolken. Er ist das Licht am Ende des Tunnels. Er ist die Lösung für alles in unserem Leben. An seiner Seite haben wir nichts zu befürchten.

Er wird uns nicht im Stich lassen. Gewiss wird er kommen, um uns zu retten und unsere Wunden zu lindern. Jesus liebt uns. Er möchte uns in seiner ewigen Heimat sehen, wo es nichts mehr gibt, was uns zu Fall bringt. Dort werden wir in Ewigkeit vor unserem Heiland stehen.

Lieber Herr Jesus, nimm uns heute an deine Hand – lass uns nicht fallen! Schenke uns Kraft in unserer Schwäche. Nimm uns zu dir in den Himmel, wo uns nichts mehr zum Stolpern bringen kann. Amen!

Aparecida Bomfim Dornelles

11. Dezember

Hör zu

„Darauf sagte Jesus: Kommt, wir ziehen uns an einen einsamen Ort zurück, wo ihr euch ausruhen könnt."
Markus 6,31 (NL)

Wenn du dich heute überfordert fühlst, bist du nicht allein. Die Evangelien berichten uns, dass Jesus ab und zu seinen Jüngern riet, sich von der Menschenmenge zu entfernen, um für eine Weile Ruhe zu finden. In meinem hektischen Zeitplan erkenne ich, wie sehr ich ebenfalls eine Zeit der Ruhe und Stille benötige. Während dieser Zeiten spricht Gott zu meiner Seele, erleuchtet mein Herz und zeigt meine Sünden auf. Ich brauche seine Worte der Liebe und Gnade, wenn er meine Fehler berichtigt. Ich brauche seine Worte der Hoffnung und Heilung, wenn ich meinen Ängsten gegenüberstehe. Ich brauche seine Stimme, die sagt: „Raquel, ich bin der Weg und die Wahrheit und das Leben'" (Johannes 14,6)

Wir sollten lernen, der stillen Wahrheit zu vertrauen, die aus dem Wort Gottes kommt. Wir müssen lernen, unser Ohr dem Flüstern des Heiligen Geistes zu leihen. Wir müssen begreifen, was es heißt, sich in die Gegenwart Gottes zurückzuziehen. Je mehr Zeit wir in seiner Gegenwart verbringen, desto mehr werden wir erkennen, dass wir es nötig haben, ihm die volle Herrschaft über alle Bereiche unseres Lebens zu übertragen.

Wenn wir das Leben Jesu betrachten, erkennen wir, dass er eine sehr enge Beziehung zum Vater pflegte. Das war das Geheimnis seines Lebens. In der Gemeinschaft mit Gott nahm Jesus die Gelegenheit wahr, sich auf seine Aufgabe auszurichten und erfrischt zu werden. Wir sollten auch in der Gegenwart des Vaters leben. Das bedeutet, sich für Gott Zeit zu nehmen. Alles fließt aus dieser Beziehung. Nicht aus dem, was wir tun, sondern aus dem, was wir in ihm sind.

In manchen Morgenstunden bin ich so von meinen vielen Verantwortungsbereichen überwältigt, dass meine stille Zeit mit Gott auf später verschoben wird. Aber Gott ist so gut zu mir. Er hat immer eine freundliche Art, um meine Arbeit zu unterbrechen und mich wieder für eine Weile zur Ruhe zu rufen.

Als Jesus die Worte unseres heutigen Bibeltextes zum ersten Mal sprach, geschah dies kurz, nachdem die Jünger vom Tod Johannes des Täufers, ihres Freundes, erfahren hatten. Hinsichtlich unseres eigenen Lebens scheint es, als ob Jesus dir und mir eine persönliche Einladung ausspräche. „Kommt zu mir! Ich will euch Ruhe schenken!"

Ruhe. Ist es nicht wunderbar, einen Gott zu haben, der uns einlädt, mit ihm und in ihm zu ruhen? Bist du bereit, diese Einladung anzunehmen?

Raquel Queiroz Costa Arrais

12. Dezember

Erschütterungen des Lebens

*„Doch auch wenn die Feigenbäume noch keine
Blüten tragen und die Weinstöcke noch keine Trauben,
obwohl die Olivenernte spärlich ausfällt und auf unseren
Kornfeldern kein Getreide wächst, ja selbst wenn die
Schafhürden und Viehställe leer stehen, will ich mich
trotzdem über meinen Herrn freuen und will jubeln.
Denn Gott ist mein Heil!
Der Herr, der Allmächtige, ist meine Kraft!
Mit ihm kann ich so sicher wie eine Gazelle
über die Felsen springen und
wohlbehalten die Berge überqueren."*
Habakuk 3,17-19

Das Leben ist wie ein Flug von einem Ort zum anderen. Manchmal verläuft der Flug glatt und ohne Turbulenzen. Man fühlt sich gut und glücklich. Auf anderen Flügen erlebt man Erschütterungen, die einen das Fürchten lehren. Vor einiger Zeit flog ich von Johannesburg nach Washington, D.C. Das ist ein 18-stündiger Flug mit nur einer Zwischenlandung. 10 Stunden lang lief alles glatt; die restlichen 8 Stunden waren furchtbar und machten mir Angst. Ich betete innig, dass Gott das Flugzeug bewahren und sicher nach Washington bringen sollte. Er tat genau das, obschon er schwere Turbulenzen zuließ. Wie sieht es in unserem Leben aus?

Auf dem eben erwähnten Flug kehrte ich aus Sambia, meinem Heimatland, zurück. Während meines zweiwöchigen Aufenthalts hatte ich meine kranke Schwester gepflegt. Es war schmerzhaft, zu sehen, wie sich ihr Zustand täglich verschlechterte. Ich bat meine Mutter an ihr Bett. Als sie den Zustand meiner Schwester, ihres dritten Kindes, sah, stieg ihr Blutdruck plötzlich an. Am nächsten Tag konnte sie ihr linkes Bein nicht mehr bewegen. Im Krankenhaus wurde uns gesagt, dass sie einen Schlaganfall erlitten habe. Nun, Herr, dachte ich, das ist zu viel für mich. Meine Schwester ist krank und meine Mutter hatte einen Schlaganfall. Wie soll ich damit klarkommen? Nach vier Tagen starb meine Schwester. Meiner Mutter ging es so schlecht, dass sie nicht zur Beerdigung ihrer Tochter kommen konnte. Das waren die Turbulenzen meines Lebens.

Als ich an all diese Dinge dachte, suchte ich einen Bibeltext, der mir Mut geben sollte, um weiterzuleben. Da stieß ich auf Habakuk 3,17-19.

Trotz aller Erschütterungen in deinem Leben möchte ich dir zurufen: Halte durch und sei gewiss, dass es ein Morgen gibt und Gott bei dir ist – bis wir die himmlische Heimat erblicken.

Judith Mwansa

13. Dezember

Die Rose

*„Der Herr ist nahe denen, die zerbrochenen Herzens sind,
und er hilft denen, die ein zerschlagenes Gemüt haben."*
Psalm 34,19

Es gibt sie, die dunklen Täler im Leben. Da ist das Licht ganz weit weg, kein Schimmer ist zu sehen – alles ist schwarz vor den Augen. Da gibt es keinen, der Trost spendet und Lasten teilt.
 Es war ein Freitag mitten im kalten Winter, und ich kam von einem Termin zurück. Ich hatte eine persönliche Entscheidung zu treffen, die mir schwer zu schaffen machte. Je mehr Informationen ich einholte, desto schwieriger gestaltete sich die Sache. Im Gebet rang ich mit Gott und wälzte Argumente hin und her. Ich hatte Angst vor den möglichen Folgen und wünschte mir dringend Anteilnahme.
 Ich schlenderte zum Auto zurück. Die Angst saß mir tief in den Knochen. Ich war den Tränen nahe. Im Gebet klagte ich Gott an: „Gott, warum ich? Ist das Leben nicht schon schwer genug? Was, wenn da etwas schief geht? Kannst du mir nicht helfen? Ich will unter diesen Umständen nicht mehr weiterleben!" Auf dem Weg nach Hause wollte ich noch einkaufen. Ich fuhr auf den Parkplatz und fand eine eben frei gewordene Lücke. Missmutig nahm ich mir einen Einkaufswagen. „Gott, warum lässt du mich so allein? Warum versteht mich keiner? Die Entscheidung macht mir Angst." Schnell nahm ich ein paar Lebensmittel aus den Regalen und legte sie in den Wagen. „Wenn du mich schon in diese Lage führst, kannst du mich doch wenigstens trösten! Du hast das doch versprochen! Du hilfst den Traurigen!" Ich stellte mich an der Kasse an. „Herr, schick mir einen Engel, der mich in den Arm nimmt! Das kannst du doch! Schick einfach irgendjemanden, der mich tröstet. Ich bin so verzweifelt und allein!" Ich zahlte und machte mich auf den Weg zum Parkplatz. Als ich bei meinem Auto ankam, wollte ich den Schlüssel ins Schloss stecken, da fiel mein Blick auf die Heckscheibe. Da lag sie, die rote Rose, mitten auf meinem Kofferraum. Ich konnte sie gar nicht übersehen. Sofort blickte ich zu den anderen Autos, vermutete ich doch einen Werbegag. Nichts. Dann sah ich mich vorsichtig um. Vielleicht wollte sich jemand einen Spaß mit mir machen. Aber da war niemand. Nur die Rose. Mir kamen die Tränen, diesmal aus Dankbarkeit. Mir war klar: Die Blume hat mir Gott mitten im Winter geschenkt, um mich zu trösten und mir zu sagen: Ich liebe dich! Ich bin mit dir und führe dich, auch wenn du das jetzt nicht fühlst.
 Diese Begebenheit hat mir unheimlich viel Trost und Kraft geschenkt. Meine Schwierigkeiten sind damit nicht gelöst, doch ich weiß, Gott ist da. Ihm ist mein Kummer nicht gleichgültig, er versteht und tröstet mich auch. Ich habe diese Rose getrocknet und als Zeichen der Erinnerung aufbewahrt. Der Psalm 34 geht nämlich noch weiter: „Der Gerechte muss viel erleiden, aber aus all dem hilft ihm der Herr." Halleluja!

Claudia Mohr

14. Dezember

Was für ein Gott!

*„Wer ist wie der Herr, unser Gott, der hoch oben thront
in der Höhe, der in die Tiefe hinabschaut auf den
Himmel und auf die Erde?"*
Psalm 113,5.6 (NL)

Ich habe die letzten drei Stunden in einem Hotelzimmer in Athen verbracht und die schöne, ruhige Ägäis betrachtet. Wir sind gerade von einer Kreuzfahrt um die griechischen Inseln zurückgekehrt.

Das Meer hat mich schon immer in seinen Bann gezogen. An dem Tag, als wir an Bord gingen, dachte ich an Schiffe, die in Seenot geraten, an Stürme und Seebeben, an Geschichten über Menschen, die über Bord gingen, und über menschliche Navigationsfehler. Ich flüsterte ein Gebet zu dem, der die Meere erschuf und Stürme stillte. Ich bat um seinen Schutz. Danach konnte ich das Schiff betreten, fest vertrauend, dass alles gut werden würde. Unsere Reise verlief ereignislos, außer in einer Nacht, in der das Meer etwas stürmisch wurde – da wurde mein Glaube geprüft. Vielleicht hatte ich alles wiederum als selbstverständlich angesehen. Darum flüsterte ich wieder ein Gebet. Wir überstanden alles bestens.

Ich war aber auch von unseren Landausflügen begeistert. Wir besuchten die felsige, kahle Insel Patmos. Unser Reiseleiter erzählte uns, dass man Wasser mit dem Schiff dorthin bringen müsse, da es so wenig Regen gebe. Ich wunderte mich, wie Johannes seine Verbannung auf einer beinahe unbewohnbaren Insel überleben konnte. Wir besuchten die Höhle, von der angenommen wird, dass Johannes darin lebte, und staunten über seine Ausdauer.

Den Areopag, wo Paulus zuerst predigte, beschrieb unser Reiseleiter als die Wiege des Christentums in Athen. Diese Erinnerung an die Missionsreise des Paulus wird immer wach bleiben.

Dagegen stehen auf Rhodos nur noch zwei Säulen, Reste jenes Kolosses, der einst als eines der sieben Weltwunder der Antike galt. Diese 35 Meter hohe Statue wurde durch ein Erdbeben im Jahr 226 v. Chr. zerstört.

Während ich auf das Meer blicke, denke ich darüber nach, wie umfassend Gott diese Welt in seinen Händen hält. Er schafft, erhält und zerstört. Er herrscht über Winde und Wellen und behütet die kleinsten Inseln im größten Meer. Er bewahrt Orte wie die Höhle des Johannes oder den Areopag, damit wir seiner nicht vergessen. Es ist aber eigentümlich, dass der Koloss, der für unsere Erlösung keine Bedeutung hatte, nicht mehr besteht. Welch einem weisen und ehrfurchtgebietenden Gott wir doch dienen!

Cecelia Grant

15. Dezember

Was wäre, wenn Jesus zu Besuch käme?

„Heute muss ich in dein Haus einkehren."
Lukas 19,5

Die Geschichte von Zachäus ist immer wieder erstaunlich. Ein Zollbeamter hohen Ranges saß auf einem Baum! Was machte er dort? Da er von kleiner Statur war, konnte er sich den besten Überblick nur in der Krone eines Baumes vorstellen. Ja, er hatte von Jesus gehört und wollte ihn persönlich kennenlernen. Wer diesen Wunsch im Herzen verspürt, wird alles daransetzen, um ihm zu begegnen. Jesus kam des Weges und entdeckte den neugierigen Mann im Baum. Er winkte ihm zu und sagte vor allen Anwesenden: „Zachäus, komm herunter, denn ich möchte heute bei dir einkehren!" Er lud sich somit selber ein. Die Reaktion des Zachäus zeigt, dass er sich über diesen Besuch freute. „Er nahm ihn auf mit Freuden." (Lukas 19,5)

Ich stelle mir vor, wie mir zumute wäre, wenn Jesus ohne Voranmeldung bei mir vor der Tür stünde. Wir sind ja kaum noch gewohnt, unerwarteten Besuch zu empfangen. Würde sich Jesus bei mir wohlfühlen? Würde ich ihm offen begegnen können, weil er sich nicht vorher angemeldet hat? Vor ein paar Wochen war ich mit dem Aufräumen beschäftigt. Vor und nach einer Reise ist es bei mir immer ganz schlimm. In dieser Zeit klingelte es an der Tür. Ich konnte nicht sofort öffnen, weil ich nicht wusste, wer es war. Ich wollte wenigstens im Wohnzimmer noch schnell etwas wegräumen. Deshalb schnappte ich etliche Sachen und trug sie ins Gästezimmer. Dann erst öffnete ich die Tür. Es war zum Glück nur meine Schwester.

Was wäre gewesen, wenn Jesus zu Besuch gekommen wäre? Diese Frage beschäftigte mich. Könnte ich ihm alle Zimmer zeigen? Oder müsste ich noch manches wegräumen, was er nicht sehen darf? Wie würde er reagieren, wenn er mein Bücherregal durchschauen würde? Was für einen Eindruck hätte er von der Musik, die ich höre, oder von dem, was ich mir so anschaue?

In Wirklichkeit braucht Jesus nicht erst an der Tür zu klingeln, um zu sehen, wie es bei mir und dir aussieht. Er kennt alle unsere Verhältnisse, deine und meine. Er weiß Bescheid und kennt die Wünsche und Sehnsüchte unseres Herzens. Er weiß, was bei uns an erster Stelle steht. Er kennt unsere Gedanken von ferne, ob gut oder böse. Unser Erlöser weiß, wie wenig Platz wir Christen ihm einräumen.

Hast du keinen Raum für Jesus, sieh, er will dein Heiland sein. Horch, er klopft an deiner Türe / Sünder, lässt du ihn nicht ein? (WLG)

Jesus ist bereit, uns beim Aufräumen zu helfen, wenn wir ihn mit Freuden aufnehmen. Die Einkehr bei Zachäus veränderte dessen Leben grundlegend. Eine ehrliche Begegnung mit Jesus wird auch unser Leben zum Guten verändern – wenn wir es zulassen.

Kathi Heise

16. Dezember

Eine Karte für die Reise

*„Du wirst mir den Weg zum Leben zeigen und mir die
Freude deiner Gegenwart schenken. Aus deiner Hand
kommt mir ewiges Glück."*
Psalm 16,11 (NL)

Der große LKW fuhr schneller. Darum gab auch ich Gas und blieb hinter ihm, damit sich kein weiteres Fahrzeug zwischen den LKW und meinen Buick quetschen konnte. Ich wollte nicht drängeln, aber sicher sein, dass ich das Zeichen, rechts abzubiegen, erkenne, wenn er es mir gab. Ich hatte mich nämlich verfahren und musste mich jetzt auf den freundlichen LKW-Fahrer verlassen, der meine traurige Geschichte an der Tankstelle mit angehört hatte, wo ich nach dem Weg fragte. „Ich fahre in diese Richtung. Folgen Sie mir ganz einfach!", schlug er vor. Indem ich ihm folgte, erreichte ich mein Ziel pünktlich.

Im Laufe der Zeit habe ich die Kunst, mich zu verfahren, zur Perfektion entwickelt. Sogar die Routenplaner im Internet (die ich jetzt regelmäßig in Anspruch nehme) sind keine Garantie dafür, dass ich mein Ziel ohne falsche Abbiegungen erreiche. Wenn ich an einem mir fremden Ort unterwegs bin, ist es wahrscheinlich, dass ich mich wenigstens einmal verfahre. Ich scheine nicht in diese moderne Welt zu passen, wo alle mit halsbrecherischem Tempo nach irgendwo unterwegs sind. Mein ältester Sohn, dem mein schlechter Orientierungssinn bekannt ist, wurde ungeduldig. „Mama, besorge dir eine Landkarte!" Er ist Makler und kennt sich mit solchen Karten bestens aus.

Ich weiß natürlich auch, wie wertvoll eine Karte sein kann, obwohl ich damit nicht gut umgehen kann. Ich habe beobachtet, dass andere das meisterhaft beherrschen. Als wir als Frauengruppe von Maryland nach Neu-England zu einem Frauenkongress fuhren, verpassten wir die Auffahrt zur Autobahn nach Massachusetts. Aber Peggy, unsere Fahrerin, hatte eine Straßenkarte bei sich, die sie sofort zu Rate zog. Obwohl wir einen großen Umweg gemacht hatten, fand sie schnell wieder auf die richtige Straße.

Das Leben ist eine Reise. Für diejenigen, die erfolgreich das Ziel erreichen wollen, ist der Ratschlag äußerst wichtig: Besorge dir eine Straßenkarte! In der Bibel steht alles verzeichnet, und unser Herr selbst ist bereit, uns den richtigen Weg zu weisen. Diese Karte wird uns davor bewahren, im Wirrwarr der widersprüchlichen Werte der Welt verloren zu gehen. Wenn wir sie aufschlagen, erkennen wir, dass uns der große Kartograph eine umfassende Beschreibung des Gebietes gegeben hat, das wir überqueren müssen. Wenn wir auf ihn achten, hören wir, wie er uns sagt: „Ich gehe in diese Richtung. Folge mir!" Wenn wir das tun, werden wir freudig dort ankommen, wohin wir gehen wollen.

Judith P. Nembhard

17. Dezember

Nachhaltigkeit im Glaubensleben

*„Lehre dein Kind, den richtigen Weg zu wählen,
und wenn es älter ist, wird es auf diesem Weg bleiben."*
Sprüche 22, 6 (NL)

Ob in der Kosmetikwerbung, in der Tagespresse oder in Fachzeitschriften, überall liest man den Begriff Nachhaltigkeit. Vereinfacht heißt das, dass wir heute schon im Blick auf morgen denken und handeln. Damit ist Nachhaltigkeit ein Thema, das uns alle betrifft. Aber gibt es auch eine Nachhaltigkeit im Glaubensleben?

Ich wuchs in einem Mehrfamilienhaus in einer Kleinstadt auf. Zu meiner Uroma hatte ich ein besonders inniges Verhältnis. Sie trug einen biblischen Namen und hieß mit dem Nachnamen Abraham. Sie war eine sehr gläubige Frau und machte diesem Namen alle Ehre. Sie brachte mir ganz praktisch die ersten Schritte im Glaubensleben bei. Bevor sie aus der Hofpforte trat, faltete sie die Hände und bat Gott um seinen Schutz auf der Straße. In gewissen Situationen im Straßenverkehr erinnere ich mich noch heute an sie und ihre Verhaltensregeln.

Sie lehrte mich die Verwertung von Löwenzahn, Brennnessel und Sauerampfer und deren Heilwirkungen. Sie wies mich an, stets dafür zu danken, dass Gott alles reichlich wachsen lässt. Ende der 50-er Jahre hielt sie im Schuppen auf dem Hof weiße Gänse. Eines Morgens, kurz vor Weihnachten, wollten wir diese füttern, aber der Stall war leer. Jeder wäre über den Verlust der Tiere wütend gewesen oder hätte zumindest bei der Polizei den Diebstahl gemeldet. Sie aber sagte: „Dann hat derjenige bestimmt einen Braten zum Fest für seine Kinder benötigt." Mag sein, dass viele eine solche Äußerung nicht angebracht finden, aber in Zeiten der Not, nach dem Krieg, war es bestimmt eine edelmütige Haltung.

In der Bibel wird die Verantwortung des Menschen für sein Umfeld und das Wohl der nachfolgenden Generationen sehr stark betont. Um Nachhaltigkeit in Natur und Technik kümmern sich viele Naturschützer, Betriebe und Organisationen. Aber wie sieht es mit dem Vertrauen auf Gottes Beistand aus? Christliche Sitte, Nächstenliebe, Mitgefühl und Vertrauen auf Gottes Schutz, das habe ich bei Uroma und in der Familie gelernt. An die „Generation von morgen" unsere Erfahrungen zu vermitteln, dazu gehört schon etwas Einfallsreichtum sowie viel Zeit und Liebe. Aber jeder, ob jung oder alt, kann mit kleinen Dingen Großes bewirken, auch im Zeitalter des rasanten technischen Fortschrittes. Gottes Schöpfung, Erfahrungen im Alltag und eine gute Vorbildwirkung bieten viele Möglichkeiten dazu.

Schon in der Morgenandacht bitte ich Gott, mir so eine Gelegenheit an diesem Tag zu schenken. Versuche es doch auch einmal und fange gleich heute an!

Maritta Rosner

18. Dezember

Funkelnde Welten der Sterne

*„Der das Sternenheer hervortreten lässt.
Er gibt dem Schwachen Kraft."*
Jesaja 40,26.29

Mit jedem Schritt knirscht es unter meinen Schuhen, während ich durch den Schnee stapfe. Bedrückt denke ich daran, wie man doch immer wieder auf die eigenen Schwächen und Ängste hereinfällt. Was kann Gott nur mit mir tun? Inzwischen vermehren sich die Sterne, bis sich der ganze Himmel wie ein dunkelblaues Samttuch ausbreitet, das mit glitzerndem Silbersand bestreut ist. Ich entdecke das Sternbild des „Orion" mit seinem „Schwertgehänge" aus drei Sternpunkten. Der mittlere der drei ist jedoch kein einzelner Stern, sondern ein ferner Sternennebel – eine gigantische Sternenansammlung, eingebettet in leuchtende Schleier von Gas in unermesslicher Weite. In jenem „Orionnebel" weisen funkelnde Sternengänge wie zu einer zentralen Ausdehnung, als öffne sich hier ein gewaltiges Tor zu jenseitigen Ebenen. Kehrt Jesus vielleicht von dort zu unserem Planeten zurück? Wer weiß. Ganz bestimmt bleibt es aber eine faszinierende Sternenwelt, die uns so eindrücklich von ihrem mächtigen Schöpfer erzählt. Er ließ jedoch seine Macht hinter sich und kam als verwundbarer Mensch zu uns auf die Erde.

Ich versuche mir vorzustellen, wie Jesus in einem Olivenhain unter demselben Sternenhimmel sitzt und auch er zum schimmernden Orion aufblickt. Er mag daran denken, dass er eines Tages als königlicher Befreier zurückkehren wird. Er wendet den Kopf, als er eine Bewegung bemerkt. Ein Mann geht auf ihn zu. Jesus erkennt ihn, es ist Nikodemus, ein hoher Gelehrter. Er erscheint hier heimlich bei Nacht, weil die anderen Gelehrten Jesus verachten. Nachdem er sich gesetzt hat, versucht er ein Gespräch zu beginnen. Der Schal auf seinem Kopf wirft Schatten über sein Gesicht, doch Jesus vermag im Herzen dieses Mannes zu lesen. Er weiß, was für Fragen Nikodemus wirklich hierher treiben und welche Erkenntnis er so dringend benötigt. Voller Geduld zeigt er Verständnis für ihn und den Umstand, dass sich Nikodemus schämt, mit seinem Erlöser gesehen zu werden. Mitfühlend versucht Jesus ihm zu helfen, die Ängste zu überwinden. Und noch mehr: Er liebt diesen Menschen, auch wenn dieser noch schwach und furchtsam ist. Während die Sterne auf sie herableuchten, spricht Jesus in das Schweigen der Nacht jene bewegenden Worte, die einmal die Welt erobern sollten: „So sehr hat Gott die Welt geliebt, dass er seinen einzigartigen Sohn gab, damit alle, die ihm vertrauen, nicht verloren gehen, sondern gerettet werden."

Gott sprach jene bedeutsamen Erlöserworte zu einer ängstlichen Seele, die er kennt und liebt. Er kennt auch die versteckten Ängste und Zweifel in unserem Innersten. Ich höre ihn gleichsam sagen: „Schau hinauf zu den Sternen. Der Eine, der so mächtig ist, dieses unendliche Universum zu erschaffen, ist stark für dich und nimmt dich mit deinen Ängsten hinein in die Geborgenheit seines Herzens, damit sein Mut der deine wird."

Mein Blick wandert von neuem zum Orion. Ich bin umgeben von einer Welt aus Sternen und Himmeln und der Stille der Nacht. Er, der über dem Sternenzelt wohnt und doch bei uns ist, hat meine Gedanken im Herzen gehört und beantwortet – mit Liebe.

Jaimée Seis

19. Dezember

Der richtige Zeitpunkt

"Gebt nur Gott und seiner Sache den ersten Platz in eurem Leben, so wird er euch auch alles geben, was ihr nötig habt."
Matthäus 6,33

Seit Mai 2008 stand in meinem Gebetstagebuch, dass wir dringend einen Ersatz für unser großes Auto brauchen. Mein Mann würde es dringend für seine Arbeit benötigen – er ist selbstständig. Da wir Pfadfinderleiter sind, gehen wir auch öfter auf Freizeiten. Aber ohne Auto mit etwas mehr PS und Anhängerkupplung geht das nicht! Mit meinem Kleinwagen konnte ich den Hänger nicht ziehen.

Wir hatten uns damals bezüglich Höchstbetrag eine Grenze gesetzt. Ich betete für ein Auto und vertraute Gott. Ich überließ ihm die Entscheidung für den richtigen Zeitpunkt. Wir behalfen uns mit meinem Kleinwagen. Den Hänger musste halt irgendjemand anderer ziehen.

Die Suche nach dem Auto hatten wir nicht mehr weiterverfolgt. Wir hatten ja unsere Abmachung. Eines Tages kam meine Tochter und erzählte, ihr Chef wolle sein Auto verkaufen. „Ihr sucht doch eines!" Es war genau der Preis, den wir uns vorgestellt hatten! Die Ausstattung war gut, nur war da keine Anhängerkupplung zu sehen. Aber so etwas könne man ja nachträglich anbringen, dachten wir. Damit hätten wir aber unsere Preisgrenze überschritten.

Damals betreuten wir mit unseren Pfadfindern einen Stand auf dem Weihnachtsmarkt.

Wir bereiten immer Schokofrüchte vor und verkaufen sie. So kommt Geld in die Pfadfinderkasse. Der Verkauf lief gut, sodass uns die Früchte ausgingen. Die Mutter eines unserer Pfadfinder, die uns aushalf, meinte: „Ich habe noch Früchte zu Hause", doch ich lehnte ab. Der Vater fuhr trotzdem heim und holte die Früchte. Auch bei der Schwiegermutter sammelte er welche ein. Ich fragte diese dann, was sie dafür bekomme, doch sie meinte nur: „Ich möchte nichts dafür. Ich habe gemerkt, dass, wenn ich bereit bin zu geben, es immer wieder irgendwie zurückkommt." Da fiel es mir wie Schuppen von den Augen. Im letzten Gottesdienst wurden besondere Gaben anlässlich der Gebetswoche gesammelt. Ich hatte die Umschläge schon zu Hause vorbereitet. Als ich sie aus meiner Tasche zog, vernahm ich eine innere Stimme: „Lege doch etwas mehr Geld hinein!" Ich war etwas verwundert, tat es aber.

Genau an jenem Abend meinte mein Mann: „Ich muss unter das Auto schauen, ob da nicht doch eine Anhängerkupplung ist." Tatsächlich! Sie war da! Das Auto hatte somit keine Mehrkosten verursacht!

Gott weiß, was wir nötig haben. Er wusste auch damals, wann der richtige Zeitpunkt gekommen war. Es lohnt sich, ihm zu vertrauen und ihm die Entscheidungen zu überlassen.

Helga Konrad

20. Dezember

Der erste Schnee

„Wenn ihr nicht ... werdet wie die Kinder, werdet ihr nie ins Himmelreich kommen."
Matthäus 18,3 (NL)

„Oma, steh auf!" Bethanys aufgeregte Stimme weckte mich. Sie knipste das Licht an, und ich blinzelte in die ungewohnte Helligkeit. Was wohl hatte meine 11-jährige Enkelin so freudig gestimmt?
„Es schneit!", rief sie. „Komm und schau!"
Nun, es lohnte sich wirklich, für den ersten Schnee des Jahres aufzustehen. Da Ron und ich in Indien gelebt hatten, war dies mein ersten Anblick von Schnee in neun Jahren. Ich warf die Bettdecke auf die Seite, zog meine Hausschuhe an und ging zu Bethany ans Fenster.

Es war wirklich ein schöner Anblick, wie der Schnee, beleuchtet vom Licht am Hauseingang, zu Boden fiel. Die ganze Welt draußen sah aus wie ein verzaubertes Wintermärchen. Die kahlen Äste hatten jetzt ein weißes Polster. Braunes Gras war von einer Schneedecke bedeckt. Ich erinnerte mich an Tage in meiner Kindheit, als ich am Fenster stand und beobachtete, wie der Schnee seinen Zauber vollzog.

Am nächsten Morgen lächelte ich, als ich etwas Rotes sah, das am Fenster vorbeiflitzte und auf einem Ast landete. Dabei rieselte etwas Schnee herunter. Ich überlegte: Hat Gott gewusst, wie schön ein Kardinalvogel auf den weiß verschneiten Ästen aussieht?

Später sah ich, wie meine Enkelinnen Rachel und Bethany – in Stiefel, Handschuhe und Schals gehüllt – den Hügel auf Snowboards hinunterglitten. Ach, wie schön wäre es, wieder jung zu sein! Wie herrlich war es doch, nach stundenlangem Spiel draußen im Schnee in die warme Küche zu kommen und den Duft der Gemüsesuppe auf dem Herd sowie das frisch aus dem Backofen genommene Brot zu riechen!

Ich frage mich, ob wir nicht die Augen eines Kindes benötigen, um wieder einmal das Wunder von Schnee auf kahlen Ästen oder die Schönheit eines Kardinalvogels zu erleben. Hatte die Aufforderung Jesu, wie die Kinder zu werden, etwas mit der Unschuld der Kindheit zu tun, die sich am frisch gefallenen Schnee erfreut und nicht an die Probleme denkt, die der Schnee für Autofahrer und Fußgänger bedeutet, sondern nur an den Spaß, den man haben kann, wenn man darin spielt und den Augenblick genießt?

Herr, hilf mir, kindlicher zu sein in meiner Einstellung zur Welt und in meiner Bereitschaft, Freude im Augenblick und an der Schönheit, die du geschaffen hast, zu erleben.

Dorothy Eaton Watts

21. Dezember

Die tägliche gute Tat

„Deshalb werdet nicht müde zu tun, was gut ist. Lasst euch nicht entmutigen und gebt nie auf, denn zur gegebenen Zeit werden wir auch den entsprechenden Segen ernten."
Galater 6,9 (NL)

Ich fahre gerade auf einen Parkplatz in den Bergen, als ich sehe, dass ein Auto in Schwierigkeiten geraten ist. Der Fahrer wollte aus der Parklücke herausfahren, ist dabei aber auf eine eisglatte Stelle geraten, wo er nicht mehr weiterkommt. Jedes Mal, wenn er Gas gibt, rutscht das Auto ein Stück näher an ein weiter unten abgestelltes Fahrzeug.

„Da muss ich hin und helfen!", ist mein erster Gedanke. Ich war selber einmal in der gleichen Lage. Vor sehr langer Zeit wollte ich auf einem abschüssigen und vereisten Parkplatz bei der Universität rückwärts herausfahren und rutschte dabei immer näher an das nächste Auto. Ich bat einen vorbeigehenden Studenten, sich dazwischenzustellen und dagegenzustemmen. So kam ich aus der Lücke heraus.

Nun sehe ich den Wagen auf dem Parkplatz in einer ähnlichen Lage und laufe sofort hin, um dem Fahrer beizustehen.

Eine Kleinigkeit. Aber ich empfand eine große Freude, jemandem geholfen zu haben. Als ich sah, dass er jetzt weiterkam, kehrte ich zu meinem Auto zurück. Der Fahrer blieb neben mir stehen und bedankte sich sehr. Er war ein höflicher Mensch. Ich aber wäre auch ohne den Dank schon glücklich gewesen.

Wenn wir anderen helfen, tun wir uns selbst auch etwas Gutes. Hast du das auch erlebt? Nicht umsonst sind Pfadfinder aufgerufen, jeden Tag eine gute Tat zu verrichten. Vielleicht sollten wir heute nach einer Möglichkeit Ausschau halten, jemandem Gutes zu tun. Gott wird seinen Segen darauf legen.

Hannele Ottschofski

22. Dezember

Zuggeschichte

„Denn auch der Leib ist nicht ein Glied, sondern viele."
1. Korinther 12,14

Ich fahre mit der Bahn zu einer Sitzung nach Berlin. Für die Fahrt habe ich mir Arbeit mitgenommen. Rechts neben mir sitzen ein Mann und eine Frau. Die Frau erzählt. Mir fällt die etwas kindliche Art des Erzählens sofort auf. Ich vermute, dass sie psychisch erkrankt ist. Sie erzählt recht ungefiltert persönliche Dinge, die mich so gar nicht interessieren. Sie spricht zwar nicht laut, aber eben neben mir. Ich denke: „Oh, nein! Wenn das jetzt zwei Stunden lang so weitergeht…" Sofort meldet sich mein schlechtes Gewissen: „Ich denke, du magst Menschen, die anders sind. Die Frau kann doch nichts dafür, sie ist krank!" Ich: „Ich will hier arbeiten. Außerdem ist es doch etwas ganz anderes, jemandem in einem Beratungsgespräch zuzuhören." „Tja", so mein schlechtes Gewissen, „da zeigt sich wieder, wie es um die gesellschaftliche Toleranz gegenüber psychisch kranken Menschen bestellt ist." Ich verhandle: „Es ist doch vielmehr eine Bedürfniskollision als eine Frage von Toleranz. Ich will arbeiten, sie erzählen. Wäre sie gesund, würde es mich auch nerven".

Ich höre zu. Sie sagt zu ihrem Begleiter: „Ich liebe es, wenn du mir zuhörst. So eine Zugfahrt ist doch eine schöne Gelegenheit, ein bisschen zu plaudern". Ich denke: „Neiiin!". Sie sagt: „Ich weiß, du liebst es, wenn ich schweige". Er lächelt. Sie: „Ich erzähle dir etwas, was ich noch niemandem erzählt habe". Er daraufhin: „Und jetzt willst du es auch gleich noch dreiundachtzig anderen Menschen mit erzählen?". Sie kichert: „Dann bin ich wohl lieber still." Er schließt die Augen. Sie kuschelt sich an seine Schulter. Ich bin von diesem Bild plötzlich tief bewegt. Auch von der liebevollen Annahme ihres Begleiters, seinen Gesten und seiner Schulter, mit der er ihr Sicherheit anbietet. Sie kann zur Ruhe kommen, schläft ein.

Auch ich komme innerlich zur Ruhe. Gott hat nicht nur für die von mir gewünschte Stille gesorgt, sondern auch mein Herz berührt. Das Bild dieser Frau wird für mich zum Sinnbild seiner Liebe und Fürsorge. Ich kenne ihre Geschichte nicht, doch ich bete, dass ihr Gott Heilung schenken möge – auch durch Menschen, die, so wie ihr Begleiter, bereit sind, sich auf sie einzulassen.

Gott sorgt auch für uns – trotz all unserer Unzulänglichkeiten und Eigenarten. Ich nehme mir wieder einmal vor, in meinen Bewertungen über andere zurückhaltender zu sein. Ich kenne weder die Lebensgeschichte noch die Beweggründe anderer Menschen, solange sie mir davon nicht erzählen. Wir Christen haben vieles gemeinsam, und doch ist die Geschichte, die jeder schreibt, eine andere. Die vermeintlich gleichen Dinge können eine ganz unterschiedliche Bedeutung haben, weil jeder sie anders auslegt. Gott ist ein Gott der Eigenart und Vielfalt. Jeder erfüllt seine Aufgabe dort, wo er ist, so gut er vermag – auf dem Weg durch seine persönliche Geschichte mit Gott. Das will ich jedem zugestehen und vertrauen, dass er sein Bestes gibt.

Annekatrin Blum

23. Dezember

Nächstenliebe

"Darum liebt ihn, Gott, von ganzem Herzen, mit ganzem Willen und ganzem Verstand und mit allen Kräften! Gleich danach kommt das andere Gebot: Liebe deinen Mitmenschen wie dich selbst! Es gibt kein Gebot, das wichtiger ist als diese beiden."
Markus 12,30.31

Es ist Vorweihnachtszeit. Wenn ich eine meiner Weihnachts-CDs einlege, höre ich auch das Lied von Hella Heizmann:
„Keine großen Worte. Taten brauchen Menschen um uns her! Liebe ist gefragt – Nicht nur einmal im Jahr."
Ja, Liebe ist gefragt, nicht nur einmal im Jahr. In dieser Zeit ist man, so meine ich, aktiver, aufmerksamer und irgendwie auf Nächstenliebe eingestimmt. Eigentlich macht mich das traurig, denn die Menschen um uns herum brauchen doch das ganze Jahr unsere Taten und unsere Liebe. Um aber Nächstenliebe üben zu können, sollten wir einmal überlegen, was wir darunter verstehen:

- seine eigenen Bedürfnisse zurückschrauben
- sich von Vorurteilen lösen
- Neid und Habsucht vermindern
- anderen Achtung und Anerkennung zollen
- rücksichtsvolles und verantwortungsbewusstes Handeln
- nicht Besitz ergreifend sein
- ehrlich sein, ohne jemandem dabei weh zu tun
- selbstlose Hilfsbereitschaft, sogar Fremden gegenüber
- drängt sich nicht auf – ist da und handelt
- dem Anderen zeigen – du bist mir wichtig
- Liebe, ohne etwas erwarten zu wollen

Und was ich für mich tun würde, weil ich es brauche, das kann ich auch für dich tun, weil du es brauchst!
Um zu geben, muss ich selbst von Gott beschenkt werden.
Herr, gib mir offene Augen und offene Ohren, dass ich erkenne, wer meine Hilfe benötigt. Gib mir deinen Heiligen Geist, dass ich den Mut habe, auf andere zuzugehen, und öffne mir den Mund, dass ich das passende Wort zur richtigen Zeit sagen kann, nicht nur einmal im Jahr, sondern immer.

Regina Pietsch

24. Dezember

Einer von vielen Geburtstagen

„Von allen Seiten umgibst du mich!"
Psalm 139,5

Am 24. Dezember machte ich einen Besuch im Krankenhaus. Oma Elisabeth hatte Geburtstag. Sie lag so traurig in ihrem Krankenbett. Ich wollte wissen, wie es ihr geht, und sie meinte: „Nicht gut, da ist jemand, der redet nicht mehr mit mir." Ich fragte weiter: „Du willst aber Frieden mit dieser Person?" Sie stimmte zu.

In Römer 12,18 steht: „Soweit es an euch liegt, tut alles, um mit jedermann im Frieden zu leben." Es ist aber schwer, wenn das Gegenüber nicht zur Versöhnung bereit ist. Wir redeten noch einige Zeit darüber. Dann sagte ich zu ihr: „Weißt du, wir können mit allem zu Jesus kommen."

In 1. Petrus 5,7 heißt es: „Ladet eure Sorgen bei ihm ab, denn er sorgt für euch."

Wir beteten zusammen und baten um Vergebung für beide Seiten. Auch in den Verletzungen des Lebens ist Gott mit uns.

Oma Elisabeth wurde jetzt ganz ruhig und legte ihren Kopf zur Seite. Die Stimmung im Krankenzimmer war friedlich. Nach einiger Zeit öffnete sich die Tür. Ein Arzt trat ein. Er schaute nach Oma Elisabeth und sagte leise zu mir: „Die Patientin wird heute noch sterben …"

Gott hat Oma Elisabeth an ihrem Geburtstag zur Ruhe gelegt. Wer im Glauben Jesu sterben darf, den kann niemand mehr von der Liebe Gottes trennen. Es macht mich dankbar, dass Gott meinen Besuch bei ihr so gelenkt hat, dass ich noch vor ihrem Tod bei ihr sein durfte und mit ihr beten konnte. Lassen wir uns doch von Gott gebrauchen, um seine Boten zu sein und die Botschaft der Versöhnung zu verkündigen!

Angelika Schöpf

25. Dezember

Eine Rosen-Melodie im Winterwald

„Denn ein Kind ist uns geboren, ein Sohn uns gegeben, und man nennt seinen Namen: Wunder-Rat, Gott-Held, Ewig-Vater, Friede-Fürst. Groß ist seine Herrschaft, und der Friede wird kein Ende haben."

Jesaja 9,5.6 (EB/LÜ)

Es ist Mittwinter, und ich wünschte, ich wäre weit weg in den Wäldern, an einem Ort, an dem der Frieden wohnt. Vielleicht könnte ich dann der Unrast der Vorweihnachtszeit entkommen, in deren Mittelpunkt oft das Kaufen kostspieliger Geschenke steht. Geschenke, die ihren ursprünglichen Sinn und Wert manchmal verloren haben. Meine Seele ist ruhelos. Wenn Weihnachten Frieden bedeutet, kann ich ihn nicht spüren.

An Heiligabend ist das Wetter nasskalt.

Der Abendgottesdienst ist vorüber, der Ruhetag des Herrn hat begonnen. Doch wo ist der Friede? Noch immer wünsche ich mir, irgendwo in den Wäldern zu sein. Während ich durch die Nacht nach Hause gehe, lässt mich dieser Gedanke nicht los: „Vater, warum unternehme ich nicht einfach mit dir eine Nachtwanderung in den Wald?" Deshalb freue ich mich richtig auf den nächtlichen Spaziergang. Eilig springe ich zu Hause die Treppe hinauf, ziehe mir wärmere Kleidung an, und wenige Minuten später schließe ich die Eingangstür hinter mir ab. Ich laufe hinaus zu den Wiesen und Feldern. Die Nacht hüllt mich in ihre dunkelblaue Welt. Baumreihen säumen den Feldweg. Die kahlen Äste zeichnen Musterfiligrane an den Tintenhimmel. Vor mir ragt der Wald wie eine schwarze Mauer auf. Doch als ich näher komme, kann ich die Umrisse der Föhren wie Scherenschnitte voneinander unterscheiden. Während ich auf einem Waldweg zwischen die Bäume hineintauche, ist es, als würde mich ein schützender Mantel umarmen. Leise zieht Frieden in meine Seele ein – leise, wie der Wind, der durch die Bäume weht.

„Vater, es ist eine Nacht der Erinnerung." – Eine Nacht, die an Gottes größtes Wunder gemahnt. In Demut hat der Schöpfer des Universums die Menschheit umarmt, als er für uns sichtbar wurde und in einer Krippe lag. Ein Kindlein, das unbeachtet von der Welt geboren wurde, war dennoch der allmächtige Gott, der aus der Ewigkeit zu uns kam. Wir werden das wahrscheinlich nie ganz begreifen. Seine grenzenlose Liebe gab alles und verschenkte sich selbst, um die Erde mit dem Himmel zu verbinden, und uns mit Ihm selbst. Er ist der Fürst, der uns Frieden brachte, und der starke Gott, der unser Beistand ist. Seine Füße berührten unsere Erde, seine Hände unsere Herzen, bis sie die Wundmale trugen und er dadurch unsere Namen in seine Hände zeichnete. Wir sind für immer bei ihm. Er ist immer bei uns, fest mit uns verbunden. Wir dürfen in ihm ruhen. Ich atme auf, denn es wohnt wieder Frieden in meiner Seele. Es ist ein Frieden, von dem uns sein Ruhetag erzählt. Es ist bereits Mitternacht, Zeit, um nach Hause zu gehen. Dabei denke ich an die Wärme, die mich dort empfangen wird, und an die Kerze, die mein Zimmer mit Rosenduft erfüllt.

Es ist eine Rose erblüht, und diese Rose, die ich meine, die hat Jesaja uns verkündet: Denn nach Gottes ewigem Ratschluss der Liebe ist uns ein Heiland geboren, wohl um die halbe Nacht ...

Jaimée Seis

26. Dezember

Gott meint es gut mit mir

„Wir wissen aber, dass denen, die Gott lieben, alle Dinge zum Guten dienen."
Römer 8,28

Diesen Bibeltext aus Römer 8,28 habe ich vor vielen Jahren, nach meiner Scheidung, für eine Weile aus meinem Leben ausgeblendet. Ich konnte das für mich nicht mehr so sehen.

Ich klagte Gott damals hart an. Er hätte allen Grund gehabt, mich zu verwerfen. Er tat es aber nicht. Es ist inzwischen meine Überzeugung geworden, dass Gott uns viel besser versteht, als wir es uns vorstellen können. Er ist kein stiller Mitwisser, sondern nimmt höchst aktiv Anteil an allem, was wir tun oder vorhaben. Und er besitzt unendlich viel Geduld, bis wir zur Erkenntnis kommen: „Ja, Herr, du meinst es gut mit mir!"

Ich kann es auch kaum fassen, dass er uns liebt, obwohl er unsere Herzen bis in die tiefsten Tiefen kennt. Dadurch kann ich wiederum Dankbarkeit empfinden. Bei den wenigsten Menschen geht das Leben glatt über die Bühne. Kaum einer wird von traurigen Ereignissen verschont, sie widerfahren netten Leuten genauso wie den gemeinen. Nur weil ich Christ bin, heißt das nicht gleichzeitig, dass ich vor Krisen und Konflikten gefeit bin – vor all die Widerwärtigkeiten, die das Leben mit sich bringt. Gott lässt die Sonne auf böse und gute Menschen scheinen. Er lässt es regnen auf alle, ob sie ihn lieben oder verachten (frei nach Matthäus 5,45). Gott hat viele Möglichkeiten, in unser Leben einzugreifen, wir müssen es nur zulassen.

Auch ich hatte Schwierigkeiten, Gott zu vertrauen. Vieles lief bei mir routinemäßig ab. Erst nach meiner persönlichen Krise habe ich Gott neu entdeckt und bin dadurch auch mit mir selbst klargekommen.

Heute weiß ich, dass er es wirklich gut mit mir meint! Seine Einflussmöglichkeiten sind unbegrenzt. Ihm gehorchen sogar Wind und Meer. Er kennt immer den richtigen Zeitpunkt für einen Programmwechsel. Unser Leben ist nicht bequem. Manchmal müssen wir bereit sein, neue Wege zu beschreiten. Aber wir brauchen uns nicht zu fürchten, denn wir gehen nicht alleine – Gott ist mit uns, er hat den Überblick. Und das „Beste" kommt ja noch – er hat uns eine neue Erde versprochen, auf der es kein Leid mehr gibt, keine Tränen und keinen Tod. Darum wünsche ich dir, dass du die Hoffnung darauf nie verlierst! Dass dein Glaube dich durch die Zeit, die Gott dir noch schenkt, trägt.

In Jesus haben wir einen Freund, der dir immer wieder Mut macht. Er möchte deine und meine Zukunft gestalten. Er will sein Vorhaben mit uns Stück für Stück, Tag für Tag, Jahr um Jahr umsetzen. Also, bleibe in seiner Nähe, in Sicht- und Hörweite von Jesus! Dann wirst du die Spuren Gottes in deinem Leben erkennen. Ja, wir haben einen starken Heiland, der uns zur Seite steht. Er meint es wirklich gut mit dir und mit mir!

Ingrid Regenfuß

27. Dezember

Segen oder Fluch

„Komm doch und verfluche dieses Volk! Denn wir wissen:
Wenn du jemanden segnest, dann gelingt ihm alles, und wenn
du jemanden verfluchst, dann ist er verloren."
4. Mose 22,6 (Hfa)

Der moabitische König Balak handelt nach dem homöopathischen Grundsatz: Gleiches mit Gleichem behandeln. Völlig widersinnig holt er einen Magier Gottes, der mächtig genug sein soll, das eindringende Volk der Israeliten zurückzuhalten. Bileams Gott ist derselbe wie jener, der diesen gewalttätigen Haufen von entlaufenen Sklaven beherrscht. Aus unserer Sicht ist eine solche Überlegung in sich nicht stimmig. Dennoch versuchen Menschen immer wieder, auf diese Art eine Lösung herbeizuführen. Als die führenden Männer zur Zeit Jesu merken, dass die Macht dieses Mannes aus Nazareth sehr groß ist, versuchen sie ihn mit folgendem Argument zu bekämpfen: „Weil er vom Obersten aller Dämonen die Macht bekommen hat, kann er Dämonen austreiben." Jesus entgegnet: „Eine Familie, die ständig in Zank und Streit lebt, bricht auseinander. Wenn sich also der Satan gegen sich selbst erhebt, hätte er keine Macht mehr. Das wäre sein Untergang." (Markus 3,22–27)

Eine Nachbarin brachte mich einmal mit einer beiläufigen Bemerkung zum Nachdenken. Zwischen Tür und Angel sagte sie: „Du segnest deine Kinder doch auch, wenn sie aus dem Haus gehen, oder?" Ehrlich gesagt, tat ich dies bis anhin nicht. Ich überlegte mir deshalb, was eine symbolische Handlung oder ein dahingesagter Spruch für eine Bedeutung haben sollte. Macht es einen Unterschied, ob ich jemandem „alles Gute" wünsche, eine Neujahrskarte schreibe oder Glück- und Segenswünsche zum Geburtstag übermittle? Manche dieser Neujahrsgrüße ärgern mich eher, als dass sie mich erfreuen. Man spürt, dass sie gedankenlos, aus einer Pflicht oder aus Geschäftssinn an meine Adresse gelangen. Haben Segensworte oder auch Flüche überhaupt eine Kraft?

Eines der ältesten Dokumente der Menschheit enthält Flüche und Verwünschungen. Die Bewohner Mesopotamiens stellten an den Grenzen ihres Landes sogenannte Kudurru-Steine auf, die Göttersymbole aufweisen und jeden ermahnen, das geltende Besitzrecht zu achten, ansonsten ihnen sehr schlimme Dinge widerfahren würden. Wer ist sich heute bewusst, dass er okkulte Praktiken übt, wenn er vor einer Prüfung jemandem "toi, toi, toi" zuruft? Wer findet Glücksschweinchen, Kleeblätter und Hufeisen für gute Wünsche zum Neuen Jahr unpassend?

Der moderne Mensch ist sich normalerweise nicht bewusst, dass er alte Gepflogenheiten unbesehen übernimmt und anwendet. Man sagt, dass das reine Wortspiele seien. Dann machen aber auch Segenssprüche keinen Sinn. Stimmt unsere innere Einstellung aber mit einem ausgesprochenen Segen überein, kann dieser durchaus etwas bewirken. Es macht Sinn, den Kindern beim Verlassen des Hauses die Hände aufzulegen oder ihnen einen Segensspruch mit auf den Weg zu geben.

Hanni Klenk

28. Dezember

Ohne Internetzugang

„Trachtet zuerst nach dem Reich Gottes und nach seiner Gerechtigkeit, so wird euch das alles zufallen."
Matthäus 6,33

Vor einiger Zeit hatte ich auf einer Auslandsreise zehn Tage lang keinen Internetzugang. Bis zu dieser Erfahrung war mir gar nicht bewusst gewesen, wie sehr ich von der Technologie abhängig bin. Es war für mich eine elende Zeit, ich wurde richtig missmutig. Ich hatte nicht bedacht, dass das Internet ein so wichtiger Teil meines Umgangs mit Menschen geworden war und ich mich ohne es hilflos fühlte. Mir war, als ob ich vom Gedanken aufgefressen würde, dass ich mit meiner Familie, mit Freunden und Mitarbeitern im Büro nicht in Verbindung bleiben könne – von den vielen e-Mails ganz zu schweigen, die sich anhäuften und der Beantwortung harrten.

Auf der Rückreise dachte ich nur noch daran, mit diesen besonderen Menschen wieder in Verbindung zu treten. Meine schlechte Laune wich langsam einer frohen Erwartung, als ich näher nach Hause kam und der Internetzugang möglich schien.

Dann dachte ich an meine Beziehung zu unserem himmlischen Vater. Ich erinnerte mich an Zeiten, in denen ich die Verbindung zu ihm nicht so pflegte, wie ich es hätte tun sollen. Manchmal ließ ich die Ereignisse des Lebens bestimmen, wie und wann ich Zeit mit ihm verbrachte. Wenn das geschah, hatte ich eine gute Entschuldigung, um die Verbindung mit Gott zu vernachlässigen: Zu spät ins Bett gekommen, sich krank gefühlt, beschäftigt mit Angelegenheiten der Gemeinde – all das war in Ordnung, aber es waren Ausreden.

Wenn ich an diese Zeiten denke, empfinde ich Schuldgefühle. Aber es ist nicht dasselbe Gefühl von Missmut, Einsamkeit und Elend, das ich erlebte, als ich keinen Internetzugang hatte. Warum? Die Antwort ist eindeutig, aber ich wollte sie mir nicht eingestehen. Es lag daran, dass in Wahrheit meine Beziehung zu Gott nicht den ersten Platz in meinem Leben einnahm, denn wäre es so gewesen, hätte mir die Vernachlässigung der täglichen Verbindung mit ihm viel mehr Elend und Einsamkeit verursacht.

Ich habe Gott gebeten, mir zu helfen, nie mehr zu vergessen, wie wichtig er in meinem Leben ist. Es ist ein täglicher Kampf, Gott an die erste Stelle zu setzen, aber der Lohn ist die Mühe wert. Den Frieden und den Mut, die Gott mir jeden Tag schenkt, um den Tag in Angriff zu nehmen, die Freude, die ich inmitten von Problemen erlebe, und vor allem die Gewissheit, dass mich Gott jeden Tag begleitet, lassen mich immer wieder zurückkehren.

Manch eine von euch kämpft mit ähnlichen Schwierigkeiten. Aber gib niemals auf! Gott kennt dein Herz und wird dir die Kraft schenken, um in Verbindung mit ihm zu bleiben.

Heather-Dawn Small

29. Dezember

Mein Annus horribilis

*„Herr, ich bin völlig am Ende. Darum schreie ich zu dir!
Höre mich, Herr! Ich flehe dich an, bitte, höre mir zu!"
Psalm 130,1.2 (Hfa)*

Meine kleine heile Welt war aus den Fugen geraten. Bis dahin hatten wir in der Familie kaum größere Probleme gehabt, wofür ich Gott sehr dankbar war. Manchmal hatte ich sogar Schuldgefühle, weil andere Menschen so viel Leid erfahren mussten, es uns aber so gut ging. Jetzt bröckelte ein Stück nach dem anderen ab.

Angefangen hatte es kurz vor Weihnachten, als uns eine unserer Töchter mitteilte, dass sie sich von ihrem Mann trennen wolle. Anfang Februar erhielten wir verzweifelte Anrufe von unserer jüngsten Tochter, die auf der anderen Seite der Erde ein freiwilliges soziales Jahr ableistete und uns erzählte, wie unglücklich sie dort sei. Kurz danach erlebte eine andere Tochter eine zweite Fehlgeburt. Sie hatten sich so sehr auf das Kind gefreut. Ihr Mann war nach seinem Studienabschluss schon längere Zeit auf Arbeitssuche und hatte wieder eine Absage erhalten. Warum half Gott nicht? Von unseren vier Töchtern schien es nur einer gut zu gehen, aber auch da stellte ich fest, dass ich nur nicht wusste, dass sie auch ihre Probleme hatte. Sie wollte uns nicht noch mehr belasten. Dazu kamen meine eigenen gesundheitlichen Schwierigkeiten. Ärztliche Untersuchungen förderten eine langwierige Erkrankung zutage. Ich war am Ende meiner Kräfte. In dieser Zeit arbeitete ich an der Zusammenstellung eines Andachtsbuches, von Frauen für Frauen geschrieben. Viele der Beiträge berichteten freudig von den wunderbaren Erfahrungen mit Gott. Ich haderte mit ihm. „Warum hilfst du nicht uns in gleicher Weise?"

Am 24. November 1992 sprach Königin Elisabeth II in ihrer Ansprache zum 40. Thronjubiläum in der Guild Hall von ihrem „Annus horribilis". Nur wenige Tage zuvor war ein Feuer im Schloss Windsor ausgebrochen und hatte große Teile der Anlage, die sie als ihr Heim betrachtet, zerstört. Die Ehen von zwei ihrer Kinder waren gescheitert, und in der Ehe des Thronfolgers kriselte es gewaltig. Ich hätte nie gedacht, dass ich auch ein solches „Schreckensjahr" erleben würde. Meines war das Jahr 2008. Als es seinem Ende zuneigte, war ich froh, dass es vorbei war, und freute mich auf das neue, das nur besser werden konnte. Vielleicht würde es sogar ein „Annus mirabilis", ein Wunderjahr, werden. Die meisten Probleme haben sich gelöst. Die jüngste Tochter ist ohne seelischen Schaden von ihrem Erlebnis in Südamerika zurückgekehrt. Die anderen beiden Töchter haben innerhalb von nur drei Tagen ein Baby bekommen. Welch eine Freude! Unser Schwiegersohn hat eine Arbeit gefunden, die ihm viel Freude bereitet. Mit den anderen Problemen haben wir zu leben gelernt.

Vielleicht musste es so sein. Wir lernen erst dann, mit anderen mitzufühlen, wenn wir selber Schweres erlebt haben. Nun kann ich anderen die Hoffnung weitergeben, dass auch die schwierigsten Zeiten ein Ende finden und in etwas Wunderbares verwandelt werden können. Ich darf mich freuen und dankbar für jeden Schritt sein, der aufwärts führt.

Hannele Ottschofski

30. Dezember

Notvorrat

„Singet dem Herrn ein neues Lied, denn er tut Wunder."
Psalm 98,1a

Musik ist ein ganz besonderer Lebensbegleiter für uns Menschen. Mozart komponierte herrliche Werke, obwohl er in Schulden beinahe erstickte. Märtyrer sind auf dem Scheiterhaufen mit einem Lied auf den Lippen verbrannt. Jede Generation, jede Kultur hat ihre eigene Musik hervorgebracht. Ich möchte sie nicht bewerten. Ich weiß nur, was ich selbst als schön empfinde.

Ein Lied hat einen ganz besonderen Wert gewonnen – für mich und für die Gruppe von Ausländern, die mit uns in Afghanistan waren. Jede Woche trafen wir uns einmal, um das Wort Gottes zu studieren, immer mit einer gewissen Erinnerung an eine Zeit, als die Taliban jegliche Zusammenkunft und jegliche Musik verboten hatten. Wir schlossen die Fenster und sangen trotzdem.

Wir waren uns jeden Augenblick bewusst, dass dies der letzte sein könnte. Jedes Projekt, jedes Unternehmen war eine Herausforderung, sogar die Arbeit im Büro, denn nur eine Straße weiter hatte sich ein Selbstmordattentäter in die Luft gesprengt. Wo wir wohnten, fielen sämtliche Fenster und Türen in tausend kleine Stücke. Wir blieben alle unversehrt. Ich hatte zwei Kratzer abbekommen, sonst war keinem etwas geschehen.

Ein paar Wochen zuvor hatte ich Dietrich Bonhoeffers Lied, das er im Konzentrationslager schrieb, ins Englische übersetzt. Es bekam plötzlich eine ganz eigenartige Bedeutung. „Von guten Mächten wunderbar geborgen" – wir hatten es erlebt. Von da an sangen wir das Lied am Ende eines jeden Gottesdienstes. Es wurde unser Wahlspruch. Was konnte uns passieren, wenn wir unser Leben in Gottes Hand legten? Ich lernte das Lied auswendig. Ich wollte es als Notvorrat immer bei mir haben.

Wir wurden unterrichtet, wie man sich zu verhalten hatte, sollte man je entführt werden – man solle zum Beispiel einem Entführer nie direkt in die Augen schauen, das mache ihn nervös und könnte verhängnisvoll enden. Mentales Training war angesagt, um im entscheidenden Augenblick nicht die Nerven zu verlieren und in langen einsamen Stunden nicht aufzugeben.

Ja, meinen Notvorrat für schwierige Zeiten habe ich aufgestockt. Er enthält noch eine Zusatzration von Liedern und einen tiefen Glauben, dass Gott immer bei mir ist, am Abend, am Morgen und ganz gewiss an jedem neuen Tag. Auch heute und jetzt. Auch für dich.

Vreny Jaggi Rechsteiner

31. Dezember

Sein leuchtendes Gesicht

*„Der HERR segne dich und behüte dich; der HERR
lasse sein Angesicht leuchten über dir und sei dir gnädig;
der HERR hebe sein Angesicht über dich und
gebe dir Frieden."*
4. Mose 6,24-26

„Licht! Kamera! Aktion!" Die Aufnahme wurde gestartet, und ich erklärte mit Begeisterung mein Konzept vom positiven Denken. Dann wurde ich vom Aufnahmeleiter schroff unterbrochen: „Cut! Ihr Gesicht leuchtet!" Die Leute von der Maske rannten herbei und wischten und puderten mein Gesicht, damit es nicht mehr glänzte. Mir wurde klar, dass ein solches Gesicht bei einer Filmaufnahme nicht erwünscht ist.

Als ich am Silvesterabend in der Gemeinde saß und von den Worten des Pastors erfüllt wurde, bekam der Begriff vom leuchtenden Gesicht eine neue und positive Bedeutung. In seinen Schlussbemerkungen rief uns der Pastor auf, „Gottes Angesicht leuchten zu lassen." Das waren dieselben Worte, die Mose für das Volk Israel verwendet hatte. Es brauchte eine Weile, bis mir die Größe dieser Herausforderung dämmerte. Die Erkenntnis, dass Gottes Angesicht ständig über mir ist, war nicht allzu bequem. Schlimmer noch, es schien auf mich und erhellte mein ganzes Wesen.

Es passt uns schon, Gottes Aufmerksamkeit zu haben, wenn wir seine Fürsorge, seinen Schutz und seine Hilfe benötigen. Aber wenn wir vor der Kamera stehen? Da ich das öfter tun muss, weiß ich, wie genau wir auf unser Verhalten achten müssen, wenn das Licht auf uns scheint. Da muss man seine Worte, seine Handlungen und sein Benehmen abwägen!

Bei Gott aber geht das Licht nie aus. Es gibt keine Zeit, in der die Kamera ausgeschaltet ist. Darin liegt die Herausforderung. Kann ich ständig mein bestes Verhalten hervorkehren? Die Herausforderung wird noch größer, wenn ich daran denke, dass nicht einmal meine Gedanken vor ihm verborgen sind. „Diene ihm (Gott) von ganzem Herzen und von ganzer Seele. Denn der Herr sieht ins Herz der Menschen und versteht es; er kennt jeden unserer Gedanken." (1. Chronik 28,9 NL) Nicht nur das, was ich tue, ist ihm bekannt, sondern er sieht in das Innerste meines Wesens. Ich war fast verzweifelt, als ich das bedachte. Doch dann las ich: „Der HERR hebe sein Angesicht über dich und gebe dir Frieden!"

Wenn wir ein neues Jahr mit seinen Herausforderungen beginnen, können wir zuversichtlich sagen: „Licht! Kamera! Aktion! Lasst uns beginnen!"

Patrice Williams-Gordon

Alphabetisches Autorinnenverzeichnis

Rossimar Mätzler Amaïdia ist verheiratet und Mutter zweier Töchter. Sie ist Psychologin und beschäftigt sich unter anderem mit dem Thema „Häusliche Gewalt in der Schweiz". In der Gemeinde ist sie Gesprächsleiterin in der Bibelschule.
25.08.

Ana Angelova ist Mutter und Großmutter. Sie wurde in der Kleinstadt Burgas an der bulgarischen Schwarzmeerküste geboren und lebt jetzt in Sofia.
17.05.

Kathalin Antrack ist aus Budapest gebürtig. Seit 1984 besitzt sie die deutsche Staatsbürgerschaft. Sie ist verheiratet und hat zwei Kinder. Sie arbeitet als chemisch-technische Assistentin und reist gern.
03.05.

Raquel Queiroz da Costa Arrais ist stellvertretende Leiterin der Abteilung Frauen der Generalkonferenz der Freikirche der Siebenten-Tags-Adventisten. Sie hat zwei Söhne und eine Schwiegertochter. Ihre größte Freude ist es, mit Menschen zusammen zu sein, zu singen, Klavier zu spielen und zu reisen.
02.02. / 01.04. / 16.04. / 08.10. / 27.11. / 11.12.

Lizandra Neves de Azevedo schreibt aus Brasilien und ist Juristin.
18.01.

Margarete Baindner ist gebürtige Tübingerin. Sie ist verheiratet und hat drei erwachsene Söhne. Die größte Freude bereiten ihr die zwei Enkelkinder. Sie liebt Musik und freut sich über ihre musikalische Familie.
30.05. / 26.06. / 27.07. / 16.09. / 05.11.

Carla Baker ist Leiterin der Abteilung Frauen in der Nordamerikanischen Division der Siebenten-Tags-Adventisten.
06.12.

Jennifer Baldwin lebt in Australien, wo sie im „Sydney Adventist Hospital" in der Verwaltung arbeitet.
22.10.

Gisela Baur ist seit 1962 verheiratet und wohnt in Reutlingen. Ihre beiden Kinder sind erwachsen und auch die beiden Enkelkinder sind inzwischen schon im jugendlichen Alter. In der Gemeinde gibt es immer ein Betätigungsfeld. Die Diakoniearbeit liegt ihr besonders am Herzen. Sie ist dankbar, dass sie ihr Rentnerdasein auch dafür einsetzen kann.
24.10.

Dana M. Bean ist Grundschullehrerin und lebt mit ihrer Familie auf Bermuda.
11.10.

Ellen Bisinger ist verheiratet und hat zwei erwachsene Söhne und zwei Enkelkinder. Sie ist in der Diakoniearbeit ihrer Gemeinde tätig.
10.10.

Annekatrin Blum studierte an der Theologischen Hochschule Friedensau und arbeitete danach als Beraterin und Personalentwicklerin. Gemeinsam mit ihrem Mann, der in Oldenburg Pastor ist, hat sie eine zweijährige, energiegeladene Tochter, die im Alltag für viel Heiterkeit sorgt. Annekatrin leitet seit November 2010 die Abteilung Frauen im Norddeutschen Verband der Siebenten-Tags-Adventisten.
22.12.

Ingrid Bomke ist verheiratet und hat drei Söhne und zwei Enkelkinder. Sie war viele Jahre lang leitende Erzieherin. Seit 1997 ist sie ehrenamtlich als Jugendseelsorgerin tätig. Ingrid hält Seminare über geistliche Erziehung. Ihr zweites Hörbuch „Yes, GOD can!", das viele Erfahrungen enthält, ist erschienen und kann bei ihr bestellt werden.
15.02. / 14.03. / 14.06. / 25.06. / 16.08. / 31.08. / 09.09. / 18.09. / 16.11.

Laura L. Bradford möchte gerne andere ermutigen, indem sie darüber schreibt, wie Gott ihr Leben beeinflusst hat. Ihre Beiträge sind in verschiedenen Büchern erschienen. Sie lebt in Walla Walla, Washington.
17.11.

Christine Busch ist verwitwet und hat drei erwachsene Kinder. Sie war bis zu ihrer Pensionierung Forst-Ingenieurin und wohnt in Thüringen. Sie ist sportlich aktiv und singt gern im Chor ihrer Gemeinde mit.
31.08.

Andrea Bussue lebt auf der karibischen Insel Nevis. Sie ist Magister der Erziehungswissenschaften, Beraterin für Behindertenanliegen im Schulwesen und verfügt über eine eigene Radiosendung.
27.09.

Birol Charlotte Christo ist pensionierte Lehrerin. Sie lebt mit ihrem Mann in Hosur, Indien, und ist Mutter von fünf erwachsenen Kindern.
10.02.

Fauna Rankin Dean lebt mit ihrem Mann an einem stillen ländlichen Hügel im östlichen Kansas. Sie haben drei Kinder, zwei davon besuchen noch das College. Sie teilen ihr Haus mit mehreren Hunden.
08.01. / 16.06.

Claudia DeJong ist Managerin bei einem großen amerikanischen Halbleiterhersteller. Zusammen mit ihrem Mann gründete sie 2010 das Missionsprojekt modobonum – Glauben leben im Internet. Daneben ist sie als Referentin zu vielfältigen Themen unterwegs. Mehr von Claudia kannst du jeden Tag unter: www.dejongsblog.de lesen.
27.01. / 01.02. / 06.03. / 31.03. / 08.04. / 15.05. / 11.06. / 13.07. / 25.10. / 07.11. / 24.11.

Adina Dewinter lebt in Thierachern, Schweiz, und besucht das Gymnasium.
10.07. / 11.08.

Sinikka Dixon hat sich mit ihrem Mann auf der schönen Prince-Edward-Insel im Osten Kanadas zur Ruhe gesetzt. Bis zu ihrer Pensionierung war sie Professorin für Soziologie am Canadian University College in Alberta. Sie ist multikulturell und mehrsprachig und hat wissenschaftliche Arbeiten über soziale Ungerechtigkeiten und das Älterwerden veröffentlicht.
24.01. / 17.02. / 25.03. / 31.07. / 26.09. / 16.10.

Silke Donat ist verheiratet, hat drei erwachsene Söhne und arbeitet im Sanitätsfachhandel eines mittelständischen Unternehmens. Sie liest sehr gerne, hört gerne Musik und ist seit über 10 Jahren ehrenamtliche Frauenbeauftragte ihrer Vereinigung.
22.06.

Aparecida Bomfim Dornelles ist Leiterin der Abteilung Frauen in der Gemeinde Sao Gabriel, in Rio Grande do Sul, Brasilien. Sie hat zwei Töchter und zwei Enkelkinder.
10.12.

Susan Drieberg lebt mit ihrem Mann Denver und ihrer jüngsten Tochter in Grand Terrace, Kalifornien. Sie hat vier Töchter und drei Enkelkinder und ist Schulkrankenpflegerin.
16.03.

Nancy Duske ist in Argentinien geboren, in Perú aufgewachsen und zum Studium in die USA ausgewandert. Seit 1983 lebt sie in Deutschland. Sie ist geschieden, Mutter zweier erwachsener Kinder und arbeitet als Sekretärin. Sie ist Frauenbeauftrage der Abteilung Frauen in der Hansa –Vereinigung.
09.02. / 02.08.

Anita Eitzenberger lebt mit Ihrem Mann in Oberbayern und hat zwei erwachsene Söhne. Sie arbeitet als Sachbearbeiterin und bringt sich auf vielfache Weise in der Gemeinde ein. Ihre Freizeit verbringt sie gerne mit Musik, im Garten und mit Freunden.
20.10.

Regina Fackler ist Kranken- und medizinische Fußpflegerin. Die Diakonie ihrer Gemeinde liegt ihr besonders am Herzen. Ihre Hobbys passen gut dazu: Betreuung von älteren Menschen, Kochen, Wandern und Anfertigen von Glückwunschkarten.
26.02. / 29.05. / 30.07. / 24.08.

Susana Faria schreibt aus Brasilien. Sie ist seit 23 Jahren verheiratet und hat zwei erwachsene Söhne.
23.05.

Claudia Flieder lebt in Niederösterreich in einem kleinen Häuschen am Waldrand, arbeitet in Wien bei Adventist World Radio und beim Internationalen Bibelstudien-Institut. Von der Ausbildung her ist sie Übersetzerin für Russisch und Französisch. Seit vielen Jahren hat sie einen starken Bezug zur Schöpfung und zum Wort Gottes. Sie liest und schreibt gerne und ist am liebsten mit Mann Martin und Hund Leni in der Natur unterwegs.
15.03. / 19.04. / 05.05. / 22.05.

Gundula Gall ist Gott dankbar, dass sie im Alter von über 80 Jahren noch aktiv sein kann - mit Wandern, Porzellanmalen (Ausstellung und Verkaufserlös für ADRA), Lesen und Mitarbeit in der Adventgemeinde sowie einem Gebetstreffen für Menschen in deren Notlagen.
04.10. / 19.11. / 02.12.

Rebecca Ganci ist Studentin der Kultur- und Religionswissenschaften. Ihren Weg zu Gott hat ihr vor allem das freiwillige soziale Jahr mit ADRA in Mexiko geebnet. Ihr Hauptziel im Leben ist es, Menschen zu Jesus zu führen. Darum nimmt sie gerne Anteil an verschiedenen Missionseinsätzen. Sie reist sehr gerne und versucht Mission mit Reisen zu verknüpfen.
30.10.

Tilli Gelke ist verwitwet und hat drei erwachsene Kinder und sechs Enkelkinder. Sie leitet in der Adventgemeinde Tübingen den Seniorenclub.
21.06.

Daniela Gerer, geb. 1988, hat im Juni 2010 ihre Ausbildung zur Diplomierten Kindergartenpädagogin abgeschlossen. Sie lebt in Niederösterreich, arbeitet im „Child Care Center" der UNO-City in Wien und ist in der Gemeinde Wien-Adventhaus aufgewachsen.
27.05.

Marybeth Gessele ist Predigerfrau und lebt in Oregon. Sie wohnt auf dem Land und freut sich über ihre Enkelkinder und ihr Nähzimmer. Sie pflegt ältere Menschen und arbeitet in einem Hospiz.
09.07.

Hannelore Gomez stammt aus Panama und unterrichtet Spanisch an einer höheren Schule in Virginia.
13.02.

Cecilia Grant ist Ärztin, die bis zu ihrer Pensionierung für die Regierung in Jamaika gearbeitet hat. Nun arbeitet sie noch in Teilzeit für das Andrews Memorial Krankenhaus in Kingston, Jamaika.
14.12.

Joan Green ist Sekretärin in Idaho und leitet die Frauenorganisation „Green Light Women's Ministries". Sie hat mehrere Bücher veröffentlicht und ist Referentin und Erfinderin.
12.05.

Glenda-mae Greene war früher Dozentin an einer Universität und freut sich über Kontakte mit jungen Erwachsenen. Sie ist gerne Mentorin für Frauen, die ihre Erfahrungen in schriftlicher Form als Zeugnis weitergeben möchten.
19.02.

Gisela Gültekin hat sich viele Jahre mit dem Verkauf von Büchern beschäftigt, um Menschen die frohe Botschaft von Jesu Liebe weiterzugeben. Sie ist Rentnerin und seit 40 Jahren verheiratet.
03.02.

Diantha Hall-Smith ist die Frau eines gläubigen Ehemannes, der in der US-Luftwaffe dient. Sie ist Mutter von zwei Kindern und hat das Vorrecht gehabt, an vielen Orten in den USA und auf der ganzen Welt zu leben.
27.10.

Dessa Weisz Hardin lebt mit ihrem Mann in Maine und genießt die Nähe zum Ozean. Sie interessiert sich für Reisen, Schreiben, Kunst und Musik und bringt sich gerade das Klavierspielen bei.
22.11.

Glenise Hardy schreibt aus Australien, wo sie Leiterin der Abteilung Frauen für die New South Wales Vereinigung ist. Sie gehört zu einer Familie von Missionaren in fünfter Generation.
12.09.

Michaela Penn Harnisch ist gebürtige Deutsche, in Venezuela aufgewachsen und in Kanada verheiratet. Sie ist in ihrer Gemeinde sehr aktiv und war 4 Jahre lang in den USA tätig.
03.06.

Christa Hartl-Brandstetter ist verheiratet, hat zwei Söhne und ist mit Leib und Seele Hausfrau! Mit Joggen, Walken und Schwimmen versucht sie, sich fit zu halten. Außerdem macht es ihr große Freude, in der Gesundheitsarbeit ihrer Glaubensgemeinde mitzuarbeiten und vegane Kochkurse zu leiten.
13.09. / 06.11.

Elisabeth Hausenbiegl lebt in Wien, ist verheiratet und hat zwei erwachsene Kinder. Als Pensionistin setzt sie sich voll in der Gemeinde ein. Gemeindeleitung, Missionsleitung und die Diakonie liegen ihr besonders am Herzen. Ihr Steckenpferd ist die Seidenmalerei. Als frühere Floristin steckt sie gerne die Blumen für alle Gemeindeanlässe.
23.01. / 08.08. / 23.09.

Kathi Heise lebt in Schramberg im schönen Schwarzwald. Sie unterrichtet Kinder im Kindergottesdienst und ist auch im Arbeitskreis für Singles und alleinerziehende Eltern aktiv. Sie singt, liest, redet, lacht und schreibt gerne Andachten. Ihr schönster Zeitvertreib besteht aber darin, Oma von einem süßen Enkel zu sein.
03.01. / 06.01. / 26.01. / 21.02. / 12.03. / 02.04. / 06.04. / 03.07. / 19.07. / 12.08. / 01.09. / 04.09. / 09.10. / 18.10. / 21.10. / 09.11. / 21.11. / 26.11. / 09.12. / 15.12.

Wanda Hewitt schreibt aus ihrem Wohnort Ansbach, wo sie vorübergehend lebt. Sie arbeitet mit amerikanischen Schülern, deren Eltern in der US-Armee dienen. Wanda arbeitet außerdem an ihrem Magisterstudium für Englisch an höheren Schulen.
11.03. / 30.04. / 27.08. /

Denise Hochstrasser-Kürsteiner ist Schweizerin, verheiratet und hat drei erwachsene Töchter. Sie ist seit über 20 Jahren in der Frauenarbeit tätig und seit 2010 Leiterin der Abteilung Frauen bei der Euro-Afrika Division der Freikirche der Siebenten-Tags-Adventisten in Bern / CH. Sie liebt es, mit ihrem Mann zu reisen, freut sich jedoch immer wieder, nach Hause, zu ihrem Garten und ihrer sehr schönen Wohnanlage hoch über dem Thunersee zurückzukehren. Ihre Leidenschaft: Mission unter Frauen inner- und außerhalb der Gemeinde.
01.03. / 30.06. / 01.08. / 23.11.

Roxy Hoehn schreibt aus Topeka, Kansas. Sie lebt nun, nach 15 Jahren in der Abteilung Frauen in der Kansas-Nebraska-Vereinigung, im Ruhestand und hat mehr Zeit für ihre elf Enkelkinder.
12.01.

Karen Holford ist Familientherapeutin. Sie ist mit Bernie verheiratet, dem Vorsteher der Schottischen Mission der Freikirche der Siebenten-Tags-Adventisten. Gemeinsam leiten sie Ehebereicherungswochenenden. Sie leben in der alten Stadt Auchtermuchty und haben drei erwachsene Kinder. Karen hat mehrere Bücher geschrieben.
20.05. / 31.5. / 15.6. / 20.08.

Diana Inman wurde in eine Familie mit neun Kindern geboren. Sie ist Mutter von zwei erwachsenen Kindern, Großmutter von fünf Enkeln und lebt mit ihrem Mann auf einer Farm in Michigan.
05.09.

Vreny Jaggi-Rechsteiner unterstützte ihren Mann in seiner ärztlichen Missionsarbeit in Nepal / Indien, Ostafrika und Afghanistan. Sie hat zwei Söhne und eine Enkelin, die sie seit ihrer Pensionierung in der Schweiz wahrlich genießt. Sie ist Gemeindeleiterin und freut sich über die Zeit, die sie im Garten, beim Schreiben oder bei der Musik verbringen kann. Sie hält Vorträge und schreibt Artikel für verschiedene Zeitschriften.
15.01. / 25.01. / 02.03. / 15.04. / 29.06. / 08.07. / 22.07. / 09.08. / 19.09. / 28.09. / 12.10. / 30.12.

Brunhilde Janosch lebt am schönen Wörthersee. Sie ist Mutter von fünf Kindern und hat neun Enkelkinder und zwei Urenkel. Sie genießt - im Ruhestand - ihren Garten mit Blumen und Kräutern.
18.03. / 05.10.

Erika Kellerer-Pirklbauer ist verheiratet und Mutter von drei erwachsenen Kindern. Sie ist berufstätig und leitet einen Frauenbibelkreis. Zu ihren liebsten Beschäftigungen in der Freizeit gehören Lesen, Gartenarbeit und ein bisschen Sport.
08.06. / 28.06. / 04.08. / 18.08. /

Hanni Klenk war während vieler Jahre für die Predigerfrauen und die Kindersabbatschule der Deutschschweizerischen Vereinigung tätig. Sie liest und schreibt gerne und hat den Text mehrerer Kindermusicals verfasst. Eine andere Leidenschaft ist das Reisen und Erforschen alter Kulturen. Als Oma erfüllt sie sich einen Traum und studiert an der Universität Bern Archäologie des Vorderen Orients und des Mittelmeeres. Viel Spaß macht ihr auch das Blasen der Tuba in einem christlichen Posaunenchor.
31.01. / 22.02. / 10.04. / 04.05. / 03.08. / 29.10. / 27.12.

Helga Konrad ist verheiratet und hat vier Töchter und fünf Enkel. Mit ihrem Mann ist sie Gesamtgruppenleiterin bei den Pfadfindern und arbeitet in der Frauenarbeit mit.
07.02. / 19.03. / 26.05. / 13.06. / 06.09. / 03.10. / 19.12.

Karin Kraus lebt mit ihrer Familie in München, ist Mutter von drei erwachsenen beziehungsweise heranwachsenden Kindern. Sie liest gern, liebt gute Gespräche, gutes Essen und die Natur und ist gerne mit Menschen zusammen. Frauenthemen interessieren sie besonders.
25.07. / 17.10.

Hannelore Kunze wohnt mit ihrem Mann in Pliezhausen bei Reutlingen und unterstützt ihre Gemeinde aktiv. Seit sechs Jahren lebt die frühere kaufmännische Angestellte im Ruhestand. Sie liest sehr gern und ist vielseitig interessiert.
14.07.

Mabel Kwei kommt ursprünglich aus Ghana und lebt in New Jersey. Sie ist emeritierte Universitätsdozentin, Predigerfrau und Mutter von drei Kindern.
11.02.

Nathalie Ladner-Bischoff, pensionierte Krankenpflegerin, freut sich über die Möglichkeit, jetzt ihren vielen Interessen und Steckenpferden nachzugehen. Mehrere ihrer Artikel und Geschichten sind veröffentlicht worden.
02.11.

Loida Gulaja Lehmann arbeitete zehn Jahre lang als Buchevangelistin auf den Philippinen, bevor sie nach Deutschland kam und heiratete. Sie und ihr Mann sind aktive Glieder der internationalen Gemeinde in Darmstadt. Sie arbeitete auch am adventistischen Zentrum für Militärangehörige in Frankfurt.
20.04. / 12.07.

Bessie Siemens Lobsien ist pensionierte Missionarin, die als Bibliothekarin 21 Jahre lang im Ausland, aber auch in den USA gearbeitet hat. Sie hat viele Artikel geschrieben, die in den Gemeindezeitschriften veröffentlicht wurden. Jetzt genießt sie ihre schnell heranwachsenden Urenkel und hilft in ihrer Ortsgemeinde mit.
05.08.

Ulrike Lüke lebt in Penzberg. Sie ist verheiratet und hat eine erwachsene Tochter. Sie arbeitet im Büro und kocht im Kindergarten. Außerdem engagiert sie sich im Frauenfrühstücksteam ihrer Gemeinde und im Arbeitskreis adventistischer Frauen in Bayern. Wenn es die Zeit erlaubt, kommt ihre Leidenschaft ins Spiel – Kochen.
20.03. / 14.08.

Amy Smith Mapp, B.S., M.Ed., ist Dozentin an der Alabama State University und eine mitreißende Referentin, Mentorin und Autorin. Sie betätigt sich auch als Aerobic-Trainerin und Gesundheitsberaterin. Sie hat drei erwachsene Töchter und sechs Enkelinnen.
15.08.

Claudia Marz ist verheiratet und hat drei Kinder. Sie hilft in ihrer Gemeinde im Kindergottesdienst mit.
14.10.

Vidella McClellan ist verheiratet und pflegt ältere Menschen in British Columbia, Kanada. Sie ist Mutter von drei Kindern und hat sieben Enkelkinder, einen Urenkel und mehrere Stief-Enkelkinder.
29.02.

Christel Mey ist verheiratet und lebt in Ettlingen. Sie hat mehrere Gedichtbände herausgegeben, die zum Teil auch vertont wurden. Außerdem ist sie ausgebildete Sängerin und Kunstmalerin.
23.02. / 10.03. / 10.06. / 23.07.

Annette Walwyn Michael war Englischlehrerin, bevor sie in den Ruhestand trat. Sie ist Mutter von drei Kindern und Großmutter von vier Enkelkindern.
25.04. / 05.06.

Daniela Misiunas ist verheiratet, gelernte Krankenschwester, Vollzeitmutter von drei Kleinkindern und nach Norwegen ausgewandert. Sie hat großes Interesse an allen Bereichen der Seelsorge für Erwachsene und Kinder.
16.01. / 08.03. / 17.03. / 27.03. / 06.05. / 06.06.

Käthe Möller ist verheiratet und hat zwei erwachsene Kinder. Sie bringt sich aktiv in ihrer Kirchengemeinde ein. Ihr Beruf ist ihr Hobby: Nähen! Außerdem liebt sie ihren Garten und liest gern. Sie ist in Oberfranken / Bayern beheimatet.
09.03.

Claudia Mohr wohnt in Weinstadt. Sie ist gelernte Siebdruckerin, Arbeitserzieherin, Gesundheitsberaterin, Predigerfrau und studiert nach einem Handelsschulabschluss Elementarpädagogik. Ihr Lebenslauf ist abwechslungsreicher, als ihr lieb ist.
08.02. / 12.04. / 22.08. / 19.10. / 13.12.

Marcia Mollenkopf ist pensionierte Lehrerin und lebt in Oregon. Sie ist in ihrer Ortsgemeinde vielseitig aktiv gewesen.
18.02. / 30.09.

Yer Moua wurde in Laos geboren. Mit 13 Jahren kam sie in die USA. Sie und ihr Mann Thomas haben sechs Kinder im Alter zwischen 4 und 16 Jahren.
05.04.

Rosemarie Müller ist Hausfrau und von Beruf Masseurin. Seit drei Jahren ist sie verwitwet. Sie hat zwei erwachsene Kinder und eine Enkelin. In der Gemeinde dient sie als Leiterin der Abteilung Frauen, als Büchertischverwalterin und Helferin in der Bibelschule.
26.04. / 31.10. / 05.12.

Judith Mwansa stammt aus Sambia und lebt mit ihrem Mann Pardon, der Prediger ist, und den gemeinsamen Kindern in Maryland. Sie kümmert sich um die Beiträge für das englischsprachige Andachtsbuch für Frauen.
12.12.

Pettya Nackova ist promovierte Ingeneurin für den Bereich Maschinenbau. Sie hat neun Jahre als Chefredakteurin für die adventistische Zeitschrift in Bulgarien gedient.
23.03.

Ingrid Naumann, Abteilungsleiterin Frauen der Freikirche der Siebenten-Tags-Adventisten in Süddeutschland, liebt die Natur und reist gerne. Sie hat einen Sohn und eine Schwiegertochter und freut sich über ihre beiden Enkelkinder.
01.02. / 26.03. / 18.06. / 14.09. / 11.11.

Judith P. Nembhard wurde auf Jamaika geboren und ging dort zur Schule. Später studierte sie in den USA. Sie arbeitete als Dozentin und Administratorin an einer Universität und lebt jetzt im Ruhestand in Tennessee.
16.12.

Carol Nicks schreibt aus Kanada. Sie ist Bibliothekarin am Canadian University College. Sie verbrachte 5 ½ Jahre samt ihrer Familie als Missionarin in Pakistan.
12.02.

Angelika Nixdorf ist verheiratet, lebt seit vielen Jahren in Tübingen, hat vier erwachsene Kinder und ist Oma von zwei Enkelsöhnen und einer Enkelin. Sie liebt ihre Familie, trällert viel und arbeitet gerne in der Gemeinde mit.
05.03. / 15.09.

Luise Oberlader ist Erzieherin und hilft auch in der Gemeinde bei der Kindersabbatschule mit.
18.07.

Jemima Dollosa Orillosa lebt mit ihrem Mann Danny in Maryland. Sie haben zwei Töchter und zwei Schwiegersöhne. Ihre größte Freude ist es, wenn Menschen Christus als ihren persönlichen Heiland annehmen und sich ihr Leben dadurch verändert.
20.01.

Rose Otis hat das Andachtsbuchprojekt ins Leben gerufen. als sie Leiterin der Abteilung Frauen an der Generalkonferenz der Siebenten-Tags-Adventisten war (1990-1997). Jetzt ist sie Vollzeit-Oma und lebt mit ihrem Mann Bud in Maryland, in der Nähe ihrer Kinder und Enkelkinder.
24.07. / 13.11.

Hannele Ottschofski stammt ursprünglich aus Finnland und lebt in Süddeutschland. Ihre vier Töchter sind schon erwachsen und haben sie zur vierfachen Großmutter gemacht. Sie freut sich, jetzt mehr Zeit für die Enkel zu haben. Es bereitet ihr viel Freude, die Beiträge für dieses Buch zu sammeln und zusammenzustellen.
19.01. / 28.02. / 09.04. / 14.04. / 07.05. / 27.06. / 02.07. / 07.07. / 21.07. / 28.07. / 02.09. / 11.09. / 21.09. / 06.10. / 13.10. / 08.11. / 21.12. / 29.12.

Ofelia A. Pangan lebt mit ihrem Ehemann in Kalifornien. Sie haben drei erwachsene Kinder und neun Enkelkinder. Sie freut sich über Besuche ihrer Kinder und deren Familien.
04.06.

Revel Papaioannou arbeitet mit ihrem pensionierten, aber immer noch tätigen Prediger-Ehemann in der biblischen Stadt Beröa, Griechenland. Sie haben vier Söhne und 13 Enkelkinder.
17.01. / 29.03. / 23.04. / 11.05. / 06.07. / 08.12.

Abigail Blake Parchment schreibt von den Cayman-Inseln. Sie ist verheiratet und hilft in ihrer Ortsgemeinde in der Jugendarbeit und Bibelschule sowie der Frauengruppe mit.
23.10.

Angelika Pfaller ist seit November 2009 Frauenbeauftragte der Vereinigung Bayern der Freikirche der Siebenten-Tags-Adventisten in Deutschland. Sie ist Mitglied verschiedener Ausschüsse ihrer Heimatgemeinde und leitete dort 14 Jahre lang das Frauenfrühstück. Mit ihrem Mann hat sie zwei erwachsene Kinder.
21.01. / 03.03.

Patricia Pfaller studierte zwei Jahre lang Erziehungswissenschaft in Augsburg und begann danach in München ein Lehramtsstudium für Deutsch und Französisch. Nebenbei ist sie Mitarbeiterin im Arbeitskreis girls4christ in Bayern.
20.02.

Regina Pietsch ist verheiratet und hat drei Kinder, von denen zwei bereits erwachsen und aus dem Haus sind. Sie ist in der Gemeindeleitung, als Frauenbeauftragte der Gemeinde sowie als Chorleiterin tätig.
18.04. / 05.07. / 03.12. / 23.12.

Christina Polig ist verheiratet. Sie wohnt am Vierwaldstättersee in der Innerschweiz und ist Erwachsenenbildnerin und PACHER-Gruppeleiterin.
07.10.

Ingrid Regenfuß ist mit Leib und Seele Altenpflegerin. Sie hat drei erwachsene Söhne und lebt seit jeher in Offenbach am Main. Sie liest gerne, treibt Sport und gestaltet den Schaukasten ihrer Gemeinde.
26.12.

Sylvia Renz ist Schriftstellerin, hat drei erwachsene Kinder und arbeitet derzeit im Internationalen Bibelstudien-Institut der Stimme der Hoffnung als Betreuerin.
05.01. / 06.02. / 04.04. / 13.04. / 11.07. / 21.08. / 25.09. / 01.12.

Darlenejoan McKibbin Rhine ist Journalistin und arbeitete bis zu ihrer Pensionierung im Jahr 1995 in der Redaktion der Los Angeles Times. Jetzt lebt sie auf einer winzigen Insel im Puget Sound, Washington, und verbringt viel Zeit mit dem Schreiben.
07.08.

Charlotte Robinson lebt mit ihrem Mann und den drei Kindern in Arkansas. Obwohl sie zwischen Berufstätigkeit und Familienpflichten selten Zeit findet, schreibt sie aus Leidenschaft und auch als Therapie.
05.04.

Andrea Rödig wohnt in Oberndorf am Neckar. Sie ist verheiratet und hat zwei Kinder und ein Enkelkind. In der Gemeinde Schramberg arbeitet sie in der Kinderbibelschule mit.
10.08.

Maritta Rosner ist verheiratet, hat einen Sohn und war 37 Jahre lang in leitender Position in der Sozialwirtschaft und als Frauenbeauftragte in der Hansa Vereinigung tätig. Seit einem Jahr lebt sie im Ruhestand. Hobbys: Lesen und Nordic Walking.
15.11. / 17.12.

Marlise Rupp ist verheiratet und Mutter dreier erwachsener Kinder. Sie hat zwei Enkelkinder. Sie verfügt über eine Werkstatt für florales Gestalten und mag alles, was die Natur hergibt. Sie zieht sich gern in die Berge zurück und bewegt sich sportlich.
25.02. / 24.03. / 29.08.

Sandra Savaris ist im Bankwesen beschäftigt und schreibt aus Brasilien. Sie ist verheiratet, arbeitet gerne mit Kindern, spielt Klavier und schult Sänger in Chören und Quartetten.
26.10.

Elke Schlude wohnt mit ihrem Mann, ihren drei Töchtern und der Katze Mira in Müllheim. Vor der Familiengründung war sie als Hebamme tätig, widmet sich jetzt aber ausschließlich als Predigerehefrau und Mutter ihrer Familie und freut sich, wenn sie anderen Menschen auf verschiedene Weise Gutes tun kann.
10.01. / 29.07. / 14.11.

Waltraud Schneider-Kalusche ist seit vielen Jahren aktives Gemeindeglied in verschiedenen Bereichen. Seit drei Jahren leitet sie zwei Selbsthilfegruppen für „Frauen in schwierigen Lebenssituationen".
29.01. / 16.02. / 21.03. / 03.04. / 02.05. / 23.06. / 16.07. / 02.10. / 04.11.

Angelika Schöpf ist verwitwet. Sie hat zwei erwachsene Kinder und drei Enkelkinder. Sie lacht gern und freut sich, wenn sie mit ihrem Hund spazieren gehen kann.
29.04. / 28.05. / 29.11. / 24.12.

Jaimee Seis, 46, freute sich als Kind, dass Jesus bei ihr ist, und möchte, dass auch andere in Gott einen liebevollen Vater erleben. Über seine Liebe schrieb sie Artikel, hielt Predigten und Frauenfrühstücks-Vorträge und verfasste, durch ihre Irland- u. Nordafrika-Besuche angeregt, das Buch „Wenn Du durchs Feuer gehst".
04.01. / 22.01. / 14.02. / 27.02. / 22.03. / 30.03. / 07.04. / 22.04. / 01.05. / 25.05. / 02.0. / 19.06. / 24.06. / 15.07. / 20.07. / 13.08. / 26.08. / 30.08. / 08.09. / 29.09. / 15.10. / 01.11. / 12.11. / 25.11. / 30.11. / 18.12. / 25.12.

Heather-Dawn Small ist Leiterin der Abteilung Frauen an der Generalkonferenz der Siebenten-Tags-Adventisten. Vorher war sie Leiterin der Abteilung für Kinder sowie Frauen im Karibik-Verband mit Sitz in Trinidad und Tobago. Sie ist die Ehefrau von Pastor Joseph Small und die Mutter von Dalonne und Jerard.
04.02. / 24.02. / 28.04. / 13.05. / 16.05. / 24.09. / 28.12

Dorothea Starek lebt seit sieben Jahren wieder in Deutschland - nach Auslandsaufenthalten in England, in Afrika, in der Schweiz und in Kroatien. Sie ist verheiratet und hat einen Sohn, ist als Krankenschwester auf einer Sozialstation tätig, liebt Aufgaben in der Gemeinde und leitet in der örtlichen Gemeinde die Frauenarbeit.
06.08.

Heike Steinebach hat drei Kinder und lebt mit ihrem Mann und den Kindern im Norden Deutschlands.
13.03. / 10.05. / 19.08. /

Ardis Dick Stenbakken betrachtet ihre Arbeit als Herausgeberin der Andachtsbücher für Frauen als ihren wichtigsten Beitrag für die Abteilung Frauen. Sie ist nun pensioniert und lebt in Colorado mit Blick auf die Rocky Mountains. Sie ist stolz auf ihren Mann Dick (der Dick in ihrem Namen ist ihr Mädchenname – nicht sein Name!), ihre Kinder und vier Enkelkinder und vor allem darauf, was Jesus in ihrem Leben vollbracht hat.
11.01. / 14.01. / 28.01. / 24.04. / 20.06. / 10.11.

Bettina Stroeck ist Fernwehschweizerin, Mutter von zwei Töchtern, Predigerfrau und Freizeitbäuerin mit Kartoffelambitionen.
23.08.

Cilesia Penna Tanke, in Brasilien geboren, ist Mutter zweier Söhne, hat im Frauenarbeitskreis HANSA mitgearbeitet und gehört zur Gemeinde Hamburg / Grindel.
28.03.

Hilde Vielweber hat kürzlich mit ihrem Mann und der Familie das wunderschöne Fest der Goldenen Hochzeit feiern dürfen. Sie haben drei Kinder, Schwiegerkinder und fünf Enkelkinder. Sie liest und schreibt gerne und macht Patchwork-Arbeiten.
26.07. / 28.08.

Angela Völker ist verheiratet und hat zwei erwachsene Kinder. Sie arbeitet als Angestellte in der Baufirma ihres Mannes. Sie ist in der kleinen Adventgemeinde in Ehrenfriedersdorf aktiv und da besonders mit dem Projekt „Kinder helfen Kindern" beschäftigt.
30.01. / 17.04.

Gerd-Laila Walter ist verheiratet und hat drei erwachsene Kinder. Sie ist für die Abteilung Frauen der Freikirche der Siebenten-Tags-Adventisten in Österreich zuständig. Sie liebt das Wandern in den Nockbergen in Kärnten. Sie ist gebürtige Norwegerin.
09.01.

Anna May Radke Waters ist pensionierte Verwaltungssekretärin der Columbia Adventist Academy und diente viele Jahre als eingesegnete Älteste in ihrer Ortsgemeinde. Ihre acht Enkelkinder und zwei Urenkel sind ihr sehr wichtig.
19.05.

Dorothy Eaton Watts ist am 8.11.2010 ihrem Krebsleiden erlegen. Sie war freischaffende Autorin, Redakteurin und Referentin. Sie war mehr als 28 Jahre lang Missionarin in Indien, gründete ein Waisenhaus, unterrichtete in der Grundschule und schrieb 27 Bücher.
02.01. / 13.01. / 21.04. / 01.07. / 07.09. / 28.11. / 20.12.

Daniela Weichhold stammt ursprünglich aus Deutschland, arbeitet aber als Verwaltungsassistentin am Hauptsitz der Europäischen Union in Brüssel. Sie freut sich über die kulturelle Vielfalt ihres Arbeitsplatzes in ihrer neuen Heimatstadt.
21.05. / 12.06. / 17.06. / 22.09. / 04.12.

Carola Charlotte Weidinger ist verheiratet, hat zwei Kinder und ist als Physiotherapeutin selbstständig tätig. In der Gemeinde ist sie für die Kinder- und Jugendarbeit verantwortlich. Hobbys: Lesen, Musizieren, Laufen.
07.03. / 27.04. / 18.11.

Lyn Welk-Sandy aus Adelaide, Süd-Australien, ist Mutter von vier Kindern und hat 12 Enkel. Sie arbeitet als Trauerberaterin und hilft jungen Straffälligen, die vors Gericht kommen.
04.03.

Shirnet Wellington ist Verwaltungsassistentin in Miami, Florida. Sie stammt aus Jamaika und ist von Beruf Lehrerin. Sie arbeitete als Beamtin im Schulbereich, bevor sie mit ihrem Prediger-Ehemann in die USA zog. Sie haben zwei Söhne. Sie freut sich, wenn sie andere Predigerfrauen ermutigen kann.
14.05.

Sandra Widulle ist verheiratet und hat zwei Kinder. Sie liebt es, ihre Gedanken und Erfahrungen zu Papier zu bringen. In ihrer Gemeinde ist sie in der Kinderarbeit aktiv und betreut einfallsreich den Schaukasten. Ihr erstes Buch „Sternstunden und Glücksmomente" ist vor kurzem erschienen.
07.01. / 18.05. / 09.06. / 04.07. / 20.09.

Patrice Williams-Gordon stammt aus Jamaika. Gemeinsam mit ihrem Prediger-Ehemann dient sie in der Gemeinde Nassau auf den Bahamas. Patrice ist gefragte Referentin und freut sich, wenn sie Menschen für Jesus gewinnen kann. Sie hat zwei Kinder.
05.02. / 31.12.

Josefine Wimmer ist verwitwet, stammt aus Sizilien, lebt aber in Deutschland. Sie hat drei erwachsene Söhne und drei Enkelkinder. Sie ist eine kreative Frau, die sich besonders in der Betreuung von Alleinstehenden und in der Frauenarbeit betätigt.
17.07. / 17.09.

Ruth Wittwer ist verheiratet, hat drei verheiratete Kinder, die in Norddeutschland leben, und ein Enkelkind. Seit vier Jahren lebt sie mit ihrem Mann in Norwegen. Sie arbeitet in einer psychiatrischen Klinik als Pädagogin. Ihre Freizeit verbringt sie mit Gymnastik, Lesen und langen Spaziergängen.
07.12.

Anne-May Wollan wurde in Norwegen geboren, lebt und arbeitet aber in England in der Trans-Europa-Division der Siebenten-Tags-Adventisten, wo sie für die Abteilung Frauen sowie Kinder und Predigerfrauen zuständig ist. Von Beruf ist sie Lehrerin für Musik und Kunst.
03.11.

Ursula Ziegler lebt in einem kleinen Ort im Steinlachtal.
24.05. / 07.06. / 17.08. / 10.09. / 28.10.

Bettina Zürn ist Prophylaxe-Assistentin, Hausfrau und Mutter eines Sohnes. Sie ist gerne in ihrer Gemeinde Schorndorf aktiv. Ihre freie Zeit verbringt sie am liebsten mit ihrer Familie, mit Freunden und ihren Tieren. Sie bringt sich außerdem in der Sozialarbeit des DRK und des Tierschutzes ein.
11.04. / 08.05. / 09.05. / 01.06. / 03.09. / 01.10. / 20.11.

Augenblicke der Liebe

Andachtsbuch für Frauen

Andachtsbuch für Frauen

*L*iebe – wer kann sie fassen?
Liebe zeigt sich in Kleinigkeiten, in einem guten Wort, in einem Lächeln oder einem freundlichen Gruß. Liebe ist ein tiefes Gefühl, das mir Geborgenheit gibt.
Gottes Liebe zu mir ist ewig, und übersteigt alles was ich hier auf Erden fassen kann. Sie gipfelt im Opfer seines Sohnes – Jesus Christus. Seine Liebe schenkt mir die Gewissheit, angenommen zu sein.
In diesem Buch wirst du mehr über diese Liebe erfahren.

Format: 11 x 18 cm
Umfang: 168 Seiten
Verlag: Top Life Wegweiser-Verlag

Top Life Wegweiser-Verlag
info@toplife-center.com   www.toplife-center.com

June Strong
Das Lied von Eden

Format: 11 x 18 cm
Umfang: 168 Seiten
Top Life Wegweiser-Verlag

Die Autorin des Buches „Zum Beispiel Sonnenschein" (als Hörspiel im deutschsprachigen Raum bekannt).
Ein Lied, das Eva nach dem Verlassen des Paradieses niedergeschrieben hat, führt Shaina durch ihr bewegtes Leben. Trotz großer Enttäuschungen bewahrt findet sie immer wieder ihren Frieden und lässt sie hoffen.
Im „Das Lied von Eden" schildert June Strong die leidvolle Wahl, die manch einer treffen muss – die Wahl zwischen der Liebe unter Menschen und der Möglichkeit, die Liebe Gottes besser kennenzulernen.
Das Lied von Eden ist ein ergreifendes Buch, das Ereignisse zwischen Eden (nach dem Sündenfall) und Sintflut dem Leser nahe bringt. Die Dramatik des biblischen Wortes, aber auch die Hoffnung in einer untergehenden Welt wird eindrücklich dargestellt.

Hörbuch (mp3)

June Strong
Das Lied von Eden

Format:
14,2 x 12,5 cm

Art:
mp3 Hörbuch

Das beliebte Buch von June Strong als Hörbuch.

Sprecher: Meinrad Nell, langjähriger Redakteur, Moderator und Sprecher des ORF Landesstudios Kärnten, bekannter Sprecher aller ORF-TV-Dokumentationen, Sprecher einer Vielzahl von Hörfunk- und TV-Werbespots, Darsteller in TV- und Film-Spieldokumentationen, Medientrainer, Mitarbeiter von UNISPACE Wien.

Top Life Wegweiser-Verlag
info@toplife-center.com   www.toplife-center.com